本书受 教育部创新团队项目（No. IRT0518） 国家科技支撑计划课题（2006BAJ01B06-06） 资助

现代混凝土结构基本理论及应用

贡金鑫　魏巍巍　赵尚传　编著

中国建筑工业出版社

图书在版编目(CIP)数据

现代混凝土结构基本理论及应用/贡金鑫等编著. —北京：中国建筑工业出版社，2009

ISBN 978-7-112-11041-4

Ⅰ.现… Ⅱ.贡… Ⅲ.混凝土结构 Ⅳ.TU37

中国版本图书馆CIP数据核字（2009）第096047号

本书介绍了近年混凝土结构试验和理论研究的一些进展。主要内容包括：混凝土和钢筋的力学性能，混凝土损伤和断裂，钢筋混凝土构件的非线性稳定、受剪承载力和受扭承载力，钢筋混凝土构件的延性和极限分析，混凝土的收缩和徐变，混凝土结构的裂缝和变形控制。本书着重于理论分析、模型建立和规范应用。

本书适合于土木建筑专业的高年级本科生、研究生及相关工程技术人员参考。

* * *

责任编辑：郦锁林
责任设计：郑秋菊
责任校对：王金珠　关　健

本书受 教育部创新团队项目（No.IRT0518） 国家科技支撑计划课题（2006BAJ01B06-06） 资助

现代混凝土结构基本理论及应用
贡金鑫　魏巍巍　赵尚传　编著

*

中国建筑工业出版社出版、发行（北京西郊百万庄）
各地新华书店、建筑书店经销
北京红光制版公司制版
北京云浩印刷有限责任公司印刷

*

开本：787×1092毫米　1/16　印张：31¾　字数：790千字
2009年12月第一版　2009年12月第一次印刷
定价：**66.00**元

ISBN 978-7-112-11041-4
(18287)

前言

素混凝土结构、钢筋混凝土结构和预应力混凝土结构统称为混凝土结构。混凝土和钢筋是组成混凝土结构的基本材料。由于混凝土材料本身的非线性特性及混凝土开裂后应力的重分布，混凝土结构的力学性能非常复杂。所以试验一直是混凝土结构分析和理论计算不可缺少的手段，在混凝土结构的设计中，多数计算公式属于经验公式。近年来，随着试验技术和计算理论的进步，混凝土结构的设计方法有了很大发展。例如，在国外，剪力作用下的修正应力场理论、改进的桁架模型及适用于扰动区（平截面假定不适用的区域）的压杆—拉杆模型已在混凝土设计规范中得到应用。不可否认，试验是混凝土结构研究的基础，理论不能代替试验，但在构件层次上通过试验验证而不是通过试验数据拟合建立计算模型使以经验为基础的混凝土结构设计方法向理性的、统一的方向迈出了一大步，这是现代混凝土结构设计基本理论发展的重要方向。本书是为适应这一要求编写的。

本书共分 8 章。第 1 章论述了混凝土的力学性能，包括描述混凝土基本力学性能的参数、单调荷载下的混凝土强度和变形、反复荷载下混凝土的性能、加载速率对混凝土力学性能的影响；钢筋及其力学性能，包括钢筋的品种和组成、钢筋的强度等级、钢筋的常规力学性能、单调荷载下钢筋的应力-应变关系、反复荷载下钢筋的应力-应变特性、动荷载下钢筋的力学性能。单向加载和多向加载时钢筋混凝土的力学性能。重点介绍混凝土的压力场理论。

第 2 章论述了混凝土的损伤、断裂性能和理论，包括混凝土损伤的基本概念、准脆性损伤，混凝土断裂力学理论（线弹性断裂力学、弹塑性断裂力学、虚拟裂缝法、有效弹性裂缝法、混凝土脆性特征）。重点介绍用断裂力学理论解释和分析混凝土及混凝土构件的尺寸效应。

第 3 章论述了混凝土结构的正截面强度计算，包括正截面强度计算理论、矩形截面构件的计算（弯矩—曲率关系、强度的简化计算）、双向偏心受压构件强度的简化计算（倪克勤公式、椭圆方程法、双向弯矩放大法）。重点介绍轴心受压构件的非线性稳定计算（经典的欧拉公式、Engesser 公式、Ritter 公式、静力平衡法）等。

第 4 章论述了混凝土结构的斜截面抗剪理论，包括钢筋混凝土抗剪理论的发展、钢筋混凝土梁的抗剪机理、无腹筋梁的抗剪强度、影响无腹筋梁抗剪强度的因素、无腹筋梁的抗剪模型（断裂力学方法、细长构件的齿模型、混凝土桁架模型、经验方法）、有腹筋钢筋混凝土梁的抗剪强度（塑性理论模型、压力场理论、修正压力场理论、桁架模型）、柱的受剪承载力、剪切摩擦和规范中的抗剪强度计算方法等。重点介绍修正压力场理论。

第 5 章论述了钢筋混凝土构件受扭承载力的计算，包括开裂扭矩、极限纯扭强度、组合荷载下的扭转、软化桁架理论、最小配筋率和最大截面尺寸及抗扭刚度。重点介绍钢筋混凝土梁的软化桁架理论和组合荷载下的扭转。

第 6 章论述了混凝土结构的延性与非线性分析，包括延性的概念（材料的非线性、构件的延性和延性指标），影响构件延性的因素，弯矩重分布、各国设计规范中关于弯矩重分布的规定、考虑弯矩重分布的弹性分析、塑性分析的延性要求、板的塑性铰线理论等。重点介绍构件转动能力计算和几种情况的极限承载力分析。

第 7 章论述了混凝土收缩与徐变的计算，包括混凝土的收缩与徐变特征、描述徐变的参数、线性徐变和徐变叠加原理、徐变分析模型（有效模量法、调节龄期有效模量法(AAEM)、B3 模型、对数双幂法则、粘弹性模型)、规范中收缩与徐变的计算方法、基于AAEM 法的结构分析等。重点介绍几种常用的徐变和收缩模型及基于 AAEM 的结构分析。

第 8 章论述了混凝土结构的裂缝和变形控制，包括裂缝产生的原因、裂缝开展机理及各种计算模型、影响裂缝宽度的因素、最大裂缝宽度与平均裂缝宽度的关系、各国设计规范中采用的裂缝控制方法、预应力混凝土结构的裂缝控制、裂缝宽度限值、不需裂缝宽度计算的裂缝控制，收缩裂缝的计算与控制，混凝土构件变形的各种计算方法（短期挠度、长期挠度)、不需变形计算的挠度控制等。重点介绍混凝土构件裂缝宽度和变形计算的方法。

本书特点是重视试验基础上的理论分析、模型建立和规范的应用。另外，本书只是针对混凝土结构研究与应用的一些主要方面进行了介绍，并未涉及全部方面。

目　录

第 1 章　混凝土和钢筋的强度及本构模型

混凝土是由粗骨料、细骨料和水泥浆组成的非均质混合物，如图 1-1 所示。有时为改善其力学性能还要掺加其他材料，如纤维。对于普通、常用配合比的混凝土混合物，粗骨料通常为粒径大于 4.75mm 的砾石和碎石，细骨料通常为粒径在 0.75～4.75mm 之间的砂。水化水泥浆是水泥和水的水化产物。尽管混凝土是由多种材料组成的，但其力学性能并不是简单几种材料性能的叠加。图 1-2 示出了混凝土及其组成材料（如水泥浆和骨料）的典型应力—应变曲线。由图可以看出，水泥石和骨料在达到其 80%的极限强度前呈现线弹性应力—应变特性，而混凝土在应力达到 40%～50%的极限承载力时便呈现非线性性能，且其变形性能介于骨料与水泥石之间。

混凝土的非线性特性是由其组成材料（水泥石和骨料）以及水泥石与骨料界面区存在的过渡区（TZ）决定的。过渡区为靠近粗骨料表面的水泥浆，厚度为 10～50μm。由于过渡区与整个水泥浆区相比水灰比较小及不同材料间存在的物理边界，过渡区的性能比其他水泥浆区要差。

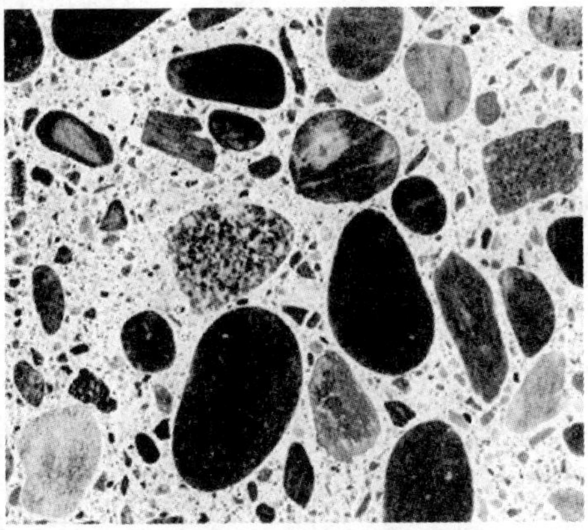

图 1-1　硬化混凝土的组成

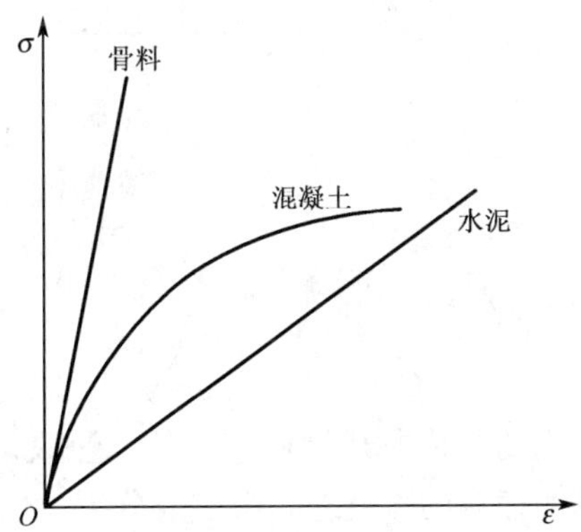

图 1-2　混凝土及其组成材料的典型应力—应变曲线

在一般荷载作用下，混凝土混合物的性能主要由骨料和水泥浆之间过渡区的微裂缝控制。随着荷载增大，过渡区的微裂缝扩展、合并，水泥浆也出现微裂缝。最后，形成了贯穿过渡区和水泥浆的连通裂缝，导致承载力丧失。当混凝土受压时，连续裂缝可能会贯穿粗骨料。当混凝土受拉时，荷载增大直接增大了裂缝尖端的应力，促使裂缝扩展。因此，对于受拉的情况，开裂很容易导致形成连通裂缝，强度迅速降低。压荷载的增加只是间接增大了裂缝尖端的应力，裂缝扩展速率降低，承载力丧失非常慢。

相比于混凝土，钢材具有强度高、塑性好的特点，但由于钢材费用高，在混凝土结构中只是按一定的要求使用，主要用于承受拉力，也用于受压。钢筋与混凝土组成的钢筋混凝土结构是目前两种材料最常用的组合形式，除此之外还有其他结构形式，如钢—混凝土组合结构。钢筋混凝土结构的特点不同于素混凝土，也不同于裸露的钢筋，而是有其本身的特点。

1.1 混凝土的力学性能

1.1.1 混凝土材料的特点

混凝土是一种非均质的非弹性材料，其力学特性与均质的弹性或塑性材料不同，主要表现在如下五个方面。

1. 不均匀性

混凝土是由水、水泥、骨料和矿物掺合料组成的混合材料，由于其组成材料的尺度不同及水泥水化过程中产生的微孔隙和内部收缩产生的微裂缝，结构比较复杂。即使没有施加外力，内部也存在着一定的不均匀应力。一般来讲，混凝土的抗拉能力较差，抗压能力较强。图 1-3 示出了单轴受拉和单轴受压时普通混凝土的典型应力—应变曲线。

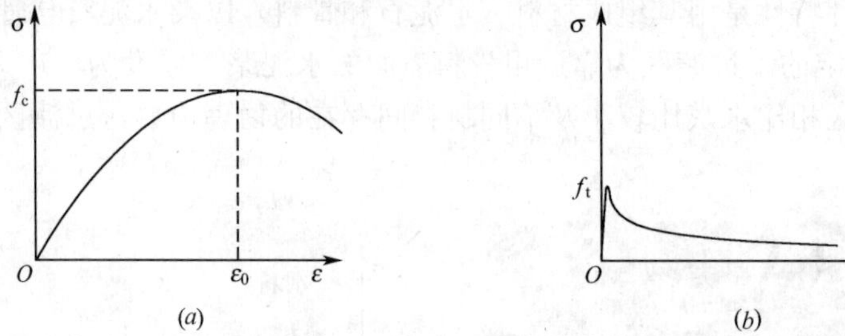

图 1-3 混凝土的单轴应力—应变曲线

(a) 受压；(b) 受拉

2. 非线性

图 1-3 所示的混凝土应力—应变曲线在一定范围内是线性的，但经过某一临界点后，应力—应变关系即开始偏离直线，呈现非线性。应力—应变关系的非线性与多种因素有关，例如存在的微裂缝，组成成分力学性能的非线性，以及组成成分间的界面摩擦和内部损伤。混凝土的这种损伤通常是不可逆的，内部微裂缝或外部宏观裂缝也不能再愈合，卸载后保持一定的残余变形。

3. 破坏方式

对混凝土试件进行抗压强度试验时，如果试件作用有侧向压力且侧向压力不同时，则其破坏方式和极限荷载不同。在多轴加载的情况下，问题变得更为复杂。Willam 等[1]（1986）对普通混凝土进行了侧向约束压力为 0.7～14MPa 的三轴受压试验，如图 1-4 所示。由图可以看出，在较低的侧向约束应力下，圆柱体试件因混凝土压碎而破坏，同时伴随着平行于加载方向的劈拉裂缝。在中等侧向约束应力下，混凝土试件破坏时形成一条主剪切裂缝。在较高的侧向约束应力下，没有出现主裂缝，混凝土试件出现较大的非弹性变形。不管是何种破坏方式，混凝土试件的强度和变形随侧向约束应力的增加而增大。

4. 软化

混凝土材料的另一个重要特征是峰值后的强度和刚度下降，即混凝土软化。在轴向拉力和轴向压力作用下，混凝土峰值应力后的应力—应变曲线都存在下降段，但这两种受力状态下的破坏过程是不同的。图 1-5 示出了混凝土在轴向拉力和轴向压力作用下的破坏形式。

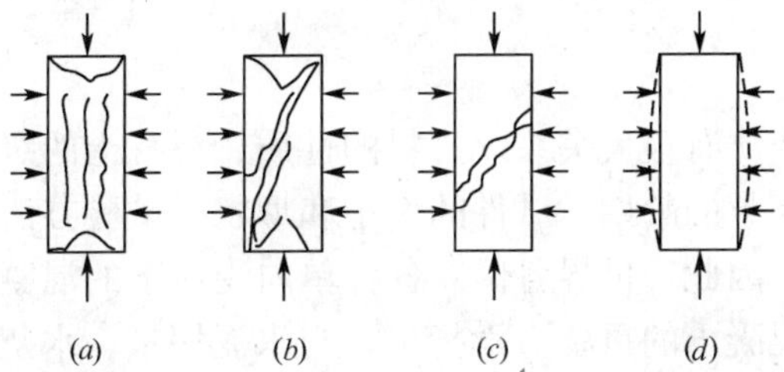

图 1-4　混凝土圆柱体在不同约束应力下的破坏方式
(*a*) 0.7MPa；(*b*) 3.5MPa；(*c*) 7MPa；(*d*) 14MPa

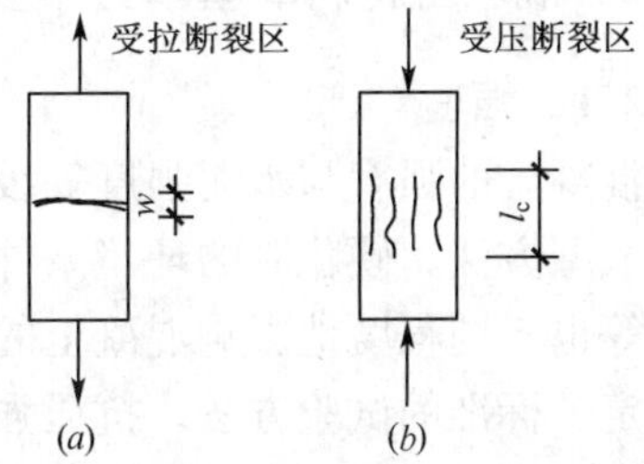

图 1-5　轴向拉力和压力作用下混凝土的破坏过程
(*a*) 轴拉；(*b*) 轴压

在位移控制试验中，混凝土试件轴向受拉达到及超过峰值应力后，出现垂直于施加荷载方向的单条裂缝，裂缝出现后应力通常突然下降，随位移增大裂缝逐渐变宽，直到试件破坏，整个过程都受该条裂缝控制。破坏基本发生在一个面上，破坏后试件断裂为两部分，如图 1-5（*a*）所示。

混凝土轴向受压的情况与轴向受拉完全不同。在达到峰值应力时，通常可以观察到若干条平行于施加荷载方向的分布微裂缝。随着荷载增加，一些平行的分布裂缝合并，形成几条主裂缝。在达到极限应变时，主裂缝贯通，伴随着劈裂平行裂缝的混凝土压碎。破坏发生在一个区域内，如图 1-5（*b*）所示。

5. 尺寸效应

同其他的脆性材料一样，混凝土的强度和应力—应变关系具有明显的尺寸效应。Van Mier[2]（1986）进行了试件尺寸对混凝土单轴受压应力—应变曲线影响的试验研究。图 1-6（*a*）为高度在 50～200mm 之间试件的应力－应变曲线，尺寸效应主要反映在峰值应力后曲线的下降段，试件越高，下降段应力下降的越快。如果用应力—位移曲线反映试件峰值应力后的应力—变形特性，则试件尺寸的影响明显减小，如图 1-6（*b*）所示。这说明峰值应力后，混凝土的变形主要发生在形成主裂缝的区域。对于不同尺寸的试件，这一

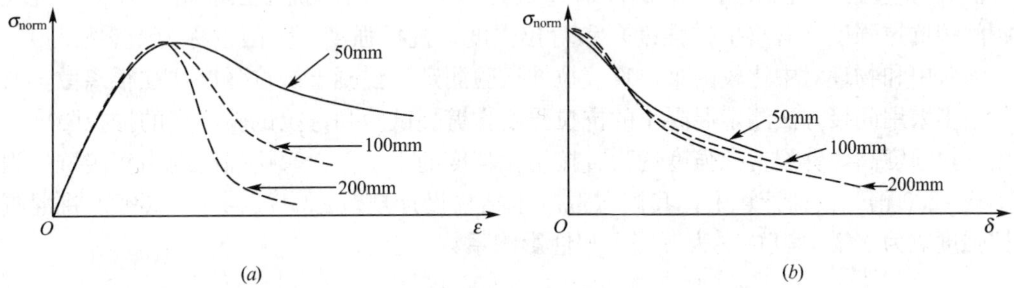

图 1-6　试件尺寸对单轴受压应力—应变关系的影响
(*a*) 应力—应变曲线；(*b*) 应力—位移曲线

区域大致相同。

上面这些试验现象说明了混凝土材料性能的复杂性。所以，研究混凝土材料的力学性能，必须考虑混凝土材料本身的特性，而不能直接搬用均质材料的力学模型。尽管在很多情况下，特别是工程设计中，也将混凝土作为一种均质材料考虑。

1.1.2 混凝土材料的基本力学参数

1.1.2.1 强度

混凝土的强度与水泥强度等级、水灰比有很大关系，骨料的性质、混凝土的级配、混凝土成型方法、硬化时的环境条件、混凝土的龄期、试件的大小和形状、试验方法和加载速率等也不同程度地影响混凝土的强度。因此，世界各国对各种单向受力下的混凝土强度都规定了标准的试验方法。抗压强度是混凝土的重要力学指标，与水泥用量、水灰比、龄期、施工方法及养护条件等因素有关。试验方法及试件形状、尺寸也会影响所测得的强度数值。

测定混凝土抗压强度的常用标准试件有 150mm×150mm×150mm 的立方体试件、ϕ150mm×300mm 的圆柱体试件和 150mm×150mm×300mm 的棱柱体试件，表 1-1 为一些国家标准或规范规定的标准试件。除上述标准试件外，根据工程的具体情况，也可采用其他尺寸的试件。表 1-2 给出了不同尺寸试件抗压强度的换算系数。

不同标准或规范规定的抗压强度标准试件 **表 1-1**

标　准	立方体	棱柱体	圆柱体
我国标准 GB/T 50081—2002[3]	150mm×150mm×150mm	150mm×150mm×300mm	—
美国标准 ASTM C 39/C39M—05[4]	—	—	150mm×300mm
欧洲标准 EN 12390—1：2000[5]	150mm×150mm×150mm	—	150mm×300mm
澳大利亚标准 AS 3600—2001[6]	—	—	150mm×300mm

不同形状和尺寸试件的混凝土单轴抗压强度相对值 **表 1-2**

试　件	立方体			圆柱体（ϕ150mm×300mm）				
	边长（mm）			强度等级				
	200	150	100	C20～C40	C50	C60	C70	C80
抗压强度相对值	0.95	1	1.05	0.80	0.83	0.86	0.875	0.89

混凝土抗拉强度也采用标准试件通过试验确定。常用的抗拉强度指标有轴心抗拉强度、间接抗拉强度（劈裂抗拉强度）和弯拉强度（抗折强度，美国也称为断裂模量）。由于几何对中和物理对中比较困难，直接拉伸试验测定的混凝土抗拉强度往往很离散，所以实际中多采用间接方法测定混凝土的抗拉强度。劈裂试验和弯拉试验测定的抗拉强度均比直接抗拉强度高，劈裂抗拉强度约为直接抗拉强度的 1.1 倍，弯拉强度约为直接抗拉强度的 1.5～2.0 倍。设计计算中，我国《混凝土结构设计规范》GB 50010—2002[7] 将混凝土弯拉强度取为 γf_{tk}，其中 γ 为混凝土塑性影响系数，表示为：

$$\gamma = \left(0.7 + \frac{120}{h}\right)\gamma_m \tag{1-1}$$

式中　h——构件截面高度；

γ_m ——混凝土塑性影响系数，与构件截面形状有关，矩形截面取 1.55。

欧洲模式规范 CEB-FIP 90[8]给出的混凝土弯拉强度与抗拉强度平均值的关系为：

$$f_{ct,ft} = f_{ctm}\frac{1+\alpha_{ft}\left(\frac{h_b}{h_c}\right)^{0.7}}{\alpha_{ft}\left(\frac{h_b}{h_c}\right)^{0.7}} \tag{1-2}$$

式中　$f_{ct,ft}$ ——混凝土弯拉强度；

f_{ctm} ——混凝土抗拉强度平均值；

h_b ——梁高度；

h_c ——100mm；

α_{ft} ——反映混凝土脆性的系数，建议值为 1.5。

欧洲规范 EN 1992—1—1：2004[9]采用的混凝土弯拉强度与抗拉强度平均值的关系为：

$$f_{ctm,fl} = \max\left\{\left(1.6-\frac{h}{1000}\right)f_{ctm}, f_{ctm}\right\} \tag{1-3}$$

式中　h ——构件截面高度，mm。

除通过试验直接测定混凝土的抗拉强度外，也常根据混凝土的抗压强度按经验公式计算抗拉强度。我国《混凝土结构设计规范》GB 50010—2002[7]采用立方体抗压强度计算抗拉强度的公式为：

$$f_{tm} = 0.88\times 0.395 f_{cu,m}^{0.55}\ (\text{MPa}) \tag{1-4a}$$

$$f_{tk} = 0.88\times 0.395 f_{cu,k}^{0.55}\ (1-1.645\delta_{f_{cu}})^{0.45}\alpha_{c2}\ (\text{MPa}) \tag{1-4b}$$

式中　f_{tm}、f_{tk} ——混凝土轴心抗拉强度平均值和标准值；

$f_{cu,m}$、$f_{cu,k}$ ——混凝土立方体抗压强度平均值和标准值；

$\delta_{f_{cu}}$ ——混凝土立方体抗压强度变异系数；

α_{c2} ——混凝土脆性折减系数，对 C40 混凝土取 $\alpha_{c2}=1.0$，对 C80 混凝土取 $\alpha_{c2}=0.87$，中间线性内插。

美国混凝土规范 ACI 318—08[10]不直接使用混凝土抗拉强度指标，但在与混凝土开裂有关的计算中（如开裂扭矩），将混凝土的抗拉强度取为：

$$f'_t = 0.333\lambda\sqrt{f'_c}\quad (\text{MPa}) \tag{1-5a}$$

式中　λ——考虑轻质混凝土的系数，普通混凝土取 1.0，砂轻质混凝土取 0.85，全轻质混凝土取 0.75。

f'_c ——混凝土圆柱体抗压强度（MPa）。

或采用弯拉强度：

$$f'_r = 0.623\lambda\sqrt{f'_c}\quad (\text{MPa}) \tag{1-5b}$$

欧洲规范 EN 1992—1—1：2004[9]采用了 $f_{ctk,0.05}$ 和 $f_{ctk,0.95}$ 两个抗拉强度值，前者是混凝土抗拉强度概率分布的 0.05 分位值，具有 95%的保证率，用于混凝土抗拉强度起重要作用的情况，如抗裂验算、梁的抗剪或板的抗冲切；后者为混凝土抗拉强度概率分布的 0.95 分位值，主要用于混凝土抗拉强度不是起主要作用的情况。欧洲规范给出的抗拉强

度 $f_{ctk,0.05}$ 和 $f_{ctk,0.95}$ 与抗拉强度平均值 f_{ctm} 的关系为：

$$f_{ctk,0.05}=0.7f_{ctm}, f_{ctk,0.95}=1.3f_{ctm} \quad (MPa) \tag{1-6a}$$

另外，欧洲规范给出的混凝土抗拉强度平均值与抗压强度特征值的关系为：

$$f_{ctm}=\begin{cases}0.3f_{ck}^{2/3} & \leqslant C50/60 \\ 2.12\ln\left(1+\dfrac{f_{cm}}{10}\right) & >C50/60\end{cases} \quad (MPa) \tag{1-6b}$$

其中

$$f_{cm}=f_{ck}+8 \quad (MPa) \tag{1-7}$$

澳大利亚规范 AS 3600—2001[6] 按下式计算混凝土的轴心抗拉强度特征值：

$$f'_{ct}=0.4\sqrt{f'_c} \quad (MPa) \tag{1-8a}$$

按下式计算混凝土的弯拉强度特征值：

$$f'_{cf}=0.6\sqrt{f'_c} \quad (MPa) \tag{1-8b}$$

式中 f'_c ——混凝土圆柱体抗压强度，MPa。

加拿大规范 CSA A 23.3—04[11] 采用下式计算混凝土的弯拉强度：

$$f_r=0.6\lambda\sqrt{f'_c} \quad (MPa) \tag{1-9}$$

式中 f'_c ——混凝土圆柱体抗压强度，MPa；

λ ——轻质混凝土系数，同式（1-5）。

混凝土强度的增长是混凝土中的胶结材料不断水化的过程。开始水化比较快，28d 时约完成水化的 80%以上，之后水化速度减慢，但仍在不断进行之中，具体与水泥品种、温度和养护等条件有关。因为混凝土性能与龄期有很大关系，所以施工中和设计中混凝土的龄期非常重要。国际上一般都将混凝土 28d 的性能作为混凝土设计时的性能，有些工程根据需要，特别是使用了缓凝水泥或掺加了粉煤灰的混凝土，考虑二次水化，也采用 90d 或 180d 的性能。

我国常采用的不同龄期混凝土的抗压强度计算公式为：

$$f_c(t)=\frac{\lg t}{\lg n}f_c(n) \tag{1-10}$$

式中 $f_c(n)$ ——第 n 天时混凝土的抗压强度。

在水利工程中，常采用长龄期强度。我国《水工混凝土结构设计规范》(DL/T 5057—1996)[12] 给出的不同龄期混凝土的抗压强度比值如表 1-3 所示。

我国水工规范给出的不同龄期混凝土的抗压强度比 **表 1-3**

水泥品种	混凝土龄期				
	7d	28d	60d	90d	180d
普通硅酸盐水泥	0.55～0.65	1.0	1.10	1.15	1.20
矿渣硅酸盐水泥	0.45～0.55	1.0	1.20	1.30	1.40
火山灰质硅酸盐水泥	0.45～0.55	1.0	1.15	1.25	1.30

注：1. 表中数值是以龄期 28d 的强度设为 1.0 时的比值；
2. 对于蒸汽养护的构件，不考虑抗压强度随龄期的增长；
3. 表中数字未计入掺合料及外加剂的影响；
4. 表中数字适用于 C30 及以下的混凝土。

美国混凝土协会209委员会报告ACI 209R—92给出的t龄期的混凝土抗压强度与28d抗压强度的关系为：

$$(f'_c)_t = \frac{t}{\alpha + \beta t}(f'_c)_{28} \tag{1-11}$$

式中　α、β——常数，取值见表1-4；

$(f'_c)_{28}$——混凝土28d抗压强度；

t——混凝土龄期，a。

对于普通混凝土、轻质砂混凝土及所有轻质混凝土（采用湿养护和蒸汽养护，Ⅰ和Ⅲ型水泥），式（1-11）中α和β的取值范围为：$\alpha=0.05 \sim 9.25$；$\beta=0.67 \sim 0.98$。

常数α和β的取值与水泥品种和养护类型有关。采用普通混凝土、轻质砂混凝土或所有轻质混凝土对α和β的取值没有显著影响。建议的值见表1-4。表1-4还给出了$(f'_c)_t/(f'_c)_{28}$随龄期变化的取值。

常数α、β和强度比　　表1-4

<table>
<tr><th rowspan="3">强度比</th><th rowspan="3">养护类型</th><th rowspan="3">水泥品种</th><th rowspan="3">α和β</th><th colspan="9">混凝土龄期</th><th rowspan="3">最　终</th></tr>
<tr><th colspan="7">d</th><th colspan="2">a</th></tr>
<tr><th>3</th><th>7</th><th>14</th><th>21</th><th>28</th><th>56</th><th>91</th><th>1</th><th>10</th></tr>
<tr><td rowspan="4">$\frac{(f'_c)_t}{(f'_c)_{28}}$</td><td rowspan="2">湿养护</td><td>Ⅰ</td><td>$\alpha=4.0$
$\beta=0.85$</td><td>0.46</td><td>0.70</td><td>0.88</td><td>0.96</td><td>1.0</td><td>1.08</td><td>1.12</td><td>1.16</td><td>1.17</td><td>1.18</td></tr>
<tr><td>Ⅲ</td><td>$\alpha=2.3$
$\beta=0.92$</td><td>0.59</td><td>0.80</td><td>0.92</td><td>0.97</td><td>1.0</td><td>1.04</td><td>1.06</td><td>1.08</td><td>1.09</td><td>1.09</td></tr>
<tr><td rowspan="2">蒸汽养护</td><td>Ⅰ</td><td>$\alpha=1.0$
$\beta=0.95$</td><td>0.78</td><td>0.91</td><td>0.98</td><td>1.0</td><td>1.0</td><td>1.03</td><td>1.04</td><td>1.05</td><td>1.05</td><td>1.05</td></tr>
<tr><td>Ⅲ</td><td>$\alpha=0.70$
$\beta=0.98$</td><td>0.82</td><td>0.93</td><td>0.97</td><td>0.99</td><td>1.0</td><td>1.0</td><td>1.01</td><td>1.01</td><td>1.02</td><td>1.02</td></tr>
</table>

欧洲规范EN 1992—1—1：2004[9]指出，当平均温度为20℃、养护条件符合EN 12390时，不同龄期混凝土的抗压强度$f_{cm}(t)$可按下式估计：

$$f_{cm}(t) = \beta_{cc}(t) f_{cm} \tag{1-12}$$

其中

$$\beta_{cc}(t) = \exp\left\{s\left[1 - \left(\frac{28}{t}\right)^{1/2}\right]\right\} \tag{1-13}$$

式中　$f_{cm}(t)$——t龄期（d）时混凝土的平均抗压强度；

f_{cm}——混凝土28d时的平均抗压强度，按式（1-7）计算；

$\beta_{cc}(t)$——依赖于混凝土龄期t的系数；

t——混凝土龄期，d；

s——水泥品种系数：对于速凝高强水泥(R)(CEM42.5R，CEM52.5)，s=0.20；对于普通和速凝水泥(N)(CEM32.5R，CEM42.5)，s=0.25；对于缓凝水泥(S)(CEM32.5)，s=0.38。

表 1-5 为按欧洲规范式（1-12）计算的不同龄期的混凝土抗压强度比。

欧洲规范的抗压强度比 **表 1-5**

水泥品种	7d	28d	60d	90d	180d
速凝高强水泥（R）	0.82	1.00	1.07	1.09	1.13
普通和速凝水泥（N）	0.78	1.00	1.08	1.12	1.16
缓凝水泥（S）	0.68	1.00	1.13	1.18	1.26

从表 1-3、表 1-4 和表 1-5 可以看出，我国普通混凝土不同龄期的强度比与欧洲规范普通和速凝水泥混凝土及美国Ⅰ型水泥混凝土湿养护的强度比比较接近。

1.1.2.2 弹性模量

混凝土作为一种材料，在受到外力作用时，会发生变形，描述混凝土变形的一个重要指标是混凝土的弹性模量。众所周知，由于混凝土并不是完全的弹性材料，其应力—应变关系为曲线，一般可以定义混凝土的三个弹性模量，即原点模量、切线模量和割线模量。设计中通常采用割线模量。

混凝土的弹性模量主要与混凝土中水泥、骨料的弹性模量及所占的比例有关。Hobbs 给出的考虑这些因素的理论计算公式为：

$$E(t)=E_{cm}(t)\left\{1+\frac{2V_a\left[E_a-E_{cm}(t)\right]}{E_a+E_{cm}-V_a\left[E_a-E_{cm}(t)\right]}\right\} \tag{1-14}$$

式中 t——混凝土龄期；

E_a、V_a——骨料弹性模量和体积含量；

$E_{cm}(t)$——t 时刻水泥的弹性模量。

Green 和 Swanson[13]给出的经验公式为：

$$E(t)=E(28)\left\{0.4+0.6\left[\frac{f_{cu}(t)}{f_{cu}}\right]\right\} \tag{1-15}$$

式中 $E(28)$——混凝土 28d 时的弹性模量；

$f_{cu}(t)$——t 时刻混凝土的抗压强度；

f_{cu}——混凝土立方体抗压强度。

在计算大体积混凝土结构的温度作用时，我国《水工混凝土结构设计规范》[12]（DL/T 5057—1996）采用了下式计算水工混凝土的弹性模量：

$$E_c(t)=1.44\left[1-\exp\left(-0.41t^{0.32}\right)\right]E_c(28) \tag{1-16}$$

式中，$E_c(28)$——混凝土 28d 龄期时的弹性模量。

美国混凝土协会 209 委员会报告 ACI 209R—92[14]给出了 $0.4(f'_c)_t$ 点处的割线弹性模量 E_{ct} 随时间变化的公式为：

$$E_{ct}=g_{ct}\left[w^3(f'_c)_t\right]^{1/2} \tag{1-17}$$

式中 w——混凝土的表观密度。

混凝土抗压强度 $(f'_c)_t$ 按式（1-11）计算。若 w 以“lb/ft^3”为单位，$(f'_c)_t$ 按“lbf/in^2”计算，则 $g_{ct}=33$，E_{ct} 的单位为“lbf/in^2”；若 w 以 kg/m^3 为单位，$(f'_c)_t$ 按 MPa 计算，则 $g_{ct}=0.043$，E_{ct} 的单位为 MPa。

欧洲规范 EN 1992—1—1：2004[9]给出的混凝土弹性模量随时间变化的公式为：

$$E_{cm}(t)=\left[\frac{f_{cm}(t)}{f_{cm}}\right]^{0.3}E_{cm} \tag{1-18}$$

式中 $E_{cm}(t)$、$f_{cm}(t)$——t龄期（d）混凝土的弹性模量和抗压强度；

E_{cm}、f_{cm}——28d时混凝土的弹性模量和抗压强度。

混凝土的弹性模量与其强度等级有关，一般强度高的混凝土，弹性模量也大，但两者不是线性关系，弹性模量增大的速度要比强度增大的速度小。表1-6为不同国家标准和规范规定的根据混凝土抗压强度计算弹性模量的公式。

混凝土弹性模量计算公式 **表1-6**

标准或规范	计 算 公 式	符 号 说 明
我国规范 GB 50010—2002[7]	$E_c=\frac{10^5}{2.2+(34.7/f_{cu,k})}$ (MPa)	$f_{cu,k}$—混凝土立方体抗压强度标准值
美国规范 ACI 318—08[10]	$E_c=0.0427w_c^{1.5}\sqrt{f_c'}$ (MPa)	w_c—混凝土表观密度（1442～2483kg/m^3）；f_c'——混凝土圆柱体抗压强度
加拿大规范 CSA A 23.3—04[11]	$\gamma_c=1500\sim2500\ \mathrm{kg/m^3}$时 $E_c=(3300\sqrt{f_c'}+6900)\left(\frac{\gamma_c}{2300}\right)^{1.5}$ (MPa) 或普通混凝土（20～40MPa） $E_c=4500\sqrt{f_c'}$ (MPa)	γ_c——混凝土重度； f_c'——混凝土圆柱体抗压强度
欧洲规范 EN 1992—1—1：2004[9]	$E_{cm}=22\left(\frac{f_{cm}}{10}\right)^{0.3}$ (GPa)	f_{cm}——混凝土抗压强度平均值
澳大利亚标准 AS 3600—2001[6]	$E_{cj}=\rho^{1.5}(0.043\sqrt{f_{cm}})$ (MPa)	ρ——混凝土密度； f_{cm}——混凝土抗压强度平均值
英国标准 BS 8110[15]	$E_0=5500\sqrt{\frac{f_{cu}}{\gamma_m}}$ (MPa)	f_{cu}——混凝土立方体抗压强度； γ_m——混凝土材料分项系数
印度标准 IS 456—1979[16]	$E_0=5688\sqrt{f_{cu}}$ (MPa)	f_{cu}——混凝土立方体抗压强度
欧洲混凝土协会 (CEB)[8]	$E_0=6000\sqrt{f_{cu}}$ (MPa)	f_{cu}——混凝土立方体抗压强度

在欧洲规范EN 1992—1—1：2004中，E_{cm}表示混凝土的平均弹性模量。除此之外，在分析结构或结构构件二阶效应时，欧洲规范还引入了下式表示的设计弹性模量：

$$E_{cd}=\frac{E_{cm}}{\gamma_{cE}} \tag{1-19}$$

考虑混凝土徐变计算构件的刚度时，引入了有效弹性模量：

$$E_{cd,eff}=\frac{E_{cd}}{1+\varphi_{ef}} \tag{1-20}$$

式中 γ_{cE}——混凝土弹性模量分项系数，建议值为1.2；

φ_{ef}——混凝土的有效徐变系数。

1.1.2.3 泊松比

与其他材料一样，当混凝土受到沿一个方向压力作用时，垂直于应力作用的方向会发生膨胀。横向应变与纵向应变的比值称为泊松比ν_c，与混凝土的强度、组成成分和其他因素有关[17]。

Klink（1985）[18]在大量试验的基础上给出下面混凝土泊松比与混凝土抗压强度的经验关系：

$$\nu_c = 4.5 \times 10^{-7} w_c^{1.75} f_c^{0.5} \tag{1-21}$$

式中 w_c——混凝土表观密度，lb/ft^3；

f_c——混凝土抗压强度，lbf/in^2。

对于单轴受压或承受双轴压一拉的混凝土，Darwin 和 Pecknold[19]建议按下式计算泊松比：

$$\nu_c = 0.2 + 0.6\left(\frac{\sigma_2}{f_c'}\right)^4 + 0.4\left(\frac{\sigma_1}{f_c'}\right)^4 \tag{1-22}$$

式中 σ_1、σ_2——主应力；

f_c'——混凝土抗压强度。

由于混凝土材料力学性能的非线性，在多轴受力的情况下，不同方向的泊松比是不同的。Elwi 和 Murray[20]根据 Kupfer[21]的试验结果，给出了下面的计算公式：

$$\nu_i = \nu_0(1 + 1.3763\varepsilon_R - 5.36\varepsilon_R^2 + 8.586\varepsilon_R^3) \tag{1-23}$$

其中

$$\varepsilon_R = \frac{\varepsilon_i}{\varepsilon_0}$$

式中 ν_0——初始泊松比；

ε_i——第 i 个方向的应变；

ε_0——混凝土单轴受压时峰值应力对应的应变。

在混凝土结构设计中，我国规范 GB 50010—2002 和澳大利亚规范 AS 3600—2001 将混凝土的泊松比取为 0.2；欧洲规范 1992—1—1：2004 规定，当没有裂缝时混凝土的泊松比取为 0.2，当出现裂缝时泊松比取为 0；美国规范 ACI 318—08 规定，当应力低于 $0.7f_c'$ 时，混凝土的泊松比在 0.15～0.20 范围内取值。德国规范 DIN 4227[22]采用的混凝土泊松比如表 1-7 所示。

德国规范 DIN 4227 采用的混凝土泊松比 **表 1-7**

E_0（kN/mm^2）	24	30	35	40
ν_c	0.15～0.18	0.17～0.20	0.20～0.25	0.25～0.30

1.1.2.4 剪变模量

剪变模量为单位剪应变下材料的剪应力。如果将混凝土视为弹性材料，按照材料力学理论，剪变模量与弹性模量及泊松比具有如下关系：

$$G_c = \frac{E_c}{2(1+\nu_c)} \tag{1-24}$$

目前混凝土的剪变模量还不易通过试验得到。我国规范 GB 50010—2002 将混凝土剪变模量 G_c 取为其弹性模量 E_c 的 0.4 倍，即 $G_c = 0.4E_c$；欧洲规范 EN 1992—1—1：2004 将剪变模量取为 $G = 0.42E_{cm}$，E_{cm} 为混凝土的平均弹性模量。

1.1.3 单调荷载下混凝土的应力—应变关系

1.1.3.1 受压混凝土的应力—应变关系

单轴受压混凝土的应力—应变曲线反映了混凝土的力学特性和破坏过程，也是工程设计中建立计算公式或进行非线性分析所需要的。图1-7示出了单调轴向压力下混凝土的典型应力－应变曲线，图1-8示出了曲线不同阶段混凝土内部微裂缝的张开与扩展过程。

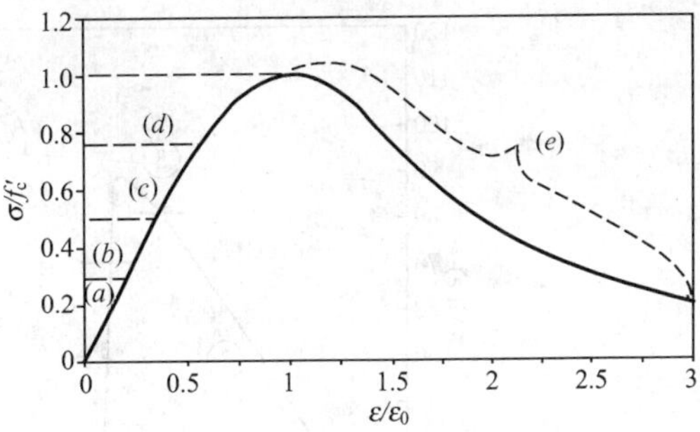

图1-7　单调荷载下混凝土的应力—应变曲线

由图1-7可以看出：

(1) 在荷载达到混凝土峰值应力的30%之前，随着应变的增大，混凝土呈现线弹性性能［(*a*)区］。这种线弹性性能对应于过渡区稳定的裂缝增长。当荷载不再增加时，裂缝不会再继续增长；

(2) 当荷载达到混凝土峰值应力的30%～50%时，材料刚度降低［(*b*)区］。这是由于过渡区裂缝扩展和增长的缘故，此时裂缝增长是稳定的；

(3) 当荷载达到混凝土峰值应力的50%～75%时，材料刚度进一步降低［(*c*)区］。刚度降低可能是由于水泥浆处裂缝扩展和增长的结果，也可能是不变荷载下不稳定裂缝扩展的结果；

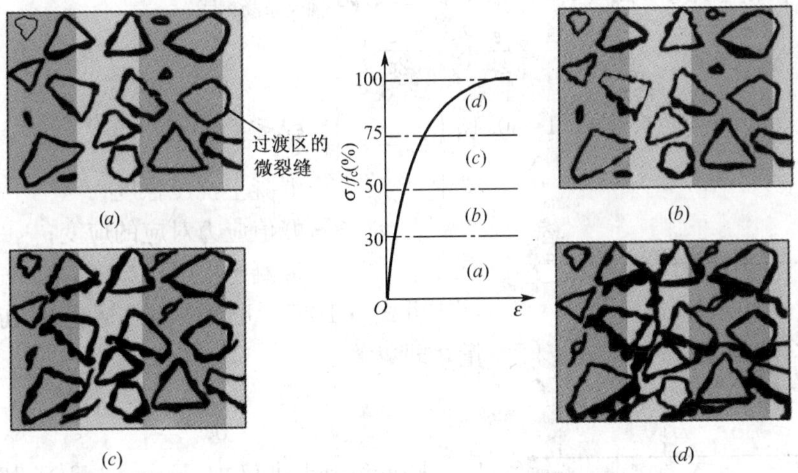

图1-8　混凝土性能与开裂程度的关系

(*a*) 极限应力的30%；(*b*) 极限应力的50%；(*c*) 极限应力的75%；(*d*) 破坏应力

(4) 当荷载超过混凝土峰值应力的75%时，荷载不变而混凝土应变持续增加［(*d*)区］。这是由于裂缝在过渡区和水泥浆中自发增长以及微裂缝合并形成连续裂缝的缘故；

(5) 当荷载超过相应于抗压强度的荷载时，应力开始降低［(*e*)区］。这是多条连续裂缝发展的结果。

上面是普通混凝土受压时的破坏过程。高强混凝土受压时的破坏过程与普通混凝土有着明显的不同（图1-9），其下降段比普通混凝土陡得多，裂缝穿过骨料颗粒，破坏时断裂面比较平整。

对混凝土应力—应变关系的研究已有相当长的时间，提出的模型也很多，下面是比较常用的一些模型。

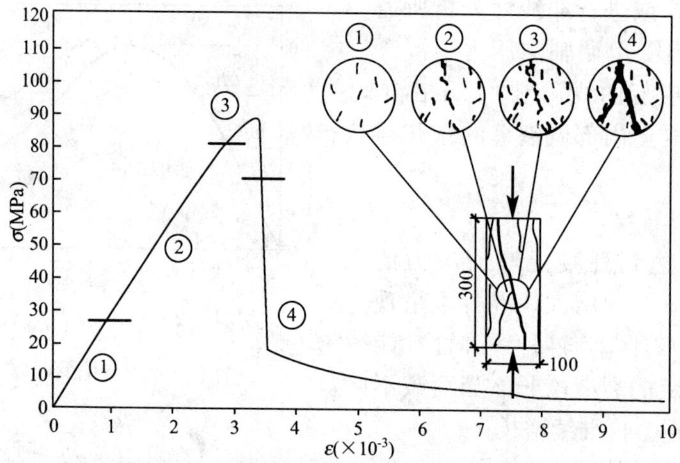

图 1-9 高强混凝土单轴受压时的应力—应变曲线

1. Hognestad 的模型

Hognestad[23] 的模型是提出比较早、被广泛采用的模型。该模型上升段为二次抛物线，下降段采用直线段（图 1-10），数学表达式为：

$$\frac{\sigma}{f_c'}=\begin{cases}2\dfrac{\varepsilon}{\varepsilon_0}\left(1-\dfrac{\varepsilon}{2\varepsilon_0}\right) & \varepsilon\leqslant\varepsilon_0\\[2ex] 1-0.15\left(\dfrac{\varepsilon-\varepsilon_0}{\varepsilon_{cu}-\varepsilon_0}\right) & \varepsilon_0<\varepsilon\leqslant\varepsilon_{cu}\end{cases}\tag{1-25}$$

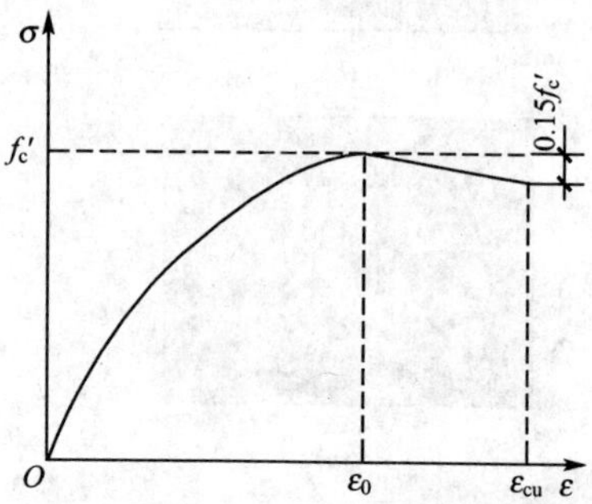

图 1-10 Hognestad 的混凝土应力—应变关系

式中 f_c' ——混凝土抗压强度；

ε_0 ——峰值应力对应的应变；

ε_{cu} ——混凝土极限压应变。

由式（1-25）可求得混凝土的初始弹性模量，即

$$E_0=\frac{d\sigma}{d\varepsilon}\bigg|_{\varepsilon=0}=2\frac{f_c'}{\varepsilon_0}$$

Hognestad 建议取 $E_0=1.8\times10^6+460\times(0.85f_c')$（psi）。

2. Desayi 和 Krishnan 的模型

Desayi 和 Krishnan[24] 提出的模型的上升段和下降段用一个函数表示，如下式：

$$\sigma=\frac{E_0\varepsilon}{1+\left(\dfrac{\varepsilon}{\varepsilon_0}\right)^2}\tag{1-26}$$

式中 E_0 ——混凝土的初始弹性模量；

ε_0 ——峰值应力对应的应变。

3. Saenz 的模型

Saenz[25] 提出的模型的上升段和下降段也用一个函数表示，比 Desayi 和 Krishnan 的模型多一个参数，如下式：

$$\sigma=\frac{E_0\varepsilon}{1+\left(\frac{E_0}{E_{sec}}-2\right)\frac{\varepsilon}{\varepsilon_0}+\left(\frac{\varepsilon}{\varepsilon_0}\right)^2} \tag{1-27}$$

式中　E_{sec}——混凝土割线模量。

由式（1-27）可以看出，当取 $E_{sec}=0.5E_0$ 时，Saenz 的模型即退化为 Desayi 和 Krishnan 的模型。另外，采用等效的应力—应变关系，Saenz 的模型也广泛用于双轴受力混凝土结构的分析。

4. Elwi 和 Murray 的模型

Elwi 和 Murray[20] 给出的多轴应力下混凝土的应力—应变公式为：

$$\sigma=\frac{E_0\varepsilon}{1+\left(\frac{E_0}{E_{sec}}+R-2\right)\frac{\varepsilon}{\varepsilon_0}-(2R-1)\left(\frac{\varepsilon}{\varepsilon_0}\right)^2+R\left(\frac{\varepsilon}{\varepsilon_0}\right)^3} \tag{1-28}$$

其中

$$R=\frac{E_0}{E_{sec}}\left(\frac{R_\sigma-1}{R_\varepsilon-1}\right)-\frac{1}{R_\varepsilon},\ R_\sigma=\frac{1}{0.85},\ R_\varepsilon=\frac{\varepsilon_0}{\varepsilon_{cu}}$$

采用等效的应力—应变关系（图 1-11），Elwi 和 Murray 的模型也广泛用于多轴受力混凝土结构的分析。

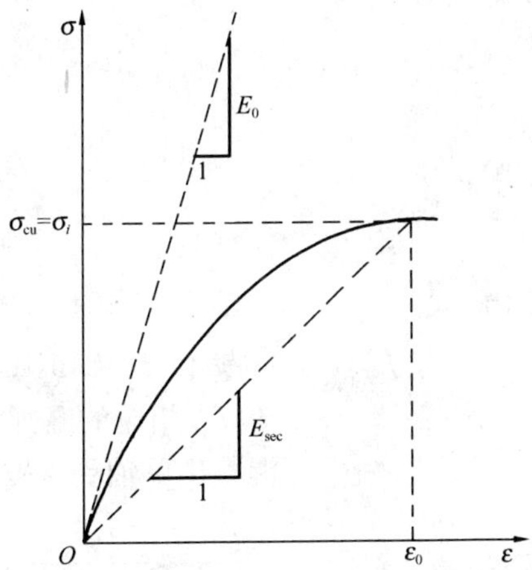

图 1-11　等效的应力—应变关系

5. Richard 和 Abbott 的模型

Richard 和 Abbott[26] 给出的混凝土应力—应变关系为：

$$\sigma=\frac{E_1\varepsilon}{\left[1+\left(\frac{E_1\varepsilon}{\sigma_0}\right)^n\right]^{1/n}}+E_p\varepsilon \tag{1-29}$$

其中

$$E_1=E-E_p$$

式中　E——混凝土弹性模量；

E_p——塑性模量；

σ_0——参考塑性应力；

n——曲线形状参数。

6. Mander 等的模型

Mander 等[27] 提出的模型为：

$$\sigma=\frac{\left(\frac{\varepsilon}{\varepsilon_0}\right)r}{r-1+\left(\frac{\varepsilon}{\varepsilon_0}\right)^r}f_c \tag{1-30}$$

其中

$$r=\frac{E_c}{E_c-E_s},\ E_c=5000\sqrt{f_c},\ E_s=\frac{f_c}{\varepsilon_0}$$

式中　f_c——混凝土峰值应力，MPa；

ε_0——混凝土峰值应力对应的应变。

7. Thorenfeldt、Tomaszewicz 和 Jensen 的模型

Thorenfeldt、Tomaszewicz 和 Jensen[28] 1987 年提出了下面混凝土受压的应力—应变模型：

$$\sigma=\frac{n\left(\frac{\varepsilon}{\varepsilon_p}\right)}{n-1+\left(\frac{\varepsilon}{\varepsilon_p}\right)^{nk}}f_p \tag{1-31}$$

其中

$$n=0.8+\frac{f_p}{17},\ k=\begin{cases}1.0 & 0\leqslant\varepsilon\leqslant\varepsilon_p\\ 0.67+\frac{f_p}{62} & \varepsilon>\varepsilon_p\end{cases}$$

式中 f_p ——混凝土峰值应力，MPa；

ε_p ——混凝土峰值应力对应的应变。

8. 我国《混凝土结构设计规范》(GB 50010—2002)

我国《混凝土结构设计规范》(GB 50010—2002)[7] 采用的混凝土单轴受压应力—应变关系为（图 1-12）：

$$y=\begin{cases}\alpha_a x+(3-2\alpha_a)x^2+(\alpha_a-2)x^3 & x\leqslant 1\\ \dfrac{x}{\alpha_d(x-1)^2+x} & x>1\end{cases} \tag{1-32}$$

其中

$$x=\frac{\varepsilon}{\varepsilon_c},\ y=\frac{\sigma}{f_c^*}$$

式中 α_a、α_d ——单轴受压应力—应变曲线上升段、下降段的参数值，如表 1-8 所示；

f_c^* ——混凝土的单轴抗压强度（f_{ck}、f_c 或 f_{cm}）；

ε_c ——与 f_c^* 相应的混凝土峰值压应变，按表 1-8 取用；

ε_u——混凝土单轴受压极限压应变。

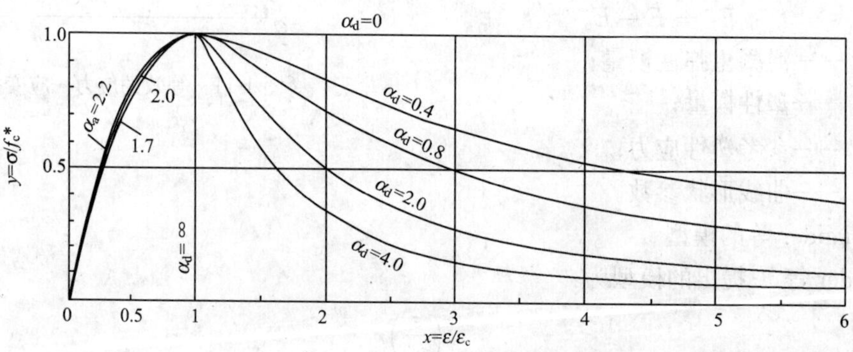

图 1-12 不同 α_a 和 α_d 时混凝土的单轴受压应力—应变曲线

混凝土单轴受压应力—应变曲线的参数值 **表 1-8**

f_c^* (N/mm²)	15	20	25	30	35	40	45	50	55	60
ε_c ($\times10^{-6}$)	1370	1470	1560	1640	1720	1790	1850	1920	1980	2030
α_a	2.21	2.15	2.09	2.03	1.96	1.90	1.84	1.78	1.71	1.65
α_d	0.41	0.74	1.06	1.36	1.65	1.94	2.21	2.48	2.74	3.00
$\varepsilon_u/\varepsilon_c$	4.2	3.0	2.6	2.3	2.1	2.0	1.9	1.9	1.8	1.8

9. 欧洲规范《混凝土结构设计》(EN 1992—1—1：2004)

欧洲规范 EN 1992—1—1：2004[9] 给出的用于非线性分析的短期单轴加载混凝土应力－应变关系(压应力和压应变均为绝对值) 如下式(图 1-13)：

$$\frac{\sigma_c}{f_{cm}}=\frac{k\eta-\eta^2}{1+(k-2)\eta} \tag{1-33}$$

其中 $\eta=\frac{\varepsilon_c}{\varepsilon_{c1}}$，

$\varepsilon_{c1}=0.7\times10^{-3}f_{cm}^{0.31}<2.8\times10^{-3}$，

$k=1.1\frac{E_{cm}\times|\varepsilon_{c1}|}{f_{cm}}$

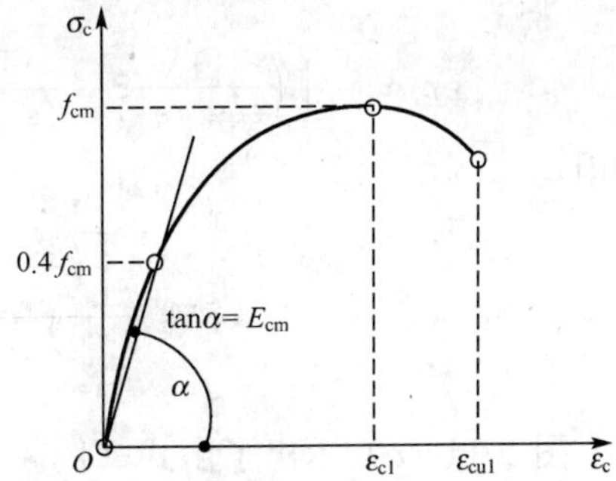

图 1-13　用于结构分析的混凝土应力—应变曲线

式中　f_{cm}——混凝土抗压强度平均值；

ε_{c1}——峰值应力对应的应变。

式(1-33) 适用于 $0<|\varepsilon_c|<|\varepsilon_{cu1}|$ 的情况，ε_{cu1} 为名义极限应变，按下式确定：

$$\varepsilon_{cu1}=\begin{cases}3.5\times10^{-3} & f_{ck}\leqslant 50\text{MPa}\\ [2.8+27\times(98-f_{cm}/100)^4]\times10^{-3} & f_{ck}>50\text{MPa}\end{cases}$$

10. 欧洲模式规范 CEB-FIP MC 1990

在短期荷载下，欧洲模式规范 CEB-FIP MC 1990[8] 按下式确定混凝土的应力－应变关系：

$$\sigma_c=-\frac{\frac{E_{ci}}{E_{cl}}\left(\frac{\varepsilon_c}{\varepsilon_{cl}}\right)-\left(\frac{\varepsilon_c}{\varepsilon_{cl}}\right)^2}{1+\left(\frac{E_{ci}}{E_{cl}}-2\right)\frac{\varepsilon_c}{\varepsilon_{cl}}}f_{cm}\qquad |\varepsilon_c|\leqslant|\varepsilon_{c,lim}| \tag{1-34}$$

式中　σ_c——压应力(负号表示受压)；

ε_c——压应变；

E_{ci}——混凝土的切线模量；

$\varepsilon_{cl}=-0.0022$；

E_{cl}——最大压应力 f_{cm} 处的割线模量，取为 $f_{cm}/0.0022$。

式(1-34) 中的应变 $\varepsilon_{c,lim}$ 对应于 $\sigma_{c,lim}=-0.5f_{cm}$，由此得到：

$$\frac{\varepsilon_{c,lim}}{\varepsilon_{cl}}=\frac{1}{2}\left(\frac{1}{2}\frac{E_{ci}}{E_{cl}}+1\right)+\sqrt{\frac{1}{4}\left(\frac{1}{2}\frac{E_{ci}}{E_{cl}}+1\right)^2-\frac{1}{2}} \tag{1-35}$$

表 1-9 给出了不同等级混凝土的 E_{ci}、E_{cl} 和 $\varepsilon_{c,lim}$ 值。

不同等级混凝土的 E_{ci}、E_{cl} 和 $\varepsilon_{c,lim}$　　**表 1-9**

混凝土等级(圆柱体)	C12	C20	C30	C40	C50	C60	C70	C80
E_{ci} (10^3MPa)	27	30.5	33.5	36.5	38.5	41	42.5	44.5
E_{cl} (10^3MPa)	9	12.5	17.5	22	26.5	31	35.5	40
$\varepsilon_{c,lim}$ (10^{-3})	−5.0	−4.2	−3.7	−3.3	−3.0	−2.8	−2.6	−2.4

式(1-34) 表示了应力—应变曲线的上升段和 $|\varepsilon_c|\leqslant|\varepsilon_{c,lim}|$ 时的下降段，$|\varepsilon_c|>$

$\left|\varepsilon_{c,\lim}\right|$ 时应力—应变曲线的下降段可用下式描述：

$$\sigma_c=-\left[\left(\frac{1}{\varepsilon_{c,\lim}/\varepsilon_{cl}}\xi-\frac{2}{(\varepsilon_{c,\lim}/\varepsilon_{cl})^2}\right)\left(\frac{\varepsilon_c}{\varepsilon_{cl}}\right)^2+\left(\frac{4}{\varepsilon_{c,\lim}/\varepsilon_{cl}}-\xi\right)\frac{\varepsilon_c}{\varepsilon_{cl}}\right]^{-1}f_{cm} \tag{1-36}$$

其中

$$\xi=\frac{4\left[\left(\frac{\varepsilon_{c,\lim}}{\varepsilon_{cl}}\right)^2\left(\frac{E_{ci}}{E_{cl}}-2\right)+2\frac{\varepsilon_{c,\lim}}{\varepsilon_{cl}}-\frac{E_{ci}}{E_{cl}}\right]}{\left[\frac{\varepsilon_{c,\lim}}{\varepsilon_{cl}}\left(\frac{E_{ci}}{E_{cl}}-2\right)+1\right]^2}$$

图 1-14（a）示出了由式（1-34）和式（1-36）表示的压应力—应变曲线。

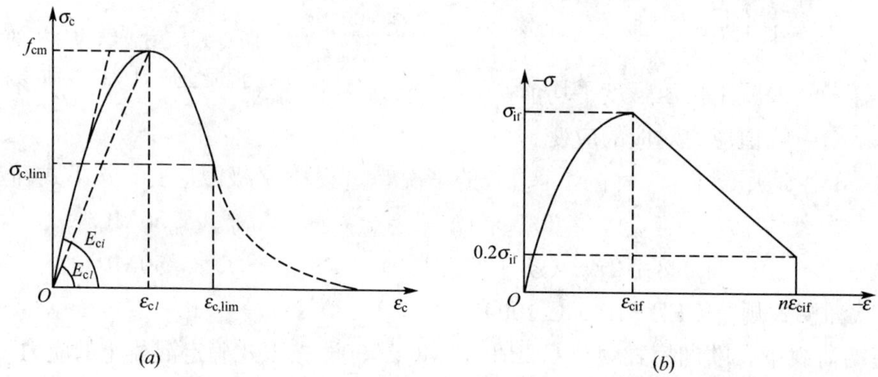

图 1-14 CEB-FIP MC 1990 采用的应力—应变曲线

（a）下降段为曲线；（b）下降段为直线

为简化计算，CEB-FIP MC 1990 规定也可采用直线表示混凝土压应力—应变曲线的下降段［图 1-14（b）］，即

$$\frac{\sigma_{ci}}{\sigma_{if}}=-\frac{\varepsilon_{ci}}{\varepsilon_{cif}}\times\frac{0.8}{n-1}+\frac{n-0.2}{n-1}\ (\left|\varepsilon_{cif}\right|<\left|\varepsilon_c\right|<\left|n\varepsilon_{cif}\right|) \tag{1-37}$$

式（1-37）中，参数 n 根据表 1-10 确定。

参 数 n **表 1-10**

混凝土等级（圆柱体）	C20	C40	C60	C80
n	3	2	1.5	1.2

1.1.3.2 受拉混凝土的应力—应变关系

混凝土是一种准脆性材料，这可反映在两个方面：(1) 与受压时混凝土破坏分布在一定长度内不同，受拉时混凝土破坏集中在一条裂缝上，如图 1-15 所示。所以，在混凝土开裂后，混凝土的变形主要是裂缝处混凝土的应变集中，不代表测量区段的整体性能；(2) 与受压相比，受拉时混凝土的上升段比较陡，接近于直线。

基于上述原因，受拉混凝土应力—变形曲线的上升段用应力—应变曲线表示，下降段用应力—裂缝宽度表示，如图 2-18 所示。欧洲模式规范 CEB-FIP MC 90 给出的上升段表达式为（图 1-16）：

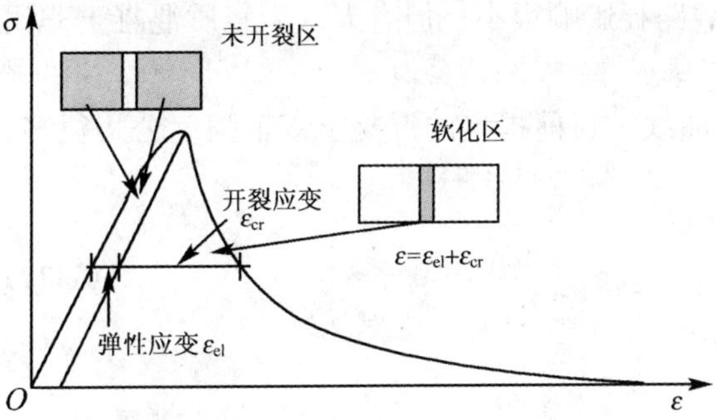

图 1-15　混凝土开裂后的软化性能

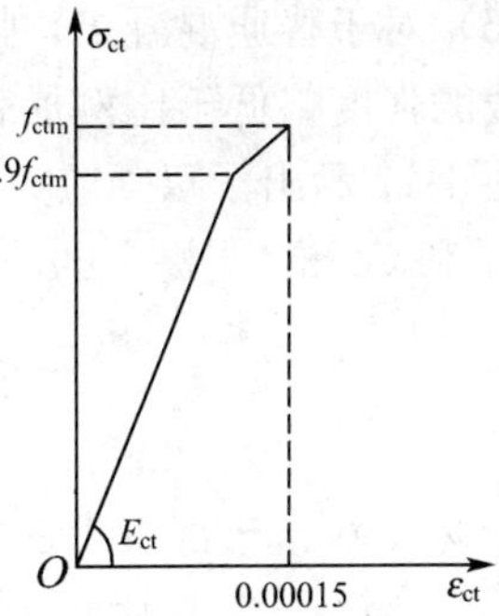

图 1-16　CEB-FIP MC 90 中混凝土受拉应力—变形曲线的上升段

$$\sigma_t=\begin{cases}E_{ci}\varepsilon_t & \varepsilon_t\leqslant 0.9f_t/E_{ci}\\ f_t-\dfrac{0.1f_t}{0.00015-0.9f_t/E_{ci}}(0.00015-\varepsilon_t) & 0.9f_t/E_{ci}<\varepsilon_t\leqslant 0.00015\end{cases}\tag{1-38}$$

式中　E_{ci} ——混凝土切线模量，MPa；

f_t ——混凝土抗拉强度，MPa。

CEB—FIP MC 90 给出混凝土受拉应力—变形曲线的下降段为式（2-47）。除此之外，还有很多其他的表达式，如式（2-43）和式（2-44）。实际中应用的是一些简化的表达式，相应的曲线如图 2-19 所示。

1.1.4　双轴应力下混凝土的性能

双轴应力下混凝土的性能也必须通过试验得到，常用的双轴荷载试件有三种：立方体试件、平板试件及空心圆柱体试件。前两种试件直接在两个方向加载，但平板试件的加载方向在平板面内。空心圆筒试件是轴向加压，加上扭转或内、外水压力。20 世纪 60 年代末期，Kupfer 等用 200mm×200mm×50mm 的平板试件，做了双轴受力试验。试件中有拉—拉、拉—压、双压组合，选用了不同的应力比 σ_1/σ_2（$\sigma_3=0$）。试验做得很准确，其结果为后来其他研究者的试验所证实。试验结果表明：

（1）当双轴受压时，混凝土一向的抗压强度随着另一向压力的增加而增大，最大压应力约在两个主压应力之比为 $\sigma_1/\sigma_2=0.5$ 时发生，约为单轴抗压强度的 1.22～1.27 倍。当双向等压时，强度约为单轴抗压强度的 1.16～1.20 倍。

（2）当一向受拉、一向受压时，混凝土受压方向的强度随着另一方向拉应力的增加而降低（几乎呈线性关系）；或者说混凝土的抗拉强度随另一向压应力的增大而降低。

（3）当双轴受拉时，混凝土的抗拉强度基本不受另一方向的影响，即双轴抗拉强度与单轴抗拉强度基本相同。

（4）在双轴应力状态下，混凝土的应变大小与应力状态的性质（是受压还是受拉）有关。在单轴及双轴受压状态下，平均最大压应变为 3000με，平均最大拉应变约为 2000～4000με。而在单轴或双轴受拉状态下，平均最大主拉应变约为 80με。

（5）接近破坏时，试件的体积会增加。这种非弹性的体积增加主要是由混凝土中微裂缝的扩展造成的。

（6）对于普通混凝土，强度包络图受加载路径影响很小。但有人认为轻质混凝土非比例加载的强度略低于比例加载的情况。

图 1-17 示出了双轴应力下混凝土的强度曲线，目前提出的混凝土双轴强度公式很多，Kupfer 和 Gerstl[29] 提出的公式为：

$$\left(\frac{\sigma_1}{f_c'}+\frac{\sigma_2}{f_c'}\right)^2-\left(\frac{\sigma_2}{f_c'}\right)-3.65\left(\frac{\sigma_1}{f_c'}\right)=0 \tag{1-39}$$

式中 σ_1、σ_2——混凝土主应力；

f_c'——混凝土抗压强度。

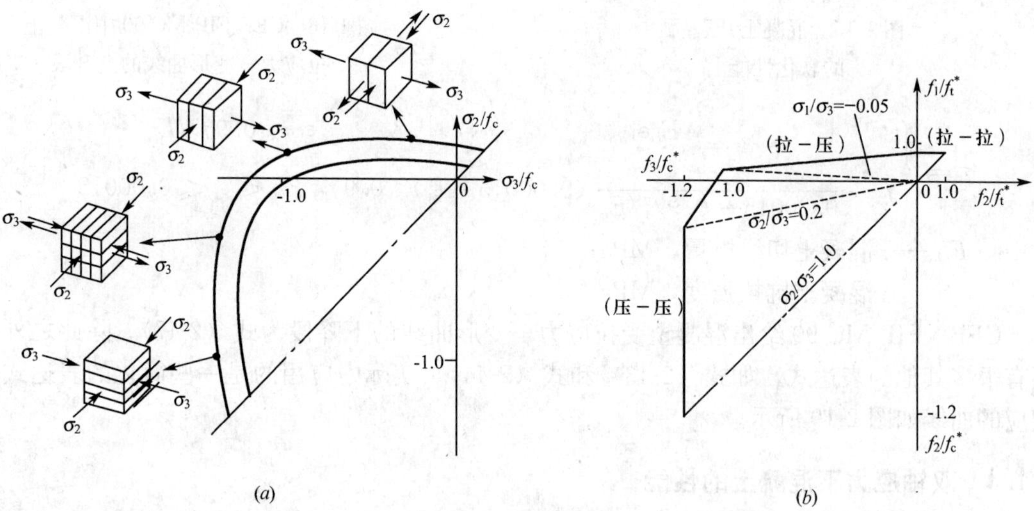

图 1-17 双轴应力下混凝土的强度曲线

(a) 试验得到的双轴强度；(b) 简化的双轴强度

对于混凝土的剪切破坏，剪切面也处于双轴受力状态，其上的剪应力和正应力有如下关系[30]：

$$\frac{\tau}{f_c}=\sqrt{a+b\left(\frac{\sigma}{f_c}\right)+c\left(\frac{\sigma}{f_c}\right)^2} \tag{1-40}$$

式中 a、b、c——试验确定的系数，日本学者罔岛达雄给出的值为 $a=0.00981$，$b=0.112$，$c=-0.122$；坪井善胜给出的值为 $a=0.0089$，$b=0.095$，$c=-0.104$；Bresler 给出的值为 $a=0.0089$，$b=0.089$，$c=-0.108$[30]。

欧洲规范 EN 1992—1—1：2004[9] 给出的混凝土抗剪强度公式为（图 1-18）：

$$\tau=\begin{cases}\sqrt{f_{ct}^2+\sigma f_{ct}} & \sigma\leqslant\sigma_{c,\lim}\\ \sqrt{f_{ct}^2+\sigma f_{ct}-\left(\dfrac{\sigma-\sigma_{c,\lim}}{2}\right)^2} & \sigma>\sigma_{c,\lim}\end{cases} \tag{1-41}$$

其中

$$\sigma_{c,\lim}=f_c-2\sqrt{f_{ct}\left(f_{ct}+f_c\right)}$$

式中 σ——剪切面上的正应力；

f_c——混凝土抗压强度；

f_{ct} ——混凝土抗拉强度。

欧洲模式规范 CEB-FIP MC 90[8] 采用下式表示混凝土的双轴强度（拉为正，压为负）。对于双轴压—拉的情况，当 $\sigma_{3f} \leqslant -0.96 f_{cm}$ 时：

$$\sigma_{3f} = -\frac{1+3.8\alpha}{(1+\alpha)^2} f_{cm} \quad (1\text{-}42a)$$

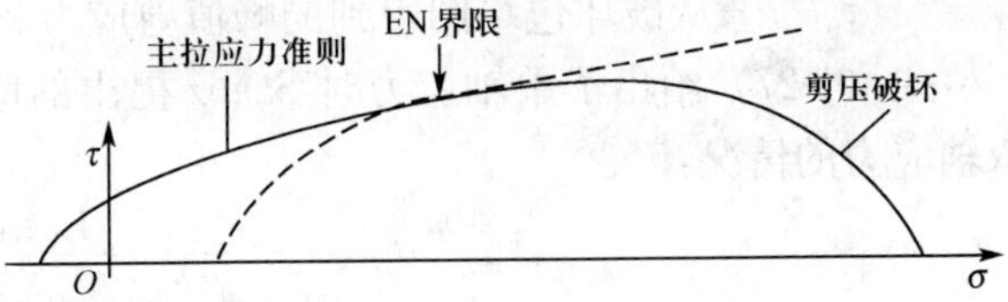

图 1-18　欧洲规范的混凝土双轴强度

其中

$$\alpha = \frac{\sigma_{2f}}{\sigma_{3f}}$$

式中　f_{cm} ——混凝土单轴抗压强度平均值。

当 $\sigma_{3f} > -0.96 f_{cm}$ 时：

$$\sigma_{1f} = \left(1 + 0.8 \frac{\sigma_{3f}}{f_{cm}}\right) f_{ctm} \quad (1\text{-}42b)$$

式中　f_{ctm} ——混凝土单轴抗拉强度平均值。

对于双轴受拉：

$$\sigma_{1f} = f_{ctm} \quad (1\text{-}42c)$$

图 1-19 示出了双轴应力下混凝土的应力—应变曲线。

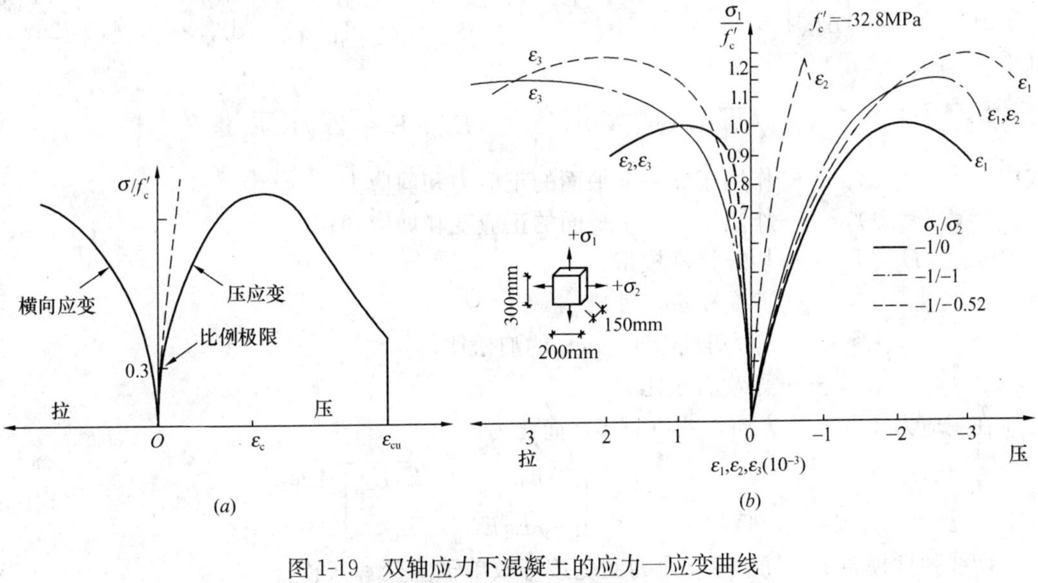

图 1-19　双轴应力下混凝土的应力—应变曲线

（*a*）曲线的特征；（*b*）实测曲线

Gerstle[31] 1981 年提出了下面用八面体剪应力和八面体剪应变表示的混凝土双轴应力—应变关系：

$$\tau_{oct} = \tau_p \left[1 - \exp\left(-\frac{2E_0}{\tau_{ou}} \gamma_{oct}\right)\right] \quad (1\text{-}43)$$

式中　E_0 ——初始切线模量；

τ_{oct} ——八面体剪应力；

γ_{oct} ——八面体剪应变；

τ_{ou}——八面体抗剪强度；

τ_p——从破坏包络图得到的峰值剪应力。

式（1-27）给出了单轴应力时 Saenz 提出的应力—应变模型，该模型经修改也可用于双轴应力的情况：

$$\sigma=\frac{E_0\varepsilon_{iu}}{1+\left(\frac{E_0}{E_{sec}}-2\right)\frac{\varepsilon_{iu}}{\varepsilon_{ic}}+\left(\frac{\varepsilon_{iu}}{\varepsilon_{ic}}\right)^2} \tag{1-44}$$

其中

$$E_{sec}=\frac{\sigma_{ic}}{\varepsilon_{ic}}$$

式中 E_0——初始切线弹性模量；

E_{sec}——峰值压应力时的割线模量；

σ_{ic}——峰值主压应力；

ε_{ic}——相应于峰值主压应力的等效单轴应变；

ε_{iu}——等效单轴应变。

将混凝土看作是正交各向异性材料，根据等效单轴应变的概念，CEB-FIP MC 90 采用了 Darwin 增量形式的公式描述双轴应力状态下混凝土的应力—应变关系：

$$\begin{Bmatrix} d\sigma_x \\ d\sigma_y \\ d\tau_{xy} \end{Bmatrix}=\frac{1}{1-\nu^2}\begin{bmatrix} E_x & \nu\sqrt{E_xE_y} & 0 \\ \nu\sqrt{E_xE_y} & E_y & 0 \\ 0 & 0 & (1-\nu^2)G \end{bmatrix}\begin{Bmatrix} d\varepsilon_x \\ d\varepsilon_y \\ d\gamma_{xy} \end{Bmatrix} \tag{1-45}$$

其中

$$\nu=\sqrt{\nu_x\nu_y}\text{，}(1-\nu^2)G=\frac{1}{4}(E_x+E_y-2\nu\sqrt{E_xE_y})$$

式中 σ_x、σ_y、τ_{xy}——作用于 $x-y$ 平面的正应力和剪应力；

ε_x、ε_y、γ_{xy}——作用于 $x-y$ 平面的正应变和剪应变；

E_x、E_y——切线弹性模量；

G——剪变模量；

ν_x、ν_y——应力增量 $d\sigma_x$、$d\sigma_y$ 的泊松比；

ν——等效泊松比。

在主应力 1 和 2 的方向，式（1-45）简化为：

$$\begin{Bmatrix} d\sigma_1 \\ d\sigma_2 \end{Bmatrix}=\frac{1}{1-\nu^2}\begin{bmatrix} E_1 & \nu\sqrt{E_1E_2} \\ \nu\sqrt{E_1E_2} & E_2 \end{bmatrix}\begin{Bmatrix} d\varepsilon_1 \\ d\varepsilon_2 \end{Bmatrix} \tag{1-46a}$$

切线弹性模量 E_1、E_2 随应力的变化按等效单轴应变 ε_{iu} 确定：

$$d\varepsilon_{iu}=\frac{d\sigma_i}{E_i}\ (i=1,2)\text{，}\varepsilon_{iu}=\sum_k d\varepsilon_{iu}\ (k=1,\cdots,\text{应力增量})$$

式中 $d\varepsilon_{iu}$——等效单轴应变增量；

E_i——应力 σ_i 状态下的割线弹性模量。

如果将式（1-46a）中的应变 ε_i 用等效单轴应变 ε_{iu} 代替，那么增量本构关系可用下式表示：

$$\begin{Bmatrix} d\sigma_1 \\ d\sigma_2 \end{Bmatrix}=\begin{bmatrix} E_1 & 0 \\ 0 & E_2 \end{bmatrix}\begin{Bmatrix} d\varepsilon_{1u} \\ d\varepsilon_{2u} \end{Bmatrix} \tag{1-46b}$$

可通过将式（1-34）中峰值应力 $\sigma_c=-f_{cm}$ 替换为破坏应力 σ_{if}，峰值应力处的应变 ε_{c1} 替换为等效应变 ε_{cif}，E_{c1} 替换为 $\sigma_{if}/\varepsilon_{cif}$ 确定等效单轴压应变。ε_{cif} 按下面的公式确定。

当 $\sigma_{3u}\leqslant-0.96f_{cm}$ 时，对于双轴受压和双轴受拉：

$$\varepsilon_{c2f}=\varepsilon_{c1}\left(-3\frac{\sigma_{2f}}{f_{cm}}-2\right),\ \varepsilon_{c3f}=\varepsilon_{c1}\left(-3\frac{\sigma_{3f}}{f_{cm}}-2\right),\ \nu=0.2 \tag{1-47}$$

式中　ε_{c2f}、ε_{c3f}——峰值应力对应的等效单轴应变；

$\varepsilon_{c1}=-0.0022$，单轴压力作用下峰值应力 $\sigma_c=-f_{cm}$ 处的应变；

σ_{2f}、σ_{3f}——由式（1-42）确定的混凝土破坏时的主应力；

ν——泊松比。

对于双轴受拉：

$$\varepsilon_{cif}=\varepsilon_{ct1}=0.00015,\ \nu=0.2$$

式中　ε_{ct1}——单轴拉力下峰值应力 f_{ctm} 对应的应变（图 1-16）。

当 $\sigma_{3u}>-0.96f_{cm}$ 时，对于双轴拉—压应力：

$$\varepsilon_{c3f}=\varepsilon_{c1}\left[-1.6\left(\frac{-\sigma_{3f}}{f_{cm}}\right)^3+2.25\left(\frac{-\sigma_{3f}}{f_{cm}}\right)^2+0.35\left(\frac{-\sigma_{3f}}{f_{cm}}\right)\right],\ \varepsilon_{cif}=\varepsilon_{ct1}$$

$$\nu(\sigma)=0.2+0.6\left(\frac{-\sigma_3}{f_{cm}}\right)^4+0.4\left(\frac{\sigma_1}{f_{ctm}}\right)^4<0.99$$

1.1.5　三轴应力下混凝土的性能

1.1.5.1　强度与变形

三轴应力下混凝土的特性也需通过试验确定，常用的试件为立方体和圆柱体，如图 1-20所示。最早的混凝土三轴应力试验是美国的 Richart[32] 1928 年完成的，其结果至今仍被广泛使用。之后，Balme、Launary、Mills、Eimmerman、Ferrara 和中国水利科学研究院[33]、清华大学[34,35]、大连理工大学[36-45]等都做了不少试验，这些试验都表明混凝土的破坏面有如下特点（图 1-21）：

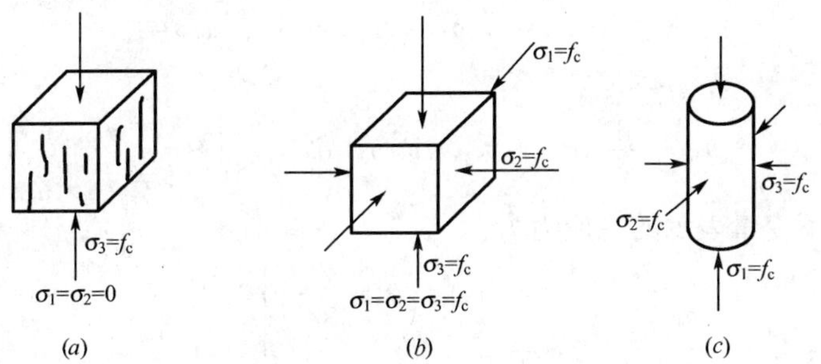

图 1-20　混凝土的三轴试验

（a）单轴应力；（b）真三轴应力；（c）常规三轴应力

（1）三轴应力下混凝土的破坏面是与三个方向应力都相关的函数，是一个在等压轴方向开口的曲面，即在三轴等压情况下，混凝土的强度随着压力的增加而提高。

（2）破坏曲面是一个光滑的凸曲面。无论在扁平面（ξ＝常量，与 π 平面平行的平面）上截面的外形曲线还是在子午面（θ＝常量的平面）上的截线均是光滑的曲线。

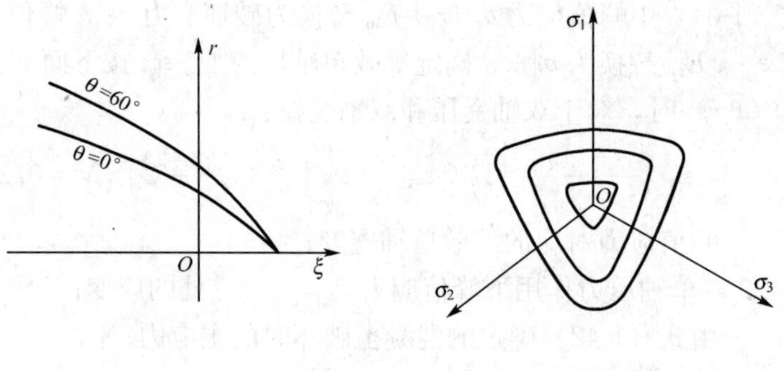

图 1-21 混凝土三轴应力下的破坏特点

(3) 在 $\theta=$常数的子午面上的截线是曲线，不是直线；在 $\xi=$常数偏平面上的外形曲线是非圆曲线，但随着 ξ 的增大而越来越接近圆形。

根据上述特点，将混凝土试验所得的多轴强度数据标在主应力坐标空间中，相邻各点以曲面相连所形成的曲面即为混凝土的破坏曲面。由于混凝土处于三维应力状态，通常采用空间坐标的破坏曲面来描述混凝土的破坏。常用的混凝土破坏曲面的函数式有：

$$f(\sigma_1,\sigma_2,\sigma_3)=0\ ,\ f(I_1,J_2,J_3)=0\ ,\ f(\xi,r,\theta)=0\ ,\ f(\sigma_{oct},\tau_{oct},\theta)=0$$

式中 σ_1、σ_2、σ_3——三个主应力；

I_1、J_2、J_3——应力张量不变量；

ξ、r、θ——圆柱坐标系的坐标；

σ_{oct}、τ_{oct}、θ——八面体应力的坐标。

应力张量不变量可以表示为：

$$I_1=\sigma_{11}+\sigma_{22}+\sigma_{33} \tag{1-48}$$

$$J_2=-S_{11}S_{22}-S_{22}S_{33}-S_{11}S_{33}+S_{12}^2+S_{23}^2+S_{13}^2 \tag{1-49}$$

$$J_3=S_{11}S_{22}S_{33}+2S_{12}S_{23}S_{13}-S_{11}S_{23}^2-S_{22}S_{13}^2-S_{33}S_{12}^2 \tag{1-50}$$

其中 S_{ij} 称为应力偏量，分别表示为：

$$S_{11}=\sigma_{11}-\sigma_m\delta_{11}\ ,\ S_{22}=\sigma_{22}-\sigma_m\delta_{22}\ ,\ S_{33}=\sigma_{33}-\sigma_m\delta_{33}\ ;\ S_{12}=\sigma_{12}-\sigma_m\delta_{12}$$

$$S_{23}=\sigma_{23}-\sigma_m\delta_{23}\ ;\ S_{13}=\sigma_{13}-\sigma_m\delta_{13}$$

其中

$$\sigma_m=\frac{1}{3}(\sigma_{11}+\sigma_{22}+\sigma_{33}),\ \delta_{ij}=\begin{cases}1 & i=j\\ 0 & i\neq j\end{cases}$$

用应力张量不变量表示的主应力为：

$$\begin{Bmatrix}\sigma_1\\ \sigma_2\\ \sigma_3\end{Bmatrix}=\frac{2}{\sqrt{3}}\sqrt{J_2}\begin{Bmatrix}\sin\left(\theta+\frac{2}{3}\pi\right)\\ \sin\theta\\ \sin\left(\theta-\frac{2}{3}\pi\right)\end{Bmatrix}+\frac{1}{3}\begin{Bmatrix}I_1\\ I_1\\ I_1\end{Bmatrix} \tag{1-51}$$

应力张量不变量也可用主应力表示为：

$$I_1=\sigma_1+\sigma_2+\sigma_3\ ,\ J_2=\frac{1}{6}\left[(\sigma_1-\sigma_2)^2+(\sigma_2-\sigma_3)^2+(\sigma_3-\sigma_1)^2\right]$$

$$J_3=(\sigma_1-\sigma_m)(\sigma_2-\sigma_m)(\sigma_3-\sigma_m)$$

其中

$$\sigma_m = \frac{1}{3}(\sigma_1 + \sigma_2 + \sigma_3)$$

圆柱坐标用八面体应力表示为：

$$\xi = \frac{I_1}{\sqrt{3}} = \sqrt{3}\sigma_{oct}\ ,\ r = \sqrt{2J_2} = \sqrt{3}\tau_{oct}\ ,\ \cos\theta = \frac{2\sigma_1 - \sigma_2 - \sigma_3}{\sqrt{6}r} \tag{1-52}$$

图 1-22（a）为用三个主应力坐标轴 σ_1、σ_2 和 σ_3 表示的破坏曲面，与各坐标轴保持等距离的各点连成的直线称为静水压力轴。此轴过坐标原点且与各坐标轴的夹角相等。与静水压力轴平行且过坐标原点的平面为 π 平面。

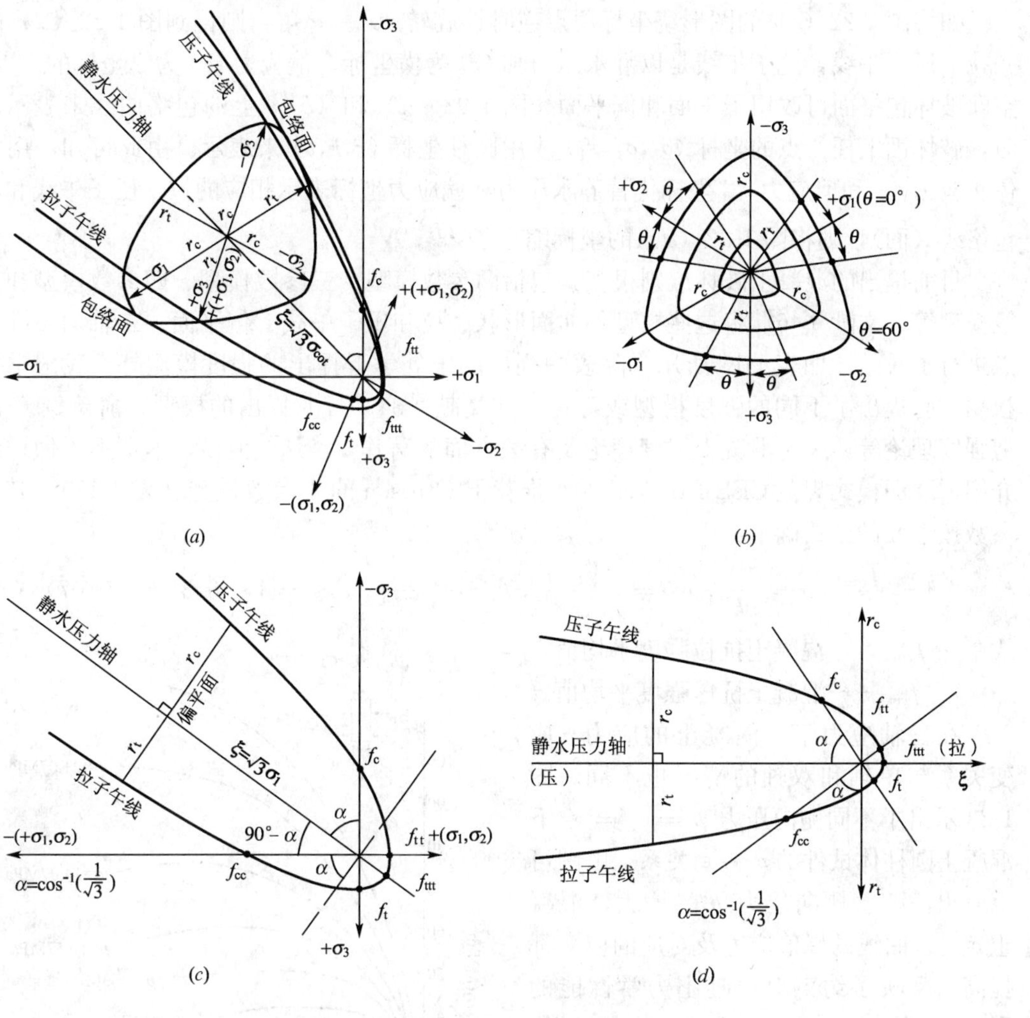

图 1-22　三轴应力下混凝土的破坏包络线

（a）空间破坏包络面；（b）偏平面；（c）拉压子午线；（d）静水压力—偏应力坐标

垂直于静水压力轴的平面称为偏平面，与前述 π 平面平行。三个主应力轴在偏平面上的投影各成 120° 角。偏平面上任一点的三个主应力之和为一常数，即 $\sigma_1 + \sigma_2 + \sigma_3 = I_1 =$ 常数。偏平面与破坏曲面的交线称为平面包络线，如图 1-22（b）。

静水压力轴与一条主应力轴（如图中的 σ_3 轴）组成的同时通过另两个主应力轴（σ_1

和 σ_2 ）的等分线的平面，称为拉压子午面。拉压子午面与破坏曲面的交线分别称为拉、压子午线。

压子午线：偏平面上的夹角 $\theta=60°$ ，应力 $\sigma_1 \geqslant \sigma_2 \geqslant \sigma_3$ ，线上有单轴受压 $(\theta,\theta,-f_c)$ 和两轴等拉 $(f_{tt},f_{tt},0)$ ；

拉子午线：偏平面上的夹角 $\theta=0°$ ，应力 $\sigma_1 \geqslant \sigma_2 \geqslant \sigma_3$ ，线上有单轴受拉 $(f_t,0,0)$ 和两轴等压 $(0,-f_{cc},-f_{cc})$ ；

在偏平面上夹角 $\theta=30°$ 的线称为剪力子午线。拉、压子午线与静水压力轴同交于一点，即三轴等拉 $(f_{ttt},f_{ttt},f_{ttt})$ 。拉、压子午线与静水压力轴的距离为 r_t 和 r_c 。

如将图 1-22（*c*）的图形绕坐标原点逆时针旋转 $90°-\alpha$ 角，则得到图 1-22（*d*）的另一拉、压子午线，此子午线是以静水压力轴 (ξ) 为横坐标、偏应力 (r) 为纵坐标的。因此，空间破坏包络面可改用子午面和偏平面［图 1-22（*d*）和（*b*）］上的包络曲线来表示。这时，破坏面上任一点的坐标 $(\sigma_1,\sigma_2,\sigma_3)$ 改用圆柱坐标 (ξ,r,θ) 来表示。由此可知，用八面体正应力 σ_{oct} 和剪应力 τ_{oct} 坐标代替静水压力和偏应力坐标表示相应的拉、压子午线和破坏包络线（面），则将图 1-22（*d*）的坐标缩小了 $\sqrt{3}$ 。

目前提出的混凝土破坏准则很多，包括两参数模型、三参数模型、四参数模型和五参数模型等，文献［46］将这些模型的曲面形状、拉和压子午线、偏平面、二轴面及准则特点进行了总结，如表 1-11 所示。除表中列出的国外学者提出的强度模型外，我国学者也根据试验提出了不同的强度模型或理论，如文献［34，47］提出的模型，俞茂鋐[48]的双剪强度理论等，关于混凝土强度理论及有关方面的著作[46,47,49-51]很多，本章不再做详细的介绍。欧洲模式规范 CEB-FIP MC 90[8]推荐了 Ottosen 的 4 参数模型（表 1-11），其中的参数按下面的公式确定：

$$k=\frac{f_{ctm}}{f_{cm}},\ a=\frac{1}{9k^{1.4}},\ b=\frac{1}{3.7k^{1.1}},\ k_1=\frac{1}{0.7k^{0.9}},\ k_2=1-6.8(k-0.07)^2 \quad (1\text{-}53)$$

式中 f_{ctm} ——混凝土抗拉强度平均值；

f_{cm} ——混凝土抗压强度平均值。

在三轴应力下，混凝土的应力—应变关系与单轴和双轴的情况也不同。图 1-23 示出了不同侧向压力 $p=\sigma_1=\sigma_2$ 下混凝土圆柱体试件的 $\sigma_3-\varepsilon$ 关系。由图可以看出，随着侧向压力 p 的增大，混凝土 $\sigma_3-\varepsilon$ 曲线的峰值应力及对应的应变都提高，反映了约束对混凝土力学性能的影响。

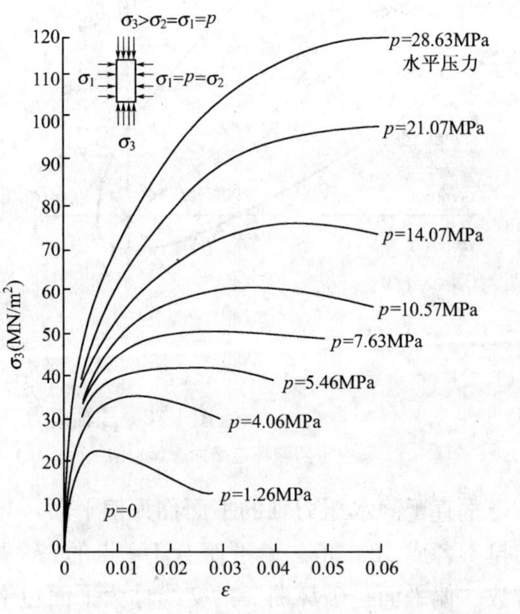

图 1-23 三轴应力下混凝土的应力—应变曲线

一般情况下，直接建立混凝土的本构模型比较困难，常用的方法是利用已有的连续介质力学中本构关系的基本框架，针对混凝土材料本身的特点，确定甚至适当调整本构关系的各种参数，给出混凝土结构分析的本构模型。已有的

不同学者提出的混凝土破坏准则　　表 1-11

参数	准则名	表　达　式	曲面形状	压、拉子午线	偏平面	二轴面	特点
1	Rankine	$\sqrt{2}r\cos\theta+\xi-\sqrt{3}f_t=0$	直角三角锥，三个平面与坐标轴垂直	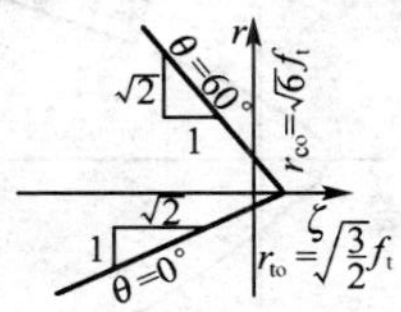	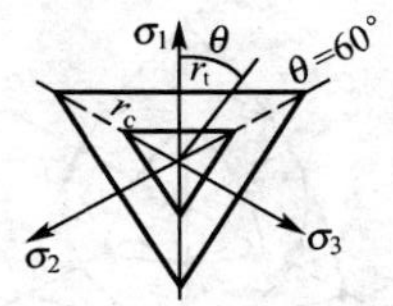	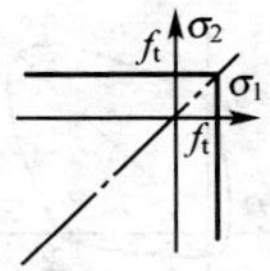	最大拉应力：$\sigma_1(\sigma_2、\sigma_3)\leqslant f_1$
	Tresca	$r\sin\left(\theta+\frac{\pi}{3}\right)-\sqrt{2}k=0$	六角棱柱	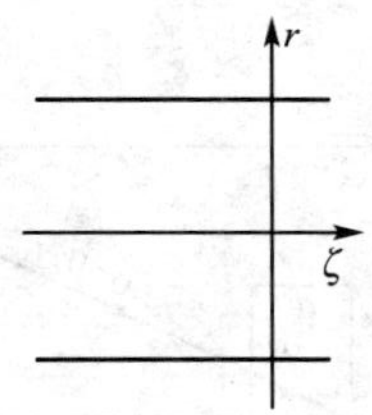	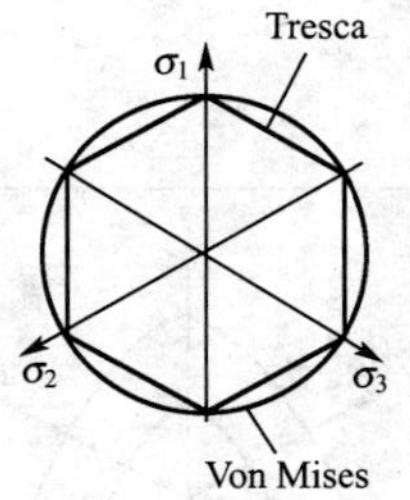	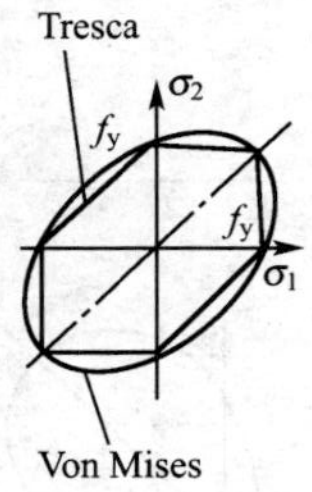	最大剪应力：$\frac{\sigma_1-\sigma_2}{2}\left(\frac{\sigma_2-\sigma_3}{2},\frac{\sigma_3-\sigma_1}{2}\right)=k=\frac{f_y}{2}$
	Von Mises	$r^2-2k^2=0$	圆柱				
2	Mohr-Coulomb	$\sqrt{2}\xi\sin\varphi+\sqrt{3}r\sin\left(\theta+\frac{\pi}{3}\right)+r\cos\left(\theta+\frac{\pi}{3}\right)\sin\varphi-\sqrt{6}c\cos\varphi=0$	六角锥	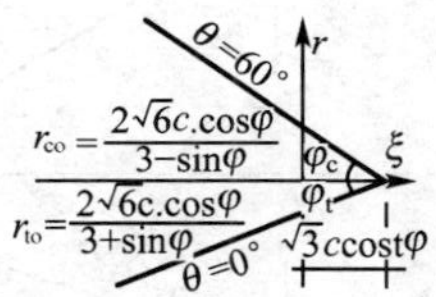	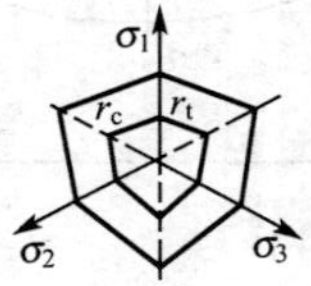	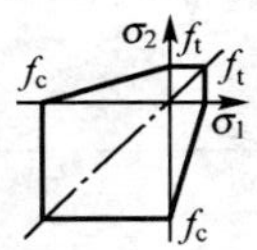	剪应力：$\tau\leqslant c-\sigma\tan\varphi$
	Drucker-Prager	$\sqrt{6}\alpha\xi+r-\sqrt{2}k=0$	正圆锥	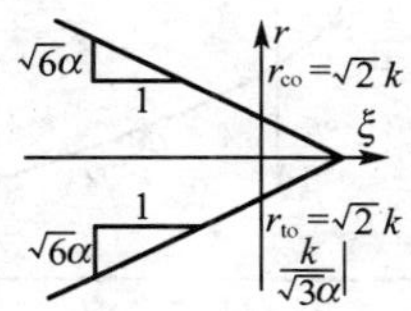	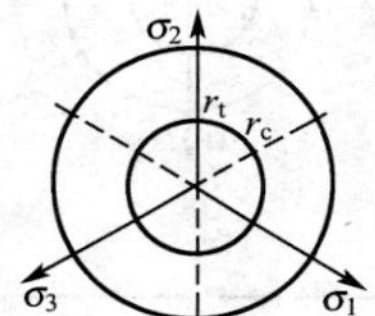	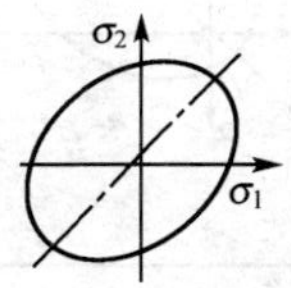	Mohr-Coulomb 准则偏平面的光滑化；Von Mises 准则修正；τ_{oct} 与正应力有关

续表

参数	准则名	表　达　式	曲面形状	压、拉子午线	偏平面	二轴面	特点
3	Bresler-Pister	$\frac{\tau_{oct}}{f_c}=a-b\left(\frac{\tau_{oct}}{f_c}\right)+c\left(\frac{\tau_{oct}}{f_c}\right)^2$	旋转抛物面	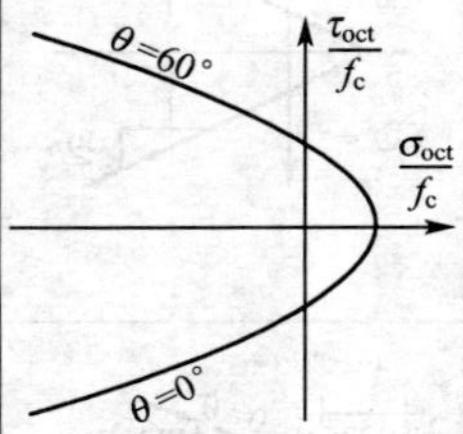	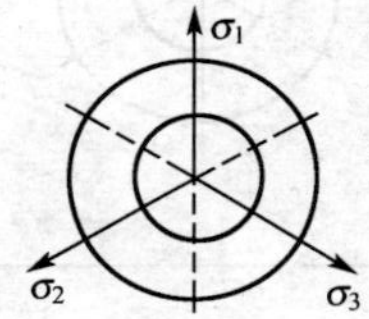	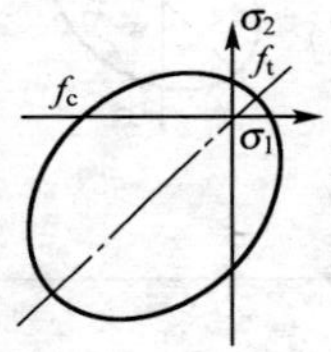	八面体剪应力 $\tau_{oct}=f(\sigma_{oct})$，忽略 J_3（或 θ）的影响
	Willam-Warnke	$\frac{\tau_m}{f_c}=r(\theta)\left(1-\frac{1}{\rho}-\frac{\sigma_m}{f_c'}\right)$， 式中，$r(\theta)=A/B$ $A=2r_c(r_c^2-r_t^2)\cos\theta+r_c(2r_t-r_c)$ $\times\sqrt{4(r_c^2-r_t^2)\cos^2\theta+5r_t^2-4r_cr_t}$ $B=4(r_c^2-r_t^2)\cos^2\theta+(r_c-2r_t)^2$	椭圆组合角锥	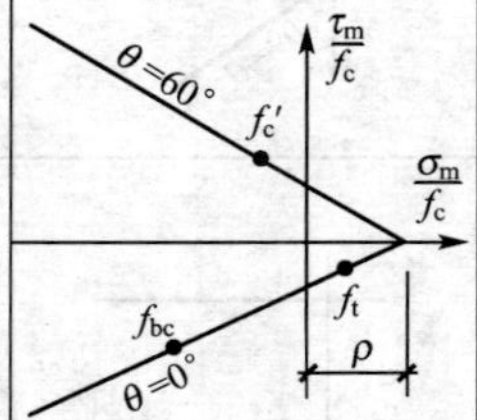	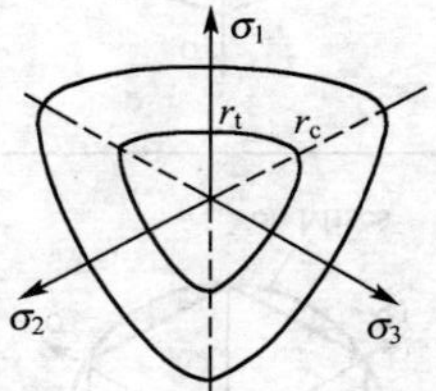	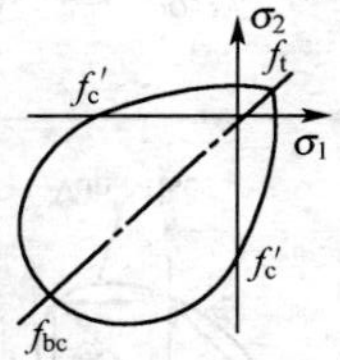	直子午线和椭圆组合偏平面
4	Reimann	$\theta=60^\circ$：$\frac{\xi}{f_c}=a\left(\frac{r_c}{f_c}\right)^2+b\left(\frac{r_c}{f_c}\right)+c$ $\theta=60^\circ-\theta_0$：$r=\varphi(\theta_0)r_c$ 式中当 $\theta_0\leqslant\frac{r_t}{\gamma_c}$，$\varphi(\theta_0)=\frac{r_t}{\gamma_c}$； 当 $\theta_0>r_t/\gamma_c$， $\varphi(\theta_0)=$ $\frac{1}{\cos\theta_0+\sqrt{[(r_t/\gamma_c)^2-1](1-\cos^2\theta_0)}}$	直—圆组合抛物曲面	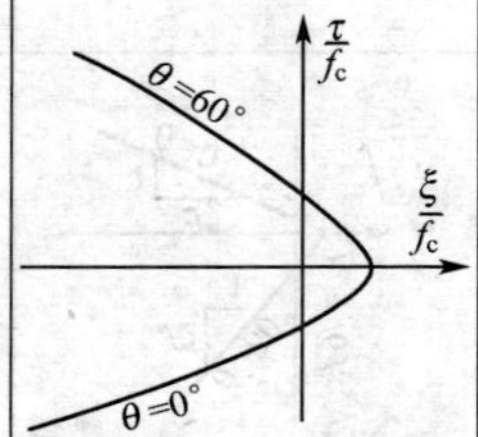	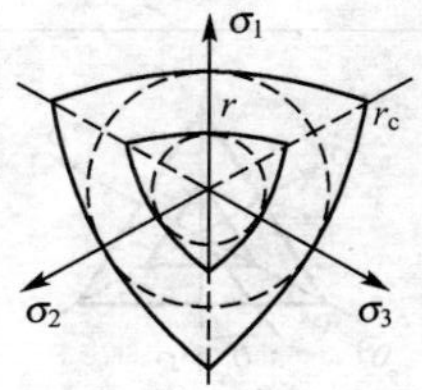	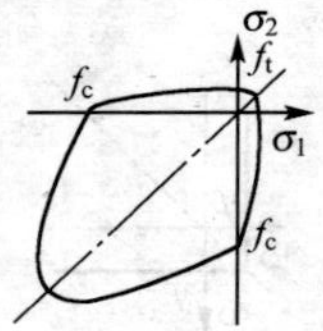	抛物型子午线、偏平面由直线和圆弧组成

续表

参数	准则名	表 达 式	曲面形状	压、拉子午线	偏平面	二轴面	特点
4	Ottosen	$a\dfrac{J_2}{f_c^2}+\lambda\dfrac{\sqrt{J_2}}{f_c}+b\dfrac{I_1}{f_c}-1=0$， 当 $\cos3\theta\geqslant0$ 时， $\lambda=k_1\cos\left[\dfrac{1}{3}\cos^{-1}(k_2\cos3\theta)\right]$ 当 $\cos3\theta\leqslant0$ 时， $\lambda=k_1\cos\left[\dfrac{\pi}{3}-\dfrac{1}{3}\cos^{-1}(-k_2\cos3\theta)\right]$ $\cos3\theta=\dfrac{3\sqrt{3}}{2}\left(\dfrac{J_3}{J_2^{3/2}}\right)$	光滑外凸 抛物曲面	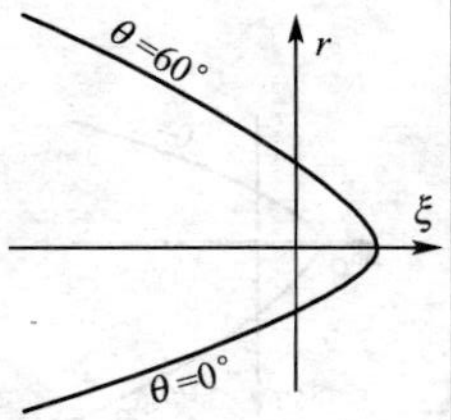	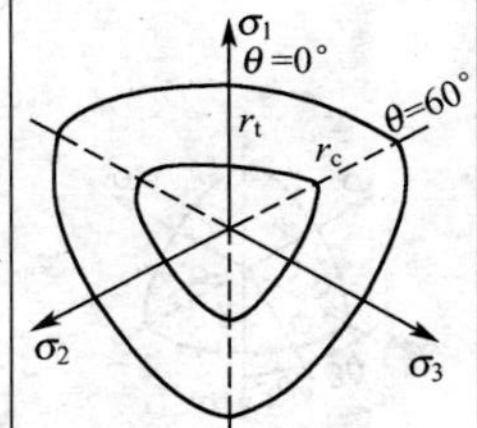	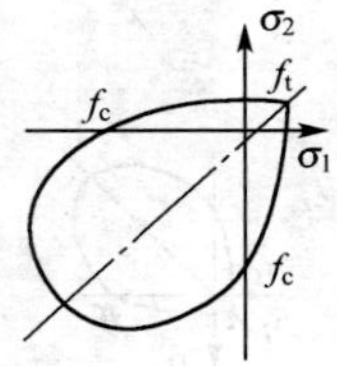	曲子午线和非圆偏平面线都符合对称、光滑、外凸的特点
	Hsieh-Ting-Chen	$a\dfrac{J_2}{f_c^2}+b\dfrac{\sqrt{J_2}}{f_c}+c\dfrac{\sigma_1}{f_c}+d\dfrac{I_1}{f_c}-1=0$	有尖棱的 抛物曲面	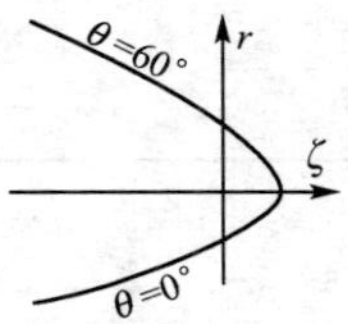	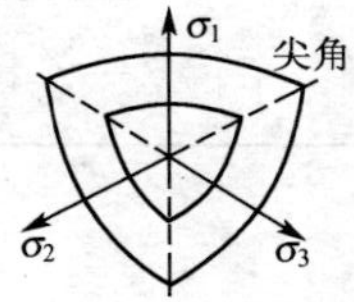	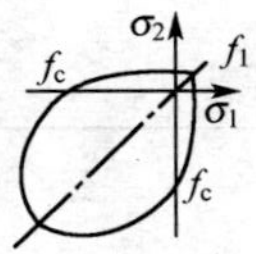	八面体应力和最大主拉应力组合
5	Willam-Warnke	$\theta=0°:\dfrac{\tau_{mt}}{f_c}=\dfrac{r_t}{\sqrt{5}f_c}$ $=a_0+a_1\dfrac{\sigma_m}{f_c}+a_2\left(\dfrac{\sigma_m}{f_c}\right)^2$ $\theta=60°:\dfrac{\tau_{mc}}{f_c}=\dfrac{r_t}{\sqrt{5}f_c}$ $=b_0+b_1\dfrac{\sigma_m}{f_c}+b_2\left(\dfrac{\sigma_m}{f_c}\right)^2$ 当 $\sigma_m=\rho$，$\tau_{mt}=\tau_{mc}=0$ $\theta=0°\sim60°$ $r(\sigma_m,\theta)=f(r_t,r_c,\theta)$ 同三参数 Willam-Warnke	椭圆组合 抛物曲面	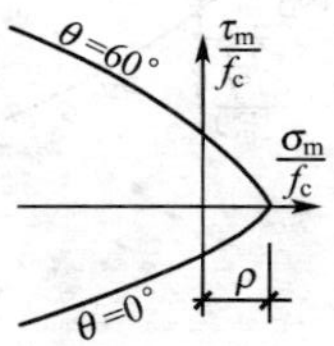	同 Willam-Warnke 三参数准则		抛物型子午线和椭圆组合偏平面

续表

参数	准则名	表 达 式	曲面形状	压、拉子午线	偏平面	二轴面	特点
5	Kostsovos	$\theta=0°:\dfrac{\tau_{oct,t}}{f_c}=a\left(c-\dfrac{\sigma_{oct}}{f_c}\right)^b$ $\theta=60°:\dfrac{\tau_{oct,c}}{f_c}=d\left(c-\dfrac{\sigma_{oct}}{f_c}\right)^e$	椭圆组合 指数曲面	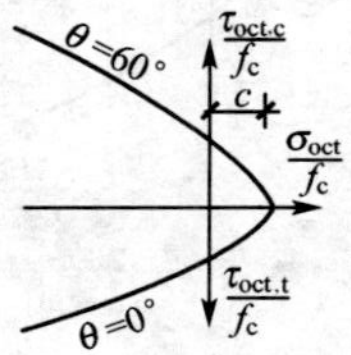	同 Willam-Warnke 三参数准则		指数形子午线和椭圆组合偏平面
	Podgorski	$\sigma_{oct}-c_0+c_1p\tau_{oct}+c_2\tau_{oct}^2=0$ $p=\cos\left[\dfrac{1}{3}\cos^{-1}(\alpha\cos3\theta)-\beta\right]$	光滑外凸 抛物曲面	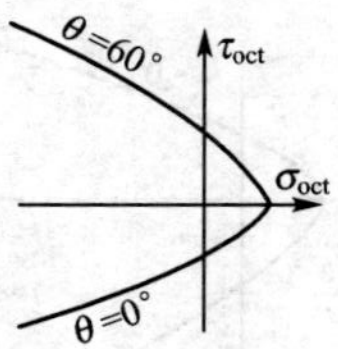	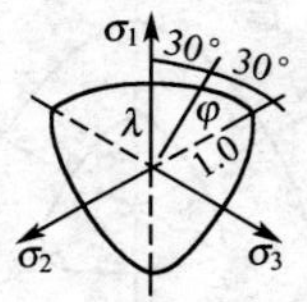	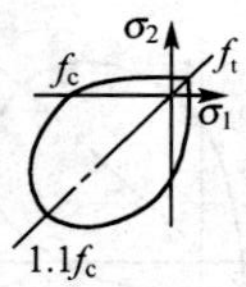	抛物形子午线，偏平面曲线由三点确定

理论有：线弹性理论、弹性非线性理论、非线性弹性理论（全量型和增量型）、弹塑性理论、黏弹性理论、黏塑性理论、断裂力学理论、损伤力学理论、内时理论等，上述这些理论可见前面提到的有关混凝土强度理论的著作。欧洲模式规范 CEB-FIP MC 90[8] 采用了全量型的弹性非线性理论，介绍如下。

多轴应力状态下主应力 σ_1、σ_2 和 σ_3 产生的混凝土主应变 ε_1、ε_2 和 ε_3 可用下列公式确定：

$$\varepsilon_1=\frac{1}{E_{csa}}\left[\sigma_1-\nu_{csa}(\sigma_2+\sigma_3)\right] \tag{1-54a}$$

$$\varepsilon_2=\frac{1}{E_{csa}}\left[\sigma_2-\nu_{csa}(\sigma_1+\sigma_3)\right] \tag{1-54b}$$

$$\varepsilon_3=\frac{1}{E_{csa}}\left[\sigma_3-\nu_{csa}(\sigma_2+\sigma_1)\right] \tag{1-54c}$$

其中

$$E_{csa}=\frac{E_{ci}}{2}-\beta_{sa}\left(\frac{E_{ci}}{2}-E_{cf}\right)+\sqrt{\left[\frac{E_{ci}}{2}-\beta_{sa}\left(\frac{E_{ci}}{2}-E_{cf}\right)\right]^2-E_{cf}^2\beta_{sa}}$$

$$\beta_{sa}=\begin{cases}\sigma_3/\sigma_{3f} & \sigma_1,\sigma_2,\sigma_3\leqslant 0\\ \sigma'_3/\sigma'_{3f} & \sigma_1>0\end{cases},\quad E_{cf}=\begin{cases}\dfrac{E_{c1}}{1+4\left[(E_{ci}/E_{c1})-1\right]\zeta} & \zeta>0\\ E_{c1} & \zeta\leqslant 0\end{cases}$$

$$\zeta=\frac{\sqrt{J_{2f}}}{f_{cm}}-\frac{1}{\sqrt{3}},\quad \nu_{csa}=\begin{cases}\nu_c & \beta_{sa}\leqslant 0.8\\ 0.36-(0.36-\nu_c)\sqrt{\left[1-(5\beta_{sa}-4)^2\right]} & \beta_{sa}>0.8\end{cases}$$

式中　E_{csa}——不同应力水平下的割线弹性模量（图 1-24）；

ν_{csa}——不同应力水平下的泊松比；

E_{ci}——单轴压力下的切线弹性模量；

$E_{c1}=f_{cm}/|\varepsilon_{c1}|$——单轴压力下破坏时的割线弹性模量（图 1-14）；

E_{cf}——多轴应力下破坏时的割线弹性模量（图 1-24）；

σ_3——最大主压应力或最小主拉应力；

σ_{3f}——假定 σ_1 和 σ_2 不变引起破坏的主应力 σ_3［图 1-25（a）］；

$$\sigma'_3=\sigma_3-\sigma_1$$

σ'_{3f}——假定 $\sigma'_1=0$ 和 $\sigma'_2=\sigma_2-\sigma_1$ 不变引起破坏的主应力 σ'_3［图 1-25（b）］；

J_{2f}——破坏应力状态 σ_1、σ_2 和 σ_3 或 $\sigma'_1=0$、σ'_2 和 σ'_{3f} 下的应力偏量 J_2；

ν_c——单轴应力时的泊松比；

β_{sa}——应力比，是一个非线性指标。

【例 1-1】　已知混凝土强度等级为 C40，$f_{cm}=48\text{MPa}$，$f_{ctm}=3.5\text{MPa}$，$E_{c1}=2.2\times10^4\text{MPa}$，$E_{ci}=36.5\times10^3\text{MPa}$，$\nu_c=0.15$。求应力 $\sigma=(-6,-6,-12,2,2,1)^T$ 时的割线模量 E_{csa} 和泊松比 ν_{csa}。

【解】　$\sigma_{11}=-6$，$\sigma_{22}=-6$，$\sigma_{33}=-12$，$\sigma_{12}=2$，$\sigma_{23}=2$，$\sigma_{13}=1$。

混凝土拉压强度比为

$$k=\frac{f_{ctm}}{f_{cm}}=\frac{3.5}{48}=0.073$$

由式（1-53），混凝土材料参数

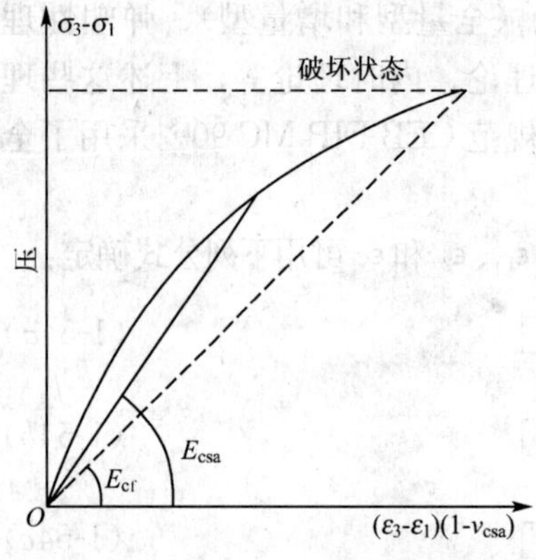

图 1-24 E_{csa} 和 E_{cf} 的定义

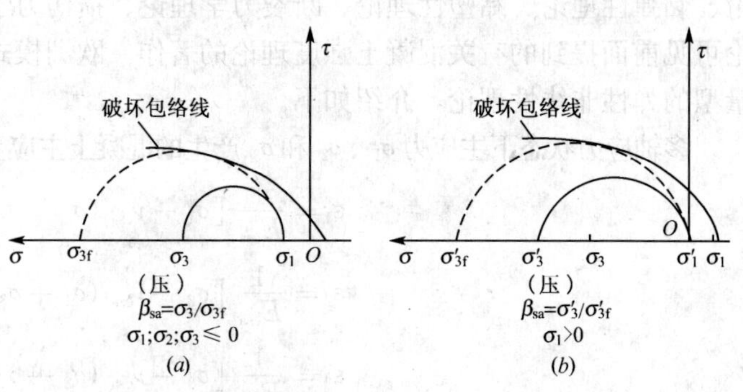

图 1-25 β_{sa} 的定义

(*a*) 三向受压；(*b*) 一个或多个方向受拉

$$a=\frac{1}{9k^{1.4}}=\frac{1}{9\times0.073^{1.4}}=4.343\text{ , }b=\frac{1}{3.7k^{1.1}}=\frac{1}{3.7\times0.073^{1.1}}=4.816$$

$$k_1=\frac{1}{0.7k^{0.9}}=\frac{1}{0.7\times0.073^{0.9}}=15.078$$

$$k_2=1-6.8\times(k-0.07)^2=1-6.8\times(0.073-0.07)^2=1.000$$

应力平均值

$$\sigma_m=\frac{1}{3}(\sigma_{11}+\sigma_{22}+\sigma_{33})=\frac{1}{3}\times(-6-6-12)=-8$$

应力状态第一不变量

$$I_1=\sigma_{11}+\sigma_{22}+\sigma_{33}=-6-6-12=-24$$

应力偏量

$$S_{11}=\sigma_{11}-\sigma_m\delta_{11}=-6-(-8)\times1=2\text{ , }S_{22}=\sigma_{22}-\sigma_m\delta_{22}=-6-(-8)\times1=2$$

$$S_{33}=\sigma_{33}-\sigma_m\delta_{33}=-12-(-8)\times1=-4\text{ , }S_{12}=\sigma_{12}-\sigma_m\delta_{12}=2-(-8)\times0=2$$

$$S_{23}=\sigma_{23}-\sigma_m\delta_{23}=2-(-8)\times0=2\text{ , }S_{13}=\sigma_{13}-\sigma_m\delta_{13}=1-(-8)\times0=1$$

则应力不变量

$$\begin{aligned}J_2&=-S_{11}S_{22}-S_{22}S_{33}-S_{11}S_{33}+S_{12}^2+S_{23}^2+S_{13}^2\\&=-2\times2-2\times(-4)-2\times(-4)+2^2+2^2+1^1=21\end{aligned}$$

$$\begin{aligned}J_3&=S_{11}S_{22}S_{33}+2S_{12}S_{23}S_{13}-S_{11}S_{23}^2-S_{22}S_{13}^2-S_{33}S_{12}^2\\&=2\times2\times(-4)+2\times2\times2\times1-2\times2^2-2\times1^2-(-4)\times2^2=-2\end{aligned}$$

应力角

$$\cos3\theta=\frac{3\sqrt{3}}{2}\left(\frac{J_3}{J_2^{3/2}}\right)=\frac{3\sqrt{3}}{2}\times\left(\frac{-2}{\sqrt{21^3}}\right)=-0.054$$

于是 $3\theta=93.095°$, $\theta=31.032°$ 。

将 $I_1=-24$ 、$J_2=21$ 和 $\theta=31.032°$ 代入式 (1-51)，得主应力 $\sigma_1=-5.439$, $\sigma_2=-5.270$, $\sigma_3=-13.292$ 。

假定 σ_1 和 σ_2 不变，为求导致破坏的主应力 σ_{3f}，重新确定 I_1、J_2 和 J_3

$$I_1=\sigma_1+\sigma_2+\sigma_3=-5.439-5.270+\sigma_{3f}=-10.709+\sigma_{3f}$$

$$\begin{aligned}J_2&=\frac{1}{6}\times[(\sigma_1-\sigma_2)^2+(\sigma_2-\sigma_{3f})^2+(\sigma_1-\sigma_{3f})^2]\\&=\frac{1}{6}\times[(-5.439+5.270)^2+(-5.270-\sigma_{3f})^2+(-5.439-\sigma_{3f})^2]\\&=\frac{1}{6}\times[0.0286+(-5.270-\sigma_{3f})^2+(-5.439-\sigma_{3f})^2]\end{aligned}$$

$$J_3=(\sigma_1-\sigma_m)(\sigma_2-\sigma_m)(\sigma_{3f}-\sigma_m)=(-5.439-\sigma_m)(-5.270-\sigma_m)(\sigma_{3f}-\sigma_m)$$

假设 $\cos3\theta=\dfrac{3\sqrt{3}}{2}\left(\dfrac{J_3}{J_2^{3/2}}\right)\geqslant0$，则

$$\lambda=k_1\cos\left[\frac{1}{3}\cos^{-1}(k_2\cos3\theta)\right]=15.078\times\cos\left[\frac{1}{3}\cos^{-1}\left(1.000\times\frac{3\sqrt{3}}{2}\times\frac{J_3}{J_2^{3/2}}\right)\right]$$

将 $a=4.343$，$b=4.816$，$f_{cm}=48\text{MPa}$ 及上述 I_1、J_2 和 λ 代入表 1-11 中Ottosen的强度破坏准则，解得 $\sigma_{3f}=3.732$，此时 $J_2=27.531$，$J_3=55.536$，$\cos3\theta=0.999>0$，假设成立，所以破坏时的主应力 $\sigma_1=-5.439$，$\sigma_2=-5.270$，$\sigma_{3f}=3.732$。

$$\beta_{sa}=\frac{\sigma_3}{\sigma_{3f}}=\frac{-13.292}{3.732}=-3.562,\ J_{2f}=J_2=27.531$$

$$\zeta=\frac{\sqrt{J_{2f}}}{f_{cm}}-\frac{1}{\sqrt{3}}=\frac{\sqrt{27.531}}{48}-\frac{1}{\sqrt{3}}=-0.468$$

由于 $\zeta=-0.468<0$，故 $E_{cf}=E_{c1}=22\times10^3\text{MPa}$，则应力 $\sigma=(-6,-6,-12,2,2,1)^T$ 时的割线弹性模量为：

$$\begin{aligned}E_{csa}&=\frac{E_{ci}}{2}-\beta_{sa}\left(\frac{E_{ci}}{2}-E_{cf}\right)+\sqrt{\left[\frac{E_{ci}}{2}-\beta_{sa}\left(\frac{E_{ci}}{2}-E_{cf}\right)\right]^2-E_{cf}^2\beta_{sa}}\\&=\frac{36.5\times10^3}{2}-(-3.562)\times\left(\frac{36.5\times10^3}{2}-22\times10^3\right)\\&\quad+\sqrt{\left[\frac{36.5\times10^3}{2}-(-3.562)\times\left(\frac{36.5\times10^3}{2}-22\times10^3\right)\right]^2-(22\times10^3)^2\times(-3.562)}\\&=4.67\times10^4\text{MPa}\end{aligned}$$

由于 $\beta_{sa}=-3.562<0.8$，所以 $\nu_{csa}=\nu_c=0.15$。

1.1.5.2　约束混凝土

下面简单介绍钢筋约束混凝土的强度模型和本构关系，这种情况一般指的是钢筋混凝土的柱、桩、墩等受压构件。这种构件除配置抵抗拉力和压力的纵向钢筋外，还配置横向钢筋，如螺旋箍筋或焊接封闭箍筋。横向钢筋不仅使纵向钢筋受压不屈曲，也约束了内部混凝土的横向变形，构件实际上处于三轴受力状态，从而提高了混凝土的抗压强度，增大了构件的延性，这对于混凝土结构的抗震非常重要。

箍筋对混凝土的约束作用如图 1-26 所示。为考虑箍筋约束对混凝土构件力学性能的有利作用，很多研究者对螺旋箍筋或焊接封闭箍筋轴心受压试件进行了试验研究，提出了多个构件强度和应力—应变关系的计算模型。

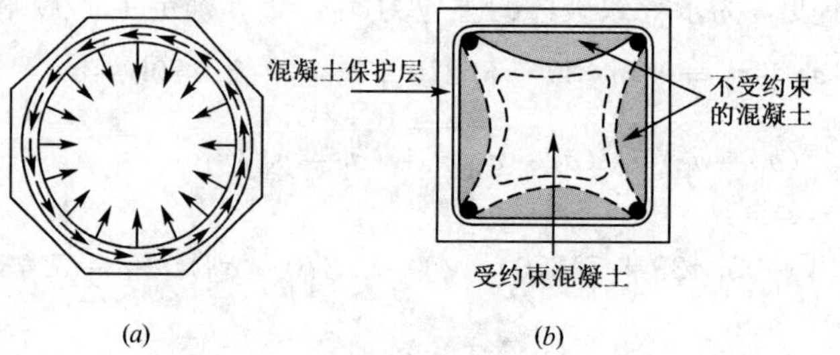

图 1-26 箍筋对混凝土的约束作用
(a) 螺旋箍筋；(b) 普通箍筋

1. Richart 的模型

Richart[32]等根据其试验，1928 年建立了下面的公式：

$$f_{cc}=f_c'+k_1 f_l\ ,\ \varepsilon_{cc}=\varepsilon_{co}\left(1+k_2\frac{f_l}{f_c'}\right) \tag{1-55}$$

式中 f_{cc} ——约束作用下混凝土的强度；
f_c' ——无约束混凝土的抗压强度；
f_l ——侧向约束应力；
k_1 ——约束系数，取 4.1；
k_2 ——约束系数，取 5 k_1 ；
ε_{cc} ——约束条件下对应于 f_{cc} 的应变；
ε_{c0} ——对应于 f_c' 的应变。

2. Lyengar 的模型

1978 年，Lyengar 等[52]对 Richart 的公式进行了修正，在原表达式中增加了一个修正系数 $(1-s/d_c)$，并将系数 k_1 由 4.1 提高到 4.6。当螺旋箍筋中心间距增大时，约束作用降低。约束混凝土的强度表达式为：

$$f_{cc}=f_c'+4.6f_l\left(1-\frac{s}{d_c}\right) \tag{1-56}$$

式中 f_c' ——无约束混凝土的抗压强度；
f_l ——横向钢筋施加于核心混凝土的侧向约束压力；
s ——横向钢筋间距；
d_c ——构件截面直径。

3. Martinez、Nilson 和 Slate 的模型

Martinez、Nilson 和 Slate[53] 1984 年对混凝土强度为 21～69MPa 的 95 根约束混凝土短柱（直径分别为 100mm、125mmm 和 150mmm）进行了试验。他们发现，混凝土抗压强度和最大应力时的应变均随横向应力的增加而提高。约束混凝土的弹性模量与未约束的混凝土近似相等。他们认为采用高强螺旋箍筋也可能不保守，因为假定螺旋箍筋会屈服，这可能不符合实际。Martinez、Nilson 和 Slate 给出的约束混凝土的公式为：

普通混凝土：

$$f_{cc}=f_c'+4.0f_l\left(1-\frac{s}{d_c}\right) \tag{1-57a}$$

轻骨料混凝土：

$$f_{cc} = f'_c + 1.8 f_l \left(1 - \frac{s}{d_c}\right) \tag{1-57b}$$

式中各参数的意义同式（1-56）。

4. Mander、Priestley 和 Park 的模型

Mander、Priestley 和 Park[27,54] 1988 年提出一个适用于圆形和矩形柱约束强度的计算方法，采用了 William 和 Warnke[55]（1975）的约束强度公式：

$$f_{cc} = f_c \left(-1.254 + 2.254\sqrt{1 + 7.94\frac{f_{le}}{f_c}} - 2\frac{f_{le}}{f_c}\right) \tag{1-58}$$

式中　f_{cc}——约束混凝土的抗压强度；

f_c——无约束混凝土的抗压强度；

f_{le}——作用于核心混凝土的侧向有效约束应力，按下式计算：

$$f_{le} = k_e f_l$$

k_e——约束效用系数；

f_l——横向钢筋施加于核心混凝土的侧向约束压力。

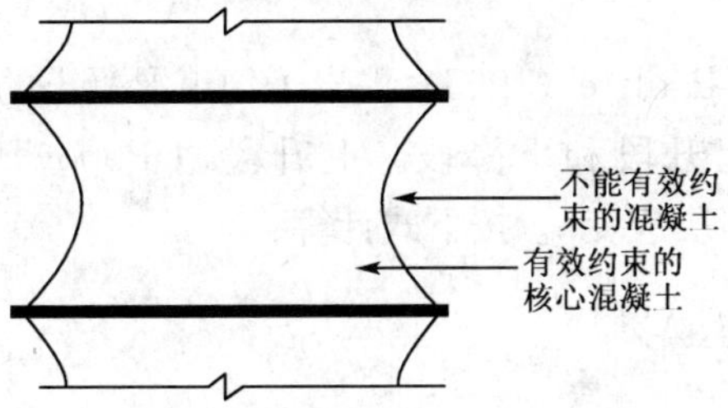

图 1-27　约束混凝土的拱作用

Mander 等认为约束的环形箍筋或螺旋筋间存在拱作用，并假定拱作用是初始角为 45°的抛物线（图 1-27）。按照这一假定，得出下面作用于核心混凝土上平均约束应力的约束效用系数 k_e：

圆形环箍筋：

$$k_e = \frac{\left(1 - \frac{s'}{2d_s}\right)^2}{1 - \rho_g} \tag{1-59a}$$

圆形螺旋箍筋：

$$k_e = \frac{1 - \frac{s'}{2d_s}}{1 - \rho_g} \tag{1-59b}$$

矩形环箍筋：

$$k_e = \frac{\left[1 - \frac{\sum w_i^2}{6b_c d_c}\right]\left(1 - \frac{s'}{2b_c}\right)\left(1 - \frac{s'}{2d_c}\right)}{1 - \rho_g} \tag{1-59c}$$

式中　b_c——x 轴方向到环箍周边中心线的核心混凝土尺寸；

d_c——y 轴方向到环箍周边中心线的核心混凝土尺寸；

d_s——螺旋箍筋直径；

s'——柱箍筋间的净距；

$\sum w_i^2$——矩形截面所有相邻纵筋净距的平方和；

ρ_g——核心截面的纵向钢筋配筋率。

5. Cusson 和 Paultre 的模型

Cusson 和 Paultre[56] 1994 年提出一个约束高强混凝土圆柱的最大强度 f_{cc} 的公式：

$$f_{cc}=f_{co}+4.1f_{le} \tag{1-60}$$

式中 f_{co}——无约束混凝土的强度，取为 $0.85f_c'$；

f_{le}——有效约束压力。

与 Mander 等（1988）相同，Cusson 和 Paultre 假定约束箍筋间存在初始角为 45°抛物线的拱作用，拱作用用有效约束系数表达。有效约束系数 k_e 表示为箍筋间混凝土最小有效约束面积与名义核心混凝土面积 A_c 之比。Cusson 采用了 Mander 给出的系数 k_e，即式（1-59c）。对于矩形柱，有效约束压力为：

$$f_{le}=k_e f_l=k_e\frac{f_{hcc}}{s}\left(\frac{A_{shx}+A_{shy}}{c_x+c_y}\right) \tag{1-61}$$

式中 A_{shx}——垂直于 x 轴横向钢筋的总截面面积；

A_{shy}——垂直于 y 轴横向钢筋的总截面面积；

c_x——平行于 x 轴核心混凝土的尺寸；

c_y——平行于 y 轴核心混凝土的尺寸；

f_{hcc}——约束混凝土强度最大时横向钢筋的应力；

s——箍筋中心间距。

在 Mander（1988）工作的基础上，Cusson 和 Paultre（1995）提出了约束混凝土的应力—应变关系。应力—应变关系分为两部分，上升段和下降段。上升段用 Popovic[57]（1973）推导的关系式。对应于约束强度 f_{cc} 的纵向压应变 ε_{cc} 按下式计算：

$$\varepsilon_{cc}=\varepsilon_{co}+0.21\left(\frac{f_{le}}{f_{co}}\right)^{1.7} \tag{1-63}$$

式中 ε_{co}——f_{co}对应的应变。

下降段的表达式为：

$$f_c=f_{cc}\exp\left[k_1\left(\varepsilon_c-\varepsilon_{cc}\right)^{k_2}\right] \tag{1-64}$$

$$k_1=\frac{\ln 0.5}{(\varepsilon_{c,50c}-\varepsilon_{cc})^{k_2}},\ k_2=0.58+16\left(\frac{f_{le}}{f_{co}}\right)^{1.4},\ \varepsilon_{c,50c}=0.004+0.15\left(\frac{f_{le}}{f_{co}}\right)^{1.1}$$

式中 k_1——影响应力—应变曲线下降段坡度的系数；

k_2——影响应力—应变曲线下降段曲率的系数；

$\varepsilon_{c,50c}$——约束混凝土应力降到 $0.5f_{cc}$ 时的应变。

Cusson 和 Paultre 还给出了迭代计算矩形柱的横向钢筋约束应力 f_{hcc} 的方法，用下面的应变计算约束应力：

$$\varepsilon_{hcc}=0.5\varepsilon_{cc}\left(1-\frac{f_{le}}{f_{cc}}\right) \tag{1-65}$$

式中 f_{cc}——约束混凝土的抗压强度；

f_{le}——核心混凝土的有效约束压力；

ε_{cc}——混凝土相应于 f_{cc} 的轴向应变；

ε_{hcc}——横向钢筋中相应于 f_{hcc} 的应变。

迭代计算的步骤如下：

（1）计算有效约束压力 f_{le}，对于横向钢筋 $f_{hcc}=f_{yh}$；

（2）估算约束混凝土的最大强度 f_{cc} 及相应的应变 ε_{cc}；

（3）用式（1-65）估算横向钢筋的应变 ε_{hcc}；

（4）用约束钢筋的应力—应变关系确定横向钢筋的合应力 f_{hcc}；

（5）如果 $f_{hcc} < f_{yh}$，用新的 f_{hcc} 值重新估算有效约束压力 f_{le}。

6. Hoshikuma 等的模型

Hoshikuma、Kawashima、Nagaya 和 Taylor[58] 1997 年在混凝土圆柱体和棱柱体单轴加载试验的基础上，提出了侧向约束构件承载力计算的经验模型。试件高 600mm、宽或直径 200mm，以及高 1500mm、宽或直径 500mm。强度和最大应力对应的应变计算公式为：

$$f_{cc} = f_{c0}\left(1 + 3.8\alpha\frac{\rho_s f_{yh}}{f_{c0}}\right), \varepsilon_{cc} = 0.002 + 0.033\beta\frac{\rho_s f_{yh}}{f_{c0}} \tag{1-66}$$

式中 α、β——形状参数，对圆形截面均取 1.0，对方形截面分别取 0.2 和 0.4；

ρ_s——体积配箍率；

A_h、f_{yh}——箍筋截面面积和屈服强度；

f_{c0}——素混凝土抗压强度。

Hoshikuma 等给出的约束混凝土构件的应力—应变关系为：

$$f_c = \begin{cases} E_c\varepsilon_c\left[1 - \dfrac{1}{n}\left(\dfrac{\varepsilon_c}{\varepsilon_{cc}}\right)^{n-1}\right] & 0 < \varepsilon_c \leqslant \varepsilon_{cc} \\ f_{cc} - E_{des}(\varepsilon_c - \varepsilon_{cc}) & \varepsilon_{cc} < \varepsilon_c \leqslant \varepsilon_{cu} \end{cases} \tag{1-67}$$

其中

$$n = \frac{E_c\varepsilon_{cc}}{E_c\varepsilon_{cc} - f_{cc}}, \varepsilon_{cu} = \varepsilon_{cc} + \frac{f_{cc}}{2E_{des}}, E_{des} = 11.2\frac{f_{c0}^2}{\rho_s f_{yh}}$$

式中 E_c——混凝土弹性模量；

f_{cc}——约束混凝土的抗压强度；

ε_{cc}——约束混凝土对应于 f_{cc} 的应变；

E_{des}——下降段退化速率；

ε_{cu}——混凝土极限压应变；

f_{c0}——未约束混凝土的抗压强度；

ρ_s——配箍率；

f_{yh}——箍筋屈服强度。

日本《公路桥梁设计规范》[59]（JRA 1996）采用了 Hoshikuma 的模型，但对极限应变 ε_{cu} 进行了修改。当最外层钢筋处的混凝土压应变达到下面的极限应变 ε_{cu} 时，极限位移 d_u 定义为上部结构重心的位移：

$$\varepsilon_{cu} = \begin{cases} \varepsilon_{cc} & (\text{Ⅰ 型地面运动}) \\ \varepsilon_{cc} + 0.2f_{cc}/E_{des} & (\text{Ⅱ 型地面运动}) \end{cases} \tag{1-68}$$

在式（1-68）中，混凝土极限应变是以地面运动类型为依据确定的。与较少次数的非弹性变形循环荷载（Ⅱ型地面运动）相比，在较多次数的非弹性变形循环荷载（Ⅰ型地面运动）下，钢筋混凝土柱塑性铰区的退化要大。考虑到柱的破坏与地面运动有关，Ⅰ型地面运动时混凝土极限压应变取为 ε_{cc}，它是最大应力 f_{cc} 下降 20%对应的应变。这样，Ⅱ型地面运动下柱的极限位移较Ⅰ型地面运动下的大。关于Ⅰ型地面运动和Ⅱ型地面运动的定义见日本《公路桥梁设计规范》的反应谱部分。

7. Sakai 的模型

日本 Sakai 等[60]（1997）做了大量圆形和方形约束混凝土柱轴向荷载的试验。为研究横向钢筋对混凝土柱的约束效应，使用了不同类型的横向钢筋。约束混凝土的强度为：

$$\sigma_{cB}=\sigma_p+\kappa\rho_h\sigma_{yh} \tag{1-69}$$

其中

$$\sigma_p=\mu\sigma_B\,,\kappa=k_s\left(\frac{d''}{C}\right)\left(1-\frac{s}{2D_c}\right)(\text{方柱}),\ k_s=11.5$$

式中 σ_p——无约束混凝土应力；

σ_B——标准混凝土圆柱体的抗压强度；

μ——系数，对圆柱为 0.8，对方柱为 1.0；

σ_{yh}——钢筋屈服强度；

ρ_h——配箍率；

κ——系数；

s——箍筋间距；

D_c——箍筋中心距离；

C——任意两根纵向钢筋的横向距离。

约束混凝土的应力—应变关系表示为：

$$\sigma_c=\sigma_{cB}\frac{AX+(D-1)X^2}{1+(A-2)X+DX^2} \tag{1-70}$$

其中

$$X=\frac{\varepsilon_c}{\varepsilon_{c0}}\,,A=\frac{E_c\varepsilon_{c0}}{\sigma_{cB}}\,,D=\alpha+\beta\sigma_B+\gamma\sqrt{\frac{(K-1)\sigma_B}{23}}$$

式中 σ_{cB}——约束混凝土的强度；

ε_{c0}——对应于约束混凝土峰值应力的应变，按下式确定：

$$\varepsilon_{c0}=\varepsilon_0\times\begin{cases}1+4.7(K-1) & K\leqslant 1.5\\ 3.35+20(K-1.5) & K\geqslant 1.5\end{cases}$$

ε_0——圆柱体峰值应力对应的应变，按下式确定：

$$\varepsilon_0=0.5243\,\sigma_B^{1/4}\times 10^{-3}$$

E_c——混凝土弹性模量，按下式计算：

$$E_c=4\,k\left(\frac{\sigma_B}{1000}\right)^{1/3}\times 10^5\times\left(\frac{\gamma}{2.4}\right)^2$$

k——与混凝土材料有关的经验系数；

$$K=\frac{\sigma_{cB}}{\sigma_p}$$

$$\alpha = 1.5, \beta = -1.68\times10^{-3}$$
$$\gamma = 0.75\ (环箍), \gamma = 0.5\ (方箍)$$

8. Fafitis 和 Shah 的模型

Fafitis 和 Shah 等[61]（1985）根据他们的试验结果给出了约束混凝土强度的计算模型。这一模型最初是针对螺旋箍筋约束圆柱体试件提出来的。他们建议，方柱可视为直径等于方形截面核心区边长的圆柱。有效横向压力的约束指数按下式定义：

$$f_r = \frac{A_{sh} f_{yh}}{d_c s} \tag{1-71}$$

式中 A_{sh}——间距 s 内箍筋的总截面面积；

d_c——方柱截面的等效直径；

f_{yh}——箍筋屈服强度。

应力—应变曲线包括上升段和下降段两部分。上升段使用的主要参数为无约束混凝土的弹性模量 E_c、约束混凝土强度 f'_{cc} 及约束强度对应的应变 ε_{cc}。约束强度 f'_{cc} 和对应的 ε_{cc} 根据无约束混凝土圆柱体强度 f'_c 和约束指标 f_r 计算。下降段是应变趋于无穷时应力趋于0的指数曲线，数学表达式为：

$$f_c = \begin{cases} f'_{cc}\left[1-\left(1-\dfrac{\varepsilon_c}{\varepsilon_{cc}}\right)^A\right] & 0 < \varepsilon_c \leqslant \varepsilon_{cc} \\ f'_{cc}\exp\left[-k\,(\varepsilon_c-\varepsilon_{cc})^{1.15}\right] & \varepsilon_c > \varepsilon_{cc} \end{cases} \tag{1-72}$$

其中

$$A = E_c\frac{\varepsilon_{cc}}{f'_{cc}},\ k = 24.65 f'_c \exp\left(-0.01\frac{f_r}{\lambda_1}\right)$$

$$E_c = 33 w^{1.5}\sqrt{f'_c}\,(\text{psi}),\ \lambda_1 = 1-25\left(\frac{f_r}{f'_c}\right)\left[1-\exp\left(-3.24 f'_c\right)^9\right]$$

在上面的系数中，λ_1 依赖于混凝土的强度和约束程度；k 取0时对应于完全脆性性能，k 取无穷大时对应于完全塑性性能；$f_r=0$ 即为无约束混凝土的情形。w 为混凝土密度。

9. Sheikh 和 Uzumeri 的模型

Sheikh 和 Uzumeri 等[62]（1982）的模型是较早提出的约束混凝土应力—应变模型之一。该模型是以他们所做的24个试验的数据及1982年之前其他研究者所做的大量试验的结果为基础提出的。应力—应变曲线由三个部分组成。第一部分为过点（f_{cc}，ε_{s1}）的抛物线，第二部分为应变由 ε_{s1} 到 ε_{s2} 的水平线，第三部分先为斜率为 Z 的斜线，一直延伸到应力为 $0.3f_{cc}$，之后为水平线。其中 f_{cc} 为约束混凝土的强度，ε_{s1} 和 ε_{s2} 分别为相应于约束混凝土最大应力的最小应变和最大应变，即

$$f_{cc} = K_s f'_{c0},\ \varepsilon_{s1} = 0.55 K_s f'_{c0}\times10^{-6},\ \varepsilon_{s2} = \varepsilon_{c0}\left\{1+\frac{0.81}{C}\left[1-5.0\left(\frac{s}{B}\right)^2\right]\frac{\rho_s f'_s}{\sqrt{f'_{c0}}}\right\} \tag{1-73}$$

其中

$$K_s = 1.0+\frac{2.73B^2}{P_{occ}}\left[\left(1-\frac{nC^2}{5.5B^2}\right)\left(1-\frac{s}{2B}\right)^2\right]\sqrt{\rho_s f'_s}$$

$$P_{occ} = f'_{c0}(A_{c0} - A_s)\ ,\ A_{c0} = B \times H$$

式中 f'_{c0}——圆柱体抗压强度，lbf/in^2；

C——纵筋中心线之间的距离，in；

ε_{c0}——素混凝土试件对应于最大应力的应变；

s——箍筋间距，in；

ρ_s——体积配箍率；

n——纵筋间系筋的数目，对方柱 n 与纵筋根数一致；

f'_s——箍筋应力，可取为箍筋的屈服强度，lbf/in^2；

K_s——通过试验确定的强度提高系数；

P_{occ}——约束核心混凝土的承载力，kips；

A_s——纵筋总截面面积，in^2；

A_{c0}——约束核心混凝土面积，in^2；

B、H——矩形核心混凝土箍筋对边中心线间的距离，in。

应力—应变曲线第三部分的斜率 Z 表示为：

$$Z = \frac{0.5}{\frac{3}{4}\rho_s\sqrt{\frac{B}{s}}} \tag{1-74}$$

根据 Sheikh 和 Uzumeri 等的分析，K_s 值预测的结果偏于不安全的最大误差小于 4%，偏于保守的最大误差为 7%。他们建议也可用混凝土应力—应变曲线卸载段 85%最大约束混凝土应力对应的混凝土应变 ε_{s85} 描述，即

$$\varepsilon_{s85} = 0.225\rho_s\sqrt{\frac{B}{s}} + \varepsilon_{s2} \tag{1-75}$$

并假定这一应变值为约束混凝土的极限应变。

10. Saatcioglu 和 Razvi 的模型

Saatcioglu 和 Razvi[63]提出的约束混凝土应力—应变模型包括两部分：抛物线上升段和直线下降段。对于圆柱，约束混凝土的强度和峰值应力对应的应变按下式计算：

$$f'_{cc} = f'_{c0} + f_{le}\ ,\ \varepsilon_1 = \varepsilon_{01}(1 + 5K) \tag{1-76}$$

其中

$$f_{le} = k_1 f_l, k_1 = 6.7\,(f_l)^{-0.17}\ ,\ K = \frac{k_1 f_{le}}{f'_{c0}}$$

式中 f'_{cc}、f'_{c0}——约束混凝土和无约束混凝土的强度，MPa；

f_l——均布侧向压力，MPa；

k_1——与侧向压力 f_l 有关的系数；

ε_{01}——无约束混凝土峰值应力对应的应变。

侧向约束压力可由圆柱体试验得到。方柱和矩形柱的侧向压力与圆柱不同，所以采用"有效侧压力" f_{le}，按下式确定：

$$f_{le} = k_2 f_l\ (\text{MPa}) \tag{1-77}$$

$$f_l = \frac{\sum A_s f_{yh} \sin\alpha}{s b_c} \tag{1-78}$$

式中　k_2 ——有效约束系数，对圆柱及横向钢筋较密的方柱，取 1.0，一般情况下按下式计算：

$$k_2 = 0.26\sqrt{\left(\frac{b_c}{s}\right)\left(\frac{b_c}{s_l}\right)\left(\frac{1}{f_l}\right)} \leqslant 1.0$$

α ——横向钢筋与构件截面的夹角，相互垂直时，α 为 90°；

b_c ——柱的边长。

根据上面的参数，可以确定应力—应变曲线的上升段，即

$$f_c = f'_{cc}\left[2\left(\frac{\varepsilon_c}{\varepsilon_1}\right) - \left(\frac{\varepsilon_c}{\varepsilon_1}\right)^2\right]^{\frac{1}{1+2K}} \leqslant f'_{cc} \tag{1-79}$$

应力—应变曲线的下降段为连接点（f'_{cc}，ε_1）和点（0.85f'_{cc}，ε_{85}）的直线。对应于 85%约束混凝土强度的应变按下式计算：

$$\varepsilon_{85} = 260\rho\varepsilon_1 + \varepsilon_{085} \tag{1-80}$$

式中　ρ ——横向钢筋的体积率，按下式计算：

$$\rho = \frac{\sum A_s}{s(b_{cx} + b_{cy})}$$

ε_{085} ——无约束混凝土峰值后应力下降段 85%峰值应力对应的应变，可取 0.0038。

11. Park 等的模型

在 Park 等[64]的模型中，约束混凝土的强度 f'_{cc} 近似取为 1.5f'_c，f'_c 为混凝土 28d 时的抗压强度。用下式计算约束混凝土的极限压应变 ε_{cu}：

$$\varepsilon_{cu} = 0.004 + 1.4\frac{\rho_s f_{yh}\varepsilon_{sm}}{f'_{cc}} \geqslant 0.005 \tag{1-81}$$

式中　ρ_s ——约束钢筋的有效体积配筋率；

f_{yh} ——约束钢筋的屈服强度；

ε_{sm} ——约束钢筋峰值应力对应的应变，40 级取 0.15，60 级取 0.12。

12. USC_RC 模型

USC_RC[65]是美国南加利福尼亚大学结构试验室开发的钢筋混凝土结构分析程序，用于研究不同加载条件下桥墩的抗震性能。USC_RC 模型采用了 Mander、Priestley 和 Park 提出的约束混凝土和保护层混凝土的单调应力—应变关系。图 1-28 示出了柱试件约束混凝土和保护层混凝土的应力—应变曲线。保护层和约束混凝土的极限应变是根据 Mander（1988）提出的能量原理确定的。使单位体积核心混凝土约束筋的极限应变能 U_{sf} 等于约束混凝土应力—应变曲线对应的能量 U_{cc} 与无约束混凝土应力—应变曲线对应的能

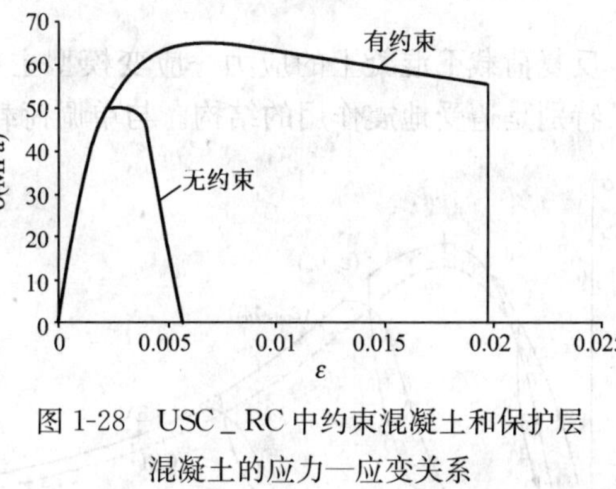

图 1-28　USC_RC 中约束混凝土和保护层混凝土的应力—应变关系

量 U_{c0} 之差与保持受压纵筋屈服所需的附加能量 U_{sc} 之和，可计算箍筋断裂时纵向混凝土的压应变，即

$$U_{sf}=U_{cc}+U_{sc}-U_{c0} \tag{1-82}$$

在式（1-82）中代入相应的值得到：

$$\rho_s A_{cc}\int_0^{\varepsilon_{sf}} f_s d\varepsilon_s = A_{cc}\int_0^{\varepsilon_{cu}} f_c d\varepsilon_c + \rho_{cc}A_{cc}\int_0^{\varepsilon_{cu}} f_{sl} d\varepsilon_s - A_{cc}\int_0^{\varepsilon_{sp}} f_c d\varepsilon_c \tag{1-83}$$

式中 ρ_s ——横向钢筋体积与核心混凝土体积的比值；

A_{cc} ——核心混凝土的面积；

f_s、ε_s ——横向钢筋的应力和应变；

ε_{sf} ——横向钢筋断裂应变；

f_c、ε_c ——混凝土的纵向压应力和压应变；

ε_{cu} ——混凝土纵向极限压应变；

ρ_{cc} ——纵筋体积与核心混凝土体积的比值；

f_{sl} ——纵筋应力；

ε_{sp} ——无约束混凝土的劈裂应变。

式（1-83）中左边第一项 $\int_0^{\varepsilon_{sf}} f_s d\varepsilon_s = U_{sf}$ 为箍筋达到断裂应变 ε_{sf} 之前应力－应变曲线下的总面积。Mander 等根据试验得出的结论是，U_{sf} 的值与钢筋尺寸或屈服强度无关，可取为 $U_{sf}=110\text{MJ/m}^3$，误差小于 10%。

无约束混凝土应力—应变曲线下的面积可用下式近似计算：

$$\int_0^{\varepsilon_{sp}} f_c d\varepsilon_c = 0.017\sqrt{f'_{c0}}\ (\text{MJ/m}^3) \tag{1-84}$$

式中 f'_{c0} ——混凝土的静抗压强度，MPa。

因此，式（1-83）简化为：

$$110\rho_s = \int_0^{\varepsilon_{cu}} f_c d\varepsilon_c + \rho_{cc}\int_0^{\varepsilon_{cu}} f_{sl} d\varepsilon_s - 0.017\sqrt{f'_{c0}}\ (\text{MJ/m}^3) \tag{1-85}$$

根据式（1-85），利用数值方法可计算第一根箍筋断裂时约束混凝土的极限应变。

1.1.6 反复荷载下混凝土的应力—应变关系

反复荷载下混凝土的应力—应变模型主要用于反复荷载下混凝土结构力学性能的分析，特别是遭受地震作用的结构。与单调荷载下混凝土的应力—应变曲线不同的是，反复荷载下混凝土的应力—应变特性不仅与应变有关，还与混凝土承受的应变历史有关。因此，反复荷载下混凝土的应力—应变模型要比单调荷载下混凝土的应力—应变模型复杂得多。

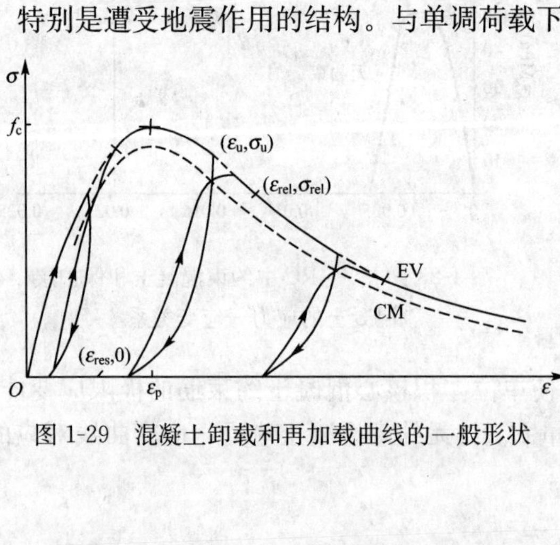

图 1-29 混凝土卸载和再加载曲线的一般形状

图 1-29 示出的是反复荷载下混凝土的应力—应变曲线。试件在超过峰值应力、总应变为 $(1.5\sim3.0)\times10^{-3}$ 时出现第一条可见裂缝。裂缝细而短，

平行于压应力方向。继续加载和卸载，相继出现多条纵向短裂缝。若荷载反复多次，则总应变值并不增大，裂缝无明显发展。当试件的总应变达$(3\sim5)\times10^{-3}$时，相邻裂缝延伸并连接，形成贯通的斜向裂缝。应变再增大，斜裂缝的破坏带逐渐加宽，但仍有一定的残余承载力。这一过程与试件单调加载的现象相近。

从混凝土的受压应力—应变全曲线或包络线上的任一点（ε_u,σ_u），卸载至应力为 0（图 1-29），得到完全的卸载曲线。每次卸载刚开始时，试件应力下降很快，而应变恢复很小。随着应力的减小，变形的恢复才逐渐加快。当应力降至卸载应力 σ_u 的约 20%～30% 以下时，变形恢复最快。这时出现变形恢复滞后现象，主要原因是试件中存在的纵向裂缝在较高压应力下不可能恢复。故卸载时应变 ε_u 越大，裂缝开展越充分，变形恢复滞后现象越严重。

每次卸载至 0 后，混凝土有残余应变 ε_{res}。它随卸载应变 ε_u 增大而增大，多次反复加卸载，残余应变又有所加大。

从应力为 0 的任一应变值（ε_{res},0）开始再加载，直至与包络线相切、重合（ε_{rel}，σ_{rel}），为再加载曲线（图 1-29）。再加载曲线有两种不同的形状，当再加载起点的应变很小时（$\varepsilon_{res}/\varepsilon_p<0.2$），其上端应变 $\varepsilon_{rel}/\varepsilon_p\leqslant1.0$，即与包络线的上升段相切，曲线上无拐点，斜率单调减小，至切点处斜率仍大于 0；若再加载起点的应变较大，其上端应变 $\varepsilon_{rel}/\varepsilon_p>1.0$，即与包络线的下降段相切。由于切点的斜率小于 0，再加载曲线的上升段在应力较低处有一拐点，后又出现一个极大值（峰值）和一个小的下降段。而且，起点应变（ε_{res}）越大，曲线的变化幅度越大。

沿着反复荷载下混凝土应力—应变曲线的外轮廓描绘所得的光滑曲线称为包络线（图 1-29 中以 EV 表示）。反复荷载下的包络线与单调加载的全曲线十分接近。包络线上的峰值应力和峰值应变也与快速加载时相应的峰值应力和应变（f_c,ε_p）无明显差别。

早期的研究者试图将塑性理论扩展到混凝土中避免加载和卸载准则之间的不明确性，这种塑性理论一般用于模拟金属材料。使用屈服函数和势函数，可以很好地定义加载和卸载准则。但在塑性理论中，由于在整个加载过程中卸载和重新加载时的刚度保持不变，与实际情况不符。Lee[66]（1996）的研究采用了描述多轴加载情况下的塑性损伤模型。尽管在重新加载时忽略了附加的滞回特性，但通过引入附加的损伤变量，可考虑应力和应变增加时刚度退化的演化。图 1-30（*a*）、（*b*）和（*c*）示出了塑性理论、损伤力学和塑性—损伤模型对加载、卸载和重新加载过程的描述，图 1-30（*d*）示出的是反复加载试验测得的混凝土性能。

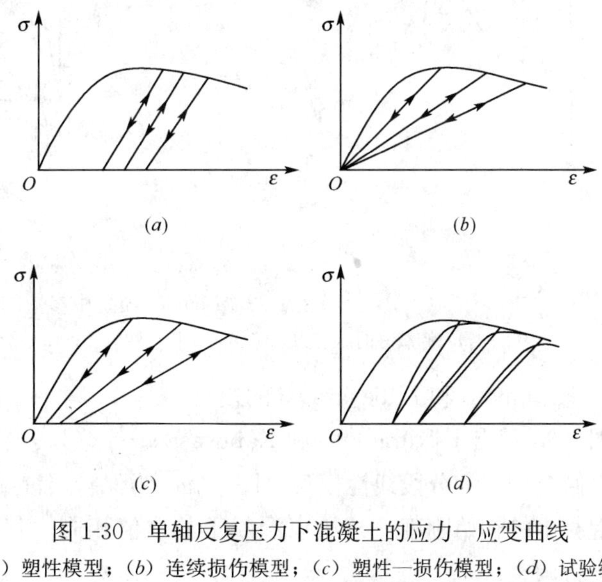

图 1-30　单轴反复压力下混凝土的应力—应变曲线

（*a*）塑性模型；（*b*）连续损伤模型；（*c*）塑性—损伤模型；（*d*）试验结果

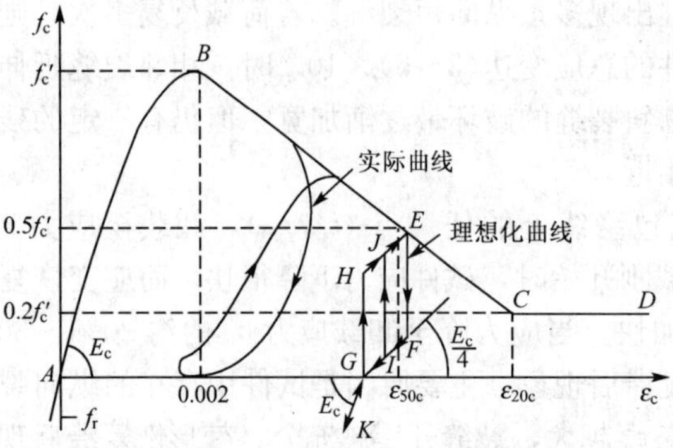

图 1-31 Park、Kent 和 Sampson 的混凝土滞回模型

Karsan 和 Jirsa[67]最早给出反复压荷载下混凝土的塑性残余应变公式。模型反映了塑性残余应变对骨架曲线刚卸载时的应变的依赖性。下面是几种比较常见的反复荷载下混凝土的本构模型。

1. Park、Kent 和 Sampson 的模型

图 1-31 所示为 Park、Kent 和 Sampson[68]（1972）提出的模型的典型曲线。对单调荷载下由箍筋约束的混凝土，压应力的包络线采用 Kent 和 Park（1969～1970）确定的关系。假定受拉混凝土的应力—应变曲线是线性的，与 0 应力时的受压曲线有相同的斜率。在这一模型中，混凝土应力—应变曲线用图中的双线段近似描述。

2. Mander 等的模型

Mander 等确定滞回曲线的方法比较复杂。图 1-32（*a*）所示为 Mander 等[69]（1988）的模型中确定卸载段和塑性应变的方法，ε_{un} 和 f_{un} 分别表示卸载应变和应力，ε_{pl} 为塑性应变。图 1-32（*b*）示出了预压混凝土抗拉强度的退化，ε_t 为拉应变，f_t' 为初始拉应力，f_{cc}' 为混凝土抗压强度。图 1-33 示出了采用 Mander 模型确定滞回应力—应变曲线的一个例子，特别是再加载段曲线。

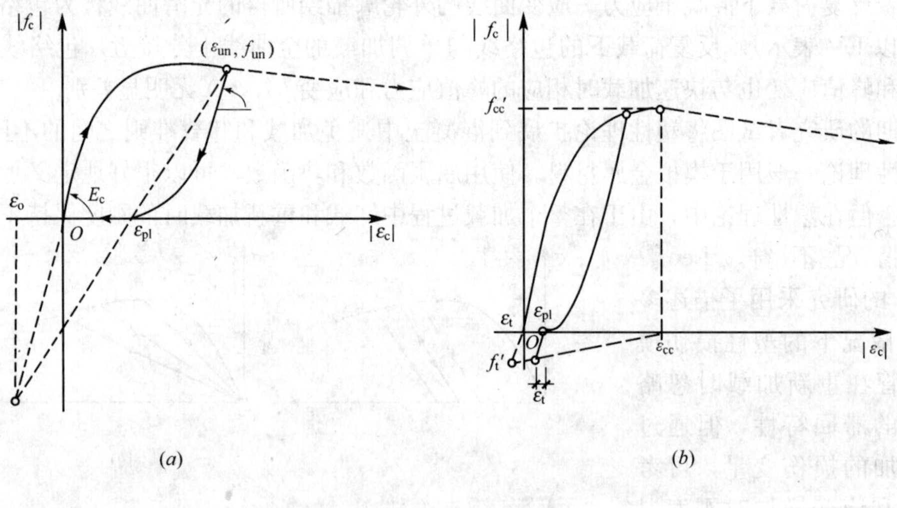

图 1-32 Mander 模型中参数的确定

（*a*）卸载时的压应力—应变曲线和塑性应变；（*b*）预压混凝土抗拉强度退化

3. Kuramoto 和 Kabeyasawa 的模型

图 1-34 示出了 Kuramoto 和 Kabeyasawa[70]（1991）提出的约束混凝土和保护层混凝土的滞回模型，为分段线性模型。图中，σ_B 为保护层混凝土强度，K 为约束系数，E_{c1} 为保护层混凝土的初始刚度，与约束混凝土的取值相同。其他参数如图 1-34 所示，取值根据需要进行调整。

4. Palermo 和 Vecchio 的模型

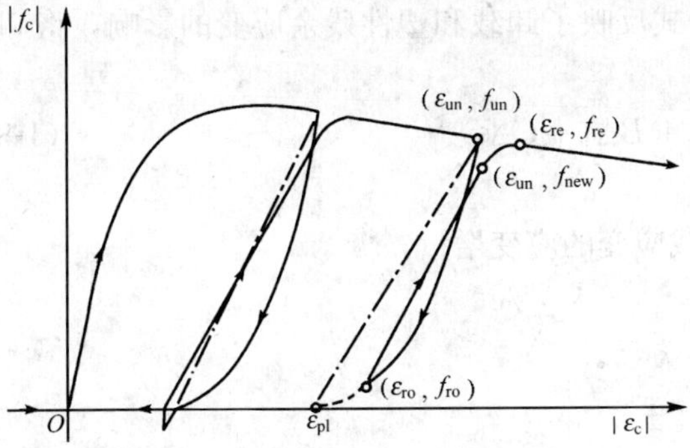

图 1-33　Mander 模型再加载段的应力—应变曲线

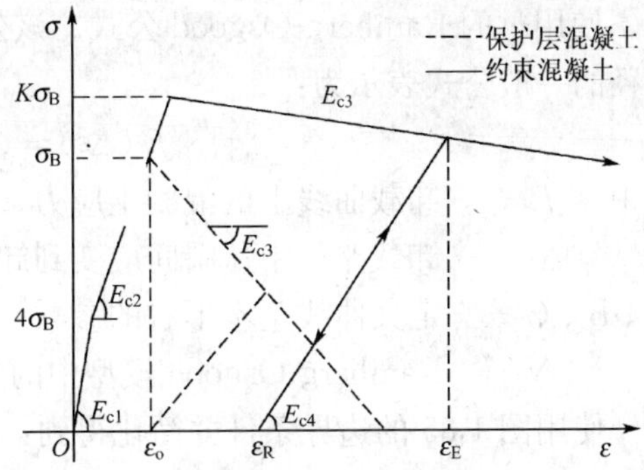

图 1-34　Kuramoto 和 Kabeyasawa 的混凝土滞回模型

Palermo 和 Vecchio[71] 的模型是根据 Bahn 和 Hsu[72]、Karsan 和 Jirsa[67] 的无约束混凝土试验及 Buyukozturk 和 Tseng[73] 的约束混凝土试验结果建立的。

图 1-35 所示为受压混凝土卸载和重新加载情况的曲线。根据前面对混凝土反复荷载试验得到的结论，用单调加载下混凝土的应力—应变曲线作为反复加载时模型的骨架曲线。

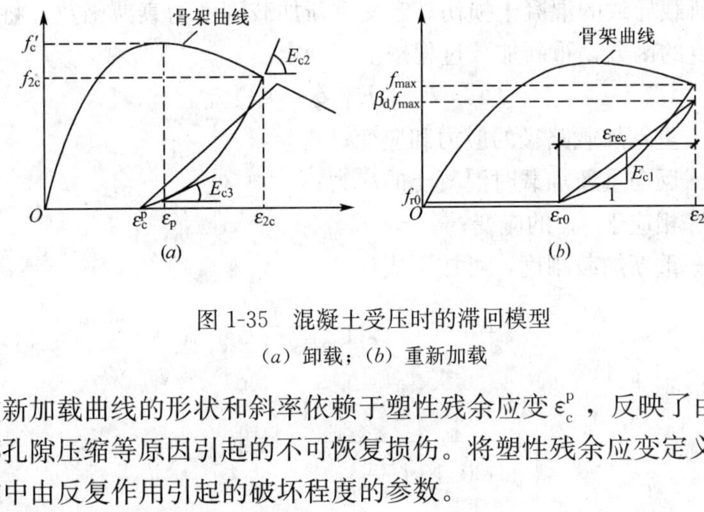

图 1-35　混凝土受压时的滞回模型

(*a*) 卸载；(*b*) 重新加载

卸载和重新加载曲线的形状和斜率依赖于塑性残余应变 ε_c^p，反映了由混凝土压碎、内部裂缝及内部孔隙压缩等原因引起的不可恢复损伤。将塑性残余应变定义为卸载路径和确定混凝土结构中由反复作用引起的破坏程度的参数。

Buyukozturk 和 Tseng[73] 的试验表明，残余应变不受约束应力和应变的影响。为此，得出的残余应变计算公式为：

$$\varepsilon_c^p = \varepsilon_p\left[0.166\left(\frac{\varepsilon_{2c}}{\varepsilon_p}\right)^2 + 0.132\left(\frac{\varepsilon_{2c}}{\varepsilon_p}\right)\right] \tag{1-86}$$

式中　ε_c^p ——残余应变；

ε_p ——最大应力对应的应变；

ε_{2c} ——骨架曲线上开始卸载时的应变。

混凝土卸载的最简单形式可用从卸载应变到塑性残余应变的线性表达式描述。但这种表达形式无法确定受压时一个卸载—重新加载循环的能量耗散。反复荷载下混凝土的试验数据表明卸载路径是非线性的。为建立描述混凝土卸载路径的表达式，采用了类似 Seckin[74]使用过的 Ramberg-Osgood 公式。该公式反映了卸载和塑性残余应变的影响，将卸载路径的一般公式表示为：

$$f_c(\Delta\varepsilon)=A+B\Delta\varepsilon+C\Delta\varepsilon^N \tag{1-87}$$

式中 f_c——卸载曲线上的混凝土应力；

$\Delta\varepsilon$——卸载路径中从瞬间应变到卸载应变的应变增量；

A、B、C——定义曲线基本形状的参数；

N——Ramberg-Osgood 模型中的乘方项。

使用图 1-35 的边界条件并简化得到：

$$f_c(\Delta\varepsilon)=f_{2c}+E_{c2}(\Delta\varepsilon)+\frac{(E_{c3}-E_{c2})\Delta\varepsilon^N}{N(\varepsilon_c^p-\varepsilon_{2c})^{N-1}} \tag{1-88}$$

其中

$$\Delta\varepsilon=\varepsilon-\varepsilon_{2c},N=\frac{(E_{c2}-E_{c3})(\varepsilon_c^p-\varepsilon_{2c})}{f_{c2}+E_{c2}(\varepsilon_c^p-\varepsilon_{2c})}$$

式中 ε——混凝土的瞬时应变。

假设初始卸载刚度 E_{c2} 与混凝土初始割线刚度 E_c 相等，为 $2f_c'/\varepsilon_c'$。表示卸载末段刚度的卸载刚度 E_{c3} 定义为 0.071 E_c，取用 Seckin 的值。f_{2c} 为根据骨架曲线上最大卸载应变 ε_{2c} 计算的应力。

为反映反复荷载导致的混凝土损伤，定义重新加载刚度为衰减函数。将衰减看作是卸载过程中应变恢复的函数，重新加载过程按下式确定：

$$f_c=f_{ro}+E_{c1}(\varepsilon_c-\varepsilon_{ro}) \tag{1-89}$$

式中 f_c、ε_c——重新加载路径的应力和应变；

f_{ro}——反向重新加载时混凝土的应力；

ε_{ro}——相应于 f_{ro} 的应变；

E_{c1}——重新加载刚度，可按下式计算：

$$E_{c1}=\frac{(\beta_d f_{max})-f_{ro}}{\varepsilon_{2c}-\varepsilon_{ro}} \tag{1-90}$$

其中

$$\beta_d=\begin{cases}\dfrac{1}{1+0.10\left(\dfrac{\varepsilon_{rec}}{\varepsilon_p}\right)^{0.5}} & |\varepsilon_c|<|\varepsilon_p|\\[2ex] \dfrac{1}{1+0.175\left(\dfrac{\varepsilon_{rec}}{\varepsilon_p}\right)^{0.6}} & |\varepsilon_c|\geqslant|\varepsilon_p|\end{cases}$$

$$\varepsilon_{rec}=\varepsilon_{max}-\varepsilon_{min}$$

式中 β_d——损伤指标；

f_{max}——对应于当前卸载环的最大应力；

ε_{rec}——卸载过程中恢复的应变，为当前滞回环中最大应变 ε_{max} 与最小应变 ε_{min} 之差。

图 1-36 所示为混凝土部分卸载和部分加载到应变低于先前最大卸载应变的情况。需

要描述图中所示的五种荷载路径。卸载曲线 1 表示从最大卸载应变到塑性残余应变的完全卸载过程，可用描述完全卸载过程的式（1-88）计算。曲线 2 表示从塑性残余应变开始的重新加载过程，可由式（1-89）描述。曲线 3 表示从应变小于先前最大卸载应变重新加载路径上部分卸载的情况。除用当前滞回环的卸载应力和应变代替先前最大卸载点处的卸载应力和应变外，采用完全卸载的表达式计算。曲线 4 描述了从部分卸载分支的部分重新加载过程，假定在应变小于先前最大卸载应变的环中没有累积损伤，曲线遵循从反向加载点到先前卸载点的线性路径。这意味着曲线 4 的重新加载刚度大于曲线 2 的重新加载刚度，这与 Bahn 和 Hsu[72] 提供的试验数据是一致的。曲线 4 的重新加载刚度可用下式表达：

$$E_{c1} = \frac{f_{max} - f_{ro}}{\varepsilon_{max} - \varepsilon_{ro}} \tag{1-91}$$

重新加载应力可用完全重新加载过程的式（1-89）计算。

当应变增大超过与曲线 2 的交点时，曲线 4 按曲线 5 表示的重新加载路径行进。后者依旧保持第一次卸载阶段产生的损伤，刚度按下式计算：

$$E_{c1} = \frac{\beta_d f_{2c} - f_{max}}{\varepsilon_{2c} - \varepsilon_{max}} \tag{1-92}$$

重新加载应力由下式确定：

$$f_c = f_{max} + E_{c1}(\varepsilon_c - \varepsilon_{max}) \tag{1-93}$$

图 1-37 所示为 Vecchio 和 Palermo 模型的计算结果与 Karsan 和 Jirsa[67] 试验结果的比较。

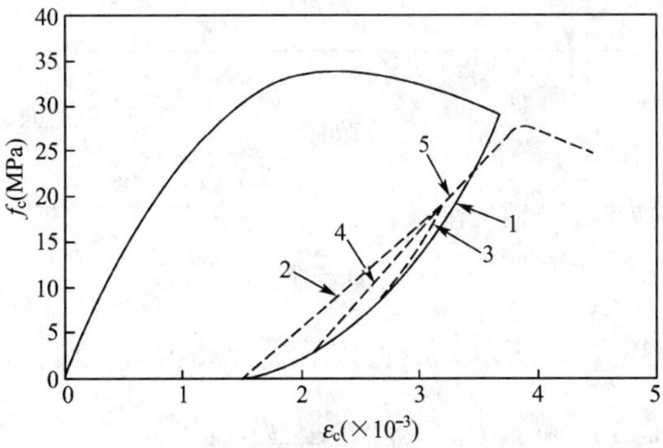

图 1-36　混凝土受压时的部分卸载—部分重新加载曲线

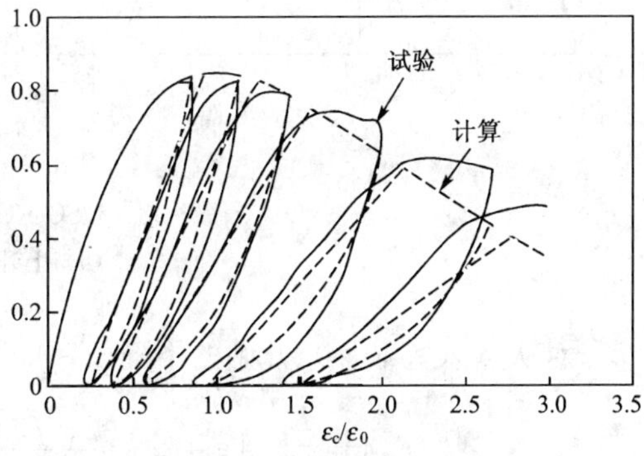

图 1-37　模型计算与试验结果的比较

5. USC _ RC 中的模型

USC _ RC 是美国南加利福尼亚大学结构实验室开发的钢筋混凝土分析程序。USC _ RC[65] 模型的包络线是以 Mander 等[27]（1988）的模型为基础的，模型的分析结果与 Mander 等模型的结果也比较接近，但计算量要小。在应变反向处，曲线为凹面向上的抛物线。反向曲线的初始斜率等于约束混凝土的初始刚度。随着应变的降低，斜率逐渐减小，当应力接近于 0 时，斜率接近于 0，应变小于这一值时应力保持为 0。在应变第二次反向时，应力保持为 0，直到达到第一次反向时应力为 0 对应的应变，然后应力以等于开始时约束混凝土初始刚度的斜率增加。随应变和相应应力的增加，斜率降低，直至达到包络线，然后沿包络线移动。对滞回曲线的上升路径和下降路径，也需要采用两种不同于约束混凝土初始刚度的初始刚度。USC _ RC 模型的数学表示如下：

（1）在约束混凝土弹性范围（约束混凝土应变为 0.015）的上升段和下降段，模型路径遵循单调应力—应变曲线；

（2）对从点（ε_p，σ_p）开始的上升段，如图 1-38（*a*）所示，应力按下式计算：

$$\sigma=\frac{E_{c1}^2}{4f_{cc}}\left(\varepsilon-\varepsilon_p+\frac{2f_{cc}}{E_{c1}}-\frac{\sqrt{f_{cc}(f_{cc}-\sigma_p)}}{E_{c1}}\right)^2+E_{c1}\left(\varepsilon-\varepsilon_p+\frac{2f_{cc}}{E_{c1}}-\frac{\sqrt{f_{cc}(f_{cc}-\sigma_p)}}{E_{c1}}\right)\leqslant f^{con}(\varepsilon) \tag{1-94}$$

式中 E_{c1} ——应力为 0 时的斜率；

f_{cc} ——约束混凝土的强度；

ε ——新应变；

$f^{con}(\varepsilon)$ ——新应变处约束混凝土的单调应力。

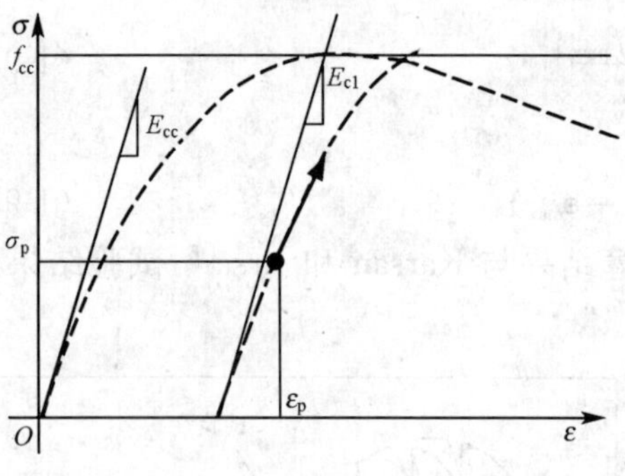

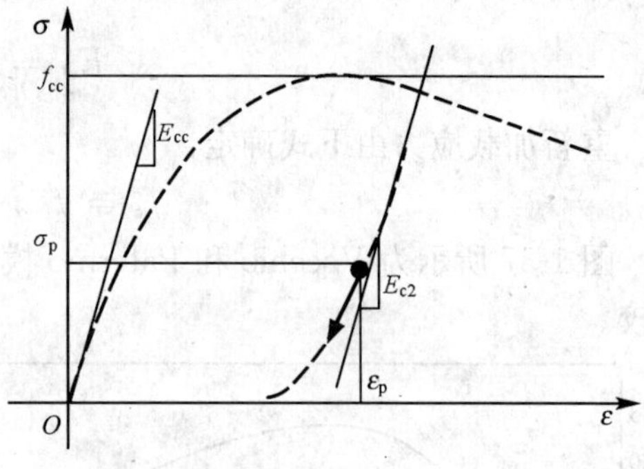

图 1-38 USC-RC 中约束混凝土滞回模型

（*a*）上升段；（*b*）下降段

对从点（ε_p，σ_p）开始的下降段，如图 1-38（*b*）所示，应力按下式计算：

$$\sigma=\begin{cases}-\dfrac{E_{c1}^2}{4f_{cc}}\left(\varepsilon-\varepsilon_p-\dfrac{2\sqrt{f_{cc}\sigma_p}}{E_{c2}}\right)^2\leqslant f^{con}(\varepsilon) & \varepsilon>\varepsilon_p-\dfrac{2\sqrt{f_{cc}\sigma_p}}{E_{c2}}\\ 0 & \varepsilon\leqslant\varepsilon_p-\dfrac{2\sqrt{f_{cc}\sigma_p}}{E_{c2}}\end{cases} \tag{1-95}$$

在 USC _ RC 中，E_{c1} 和 E_{c2} 取约束混凝土的初始刚度值。模型忽略了混凝土的拉应力，但在模型中考虑混凝土的拉应力并不困难。考虑先前压应力引起的混凝土抗拉强度降低，用直线代替上升曲线，这时模型接近于 Mander 等的模型。另一种模型是用直线路径描述上升段和下降段。

对于保护层混凝土，一般来讲，其滞回模型与约束混凝土的相似。不同的是包络线、初始刚度和极限强度。保护层混凝土的包络线也是基于 Mander 等的模型，在该模型中，如果约束系数取为 0，得到的曲线即为保护层混凝土应力—应变曲线的包络线。除此之外，应变大于 0.004 时，曲线末端用直线代替。图 1-39 示出了 USC _ RC 中反映保护层混凝土滞回响应的一个例子。

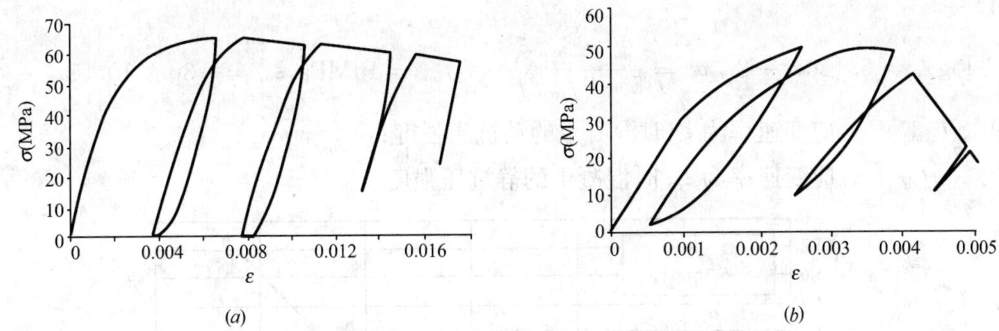

图 1-39　用 USC _ RC 的模型模拟的混凝土滞回曲线
（a）约束混凝土；（b）保护层混凝土

1.1.7　动荷载下混凝土的性能

对混凝土进行力学性能试验时，加载总是有一定的速度。很多研究表明，加载速率对混凝土材料性能有一定影响，所以理论上讲，地震作用下或结构受到冲击时混凝土的性能与静力加载时是不同的。静力加载是指加载速度对材料或结构力学性能影响不明显的施加荷载的过程，一般加载速度小到 10^{-4}mm/s 时可认为是静力加载。图 1-40 示出了不同形式荷载的应变率范围。

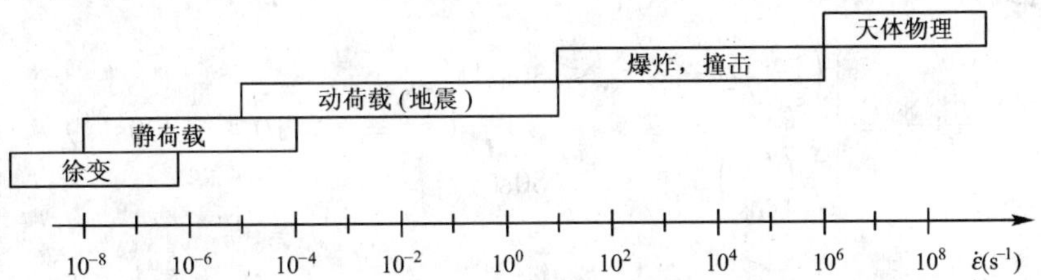

图 1-40　不同形式荷载的应变率范围

加载速率通常用材料的应变率表示。Wakabayashi 等（1984）和 Hosoya 等（1997）采用数值方法和试验及足尺模型的动态试验对地震作用下的钢筋混凝土结构进行了研究。研究表明，应变率与结构周期、地震地面运动和结构构件的延性要求有关。一般情况下，遭受强烈地震地面运动的钢筋混凝土结构的最大应变速率为 $10^{-5}\text{s}^{-1}\sim10\text{s}^{-1}$。

1.1.7.1　强度

图 1-41 示出了 Ross 和 Hughes 等试验得出的混凝土动抗压强度和静抗压强度之比与应变率之间的关系。Ross 等[75]（1995）的试验采用直径 51mm、高 51mm 的受压试件。注意到沿加载轴方向的裂缝扩展导致受压试件破坏，表明抗压强度实际上是由垂直于加载方向上的抗拉强度决定的。Hughes 和 Gregory[76]（1978）的试验是用铁锤锤击边长 100mm 的混凝土立方体试件。欧洲混凝土模式规范 CEB-FIP MC 1990[8] 给出的考虑混凝土加载速率的抗压强度 *DIF* 计算公式为：

$$\frac{f_{c,imp}}{f_{cm}}=\begin{cases}\left(\dfrac{\dot{\varepsilon}_c}{\dot{\varepsilon}_{co}}\right)^{1.026\alpha_s} & |\dot{\varepsilon}_c|\leqslant 30\text{s}^{-1}\\ \gamma_s\left(\dfrac{\dot{\varepsilon}_c}{\dot{\varepsilon}_{co}}\right)^{1/3} & |\dot{\varepsilon}_c|>30\text{s}^{-1}\end{cases}\quad(\dot{\varepsilon}_c=30\times10^{-6}\sim300\text{s}^{-1})\tag{1-96}$$

其中

$$\log\gamma_s = 6.156\alpha_s - 2\ ,\ \alpha_s = \frac{1}{5+9f_{cm}/f_{cmo}}\ ,\ f_{cmo} = 10\text{MPa},\dot{\varepsilon}_{co} = -30\times10^{-6}\ \text{s}^{-1}$$

式中 $f_{c,imp}$——应变速率为 $\dot{\varepsilon}_c$ 时混凝土的动抗压强度；

f_{cm}——应变速率为 $\dot{\varepsilon}_{co}$ 时混凝土的静抗压强度。

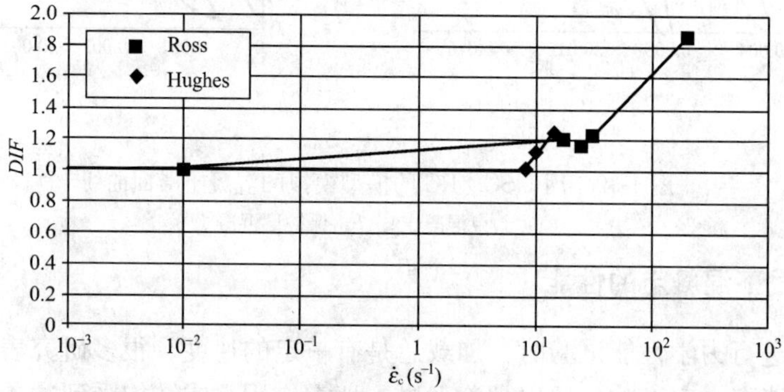

图 1-41 混凝土抗压强度随加载速率的变化

欧洲混凝土模式规范 CEB-FIP MC 1990[8] 给出的考虑混凝土加载速率的抗拉强度 *DIF* 计算公式为

$$\frac{f_{ct,imp}}{f_{ctm}} = \begin{cases} \left(\dfrac{\dot{\varepsilon}_{ct}}{\dot{\varepsilon}_{cto}}\right)^{1.016\delta_s} & \dot{\varepsilon}_{ct} \leqslant 30\text{s}^{-1} \\ \beta_s\left(\dfrac{\dot{\varepsilon}_{ct}}{\dot{\varepsilon}_{cto}}\right)^{1/3} & \dot{\varepsilon}_{ct} > 30\text{s}^{-1} \end{cases} \quad (\dot{\varepsilon}_{ct} = 3\times10^{-6}\sim300\text{s}^{-1}) \tag{1-97}$$

其中

$$\log\beta_s = 7.11\delta_s - 2.33\ ,\ \delta_s = \frac{1}{10+6f_{cm}/f_{cmo}}\ ,\ f_{cmo} = 10\text{MPa},\dot{\varepsilon}_{cto} = 3.0\times10^{-6}\ \text{s}^{-1}$$

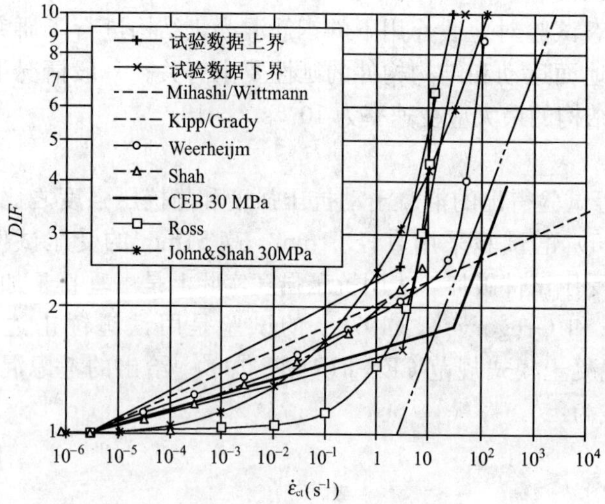

图 1-42 动抗拉强度与静抗拉强度的比值随应变速率的变化

式中 $f_{ct,imp}$——应变速率为 $\dot{\varepsilon}_{ct}$ 时混凝土的动抗拉强度；

f_{cmo}——应变速率为 $\dot{\varepsilon}_{cto}$ 时混凝土的静抗拉强度。

图 1-42 给出了不同研究者试验得到的动抗拉强度与静抗拉强度的比值随应变速率的变化。由图可以看出，当加载应变速率超过 1s^{-1} 时，混凝土动抗拉强度迅速提高。Malvar 和 Crawford[77] 根据收集到的混凝土抗拉强度动荷载试验结果，建议将式（1-97）修正为下面的形式：

$$\frac{f_t}{f_{ts}}=\begin{cases}\left(\dfrac{\dot{\varepsilon}}{\dot{\varepsilon}_s}\right)^{1.016\delta} & \dot{\varepsilon}\leqslant 1\mathrm{s}^{-1}\\ \beta\left(\dfrac{\dot{\varepsilon}}{\dot{\varepsilon}_s}\right)^{1/3} & \dot{\varepsilon}>1\mathrm{s}^{-1}\end{cases}\quad(\dot{\varepsilon}=10^{-6}\sim 160\mathrm{s}^{-1})\tag{1-98}$$

其中　$\log\beta=6\delta-2,\ \delta=\dfrac{1}{1+8f_{cs}/f_{co}},\ f_{co}=10\mathrm{MPa},\dot{\varepsilon}_s=10^{-6}\ \mathrm{s}^{-1}$

式（1-98）与式（1-97）表示的符号不同，但相互对应。

文献[78]对不同湿度和不同温度条件下混凝土的抗拉性能进行了试验研究，试验条件分 4 组：自然湿度、正常温度（20℃），饱和湿度、正常温度（20℃），自然湿度、较低温度（−30℃），饱和湿度、较低温度（−30℃）。试验表明，在相同的应变速率下，混凝土动态抗拉强度均降低，如在应变速率为 $10^{-5}\mathrm{s}^{-1}$下，当含水量从 0.3%变化到 4.8%时，混凝土的拟静态强度从 2.21MPa 变化到 1.30MPa；在应变速率为 $10^{-1}\mathrm{s}^{-1}$下，当含水量从 0.3%变化到 4.8%时，混凝土的拟静态强度从 3.40MPa 变化到 2.70MPa，说明在饱和条件下混凝土抗拉强度有很大幅度的降低。当应变速率提高时，饱和混凝土强度增长幅度高于低含水量混凝土的增长幅度。试验发现，随着应变速率的提高，试件断口越来越平整，越来越多的骨料被拉断。这说明混凝土受应变率影响的原因一是自由水的存在所引起的黏滞性，二是破裂形式的变化。

在一定湿度条件下，混凝土中自由水的存在使水泥石中凝胶体颗粒之间的范德华力减弱，致使混凝土宏观强度有所降低。在较高应变速率下，混凝土中所含的自由水表现出黏性，这种黏性导致了动态强度的提高。同时，含水量越高，这种黏滞性越明显，在宏观上表现为强度提高幅度增大。

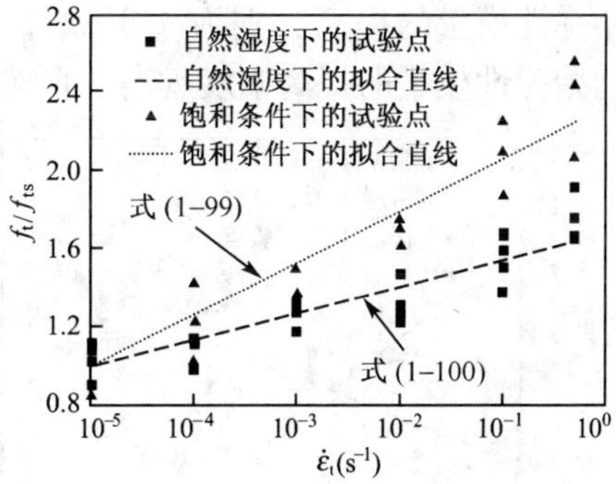

图 1-43　不同湿度下混凝土的动抗拉强度

两种湿度条件下混凝土的动抗拉强度与应变速率间的关系如图 1-43 所示。饱和条件下混凝土动抗拉强度与应变速率的关系式为：

$$\frac{f_t}{f_{ts}}=1+0.265\lg\left(\frac{\dot{\varepsilon}_t}{\dot{\varepsilon}_{ts}}\right)\tag{1-99}$$

式中　f_t ——不同应变率下混凝土的抗拉强度；

f_{ts} ——拟静态抗拉强度；

$\dot{\varepsilon}_t$ ——拟静态应变速率（$10^{-5}\mathrm{s}^{-1}$）；

$\dot{\varepsilon}_{ts}$ ——当前的拉伸应变速率。

自然湿度条件下混凝土动抗拉强度与应变速率的关系为：

$$\frac{f_t}{f_{ts}}=1+0.134\lg\left(\frac{\dot{\varepsilon}_t}{\dot{\varepsilon}_{ts}}\right)\tag{1-100}$$

对于低温下混凝土的动抗拉强度，文献［78］的研究表明，在拟静态加载速率时，混凝土的强度从常温 20℃的 2.21MPa 变化到−30℃时的 2.531MPa，提高了 14.5%。但是在低温条件下对速率的敏感性有所降低，这也反映出水的存在以及含水量多少是影响混凝土动态特性的一个重要原因。从试验现象看，低温下混凝土拉断时声音比较响亮，说明低温时混凝土的脆性增加。低温时（$-30℃$）强度与应变率间的关系如图 1-44 所示，用公式表示为：

$$\frac{f_t}{f_{ts}} = 1 + 0.115\lg\left(\frac{\dot{\varepsilon}_t}{\dot{\varepsilon}_{ts}}\right) \tag{1-101}$$

我国《水工建筑物抗震设计规范》[79]（SL 203—97）对抗震设计中考虑混凝土的动力性能作出了规定，除水工钢筋混凝土结构外的混凝土水工建筑物的抗震强度计算中，混凝土动力强度标准值可较其静力标准值提高 30%；混凝土的动力抗拉强度标准值可取为其动力抗压强度标准值的 8%（由于动抗压强度提高，动抗拉强度也提高）。

1.1.7.2 弹性模量

一般认为，在拉应力达到混凝土抗拉强度的 40%～60%前混凝土处于弹性阶段，文献[77] 取应力为强度 50%时混凝土应力—应变曲线割线的斜率为初始弹性模量。试验结果表明：拟静态应变速率下，饱和混凝土的初始弹性模量低于自然湿度混凝土初始弹性模量（饱和：1.96×10^4 MPa；自然湿度：2.88×10^4 MPa）。随着应变速率的提高，混凝土初始弹性模量也相应提高（图 1-45）。如果以应变率为 $10^{-5}s^{-1}$时的初始弹性模量为基准，应变率为 10^{-4}、10^{-3}、10^{-2}、10^{-1}和 $10^{-0.3}s^{-1}$时，饱和混凝土的初始弹性模量分别提高了 28.3%、30.8%、45.8%、70.7%和 100.1%；而在相应应变速率条件下自然湿度混凝土初始弹性模量的提高分别为 4.0%、9.0%、10.1%、11.4%和 12.1%。显然，饱和混凝土初始弹性模量的提高幅度远高于自然湿度混凝土的提高幅度。

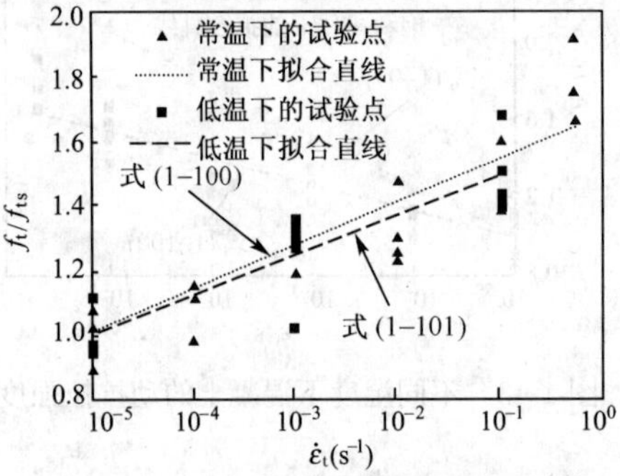

图 1-44 低温下混凝土动抗拉强度随应变率的变化

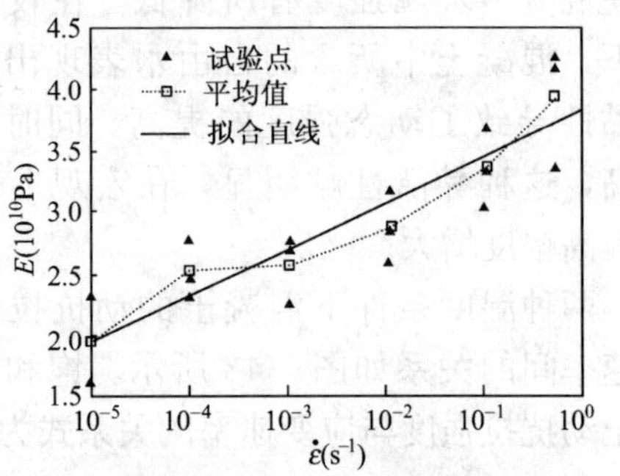

图 1-45 混凝土动弹性模量随应变率的变化

图 1-46 示出了文献［80］对混凝土受拉和受压动弹性模量的试验结果。欧洲混凝土模式规范 CEB-FIP MC 1990[8] 给出的公式为：

$$\frac{E_{c,imp}}{E_{ci}} = \left(\frac{\dot{\varepsilon}_c}{\dot{\varepsilon}_{co}}\right)^{0.026} \tag{1-102}$$

其中 $\dot{\varepsilon}_{co} = -30\times10^{-6}s^{-1}$（受压），$\dot{\varepsilon}_{co} = 3\times10^{-6}s^{-1}$（受拉）

式中 $E_{c,imp}$——应变速率为 $\dot{\varepsilon}_c$ 时混凝土的弹性模量；

E_{ci}——应变速率为 $\dot{\varepsilon}_{co}$ 时混凝土的弹性模量。

同样，我国《水工建筑物抗震设计规范》（SL 203—97）也规定，混凝土动力弹性模量标准值可较其静力标准值提高 30%。

1.1.7.3　泊松比

文献［78］的试验表明，混凝土的泊松比离散性较大，在 0.12～0.22 的范围内变化，随应变速率变化的趋势不显著，可用常数来表达。

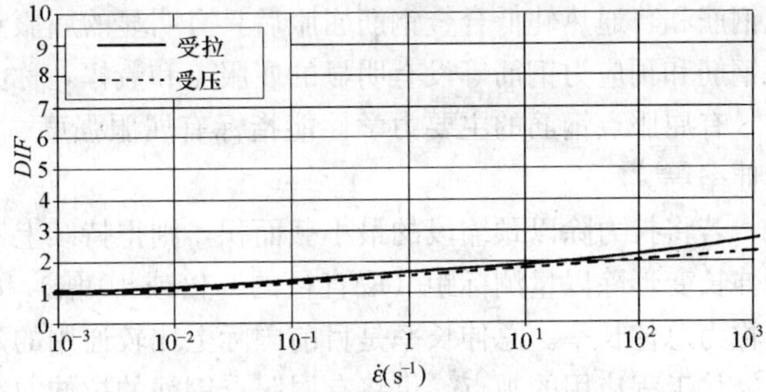

图 1-46　应变率对混凝土弹性模量的影响

1.1.7.4　应力—应变曲线

文献［78］试验得到的不同应变速率下混凝土的应力—应变曲线如图 1-47 所示。由图可以看出，随应变率的增大，混凝土的抗拉强度提高（前面已经论述），峰值应力时的应变增大，整条曲线“上扬”。按应力—应变关系曲线上应力达到峰值前曲线与应变轴包围的面积定义混凝土的吸能能力，从图 1-47 可看出，随着应变速率的增加，混凝土的吸能能力有较大幅度的提高。当应变率为 10^{-4}、10^{-3}、10^{-2}、10^{-1} 和 $10^{-0.3}\text{s}^{-1}$时，相对于拟静态时的吸能能力，饱和混凝土吸能能力的提高分别为 28%、54%、78%、70%和 134%，自然湿度混凝土吸能能力的提高分别为 1%、55%、63%、70%和 91%。饱和混凝土吸能能力与应变速率间的关系如图 1-48 所示。

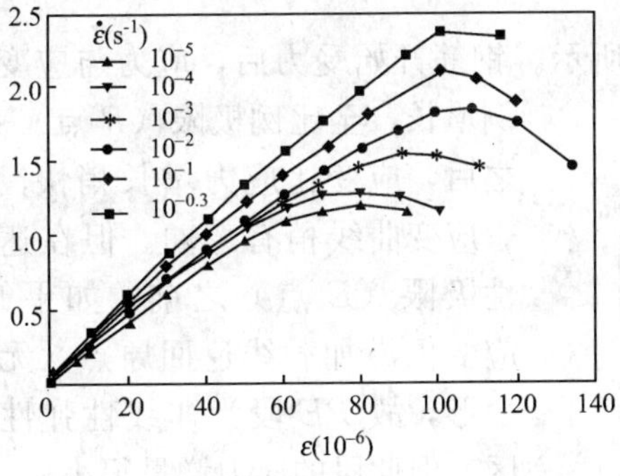

图 1-47　不同应变率时的应力—应变关系

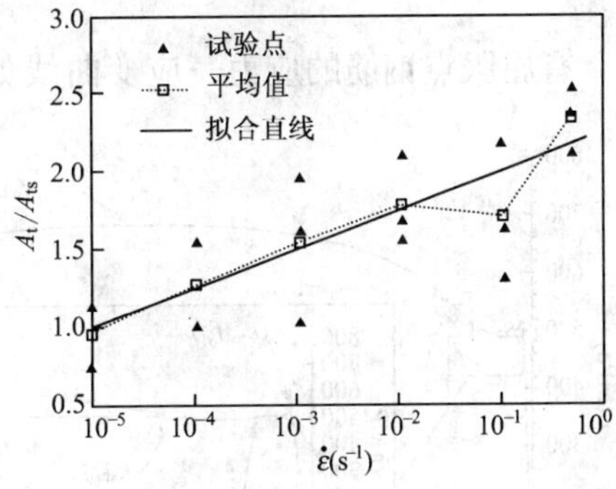

图 1-48　饱和混凝土吸能能力与应变率的关系

欧洲混凝土模式规范 CEB-FIP MC 1990 给出的混凝土峰值应力对应的应变与应变率的关系为

$$\frac{\varepsilon_{\text{c1,imp}}}{\varepsilon_{\text{c1}}}=\left(\frac{\dot{\varepsilon}_{\text{c}}}{\dot{\varepsilon}_{\text{co}}}\right)^{0.02} \tag{1-103}$$

其中　$\dot{\varepsilon}_{\text{co}}=-30\times10^{-6}\text{s}^{-1}$（受压），$\dot{\varepsilon}_{\text{co}}=3\times10^{-6}\text{s}^{-1}$（受拉）

式中　$\varepsilon_{\text{c1,imp}}$——应变速率为 $\dot{\varepsilon}$ 时混凝土的峰值应力对应的应变；

ε_{c1}——应变速率为 $\dot{\varepsilon}_{\text{co}}$ 时混凝土的峰值应力对应的应变。

1.2　钢筋的力学和变形性能

1.2.1　钢筋的强度和变形

钢筋作为一种材料，其强度和变形性能可用拉伸试验得到的应力—应变曲线说明。热轧钢筋和普通热轧低合金钢筋屈服后具有明显的屈服点和流幅，称为有屈服点钢筋。冷加工钢筋和预应力钢筋等没有明显的屈服点和流幅，称为无屈服点钢筋。

有屈服点钢筋的主要力学性能指标有屈服强度、极限强度（初始）、弹性模量和极限延伸率等。

若将拉力除以颈缩段的最小截面积，则得持续上升段 BF'（图 1-49）。钢筋试件拉断后的伸长变形除以量测标距（取直径的 5 倍或 10 倍）称为极限延伸率，最大应力下的伸长率称为总伸长率。总伸长率是目前国际上比较通用的延性表示方法。

从工程应用的观点，可将有屈服点钢筋的拉伸曲线简化成四段：弹性段、屈服段、强化段和颈缩段。比例极限、弹性极限和上、下屈服点合并为一个屈服点 Y，一般取为数值较稳定、且偏低的下屈服点，相应的应力值称屈服强度 f_y。在屈服点之前为线弹性段 OY，之后为屈服台阶（$YH, f_y =$ 常数）。

无屈服点钢筋也称为硬钢，主要包括高强度的碳素钢丝、钢绞线和热处理钢筋，无屈服点高强度钢筋的拉伸曲线没有明显的屈服台阶和流幅。对于这种钢筋，一般取应力—应变曲线上残余应变为某一值的点（如我国和美国规范取 0.2%，欧洲规范取 0.1%）对应的应力为屈服应力，称为条件屈服强度。

1.2.2 单调荷载下钢筋的应力—应变关系

有屈服点钢筋的应力—应变曲线如图 1-49 所示。钢筋开始受力后，应力与应变成比例增长，至比例极限（P 点）为止。之后，应变比应力增长稍快，应力—应变曲线稍有弯曲。但在达到弹性极限（E 点）之前，如果卸载，应变仍沿加载线返回原点，无残余变形，故 PE 段为非线性弹性变形区，但此段的应力增量很小。

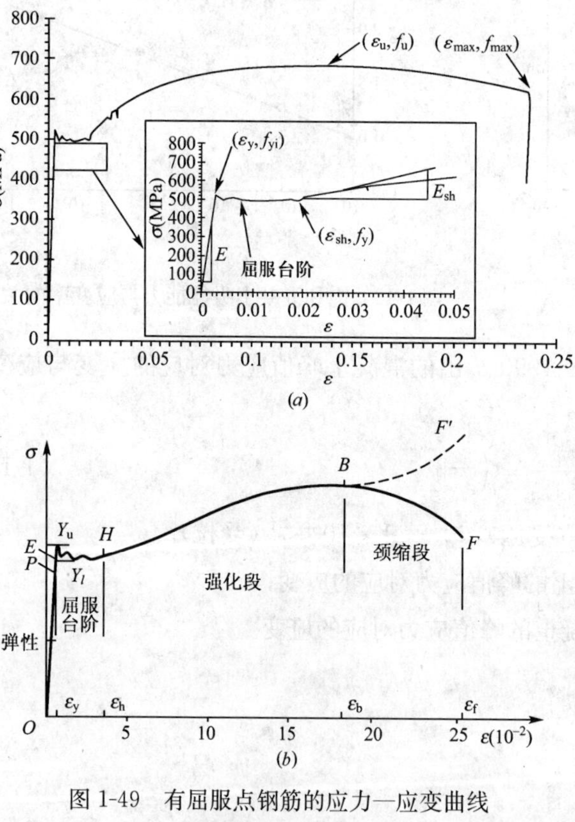

图 1-49 有屈服点钢筋的应力—应变曲线

（a）试验结果；（b）曲线的特征点

超过弹性极限后应变增长加快，曲线斜率稍减。到达上屈服点 Y_u 后，应力迅速跌落，出现一个小尖峰；继续增大应变，应力经过下屈服点 Y_l 后有一定程度的回升。此后，曲线进入屈服段，应力虽有上下波动，但渐趋稳定，形成明显的台阶。上屈服点 Y_u 取决于试件的形状和加载速度（图 1-49）在一定范围内变动，下屈服点则相对稳定。

钢筋在屈服阶段经历了较大的塑性变形后，进入强化段（H），应力再次稳步增大，直至达到极限强度点 B。此后，应变继续增大，而拉力明显减小，试件的某一截面逐渐减小，出现颈缩现象。最终，试件在颈缩段的中间拉断（F）。颈缩段应力—应变曲线（BF）下降是按钢筋原截面积计算的结果。

无屈服点钢筋的拉伸曲线如图 1-50。试件开始受力后，应力与应变按比例增长，其比例弹性极限约为 $\sigma_e \approx (0.75 \sim 0.8)\sigma_b$ 。此后，试件的应变逐渐加快发展，曲线的斜率渐减。当曲线成水平时达极限强度 σ_b 。随后曲线稍有下降，试件出现少量颈缩后立即被拉断。极限延伸率较小，约为 5%～7%。

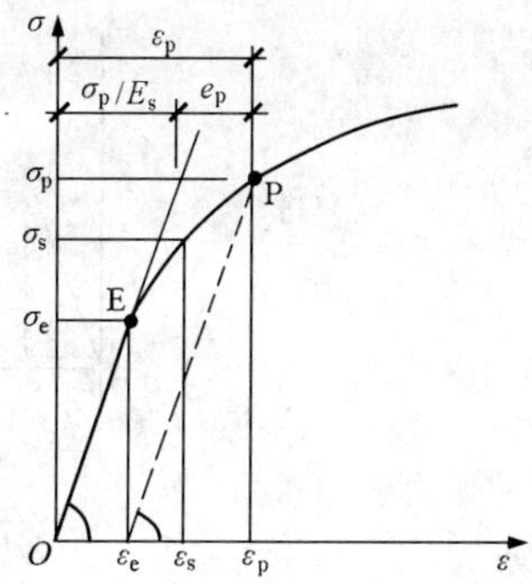

图 1-50　无屈服点钢筋的应力—应变关系

在对钢筋混凝土结构进行分析特别是非线性分析时，需要使用钢筋的应力—应变关系，因此，准确描述钢筋的应力—应变关系非常重要。目前，已提出了多个应力—应变模型，下面是其中的一部分。

1. Ramberg-Osgood 模型

Ramberg-Osgood[81]（1943）建议的模型是钢筋应力—应变关系的早期模型之一，用下面非线性函数描述：

$$\varepsilon_{norm} = \beta\sigma_{norm}(1 + \alpha \mid \sigma_{norm} \mid^{n-1}) \tag{1-104}$$

式中　ε_{norm}——钢筋的名义应变；

σ_{norm}——钢筋的名义应力；

α、β、n——由试验确定的参数。

Ramberg-Osgood 模型没有反映热轧钢筋的屈服台阶，适宜描述无屈服点钢筋的应力—应变特性。

如图 1-50，如果已知弹性极限（σ_e，ε_e）和一个参考点 $P\left(\sigma_p, \varepsilon_p = \dfrac{\sigma_p}{E_s} + e_p\right)$，则根据式（1-104），对应于任一应力 σ_s 的应变为：

$$\varepsilon_s = \begin{cases} \dfrac{\sigma_s}{E_s} & 0 \leqslant \sigma_s \leqslant \sigma_e \\ \dfrac{\sigma_s}{E_s} + e_p\left(\dfrac{\sigma_s - \sigma_e}{\sigma_p - \sigma_e}\right)^n & \sigma_s > \sigma_e \end{cases} \tag{1-105}$$

取决于钢材的种类，式中的参数取 $n = 7 \sim 30$。

2. 多线段模型

多线段模型在各种分析研究中已经得到广泛使用。在这一模型中，应力—应变曲线用几个直线段近似描述。图 1-51（a）示出了反映钢筋应力—应变性能的双线段模型，图 1-51（b）示出了三线段模型。在大多数工程应用中，使用双线段模型进行模拟已经足够精确。

3. Park 和 Paulay 模型

Park 和 Paulay[82]（1975）模拟了实际钢筋应力—应变曲线的一般形状，如图 1-52 所示，模型的形式如下：

OB 区：

$$\sigma_s = \varepsilon_s E_s \tag{1-106a}$$

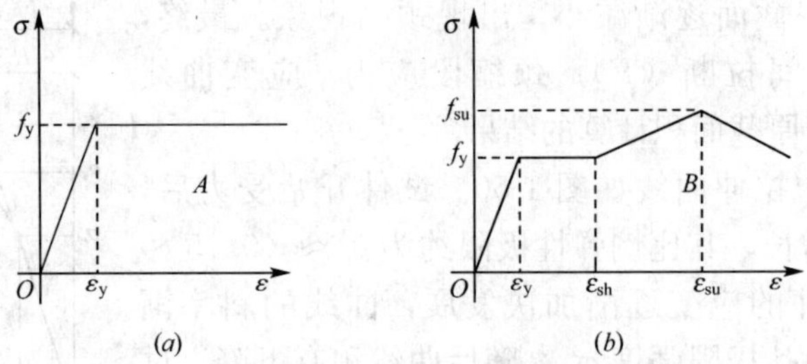

图 1-51 钢筋多线段应力—应变关系曲线

(*a*) 双线段模型；(*b*) 三线段模型

BC 区：

$$\sigma_s = f_y \tag{1-106b}$$

CD 区：

$$\sigma_s = f_y\left[\frac{m\ (\varepsilon_s - \varepsilon_{sh}) + 2}{60\ (\varepsilon_s - \varepsilon_{sh}) + 2} + \frac{(\varepsilon_s - \varepsilon_{sh})\ (60 - m)}{2\ (30r + 1)^2}\right] \tag{1-106c}$$

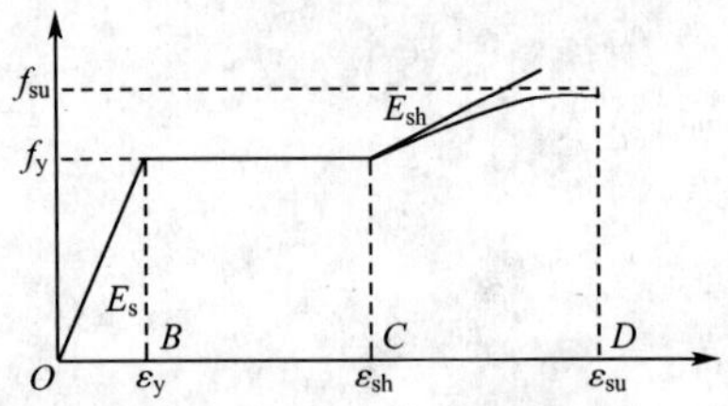

图 1-52 Park 和 Paulay 及 Mander 等的钢筋应力—应变曲线

其中

$$m = \frac{(f_{su}/f_y)\ (30r + 1)^2 - 60r - 1}{15r^2}$$

$$r = \varepsilon_{su} - \varepsilon_{sh}$$

式中各符号的意义见图 1-52。

4. Mander 模型

为更好反映低碳钢的实际性能，在一些情况中，应力—应变关系的强化部分用曲线近似模拟。Mander 等[83]（1984）的模型是通过对参数进行调整来反映钢筋性能的（图 1-52 的 *CD* 段），如下式：

$$\sigma_s = f_{su} - (f_{su} - f_y)\left(\frac{\varepsilon_{su} - \varepsilon_s}{\varepsilon_{su} - \varepsilon_{sh}}\right)^p \tag{1-107}$$

其中

$$p = E_{sh}\left(\frac{\varepsilon_{su} - \varepsilon_{sh}}{f_{su} - f_y}\right)$$

式中 ε_s ——钢筋应变；

σ_s ——钢筋应力；

ε_{sh} ——钢筋开始应变强化时的应变；

f_{su} ——钢筋极限强度；

ε_{su} ——应力为 f_{su} 时钢筋的应变；

f_y ——钢筋屈服强度；

E_{sh} ——钢筋应变强化模量。

图 1-52 的 *OB* 段和 *BC* 段同 Park 和 Paulay 的模型。

5. 文献［84，85］的模型

文献［84，85］在研究受腐蚀钢筋混凝土构件的恢复力模型时，采用了下面的钢筋应力—应变关系（图 1-53）：

$$\sigma_s=\begin{cases}E_s\varepsilon & \varepsilon\leqslant\varepsilon_y\\ f_y & \varepsilon_y<\varepsilon\leqslant\varepsilon_{sh}\\ f_y+\dfrac{2(f_{su}-f_y)\left(\dfrac{\varepsilon-\varepsilon_{sh}}{\varepsilon_{su}-\varepsilon_{sh}}\right)}{1+\left(\dfrac{\varepsilon-\varepsilon_{sh}}{\varepsilon_{su}-\varepsilon_{sh}}\right)^2} & \varepsilon_{sh}<\varepsilon\leqslant\varepsilon_{su}\end{cases}\tag{1-108}$$

式中　E_s ——钢筋的初始弹性模量；

f_y ——钢筋屈服强度；

ε_y ——钢筋屈服点对应的应变；

ε_{sh} ——钢筋强化点对应的应变；

ε_{su} ——钢筋极限应变。

6. 加利福尼亚《抗震设计准则》(2001) 中的模型

加利福尼亚《抗震设计准则》[86] (2001) 分别给出了普通钢筋和预应力钢筋的应力—应变模型。

(1) 普通钢筋

普通钢筋的应力—应变曲线如图 1-54 所示，其中弹性模量 $E_s=2\times10^5$MPa，规定的最小屈服强度 $f_y=420$MPa，期望的屈服强度 $f_y=475$MPa，规定的最小抗拉强度 $f_{su}=550$MPa，期望的抗拉强度 $f_{su}=655$MPa，名义屈服应变 $\varepsilon_y=0.0021$，期望的屈服应变 $\varepsilon_y=0.0023$。极限拉应变为：

$$\varepsilon_{su}=\begin{cases}0.120 & \leqslant 10\text{ 号(32mm)}\\ 0.090 & \geqslant 11\text{ 号(36mm)}\end{cases}$$

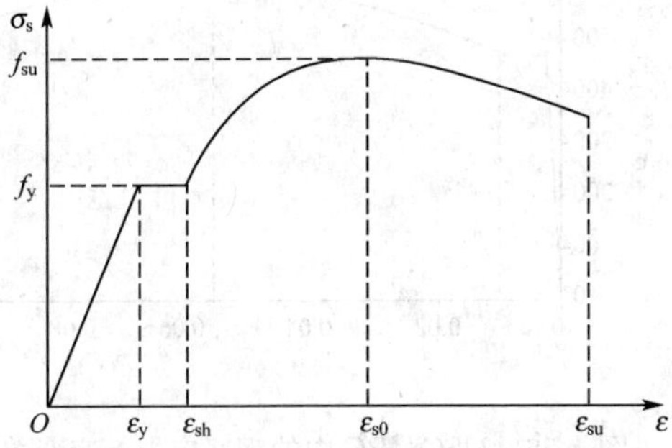

图 1-53　钢筋应力—应变曲线的参数

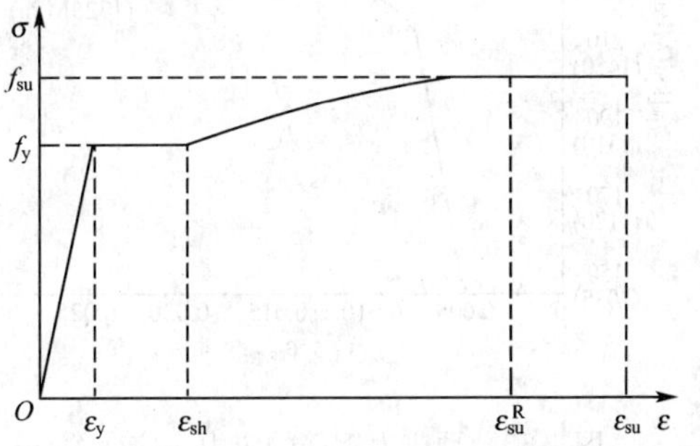

图 1-54　普通钢筋的应力—应变曲线

折减的极限拉应变（折减 25%）为：

$$\varepsilon_{su}^R=\begin{cases}0.090 & \leqslant 10\text{ 号(32mm)}\\ 0.060 & \geqslant 11\text{ 号(36mm)}\end{cases}$$

钢筋开始硬化时的应变为：

$$\varepsilon_{sh}=\begin{cases}0.0150 & 8\text{ 号(25mm)}\\ 0.0125 & 9\text{ 号(29mm)}\\ 0.0115 & 10\text{ 号、}11\text{ 号(32mm、36mm)}\\ 0.0075 & 14\text{ 号(43mm)}\\ 0.0050 & 18\text{ 号(57mm)}\end{cases}$$

（2）预应力钢筋

图 1-55 为 7 股低松弛预应力钢绞线的应力—应变曲线，折减的极限应变为 $\varepsilon_{ps,u}^{R}=0.03$。对于 250 级［250ksi（1725MPa）］的钢绞线，应力—应变关系为：

$$f_{ps}=\begin{cases}196500\varepsilon_{ps} & \varepsilon_{ps}\leqslant 0.0076\\ 1725-\dfrac{1.72}{\varepsilon_{ps}} & \varepsilon_{ps}>0.0076\end{cases}\quad(\text{MPa}) \tag{1-109a}$$

对于 270 级［270ksi（1860MPa）］的钢绞线，应力—应变关系为：

$$f_{ps}=\begin{cases}196500\varepsilon_{ps} & \varepsilon_{ps}\leqslant 0.0076\\ 1860-\dfrac{0.276}{\varepsilon_{ps}-0.007} & \varepsilon_{ps}>0.0076\end{cases}\quad(\text{MPa}) \tag{1-109b}$$

7. USC _ RC 中的模型

USC _ RC[65] 程序中假定钢筋的应力—应变曲线在屈服点之前是线性的，屈服点到 k_1 倍屈服应变间是纯塑性变形，假定在 k_2 倍屈服应变处可达到最大强度，最大强度等于 k_4 倍的屈服强度，在 k_3 倍屈服应变处钢筋断裂。用二次曲线将应变强化开始点、最大应力点和断裂点连接起来，如图 1-56 所示。模型的表达式如下：

当 $0<\varepsilon<\varepsilon_y$ 时：

$$\sigma=E_s\varepsilon \tag{1-110a}$$

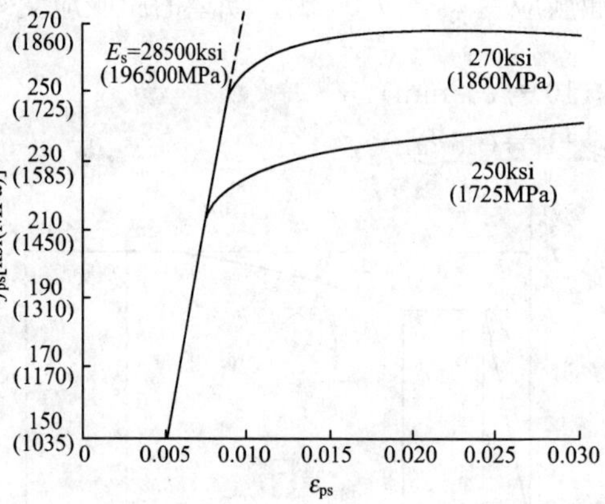

图 1-55 预应力钢筋的应力—应变关系

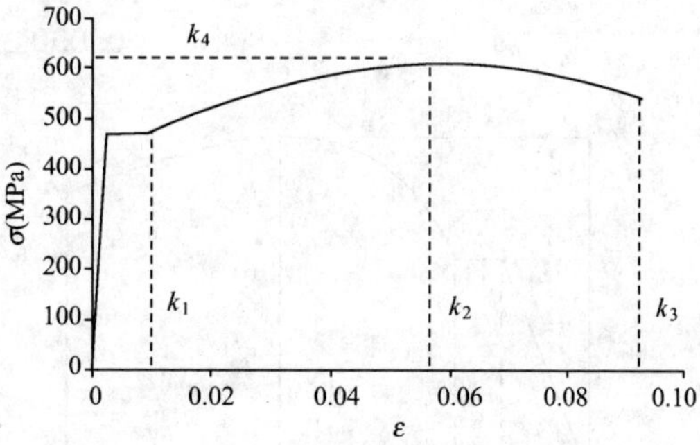

图 1-56 USC _ RC 中的钢筋应力—应变关系

当 $\varepsilon_y\leqslant\varepsilon<k_1\varepsilon_y$ 时：

$$\sigma=E_s\varepsilon_y \tag{1-110b}$$

当 $k_1\varepsilon_y\leqslant\varepsilon<k_3\varepsilon_y$ 时：

$$\sigma=\frac{E_s(1-k_4)[\varepsilon^2+2k_2(k_4-1)E_s|\varepsilon|+E_s\varepsilon_y+k_1^2k_4-2k_1k_2k_4+k_2^2]\varepsilon}{\varepsilon_y|\varepsilon|(k_1^2-2k_1k_2+k_2^2)} \tag{1-110c}$$

当 $\varepsilon>k_3\varepsilon_y$ 时：

$$\sigma=0 \tag{1-110d}$$

式中 ε_y ——钢筋屈服应变；

E_s ——钢筋弹性模量；

k_1 ——应变开始强化时应变与屈服应变的比值；

k_2 ——极限应力时应变与屈服应变的比值；

k_3 ——极限应变与屈服应变的比值；

k_4 ——极限应力与屈服应力的比值。

1.2.3　反复荷载下钢筋的应力—应变关系

混凝土结构在承受反复荷载作用时，其中所配置钢筋的应力也在不断变化，其应力—应变关系要比单调荷载时的应力—应变关系复杂得多，在结构抗震分析中应采用反复荷载下的应力—应变关系。

钢筋在反复拉伸作用下的应力—应变曲线如图 1-57 所示。在达到钢筋屈服点 Y 以前卸载和再加载，应力—应变沿原直线（OY）运动，完全卸载后无残余应变。

钢筋进入屈服段（$\varepsilon > \varepsilon_y$）后，卸载过程为一直线（$RO'$），且平行于初始加载线（$OY$），完全卸载后（$\sigma = 0$）有残余应变 ε_{res} 。残余应变随卸载时的应变 ε_r 增大。再加载时，应变增量与应力成比例增加，顺原直线（$O'R$）上升。达到原卸载起点 R 后，成为 $RH'B'F'$ 曲线。与原拉伸曲线（$YRHBF$）相比，RH' 段的应力提高，但屈服台阶消失了；最大应力（B'）与原极限强度（B）值相近，但相应的应变 ε_b 和极限延伸率 δ_5 都减小了。

钢材变形进入塑性阶段后，在拉、压应力反复作用且应力（变）逐次增加的情况下，得到的应力—应变曲线如图 1-58 所示。钢材受拉进入屈服段后，从 T_1 点卸载至应力为零（T_1O_1 段），反向加载（压应力）为 O_1C_1 曲线，再从 C_1 点卸载至压应力为 0，得 C_1O_2 线。第二次加载（拉）时，从 O_2 开始，经过与第一次加载最大拉应力相等的点 T_1' ，进而达到 T_2 。再次卸载（T_2O_3）和反向加载（$O_3C_1'C_2$），反向卸载（C_2O_4）等。

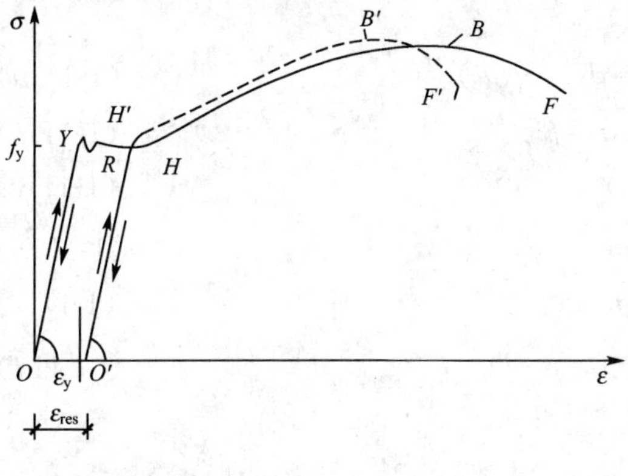

图 1-57　反复加载和卸载下钢筋的应力—应变关系

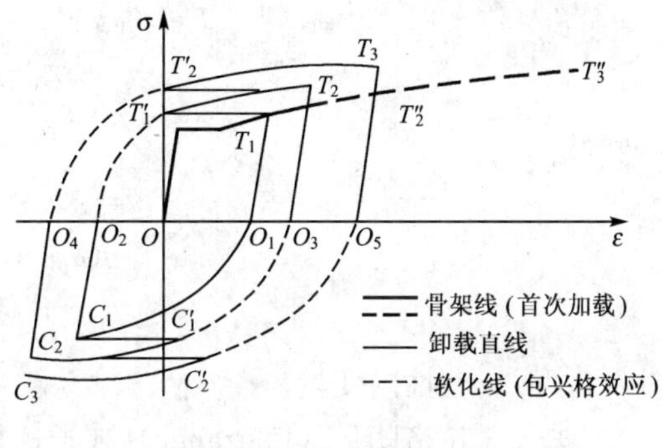

图 1-58　拉压反复加载下钢筋的应力—应变曲线

将同方向（拉或压）加载的应力—应变曲线，超过前一次加载最大应力的区段（图 1-58 中实粗线）平移相连后得到的曲线称为骨架线，在受拉（$OT_1, T_2''T_3''$）和受压方向各有一条。试验表明，首次加载方向（如图 1-58 中的受拉）的骨架线与钢材一次拉伸曲线（图 1-49）一致，而反向加载（受压）的骨架线却有明显差别。主要差别是第一次反向加载（O_1C_1）的屈服点降低，且无明显的屈服台阶，但后继的应力—应变曲线仍基本相符。

钢材一次受力（拉或压）屈服后，反向加载（压或拉）时的弹性极限显著降低，且首次加载达到的应变值越大，反向弹性极限降低越多，这种现象称为包兴格（Bauschinger）

效应。其原因是钢筋的晶格方向不同，受力后各晶格的变形状况和程度有差别，进入屈服段后差别更大。卸载后部分晶粒存在残余应力和应变，使反向加载时在较小的应力下就发生塑性变形。

钢材反复加载的卸载应力—应变曲线，不论是正向还是反向都接近于直线，且与钢材的初始加载应力—应变直线平行，即有相同的弹性模量。至于加载曲线，除了首次加载以外，其他正向或反向加载的应力—应变关系都因为包兴格效应而成为曲线，或称软化段。

综上所述，拉压反复荷载下钢材的应力—应变关系可用三部分描述：骨架线、卸载线和加载线，其中骨架线可采用一次加载的应力—应变全曲线，卸载线是斜率为 E 的直线，加载和软化段曲线需另给定。

根据反复荷载下钢筋应力—应变关系的特点，已经提出了多种计算模型，下面介绍其中一些模型。

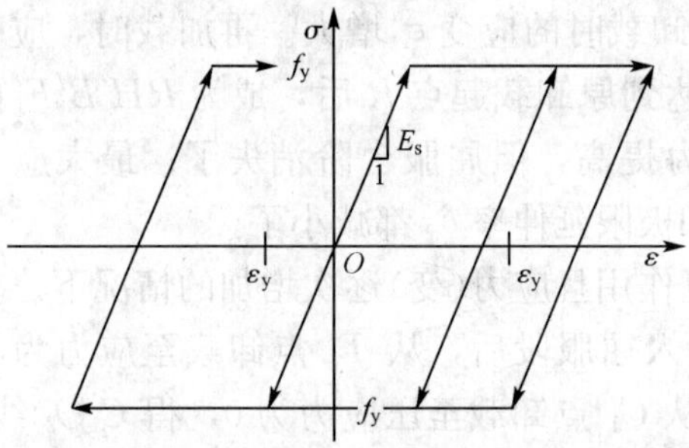

图 1-59 简单的双线性模型

1. 双线性滞回模型

图 1-59 示出了钢筋的双线性滞回模型。在这一简单模型中，不考虑钢筋强度和刚度的退化，忽略应变硬化效应。

2. 塑性理论模型

在材料宏观响应分析的基础上，曾提出多种理论描述反复荷载下钢筋的应力—应变特性。Cofie[87]（1983）对这些模型进行了分析和讨论，基于塑性理论建立了下面包含线性各向同性和应变硬化的应力—应变关系：

$$f(\sigma,\alpha_p) = |\sigma-\beta| - q(\alpha_p) \tag{1-111a}$$

$$\dot{\varepsilon} = \gamma \mathrm{sign}(\sigma-\beta) \tag{1-111b}$$

$$\dot{\alpha}_p = \gamma \tag{1-111c}$$

$$\dot{\beta} = \gamma H \mathrm{sign}(\sigma-\beta) \tag{1-111d}$$

$$q(\alpha_p) = f_y K \alpha_p \tag{1-111e}$$

$$\gamma \geqslant 0\,,\ \dot{f} \leqslant 0\,,\ \gamma \dot{f} = 0 \tag{1-111f}$$

式中 α_p——塑性内变量；

γ——拉格朗日（Lagrange）乘子；

f_y——钢筋屈服强度；

K——描述各向同性的参数；

H——描述应变硬化的参数；

sign(•)——符号函数，括号内的值大于 0 时为 1.0，小于 0 时为−1.0。

根据这些公式，通过增量算法可得到反复荷载下钢筋的应力－应变关系，如图 1-60 所示。

3. Ramberg-Osgood 模型

Ramberg-Osgood[81]（1943）提出的模型表示如下：

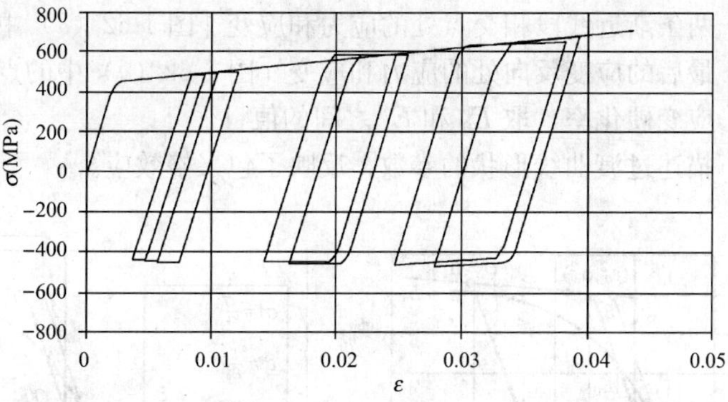

图 1-60　基于塑性理论的钢筋应力—应变关系

$$\varepsilon_s - \varepsilon_{si} = \frac{f_s}{E_s}\left(1 + \left|\frac{f_s}{f_{ch}}\right|^{r-1}\right) \tag{1-112}$$

式中　ε_s ——钢筋应变；

ε_{si} ——反复加载开始（0 应力）时的钢筋应变；

f_s ——钢筋应力；

E_s ——钢筋弹性模量；

f_{ch} ——依赖于钢筋屈服强度和先前加载循环中产生的塑性应变的应力；

r ——依赖于加载循环次数的参数。

图 1-61 示出了 Ramberg-Osgood 模型与试验结果的比较，比较时采用实测的屈服强度、极限强度和弹性模量。

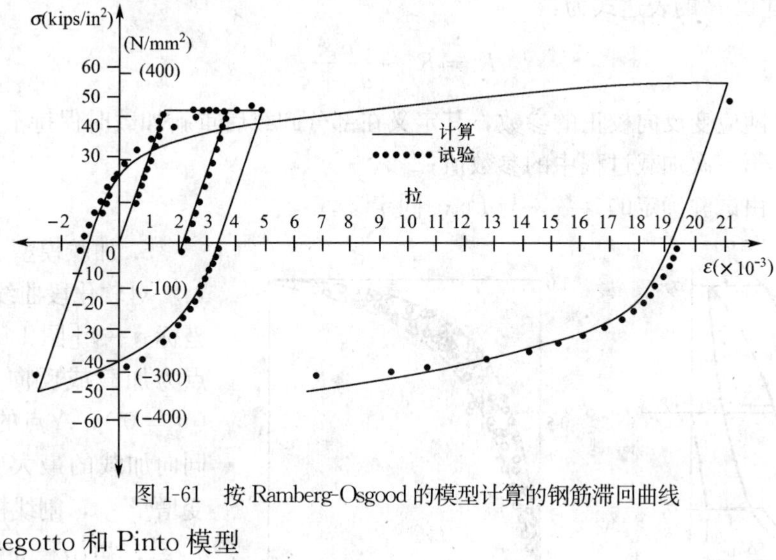

图 1-61　按 Ramberg-Osgood 的模型计算的钢筋滞回曲线

4. Menegotto 和 Pinto 模型

Menegotto 和 Pinto[88]（1973）模型的形式为：

$$\sigma^* = b\,\varepsilon^* + \frac{(1-b)\varepsilon^*}{(1+\varepsilon^{*R})^{1/R}} \tag{1-113}$$

其中

$$\varepsilon^* = \frac{\varepsilon - \varepsilon_r}{\varepsilon_0 - \varepsilon_r}\,,\ \sigma^* = \frac{\sigma - \sigma_r}{\sigma_0 - \sigma_r}$$

式中 σ_0 、ε_0 ——两条渐近线段相交点处的应力和应变［图 1-62（a）中的点 B］；

σ_r 、ε_r ——最后的应变反向处的应力和应变［图 1-62（a）中的点 A］；

b ——应变硬化率，取 E_0 和 E_1 之间的值；

R ——描述过渡曲线形状的参数，反映了包兴格效应。

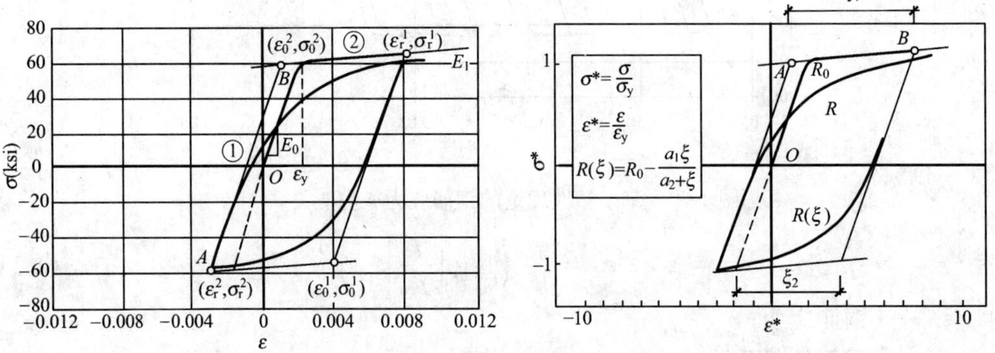

(a) (b)

图 1-62 Menegotto 和 Pinto 的钢筋滞回模型

（a）滞回模型；（b）参数 R 的定义

式(1-113)描述了斜率为 E_0 的渐近线到斜率为 E_1 的另一条渐近线的弧形过渡［图 1-62（a）中的直线①和②］。如同图 1-62 所示出的，每次应变反向后修正(σ_0，ε_0)和(σ_r，ε_r)。

R 根据当前渐近线的交点［图 1-62(b)中的点 A］与先前最大或最小应变(依赖于相应钢筋的应力是正还是负)荷载反向点［图 1-62(b)中的点 B］之间的应变差确定。Menegotto 和 Pinto(1973)建议 R 的表达式为：

$$R = R_0 - \frac{a_1 \xi}{a_2 + \xi} \tag{1-114}$$

式中 ξ——随应变反向校正的参数，其定义在部分卸载后重新加载时保持不变；

R_0 ——第一次加载过程中的参数值；

a_1 、a_2 ——由试验确定的参数，与 R_0 一同定义。

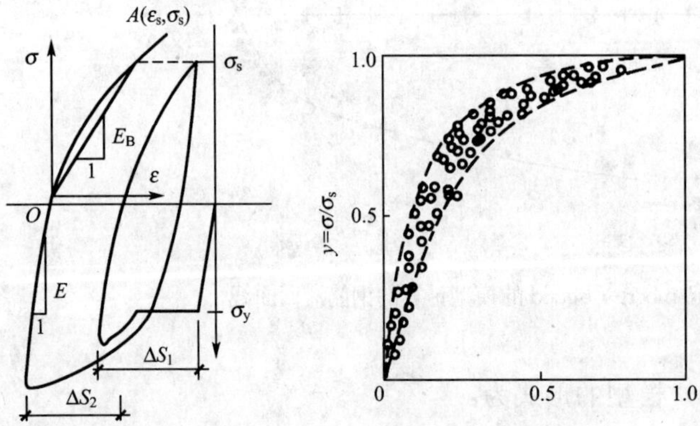

(a) (b)

图 1-63 加滕软化段模型

（a）σ-ε 曲线；（b）曲线形状

5. 加滕模型

对软化段曲线 OA 取局部坐标 $\sigma-\varepsilon$［图 1-63（a）］，原点为加载或反向加载的起点（$\sigma=0$），A 点的坐标为前次同向加载的最大应力 σ_s 和应变增量 ε_s，割线模量为 $E_B=\sigma_s/\varepsilon_s$，初始模量 E。若令 $y=\sigma/\sigma_s$，$x=\varepsilon/\varepsilon_s$，软化段［图 1-63（$b$）］的方程设为：

$$y = \frac{ax}{x + a - 1} \tag{1-115}$$

对式（1-115）求导数，并使 $x=0$，即为曲线 OA 的初始斜率与割线斜率之比，故：

$$\frac{dy}{dx}\bigg|_{x=0}=\frac{a}{a-1}=\frac{E}{E_B}$$

即

$$a=\frac{E}{E-E_B} \tag{1-116}$$

曲线 OA 的割线模量随前次加载所达到的塑性应变的增大而逐渐减小，或称刚度退化。根据试验数据得出的割线模量经验值为：

$$E_B=-\frac{E}{6}\lg(10\varepsilon_{res}) \tag{1-117}$$

式中　ε_{res}——反向加载历史的累计骨架应变，按下式计算：

$$\varepsilon_{res}=\sum_i \Delta S_i \tag{1-118}$$

6. Kent-Park 模型

Kent-Park 模型[89]采用 Ramberg-Osgood 应力—应变曲线的一般形式：

$$\frac{\varepsilon}{\varepsilon_{ch}}=\frac{\sigma}{\sigma_{ch}}+\left(\frac{\sigma}{\sigma_{ch}}\right)^r \tag{1-119a}$$

曲线的形状取决于 r 的值，$r=1$ 时为反映弹性材料的直线；$r=\infty$时为理想弹塑性材料的二折线；$1<r<\infty$为逐渐过渡的曲线（图 1-64）。这一曲线族的几何特点是：①都通过 $\frac{\sigma}{\sigma_{ch}}=1$，$\frac{\varepsilon}{\varepsilon_{ch}}=2$ 的点；② $r=1$ 时直线的斜率为 0.5，其余情况下（$r\neq1$），曲线的初始斜率都等于 1。

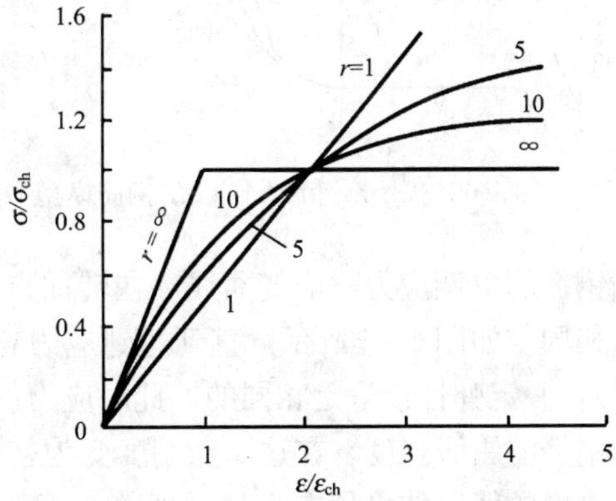

图 1-64　Kent-Park 软化段模型

将式（1-119a）稍作改变，得：

$$\varepsilon=\frac{\sigma}{E}\left[1+\left(\frac{\sigma}{\sigma_{ch}}\right)^{r-1}\right] \tag{1-119b}$$

其中

$$\sigma_{ch}=f_y\left[\frac{0.744}{\ln(1+1000\varepsilon_{ip})}-\frac{0.071}{(1-e^{1000\varepsilon_{ip}})}+0.241\right]\quad [\varepsilon_{ip}=(4\sim22)\times10^{-3}]$$

$$r=\begin{cases}\dfrac{4.49}{\ln(1+n)}-\dfrac{6.03}{e^n-1}+0.297 & n\text{ 为奇数}\\ \dfrac{2.20}{\ln(1+n)}-\dfrac{0.469}{e^n-1}+0.304 & n\text{ 为偶数}\end{cases}$$

式中　$E=\sigma_{ch}/\varepsilon_{ch}$——钢材的（初始）弹性模量；

σ_{ch}——特征应力；

r——取决于反复加卸载次数 n 的参数。

7. Chang 和 Mander 模型

Chang 和 Mander[90] 建议的模型如式（1-120），式（1-121）给出了钢筋切线弹性模量。

$$\sigma_s=\frac{E_s\varepsilon_{ss}}{\left[1+\left(\frac{E_s\varepsilon_{ss}}{f_y^+}\right)^{10}\right]^{0.1}}+\frac{\text{sign}\,(\varepsilon_{ss}-\varepsilon_{sh}^+)+1}{2}(f_{su}^+-f_y^+)\left[1-\left|\frac{\varepsilon_{su}^+-\varepsilon_{ss}}{\varepsilon_{su}^+-\varepsilon_{sh}}\right|^{p+}\right] \tag{1-120}$$

$$E_t=\frac{E_s}{\left[1+\left(\frac{E_s\varepsilon_{ss}}{f_y^+}\right)^{10}\right]^{1.1}}+\frac{\text{sign}\,(\varepsilon_{ss}-\varepsilon_{sh}^+)+1}{2}\text{sign}\,(f_{su}^+-f_y^+)E_{sh}^+\left|\frac{f_{su}^+-f_s}{f_{su}^+-f_y^+}\right|^{\frac{p^+-1}{p^+}} \tag{1-121}$$

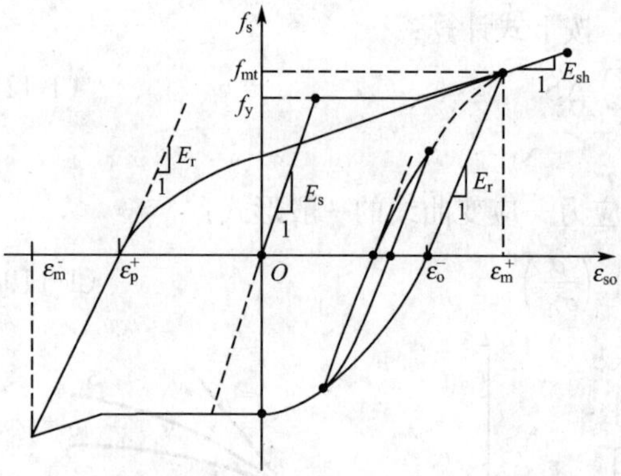

图 1-65 Chang 和 Mander 的钢筋模型

其中

$$p^+=E_{sh}^+\frac{\varepsilon_{su}^+-\varepsilon_{sh}^+}{f_{su}^+-f_y^+}$$

式中 $\varepsilon_{ss}=\varepsilon_s-\varepsilon_{om}^+$；

ε_{om}^+——开始时置为 0 的曲线的原点；

E_s——钢筋的初始模量。

其余变量的意义见图 1-65。

8. USC _ RC 中的模型

USC _ RC[65]中使用的模型由三个主要部分组成。在反向加载前，应力和应变都遵循钢筋的单调应力—应变曲线。在转向点（应变反向），假定弹性模量与钢筋初始弹性模量相同。如图 1-66 所示，直到达到应力符号改变的应力处（应力符号从正到负改变或相反），假定弹性模量是相同的，此时应力的绝对值可通过参数 P_1 调整，即 P_1f_y，其中 f_y 为钢筋的屈服强度。在这一点刚度变为初始刚度的某一折减值。通过参数 P_2 可以调整第二刚度的值。如果是在坐标系的第一或第三象限，第二刚度取为 $(P_1/P_2)E_s$；如果是在第二或第四象限，第二刚度取为 $(P_1/2P_2)E_s$，其中 E_s 为钢筋的弹性模量。刚度的改变考虑了应变硬化的影响。最后，在连接点（极限强度，相应应变）与相反应变处的点（0.9 倍的屈服强度，极限应变）相同应力侧的线上，应力—应变曲线遵循直线路径。图 1-66 示出了用 USC _ RC 模型模拟的一组钢筋滞回响应的曲线，此时该模型只使用了两个参

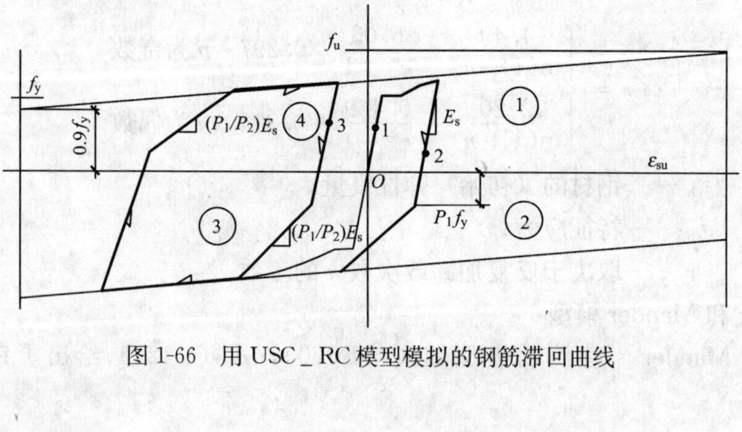

图 1-66 用 USC _ RC 模型模拟的钢筋滞回曲线

数，如果有必要，可将参数增加到四个，从而使模型滞回响应更符合试验结果。定义初始应力—应变状态为点 1、2 和 3 的状态下的应力和应变，可以用数学方法描述这一模型。需要注意的是，由于假定钢筋的应力—应变曲线对称，模型的性能关于原点对称。另外，图 1-66 示出了移动的方向。

（1）对于点 1，假定正向或负向（受拉或受压）应变超过屈服应变前没有出现反向，沿钢筋的单调应力—应变曲线移动。

（2）对于点 2，如果 $\varepsilon>\varepsilon_p-\dfrac{\sigma_p+P_1 f_y}{E_s}$，则

$$\sigma=\sigma_p+E_s(\varepsilon-\varepsilon_p)\leqslant f^{+\text{line}}(\varepsilon) \tag{1-122}$$

如果 $\varepsilon\leqslant\varepsilon_p-\dfrac{\sigma_p+P_1 f_y}{E_s}$，则

$$\sigma=P_1 f_y+\frac{P_1}{2P_2}E_s\left(\varepsilon-\varepsilon_p+\frac{\sigma_p+P_1 f_y}{E_s}\right)\leqslant f^{-\text{line}}(\varepsilon) \tag{1-123}$$

其中

$$f^{+\text{line}}=\left(\frac{f_u-\alpha f_y}{2\varepsilon_u}\right)\varepsilon+\frac{f_u+\alpha f_y}{2},\ f^{-\text{line}}=\left(\frac{f_u-\alpha f_y}{2\varepsilon_u}\right)\varepsilon-\frac{f_u+\alpha f_y}{2}$$

式中　ε_p——初始点（前一点）的应变；

σ_p——初始点（前一点）的应力；

f_u——钢筋极限强度；

f_y——钢筋屈服强度；

ε_u——钢筋断裂应变；

α——参数，按要求调整。在 USC_RC 模型中，取为 0.9。

（3）对于点 3，除下面的不同外，其余同点 2：

如果 $\varepsilon\leqslant\varepsilon_p-\dfrac{\sigma_p+P_1 f_y}{E_s}$，则

$$\sigma=P_1 f_y+\frac{P_1}{P_2}E_s\left(\varepsilon-\varepsilon_p+\frac{\sigma_p+P_1 f_y}{E_s}\right)\leqslant f^{-\text{line}}(\varepsilon) \tag{1-124}$$

注意点 2 在另一方向上（应变增加）的移动与点 3 应变的降低是一致的，反之亦然。换句话说，曲线关于原点对称。

1.2.4　动荷载下钢筋的性能

对于可能会承受爆炸、冲击荷载及地震作用的钢筋混凝土结构，需要了解钢筋在高应变率下的性能。即使是在一般的情况，也希望钢筋混凝土结构能够承受大的变形。试验表明，高应变率可降低钢筋极限应力与屈服强度的比值，这意味着钢筋可能由塑性破坏转变为脆性破坏。

Manjoin (1944)[91]最早对不同应变率下钢筋的力学性能进行了试验。试验表明，随着应变率增大，钢筋的屈服强度提高，特别是应变率大于 10^{-1}s^{-1}时。其他一些研究者的试验结果表明，在动态荷载作用下，应变率为 10s^{-1}时钢筋屈服强度可提高 60%，应变率为 225s^{-1}时可提高 100%。图 1-67 为不同应变率下试验得到的钢筋屈服强度的动态提高系数 *DIF*，图 1-68 为不同应变率下试验得到的钢筋极限强度的动态提高系数 *DIF*。动态提高系数 *DIF* 表示为动屈服强度与静屈服强度的比值，静屈服强度为应变率很小（一般小

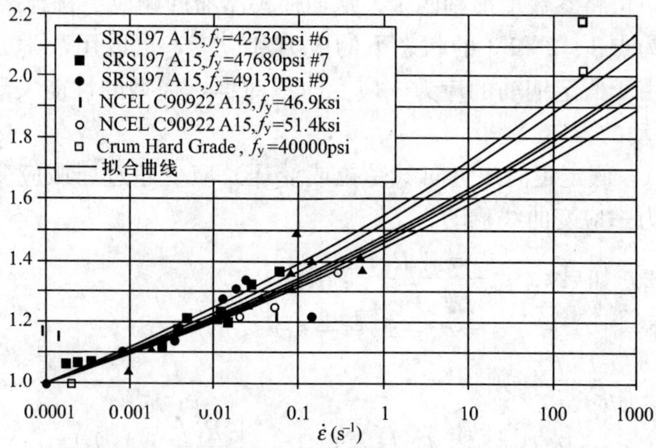

图 1-67 不同应变率下钢筋屈服强度的动态提高系数

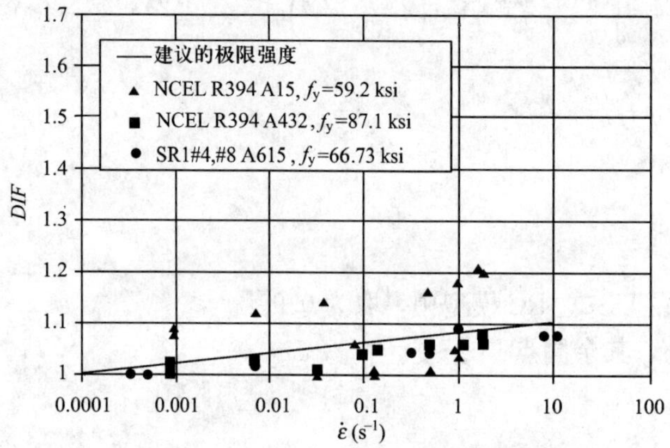

图 1-68 不同应变率下钢筋极限强度的动态提高系数

于 $10^{-4}\,s^{-1}$）时的屈服强度。图中结果表明，随着应变率的增大，钢筋极限强度的提高幅度较屈服强度的提高幅度小。

很多研究者根据其试验结果，提出了钢筋屈服强度和极限强度与应变率的关系式，下面介绍其中的一部分。

1. Wright 和 Hall 的模型

Wright 和 Hall（1964）提出的关系式为：

$$\frac{f_{y,dyn}}{f_y}=1+2.77\exp\left[0.162(\ln\dot{\varepsilon}-3.74)\right]\quad(10^{-6}s^{-1}<\dot{\varepsilon}<10^{3}s^{-1})\tag{1-125}$$

式中 $f_{y,dyn}$——钢筋的动屈服强度，MPa；

f_y——钢筋的静屈服强度，MPa；

$\dot{\varepsilon}$——应变率，s^{-1}。

2. Soroushian 和 Choi 的模型

Soroushian 和 Choi[92]（1987）提出的关系式为：

$$\frac{f_{y,dyn}}{f_y}=1.46-4.51\times10^{-7}f_y+(0.0927-9.2\times10^{-7}f_y)\ln\dot{\varepsilon}\quad(10^{-4}s^{-1}<\dot{\varepsilon}<10s^{-1})\tag{1-126a}$$

$$\frac{f_{u,dyn}}{f_u}=1.15-7.7\times10^{-7}f_y+(0.0497-2.44\times10^{-7}f_y)\ln\dot{\varepsilon}\quad(10^{-4}s^{-1}<\dot{\varepsilon}<10s^{-1})\tag{1-126b}$$

式中 $f_{y,dyn}$——钢筋的动屈服强度，MPa；

$f_{u,dyn}$——钢筋的动极限强度，MPa；

f_y——钢筋的静屈服强度，MPa；

f_u ——钢筋的静极限强度，MPa；

$\dot{\varepsilon}$ ——应变率，s^{-1}。

3. Wakabayashi 的模型

Wakabayashi[93]（1984）提出的关系式为：

$$\frac{f_{y,dyn}}{f_y}=1+4.73\times10^{-2}\log\left|\frac{\dot{\varepsilon}}{\dot{\varepsilon}_0}\right| \quad (5\times10^{-5}s^{-1}<\dot{\varepsilon}<5\times10^{-2}s^{-1}) \tag{1-127}$$

式中　$f_{y,dyn}$ ——钢筋的动屈服强度，MPa；

f_y ——钢筋的静屈服强度，MPa；

$\dot{\varepsilon}$ ——应变率，s^{-1}；

$\dot{\varepsilon}_0=5\times10^{-5}s^{-1}$。

4. Ammann 的模型

Ammann[94]（1995）提出的关系式为：

$$\frac{f_{y,dyn}}{f_y}=1+\frac{6}{f_y}\ln\left(\frac{\dot{\varepsilon}}{\dot{\varepsilon}_0}\right), \frac{f_{u,dyn}}{f_u}=1+\frac{1.5}{f_u}\ln\left(\frac{\dot{\varepsilon}}{\dot{\varepsilon}_0}\right) \quad (\dot{\varepsilon}<10s^{-1}) \tag{1-128}$$

式中　$f_{y,dyn}$ ——钢筋的动屈服强度，MPa；

$f_{u,dyn}$ ——钢筋的动极限强度，MPa；

f_y ——钢筋的静屈服强度，MPa；

f_u ——钢筋的静极限强度，MPa；

$\dot{\varepsilon}$ ——应变率，s^{-1}；

$\dot{\varepsilon}_0=5\times10^{-5}s^{-1}$。

5. Kaneko 等的模型

Kaneko 等[95]（1996）提出的关系式为：

$$\frac{f_{y,dyn}}{f_y}=1+\frac{21}{f_y}\ln\left(\frac{\dot{\varepsilon}}{\dot{\varepsilon}_0}\right), \frac{f_{u,dyn}}{f_u}=1+\frac{7.4}{f_u}\ln\left(\frac{\dot{\varepsilon}}{\dot{\varepsilon}_0}\right) \quad (\dot{\varepsilon}<10s^{-1}) \tag{1-129}$$

式中　$f_{y,dyn}$ ——钢筋的动屈服强度，MPa；

$f_{u,dyn}$ ——钢筋的动极限强度，MPa；

f_y ——钢筋的静屈服强度，MPa；

f_u ——钢筋的静极限强度，MPa；

$\dot{\varepsilon}$ ——应变率，s^{-1}；

$\dot{\varepsilon}_0=10^{-4}s^{-1}$。

6. Malvar 和 Crawford 的模型

Malvar[96]（1998）提出的关系式为：

$$\frac{f_{y,dyn}}{f_y}=\left(\frac{\dot{\varepsilon}}{10^{-4}}\right)^{\alpha_y}, \frac{f_{u,dyn}}{f_u}=\left(\frac{\dot{\varepsilon}}{10^{-4}}\right)^{\alpha_u} \quad (10^{-4}s^{-1}<\dot{\varepsilon}<225s^{-1}) \tag{1-130}$$

其中

$$\alpha_y=0.074-0.040\frac{f_y}{414}, \alpha_u=0.019-0.009\frac{f_y}{414}$$

式中　$f_{y,dyn}$ ——钢筋的动屈服强度，MPa；

$f_{u,dyn}$ ——钢筋的动极限强度，MPa；

f_y——钢筋的静屈服强度，MPa；

f_u——钢筋的静极限强度，MPa；

$\dot{\varepsilon}$——应变率，s^{-1}。

图 1-69 示出了根据式（1-130）计算的美国 ASTM A 615 中 40、60 和 75 级钢筋不同应变率时的动态提高系数。

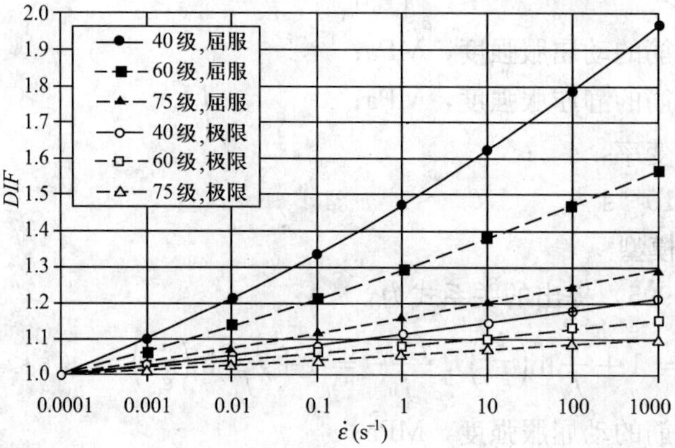

图 1-69 按式（1-130）计算的 ASTM A 615 中 40、60 和 75 级钢筋的动态提高系数

1.3 钢筋混凝土的力学性能

混凝土与钢筋组合是利用了两种材料的优点。混凝土具有较高的抗压强度，成本低廉，适合大宗使用；钢筋抗拉强度高，具有较好的延性。钢筋混凝土受拉主要体现在钢筋混凝土构件的弯、剪和扭方面。从材料角度考虑，钢筋混凝土的研究侧重于钢筋与混凝土的界面粘结性能。近年来，为适应弥散裂缝模型[97]（图 1-70）钢筋混凝土有限元以及压力场理论研究的需要，对钢筋混凝土开裂后的综合（平均）性能进行了大量的理论和试验研究，提出了混凝土受拉开裂后平均性能和混凝土中钢筋性能（不同于裸露的钢筋）的研究成果。

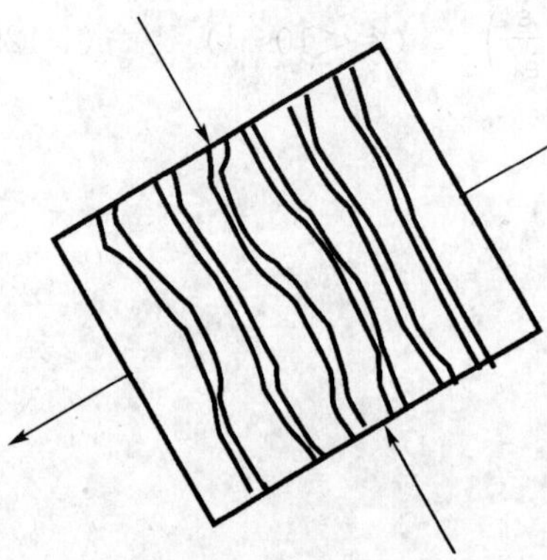

图 1-70 弥散裂缝模型

1.3.1 混凝土的拉伸硬化

在轴向拉力的作用下，钢筋混凝土开裂后的性能不同于素混凝土的性能和单根钢筋的性能，而是代表着两种材料性能的组合，包括混凝土的材料特性、钢筋的材料特性和钢筋与混凝土的粘结－滑移特性。由于混凝土软化（或开裂）后钢筋继续承担拉力，所以构件仍具有一定的刚度，裂缝间混凝土对构件刚度的贡献称为混凝土的拉伸硬化作用，随着裂缝不断出现刚度逐渐降低称为应变软化。如果构件包含沿长度的多条裂缝，也可将拉伸硬化特性看作是混凝土的材料属性。

拉伸硬化的概念最初是由 Scanlon 和 Murray[98]（1974）研究钢筋混凝土板的挠度时提出的。Scanlon 和 Murray 发现，当完全忽略了混凝土开裂后所起的作用时，板的计算挠度比实际测得的挠度大得多，为此提出计算中应包括混凝土的附加拉应力。图 1-71 示出了 Scanlon 和 Murray 使用的受拉混凝土的应力—应变关系。

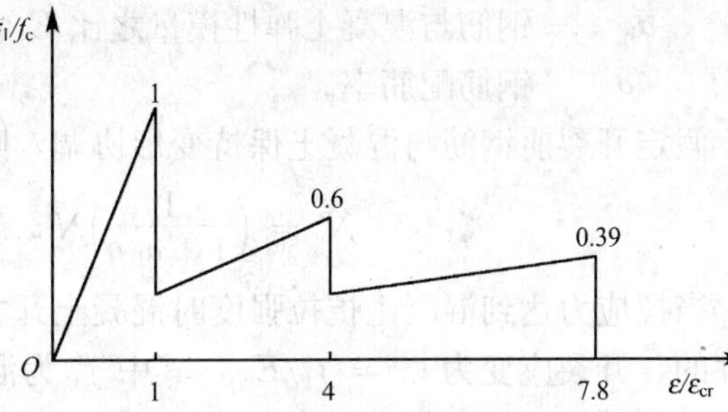

图 1-71　Scanlon 和 Murray 提出的混凝土拉伸硬化模型

Tamai 等[99]（1987）提出了钢筋混凝土构件中拉伸硬化的简化模型，如图 1-72（*a*）所示。在拉力作用下，一定长度内的混凝土形成多条裂缝，裂缝处的混凝土应力突然降低或为 0，拉力由钢筋承担。对于裂缝间的混凝土，通过钢筋与混凝土的粘结作用，混凝土仍承担部分拉力，如图 1-72（*c*）所示，裂缝间钢筋的应力小于裂缝处钢筋的应力。

Ahn[100]（1996）的研究指出，混凝土开裂后的应力归因于两方面的原因：(1) 素混凝土的应力软化；(2) 混凝土与钢筋之间的粘结机制。Ahn（1996）描述了单轴受拉的钢筋混凝土构件的典型平均应力—应变曲线，并将曲线分为三部分，如图 1-73 所示。第一部分代表了未开裂状态，混凝土保持弹性且完全参与受拉；第二部分混凝土拉伸软化是主要的荷载传递机制；在第三部分，混凝土承受的拉力由混凝土与钢筋之间界面的粘结应力提供。据此对钢筋和混凝土承受的拉力分析如下：

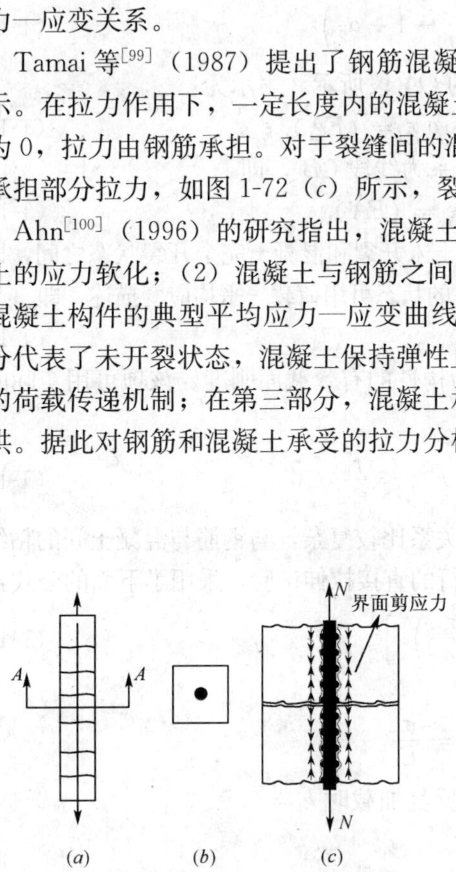

图 1-72　承受单轴拉伸的钢筋混凝土构件
（*a*）构件受拉开裂；（*b*）截面 *A*—*A*；
（*c*）钢筋与混凝土粘结

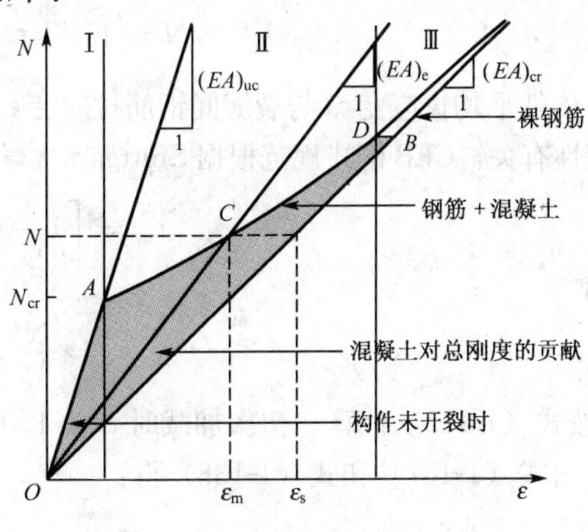

图 1-73　单轴拉伸的钢筋混凝土构件荷载—变形曲线

在未开裂阶段，轴向拉伸应变为 ε 时钢筋混凝土构件的总拉力为：

$$N = N_c + N_s = (E_cA_c + E_sA_s)\varepsilon = E_cA[1 + (\alpha_E - 1)\rho]\varepsilon = (EA)_{uc}\varepsilon \quad (1\text{-}131)$$

式中　A_c ——混凝土的截面面积；

A_s ——钢筋的截面面积；

A——构件全截面面积；

E_c ——混凝土弹性模量；

E_s ——钢筋弹性模量；

α_E ——钢筋与混凝土弹性模量之比 E_s/E_c；

ρ ——钢筋配筋率。

假定开裂前钢筋与混凝土保持变形协调，则由混凝土和钢筋承担的拉力分别为：

$$N_c=\left(\frac{1}{1+\alpha_E\rho}\right)N\text{，}N_s=\left(\frac{\alpha_E\rho}{1+\alpha_E\rho}\right)N \tag{1-132}$$

当拉应力达到混凝土抗拉强度时混凝土开裂。假定混凝土应力—应变曲线的上升段为线性的，开裂应变为 $\varepsilon_{cr}=f_t/E_c$，其中 f_t 为混凝土的抗拉强度。如果施加的应力保持不变，出现裂缝时的钢筋应力为：

$$\sigma_{scr}=\frac{N_{cr}}{A_s}=f_t\left(\frac{1}{\rho}-1+\alpha_E\right) \tag{1-133}$$

构件开裂前的荷载－应变曲线如图 1-73 中的 OA 段所示，表示为：

$$N=E_cA\left[1+(\alpha_E-1)\rho\right]\varepsilon=(EA)_{uc}\varepsilon \tag{1-134}$$

如果忽略混凝土提供的刚度，荷载—应变关系为线段 OB，即

$$N=E_sA_s\varepsilon=\alpha_E\rho A\varepsilon=(EA)_{cr}\varepsilon \tag{1-135}$$

当荷载大于 N_{cr} 时，荷载—应变曲线介于混凝土未开裂和混凝土完全开裂状态之间，即线段 AD。对于 AD 上的点 C（其中 $N\geqslant N_{cr}$），构件的状态可用荷载—平均应变描述，即

$$N=(EA)_e\varepsilon_m \tag{1-136}$$

式中 ε_m 为构件的平均拉应变。$(EA)_e$ 可称为构件的有效截面刚度。该项可用实际的钢筋面积 A_s 和钢筋的有效弹性模量 E_{sm} 表示，即

$$N=E_{sm}A_s\varepsilon_m \text{ 或 } E_{sm}=\frac{f_s}{\varepsilon_m} \tag{1-137}$$

构件平均拉应变 ε_m 与裂缝间钢筋拉应变 ε_s 的关系比较复杂，与钢筋与混凝土间的粘结滑移特性有关。CEB 模式规范根据 Stuttgart 大学进行的直接拉伸试验，采用了下面的公式：

$$\varepsilon_m=\left[1-k\left(\frac{\sigma_{scr}}{\sigma_s}\right)^2\right]\varepsilon_s \tag{1-138}$$

其中

$$\sigma_s=\frac{N}{A_s}\text{，}\varepsilon_s=\frac{\sigma_s}{E_s}$$

σ_{scr} 按式（1-133）计算，初次加载时 $k=1.0$，反复加载时 $k=0.5$。

由式（1-137）和式（1-138）得：

$$E_{sm}=\frac{E_s}{1-k\left(\dfrac{\sigma_{scr}}{\sigma_s}\right)^2} \tag{1-139}$$

另一种方法是将有效刚度 $(EA)_c$ 用混凝土弹性模量和混凝土的有效面积 A_e 表示，则

$$N=E_cA_e\varepsilon_m \tag{1-140}$$

这种方法类似于 Branson[101] 和 ACI 318 规范采用的有效惯性矩法。

采用有效惯性矩法的公式，构件的有效截面面积可表示为：

$$A_e=A_g\left(\frac{N_{cr}}{N}\right)^3+A_{cr}\left[1-\left(\frac{N_{cr}}{N}\right)^3\right] \tag{1-141}$$

式中 A_g ——构件的毛截面面积；

$A_{cr}=\alpha_EA_s$。

A_g 可用换算的面积 A_t 代替，以考虑钢筋对未开裂部分的影响，即 $A_t = A_c + \alpha_E A_s = A_g + (\alpha_E - 1)A_s$。

图 1-74 示出了采用式（1-136）和式（1-140）进行计算时得到的受拉构件荷载—平均应变关系。由图可以看出，两种方法的计算结果非常接近。

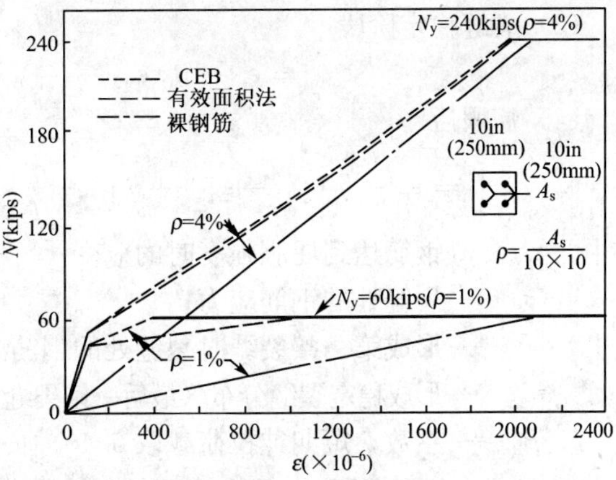

图 1-74　采用式（1-136）和式（1-140）计算的荷载—平均应变关系

从上面的分析可以看出，受钢筋的影响，钢筋混凝土构件中混凝土的性能与素混凝土受拉时的性能不同，这种性能与混凝土本身的性能、钢筋品种和配筋率有关。当按式（1-136）计算构件的荷载—平均应变关系时，混凝土的应力—平均应变关系为：

$$\sigma_{ct} = \frac{N - \sigma_s A_s}{A_c} \tag{1-142}$$

Maekawa 和 Okamura[102]（1991）提出了下面描述钢筋混凝土中混凝土的平均拉应力—应变关系（图 1-75）：

$$\sigma_{ct} = \begin{cases} E_c \varepsilon_1 & \varepsilon_1 \leqslant \varepsilon_{cr} \\ f_{cr}\left(\dfrac{\varepsilon_{cr}}{\varepsilon_1}\right)^n & \varepsilon_1 > \varepsilon_{cr} \end{cases} \tag{1-143}$$

式中　E_c ——混凝土弹性模量；

ε_{cr} ——混凝土开裂应变；

f_{cr} ——混凝土开裂强度；

n ——参数，对钢丝网配筋和变形钢筋分别为 0.2 和 0.4。

欧洲模式规范 CEB-FIP MC 90 对混凝土的拉伸硬化作了更为详细的描述，如图 1-76 所示，各阶段的钢筋应力表示为：

（1）未开裂阶段

$$\varepsilon_{s,m} = \varepsilon_{s1} \qquad (0 < \sigma_s \leqslant \sigma_{sr1}) \tag{1-144}$$

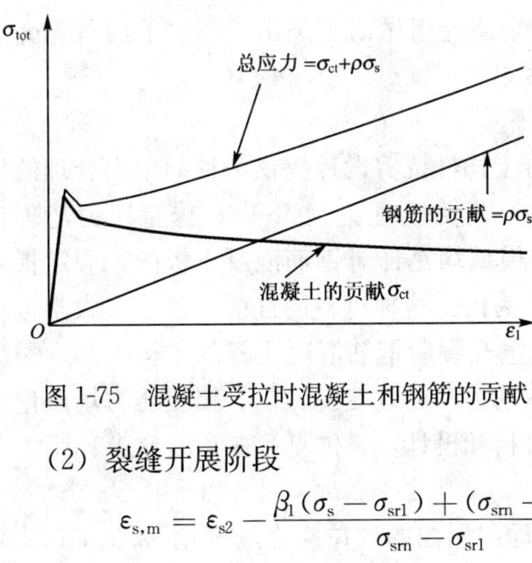

图 1-75　混凝土受拉时混凝土和钢筋的贡献

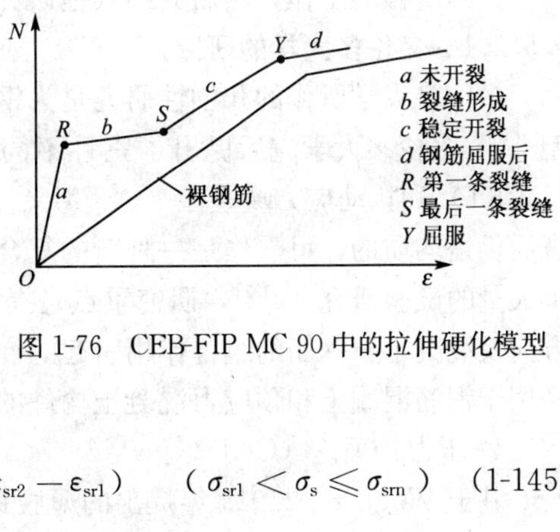

图 1-76　CEB-FIP MC 90 中的拉伸硬化模型

（2）裂缝开展阶段

$$\varepsilon_{s,m} = \varepsilon_{s2} - \frac{\beta_1(\sigma_s - \sigma_{sr1}) + (\sigma_{sm} - \sigma_s)}{\sigma_{srn} - \sigma_{sr1}}(\varepsilon_{sr2} - \varepsilon_{sr1}) \qquad (\sigma_{sr1} < \sigma_s \leqslant \sigma_{srn}) \tag{1-145}$$

（3）裂缝稳定阶段

$$\varepsilon_{s,m}=\varepsilon_{s2}-\beta_1(\varepsilon_{sr2}-\varepsilon_{sr1}) \quad (\sigma_{srn}<\sigma_s\leqslant f_{yk}) \tag{1-146}$$

（4）屈服后

$$\varepsilon_{s,m}=\varepsilon_{sy}-\beta_1(\varepsilon_{sr2}-\varepsilon_{sr1})+\delta\left(1-\frac{\sigma_{sr1}}{f_{yk}}\right)(\varepsilon_{s2}-\varepsilon_{sy}) \quad (f_{yk}<\sigma_s\leqslant f_{tk}) \tag{1-147}$$

式中 ε_{sy} ——钢筋达到屈服强度时的应变；

σ_s ——裂缝处的钢筋应力；

σ_{sr1} ——形成第一条裂缝时裂缝处的钢筋应力；

σ_{srn} ——形成稳定裂缝分布（最后一条裂缝）时裂缝处的钢筋应力，可取为 $1.3\sigma_{sr1}$；

β_1 ——系数，短期纯拉荷载取 0.40，长期或重复纯拉荷载取 0.25；

$\delta=0.8$（A 型钢筋），考虑 f_{tk}/f_{yk} 比和屈服应力 f_{yk} 的系数；

ε_{s1} ——混凝土开裂时的钢筋应变；

ε_{s2} ——裂缝处的钢筋应变；

ε_{sr1} ——开裂应力达到 f_{ctm} 时 0 滑移点处的钢筋应变（图 1-77）；

ε_{sr2} ——开裂应力达到 f_{ctm} 时裂缝处的钢筋应变，如果内力小于或等于开裂力，则取 ε_{s2}。

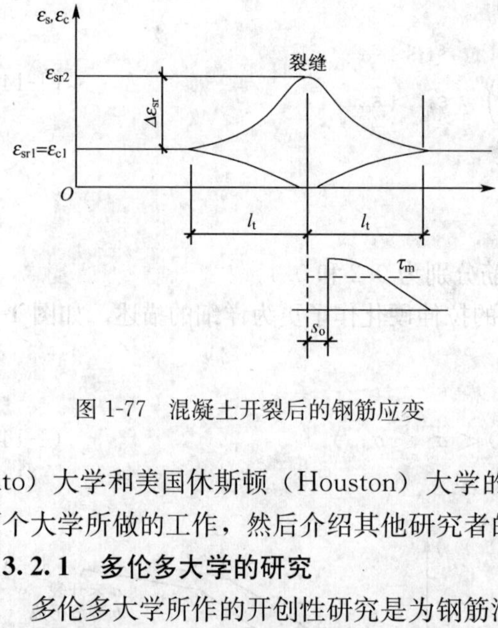

图 1-77 混凝土开裂后的钢筋应变

1.3.2 混凝土和钢筋的应力—平均应变关系

上面讨论的混凝土的拉伸硬化，研究的是在简单的拉伸条件下混凝土的性能，此时钢筋与混凝土的裂缝正交。受复杂应力影响，实际工程中钢筋混凝土的裂缝不一定是与钢筋正交的，如钢筋混凝土板受剪时的情况。所以，还需要研究复杂应力状态下混凝土的应力—平均应变关系。20 世纪 70 年代末和 80 年代，国外在这方面做了大量的工作，其中加拿大多伦多（Tornato）大学和美国休斯顿（Houston）大学的两个研究组做出了杰出贡献。下面首先介绍两个大学所做的工作，然后介绍其他研究者的成果。

1.3.2.1 多伦多大学的研究

多伦多大学所作的开创性研究是为钢筋混凝土构件抗剪设计提供一种简单而合理的模型[103]。多伦多大学先后提出了三种不同的理论：压力场理论（CFT）、修正压力场理论（MCFT）和扰动应力场模型（DSFM）。这三种模型均是针对钢筋混凝土板的，假定板开裂后仍是均质的，可看作是一种新的复合材料。为描述这种材料的性能，多伦多大学进行了大量的试验研究[104,105]，研究重点是提出混凝土开裂后钢筋混凝土板的本构关系，裂缝方向及混凝土与钢筋的组合作用引起的混凝土本构关系的改变。目前，修正压力场理论已经用于钢筋混凝土和预应力混凝土构件的抗剪分析和设计，具体见第 4 章的论述。

1. 压力场理论（CFT）

基于 Wagner[106] 1929 年提出的薄腹钢梁后局部屈曲的"拉应力场理论"，Mitchell 和

Collins[107] 1974 年提出了二维钢筋混凝土单元（板）和受剪构件承载力分析的压力场理论。在压力场理论中，假定混凝土开裂后形成的压力场是钢筋混凝土构件的主要荷载传递机制，忽略混凝土开裂后垂直于压力场的拉应力。图 1-78（*a*）示出了钢筋混凝土构件形成的压力场，图 1-78（*b*）示出了压力场的一个单元。

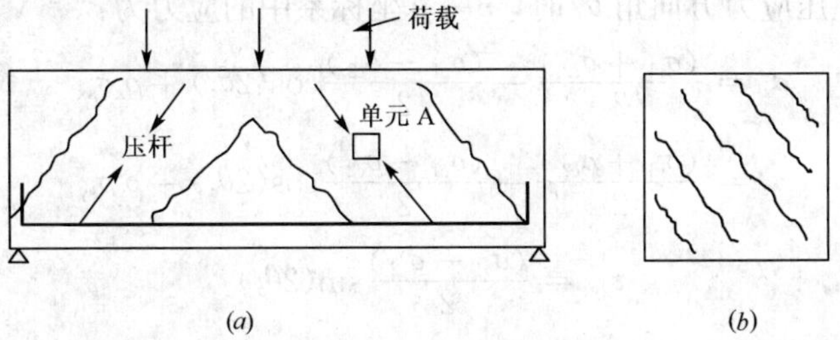

图 1-78　钢筋混凝土构件中的压力场

（*a*）剪力作用下的构件；（*b*）单元 A

为建立压力场模型，Collins（1978）做了下列假定：

（1）构件处于二维应力（$\sigma_x, \sigma_y, \tau_{xy}$）和应变（$\varepsilon_x, \varepsilon_y, \gamma_{xy}$）状态（图 1-79）。二维应力和应变可用应力和应变摩尔圆表达，如图 1-80 所示；

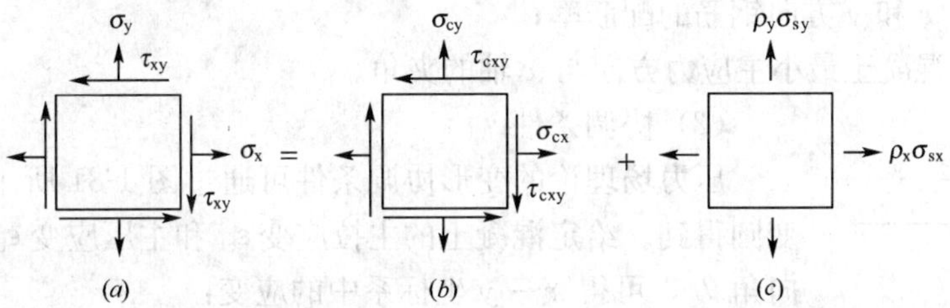

图 1-79　总应力分解为混凝土应力和钢筋应力

（*a*）总应力；（*b*）混凝土应力；（*c*）钢筋应力

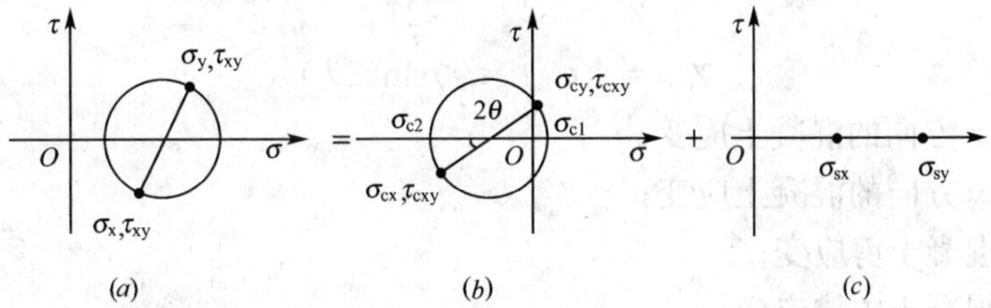

图 1-80　单元的摩尔应力圆

（*a*）总应力；（*b*）混凝土应力；（*c*）钢筋应力

（2）混凝土主应力和主应变方向一致；

（3）忽略垂直于主压应力方向的主拉应力；

（4）用应力（$\sigma_x, \sigma_y, \tau_{xy}$）和应变（$\varepsilon_x, \varepsilon_y, \gamma_{xy}$）描述作用于构件内单元的平均应力和平均应变，忽略局部开裂的影响；

（5）已知主压应力方向混凝土的本构关系，也可用两个主应力方向的本构关系表达；

（6）纵向和横向钢筋与混凝土粘结良好。

按照经典的力学原理，建立压力场模型需要考虑单元的平衡条件、变形协调条件和材料的本构关系。

（1）平衡条件

考虑图 1-80 所示的二维应力摩尔圆。按照材料力学原理，在给定混凝土主拉应力 σ_{c1} 和主压应力 σ_{c2} 及主压应力方向角 θ_σ 时，$x-y$ 坐标系中的应力为：

$$\sigma_x = \frac{(\sigma_{c1}+\sigma_{c2})}{2} - \frac{(\sigma_{c1}-\sigma_{c2})}{2}\cos(2\theta_\sigma) + \rho_x\sigma_{sx} \tag{1-148a}$$

$$\sigma_y = \frac{(\sigma_{c1}+\sigma_{c2})}{2} + \frac{(\sigma_{c1}-\sigma_{c2})}{2}\cos(2\theta_\sigma) + \rho_y\sigma_{sy} \tag{1-148b}$$

$$\tau_{xy} = \frac{(\sigma_{c1}-\sigma_{c2})}{2}\sin(2\theta_\sigma) \tag{1-148c}$$

式中 σ_x —— x 方向的应力；

σ_y —— y 方向的应力；

τ_{xy} ——剪应力；

σ_{c1} ——混凝土主拉应力；

σ_{c2} ——混凝土主压应力；

σ_{sx} 、σ_{sy} —— x 和 y 方向钢筋的应力；

ρ_x 、ρ_y —— x 和 y 方向钢筋的配筋率；

θ_σ ——混凝土最小主应力方向与 x 轴的夹角。

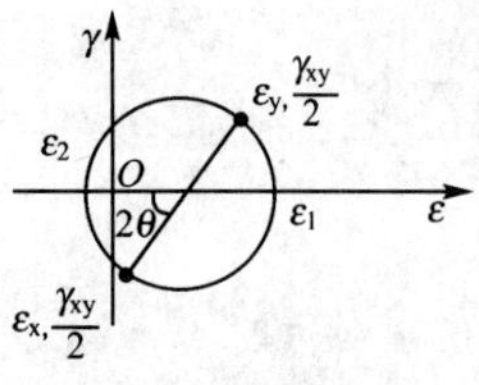

图 1-81 摩尔应变圆

（2）协调条件

压力场理论的变形协调条件可通过图 1-81 所示的二维摩尔应变圆得到。给定混凝土的主拉应变 ε_{c1} 和主压应变 ε_{c2} 及主压应变方向角 θ_ε ，可得 $x-y$ 坐标系中的应变：

$$\varepsilon_{cx} = \frac{(\varepsilon_{c1}+\varepsilon_{c2})}{2} - \frac{(\varepsilon_{c1}-\varepsilon_{c2})}{2}\cos(2\theta_\varepsilon) \tag{1-149a}$$

$$\varepsilon_{cy} = \frac{(\varepsilon_{c1}+\varepsilon_{c2})}{2} + \frac{(\varepsilon_{c1}-\varepsilon_{c2})}{2}\cos(2\theta_\varepsilon) \tag{1-149b}$$

$$\gamma_{cxy} = (\varepsilon_{c1}-\varepsilon_{c2})\sin(2\theta_\varepsilon) \tag{1-149c}$$

式中 ε_{cx} —— x 方向的混凝土应变；

ε_{cy} —— y 方向的混凝土应变；

γ_{cxy} ——混凝土剪应变；

ε_{c1} ——混凝土主拉应变；

ε_{c2} ——混凝土主压应变；

θ_ε ——混凝土最小主应变方向与 x 轴的夹角。

由于假定 θ_ε 与 θ_σ 是相同的，钢筋与混凝土粘结良好，所以钢筋的应变等于混凝土的应变，即

$$\varepsilon_{sx} = \varepsilon_{cx} = \varepsilon_x \text{，} \varepsilon_{sy} = \varepsilon_{cy} = \varepsilon_y \tag{1-150}$$

（3）本构关系

根据 Collins（1978）的假定，主应力方向混凝土的本构关系用主应变的函数表达，即

$$\sigma_{c1} = f_1(\varepsilon_1, \varepsilon_2), \sigma_{c2} = f_2(\varepsilon_1, \varepsilon_2) \tag{1-151}$$

在式（1-151）中，根据两个主应变的代数符号判别下面两种情况：

1）对主拉应变（正），Collins（1978）假定：

$$\sigma_{c1} = \begin{cases} E_c\varepsilon_1 & \varepsilon_1 \leqslant \varepsilon_{cr} \\ 0 & \varepsilon_1 > \varepsilon_{cr} \end{cases} \tag{1-152}$$

2）对主压应变（负），Collins（1978）采用了 Hognestad（1951）提出的抛物线模型：

$$\sigma_{c2} = f'_c \left[\frac{2\varepsilon_2}{\varepsilon_0} - \left(\frac{\varepsilon_2}{\varepsilon_0}\right)^2\right] \tag{1-153}$$

式中　ε_2 ——主压应变；

ε_0 ——无约束受压混凝土峰值应力对应的应变，一般取 0.002；

f'_c ——混凝土单轴抗压强度。

2. 修正压力场理论（MCFT）

将压力场理论用于钢筋混凝土构件强度计算可以得到比较准确的结果，只是变形计算值偏大。为此，Vecchio 和 Collins[104]（1982）考虑混凝土开裂后的残余拉应力提出了修正压力场理论。除修正了主应力方向的本构关系外，修正压力场理论采用的其他公式与压力场理论相同。

为确定混凝土主压应力方向的应力—应变关系及受拉混凝土的应力—应变关系，多伦多大学进行了试验研究。试件为垂直方向配筋率不同和双轴应力比值不同的 28 块板。图 1-82 为 Vecchio 和 Collins（1982）的试验装置。采用沿板边的一组加载块施加外部荷载，加载块用与其连接的竖向和水平连杆控制，调节竖向和水平连杆的力，即得到不同比例的双轴荷载，如图 1-82（c）所示。

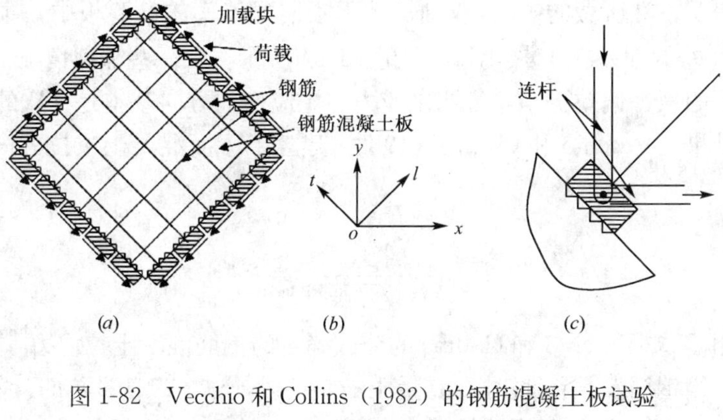

图 1-82　Vecchio 和 Collins（1982）的钢筋混凝土板试验

（a）试验板；（b）坐标系统；（c）加载装置

根据实测的数据建立混凝土应力—应变关系的步骤如下：

(1) 通过加载设备得到施加的总应力 σ_x 、σ_y 和 τ_{xy} ；

(2) 从 28 块钢筋混凝土板上的应变片得到平均应变 ε_x 、ε_y 、ε_l 和 ε_t ；

(3) 根据应变 ε_x 和 ε_y ，按钢筋的应力—应变关系计算钢筋应力 σ_{sx} 和 σ_{sy} ；

(4) 按式（1-148）确定混凝土的两个主应力 σ_{c1} 和 σ_{c2} ；

(5) 根据应变片的读数 ε_x 、ε_y 、ε_l 和 ε_t ，按式（1-149）确定主应变 ε_{c1} 和 ε_{c2}（注意有一个多余的应变分量，可采用最小二乘法确定）；

(6) 根据 σ_{c1} 和 σ_{c2} 与 ε_{c1} 和 ε_{c2} 的对应关系，确定主应力与主应变间的关系式［式（1-151）］，对 θ_ε 与 θ_σ 进行比较。

图 1-83 示出了 Vecchio（1982）建立混凝土应力—应变关系的过程。

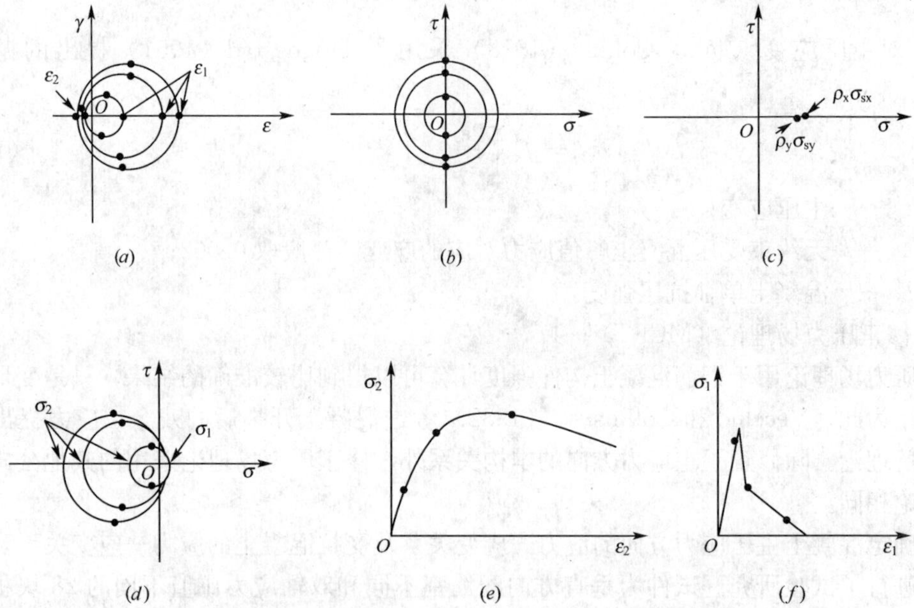

图 1-83 根据 MCFT 建立混凝土应力—应变关系的过程

(a) 应变仪的应变；(b) 荷载传感器的总应力；(c) 从 (a) 得到的钢筋应力；

(d) 混凝土应力 = (b) − (c)；(e)$\sigma_2-\varepsilon_2$ 关系；(f)$\sigma_1-\varepsilon_1$ 关系

计算结果表明，在所做的 28 个双轴加载下不同配筋率的试验板中，主应力方向角 θ_σ 与主应变方向角 θ_ε 的偏差在 10°范围内，如图 1-84 所示。在一些加载情况下，对两个垂直方向配筋率相等的板，偏差更小，说明主应力与主应变的方向基本是一致的。

根据试验结果，Vecchio 和 Collins（1982）建立了下面混凝土主拉方向的应力—应变关系：

$$\sigma_{c1}=\begin{cases}E_c\varepsilon_1 & \varepsilon_1\leqslant\varepsilon_{cr}\\ \dfrac{f_{cr}}{1+\sqrt{200\varepsilon_1}} & \varepsilon_1>\varepsilon_{cr}\end{cases} \tag{1-154}$$

图 1-85 示出了按 Vecchio 和 Collins 的公式确定的钢筋混凝土拉应力—应变曲线。

试验表明，当钢筋发生屈服时，混凝土拉应力小于式（1-154）的计算结果。所以，不能将式（1-154）用于钢筋屈服的情况。为判别这一情况，Vecchio 和 Collins（1982）做了如下假定：

$$\sigma_{c1}=\frac{f_{cr}}{1+\sqrt{200\varepsilon_1}}\leqslant\rho_x(f_{yx}-\sigma_{sx})\ \sin^2\varphi_x+\rho_y(f_{yy}-\sigma_{sy})\ \cos^2\varphi_y \tag{1-155}$$

式中 φ_x 、φ_y —— x 和 y 方向钢筋与裂缝的角度，如图 1-86 所示。

实质上，该式限制了混凝土的拉应力，以使裂缝处（钢筋屈服处）钢筋和混凝土的平均应力不会超过钢筋的屈服强度。

随着试验结果数据的增加，Collins 和 Mitchell[108]（1987）对式（1-154）进行了修正，将式（1-154）中分母的系数 200 改为 500，即

$$\sigma_{c1}=\begin{cases}E_c\varepsilon_1 & \varepsilon_1\leqslant\varepsilon_{cr}\\ \dfrac{f_{cr}}{1+\sqrt{500\varepsilon_1}} & \varepsilon_1>\varepsilon_{cr}\end{cases}\tag{1-156}$$

图 1-87 示出了式（1-143）、式（1-154）和式（1-156）表示的拉伸硬化混凝土的应力—应变曲线。

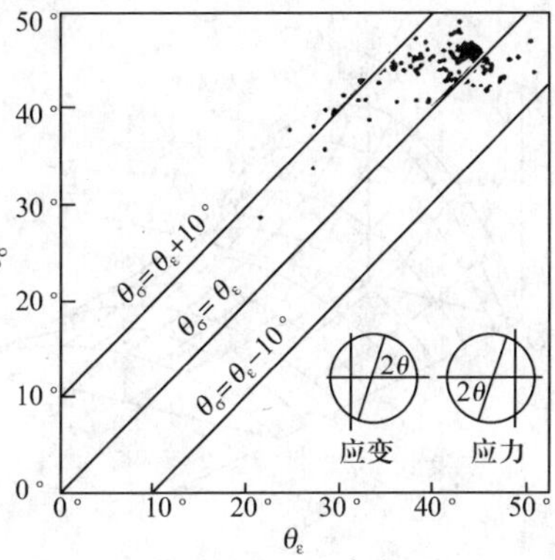

图 1-84　主应力与主应变方向的比较

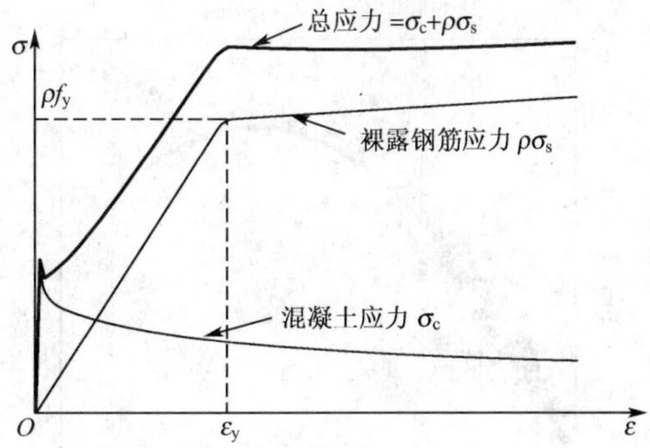

图 1-85　Vecchio 和 Collins 的钢筋混凝土拉应力—应变曲线

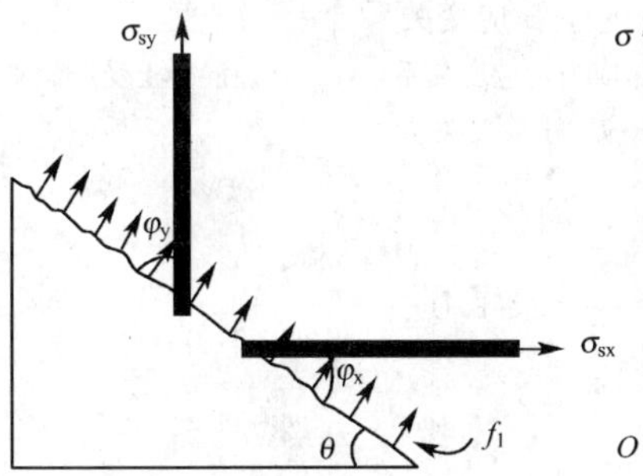

图 1-86　裂缝处的自由体受力图

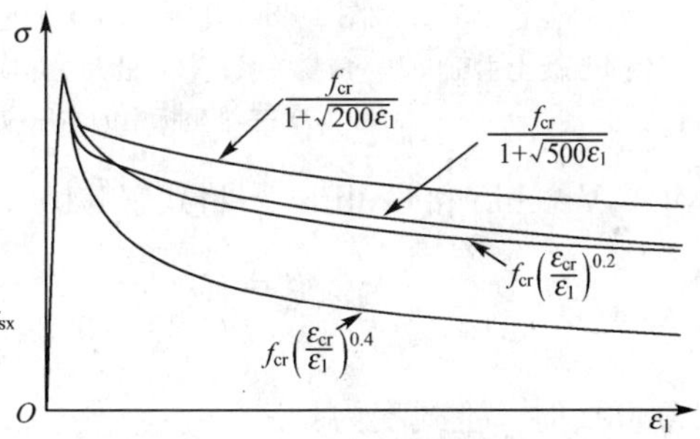

图 1-87　拉伸硬化混凝土的拉应力—应变曲线

试验表明，垂直于主压应力方向的拉应力或应变降低了该方向混凝土的强度。Vecchio 和 Collins[104]（1982）提出的主压应力方向混凝土应力—应变关系为（图 1-88）：

$$\sigma_{c2}=f_{c2,\max}\left[\frac{2\varepsilon_2}{\varepsilon_c}-\left(\frac{\varepsilon_2}{\varepsilon_c}\right)^2\right]\tag{1-157}$$

其中

$$f_{c2,\max}=\beta f'_c\,,\ \varepsilon_c=\beta\varepsilon_0$$

$$\beta=\frac{1}{0.85-0.27\dfrac{\varepsilon_1}{\varepsilon_2}}\leqslant 1.0\tag{1-158}$$

式中　ε_0——混凝土单轴受压时峰值应力对应的应变。

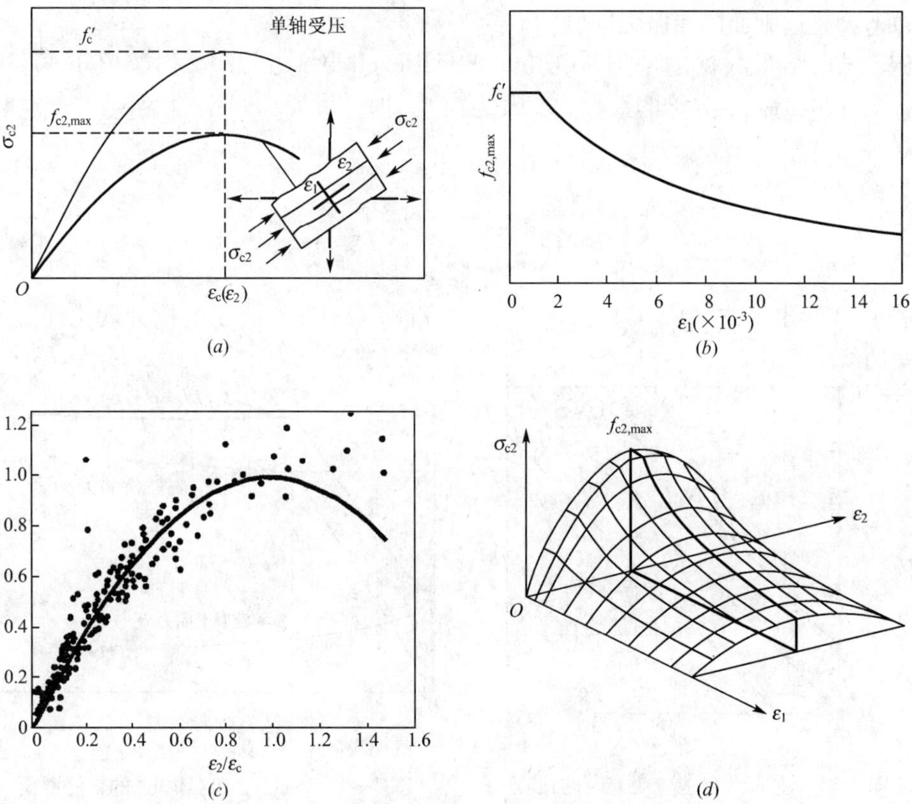

图 1-88 开裂混凝土的应力—应变关系

(a) 开裂钢筋混凝土主压应力—应变关系；(b) 最大主压应力—应变关系；(c) 开裂混凝土受压试验结果；(d) 三维坐标中的主压应力—应变关系

1986 年，Vecchio 和 Collins[105] 将式（1-158）简化为：

$$\beta=\frac{1}{0.80+0.34\dfrac{\varepsilon_1}{\varepsilon_0}}\leqslant 1.0 \tag{1-159}$$

当取 $\varepsilon_0=0.002$ 时，上式变为：

$$\beta=\frac{1}{0.8+170\varepsilon_1}\leqslant 1.0 \tag{1-160}$$

式（1-160）被加拿大规范采用。

1993 年 Vecchio 和 Collins[109] 又提出了新的主压应力方向混凝土的应力－应变关系，基本模型（即垂直方向无应力）采用 Thorenfeldt 等的模型［式（1-31）］，软化系数采用了两种形式。

（1）模型 A，同时考虑强度和应变的软化

$$\beta=\frac{1}{1.0+K_cK_f} \tag{1-161}$$

其中

$$K_c=0.35\left(\frac{\varepsilon_1}{\varepsilon_2}-0.28\right)^{0.8}\geqslant 1.0\quad(\varepsilon_1<\varepsilon_{1L}),\ K_f=0.1825\sqrt{f_c'}\geqslant 1.0$$

式中　ε_{1L} ——混凝土拉应变限值，此时裂缝处的钢筋开始屈服，混凝土出现次裂缝；

f'_c ——混凝土抗压强度，MPa。

（2）模型B，只考虑强度软化

$$\beta=\frac{1}{1.0+K_c} \tag{1-162}$$

其中

$$K_c=0.27\left(\frac{\varepsilon_1}{\varepsilon_0}-0.37\right)^{0.8}\geqslant 1.0$$

图1-89给出了多伦多大学提出的主压应力方向混凝土的应力—应变关系形式的比较。

Vecchio[110]（2000）进一步的工作提出了下面计算混凝土平均拉应力—应变关系的公式：

$$\sigma_{c1}=\begin{cases}E_c\varepsilon_1 & \varepsilon_1\leqslant\varepsilon_{cr}\\ \dfrac{f_{cr}}{1+\sqrt{c_t\varepsilon_1}} & \varepsilon_1>\varepsilon_{cr}\end{cases} \tag{1-163}$$

其中

$$c_t=\frac{2.2}{\sum\limits_{i=1}^{n}4\dfrac{\rho_i}{d_{bi}}\left|\cos\theta_i\right|}$$

式中　ρ_i ——第 i 方向钢筋的配筋率；

d_{bi} ——第 i 方向钢筋的直径；

θ_i ——第 i 方向钢筋与主方向的夹角。

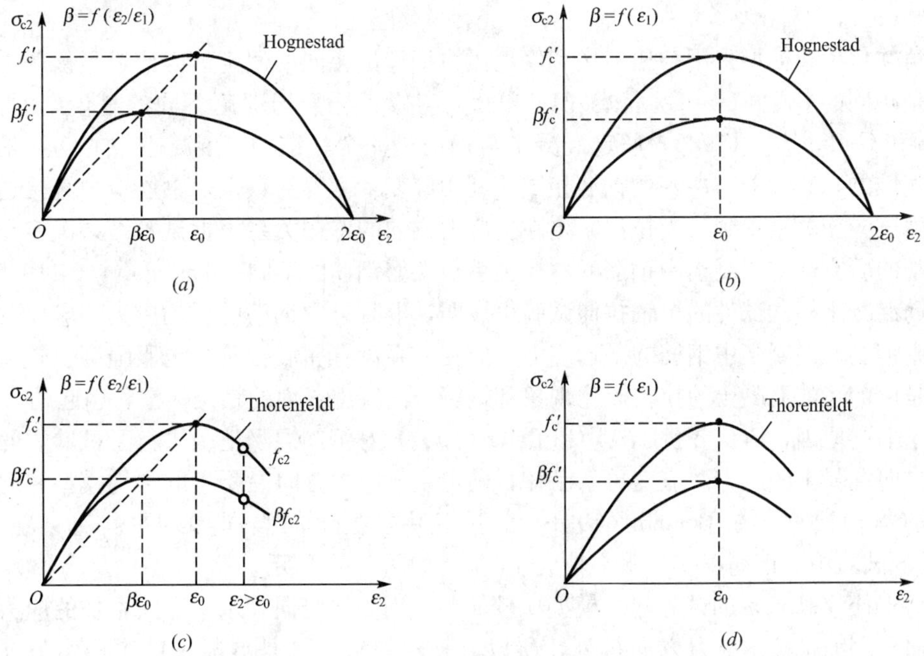

图1-89　多伦多大学提出的混凝土软化模型

（*a*）1982年的模型；（*b*）1986年的模型；（*c*）1993年的模型A；（*d*）1993年的模型B

1.3.2.2 休斯顿大学的研究

在修正压力场理论发展的同时，休斯顿大学的 Hsu 教授对钢筋混凝土膜单元进行了大量的研究[111-116]，提出了受剪和受扭钢筋混凝土构件强度的计算模型。该模型经不断改进和完善，后来称为软化桁架模型。

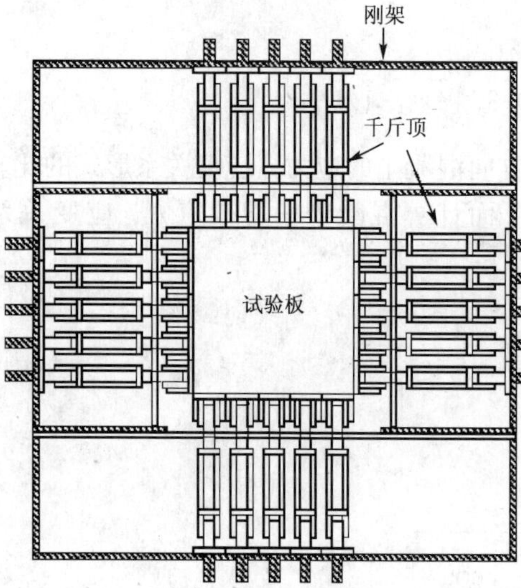

图 1-90 休斯顿大学使用的试验设备

1. 变角软化桁架模型（RA-STM）

为了确定 Hsu[111]（1988）的桁架模型中需要的混凝土主应力方向的本构关系和有钢筋时混凝土的本构关系，Belarbi[117]（1991）和 Pang[118]（1991）进行了大量的试验研究，提出的模型后来称为变角软化桁架模型（RA-STM）。

图 1-90 示出了 Belarbi（1991）和 Pang（1991）所进行的板试验的装置。与多伦多大学使用的试验装置有很大不同。首先，外部荷载通过一组只能在水平和竖向施加轴力的液压千斤顶施加。因此，板的四个边只有法向应力，竖轴和水平轴是施加应力的主方向。通过应力转换可以得到其他方向的应力。第二，试验板尺寸不同。多伦多大学使用的试验板的尺寸为 875mm×875mm，厚度为 70mm。Belarbi（1991）和 Pang（1991）使用的板的尺寸为 1375mm×1375mm，厚度为 175mm。试验板的厚度可增加到 400mm。

变角软化桁架模型采用与压力场和修正压力场理论相同的假定。因此，平衡条件和协调条件是相同的[式（1-148）和式（1-149）]，与修正压力场理论不同的是模型的校准。Vecchio 和 Collins[104]（1982）假定混凝土与钢筋是完全粘结的，混凝土中的钢筋是弹性—完全塑性的，其性能与裸露的钢筋相同。利用应变片测得的数据，钢筋应力直接通过假定的应力—应变关系得到。受拉混凝土在主应力方向的本构关系根据试验结果确定。但休斯顿大学的研究假定混凝土中钢筋的本构关系与裸露钢筋的不同。Tamai 等[99]（1987）进行的钢筋混凝土棱柱试件的单轴拉伸试验也表明，混凝土中钢筋的平均应力—应变关系不同于裸露钢筋。混凝土中钢筋的平均应力—应变关系没有屈服台阶，屈服强度也较低。这种差别是由前述的混凝土的拉伸硬化现象和钢筋与混凝土界面的粘结—滑移引起的。

基于上述原因，Belarbi（1991）和 Pang（1991）对钢筋混凝土板进行了试验，假定主拉应力方向混凝土的应力—应变关系已知，确定主压应力方向混凝土的本构模型和混凝土中钢筋的本构模型。在 Belarbi（1991）的试验中，板钢筋竖向和水平排列；在 Pang（1991）的试验中，钢筋正交与水平轴成 45°角，如图 1-91 所示。

用 Belarbi（1991）的试验建立模型比较简单。因为在竖向和水平方向施加的应力是主应力方向，钢筋也按主应力方向排列。所以，竖轴和水平轴是混凝土的主应力方向。式（1-148）为 $x-y$ 坐标系中的平衡条件。

在 $x-y$ 方向施加的应力和应变可从荷载传感器和 LVDT 中测得。Belarbi（1991）假

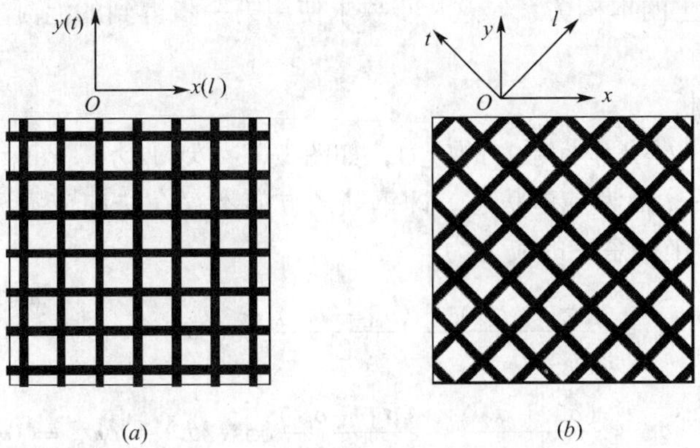

图 1-91　休斯顿大学试验板钢筋的布置
(a) Belarbi 的试验；(b) Pang 的试验

定屈服前混凝土中钢筋的应力—应变关系与裸露钢筋是一致的。所以，根据 LVDT 测定的平均应变，由裸露钢筋的应力—应变关系可确定钢筋承受的应力，进而得到混凝土的平均主拉应力—应变关系：

$$\sigma_{c1}=\begin{cases}E_c\varepsilon_1 & \varepsilon_1\leqslant\varepsilon_{cr}\\ f_{cr}\left(\dfrac{\varepsilon_{cr}}{\varepsilon_1}\right)^{0.4} & \varepsilon_1>\varepsilon_{cr}\end{cases}\tag{1-164}$$

式中　E_c ——混凝土弹性模量，$3900\sqrt{f_c'}$(MPa)；

ε_{cr} ——混凝土开裂时的平均拉应变，取 8.0×10^{-5}；

f_{cr} ——混凝土开裂强度，$0.31\sqrt{f_c'}$(MPa)。

假定混凝土中钢筋屈服后的应力—应变关系未知，外推式（1-164）可确定钢筋屈服后的本构关系。具体过程与确定混凝土平均应力—应变的过程相反。即对于施加的应力和在主拉应力方向测得的平均应变，从总应力中减去按式（1-148）计算的混凝土应力得到钢筋应力。对各应变测量值重复同一过程得到混凝土中钢筋的平均应力—应变关系。同样，主压应力方向的混凝土应力—应变关系也可采用相同的方法确定。

因为 Pang (1991) 进行的板试验系列中的正交钢筋与坐标 $x-y$ 轴成 45°角，相对来讲模型的校准较为复杂。除象 Belarbi 的试验那样使用 LVDT 测量 $x-y$ 轴方向的应变（施加应力的方向）外，还需要另布置一套 LVDT 测量钢筋方向的应变。

Pang (1991) 将 13 块试验板分为三组。第一组配筋率相同，在坐标 $x-y$ 方向施加相等但方向相反的应力，使 $x-y$ 坐标系中的 45°角方向形成纯剪状态。第二组试件与第一组试件的加载条件相同，但两个正交方向钢筋的配筋率不同。第三组试件采用连续加载，实际上与第一组试件相同，在 $x-y$ 轴交替施加相等但反向的力。

Pang (1991) 采用两步进行分析。第一步确定混凝土中钢筋的应力—应变关系。因为第二组试验板的配筋率不同，方程式的数目多于未知数的数目。所以，混凝土中钢筋的应力不能通过试验数据确定。考虑到第一组和第三组试件试验系列钢筋是对称布置的，未知数数目减少，从而可确定混凝土中受拉钢筋的应力—应变关系。假定将第一组和第三组试件中校准得到的相同钢筋的应力—应变关系用到第二组试验系列中。第二步校准可以得到主压应力方向混凝土的本构关系，这一步要求使用第一步得到的混凝土中钢筋的应力—应变关系。

(1) 第一步分析

考虑钢筋方向（$l-t$ 坐标系）的应力，如图 1-91（b）所示。Pang（1991）的试验系列中施加的应力在 $l-t$ 轴为纯剪状态。即钢筋的方向不存在法向应力。通过应力转换［式(1-148)］，在 $l-t$ 坐标系中的应力为：

$$\sigma_l=\frac{(\sigma_{c1}+\sigma_{c2})}{2}-\frac{(\sigma_{c1}-\sigma_{c2})}{2}\cos(2\theta_\sigma)+\rho_l\sigma_{sl}=0 \tag{1-165a}$$

$$\sigma_t=\frac{(\sigma_{c1}+\sigma_{c2})}{2}+\frac{(\sigma_{c1}-\sigma_{c2})}{2}\cos(2\theta_\sigma)+\rho_t\sigma_{st}=0 \tag{1-165b}$$

$$\tau_{lt}=\frac{(\sigma_{c1}-\sigma_{c2})}{2}\sin(2\theta_\sigma) \tag{1-165c}$$

注意，θ_σ 角变为主压应力与 l 轴之间的夹角。

由于对称性，对于 l 轴和 t 轴上配筋率相等的板，θ_σ 角为 45°，这样 $l-t$ 方向钢筋的应力相等。将 $\theta_\sigma=45°$代入式（1-165a）和（1-165b）得出：

$$\sigma_{sl}=\sigma_{st}=-\frac{\sigma_{c1}+\sigma_{c2}}{2\rho} \tag{1-166}$$

将 $\theta_\sigma=45°$代入式（1-165c）得到：

$$\tau_{lt}=\frac{\sigma_{c1}-\sigma_{c2}}{2} \tag{1-167}$$

由式（1-167）和式（1-166）消去 σ_{c2} 得

$$\sigma_{sl}=\sigma_{st}=\frac{\tau_{lt}+\sigma_{c1}}{\rho} \tag{1-168}$$

注意式（1-166）～式（1-168）只是对纯剪状态、在 $l-t$ 方向配筋率相等的板才是成立的。用这些公式可以确定第一组和第三组试验系列（Pang，1991）混凝土中钢筋的应力—应变关系。为根据式（1-168）确定应力 σ_{sl} 或 σ_{st}，需要使用受拉混凝土的应力－应变关系计算 σ_{c1}。Pang（1991）使用了 Belarbi（1991）提出的受拉混凝土的应力—应变关系［式(1-164)］确定 σ_{c1}，根据 LVDT 测量的应变 $(\varepsilon_x,\varepsilon_y,\varepsilon_l,\varepsilon_t)$ 计算 τ_{lt}，进而确定混凝土中钢筋的应力—应变关系，结果如下：

$$\sigma_s=\begin{cases}E_s\varepsilon_s & \sigma_s\leqslant(0.93-2B)f_y\\(0.91-2B)f_y+(0.02+0.25B)E_s\varepsilon_s & \sigma_s>(0.93-2B)f_y\end{cases} \tag{1-169}$$

其中

$$B=\frac{1}{\rho}\left(\frac{f_{cr}}{f_y}\right)^{1.5}$$

式中 E_s——钢筋弹性模量；

f_{cr}——混凝土开裂强度；

f_y——钢筋屈服强度；

ρ——钢筋配筋率。

图1-92示出了按Belarbi和Hsu的公式确定的钢筋混凝土拉应力—应变曲线。将图1-92与图1-85进行比较可以看出Belarbi和Hsu的模型与Vecchio和Collins的模型的区别。

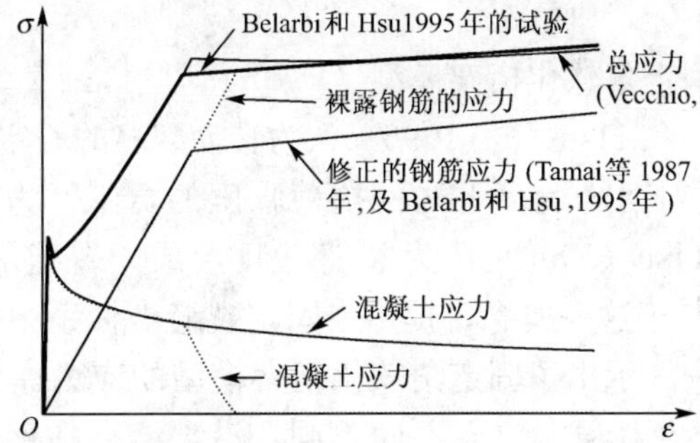

图1-92　Belarbi和Hsu的钢筋混凝土拉应力—应变曲线

Pang（1991）随后的研究表明，对钢筋不按混凝土主轴方向排列的板，式（1-169）仍是正确的，但混凝土中钢筋的应力—应变关系需要修正，即

$$\sigma_s=\begin{cases}E_s\varepsilon_s & \sigma_s\leqslant(0.91-2B)A\\ \left[(0.91-2B)+(0.02+0.25B)\dfrac{\varepsilon_s}{\varepsilon_y}\right]A & \sigma_s>(0.91-2B)A\end{cases}\tag{1-170}$$

其中

$$A=\left(1-\frac{2-\dfrac{\alpha_2}{45°}}{1000\rho}\right)f_y$$

式中　ε_y——裸露钢筋屈服应变；

α_2——初始裂缝与纵筋的夹角。

（2）第二步分析

第二步是确定主压应力方向混凝土的本构关系。由式（1-165a）和式（1-165b）得

$$\sigma_{c1}+\sigma_{c2}+\rho_l\sigma_{sl}+\rho_t\sigma_{st}=0$$

即

$$\sigma_{c2}=-(\sigma_{c1}+\rho_l\sigma_{sl}+\rho_t\sigma_{st})\tag{1-171}$$

利用LVDT测量钢筋的应变ε_l和ε_t，根据第一步得到的应力—应变关系可以得到混凝土中钢筋的应力σ_{st}和σ_{sl}。另外，根据测量的应变ε_x、ε_y、ε_l和ε_t，由式（1-149）可确定主应变ε_1和ε_2。这一过程与Vecchio和Collins（1982）的方法相同。这时有一个多余的应变。Pang（1991）采用最小二乘法确定两个主应变ε_1和ε_2。根据主应变ε_1，按式（1-164）可以确定主拉应力σ_{c1}。将σ_{st}、σ_{sl}和σ_{c1}代入式（1-171）得到主压应力σ_{c2}。Pang（1991）根据13块板的试验数据，按照这一方法确定的主压应力方向混凝土的应力—应变关系如下：

$$\sigma_{c2}=\begin{cases}\beta f'_c\left[2\dfrac{\varepsilon_2}{\beta\varepsilon_0}-\left(\dfrac{\varepsilon_2}{\beta\varepsilon_0}\right)^2\right] & \varepsilon_2\leqslant\beta\varepsilon_0\\ \beta f'_c\left[1-\left(\dfrac{\dfrac{\varepsilon_2}{\beta\varepsilon_0}-1}{\dfrac{2}{\beta}-1}\right)^2\right] & \varepsilon_2>\beta\varepsilon_0\end{cases}\tag{1-172}$$

其中

$$\beta=\frac{0.9}{\sqrt{1+K_\sigma\varepsilon_1}}\tag{1-173}$$

式中 K_σ——加载系数，比例加载时取 400，顺序加载且破坏前拉应力稍有放松时取 250。

2. 固定角软化桁架模型（FA-STM）

Pang 和 Hsu[114]（1996）认为转动裂缝的假定不合理，因为变角软化桁架模型没有考虑混凝土对钢筋混凝土构件抗剪强度的贡献。为了合理反映混凝土对抗剪强度的贡献，Pang 和 Hsu（1996）认为裂缝一旦形成，裂缝的角度不再变化。Pang（1991）和 Hsu（1996）基于这一概念，提出在固定裂缝坐标系中按裂缝方向表达混凝土应力和应变的想法。图 1-93 示出了固定角软化桁架模型的应力摩尔圆。因为这种固定裂缝的方向一般与当前的主应力和主应变方向不同，沿裂缝存在剪应力。即需要考虑裂缝上的三种应力：（1）平行于裂缝的正应力；（2）垂直于裂缝的正应力；（3）裂缝上的剪应力。为确定固定裂缝坐标下混凝土的本构关系，Pang 和 Hsu[114]（1996）以及 Hsu 和 Zhang[115]（1997）进行了试验，假定固定裂缝的方向与主压应力方向（不是变角软化桁架模型假定的混凝土主应力方向）一致。

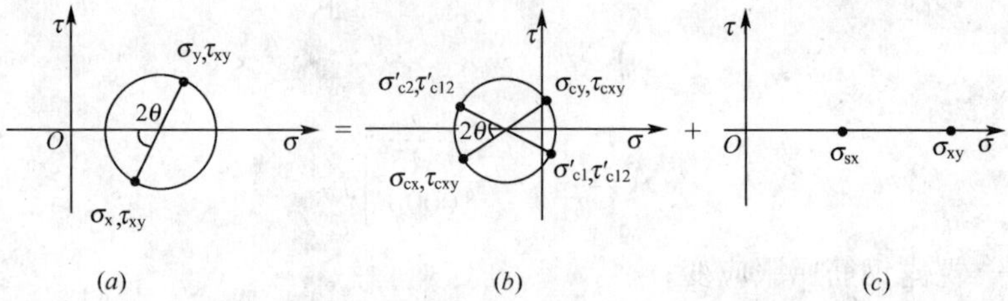

图 1-93 用摩尔圆描述的固定角软化桁架模型的平衡条件

（a）总应力；（b）混凝土应力；（c）钢筋应力

需要说明的是，Pang[118]（1991）和 Zhang[119]（1995）进行的板试验都是单调加载的，大多数试验板按比例加载。所以，每一块板的加载过程中，主应力方向不变。

根据施加的应力 σ_x、σ_y 和 τ_{xy}，可按下式确定固定角 θ：

$$\theta=\frac{1}{2}\tan^{-1}\left(\frac{2\tau_{xy}}{\sigma_y-\sigma_x}\right) \tag{1-174}$$

（1）平衡条件

由图 1-93 所示的应力摩尔圆得到：

$$\sigma_x=\frac{(\sigma'_{c1}+\sigma'_{c2})}{2}-\frac{(\sigma'_{c1}-\sigma'_{c2})}{2}\cos(2\theta)+\tau'_{c12}\sin(2\theta)+\rho_x\sigma_{sx} \tag{1-175a}$$

$$\sigma_y=\frac{(\sigma'_{c1}+\sigma'_{c2})}{2}+\frac{(\sigma'_{c1}-\sigma'_{c2})}{2}\cos(2\theta)-\tau'_{c12}\sin(2\theta)+\rho_y\sigma_{sy} \tag{1-175b}$$

$$\tau_{xy}=\frac{(\sigma'_{c1}-\sigma'_{c2})}{2}\sin(2\theta)+\tau'_{c12}\cos(2\theta) \tag{1-175c}$$

式中 σ'_{c1}——垂直于 θ 方向的混凝土拉应力；

σ'_{c2}——沿 θ 方向的混凝土压应力；

τ'_{c12}——沿 θ 方向裂缝表面的混凝土剪应力。

（2）协调条件

根据图 1-94 所示的应变摩尔圆得到：

$$\varepsilon_{cx}=\frac{(\varepsilon'_{c1}+\varepsilon'_{c2})}{2}-\frac{(\varepsilon'_{c1}-\varepsilon'_{c2})}{2}\cos(2\theta)+\frac{\gamma'_{c12}}{2}\sin(2\theta) \tag{1-176a}$$

$$\varepsilon_{cy}=\frac{(\varepsilon'_{c1}+\varepsilon'_{c2})}{2}+\frac{(\varepsilon'_{c1}-\varepsilon'_{c2})}{2}\cos(2\theta)-\frac{\gamma'_{c12}}{2}\sin(2\theta) \tag{1-176b}$$

$$\tau_{xy}=(\varepsilon'_{c1}-\varepsilon'_{c2})\sin(2\theta)+\frac{\gamma'_{c12}}{2}\cos(2\theta) \tag{1-176c}$$

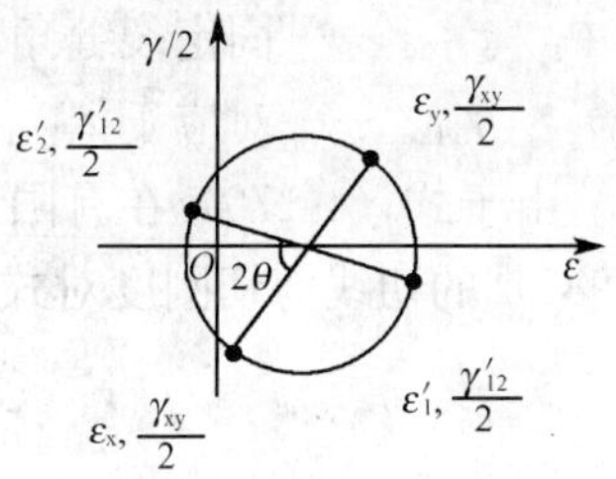

图 1-94 用于固定角软化桁架模型的应变摩尔圆

式中 ε'_{c1}——垂直于 θ 方向的混凝土应变；

ε'_{c2}——沿 θ 方向的混凝土应变；

γ'_{c12}——θ 方向的混凝土剪应变。

（3）建立模型

建立固定角软化桁架模型本构关系的步骤与变角软化桁架模型类似，只是还需要确定 τ'_{c12}，Pang（1991）提出的两个步骤需稍做修正。

第一步是根据前述的第一组和第三组试验板系列确定混凝土中钢筋的应力－应变关系。结果表明，对第一组和第三组试验板系列，θ_σ 与 θ 是一致的。用于变角软化桁架模型的混凝土和钢筋应力—应变关系也可用于固定角软化桁架模型，为此不再做进一步的讨论。第二步是根据固定裂缝坐标建立平行于固定裂缝方向的压应力和沿裂缝表面剪应力的应力—应变关系。

Pang（1991）用式（1-175c）确定平行于固定裂缝方向的压应力 σ'_{c2}。需要说明的是，为方便起见，应将 $x-y$ 坐标系转换为 $l-t$ 坐标系。Pang（1991）进行的试验系列 $\sigma_l=\sigma_t=0$，这时 $\theta=45°$，即裂缝与 $l-t$ 坐标成 45°角，拉应力沿 x 轴方向。将 $\theta=45°$代入式（1-175c）得：

$$\sigma'_{c2}=\sigma'_{c1}-2\tau_{lt} \tag{1-177}$$

注意到在 Pang（1991）的试验条件下，沿 x 轴和 y 轴的应变分别为垂直于固定角的拉应变和沿固定角的压应变。根据式（1-177）得到的 σ'_{c2}，可以确定 σ'_{c2} 与 ε'_1 和 ε'_2 之间的关系。对于 σ'_{c1} 与 ε'_1 之间的关系，Pang（1991）使用了式（1-164）。

式（1-175a）减式（1-175b）得到沿固定裂缝坐标的剪应力。取 $\theta=45°$得：

$$\tau'_{c12}=\frac{1}{2}(\rho_l\sigma_{sl}-\rho_t\sigma_{st}) \tag{1-178}$$

同样，可用式（1-178）建立剪应力 τ'_{c12} 与从 LVDT（$\varepsilon_x,\varepsilon_y,\varepsilon_l,\varepsilon_t$）测量的应变之间的关系。

Pang[118]（1991）和 Zhang[119]（1995）提出用式（1-170）确定混凝土中钢筋的应力—应变关系。对固定角方向的混凝土应力—应变关系，Pang（1991）和 Zhang（1995）采用了与式（1-172）相同的形式，只是将参数 ε_1 和 ε_2 改为 ε'_1 和 ε'_2。

Pang（1991）和 Zhang（1995）还提出了下面沿固定角剪应力的本构关系：

$$\tau'_{c12}=\tau'_{c12m}\left[1-\left(1-\frac{\gamma'_{c12}}{\gamma'_{c12o}}\right)^6\right] \tag{1-179}$$

式中 τ'_{c12m} ——固定裂缝角的最大剪应力；

γ'_{c12o} ——对应于 τ'_{c12m} 的剪应变。

由于式（1-179）在有限元分析中应用过于复杂，Zhu 和 Hsu（2002）利用 Willam 等（1987）的切线剪切刚度对式（1-179）进行了简化，即

$$\tau'_{c12} = \frac{\sigma'_{c1} - \sigma'_{c2}}{2(\varepsilon'_{c1} - \varepsilon'_{c2})}\gamma'_{c12} \tag{1-180}$$

1.3.2.3 其他研究者的模型

除多伦多大学和休斯顿大学在混凝土双轴应力—应变关系方面进行了系统的研究外，其他一些研究者也进行了研究。Kollegger 和 Mehlhorn[120] 的研究认为，有效抗压强度不会低于 $0.8f'_c$，而且主要影响变量不是主拉应变 ε_1，而是主拉应力 f_{c1}。他们对 55 块板进行了试验，大部分板平行于钢筋施加拉—压荷载，一部分按 45°施加荷载。在达到比较大的拉应变之前，所有与裂缝相交的钢筋屈服，没有明显的软化。因此，得出的结论是，之所以 Vecchio 和 Collins 的试验得到的强度比较低，实际上是由于钢筋屈服，而不是混凝土压碎。表 1-12 简单列出了其他研究者提出的公式。

混凝土受拉强度软化系数 **表 1-12**

研究者	软化系数
Miyahara、Kawakami 和 Maekawa（1988）[121]	$\beta=\begin{cases}1.0 & \varepsilon_1 \leqslant 0.0012\\ 1.15-125\varepsilon_1 & 0.0012<\varepsilon_1\leqslant 0.0044\\ 0.6 & \varepsilon_1>0.0044\end{cases}$
Shirai 和 Noguchi（1989）[122]	$\beta=\dfrac{1}{0.27+0.96(\varepsilon_1/\varepsilon_0)^{0.167}}$
Ueda 等（1991）[123]	$\beta=\dfrac{1}{0.8+0.6(1000\varepsilon_1+0.2)^{0.39}}$
Maekawa 和 Okamura[102]	$\beta=\begin{cases}1.0 & \varepsilon_1\leqslant\varepsilon_a\\ 1.0-0.4\dfrac{\varepsilon_1-\varepsilon_a}{\varepsilon_b-\varepsilon_a} & \varepsilon_a<\varepsilon_1\leqslant\varepsilon_b\\ 0.6 & \varepsilon_1>\varepsilon_b\end{cases}$ $\varepsilon_a=0.0012$，$\varepsilon_b=0.0044$
Shirai[124]	$\beta=\beta_1\beta_2, \beta_1=0.84-\left(\dfrac{0.31}{\pi}\right)\tan^{-1}(4820\varepsilon_1-11.82)$ $\beta_2=1.0-5.9(\sigma_1/f'_c)$

参考文献

1 Willam K J, Hurlbut B and Sture S.（1986）Experimental and constitutive aspects of concrete failure. Proc. US-Japan Seminar on Finite Element Analysis of Reinforced Concrete Structures, Tokyo, 1985, ASCE, Special Publication, New York, 226-254

2 Van Mier J G M. Multiaxial strain-softening of concrete. Materials and Structures, RILEM, 1986, 19（111）: 179-200

3 GB/T 50081—2002. 普通混凝土力学性能试验方法标准. 北京：中国建筑工业出版社，2003

4 ASTM C39/C39M-05. Standard test method for compression strength of cylindrical concrete specimens. 2005

5 EN 12390-1：2000. Testing hardened concrete-Part 1：Shape，dimensions and other requirements for specimens and moulds，2002

6 AS 3600-2001. Concrete structures. 2001

7 GB 50010—2002. 混凝土结构设计规范. 北京：中国建筑工业出版社，2002

8 CEB—FIP Model Code 1990. CEB(Comité Euro-International du Béton，1991). CE Bull. d'Information，July 1991

9 EN 1992-1-1：2004. Design of concrete structures-Part 1：General rules and rules for buildings，CEN 2004

10 ACI 318—08. Building code requirements for structural concrete (ACI 318—05) and Commentary (318R—05)，American Concrete Institute，Farmington Hills，MI，2008

11 CSA A23. 3—04. Design of concrete structures. Canadian Standards Association，2004

12 DL/T 5057—2008. 水工混凝土结构设计规范. 北京：中国电力出版社，2008

13 Green，S J and Swanson，S R. Static constitutive relations for concrete. Tech. Report AFWC-TR-72-2，1973

14 ACI 209 R—92. Prediction of creep，shrinkage and temperature effects in concrete structures. American Concrete Institute，Detroit，1992

15 British Standard BS 8110. The structural use of concrete. 1985

16 Indian Standard IS 456，Delhi，1979

17 Bangash MYH. Manual of numerical methods in concrete：Modelling and applications validated by experimental an site-monitoting data Thonas Telford，2001

18 Klink S A. Actual poisson ratio of concrete. ACI Journal，1985，(6)：813-817

19 Darwin D and Pecknold D A. Analysis of cyclic loading of plane reinforced concrete structures. Journal of Computers and Structures，1977，(7)：137-47

20 Elwi A and Murray D W. A three-dimensional hypo-elastic concrete constitutive relationship. Journal of Engineering Mechnics. Division，ASCE，1976，105(4)：623-41

21 Kupfer H. Das Verhalten des Betons Unter Mehrachsigen Kuzzeitbelastung det Zweiachsigen Beanspruchung Deutscher Aussshuss fur Stahlbeton，Heft 229，Berlin，1973

22 DIN 4227. Standard specification for reinforced concrete. Gernany，1978

23 Hognestad E. A study of combined bending and axial load in RC members. University of Illinois Engineering Experimental Station，1951，Bulletin Series No. 399，Bull. No. 1：28

24 Desayi P and Krishnan S. Equation for the stress-strain curve of concrete. ACI Journal，1964，61(1)：345-350

25 Sanez L P. Discussion of equation for the stress-strain curve of concrete by Desayi and Krishnan. ACI Journal，1964，613：1229-1235

26 Richard R M and Abbott B J. Versatile elastic-plastic stress-strain formula. Journal of Engineering Mechanics，1975，10(4)：511-515

27 Mander J B，Priestley M J N and Park R. Theoretical stress-strain model for confined concrete. Journal of Structural Engineering，1988，114(8)：1804-1825

28 Thorenfeldt E，Tomasziewicz A and Jensen J J. Mechanical properties of HSC and application in design. Proceedings of Symposium on Utilization of HSC，Stavanger，Norway，1987：149-159

29 Kupfer H and Gerstle K. Behaviour of concrete under biaxial stress. Journal of Engineering Mechanics Division，ASCE，1973，99(4)：853-866
30 周氏，康清梁，童保全．现代钢筋混凝土基本理论．上海：上海交通大学出版社，1989
31 Gerstle K H. Simple formulation of biaxial concrete behaviour，ACI Journal，1981，78(1)：62-68
32 Richart F E，Brandtzaeg A and Brown R L. A study of the failure of concrete under combined compressive stresses. Bulletin No. 185，Engineering Experimental Station，University of Illinois，Urbana，1928：104
33 于骁中等．混凝土的二轴强度及其在拱坝设计中的应用．见：水利水电科学研究院编．科学研究论文集．第19集(结构、材料)．北京：水利电力出版社，1982：17-23
34 过镇海．混凝土的强度和变形试验基础和本构关系．北京：清华大学出版社，1997
35 王传志，过镇海等．二轴和三轴受压混凝土的强度试验．土木工程学报，1987，20(1)：15-27
36 宋玉普，赵国藩等．多轴应力下多种混凝土材料的通用破坏准则．土木工程学报．1996，29(1)：25-32
37 宋玉普，赵国藩．应力空间混凝土的破坏准则．大连理工大学学报．1991，31(4)：455-462
38 宋玉普，赵国藩．复杂应力状态下混凝土的变形和强度特性．海洋工程．1991，9(2)：20-32
39 赵国藩，宋玉普等．混凝土在两压一拉加载下的变形和强度特性．大连理工大学学报．1991，31(5)：579-584
40 宋玉普，赵国藩等．三轴加载下混凝土的变形和强度．水利学报．1991，(2)：17-24
41 宋玉普，赵国藩等．平面应变状态下的混凝土变形和强度特性．水利学报．1990，(5)：22-29
42 宋玉普，赵国藩等．三向应力状态下钢纤混凝土的变形特性．水利学报，1995(5)：1-8
43 宋玉普，赵国藩等．三向应力状态下钢纤混凝土的强度特性．土木工程学报，1994，27(3)：14-23
44 宋玉普，赵国藩等．三轴受压状态下轻骨料混凝土的强度特性．水利学报．1993，(6)：10-16
45 宋玉普，赵国藩等．三轴加载状态下轻骨料混凝土的变形特性．大连理工大学学报．1994，34(3)：344-351
46 韦树英，韦斌凝，赵艳林．钢筋混凝土结构的弹塑性分析．桂林：广西师范大学出版社，2000
47 宋玉普．多种混凝土材料的本构关系和破坏准则．北京：中国水利水电出版社，2002
48 俞茂鋐．强度理论新体系．西安：西安交通大学出版社，1992
49 江见鲸．钢筋混凝土结构非线性有限元分析．西安：陕西科学技术出版社，1994
50 龚晓南，叶黔元，徐日庆．工程材料本构方程．北京：中国建筑工业出版社，1995
51 陈惠发．土木工程材料的本构方程(余天庆，王勋文，刘再华译)．武汉：华中科技大学出版社，2001
52 Lyengar R，Desayi P and Reddy K N. Stress-strain characteristics of concrete confined in steel binders. Magazine of Concrete Research，1970，22(72)：173-184
53 Martinez S，Nilson A H and Slate F P. Spirally reinforced high-strengrh concrete columns. ACI Journal. 1984，81(5)：431-442
54 腾锦光，陈建飞，史密斯 ST. FRP加固混凝土结构(李荣，腾锦光，顾磊译)．北京：中国建筑工业出版社，2005
55 Willam K J and Warnke E P. Constitutive model for the triaxial behavior of concrete. Proceedings of the International Association of Bridge and Structural Engineering，1975，19：1-30
56 Cusson D and Paultre P. High-strength concrete columns confined by rectangular ties. ASCE Journal of Structural Engineering，1994，120(3)：783-804
57 Popovic S. A numerical approach to the complete stress-strain curve of concrrte. Cernent and Concrete Reseach. 1973，3 (5)：583-899
58 Hoshikuma J，Kawashima K，Nagaya K and Taylor A W. Stress-strain model for confined reinforced

concrete in bridge piers. Journal Structural Engineering, ASCE, 1997, 123(5): 624-633

59 Japan Road Association. Design specifications of highway bridge. Tokyo, Japan, 1996

60 Sakai J and Kawashima K. Modification of the Giuffre, Menegotto and Pinto model for unloading and reloading paths with small strain variations. Journal of Structural Mechanics and Earthquake Engineering, JSCE, 1997 (In Japanese)

61 Fafitis A and Shah S P. Lateral reinforcement for high-strength concrete columns. ACI Special Publication, SP 87-12, 1985: 213-232

62 Sheikh S A and Uzumeri S M. Analytic model for concrete confinement in tied columns. ASCE Journal of the Structural Division, 1982 , 108(12): 2703-2722

63 Saatcioglu M and Razvi S R. High strength concrete columns with square sections under concentric compression. Journal of Structural Engineering, 1998, 124(12): 1438-1447

64 Park R, Priestley M J N and Gill W D. Ductility of square-confined concrete columns. ASCE Journal of the Structural Division, 1982, 108(4): 929-950

65 Esmaeily-Gh A and Xiao Y. Seismic behavior of bridge columns subjected to various loading patterns. PEER Report 2002/15, Pacific Earthquake Engineering Research Center, College of Engineering, University of California, Berkeley, 2002

66 Lee J. Theory and implementation of plastic-damage model for concrete structures under cyclic and dynamic loading. Ph. D. Dissertation, University of California, Berkeley, 1996

67 Karsan I. K and Jirsa J O. Behaviour of concrete under compressive loadings. Journal of the Structural Division, 1969, 95(12): 2543-2563.

68 Park R, Kent D C and Sampson R A. Reinforced concrete member with cyclic loading. Journal of Structural Division, ASCE, 1972, 98(7): 1341-1360

69 Mander J B, Priestley M J N and Park R. Observed stress-strain behavior of confined concrete. Journal of Structural Engineering, ASCE, 1988, 114(8): 1827-1849

70 Kuramoto H, Kabeyasawa T and Shen F-H. Influence of axial deformation on ductility of high-strength reinforced concrete columns under varying triaxial forces. ACI Structural Journal, 1995, 92(5): 610-618

71 Palermo D and Vecchio F J. Compression field modeling of reinforced concrete subjected to reversed loading: formulation. ACI Structural Journal, 2003, 100(5): 616-625

72 Bahn B Y and Hsu C T. Stress-strain behaviour of concrete under cyclic loading. ACI Materials Journal, 1998, 95(2): 178-193

73 Buyukozturk O and Tseng T M. Concrete in biaxial cyclic compression. Journal of Structural Engineering, ASCE, 1984, 110(3): 461-476

74 Seckin M. Hysteretic behaviour of cast-in-place exterior beam-column sub-assemblies. PhD thesis, University of Toronto, Toronto, Canada, 1981: 266

75 Ross C A, Tedesco J W and Kuennen S T. Effects of strain rate on concrete strength. ACI Materials Journal, 1995, 92(1): 37-47

76 Hughes B P and Gregory R. Compressive strength and ultimate strain of concrete under impact loading. Magazine of Concrete Research, 1978, 30 (105): 189-199

77 Malvar L J and Crawford J E. Dynamic increase factors for concrete. Twenty-Eighth DDESB Seminar, Orlando, FL, 1998

78 闫东明，林皋，王哲，张勇强．不同环境条件下混凝土动态直接拉伸特性研究．大连理工大学学报，2005，45(3)：416-421

79 SL 203-97．水工建筑物抗震设计规范．北京：中国水利水电出版社，1997

80 Yon J H, Hawkins N M and Kobayashi A S. Strain-rate sensitivity of concrete mechanical properties. ACI Materials Journal, 1992, 89 (2): 146-153

81 Ramberg W and Osgood W R. Description of stress-strain curves by three parameters. Technical Note No. 902, National Advisory Committee for Aeronautics, Washington, DC, USA, 1943

82 Park R, Paulay T. Reinfored concrete structures. Nawzeland, 1975

83 Mander J B , Priestly M J N and Park R. Theoretical stress-strain model for confined concrete. Journal of Structural Engineering, ASCE, 1988, 114(8): 1804-1826

84 贡金鑫，仲伟秋，赵国藩. 受腐蚀钢筋混凝土构件的恢复力模型. 土木工程学报，2005, 38(11): 38～44, 101

85 李金波，贡金鑫，王立欢. 增大截面和碳纤维包裹复合加固锈蚀钢筋混凝土柱的抗震性能研究. 土木工程学报，2009, 38(11): 17-26

86 CAL TRANS. Seismic Design Criteria(Version 1. 1), 1999

87 Cofie N G. Cyclic stress-strain and moment-curvature relationships for steel beams and column. Diss. Stanford University, 1983

88 Menegotto M and Pinto E. Method of analysis for cyclically loaded reinforced concrete plane frames including changes in geometry and non-elastic behavior of elements under combined normal force and bending. Proceedings, IABSE Symposium on Resistance and Ultimate Deformability of Structures Acted on by Well-Defined Repeated Loads, Lisbon, 1973

89 Kent D C and Park R. Flexural members with confined concrete. Journal of Structural Division, 1971, 97 (7): 1969-1990

90 Chang G A and Mander J B. Seismic energy based fatigue damage analysis of bridge columns: Part I-evaluation of seismic capacity. Technical Report NCEER-94-0006, NCEER, SUNY, Buffalo, New York, 1994

91 Manjoin M J. Inflenrence of rate of train and temperature on yield stress of mild steel. Journal of Applied Mechanics, 1944, 11

92 Soroushian P and Choi K. Steel Mechanics properties at different strain rates. Journal of Structual Division, ASCE, 1987, 113(4): 663-672

93 Wakabayashi M, Nakamura T, Iwai S and Hayashi Y. Effects of strain rate on the behavior of structural members subjected to earthquake force. Eighth World Conference on Earthquake Engineering, San Francisco, Volume IV, 1984

94 Ammann W and Nussbaumer H. Behavior of concrete and steel under dynamic actions. Vibration Problems in Structures, Birkhauser, Basel, Switzerland, 1995: 177-183

95 Kaneko H. Influence of strain-rate on yield ratio. In Kobe Earthquake Dammage to Steel Moment Connections and Suggested Improvement, Ed. Kato B, JSSC Technical Report, 1996, 39

96 Malvar L J. Review of static and dynamic properties of steel reinforcing bars, ACI Materials Journal, 1998, 95(5): 609-616

97 Rashid Y R. Analysis of prestressed concrete pressure vessels. Nuclear Engineering Design, 1968, 7 (4): 334-355

98 Scanlon A and Murray D W. Time dependent reinforced concrete slab deflection. Journal of Structural Engineering, ASCE, 1974, 100(9): 1911-1924

99 Tamai S, Shima H, Izumo J and Okamura H. Average stress-strain relationship in post-yield range of steel bar in concrete. Concrete Library of JSCE, Translation of Proceedings of JSCE, 1987, 378(6): 117-129

100 Ahn T S. Tension stiffening in reinforced concrete membranes. Ph. D. Dissertation, University of Missouri, Columbia, 1996

101 Branson D E. Deformation of Concrete Structures, McGraw-Hill Book Co. New York, 1977

102 Maekawa K and Okamura H. Nonlinear analysis and constitutive models of reinforced concrete, Gihodo Shuppan Co, Tokyo, 1991

103 Collins M P. Towards a rational theory for RC members in shear. Journal of Structural Engineering, 1978, 104(4): 649-666

104 Vecchio F J and Collins M P. The response of reinforced concrete to in-plane shear and normal stresses. Department of Civil Engineering, Publication No. 82-03, University of Toronto, 1982

105 Vecchio F J and Collins M P. The modified compression field theory for reinforced concrete elements subjected to shear. ACI Structural Journal, 1986, 83(2): 219-231

106 Wagner H. Metal beams with very thin webs. Zeitschrift fur Flugtechnik und Motorluftshiffahr, German, 1929, 20(8-12)

107 Mitchell D and Collins M P. Diagonal compression field theory-a rational model for structural concrete in pure torsion. ACI Journal, 1974, 71(8): 396-408

108 Collins M P and Mitchell D. Prestressed concrete basics. Canadian Prestressed Concrete Institute, Ottawa, 1987

109 Vecchio F J and Collons M P. Compression response of cracked reinforced concrete. Journal of Structural Engineering, 1993, 119(12): 3590-3610

110 Vecchio F J. Disturbed stress field model for reinforced concrete: formulation. Journal of Structural Engineering, 2000, 126(9): 1070-1077

111 Hsu T T C. Softened truss model theory for shear and torsion. ACI Structural Journal, 1988, 85(6): 624-635

112 Belarbi A and Hsu T T C. Constitutive laws of concrete in tension and reinforcing bars stiffened by concrete. ACI Structural Journal, 1994, 91(4): 465-474

113 Hsu T T C, Belarbi A and Pang X B. Universal panel tester. Journal of Testing & Evaluation, ASTM, 1995, 23(1): 41-49

114 Pang X B and Hsu T T C. Fixed angle softened truss model for reinforced concrete. ACI Structural Journal, 1996, 93(2): 197-207

115 Hsu T T C and Zhang L X. Nonlinear analysis of membrane elements by fixed-angle softened-truss model. ACI Structural Journal, 1997, 94(5): 483-491

116 Zhu R H and Hsu T T C. Softened membrane model for reinforced concrete elements in shear. ACI Structural Journal, 2002, 99(4): 460-469

117 Belarbi A. Stress-strain relationships of reinforced concrete in biaxial tension- compression (steel). Ph. D. Dissertation, University of Houston, Texas, 1991

118 Pang X B. Constitutive laws of reinforced concrete in shear (truss model theory). Ph. D. Dissertation, University of Houston, Texas, 1991

119 Zhang L X. Constitutive laws of reinforced concrete membrane elements with high strength concrete. Ph. D. Dissertation, University of Houston, Texas, 1995

120 Kolleger J and Mehlhorn G. Material model for the analysis of RC surface structures. Computational Mechanics, Springer Verlag, 1990, (6): 341-357

121 Miyahara T, Kawakami T and Maekawa K. Non linear behavior of cracked RC plate element under uniaxial compression. Proceedings, Japan Society of Civil Engineers, 1988, (11): 306-312

122 Shirai S and Noguchi H. Compressive deterioration of cracked concrete. Structures Congress: Design, Analysis and Testing, Proceedings. ASCE, New York, 1989: 1-10

123 Ueda M, Noguchi H, Shirai N and Morita S. Introduction to activity of new RC. Proceedings of International Workshop on FEA of RC, Columbia University, New York, 1991

124 Shirai S and Noguchi H. Compressive deterioration of cracked concrete. Structures Congress: Design, Analysis and Testing, New York, N. Y.: 1-10

第 2 章　混凝土损伤与断裂

就目前的技术水平，人们已经认识到荷载作用下混凝土的性能及破坏过程与混凝土内部的微裂缝扩展有关，这种裂缝扩展过程反映在混凝土的非线性应力—应变关系上。图 1-8 清楚地描述了混凝土达到峰值应力前微裂缝发展的四个阶段。根据这四个开裂阶段，可认为混凝土呈现两个水平的性能：在低应力下产生随机分布的微裂缝；当应力水平达到一个特定值时，微裂缝开始局部化（应变集中），并贯通形成宏裂缝，宏裂缝扩展直到应力到达临界阶段。宏裂缝的稳定扩展导致所观察到的混凝土软化。对混凝土开裂的一般观点是，应变集中之前的阶段可用损伤力学描述，而应变集中之后的阶段可用断裂力学解释（图 2-1）。

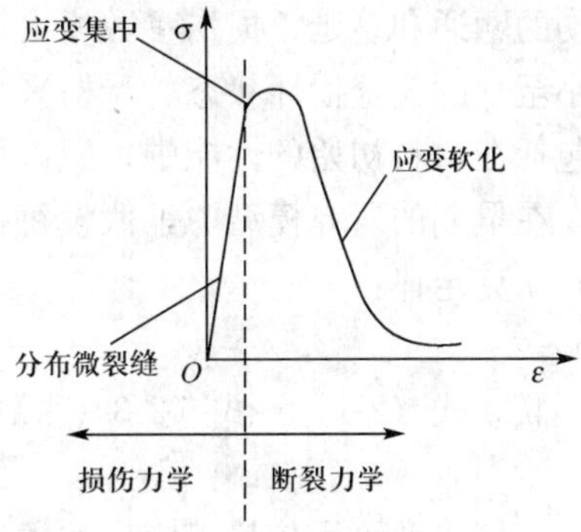

图 2-1　轴向受压时混凝土的性能

2.1　混凝土损伤力学

2.1.1　基本概念

连续损伤力学是一种本构理论，它描述了在荷载作用下，材料整体性能随诸如微裂缝、微孔隙之类缺陷的蔓延和融通而逐渐降低的过程。微观结构的这种变化导致材料性能宏观上的退化。

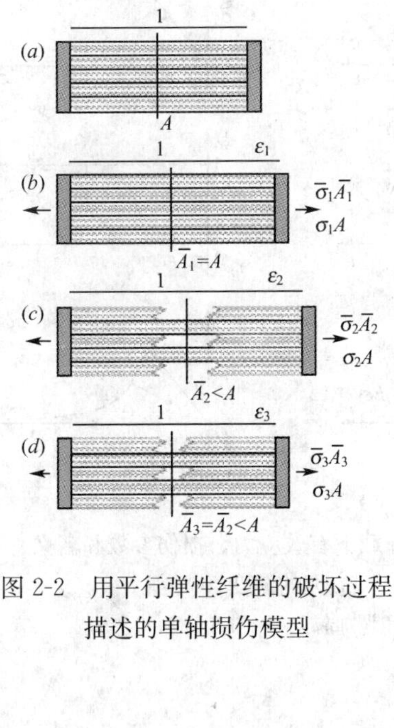

图 2-2　用平行弹性纤维的破坏过程描述的单轴损伤模型

为说明损伤力学的基本概念，首先考虑施加单轴荷载的情况，如图 2-2 所示。将材料理想化为一束平行于荷载的纤维［图 2-2（a）］。开始施加荷载时，所有纤维弹性伸长，应力由所有纤维的总截面 A 承担［图 2-2（b）］，随着应变的增加，纤维开始断裂［图 2-2（c）］。假设每根纤维是完全脆性的，亦即当达到临界应变时，纤维的应变减小到 0。但是，由于每根纤维的临界应变不同，有效面积 $\bar{A}$（即未断裂纤维仍能承担应力的面积）是逐渐由 A 减小至 0 的。需要说明的是，必须区分平均应力 σ 和有效应力 $\bar{\sigma}$。平均应力定义为初始截面上的单元面积力，有效应力定义为有效截面上的单元面积力。平均应力符合微观层次上的柯西平衡方程，而有效应力则是作用在材料微观结构上的“真实”应力。

由关系 $\sigma A=\bar{\sigma}\bar{A}$ 得：

$$\sigma=\frac{\bar{A}}{A}\bar{\sigma} \tag{2-1}$$

有效面积与总面积之比 $\beta=\dfrac{\bar{A}}{A}$ 是描述材料整体性能的参数。但在损伤力学中，习惯于采用下面定义的损伤参数：

$$D=1-\beta=1-\frac{\bar{A}}{A}=\frac{A-\bar{A}}{A}=\frac{A_{\mathrm{d}}}{A} \tag{2-2}$$

其中 $A_{\mathrm{d}}=A-\bar{A}$ 为损伤面积。对于未破坏（完好的）的材料，$\bar{A}=A$，即 $D=0$。由于微观损伤的融通和蔓延，损伤参数增大，衰减的后期阶段达到极限值 $D=1$，对应于有效面积减小至 0 的完全损坏状态。严格来讲，材料开始总是存在着一些缺陷，但是假定这些缺陷已包括在材料初始的性能中，所以可认为初始损伤为 0。

在早期的研究模型中，假设每根纤维达到断裂应变时仍保持为线弹性，则有效应力 $\bar{\sigma}$ 符合胡克定律：

$$\bar{\sigma}=E\varepsilon \tag{2-3}$$

联立式（2-1）～式（2-3）得到下面的本构关系：

$$\sigma=(1-D)E\varepsilon \tag{2-4}$$

破坏演变可用依赖于应变的损伤参数来描述，即

$$D=g(\varepsilon) \tag{2-5}$$

其中函数 g 可直接根据材料单轴应力一应变曲线得到。

图 2-3（a）描述了材料有效应力、损伤参数和平均应力的演变过程。材料在达到峰值应力时仍保持弹性性能，这只适用于应变 ε 单调递增的情况。当材料首先拉伸达到应变 ε_2 时，产生损伤 $D_2=g(\varepsilon_2)$，然后应变开始减小［图 2-2（d）］，破坏面积保持不变，材料的反应类似于弹性模量为 $E_2=(1-D_2)E$ 的弹性材料。也就是说，在无荷载和有部分荷载时，必须依据先前达到的最大应变得到式（2-4）中的损伤参数，而不是当前应变 ε。为分析方便，引入变量 κ 来描述在给定时刻 t 时材料前期达到的最大应变，令

$$\kappa(t)=\max_{\tau\leqslant t}\varepsilon(\tau) \tag{2-6}$$

式中 t 不一定是实际时间，可为施加荷载过程中任意单调递增的参数。损伤演变公式（2-5）可用下式代替

$$D=g(\kappa) \tag{2-7}$$

式（2-7）不仅适用于单调加载过程，也适用于无荷载和卸载的

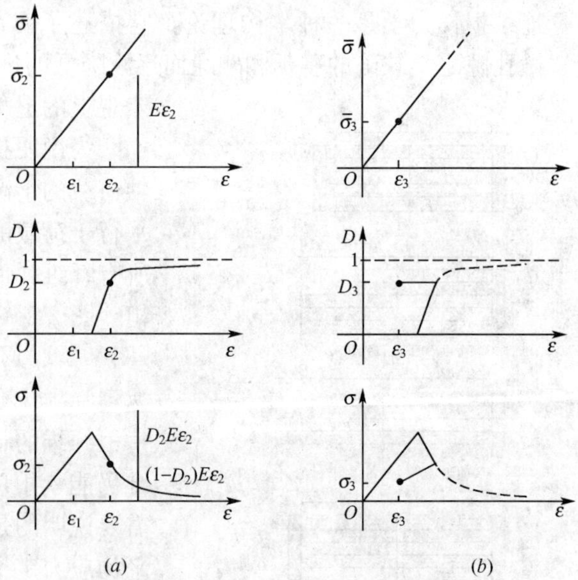

图 2-3　不同加载下有效应力、损伤参数和名义应力的演变

（a）单调加载；（b）非单调加载

情况。

非单调试验中的有效应力、损伤参数和平均应力的变化如图 2-3（*b*）。在应力完全撤除后，由于未破坏纤维是弹性的，应变返回至 0，即这种损伤模型没有考虑永久变形。但材料的状态已不同于其原始状态，因为损伤参数不为 0，当重新施加拉伸荷载时，材料的刚度和强度比其初始值小。

2.1.2　基于损伤的弹性理论

损伤弹性理论的经典应力—应变关系为：

$$\sigma_{ij} = (1-D)C_{ijkl}\varepsilon_{kl} \tag{2-8}$$

式中　D——损伤参数（图 2-4）；

$\sigma_{ij}(i,j=1,2,3)$——柯西应力分量；

$\varepsilon_{kl}(k,l=1,2,3)$——线应变，表示为下式：

$$\varepsilon_{kl} = \frac{1}{2}\left(\frac{\partial u_k}{\partial x_l} + \frac{\partial u_l}{\partial x_k}\right) \tag{2-9}$$

u_k——关于笛卡儿坐标 $x=[x_1,x_2,x_3]^{\mathrm{T}}$ 的位移分量。

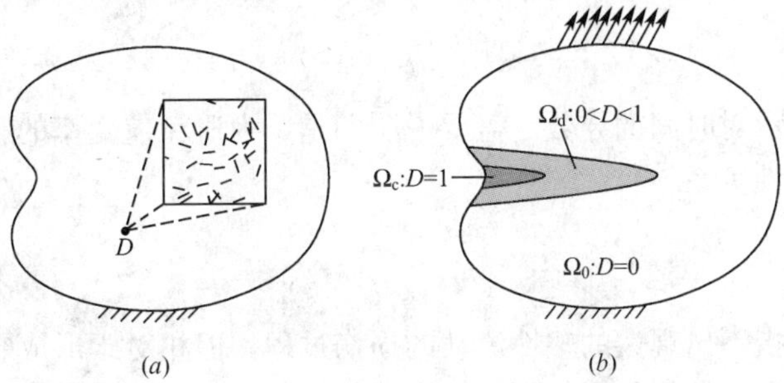

图 2-4　连续体中的损伤描述

（*a*）损伤变量；（*b*）损伤分布

假定基本结构是无应力的（$u_k=0$），弹性常数 C_{ijkl} 由下式确定：

$$C_{ijkl} = \lambda\delta_{ij}\delta_{kl} + \mu(\delta_{ik}\delta_{jl} + \delta_{il}\delta_{jk}) \tag{2-10}$$

式中　δ——克罗内克符号；

λ、μ——拉梅（Lamé's）常数。

λ 和 μ 可用弹性模量 E 和泊松比 ν 表示为：

$$\lambda = \frac{E\nu}{(1+\nu)(1-2\nu)},\ \mu = \frac{E}{2(1+\nu)} \tag{2-11}$$

式（2-8）表明，可认为损伤变量是刚度折减系数。随着损伤的增加，有效刚度模量 $(1-D)C_{ijkl}$ 减小，$D=1$ 时为 0。当刚度为 0 时，不能再传递应力（$\sigma_{ij}=0$），所以对于 $D=1$ 确实存在无应力的情况。

将式（2-8）和式（2-9）代入到标准平衡方程 $\dfrac{\partial\sigma_{ij}}{\partial x_i}=0$，根据弹性张量的对称性（如 $C_{ijkl}=C_{ijlk}$）得出下面的二阶偏微分方程：

$$(1-D)C_{ijkl}\frac{\partial^2 u_k}{\partial x_i\,\partial x_l} - \frac{\partial D}{\partial x_i}C_{ijkl}\frac{\partial u_k}{\partial x_l} = 0 \tag{2-12}$$

对于给定的损伤域 $D(x)<1$，位移分量 u_k 可由该微分方程和对应的运动和动力边界条件确定。对于 $D\equiv 1$ 的裂缝，微分方程的这些条件消失，微分方程退化，边值问题变成病态的。所以，在数值计算中，这种情况须通过将平衡问题限制为子域 $\tilde{\Omega}=\Omega_0\cup\Omega_d$（其中 $D<1$）和在裂缝与残余材料间的边界上应用自然边界条件 $n_i\sigma_{ij}=0$ 来避免。

应力—应变关系式（2-8）描述了损伤变量对应力的影响，通过平衡方程描述了对变形场的影响。同时，在应力和应变的影响下损伤变量可能增大，这取决于下面用应变表示的损伤加载函数：

$$f(\tilde{\varepsilon},\kappa)=\tilde{\varepsilon}-\kappa \tag{2-13}$$

式中 $\tilde{\varepsilon}$——应变率的正等效量；

κ——临界变量。

$f=0$ 定义了应变空间中的加载面（应力空间的弹塑性屈服面）。加载面的形状和大小分别由等效应变 $\tilde{\varepsilon}$ 定义和临界变量 κ 确定。对于在加载面内（$f<0$）的应变状态，损伤变量不增大而且材料性能是塑性的。只有当等效应变达到临界值 κ 即 $f\geqslant 0$ 时，损伤变量才会增加。

当满足了适当的条件，损伤的增长由演化规律控制，一般的形式为：

$$\dot{D}=g(D,\tilde{\varepsilon})\dot{\tilde{\varepsilon}} \tag{2-14}$$

变量上面的圆点表示对时间的导数。需要说明的是，为避免应变率的影响，损伤增长速率与等效应变率是线性关系。

2.1.3 准脆性损伤

准脆性损伤是指不出现大的塑性流动的损伤过程，但相对于形成裂缝面需要更多的能量，破坏不是由一个起控制作用的裂缝扩展引起的，而是多条裂缝集结的结果，即一定体积内微缺陷增长和集结的过程，比最终宏观裂缝所占的比例大得多。试验中可以观察到，随变形增大抗力不断减小，而不是像完全脆性破坏那样突然丧失强度。混凝土及纤维混凝土是典型的准脆性破坏材料。

图 2-5 示出了混凝土试件拉伸试验的应力－应变曲线。当应变较小时，曲线是线性的。当变形增大时，应力—应变曲线的斜率减小，直到完全断裂时强度变为 0。在达到断裂强度后，应变增加但应力减小，即进入软化阶段。在软化阶段，将试件在四个不同的应力水平上卸载。从图中可以看出，卸载环的斜率相对其前一卸载环的斜率不断减小，重新加载环的斜率也是如此，即材料的弹性刚度随损伤过程不断减小。由于应力为 0 时有相当大的残余变形，不能用标准弹性损伤模型描述，这种损伤称为准脆性损伤。

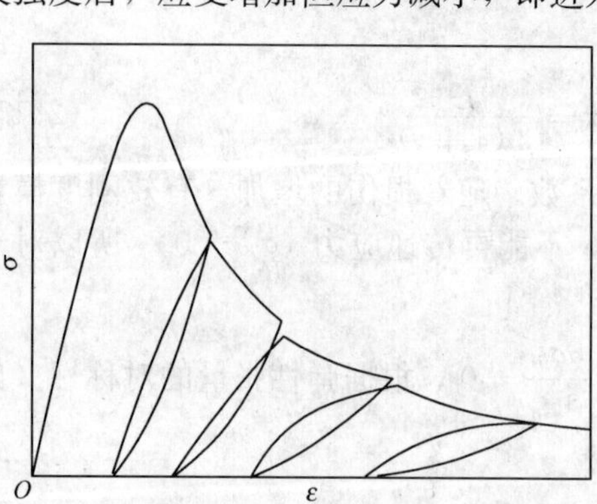

图 2-5 混凝土拉伸时的应力—应变曲线

由图 2-5 还可以看出，当卸载后变形又增大时，损伤增长始于接近卸载开始的一点。根据前面的损伤模型，这意味着为使损伤增加，应变空间中的弹性区必须扩大，这样在加载面上才能保持应变状态（$f=0, \dot{f}=0$，弹塑性）。这意味着损伤极限 κ 总是等于等效应变 $\tilde{\varepsilon}$ 的最大值，$\tilde{\varepsilon}$ 是在加载历史中从局部获得的。这一条件可用 Kuhn-Tucker 准则表示为：

$$f\dot{\kappa}=0, f\leqslant 0,\ \dot{\kappa}\geqslant 0 \tag{2-15}$$

为定义初始弹性区，必须补充初值 $\kappa=\kappa_0$。

损伤率可表示为

$$\dot{D}=\begin{cases} g(D,\tilde{\varepsilon})\dot{\tilde{\varepsilon}} & f=0、\dot{f}=0 \text{ 和 } D<1 \\ 0 & \text{其他} \end{cases} \tag{2-16}$$

其中，条件 $D<1$ 反映了损伤不能增大超过临界值 $D=1$。当且仅当 $f=0$ 和 $\dot{\tilde{\varepsilon}}>0$ 时，有 $\dot{D}>0$，因此 $\dot{\kappa}>0$，又因为 D 和 κ 都是半单调的，这两个内部变量存在一一对应关系：$D=D(\kappa)$。这一关系可通过积分和使用一致性条件 $\dot{f}=0$ 从式（2-16）获得，准脆性损伤模型通常是直接规定的，相应的演化函数 $g(D,\tilde{\varepsilon})$ 可通过对 κ 求导得到。

理论上，通常将损伤演化函数定义为：

$$D=\begin{cases} \dfrac{\kappa_c}{\kappa}\times\dfrac{\kappa-\kappa_0}{\kappa_c-\kappa_0} & \kappa<\kappa_c \\ 1 & \kappa\geqslant\kappa_c \end{cases} \tag{2-17}$$

这一关系示于图 2-6（*a*）中。在单轴应力情况下，假定 $\tilde{\varepsilon}$ 等于轴应变 ε，式（2-17）表示线性软化，当 $\varepsilon=\kappa_c$ 时刚度完全丧失，如图 2-6（*a*）所示。

真实材料的软化通常是非线性的，一般情况下，开始时应力下降比较快［图 2-6（*b*）］，之后变得平缓。Mazars 和 Pijaudier-Cabot[1] 给出的指数软化公式为：

$$D=1-\frac{\kappa_0}{\kappa}\left[1-\alpha+\alpha e^{-\beta(\kappa-\kappa_0)}\right] \tag{2-18}$$

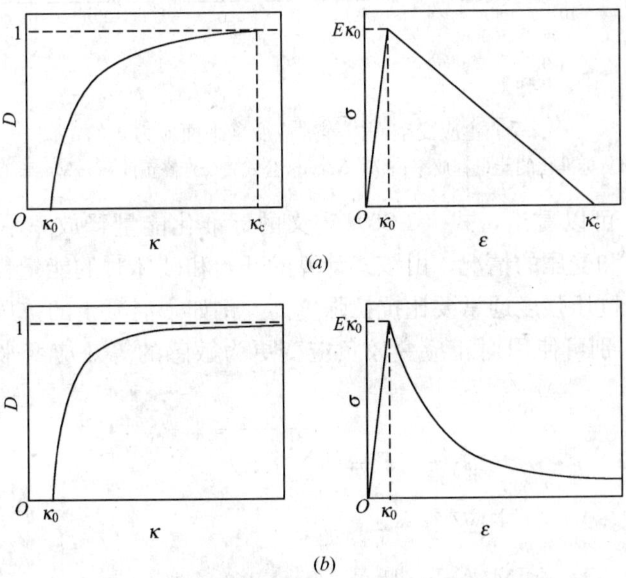

图 2-6　损伤增长及相应的轴向应力—应变曲线

（*a*）线性软化；（*b*）非线性软化

该式及所对应的应力—应变关系也见图 2-6。需要说明的是，损伤变量逐渐逼近 $D=1$，意味着不会出现完全断裂［图 2-6（b）］。当 $\varepsilon\to\infty$ 时，单轴应力 σ 接近于 $(1-\alpha)E\kappa_0$［图 2-6（b）］；渐近线表示试验得到的荷载—位移曲线尾部很长，这种现象是裂缝桥接的结果。式（2-18）中的参数 β 反映了损伤增长的速度。较大的值表示损伤增长较快，脆性更为明显。

除损伤变量的演化规律外，还需定义等效应变 $\tilde{\varepsilon}$ 来建立完全准脆性模型。等效应变将应变分量映射为标量变量。因此必须通过适当加权这些分量来反映其对损伤增长的不同影响。如果在不可逆过程的热动力学框架中得到本构关系，则损伤演化与损伤变量相联系的能量释放率有关，对于基于损伤的弹性力学，Lemaitre 和 Chaboche[2] 1990 给出：

$$Y=\frac{1}{2}\varepsilon_{ij}C_{ijkl}\varepsilon_{kl} \tag{2-19}$$

能量释放率只依赖于应变分量，因此可以看做是等效应变的度量，其中用弹性模量来衡量不同的应变分量。实际上，如果等效应变取为 $\tilde{\varepsilon}=Y$，此处所使用的损伤公式与基于热动力学的经典模型是一致的。稍作修改为：

$$\tilde{\varepsilon}=\sqrt{\frac{1}{E}\varepsilon_{ij}C_{ijkl}\varepsilon_{kl}} \tag{2-20}$$

式（2-20）可用图 2-7（a）表示，图中示出了在主应变空间中 $\tilde{\varepsilon}$ 的曲线。该图已约化为 $\tilde{\varepsilon}=1$，假定为平面应力情况，取泊松比 $\nu=0.2$。图中的虚线表示单轴应力路径。

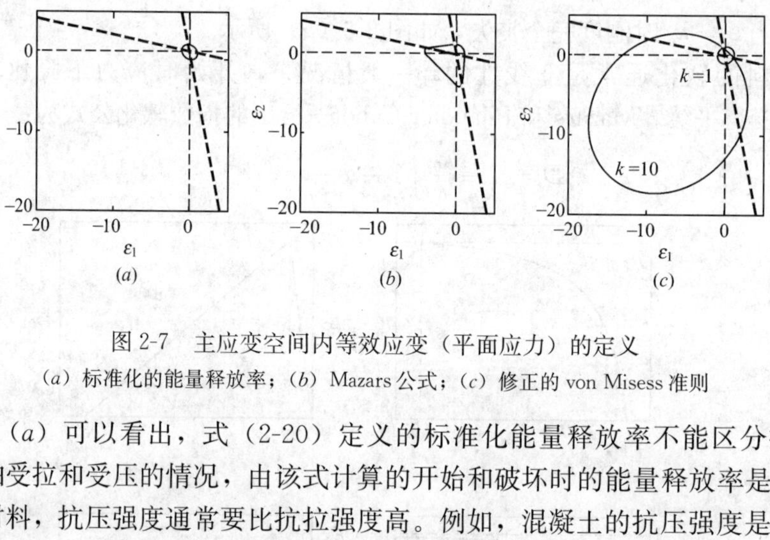

图 2-7　主应变空间内等效应变（平面应力）的定义

（a）标准化的能量释放率；（b）Mazars 公式；（c）修正的 von Misess 准则

由图 2-7（a）可以看出，式（2-20）定义的标准化能量释放率不能区分拉和压的情况。对于单轴受拉和受压的情况，由该式计算的开始和破坏时的能量释放率是相同的。然而对于工程材料，抗压强度通常要比抗拉强度高。例如，混凝土的抗压强度是抗拉强度的 10～20 倍。这种区别可使用对正应变较负应变更为敏感的等效应变来描述。常采用的公式为：

$$\tilde{\varepsilon}=\sqrt{\sum_{i=1}^{3}\langle\varepsilon_i\rangle^2} \tag{2-21}$$

式中　ε_i（$i=1,2,3$）——主应变；

$\langle\rangle$——McAuley 括号：$\langle x\rangle=\frac{1}{2}(x+|x|)$。

式（2-21）中 $\tilde{\varepsilon}=1$ 的等值线如图 2-7（b）所示。显然，只依靠正主应变表示等效应变对拉应变比对压应变更为敏感。在单轴荷载下，抗压强度与抗拉强度之比按 $f_c/f_t = 1/(\nu\sqrt{2})$ 确定。对于 $\nu = 0.2$，该值约为 3.5，对于混凝土这一数值较小。

第三个等效应变的定义是由 de Vree[3] 等（1995）提出的，是修正的 von Misess 准则，即将应力张量的第一不变量叠加到标准 von Misess 准则得到的。采用胡克定律，以应力形式为基础按修正的 von Misess 准则定义的应变可表示为：

$$\tilde{\varepsilon} = \frac{k-1}{2k(1-2\nu)}I_1 + \frac{1}{2k}\sqrt{\frac{(k-1)^2}{(1-2\nu)^2}I_1^2 - \frac{12k}{(1+\nu)^2}J_2} \tag{2-22}$$

式中　I_1、J_2——应变张量的第一不变量和偏应变张量的第二不变量，用下式表示：

$$I_1 = \varepsilon_{kk}\text{，}J_2 = \frac{1}{6}I_1^2 - \frac{1}{2}\varepsilon_{ij}\varepsilon_{ij} \tag{2-23}$$

相对于受拉，参数 k 对受压的敏感性更为明显。定义等效应变时认为强度为 $k\sigma$ 的单轴受压应力对损伤增长的影响与拉应力 σ 的相同。因此，参数 k 通常表示为抗压强度与抗拉强度之比 $k = f_c/f_t$。$k = 1$ 和 $k = 10$ 时的修正 von Misess 准则如图 2-7（c）所示。

2.2　混凝土断裂力学

在受拉或受压状态下，可用应力准则和能量准则描述材料的断裂。应力准则基于这样一个事实：材料破坏时其内部缺陷周围的局部拉应力足够大，超过材料的黏聚强度。能量准则认为裂缝扩展需要一定的能量。这两种准则均能解释材料的断裂性能，复杂性在于在特定边界条件下，如何准确确定断裂过程中消耗的能量和应力。

如前所述，一般可将结构材料划分为三种不同的类型，即脆性材料（如玻璃和 FRP 材料）、准脆性材料（如混凝土）和弹塑性材料（如钢材）。这些材料的差别在于断裂前裂缝尖端形成的断裂过渡区的形状和大小。对于脆性材料，无过渡区存在，断裂消耗弹性能；对于延性材料，断裂过渡区即为所知的塑性区，会消耗相当多的能量，远大于表面能；对于准脆性材料，破坏前裂缝尖端形成断裂过渡区，消耗较多的能量。图 2-8 示出了混凝土的断裂过渡区。

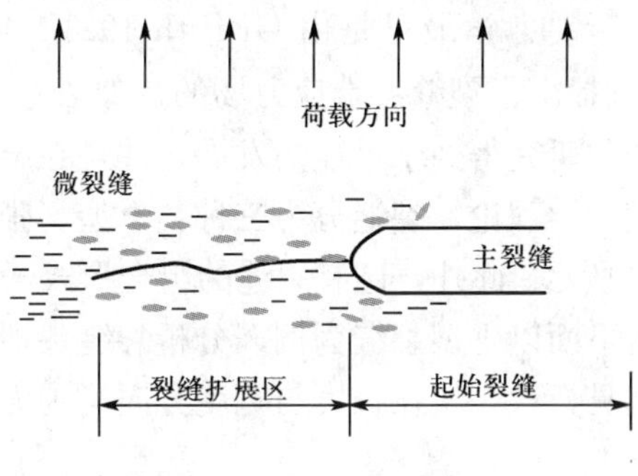

图 2-8　混凝土的断裂过渡区

混凝土裂缝扩展的研究已表明断裂过渡区在能量消耗中起主要作用。但对混凝土直接应用断裂力学有一定困难，因为与延性材料的塑性区相比，混凝土断裂过渡区的韧化机理不同。这些韧化机理如图 2-9 所示，包括微开裂、裂缝分支、裂缝挠曲、裂缝连接、裂缝面摩擦和裂缝尖端钝化。可通过增加其他能量消耗（如韧化）的机制或改变现有韧化机理以消耗更多的能量来提高混凝土的断裂韧性。例如，相对于普通混凝土，纤维增强混凝土（纤维混凝土）的断裂韧性有很大提高是因为纤维能连接裂缝，纤维挠曲和纤维拔出或纤维脱粘会消耗大量的能量。

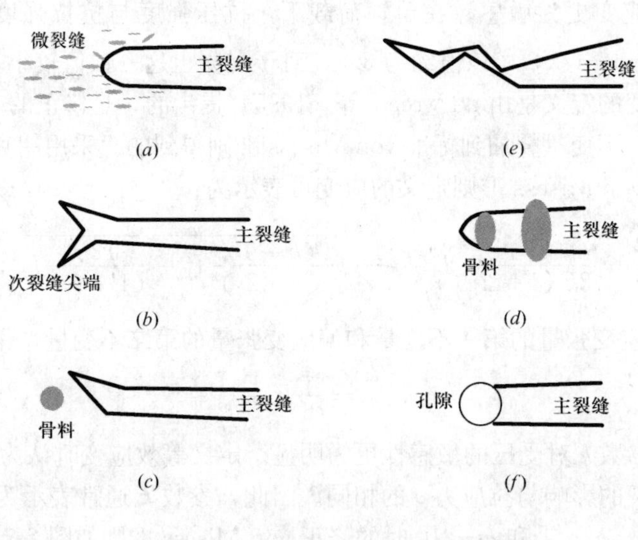

图 2-9 混凝土断裂过渡区的韧化机理

(a) 微开裂；(b) 裂缝分支；(c) 裂缝绕曲；(d) 裂缝面摩擦；(e) 裂缝连接；(f) 裂缝尖端钝化

2.2.1 线弹性断裂力学

断裂力学是研究含裂缝的构件在各种环境条件下（包括荷载作用、腐蚀性介质作用、温度变化等）裂缝的平衡、扩展和失稳的规律，并研究其强度条件的一门科学。应该注意，断裂力学的发展并不能替代传统的强度理论和计算方法，相反，传统的强度理论仍然是目前结构计算中的重要依据。对于含有裂缝的构件，还要进行断裂力学的计算，两者并不矛盾。

断裂力学最早是由 Griffith 1921[4] 年研究玻璃材料的强度时提出来的。1960 年 Irwin[5] 提出了裂缝尖端应力场的近似表达式，并提出了应力强度因子的概念，从此，裂缝问题的研究得到了迅速的发展，并且在金属结构和构件中得到了成功而广泛的应用。按照断裂力学理论，裂缝分为三种：Ⅰ型（张开型）、Ⅱ型（剪切型）和Ⅲ型（撕开型），如图 2-10 所示。此外，还有裂缝的组合形式，称为复合型裂缝。

下面以Ⅰ型裂缝为例，分析裂缝尖端处的应力场。由于裂缝在结构中是微小的，为简单起见，取一块在长度与宽度方向均为无限大的平板，在板中间有一条长度为 $2a$ 的裂缝，

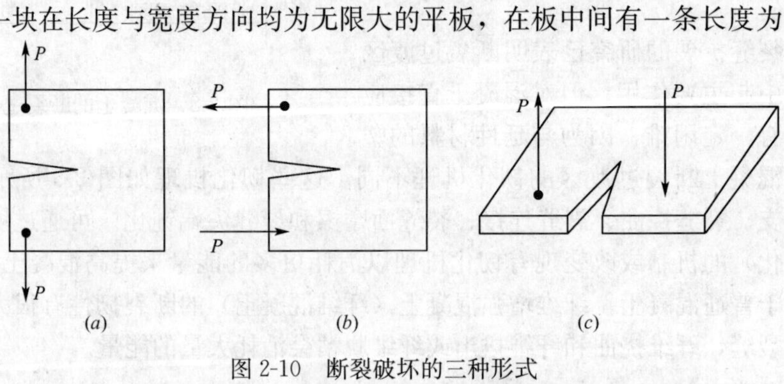

图 2-10 断裂破坏的三种形式

(a) Ⅰ型；(b) Ⅱ型；(c) Ⅲ型

如图 2-11 所示。设平板在 x 方向和 y 方向均有应力 σ 作用。为了研究裂缝尖端附近的应力和位移状态，将坐标原点置于裂缝尖端处，$r-\theta$ 为极坐标。

采用弹性理论，可求出裂缝尖端附近任一点 $P(r,\theta)$ 的应力如下：

$$\sigma_x = \frac{K_I}{\sqrt{2\pi r}}\cos\frac{\theta}{2}\left(1-\sin\frac{\theta}{2}\sin\frac{3\theta}{2}\right)+\cdots\cdots \tag{2-24a}$$

$$\sigma_y = \frac{K_I}{\sqrt{2\pi r}}\cos\frac{\theta}{2}\left(1+\sin\frac{\theta}{2}\sin\frac{3\theta}{2}\right)+\cdots\cdots \tag{2-24b}$$

$$\tau_{xy} = \frac{K_I}{\sqrt{2\pi r}}\cos\frac{\theta}{2}\left(\sin\frac{\theta}{2}\cos\frac{3\theta}{2}\right)+\cdots\cdots \tag{2-24c}$$

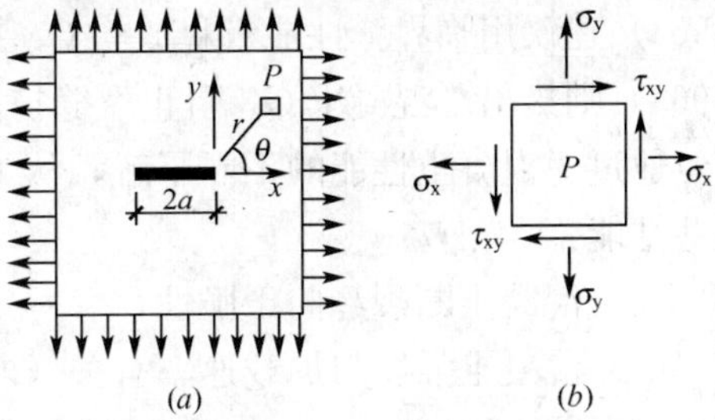

图 2-11　带有裂缝的板及应力场
（a）Ⅰ型裂缝；（b）裂缝附近的单元

式中　K_I——常数（应力强度因子）。

对于 z 方向的应力，分两种情况：

$$\sigma_z = \begin{cases} 0 & （平面应力状态）\\ \upsilon(\sigma_x+\sigma_y) & （平面应变状态）\end{cases} \tag{2-25}$$

式中　υ——泊松比。

由式（2-24）可以看出，随着 r 的减小（即愈接近裂缝尖端），所有的应力分量都增大；当 r 趋向于零时，这些应力分量均趋于无限大，也即裂缝尖端处的应力场具有奇异性。

由上述公式可以看出，只要有裂缝存在，并且外加荷载不等于零，则裂缝尖端的应力总是无限大。按照传统的强度理论，无论外荷载多么小，必将导致构件的破坏。但实际情况并非如此，许多有裂缝的材料在一定的应力状态下是稳定的。在这种情况下，单用应力大小判断其强度的方法不再适用，要寻找新的力学参数判断应力场的强度。由式（2-24）可知，裂缝尖端附近的应力场与 K_I 成正比。同一裂缝、同一种应力状态具有相同的 K_I。K_I 的值愈大，则裂缝附近的应力随着 $r\to 0$ 趋于无限愈迅速。所以 K_I 可以反映裂缝尖端的应力场强度，称为应力强度因子。对于Ⅰ型裂缝：

$$K_I = \lim_{r\to\infty}\sqrt{2\pi r}\,(\sigma_y)_{y=0} = \sigma\sqrt{\pi a} \tag{2-26}$$

式中　σ——平均拉应力；

　　　a——裂缝长度的一半。

需要说明的是，应力强度因子与应力集中系数是两个完全不同的参数。应力强度因子与点的坐标无关，它从总体上反映了裂缝尖端附近应力场奇异性的强弱，其量纲为［力］×［长度］$^{-3/2}$；而应力集中系数是应力集中处最大应力与名义应力之比。

2.2.2　混凝土线弹性断裂力学（LEFM）

Richard 等[6] 1923 年发表了第一篇关于混凝土微裂缝的研究报告，并揭示出这样一个事实：混凝土受压破坏源于其孔隙处产生的拉应力。38 年后，Kaplan[7]（1961）通过试验研究了线弹性断裂力学模型对混凝土的适用性，并得出结论：作为裂缝快速扩展从而导致断裂条件的临界应变—能量释放率的 Griffith 理论适用于混凝土。之后，Glucklich[8]（1963）建议用临界弹性能量释放率 G_{IC} 描述混凝土的断裂特性，而 Ramouldi 和 Baston[9]（1963）则提出了混凝土 G_{IC} 阻止裂缝扩展的机理。

通过对混凝土性能的不断了解，认为可用线弹性断裂力学原理解释混凝土材料的下面这些性能：

（1）混凝土断裂趋向于脆性；

（2）混凝土强度与加载速率有关（即加载速率高时强度增加，表明次临界裂缝增长显著影响混凝土强度）；

（3）混凝土抗拉强度约为抗压强度的 1/10［接近于 Griffith 的预测值］；

（4）混凝土和砂浆是缺口敏感性的。

一些研究者曾使用线弹性断裂力学模型确定混凝土的断裂韧度，传统线弹性断裂力学能否用于混凝土曾引起过激烈的争论。研究表明，临界应力强度因子 K_{IC} 和临界能释放率 G_{IC} 随骨料最大粒径或其棱角度的增大而增大，还与混凝土的水灰比有关。Zaitsev[10]（1971）研究得出的结论是，如果考虑了合适的裂缝尖端依赖于时间的参数，可用线弹性断裂力学计算混凝土的静疲劳强度。

对混凝土发展的一个有用的线弹性断裂力学模型是柔度方法。柔度方法是为考虑混凝土的次临界裂缝增长而提出的，用处理整个几何体的柔度来替代处理单条裂缝。该方法使用开裂几何体的刚度或“柔度”将混凝土构件的位移和所施加的荷载通过一线性关系联系起来，即

$$P = C\Delta \tag{2-27}$$

式中 Δ——位移；

P——施加的荷载；

C——柔度，与几何参数和裂缝长度有关。

应变能释放率 G 是作为柔度的一个函数而获得的。柔度方法已成功用于确定纤维混凝土的纤维抗拔强度和抗拉强度。

2.2.2.1 混凝土断裂参数的确定

按照线弹性断裂力学理论，混凝土的断裂可用临界应力强度因子和临界能释放率描述。临界应力强度因子 K_{IC}是用于描述混凝土的断裂韧性、局部应力场改变的大小和远近的一种度量，也称为断裂韧度。K_{IC}的数学表达式为：

$$K_{IC} = g(\alpha)\sigma_c\sqrt{\pi a_c} \tag{2-28}$$

式中 $g(\alpha)$——几何函数，依赖于试件的几何形状和荷载布置；

a_c——临界缺口长度；

σ_c——有缺口截面的临界应力。

G_{IC} 表示临界能释放率，是表达断裂韧度的另一个线弹性断裂力学参数。对于平面应变问题，G_{IC} 可用下式表示：

$$G_{IC} = K_{IC}^2\left(\frac{1-\nu^2}{E}\right) \tag{2-29}$$

式中　E——混凝土弹性模量；

ν——混凝土泊松比。

2.2.2.2　混凝土线弹性断裂力学的局限性

早在 1969 年，Moavenzadeh 和 Kuguel[11] 就尝试将 Griffith 的理论用于混凝土，并指出理论和试验结果间存在很大差别。Shah 和 McGarry[12]（1971）的研究表明，由于存在较大的断裂过渡区，将线弹性断裂力学用于混凝土是不成功的。Patterson 和 Chan[13]（1975）对用高铝水泥和 E 玻璃纤维制作的试件进行了试验，观察到裂缝尖端有较大的微裂缝区。当继续施加荷载时，该区域扩展，违反了线弹性断裂力学的裂缝尖端定义。Gjφrv[14] 等（1977）的结论是线弹性断裂力学不适用于小混凝土试件。Mindess[15] 等（1977）发现纤维混凝土的 K_{IC} 和 G_{IC} 对于纤维含量反应不灵敏，随着纤维含量的增加只是略有变化。

众多研究表明，混凝土材料的不同组分和多种阻裂机制使得 Griffith 表面能消耗的概念变得无效，因为局部破坏消耗了大部分由施加的荷载提供的能量，使材料呈现非线性性能。Swamy[16]（1979）指出，用于混凝土的所有线弹性断裂力学数据表现为相当大的离散性和一定程度的尺寸效应，这使得线弹性断裂力学仅可用于定性比较，而不能用于定量分析。由此可以得出结论，由于相对于混凝土试件（构件）的尺寸，断裂过渡区的尺寸较大，线弹性断裂力学仅适用于大的混凝土构件。

2.2.3　混凝土弹塑性断裂力学（EPFM）

认识到线弹性断裂力学用于混凝土的局限性，一些学者研究了弹塑性断裂力学（EPFM）对混凝土的适用性。如 1972 年，Lamkin 和 Paschenko 首先将弹塑性断裂力学原理应用于混凝土。

2.2.3.1　混凝土的裂缝张开位移

图 2-12 示出了裂缝张开位移（COD）和裂缝尖端张开位移（$CTOD$）。Nishioka 等（1978）将 COD 准则用于不同纤维含量的纤维混凝土试件，并得出 COD 准则适用于纤维混凝土的结论。然而，其他研究者的研究表明，COD 不能成为合适的混凝土断裂准则，因为 COD 依赖于试件的几何形状和尺寸[17,18]。Visalvanich 和 Naaman[19]（1983）建议使用裂缝张开角（COA）描述混凝土的断裂特性。当 COA 达到其临界值时，即认为混凝土发生断裂。

因为混凝土断裂过渡区存在着显著的非线性性能，裂缝尖端张开位移（$CTOD$）是最合适的断裂参数。Kumar[20]（1987）认为金属中的 $CTOD$ 可分为三部分：弹性的、塑性的和裂缝扩展。在裂缝扩展过程中区分弹性和塑性变形比较困难，这种原理在混凝土中应用受到限制。Soroushian 等[21]（1995）用应力平衡、应变协调和 COD 条件通过模拟纤维连接裂缝尖端的机制，提出了纤维混凝土的理论模型。

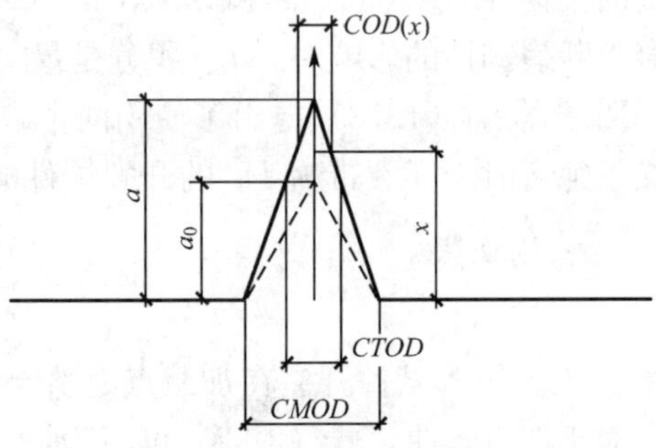

图 2-12　用 $CMOD$ 确定 $CTOD$ 的非线性裂缝关系图

临界裂缝尖端张开位移（$CTOD_C$）可以通过测量裂缝口张开位移（$CMOD$）按图 2-12 所示的非线性裂缝关系获得。式（2-30）给出了用标准三点弯曲梁试验确定临界 $CTOD$ 的方法。

$$CTOD = CMOD \times g_3(\alpha,\eta) \tag{2-30}$$

其中

$$CMOD = \frac{4\sigma a g_2(\alpha)}{E},\ g_3(\alpha,\eta) = [1-\eta^2+(1.081-1.149\alpha)(\eta-\alpha^2)]^{0.5}$$

$$\eta = \frac{x}{a},\ \alpha = \frac{a}{d}$$

式中 $g_2(\alpha)$——依赖于试件几何形状和加载条件的函数；

a——裂缝长度；

d——梁的高度。

计算临界裂缝尖端张开位移（$CTOD_C$）时，应使用临界应力 σ_c，裂缝长度 a 需用临界裂缝长度 a_c 代替，而裂缝距离 x 要用初始裂缝长度 a_0 代替。

2.2.3.2 混凝土的 *J*—积分

对于非线弹性体，J—积分定义为裂缝扩展需要的能量，可用下式表示：

$$J = \int_{\Gamma}\left[w\mathrm{d}y - T\left(\frac{\mathrm{d}u}{\mathrm{d}x}\right)\mathrm{d}s\right] \tag{2-31}$$

式中 w——应变能密度；

T——作用在围道 Γ 上的应力；

$\mathrm{d}s$——沿围道 Γ 的长度增量。

Begley 和 Landes[22]（1972）将 J—积分定义为开裂弹塑性体近尖端应力—应变环境的平均度量。Mindess 等[15]（1977）将 J—积分用于普通混凝土和纤维混凝土，发现当掺入纤维时 J_{IC} 能够反映混凝土性能的差异。Halvorsen[23]（1980）的研究表明，纤维类型和掺量变化时，J—积分能反映纤维混凝土断裂韧性的变化。20 世纪 70 年代后期，美国伊利诺斯州大学的研究得到了相似的结论。Velazco 等[18]（1980）的研究表明，J—积分依赖于裂缝，对纤维变化反应不敏感。Ward 等（1989）建议使用 J—积分描述纤维混凝土的断裂韧性。RedaTaha 和 Shrive[24]（2001）的研究表明，在描述纤维长度变化对纤维混凝土断裂韧性的影响时，J—积分是最灵敏的断裂韧性参数。

Rice 等[25]（1973）提出了使用两个缺口和无缺口纯弯试件确定金属 J_{IC} 的方法。下式定义了纯弯时未开裂带为 H_c 的开裂试件的 J 积分：

$$J = \frac{2}{H_c}\int_0^{\theta_{crack}} M\mathrm{d}\theta \tag{2-32}$$

式中 θ_{crack}——试件开裂在加载点处引起的转角。

对于四点弯曲，式（2-32）可写为：

$$J = \frac{2}{bH_c}\int_0^{\delta_{crack}} P\mathrm{d}\delta \tag{2-33}$$

式中 P——施加的荷载；

b——试件宽度；

δ_{crack}——试件开裂在加载点处引起的竖向位移。

Rice 等指出，在纯弯试验中，就裂缝产生的弹性和塑性位移而言，试件未开裂部分的弹性位移 $\delta_{uncrack}$ 占很大部分，因此，计算 J 时应扣除。所以，式（2-31）中 J 的定义应解释为开裂试件吸收的总能量减去弹性能。Mindess 等[15]（1977）建议只使用荷载—位移曲线下达到最大点的面积确定 J_{IC}。根据荷载—位移曲线，计算 J_{IC} 的公式为：

$$J_{IC}=\frac{2}{H_c b}(A_1-A_2)=\frac{2}{H_c b}A_c \tag{2-34}$$

式中 A_1、A_2、A_c——图 2-13 所示荷载—位移曲线下的面积。

2.2.3.3 混凝土的 *R* 阻力曲线

R 阻力曲线是能量释放率“G”或裂缝扩展阻力“R”与裂缝扩展的关系曲线。图 2-14 示出了脆性和准脆性材料的典型 R 阻力曲线。当存在较小的非弹性断裂过渡区时，R 阻力曲线可看作是一种材料属性，反映了稳定裂缝扩展的抗裂性能。因此，如果 G_{IC} 依赖于试件的几何形状，则 R 阻力曲线亦与几何形状有关。R 阻力曲线是描述混凝土韧化机制的合理准则。

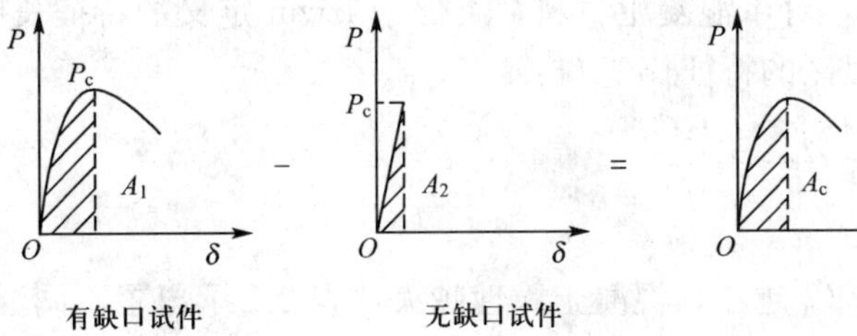

图 2-13 使用有缺口和无缺口试件计算混凝土的 J_{IC}

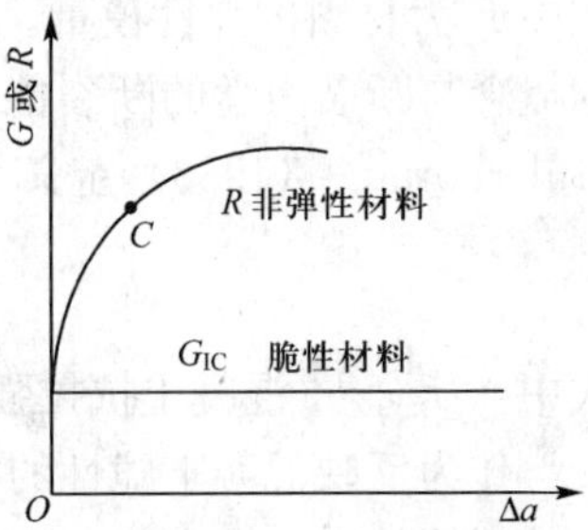

图 2-14 R 阻力曲线及其在混凝土中的应用

式（2-35a）和式（2-35b）为用 R 阻力曲线控制稳定裂缝扩展的准则（应注意仍需要应力准则）：

$$G_{\mathrm{I}}=R \tag{2-35a}$$

$$\frac{\partial G_{\mathrm{I}}}{\partial a}\leqslant\frac{\partial R}{\partial a} \tag{2-35b}$$

式中 a——裂缝长度。

式（2-35a）和式（2-35b）控制着裂缝的扩展，直到裂缝延伸到 R 阻力曲线上 C 点表示的临界值 Δa_c，如图 2-14 所示。如果 $G=R$ 和 $\frac{\partial G_{\mathrm{I}}}{\partial a}=\frac{\partial R}{\partial a}$，那么在 C 点裂缝将扩展。过 C 点后，荷载增长会使 $\frac{\partial G_{\mathrm{I}}}{\partial a}>\frac{\partial R}{\partial a}$，从而导致裂缝不稳定扩展（破坏）。使裂缝稳定扩展的唯一方法就是保持 $G=R$ 和 $\frac{\partial G_{\mathrm{I}}}{\partial a}<\frac{\partial R}{\partial a}$，而这只能通过减小荷载 P 来实现。在达到峰值荷载

后，由于位移增加，荷载减小，裂缝发生稳定扩展，可观察到应变软化现象。

Lenain 和 Bunsell[26]（1979）将 R 阻力曲线用于石棉水泥薄板，观察到裂缝增长的三个基本阶段。第一阶段描述了断裂过渡区的形成，第二阶段描述了断裂过渡区的稳定增长，而第三阶段呈现了主裂缝延伸和断裂过渡区增长的终止。Velazco 等[18]（1980）研究了 R 阻力曲线对于纤维掺量变化的敏感性。

2.2.4 混凝土准脆性断裂力学（QBFM）

2.2.4.1 描述混凝土脆性的参数

准脆性材料是指小尺度上可用塑性理论（或强度理论）的强度或屈服极限 σ_0 描述，大尺度上用线弹性断裂力学的断裂能 G_f（扩展单位面积的混凝土受拉裂缝需要的能量）描述的材料，准脆性材料存在断裂过渡区，断裂过渡区与材料的特征长度有关。只有塑性或只能用线弹性断裂力学描述的材料都不存在特征长度，对处于两者之间的情况，必须考虑与塑性力学和线弹性断裂力学的过渡。Irwin[5]（1958）根据 σ_0 和 G_f 定义了下面的特征长度（材料特性）：

$$l_0 = \frac{EG_f}{\sigma_0^2} \tag{2-36}$$

式中 E 为材料的弹性模量。因此，对于确定性半脆性材料的尺寸效应，式（2-36）将强度的概念与断裂力学的断裂能结合起来。对于混凝土材料，类似于 Irwin 定义的特征长度，Hillerborg[27]（1983）定义了断裂过渡区的特征长度 l_{ch}：

$$l_{ch} = \frac{EG_f}{f_t^2} \tag{2-37}$$

式中 f_t——混凝土抗拉强度。

作为反映混凝土脆性的材料参数，l_{ch} 越小，混凝土脆性越大，表 2-1 示出了不同混凝土的特征长度。由表 2-1 可以看出，随混凝土强度提高，特征长度减小，即随混凝土强度提高，混凝土脆性增大。轻骨料混凝土的特征长度较普通混凝土小。

混凝土特征长度 **表 2-1**

混凝土	研究者	f_c (MPa)	f_t (MPa)	E_c ($\times 10^3$MPa)	G_f (N·mm/mm²)	l_{ch} (mm)
普通混凝土	Hognestad[28]	28	2.2	26.0	0.06	322
普通混凝土	Hognestad[28]	58	4.1	33.0	0.105	206
普通混凝土	Hognestad[28]	88	5.6	38.0	0.135	163
轻骨料混凝土	Bangash[29]	67	4.4	26.0	0.068	91
轻骨料混凝土	Darwin，Pecknold[30]	52	3.0	18.0	0.034	68

除用 l_{ch} 描述混凝土的脆性外，还有其他几种度量方法。使用虚拟裂缝模型的断裂参数，Carpinteri 等[31]（1986）定义的无量纲脆性参数 S_E 为：

$$S_E = \frac{G_f}{f_t d_a} \tag{2-38}$$

式中 d_a 为骨料最大粒径。脆性降低时 S_E 增大。

采用双参数断裂模型（TPFM），Jenq 和 Shan[32]（1985）提出了长度参数 Q 的概念：

$$Q = \frac{E \times CTOD_c}{K_{IC}^2} \tag{2-39}$$

Q 越小，混凝土脆性越大。

2.2.4.2　断裂过渡区

混凝土存在较大的断裂过渡区致使其断裂性能不同于通常的脆弹性材料（如陶瓷），也不同于完全塑性材料（如钢材）。这是因为断裂过渡区的存在不仅将裂缝前沿的应力限制为混凝土固有的类似于金属屈服强度的粘聚强度，而且也将裂缝前沿的应力限制到由微裂缝尖端控制的比较小的强度。为理解这一现象，图 2-15 示出了当忽略和考虑裂缝前沿的微裂缝时，断裂过渡区对开裂混凝土试件拉应力分布的影响。

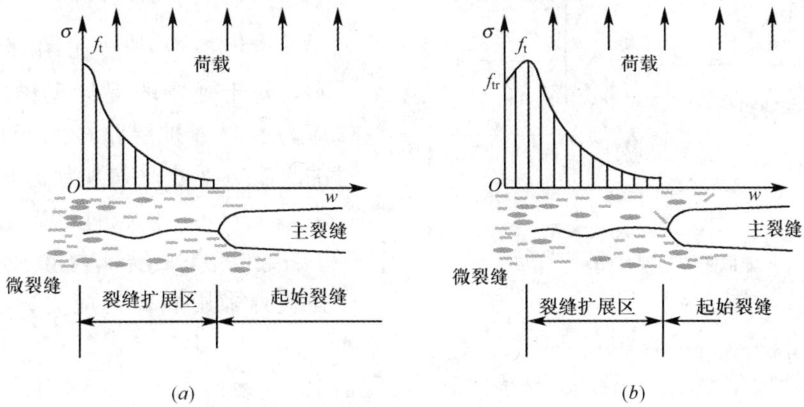

(a)　　(b)

图 2-15　断裂过渡区对拉应力分布影响

(a) 忽略微裂缝影响；(b) 考虑微裂缝影响

图 2-15（a）忽略了断裂过渡区（FPZ）前沿裂缝尖端微裂缝的影响。从裂缝尖端开始正应力逐渐增大，并达到断裂过渡区末端混凝土固有的抗拉强度。而在图 2-15（b）中，当考虑断裂过渡区前沿微裂缝的影响时，裂缝尖端的正应力将缓慢增大，到达断裂过渡区末端混凝土的抗拉强度，而后下降到断裂过渡区前沿微裂缝区域末端某一较低的强度。为模拟断裂过渡区（包括断裂过渡区前的微裂缝）各种韧化机理的影响，准脆性断裂力学采用作用于裂缝表面的粘聚压力 $\sigma(w)$ 进行分析。粘聚压力使裂缝趋于闭合，是裂缝张开位移（此处表示为 w）的减函数。图 2-16 示出了与裂缝表面有关的准脆性粘聚裂缝模型（忽略微裂缝的影响）。式（2-40）将粘聚裂缝模型的能量释放率 G 分为两部分：材料表面断裂消耗的能量 G_{IC} 和克服粘聚压力所消耗的能量。

$$G = G_{IC} + \int_0^w \sigma(w)\mathrm{d}w \qquad (2\text{-}40)$$

根据式（2-40），提出了两种模拟混凝土准脆性断裂力学的方法。第一种为虚拟裂缝法，第二种为有效弹性裂缝法。

1. 虚拟裂缝法

在虚拟裂缝法中，假定混凝土弹性能量释放率 G_{IC} 为 0，因为与断裂过渡区消耗的能量相比，准脆性材料的表面能很小，可忽略。因此，式（2-40）可重写为下面的公式：

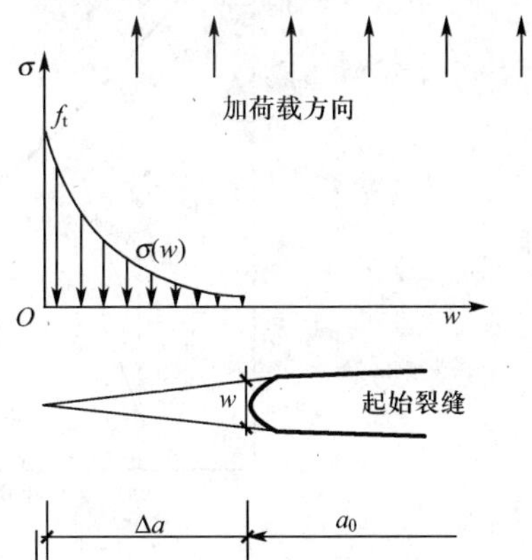

图 2-16　裂缝表面粘聚力

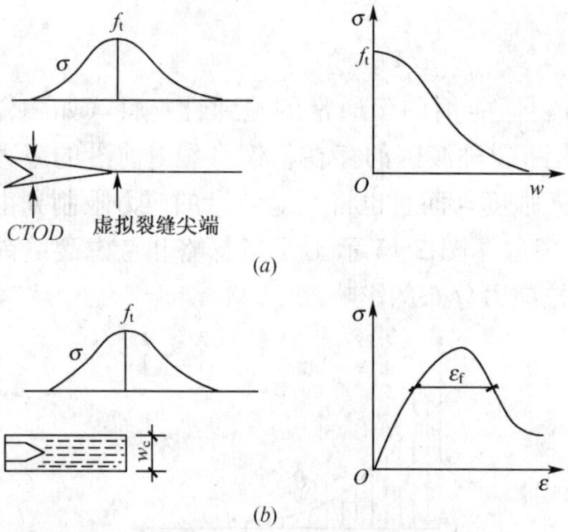

图 2-17 裂缝模型
(a) 虚拟裂缝模型；(b) 裂缝带模型

$$G=\int_0^w \sigma(w)\mathrm{d}w \tag{2-41}$$

式 (2-41) 描述了用虚拟裂缝表示的能量耗散，已经提出了多个模型，比较重要的模型有虚拟裂缝模型 (FCM)、裂缝带模型 (CBM) 和适于纤维混凝土的虚拟裂缝模型。

(1) 虚拟裂缝模型

虚拟裂缝模型如图 2-17 (a) 所示，对于受弯的混凝土梁，左边表示应力沿裂缝扩展路径的变化。在裂缝的真实宽度处，应力为 0，当虚拟裂缝尖端 *CTOD* 为 0 时，应力达到最大 (混凝土抗拉强度 f_t)。虚拟裂缝传递的拉应力采用后面的应力—裂缝张开关系 $\sigma(w)$ 描述。

虚拟裂缝模型是由 Hillerborg 等[33] 1976 年提出的，他们认为，如果将式 (2-41) 重写为下式：

$$G_f=\int_0^{w_c} \sigma(w)\mathrm{d}w \tag{2-42}$$

积分上限定义为临界裂缝尖端张开位移 ($CTOD_C$，即 w_c)，那么式 (2-42) 即为混凝土断裂能，等于峰值后应力—裂缝宽度曲线下的面积，断裂能 G_f 代表了裂缝扩展单位面积吸收能量的材料属性。

在虚拟裂缝模型中，函数 $\sigma(w)$ 的确定非常重要，需要通过试验得到。Gopalaratnam 和 Shan[34] 通过对混凝土、砂浆和灰浆试件进行试验，给出下面的表达式 (图 2-18)：

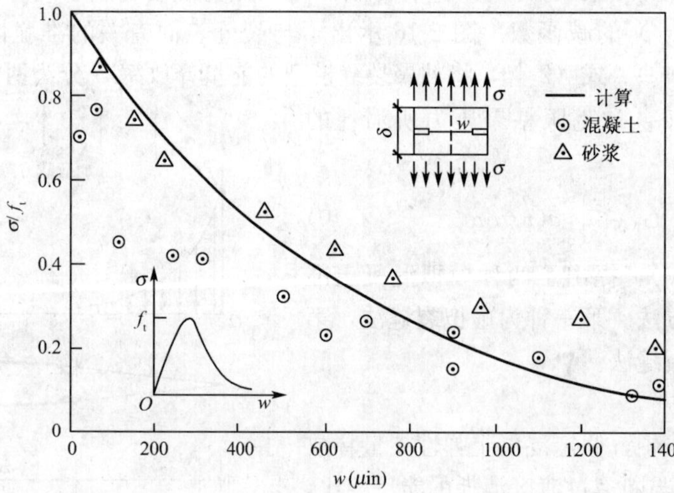

图 2-18 混凝土单轴拉伸的应力—裂缝宽度曲线

$$\sigma(w) = f_t \exp(-0.063w^{1.01}) \tag{2-43}$$

式中　f_t ——混凝土抗拉强度；

w ——裂缝宽度，μm。

Hordijk[35]（1991）根据单轴拉伸无筋混凝土的试验，提出了无筋混凝土开裂后混凝土拉应力—裂缝宽度关系：

$$\sigma(w) = f_t\left[f(w) - f(w_c)\left(\frac{w}{w_c}\right)\right] \tag{2-44}$$

其中

$$f(w) = \left[1 + \left(\frac{c_1 w}{w_c}\right)^3\right]\exp\left(-\frac{c_2 w}{w_c}\right)$$

式中　w_c ——应力不能再传递时的裂缝张开位移，普通混凝土为 160μm，轻质混凝土为 140μm；

c_1、c_2 ——材料常数，普通混凝土 $c_1 = 1.0$、$c_2 = 5.64$，轻质混凝土 $c_1 = 3.0$、$c_2 = 6.93$。

图 2-19 为常用的几种开裂混凝土应力-裂缝宽度模型。如果简单采用线性模型［图 2-19（*b*）］，混凝土拉应力降为 0 时的裂缝张开位移可根据断裂能按下式确定：

$$w_c = \frac{2G_f}{f_t} \tag{2-45}$$

图 2-19（*c*）所示为 Petterson[36] 1981 年提出的双线段混凝土拉应力—裂缝宽度关系。该关系被美国工程兵部队工程研究与发展中心编写的《钢筋混凝土梁断裂力学分析用户手册》（ERDC/ITL TR 08-1）采用[37]，其中的参数 w_c 和 w_1 按下式确定：

$$w_c = \frac{3.6G_f}{f_t},\ w_1 = \frac{0.8G_f}{f_t} \tag{2-46}$$

通过对线性、双线段、三线段、指数和幂曲线函数的分析表明，用双线段函数得出的结果最为合理。为此，欧洲模式规范 CEB-FIP MC1990[38] 推荐使用双线性模型来估计材料的断裂能［图 2-19（*d*）］。

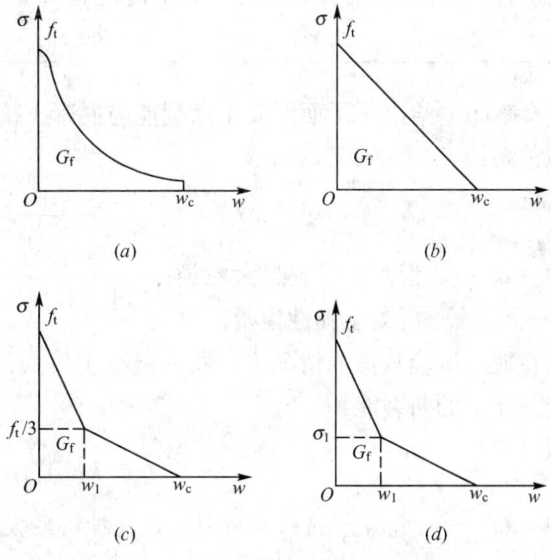

图 2-19　开裂混凝土的应力—裂缝宽度关系
（*a*）虚拟裂缝模型；（*b*）线性模型；（*c*）Petterson 模型；（*d*）CEB-FIP MC1990 模型

根据虚拟裂缝模型，国际材料与实验室协会（RILEM）[39]也提出了一个确定混凝土和砂浆断裂能 G_f 的统一试验方法（RILEM 委员会 50-FMC，1985）。下式为欧洲模式规范 CEB-FIP MC 1990 推荐的断裂过渡区的黏聚力模型：

$$\sigma(w)=\begin{cases} f_t-(f_t-\sigma_1)\left(\dfrac{\sigma}{\sigma_1}\right) & w\leqslant w_1 \\ \sigma_1-\sigma_1\left(\dfrac{w-w_1}{w_c-w_1}\right) & w>w_1 \end{cases} \tag{2-47}$$

式中 w_1 ——裂缝张开位移的中间值；

w_c ——临界 $CTOD$（$CTOD_C$）；

σ_1 ——相应于 w_1 的中间应力，取为 $0.15f_t$。

将 $\sigma(w)$ 的表达式代入式（2-42）可得到 w_c 和 w_1 与混凝土断裂能 G_f 的关系，即：

$$w_c=\alpha_F\left(\frac{G_f}{f_t}\right),\ w_1=2\left(\frac{G_f}{f_t}\right)-0.15w_c \tag{2-48}$$

式中 α_F ——反映骨料粒径影响的系数，如表 2-2 所示。

混凝土不同骨料最大粒径时的 α_F 值 **表 2-2**

d_a（mm）	8	16	32
α_F	8	7	5

表 2-3 为一些研究者试验得到的 α_F 值。

不同研究者得到的 α_F 值 **表 2-3**

文献	Morcos 和 Bjorhovde[40,41]	Reinhardt 等[42,43]	Cornelissen 等[44]	
α_F	4.226	4.05	5.618（普通）	4.505（轻质）

文献[45]给出了下面混凝土断裂能与混凝土抗拉强度、骨料最大粒径和弹性模量间的近似关系：

$$G_f=\frac{3(2.72+0.0214f_t)f_t^2d_a}{E_{c0}} \tag{2-49}$$

式中 d_a ——混凝土骨料最大粒径；

E_{c0} ——混凝土弹性模量。

在缺乏试验数据的情况下，欧洲混凝土模式规范 CEB-FIP MC 1990[38] 建议采用下式确定混凝土的断裂能：

$$G_f=G_{f0}\left(\frac{f_{cm}}{10}\right)^{0.7} \tag{2-50}$$

式中 G_{f0} ——混凝土的基本断裂能，与骨料最大粒径 d_a 有关，如表 2-4 所示。

混凝土断裂能的基本值 **表 2-4**

d_a（mm）	8	16	32
G_{f0}（N·mm/mm²）	0.025	0.030	0.058

根据表 2-4 的基本断裂能，按式（2-50）计算的混凝土断裂能如表 2-5 所示。需要说明的是，混凝土的断裂能与结构或构件的尺寸及多种因素有关，式（2-50）只考虑了骨料的最大粒径，其误差在±30%左右。

不同等级混凝土的断裂能　　表 2-5

d_a (mm)	G_f (N·m/m²)							
	C12	C20	C30	C40	C50	C60	C70	C80
8	40	50	65	70	85	95	105	115
16	50	60	75	90	105	115	125	135
32	60	80	95	115	130	145	160	175

注：表中混凝土的等级为按圆柱体强度的等级。

(2) 裂缝带模型

裂缝带模型是由 Bažant 和 Oh 1983[46] 年提出的，如图 2-17（*b*）所示。在该模型中，裂缝前沿的宽度等于单个有限单元的宽度 w_c。裂缝带模型是在有限元模型中为匹配虚拟裂缝模型的分析结果而提出的，裂缝用有限单元中按材料特性等效变化的条带表示。图 2-17（*b*）中，左边应力曲线与图 2-17（*a*）的左边曲线相似，表示应力沿裂缝前沿不同位置的变化，右边表示描述有限单元随裂缝扩展的应力—应变曲线，应力—应变曲线的上升部分用于描述裂缝的缓慢张开。图 2-17（*b*）中应变 ϵ_f 与有限单元宽度 w_c 的乘积等于图 2-17（*a*）中的裂缝张开位移。当采用与虚拟裂缝模型相同的两个材料参数 G_f 和 f_t 描述混凝土的断裂特性时，按裂缝带模型和虚拟裂缝模型得到的结果几乎是相同的[47]。

2. 有效弹性裂缝法

假定黏聚裂缝模型为等效无黏聚力的弹性裂缝，忽略非弹性（黏聚力）的影响，式（2-40）的第二项可取为 0。这样，式（2-40）可重写为：

$$G = G_{IC} \tag{2-51}$$

式（2-51）表示了有效弹性裂缝法的能量耗散原理，意味着只有当施加的荷载变化时，有效弹性裂缝才会扩展。根据这一原理的主要模型包括双参数断裂模型、尺寸效应模型和有效弹性裂缝模型。Mobasher 等[48]（1995）和 Ouyuang 等[49]（1990）使用有效弹性裂缝法，得到了不同类型混凝土的准脆性 R 阻力曲线。

双参数断裂模型以弹性断裂假定为基础，为区分弹性和塑性断裂，应对试件加载至最大、卸载而后再加载，如图 2-20 所示。

裂缝口张开位移（*CMOD*）用荷载量度，通过试验测定开裂混凝土试件的加载和卸载柔度（C_i 和 C_u）。用式（2-52）计算临界有效弹性裂缝长度：

$$a_c = a_0\left(\frac{C_u}{C_i}\right)\left[\frac{g_2(a_0)}{g_2(a_c)}\right] \tag{2-52}$$

式中 $g_2(a_0)$ 和 $g_2(a_c)$ 为几何函数，进而计算 K_{IC} 和 $CTOD_C$。已证明有效断裂裂缝长度与尺寸有关，模型使用 K_{IC} 和 $CTOD_C$ 描述了混凝土的断裂性能。

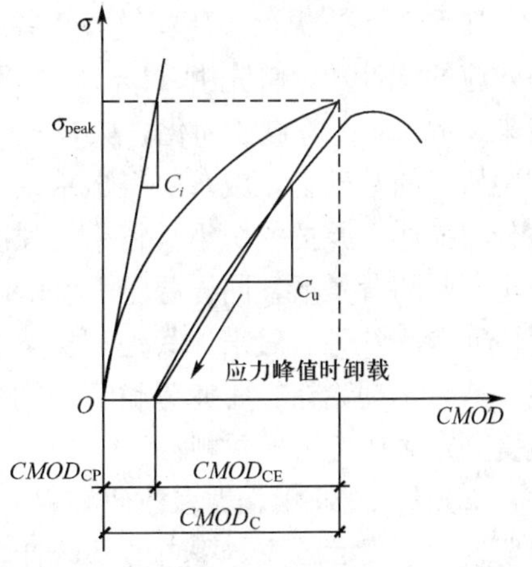

图 2-20　双参数模型的加载和卸载过程

2.3 混凝土结构的尺寸效应

尺寸效应是一个尺度的问题，也是物理学中的核心问题。几百年来，尺度在流体力学研究中一直占有重要地位。然而在固体力学中，尺寸效应的研究时断时续，只是在最近几十年才有了较大的发展，特别是混凝土结构的尺寸效应问题。

尺寸效应问题可以追溯到达芬奇的观察[50]。他观察到“对于粗细相同但长度不同的绳子，最长的绳子是最不结实的”，并且指出“绳子越短越结实”。一个世纪后，伽利略提出质疑，认为达芬奇关于尺寸效应的观点是不确切的。他进一步讨论动物在形成其骨骼时的尺寸效应，指出骨头大是庞大动物的弱点。

Mariotte[51]提出了一个重要理论。根据试验研究，他观察到“一根长绳和一根短绳总是可以承受相同的重量，除非长绳上偶尔有一些破损，在这些破损处长绳比短绳破坏更快”，并指出“物质的不均衡性，一个地方的绝对抗力比另一个地方小”。换句话说，结构越大，出现承载力小的单元的可能性越大。这就是尺寸效应统计理论的基础。

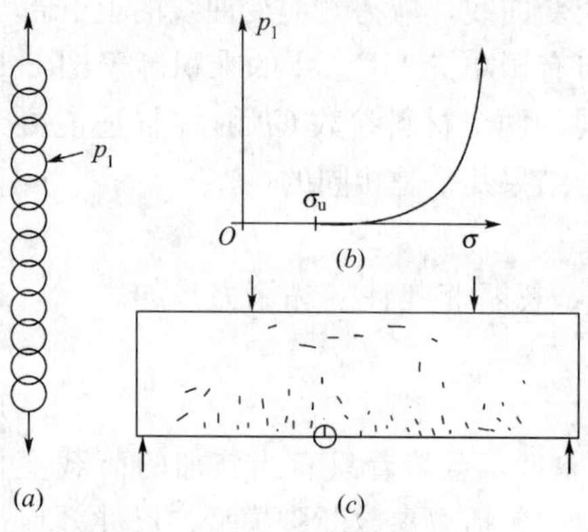

图 2-21 威布尔尺寸效应理论

两个半世纪以来，尽管科学家们不断进行研究，直到断裂力学创始人 Griffith[52]之作的出现，才取得了突破性进展。试验中发现，当玻璃纤维半径从 0.1mm 减小到 0.03mm 时，玻璃纤维的名义强度从 292MPa 提高到 3388MPa，因此得出不连续或裂缝的存在是各向同性固体材料强度降低的原因。如果能够消除这些微裂缝，那么材料的有效强度至少可以提高 10～20 倍。然而，按照 Griffith 的观点，破坏时微裂缝仍然仅仅是微观的，微裂缝的随机分布决定着材料的宏观强度。因此，Griffith 的发现只能看作是 Mariotte[51]统计观点的物理基础，而不是新的尺寸效应理论。

在 Peirce[53]提出最薄弱链模型并引入极值分布后，尺寸效应的统计理论开始出现。尺寸效应的统计理论首先由 Tippett[54]和 Fréchet[55]提出，之后由 Fisher 和 Tippett[56]完善，后来 von Mises 等做了简化，威布尔进一步完善了强度尺寸效应的统计理论。在启发式和试验研究的基础上，威布尔得出结论，概率非常小的低强度值的尾部分布不能用已有的概率分布描述，并把一个小材料单元强度的累积概率分布假设为不同形式强度的幂函数。在完全不同的背景下，同样源于 Fischer 和 Tippet 的最小强度的合力分布，作为威布尔分布为研究者所熟悉。后来，其他研究者利用微裂缝或微裂缝的统计分析方法提供了理论证明。威布尔理论在金属疲劳脆断和陶器研究中得到广泛的应用。对于混凝土的尺寸效应，也受到众多研究者的重视。

直到约 1985 年，大多数研究者才开始关注确定性的尺寸效应问题[57]。以往，试验中只要发现了尺寸效应，很自然从统计学角度考虑，对它的研究属于统计学的范畴，而不是力学的范畴。原因是尺寸效应不能用经典的连续力学表示，在力学中破坏准则是根据应力或应变来确定的。20 世纪 80 年代，对尺寸效应认识的改变，也得益于安全性要求很高的核电站混凝土结构研究的需要，并由此不断走向成熟。

2.3.1　威布尔统计理论

如前所述，统计理论在经典的尺寸效应理论中占有重要地位。这种理论是以最薄弱链模型为基础的。首先考虑单根纤维的情形。假定材料纤维单位长度上平均有 n 个缺陷，构件的长度为 L，则整个长度 L 上缺陷的总数目为 nL。在威布尔理论中[58~61]，单位长度上缺陷的数目用施加的应力 σ、形状参数 m（通常在 5～50 之间）、比例参数 σ_0 及强度下限 σ_u（通常取为 0）表示为：

$$n(\sigma)=\left(\frac{\sigma-\sigma_u}{\sigma_0}\right)^m \tag{2-53}$$

这样，对于长度为 L 的构件，缺陷的数目为 $\left(\frac{\sigma-\sigma_u}{\sigma_0}\right)^m L$。

为研究纤维对材料破坏强度的影响，需要研究缺陷的总数目。如果 $\left(\frac{\sigma-\sigma_u}{\sigma_0}\right)^m L=1$ 时纤维发生破坏，则期望的破坏应力为：

$$\sigma_f=\sigma_0 L^{-1/m}+\sigma_u \tag{2-54}$$

由式（2-54）可以看出，纤维的强度随其长度增加而降低。

为使理论一般化，考虑微长度为 Δl_j 的纤维，其上有一个缺陷的概率即为该段破坏的概率，则该段破坏的概率为：

$$(\Delta p_f)_j=n\Delta l_j \tag{2-55}$$

所以，纤维总长为 L 时（有 N 个缺陷）破坏的概率为：

$$p_f=1-\prod_{j=1}^{N}\left[1-(\Delta p_f)_j\right] \tag{2-56}$$

由于 $(\Delta p_f)_j$ 是一个微量，则 $1-(\Delta p_f)_j\simeq\exp\left[-(\Delta p_f)_j\right]$。将此代入式（2-56）得

$$p_f=1-\prod_{j=1}^{N}\exp\left[-(\Delta p_f)_j\right]=1-\exp\left(-\sum_{j=1}^{N}n\Delta l_j\right)=1-\exp(-nL) \tag{2-57}$$

根据式（2-53）和式（2-57）得到：

$$p_f=1-\exp\left[-\int_L\left(\frac{\sigma-\sigma_u}{\sigma_0}\right)^m \mathrm{d}L\right] \tag{2-58a}$$

式（2-58a）表示了长度为 L 的纤维在应力 σ 下的破坏概率。

对于体积为 V 的三维连续体，将式（2-58a）进行推广，得到下面的破坏概率公式：

$$p_f(\sigma_N)=1-\exp\left\{-\int_V c\left[\boldsymbol{\sigma}(\boldsymbol{x}),\sigma_N\right]\mathrm{d}V(\boldsymbol{x})\right\}s \tag{2-58b}$$

式中　$\boldsymbol{\sigma}$——结构破坏时的应力分量；

$\boldsymbol{x}$——坐标向量；

V——结构的体积；

$c(\boldsymbol{\sigma})$——给定材料破坏的空间概率密度函数（$=V_{\rm r}^{-1}\times$材料代表体积 $V_{\rm r}$ 的破坏概率），可表示为：

$$c(\boldsymbol{\sigma}) \approx \sum \frac{p_1(\sigma_i)}{V_0}$$

σ_i——主应力 $(i=1,2,3)$；

$p_1(\sigma)$——单向轴拉应力 σ 作用下体积为 V_0（或材料的代表体积）的最小可能试件的破坏概率，表示了结构某处微裂缝（或某种缺陷）一旦演化为宏观裂缝结构即发生破坏的可能性；

V_0——参考体积，可看作是测定 $c(\boldsymbol{\sigma})$ 时试件的体积；

s——常数。

对于受相同单轴应力作用的试件（且 $\sigma_{\rm u}=0$），根据式（2-58a），可以得出名义强度的平均值和变异系数的简单表达式：

$$\bar{\sigma}_{\rm N} = s_0\Gamma(1+m^{-1})\left(\frac{V_0}{V}\right)^{1/m},\ \delta = \left[\frac{\Gamma(1+2m^{-1})}{\Gamma^2(1+m^{-1})}-1\right]^{1/2} \simeq \frac{1.2}{m} \tag{2-59}$$

式中 s_0——常数；

Γ——伽玛（gamma）函数。

由式（2-59）可以看出，δ 只与 m 有关，通常用式（2-59）根据相同试件试验测得的数据确定 m。$\bar{\sigma}_{\rm N}$ 的表达式包含了与尺寸 d 有关的体积 V 的影响。一般来说，对于不均匀多维应力的结构，威布尔理论的尺寸效应为下面的形式：

$$\bar{\sigma}_{\rm N} \propto d^{-n_d/m} \tag{2-60}$$

式中 d——结构特征尺寸；

$n_{\rm d}=1,2,3$，分别适用于一维、二维或三维相似结构。

根据式（2-60），当体积为 V_0 试件的强度为 $\sigma_{\rm N}$ 时，体积为 V 试件的强度为 $\sigma_{\rm W}=\sigma_{\rm N}\left(\frac{V_0}{V}\right)^{1/m}$，称为威布尔强度。Beremin 建议通过威布尔应力考虑大的裂缝尖端塑性区的不均匀应力：

$$\sigma_{\rm W} = \left(\sum_i \sigma_{\rm Ii}^m \frac{V_i}{V_0}\right)^{1/m} \tag{2-61}$$

式中 $V_i(i=1,2,\cdots,N_{\rm W})$——最大主应力 $\sigma_{\rm Ii}$ 塑性区单元的体积。

式（2-61）只考虑了尺寸几乎与 d 无关的裂缝尖端区。所以，式（2-61）适用于只要破坏还没有演化为宏观裂缝，裂缝与结构尺寸相比仍然可以忽略的情况。

对于半脆性材料的结构（如钢筋混凝土梁），经典威布尔理论有着如下缺陷[62]：

（1）在式（2-60）中，尺寸效应为幂定律意味着缺少特征长度。对于有明显各向异性的材料，情况并非如此；

（2）在最大荷载达到某一可忽略的确定尺寸效应前，由于宏观断裂过渡区或稳定裂缝扩展而导致的应力重分布，会引起能量释放。这样只有当微裂缝演变为宏观裂缝而导致结构破坏时，威布尔理论才是正确的；

（3）从数学角度考虑，每一个结构都等同于一个单轴受力构件，这意味着不需要考虑结构的几何形状和破坏机制；

(4) 二维和三维相似结构（$n_d = 2$ 和 3）尺寸效应差别的估计过大；

(5) 许多试验表明，对于半脆性材料的结构（如钢筋混凝土梁），按威布尔理论确定的尺寸效应比按 Bažant 理论计算的结果明显得多；

(6) 经典理论忽略了由破坏演变的非局部特性引起的邻近单元材料破坏概率的空间相关性；

(7) 当用式（2-59）从统计离散性拟合某一固定尺寸（$V =$ 常量）试件的试验数据，而用式（2-60）拟合尺寸效应或 V（无缺口的素混凝土试件）试验数据的平均值时，最佳指数 m 差别很大。如果该理论是合理的，m 值应是一致的。

这些局限性限制了威布尔理论在混凝土结构中的应用。威布尔理论比较适用于非常厚的少筋或素混凝土结构，但只能提供混凝土尺寸效应的定性解释，而不适用于定量分析。

2.3.2　确定性的尺寸效应理论

金属的尺寸效应可通过试件尺寸及塑性区尺寸的比值用断裂力学原理解释。试件尺寸越大，相比于整个试件，塑性区尺寸及其所消耗的能量越小，尺寸效应就越小。但直接用体积比估计混凝土的尺寸效应是不准确的，因为混凝土的断裂过渡区与金属的塑性区不同。混凝土属于准脆性材料，准脆性材料破坏之前会发生比较大的局部稳定开裂或分布开裂损伤，尺寸效应主要与这种储存在结构中的能量释放有关的应力重分布和开裂损伤局部化有关。尽管裂缝扩展前沿或损伤带前沿的能量释放率与结构尺寸基本无关，但如果结构的名义强度保持不变，从结构到裂缝前沿的能量释放率将随结构尺寸增加。所以，只有当名义强度随结构尺寸增加而减小时才能维持能量平衡，即尺寸效应与能量释放有关，这是确定性尺寸效应理论的基本观点。

2.3.2.1　幂函数和不存在尺寸效应的情况

尺寸效应是一个复杂的问题。为此，需要先解释没有特征长度物理系统的简单尺寸。首先看几何相似系统，如图 2-22（a）中的梁，然后推导用结构特征尺寸 d 表示的响应函数 $Y = Y_0 f(d)$，式中 Y_0 为度量单位（例如：1m，1mm）。假定三种尺寸参数为 1、d 和 d'［图 2-22（a）］，如果将 1 作为参考尺寸，尺寸为 d 和 d' 时的响应为 $Y = f(d)$ 和 $Y' = f(d')$。然而，因不存在特征长度，可以把尺寸 d 作为参考尺寸。所以，必须满足下面的等式（适用于流体力学）：

$$\frac{f(d')}{f(d)} = f\left(\frac{d'}{d}\right) \tag{2-62}$$

函数 $f(d)$ 有且只有一个解，即幂定律：

$$f(d) = \left(\frac{d}{c_1}\right)^s \tag{2-63}$$

式中　s——指数；

c_1——常数，为长度的度量单位（例如 1m，1mm）。

另一方面，当 $f(d) = \log\left(\frac{d}{c_1}\right)$ 时，式（2-62）不能满足，同时度量单位 c_1 也不能约去。因此，只要系统有与 c_1 有关的特征长度时，才可能具有对数尺寸效应的形式。

幂尺寸效应必须适用于每一种不存在特征长度的物理问题。在固体力学中，这种破坏理论包括有强度极限的弹性理论、弹塑性理论、粘塑性理论及线弹性断裂力学（对于这一

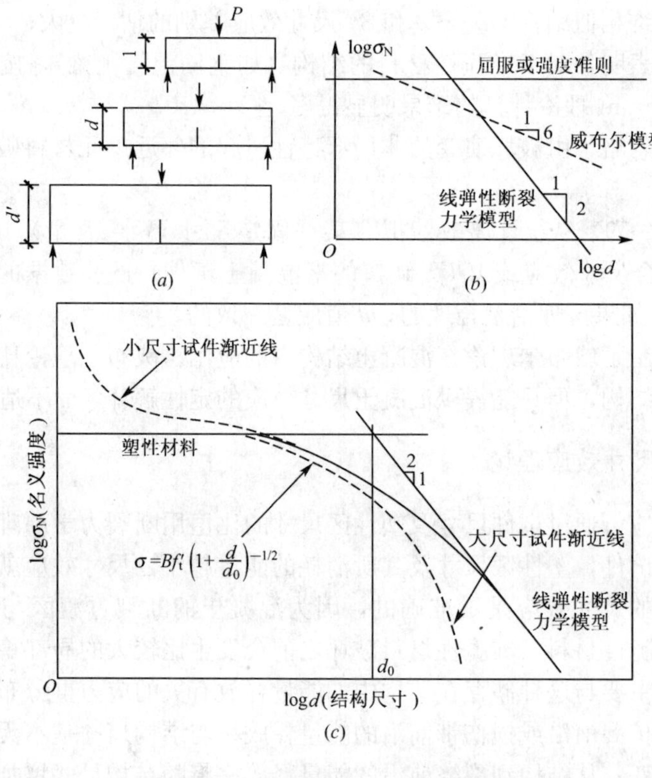

图 2-22 不同尺寸的几何相似结构

(*a*) 不同尺寸构件；(*b*) 幂尺寸定律；(*c*) 塑性破坏到准脆性破坏尺寸效应的过渡

理论，通常认为断裂过渡区收缩到一点)。

为了确定指数 s，必须考虑材料的破坏准则。对于有强度极限（强度理论）的弹性材料，或对于用应力或应变或用两者表达的有屈服面的塑性（或弹塑性）材料，当响应 Y 表示应力或应变（例如，最大应力、某一点的应力或破坏时的名义应力）时，$s=0$。这样，如果没有特征尺寸，所有不同尺寸的几何相似结构在相同的名义应力下破坏，这就是熟知的不存在尺寸效应的情况。

从线弹性断裂力学考虑，在式（2-26）中，取 $K_{\mathrm{I}}=K_{\mathrm{IC}}$，则有：

$$\sigma_{\mathrm{N}}=\frac{K_{\mathrm{IC}}}{g(\alpha)\sqrt{\pi a}} \tag{2-64}$$

两边取对数有

$$\log\sigma_{\mathrm{N}}=-\frac{1}{2}\log d+\text{常数} \tag{2-65}$$

所以，在线弹性断裂力学中，$s=-1/2$，即 $\log\sigma_{\mathrm{N}}$ 与 $\log d$ 的关系为斜率为 $-1/2$ 的直线，如图 2-22（*b*）所示。对于塑性材料或具有强度极限的弹性材料，不再具有幂规律，即直线的斜率为 0。

2.3.2.2 抗拉强度的尺寸效应

线弹性断裂力学适用于相比于结构尺寸断裂过渡区可以忽略、按一个点考虑的情况。所以线弹性断裂力学的解可采用弹性力学方法求得。准脆性材料的显著特性是存在一个分布裂缝断裂过渡区或其他与结构尺寸相比不可忽略的软化损伤稳定断裂过渡区。这时问题的解变为非线性的，尽管可使用近似、等效的线弹性断裂力学解答，除非断裂过渡区接近结构边界。

存在较大的断裂过渡区意味着荷载达到 P_{max} 时，实际裂缝尖端到等效线弹性断裂力学裂缝的距离等于特征长度 c_f（约为断裂过渡区尺寸的一半），与结构尺寸相比，这一长度是不可忽略的。从而产生了不可忽略的、从结构释放能量的宏观应力重分布。

关于断裂长度 a_0（图 2-16），需要区分两种基本情况：(1) $a_0 = 0$，这时最大荷载 P_{max} 发生在宏观断裂扩展开始时；(2) a_0 是一个有限的与结构尺寸相比不可忽略的值，这时 P_{max} 发生在比较大的稳定断裂扩展之后。

1. 起裂时破坏的尺寸效应

这里举一个梁抗弯试验的例子。假定简支矩形梁的跨度为 L，截面高度为 d，宽度为 b，承受集中荷载 P 的作用。根据断裂带模型进行分析，梁最大荷载时受拉面的应力不是 $\sigma_1 = 3PL/(2bd^2)$，而是与受拉面距离大致为 $c_f/2$ 处（断裂过渡区的中部）的 $\bar{\sigma}$。因为 $\bar{\sigma} = \sigma_1 - \sigma'_1 c_f/2$ 且 $\bar{\sigma} = \sigma$ 等于材料的固有强度，其中 $\sigma'_1 = 2\sigma_1/d$（应力梯度），根据破坏条件 $\bar{\sigma} = \sigma_0$ 得到：

$$\frac{P}{bd} = \sigma_N = \sigma_0\left(1 - \frac{d_b}{d}\right)^{-1} \tag{2-66}$$

其中 $d_b = (3L/2d)c_f$ 是一个常数，这是因为对于几何相似的梁，L/d 为一个常数。当 $d \leqslant d_b$ 时，该式不再合理。但由于上述推导只是在足够小的 c_f/d 值下进行的，可用下面渐近等效的尺寸效应公式代替式 (2-66)：

$$\sigma_N = \sigma_0\left(1 + \frac{rd_b}{d}\right)^{1/r} \tag{2-67}$$

在整个结构尺寸 d 的范围内（包括 $d \to 0$），这种情况恰好是可以接受的。r 为一正的常数，对于混凝土，可取 1 或 2[63]。

2. 有长裂缝或缺口时破坏的尺寸效应

现在考虑第二种情况，即结构在形成稳定大裂缝后或有缺口试件破坏的尺寸效应。考虑图 2-23 所示的矩形板（图中 $a \sim d$ 表示 a 与 d 成正比，其他相同），开始承受的均匀应力为 σ_N。引入长度为 a（断裂过渡区有一定的长度）宽度为 h 的裂缝，可近似认为裂缝带两侧的三角区释放了应力，从而释放了应变能。这时无需确定应力释放区有效边界的坡度 k，但重要的是 k 与结构尺寸 d 无关。

对于比较关心的区域，通常近似假定最大荷载时裂缝的长度与结构尺寸 d 成比例，而断裂过渡区的尺寸 h 实际上是一个常数，与材料中非均质体的尺寸有关。这已为众多试验结果（小试件和大试件表现出相似的破坏方式）和基于裂缝带模型、虚拟裂缝模型和非局部模型的有限元分析结果所证实。

面积为 $ka^2/2$ 三角区域（按 $b = 1$ 考虑）应力的降低导致的能量释放为：

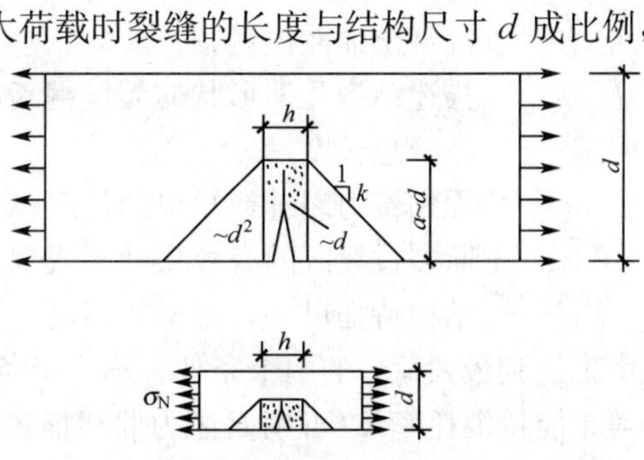

图 2-23　断裂引起应力释放的大致区域

$$U_a = 2 \times \frac{(ka^2/2)\sigma_N^2}{2E_c} \tag{2-68}$$

式中 E_c——混凝土弹性模量。

宽度为 h 裂缝带的应力下降进一步引起的能量释放为：

$$U_b = \frac{ha\sigma_N^2}{E_c} \tag{2-69}$$

混凝土断裂消耗的总能量为：

$$W = a\,G_f \tag{2-70}$$

式中 G_f——混凝土的断裂能。

静力破坏过程的能量平衡要求满足下式：

$$\frac{\partial(U_a + U_b)}{\partial a} = \frac{\mathrm{d}W}{\mathrm{d}a}$$

即

$$\left(\frac{ka+h}{E_c}\right)\sigma_N^2 = G_f \tag{2-71}$$

令 $a = d(a/d)$，$d_0 = \dfrac{h}{k(a/d)}$，$\sigma_0 = \sqrt{\dfrac{G_f E_c}{h}}$，其中对于尺寸不同但相似的结构，$a/d$ 近似为常数，d_0 也为常数（因为 a/d 、h 和 k 均为常数），σ_0 为决定于材料性能的名义强度，则式（2-71）可表示为：

$$\sigma_N = \sigma_0\left(1 + \frac{d}{d_0}\right)^{-1/2} \tag{2-72}$$

3. 尺寸效应的渐近分析

对于有裂缝的结构或有缺口的试件，前面利用矩形截面简支梁的例子从能量原理对尺寸效应进行了分析，下面讨论更一般的情况。

在断裂力学中，从结构释放的能量可根据不变的荷载—位移处结构势能 Π 的变化进行分析，也可根据荷载不变的结构余能 Π^* 的变化进行分析，下面的分析采用后者。余能 Π^* 可表示为：

$$\Pi^* = \frac{\sigma_N^2}{E_c} bd^2 f(\alpha_0, \alpha, \theta) \tag{2-73}$$

其中

$$\alpha_0 = \frac{a_0}{d}, \alpha = \frac{a}{d}, \theta = \frac{c_f}{d}, c_f = a - a_0$$

式中 E_c——混凝土弹性模量；

$f(\cdot)$——描述结构几何形状的无量纲函数；

a——裂缝总长度；

a_0——无黏聚力裂缝或缺口的长度；

c_f——断裂过渡区的有效尺寸（或 R 阻力曲线的有效长度）；

d——结构特征尺寸，如梁的高度。

考虑达到最大荷载的两个条件。第一个条件，最大荷载时断裂开始，这意味能量释放率 ψ 等于能量消耗率 R（可用 R 阻力曲线描述，R 阻力曲线反映了长度为 a 的裂缝断裂扩展所要求的能量释放率）。一般情况下，抗裂可用 $R = G_f r(\alpha_0, \alpha, \theta)$ 描述，其中 $r(\cdot)$ 为无量纲函数，当 $\theta \to 0$ 和 $\alpha \to \alpha_0$ 时，$r \to 1$ 。

在名义应力不变的情况下，对式（2-73）求导得到能量释放率 $\psi = \dfrac{\partial \Pi^*}{\partial \alpha} \times \dfrac{1}{b}$ ，进而得到最大荷载的第一个条件：

$$\left[\frac{\partial \Pi^*}{\partial \alpha} \times \frac{1}{b}\right]_{\sigma_N} = G_f r(\alpha_0, \alpha, \theta) \tag{2-74}$$

第二个条件为，在荷载控制条件下，最大荷载表示了稳定极限。如果能量释放率的增长率小于 R 阻力曲线的增长率，断裂扩展是稳定的，因为能量释放率不足以弥补断裂的能量耗散率。在极限情况下，两者相等。所以，最大荷载的第二个条件相应于稳定极限，表示为

$$\left[\frac{\partial \psi}{\partial \alpha}\right]_{\sigma_N} = \frac{\partial R}{\partial \alpha} \tag{2-75}$$

从几何角度讲，该式表示能量释放率为 R 阻力曲线的切线。

将式（2-73）代入上面各式，得到下面最大荷载时的结构名义强度：

$$\sigma_N = \sqrt{\frac{G_f E_c}{d g(\alpha_0, \theta)}} \tag{2-76}$$

式中　$g(\cdot)$ ——用函数 $f(\cdot)$ 和 $r(\cdot)$ 及其导数表示的无量纲函数[64]。

对于常见的正几何体的断裂情况［$g(\cdot)$ 增加］，相对缺口长度 α_0 不变时函数 $g(\cdot)$ 的变化如图 2-24 所示。$g(\cdot)$ 的意义是按 R 阻力曲线修正的无量纲能量释放率。显然 $g(\cdot)$ 是光滑的，所以可在点 $(\alpha_0, 0)$ 展开为相对材料长度 θ 的泰勒级数。这样，式（2-76）用级数表示为：

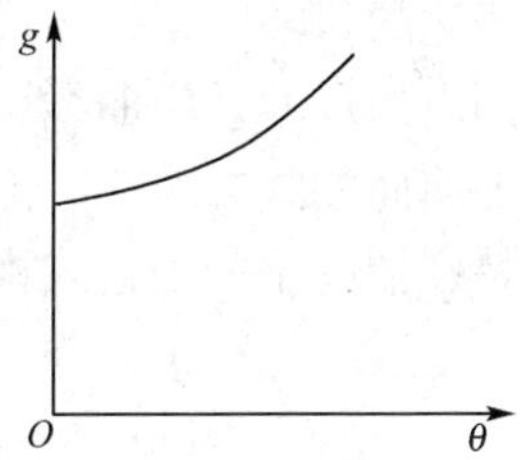

图 2-24　函数 $g(\cdot)$ 的变化

$$\sigma_N = \sqrt{\frac{G_f E_c}{d}} \left[g(\alpha_0, \theta) + g_1(\alpha_0, \theta)\frac{c_f}{d} + g_2(\alpha_0, \theta)\left(\frac{c_f}{d}\right)^2 + \cdots\right]^{-1/2}$$

$$= \frac{B f_t}{\sqrt{d}} \left(\frac{1}{d_0} + \frac{1}{d} + \frac{\kappa_2}{d^2} + \frac{\kappa_3}{d^3} + \cdots\right)^{-1/2} \tag{2-77}$$

式中　g_1、g_2 ——函数 g 对 θ 的一阶和二阶偏导数；

d_0、κ_2 、κ_3 ——函数 g 及其导数在 $(\alpha_0, 0)$ 处的值；

B ——常数；

f_t ——混凝土抗拉强度。

因为尺寸 d 在分母上，式（2-77）表示的级数展开式具有渐近特性。即，当尺寸 d 很大时，展开式的计算结果比较精确，但 $d \to 0$ 时发散。事实上，当 $d \to 0$ 时，保留两项的表达式趋于 ∞ 或 $-\infty$ ，这是不合理的。因此，有必要再给出一个小尺寸的渐近展开式。为此，用 $\eta = \theta^{-1} = d/c_f$ 将式（2-76）展开为级数。采用与前面类似的方法，结构的名义强度可表示为（对 R 阻力曲线模型）：

$$\sigma_N = \sqrt{\frac{G_f E_c}{c_f}} \sqrt{\frac{1}{\widetilde{g}(\alpha_0, \eta)}} \tag{2-78}$$

式（2-78）同样具有无量纲能量释放率的意义（由 R 阻力曲线模型修正），但是用过渡区相对尺寸的倒数的函数表示的，函数 $\bar{g}(\alpha_0,\eta)$ 也是光滑的，在点 $(\alpha_0,0)$ 展开为 θ 的泰勒级数，由此得到下面的渐近形式：

$$\sigma_N=\sigma_0\left[1+\frac{d}{d_0}+b_2\left(\frac{d}{d_0}\right)^2+b_3\left(\frac{d}{d_0}\right)^3+\cdots\right]^{-1/2} \tag{2-79}$$

式中 σ_0、d_0、b_2、b_3——依赖于结构形状的常数。

在式（2-79）中，当 $d\rightarrow 0$ 时，σ_N 接近于水平线，这与采用虚拟裂缝模型数值分析的结果是一致的[65]。

图 2-22（c）在对数坐标系数中示出了上面分析得到的结果。式（2-77）表示的大尺寸的结果和式（2-79）表示的小尺寸的结果用虚线表示，大尺寸的表达式渐近于斜率为 $-1/2$的直线，相应于大裂缝线弹性断裂力学的分析结果；小尺寸的表达式接近于左边的水平线，相应于塑性理论或强度理论的结果。

需要说明的是，大尺寸和小尺寸的渐近分析结果只不过是理论分析结果的一种表达方式。显然，对于尺寸非常大的结构，破坏机制可能会发生变化，无限大尺寸是一种数学抽象概念。尺寸为 0 的结构也是如此，因为尺寸小于材料的非均质体时没有意义。所以，渐近表达的目的不是描述尺寸为无限大和 0 极限情况时的结构性能，而是得到实际结构尺寸范围内的尺寸效应曲线。因此，问题是如何近似描述介于前面两种表达式之间的情况。实际上前面的式（2-67）和式（2-72）已经是描述尺寸效应的公式，上述分析只不过是将两种特殊情况下的表达式推广到一般的情况。将式（2-67）和式（2-72）统一表达为：

$$\sigma_N=\sigma_0\left(1+\frac{d}{d_0}\right)^{-1/2}=Bf_t\left(1+\frac{d}{d_0}\right)^{-1/2} \tag{2-80}$$

式（2-80）就是著名的 Bažant 尺寸效应公式，该式已为大量的试验所证实，如图2-25所示，图中 c_f 为断裂过渡区长度。在该式中，比值 $\beta=d/d_0$ 称为结构的脆性数。当 $\beta\rightarrow\infty$ 时，结构是完全脆性的（符合线弹性断裂力学原理），这时尺寸效应最为明显；当 $\beta\rightarrow 0$ 时，结构没有脆性（延性或塑性的），这时不存在尺寸效应。准脆性结构是 $0.1\leqslant\beta\leqslant 10$ 的情况，这时的尺寸效应为两种情况（完全脆性和完全塑性）幂尺寸效应的光滑过渡。

由此也可以看出，准脆性是相对的。如果相比于材料的非均质体准脆性结构的尺寸足够大，结构变为完全脆性的；相反，结构尺寸足够小，结构变为无脆性的（塑性或延性），因为断裂过渡区扩展到结构整个截面。

除式（2-80）外，Bažant 还给出了描述结构尺寸效应的更一般公式：

$$\sigma_N=\sigma_0\,(1+\beta^r)^{-1/2r} \tag{2-81}$$

式中 σ_0——常数（小尺寸试件的名义强度）；

r——试验确定的参数。

通过引入与尺寸无关的强度 σ_0（$=\alpha f_t$），Kim 和 Eo[66]（1990）及 Kim 等[67]（1989）提出了改进的尺寸效应公式，该公式也曾由 Bažant[68]（1987）、Bažant[69]（1993）及 Bažant 和 Xiang[70]（1997）以不同的方式提出过，即

$$\sigma_N=\frac{Bf_t}{\sqrt{1+\dfrac{d}{\lambda_o d_a}}}+\alpha f_t \tag{2-82}$$

式中　α——小于 1 的经验常数。

式（2-81）中的 $\lambda_o d_a$ 可取为常数，因为对于结构中常用的骨料粒径，已有的试验数据表明，对微裂缝区宽度的影响很小。因此，式（2-81）可表示为：

$$\sigma_N = \frac{Bf_t}{\sqrt{1+\dfrac{d}{d_0}}} + \alpha f_t \tag{2-83}$$

式中　d_0——根据回归分析确定的特征尺寸。

基于混凝土的断裂性能，Jenq 和 Shah[71]（1991）对式（2-83）做了不同的解释：名义强度 σ_N 是与尺寸有关的强度项和与尺寸无关的强度项的和，前者反映的是开裂状态，而后者反映的是未开裂状态。

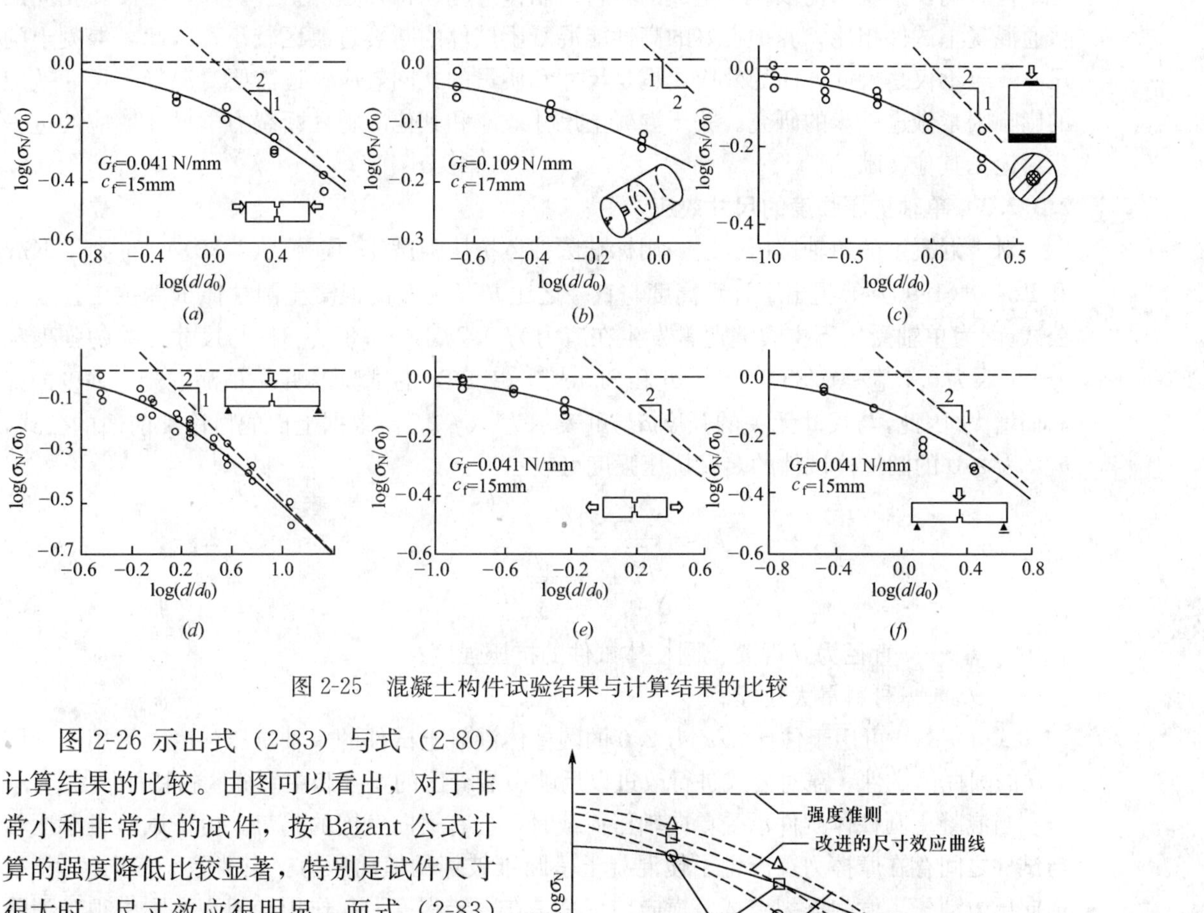

图 2-25　混凝土构件试验结果与计算结果的比较

图 2-26 示出式（2-83）与式（2-80）计算结果的比较。由图可以看出，对于非常小和非常大的试件，按 Bažant 公式计算的强度降低比较显著，特别是试件尺寸很大时，尺寸效应很明显，而式（2-83）计算结果的变化比较缓和，尺寸效应的过渡不很明显，因为初始粘结裂缝长度与试件尺寸之比逐渐减小。

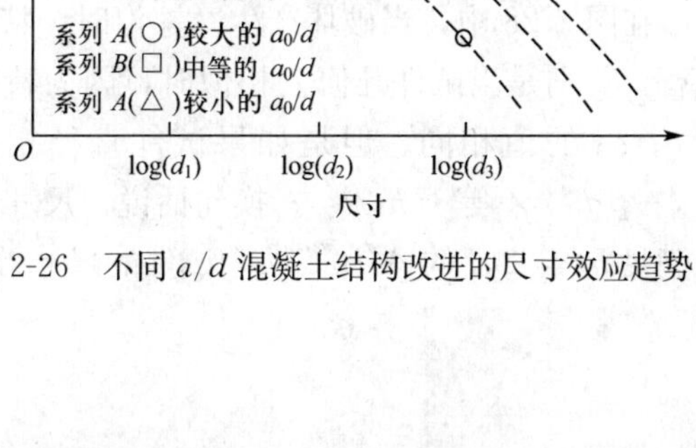

图 2-26　不同 a/d 混凝土结构改进的尺寸效应趋势

需要说明的是，对于用相同混凝土制作的不同尺寸的试件，尽管准脆性断裂力学为尺寸效应提供了合理的解释，但不能

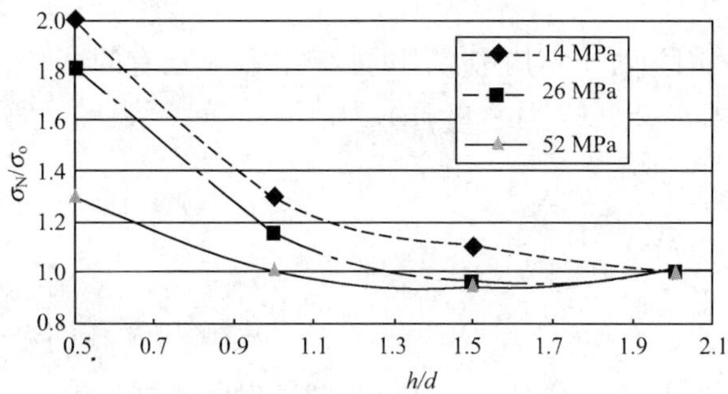

图 2-27 混凝土强度对尺寸效应的影响

解释为什么尺寸效应在混凝土强度提高时显著减小，为什么在掺入其他材料（如聚合物和纤维）时尺寸效应会明显改变。图 2-27 示出了强度对混凝土尺寸效应的影响。目前的准脆性断裂力学模型的不合理性与这样一个事实有关，即大多数准脆性断裂力学模型都认为断裂过渡区的初始大小与试件尺寸有关，且受混凝土微观结构影响，微观结构依赖于组成的材料、制作过程，特别是养护。例如，与尺寸相同的普通混凝土试件相比，养护良好的高性能混凝土试件的断裂过渡区较小。因此，混凝土的尺寸效应不仅是尺寸方面的效应，也是尺寸和质量的共同效应。还需要对混凝土尺寸效应的影响因素做进一步的研究。关于混凝土尺寸效应和其他准脆性断裂力学尺寸效应的进一步讨论见其他文献[65]。

2.3.2.3 单轴抗压强度的尺寸效应

对于混凝土的单轴抗压强度，用标准圆柱体抗压强度 f_c' 代替式(2-82) 中的 f_t，Kim 和 Eo[66]（1990）等提出了计算高度与直径之比 h/d 为 2 的混凝土圆柱体试件抗压强度的公式。因为单轴受压下主裂缝通常发生在应力为 $0.7f_c' \sim 0.85f_c'$ 时，与尺寸无关的强度项 $\alpha f_c'$ 可取为 $0.7f_c' \sim 0.85f_c'$。Smadi 和 Slate[72]（1989）的试验表明，α 值随混凝土强度的提高而增大。因此，与尺寸无关的强度 $\alpha f_c'$ 可表示为 $\alpha(f_c')f_c'$。根据上面的讨论和前面的公式，h/d 为 2.0 的圆柱体试件的名义抗压强度可表示为：

$$f_o = \frac{Bf_c'}{\sqrt{1+\dfrac{d}{\lambda_1(f_c')d_a^m}}} + \alpha(f_c')f_c' \tag{2-84}$$

式中 f_o——直径为 d 混凝土圆柱体试件的抗压强度；

d_a——骨料最大粒径。

式（2-84）可用于估计 h/d 为 2.0 的圆柱体混凝土试件的单轴抗压强度。为用于不同 h/d 的圆柱体试件，需对公式进行改进以反映微裂缝区的宽度和主裂缝区的特征尺寸。

当混凝土圆柱体试件承受单向轴压荷载时，会有横向发展的趋势。由于试验机承压板与试件之间存在摩擦力，产生了使混凝土呈圆锥破坏的横向压力。当消除了横向约束时，横向压力消失，发生劈裂破坏。横向约束总是在一定程度上起作用，因为实际中很难消除摩擦力。

在图 2-28 中，当破坏产生摩擦力时，特征尺寸用（$h_i-\beta d_i$）描述。它可以用 h_i 或 d_i 代替，特别是当试件几何上相似时，因为特征尺寸之比（$h_1-\beta d_1$）/（$h_2-\beta d_2$）、h_1/h_2 和 d_1/d_2 的值相同。但是如果试件直径相同（$d_1=d_2$），如图 2-28(*b*)，（$h_1-\beta d_1$）/（$h_2-\beta d_2$）不等于 h_1/h_2。换句话说，尺寸为 $ABCD$ 表示的试件尺寸两倍时的尺寸效应，与满足 $h_2=2h_1$ 的 $A'''B'''C'''D'''$ 试件的尺寸效应不同，而与（$h_2-\beta d_2$）$=2$（$h_1-\beta d_1$）的

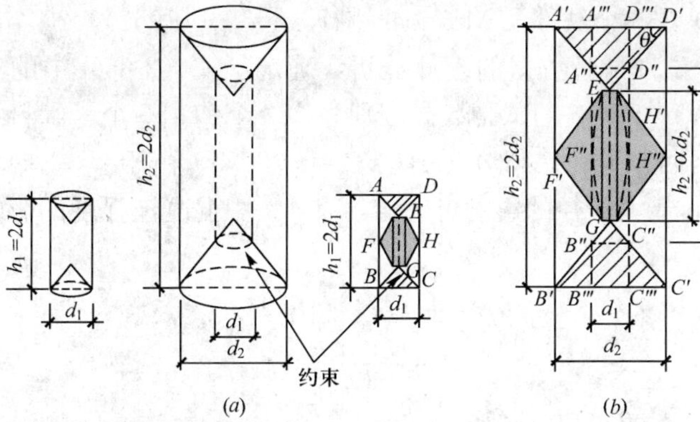

图 2-28　轴向受压圆柱体试件的特征尺寸

试件 $A'B'C'D'$ 或 $(h_2-\beta d_2)=2(h_1-\beta d_1)$ 的试件 $A''B''C''D''$ 相同。这一结论是从只有微裂缝区宽度和特征尺寸为影响尺寸效应因素的条件得出的。

除微裂缝区宽度和特征尺寸外，单轴抗压强度的尺寸效应还受端部约束和能量释放区［图 2-28（b）中的虚线区域］影响。除非考虑约束影响和能量释放区，试件 $A'B'C'D'$ 和 $A''B''C''D''$ 才表现出相同的尺寸效应，因为这种影响只与微裂缝区宽度和特征尺寸有关。$A'E'D'$ 和 $A''E'D''$ 表示的面积分别代表了试件 $A'B'C'D'$ 和 $A''B''C''D''$ 的约束效应。因此，试件 $A'B'C'D'$ 较试件 $A''B''C''D''$ 的承载力大，因为约束与体积有关，即 $(d_2/d_1)^3$，而应力与面积有关，即 $(d_2/d_1)^2$。如果考虑了试件的能量释放区，试件 $A'B'C'D'$ 有更多的单位体积能量，较 $A''B''C''D''$ 单位面积的承载力（即应力）要低，因为产生单位裂缝需要相同的能量。因此，约束和能量释放区对单轴抗压强度尺寸效应的影响是相互矛盾的。而且，在建立尺寸效应模型时很难考虑这些影响，因为在实际尺寸范围内，与微裂缝区宽度和特征尺寸效应相比其影响甚小。因此，式（2-84）可写为：

$$f_o=\frac{Bf_c'}{\sqrt{1+[d/\lambda_1(f_c')d_a^m](h/d-\beta)}}+\alpha(f_c')f_c' \tag{2-85}$$

需要说明的是，如图 2-29（b）、（c），式（2-85）适用于 $h\geqslant\beta d$ 的情况。如果 $h<\beta d$，如图 2-29（a），约束区延伸穿过试件，导致压碎破坏而不是劈裂破坏。

根据对 Gonnerman[73]（1925）172 个试件、Blanks 和 McNamara[74]（1935）26 个试

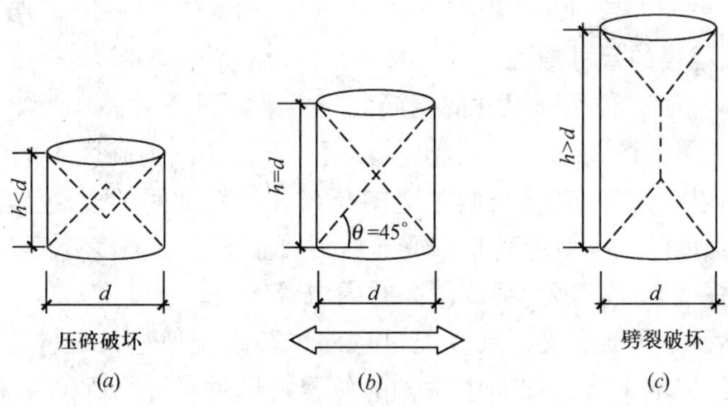

图 2-29　不同几何形状圆柱体试件的破坏方式

件、Kesler[75]（1959）337个试件及Murdock和Kesler[76]（1957）123个试件及其他有关资料（1965）的20个试件试验数据的统计分析，确定了式（2-85）中的经验常数。在这种情况下，$h/d=2$ 和 $h/d\neq 2$ 的试验数据分别为222个和456个，骨料最大粒径范围为12.7～76.2mm。根据回归分析，得 d_a 的幂 $m=0.00055$。由于 $d_a^{0.00055}$ 的值接近于1.0，在实际尺寸范围内骨料最大粒径的影响可忽略，$\lambda_1(f_c')$ 中混凝土强度的影响也可忽略。这样根据统计分析得出：

$$f_o=\frac{0.4f_c'}{\sqrt{1+\frac{h-d}{50}}}+0.8f_c' \tag{2-86}$$

式中 f_o 和 f_c' 的单位为MPa，h 和 d 的单位为mm。

图2-30给出了式（2-86）计算结果与试验结果的比较，不难看出计算结果与试验结果符合得很好。图2-31示出了 $1+(h-d)/50$ 与 f_o/f_c' 的关系。同样可以看出，大部分数据集中在某一特定范围内，因为试验中使用的大部分圆柱体的直径为76mm、100mm和150mm。当 h/d 的值接近1.0时，由于约束和能量释放区的影响，数据离散性增大。图2-31也表明，混凝土抗压强度为试验室试验结果的80%，因为当 h/d 的值很大时，摩擦引起的约束影响可忽略。

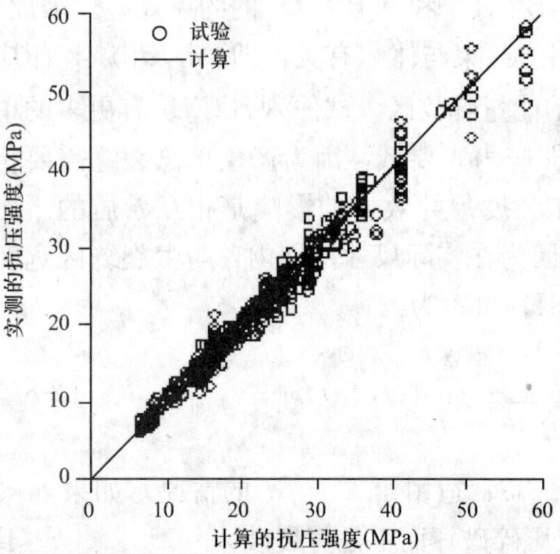

图2-30　计算结果与试验结果的比较

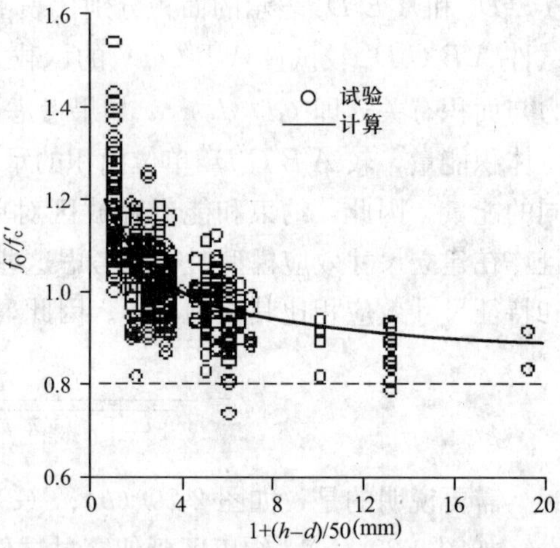

图2-31　$1+\frac{h-d}{50}$ 与 f_o/f_c' 的关系

2.3.2.4　弯曲抗压强度的尺寸效应

图2-32（a）示出了三种不同尺寸的钢筋混凝土梁，图2-32（b）示出了长度不同、截面相同的钢筋混凝土梁，图2-32（c）示出了长度和宽度相同但高度不同的钢筋混凝土梁。对于超筋混凝土梁，抗弯强度直接与两个竖向荷载和中性轴间的混凝土强度有关。因此，超筋混凝土梁抗弯强度的尺寸效应直接与受压区混凝土的抗压强度有关，适筋混凝土梁的尺寸效应也与抗压强度有关，因为强度较高时内力臂增大。

对于图2-32所示的混凝土梁，难以通过弯曲试验系统地估计尺寸、长度或高度对梁受压区混凝土强度的影响，因为截面中性轴的位置随试件尺寸、配筋率和外加荷载增量、加载位置而变化。为解决这一问题，采用C形混凝土试件（图2-33）进行了轴向荷载和弯

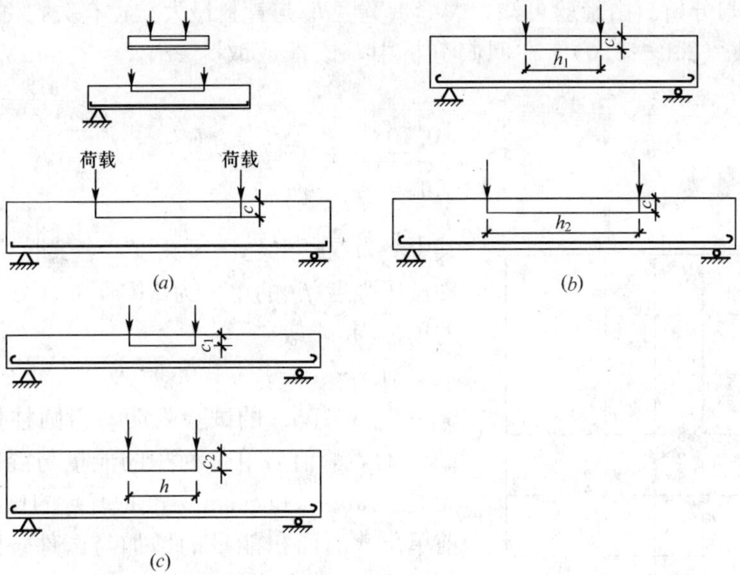

图 2-32　钢筋混凝土梁的尺寸效应

(a) 尺寸效应；(b) 长度效应；(c) 高度效应

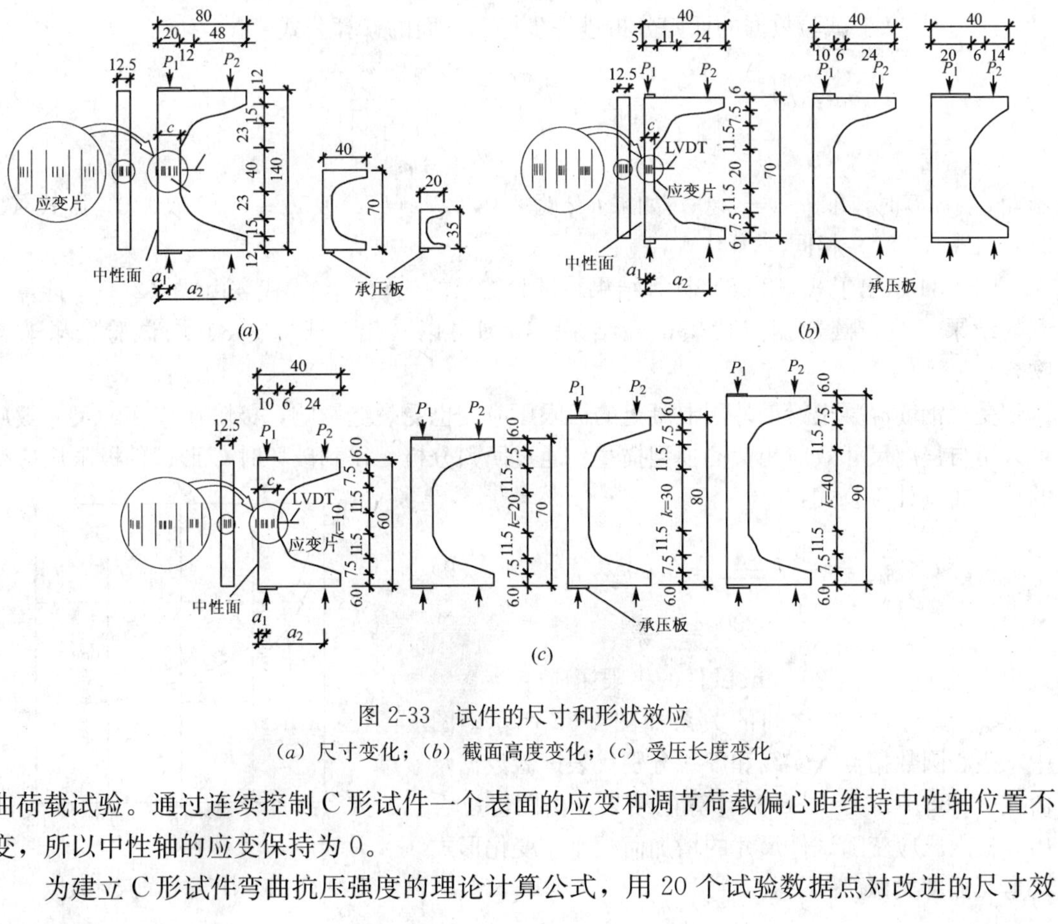

图 2-33　试件的尺寸和形状效应

(a) 尺寸变化；(b) 截面高度变化；(c) 受压长度变化

曲荷载试验。通过连续控制 C 形试件一个表面的应变和调节荷载偏心距维持中性轴位置不变，所以中性轴的应变保持为 0。

为建立 C 形试件弯曲抗压强度的理论计算公式，用 20 个试验数据点对改进的尺寸效应公式进行回归分析。由经验可知，裂缝带宽度 l_o 与骨料最大粒径有关，例如 $l_o=\lambda_o d_a$，其中 λ_o 为常数（2.0～3.0）。在回归分析中，该常数取为 $2d_a$（=26mm），则得到的公式为：

$$\sigma_N=\frac{0.70f_c'}{\sqrt{1+\frac{c}{26}}}+0.47f_c' \tag{2-87}$$

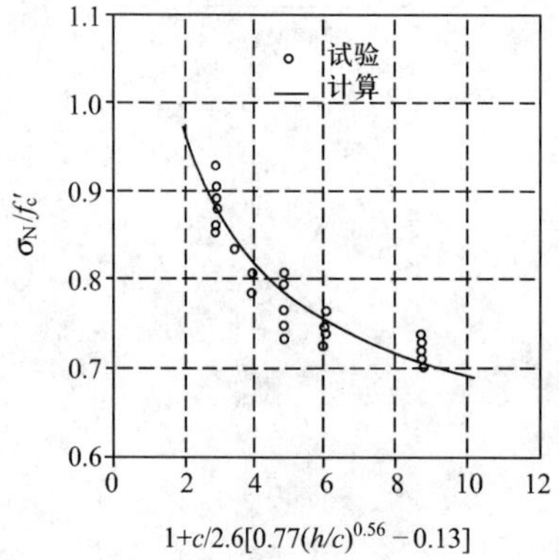

图 2-34 混凝土弯压强度与尺寸参数的关系

其中 c 为混凝土受压区高度，名义抗弯强度 σ_N 和单轴抗压强度 f_c' 的单位为 MPa，C 形试件受压区高度的单位为 mm。

Markeset[77]（1995）及 Markeset 和 Hillerborg[78]（1995）的试验表明，当圆柱体长细比大于 2.50 时，峰值后单位面积的能量与混凝土试件长度无关。Jansen 和 Shah[79]（1997）的试验表明，峰值前单位截面面积能量的增加与试件长度成比例，对于混凝土试件长度大于 200mm 的圆柱体，峰值后单位截面面积的能量不随试件长度变化。结论是当 C 形钢筋混凝土试件的长度大于 300mm 时弯压强度不变。

通过对 39 个试验数据的回归分析进一步得到下面的计算公式：

$$\sigma_N(c,h)=\frac{0.70f_c'}{\left\{1+\frac{c}{26}\left[0.77\left(\frac{h}{c}\right)^{0.56}-0.13\right]\right\}^{1/2}}+0.47f_c' \tag{2-88}$$

当 $h/c\geqslant 3.0$ 时，取 $h/c=3.0$。如果 h/c 为 2.0，$0.77(h/c)0.56-0.13$ 取 1.0，则式（2-88）与式（2-87）相同。

图 2-34 示出了式（2-88）计算结果与试验结果的比较，实线代表由式（2-88）计算得到的结果，空心圆数据点代表试验结果。由图可以看出，式（2-88）与试验结果非常吻合。

受弯钢筋混凝土梁最外层混凝土的极限压应变也受裂缝影响，极限压应变的尺寸效应可采用与强度尺寸效应相似的模型描述。通过回归分析，得到破坏时 C 形试件极限压应变的尺寸效应计算公式：

$$\varepsilon_{cu}=\frac{1.70\varepsilon_{co}}{\sqrt{1+\frac{17c}{200}}}+0.60\varepsilon_{co} \tag{2-89}$$

式中 ε_{co} —— $c=200$mm 试件的极限压应变。

$\varepsilon_{cu}/\varepsilon_{co}$ 与 $c/200$ 之间的关系如图 2-35 所示。图中，空心圆数据点、实线和虚线分别代表试验数据及由式（2-88）和式（2-89）计算的结果。由图可以看出，极限压应变随试件尺寸的增加而减小，变化形式与弯压强度类似。

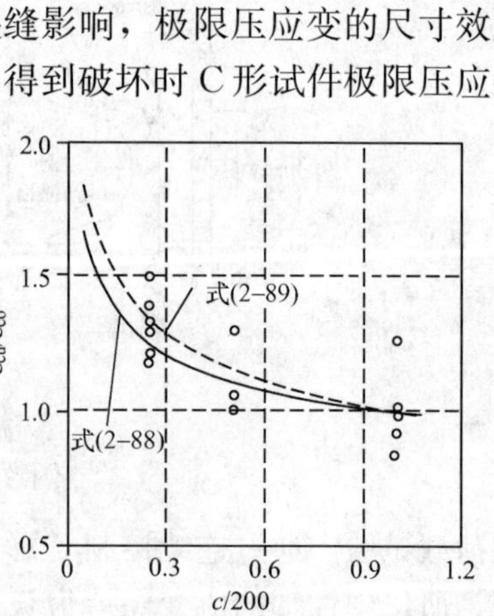

图 2-35 极限压应变的尺寸效应

2.3.2.5　钢筋混凝土构件的尺寸效应

Bažant 从断裂力学的能量原理解释了准脆性材料的尺寸效应，并提出了著名的尺寸效应公式（2-80），对于钢筋混凝土结构与混凝土抗拉强度有关的其他强度，同样也符合式（2-80），下面是其中的一些试验结果[80]。

1. 无腹筋钢筋混凝土梁的抗剪强度

图 2-36 所示为无腹筋钢筋混凝土矩形截面梁抗剪强度的试验结果[81]。试件尺寸的变化范围很大，为 1∶16。混凝土骨料最大粒径为 5～10mm。为避免纵向钢筋端部发生锚固破坏，钢筋两端有弯钩。根据试验结果，抗剪强度按下式计算（图 2-36 中的试验点）：

$$v=\sigma_{\mathrm{N}}=\frac{F}{2bd} \tag{2-90}$$

式中　F——梁的破坏荷载；

b——梁的宽度；

d——梁的高度。

无腹筋钢筋混凝土梁抗剪强度尺寸效应的研究详见第 4 章。

2. 无腹筋钢筋混凝土梁的抗扭强度

图 2-37 所示为无腹筋钢筋混凝土和素混凝土矩形截面梁抗扭强度的试验结果[82]。混凝土骨料最大粒径为 5～10mm。根据试验结果，抗扭强度按下式计算（图 2-37 中的试验点）：

$$\sigma_{\mathrm{N}}=\frac{M_{\mathrm{t}}}{0.208d^{3}} \tag{2-91}$$

式中　M_{t}——梁破坏时的扭矩；

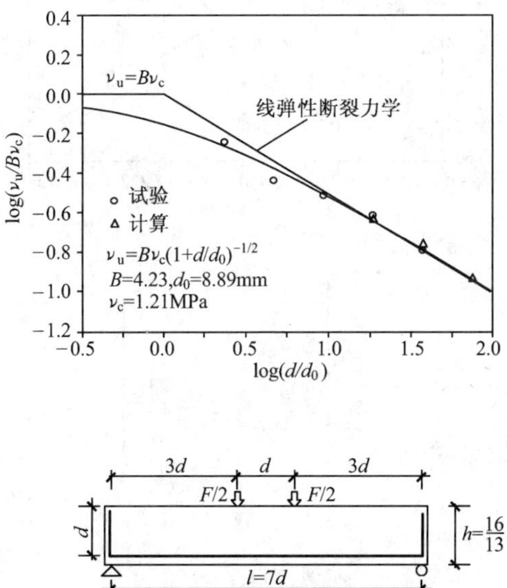

图 2-36　无腹筋钢筋混凝土梁抗剪强度的尺寸效应

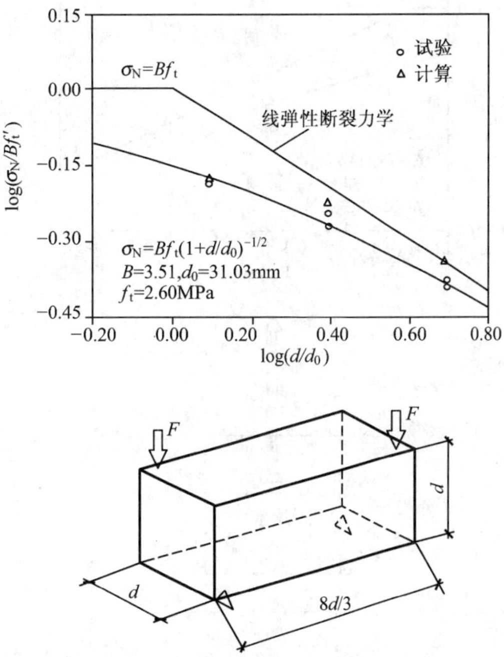

图 2-37　无腹筋钢筋混凝土梁和素混凝土梁抗扭强度的尺寸效应

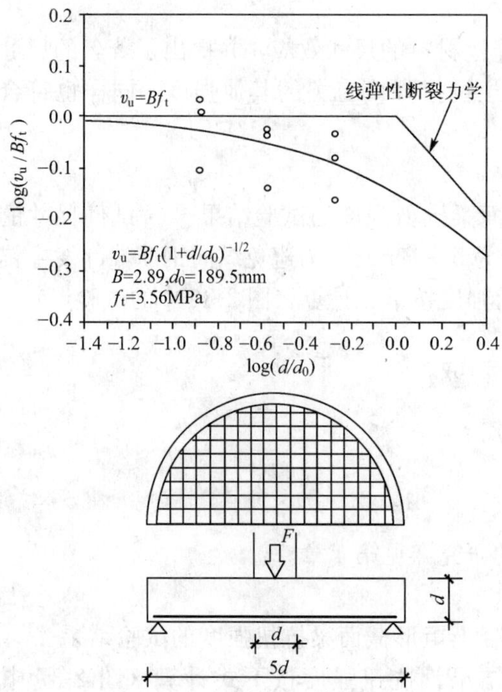

图 2-38 钢筋混凝土板抗冲切强度的尺寸效应

d——梁的高度和宽度。

3. 钢筋混凝土板的抗冲切强度

图 2-39 所示为钢筋混凝土板抗冲切强度的试验结果[68]。混凝土骨料最大粒径为5～10mm。根据试验结果，无腹筋抗拔强度按下式计算（图 2-38 中的试验点）：

$$v=\sigma_N=\frac{F}{\pi b\,d} \tag{2-92}$$

式中 F——板破坏时的荷载；

d——板的厚度

b——冲切周长。

4. 钢筋抗拔强度

图 2-39（a）所示为变形钢筋抗拔强度的试验结果[83]。混凝土骨料最大粒径为 5～10mm。根据试验结果，钢筋抗拔强度按下式计算［图 2-39（a）中的试验点］：

$$v=\sigma_N=\frac{F}{\pi d_b d} \tag{2-93}$$

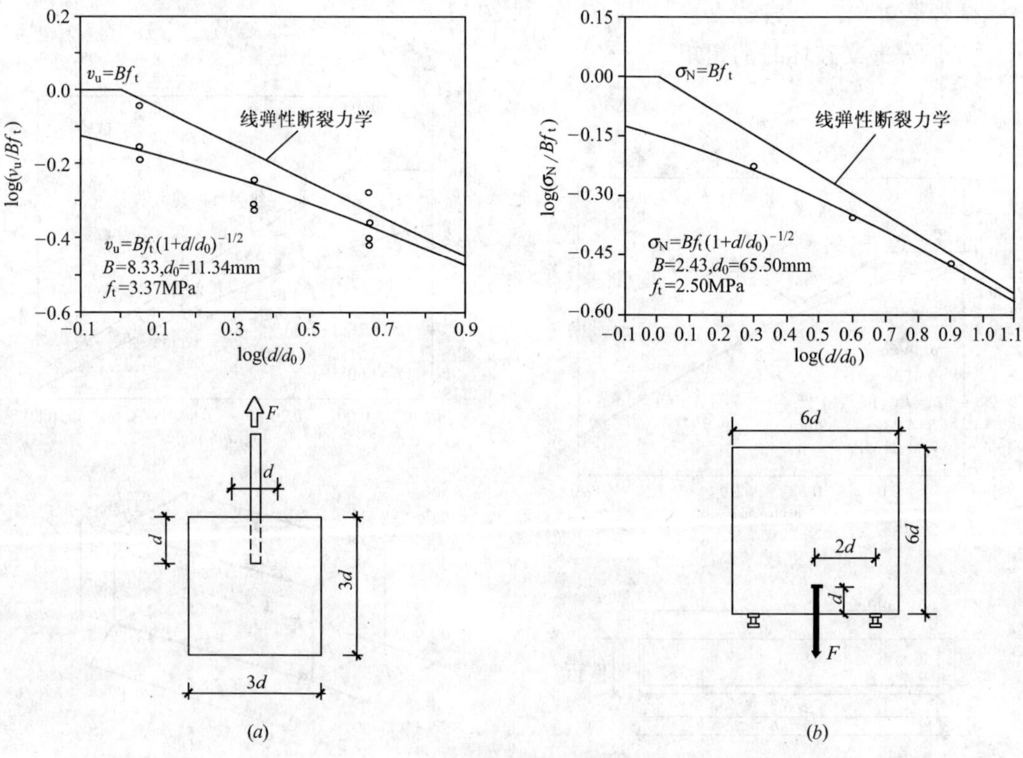

(a) (b)

图 2-39 钢筋抗拔强度的尺寸效应

（a）变形钢筋；（b）大头钢筋

式中　F——钢筋拔出时的最大荷载；

d——钢筋嵌入深度；

d_b——钢筋直径。

图 2-39（b）所示为大头钢筋抗拔强度的试验结果。钢筋嵌入深度为 130、260 和 520mm，破坏方式为以钢筋为中心的圆锥体。根据试验结果，抗拔强度按下式计算［图 2-39（b）中的试验点］：

$$v=\sigma_N=\frac{F}{A} \tag{2-94}$$

式中　F——钢筋拔出时的最大荷载；

A——钢筋拔出时混凝土圆锥体的底面积。

2.3.3　尺寸效应理论在设计规范中的应用

前面从机理上讨论了混凝土结构的尺寸效应，很多国家的混凝土结构设计规范考虑了尺寸效应对构件极限承载力的影响，特别是与混凝土抗拉强度有关的承载力。由于混凝土结构的尺寸效应比较复杂，设计中一般采用简化的方法来考虑。对于无腹筋钢筋混凝土构件的抗剪强度，加拿大混凝土结构设计规范 CSA A23.3－1994[84] 和加拿大桥梁规范 CSA－S6[85]（2000）采用下面的尺寸效应折减系数：

$$\psi_d=\frac{S}{1000+d} \tag{2-95}$$

式中　d——构件高度，mm；

S——特征尺寸，CSA A23.3－1994 和 CSA－S6（2000）分别取为 260mm 和 600mm。

加拿大混凝土结构设计规范 CSA A23.3—2004[86] 对钢筋混凝土构件抗剪强度的计算公式进行了改进，采用了下面的尺寸效应折减系数：

$$\psi_d=\frac{1300}{1000+s_{xe}} \tag{2-96}$$

式中　s_{xe}——有效裂缝间距，mm，可取为构件的弯曲力臂 d_v。

我国规范 GB 50010—2002 采用的无腹筋钢筋混凝土构件的尺寸效应折减系数为：

$$\beta_h=\left(\frac{800}{h_0}\right)^{1/4} \tag{2-97}$$

式中　h_0——构件截面有效高度，mm。

式（2-97）中，当 $\beta_h<0.8$ 时取 $\beta_h=0.8$，当 $\beta_h>1.0$ 时取 $\beta_h=1.0$。

第 4 章对无腹筋钢筋混凝土构件受剪承载力的尺寸效应进行了分析，并详细介绍了各规范的应用。

参 考 文 献

1　Mazars J and Pijaudier-Cabot G. Continuum damage theory-application to concrete. Journal of Engineering Mechanics，1989，115（2）：345-365

2　Lemaitre J and Chaboche J L. Mechanics of solid materials. Cambridge University Press，Cambridge，1990

3 de Vree J H P, Brekelmans W A M and van Gils M A J. Comparison of nonlocal approaches in continuum damage mechanics. Composite Structures, 1995, 55 (4): 581-588

4 Griffith A A. The phenomena of rupture and flow in solids. Philosophy Transaction, 1921, 221A: 179-180

5 Irwin G R. Fracture. Handbuch der Physik, Berlin, 1958, 6: 551-590

6 Richard F E, Brandtzeaeg P L and Brown P L. A study of the failure of concrete under combined compressive stresses. University of Illinois, Engineering Experiment Station, USA. 1923, Bulletin No. 185

7 Kaplan M F. Crack propagation and fracture of concrete. Journal of the American Concrete Institute, 1961, 58 (5): 591-610.

8 Glucklich J. Fracture of plain concrete. Proceedings of The American Society of Civil Engineers, 1963, 89 (EM6): 127-138

9 Ramouldi J P and Batson G B. Mechanism of crack arrest in concrete. Journal of the Engineering Mechanics Division, Proceedings of the American Society of Civil Engineers, 1963, 89 (EM 3): 147-168

10 Zaitsev J V. Deformation and failure of hardened cement pastes and concrete under sustained load. Cement and Concrete Research, 1971, 1 (1): 329-344

11 Moavenzadeh F and Kuguel R. Fracture of concrete. Journal of Materials, 1969, 4 (3): 497-519.

12 Shah S P and McGarry F J. Griffith fracture criterion and concrete. Journal of the Engineering Mechanics Devision, ASCE, 1971, 97 (EM6): 1663-1676

13 Patterson W A and Chan H C. Fracture toughness of glass reinforced cement. Composites, 1975, 6 (3): 102-104

14 Gjϕrv O E, Sorensen S I and Arnesen A. Notch sensitivity and fracture toughness of concrete. Cement and Concrete Research, 1977, 7 (3): 333-344

15 Mindess S, Lawrence F V and Kesler C E. The J-Integral as a fracture criterion for fibre reinforced concrete. Cement and Concrete Research, 1977, 7 (6): 731-742

16 Swamy N R. Fracture mechanics applied to concrete. Developments in Concrete Technology -1, Lydon, F. D., Ed., Applied Science Publisher Ltd., London, 1979, 6: 221-281

17 Mindess S. The fracture of fibre reinforced and polymer impregnated concretes: a review. Fracture Mechanics of Concrete, Wittmann, F H, Ed., Elsevier Science Publishers, B. V., Amsterdam, 1983, 6: 481-501

18 Velazco G, Visalvanich K and Shah P S. Fracture behaviour and analysis of fiber reinforced concrete beams. Cement and Concrete Research, 1980, 10 (1): 41-51

19 Visalvanich K and Naaman A E. Fracture model for fibre reinforced concrete. ACI Journal, 1983, 83 (2): 128-138

20 Kumar A N. Effect of physical crack growth on CTOD measurements. International Journal of Fracture, 1987, 35 (5): 813-826

21 Soroushian P, Aouadi F and Hsu J. Theoretical optimization of fiber reinforced cement composites. ACI Materials Journal, 1995, 92 (4): 373-381

22 Begley J A and Landes J D. The J integral as a fracture criterion. Fracture Toughness, Proceedings of the 1971 National Symposium on Fracture Mechanics, Prat II, ASTM STP 514, American Society of Testing and Materials, 1972: 1-20

23 Halvorsen G T. J - integral study of steel fibre reinforced concrete. International Journal of Cement Composites, 1980, 2 (3): 13-22

24 Reda Taha M M and Shrive N G. Enhancing fracture toughness of high-performance carbon fibre cement

composites. ACI Materials Journal，2001，98（2）：11

25 Rice J R，Paris P C and Merkle J G. Some further results of J-Integral analysis and estimates. Progress in Flaw Growth and Fracture Toughness Testing，ASTM STP 536，American Society of Testing and Materials，1973：231-245

26 Lenain J C and Bunsell A R. The resistance to crack growth of asbestos cement. Journal of Material Science，1979，14（2）：321-332

27 Hillerborg A. Examples of practical results achieved by means of the fictitious crack model. Preprints，Prager Symp. on Mechanics of Geomaterials：Rocks，Concretes，Soils，Ed. by Bažant Z P，Northwestern University Press，1983：611-614

28 Hognestad E. A study of combined bending and axial load in reinforced concrete members. Bulletin No. 399，Engineering Experiment Station. University of Illinois，Urbana，Illinois，1951，49（22）

29 Bangash Y. Discussion of Ref. 20. Paper 7865，Institution Civil Engineers，1971

30 Darwin D and Pecknold D A. Non-linear biaxial stress-strain law for concrete. Journal of Engineering Mechanics Division，ASCE，1977，103（EM2）：229-249

31 Carpinteri A，Di Tammaso A and Fanelli M. Influence of material parameters and geometry on cohesive crack propagation. Proceedings of International Conference Fracture Toughness and Fracture Energy of Concrete，Wittmann F H，Ed.，Lausanne，1986：117-135

32 Jenq Y S and Shah S P. A two parameter fracture model for concrete. Journal of Engineering Mechanics，ASCE，1985，111（4）：1227-1241

33 Hillerborg A，Modéer M and Petersson P E. Analysis of crack formation and crack growth in concrete by means of fracture mechanics and finite elements. Cement and Concrete Research，1976，6（6）：773-782

34 Gopalaratnam V S and Shah S P. Softening response of plain concrete in direct tension. ACI Journal，1986，82（3）：310-323

35 Hordijk D A. Local approach to fatigue of concrete. Ph D thesis，Delft University of Technology，Delft，1991

36 Petterson P E. Crack growth and development of fracture zone in plane concrete and similar materials. Report No. TVBM-1006. Lund，Sweden：Division of Building Materials，Lund Institute of Technology，1981

37 Guillermo A，Riveros，Vellore S，Gopalaratnam and Amos Chase. User's Guide：Fracture mechanics analysis of reinforced concrete beams（ERDC/ITL TR 08-1），US Army Corps of Engineers，2008

38 CEB-FIP Model code 1990. Bulletin D information No. 213/214，1993

39 RILEM Committee 50-FMC on Fracture Mechanics of Concrete. Determination of the fracture energy of mortar and concrete by means of three-point bend tests on notched beams. Materials and Structures，1985，18（106）：285-290

40 Morcos S S and Bjorhovde R. Fracture in continuous composite girders. Proceeding 9th International Bridge Conference，Engineers Society of Western Pennsylvania，Pittsburgh，PA，USA，1992（a）：262-267

41 Morcos S S and Bjorhovde R. Fracture criteria of concrete. Fracture mechanics of concrete structures. Proceeding 9th International Conference on Fracture Mechanics of Concrete Structure，Bažant Z P（ed.），Elsevier Applied Science Publishers，New York，1992（b）

42 Reinhardt H W. Fracture mechanics of an elastic softening material like concrete. Heron，Delft，The Netherlands，1984，29（2）

43 Reinhardt H W and Cornelissen H A W. Strain-softening analysis of concrete fracture specimens. Frac-

ture toughness and fracture energy of concrete, Wittmann F H (ed.), Elsevier Applied Science Publishers, Amsterdam, The Netherlands, 1985: 137-148

44 Cornelissen H A W, Hordijk D A and Reinhardt H W. Experimental determination of crack softening characteristics of normal weight and lightweight concrete. Heron, Delft, The Netherlands, 1986, 31 (2)

45 Bangash M Y H. Manual of numerical methods in concrete. Thornas Telford, 2001

46 Bažant Z P and OH B H. Crack band theory for fracture of concrete. Materials and Structures, RILEM, 1983, 16 (3): 155-177

47 Leibengood L D, Darwin D and Dodds R H. Parameters affecting FE analysis of concrete structures. Journal of the Structural Division, ASCE, 1986, 112 (2): 326-341

48 Mobasher B, Li C Y and Arino a. Experimental R-Curves for assessment of toughening in fibre reinforced cementitious composites. ACI SP-155, Testing of Fibre Reinforced Concrete, Stevens, D J et al., Ed., 1995: 93-114

49 Ouyang C, Mobasher B and Shah S P. An R-Curve approach for fracture of quasi-brittle materials. Engineering Fracture Mechanics, 1990, 37 (4): 901-916

50 Williams E. Some observations of Leonardo, Galileo, Mariotte and others relative to size effect. 1957, Annals of Science 13 (1): 23-29

51 Mariotte E (1686). Traité du movement des eaux, posthumously edited by M. de la Hire; Engl. Transl. by J. T. Desvaguliers, London (1718): 249

52 Griffith A A. The phenomena of rupture and flow in solids. Philosophy Transaction, 1921, 221A: 179-180

53 Peirce F T. Journal of Textile Institute, 1926, 17: 355

54 Tippett L H C. On the extreme individuals and the range of samples. Biometrika, 1925, 17 (3): 364

55 Fréchet M. Sur la loi de probabilité de l'écart maximum. Annual Society Polon. 1927, Mathematics. 6: 93

56 Fisher R A and Tippett L H C. Limiting forms of the frequency distribution of the largest and smallest member of a sample. Proceedings, Cambridge Philosophical Society, 1928, 24: 180-190

57 Bažant Z P. Scaling of structural strength. 2005

58 Weibull W. The phenomenon of rupture in solids. Proceedings, Royal Swedish Institute of Engineering Research, 1939, 153: 1-55

59 Weibull W. A statistical representation of fatigue failures in solids. Proceedings, Royal Institution of Technology, 1949, (27)

60 Weibull W. A statistical distribution function of wide applicability. Journal of Applied Mechanics, ASME, 1951, 18

61 Weibull W. Basic aspects of fatigue. Proceedings Colloquium on Fatigue, Stockholm, Springer-Verlag, 1956

62 Bažant Z P. CHAPTER 1.3 Size effect on structural strength. Handbook of Materials Behavior Models, Academic Press, 2001

63 Bažant, Z. P. Size effect in tensile and compression fracture of concrete structures: computational modeling and design. Fracture Mechanics of Concrete Structures (3rd Internatuional Conference, FraMCos-3, held in Gifu, Japan), H. Mihashi and K. Rokugo, eds., Aedificatio Publishers, Freiburg, Germany, 1998, 1905-1922

64 Bažant Z P. Size effect aspect of measurement of fracture characteristics of quasibrittle material. Advanced Cement-Based Materials, 1996, (4): 128-137

65 Bažant Z P and Planas J. Fracture and size effect in concrete and other quasi-brittle materials. Boca Ra-

ton, Florida, CRC Press, 1998

66 Kim J K and Eo S H. Size effect in concrete specimens with dissimilar initial cracks. Magazine Concrete Research, 1990, 42 (153): 233-238

67 Kim J K, Eo S H and Park H K. Size effect in concrete structures without initial crack. Fracture Mechanics: Application to concrete, ACI SP-118, 1989: 179-196

68 Bažant Z P and Cao Z. Size effect in punching shear failure of slabs. ACI Structural Journal, 1987, 84 (1): 44-53

69 Bažant Z P. Scaling laws in mechanics of failure. Journal of Engineering Mechanics, ASCE, 1993, 119: 1828-1844

70 Bažant Z P and Xiang Y. Size effect in compression fracture: splitting crack band propagation. Journal of Engineering Mechanics, ASCE, 1997, 123: 162-172

71 Jenq Y S and Shah S P. Features of mechanics of quasi-brittle crack propagation in concrete. International Journal of Fracture, 1991, 51: 103-120

72 Smadi M M and Slate F O. Micro-cracking of high and normal strength concretes under short-and long-term loadings. ACI Material Journal, 1989, 86 (2): 117-127

73 Gonnerman H F. Effect of size and shape of test specimen on compressive strength of concrete. Proceedings, ASTM, 1925, 25: 237-250

74 Blanks R F and McNamara C C. Mass concrete tests in large cylinders. ACI Journal, Proceedings, 1935, 31: 280-303

75 Kesler C E. Effect of length to diameter ratio on compressive strength-an ASTM cooperative investigation. Proceedings, ASTM, 1959, 59: 1216-1229

76 Murdock J W and Kesler C E. Effect of length to diameter ratio of specimen on the apparent compressive strength of concrete. ASTM, 1957, Bull. 221: 68-73

77 Markeset G. A compressive softening model for concrete. Fracture mechanics of concrete structures (ed.) F H Wittmann (FRAMCOS-2, AEDIFICATIO Publishers), 1995: 435-443

78 Markeset G and Hillerborg A. Softening of concrete in compression localization and size effects. Cement and Concrete Research. 1995, 25 (4): 702-708

79 Jansen D C and Shah S P. Effect of length on compressive strain softening of concrete. Journal of Engineering Mechanics, 1997, 123 (1): 25-35

80 Bažant Z P, Ožbolt J and Eligehausen R. Fracture size effect: review of evidence for concrete structures. Journal of Structural Engineering, ASCE, 1994, 120 (8): 2377-2398

81 Bažant Z P and Kazemi M T. Size effect on diagonal shear failure of beams without stirrups. ACI Structural Journal, 1991, 88 (3): 268-276

82 Bažant Z P. Softening instability: part I-Localization into a planar band. Journal of Application Mechanics, ASME, 1988, 55 (3): 517-522

83 Bažant Z P and Sener S. Size effect in pullout tests. ACI Materials Journal, 1988, 85 (5): 347-351

84 CSA A23. 3-94. Design of concrete structures. Canadian Standard Association, Rexdale, Ontario, 1994

85 CSA S6-2000. Canadian highway bridge design code. Canadian Standard Association, Rexdale, Ontario, 2000

86 CAN/CSA A23. 3-04. Design of concrete structures. Canadian Standards Association, Mississauga, Ont. CSA, 2004

第3章 钢筋混凝土构件的正截面承载力

在弯矩和轴力作用下，钢筋混凝土构件会发生变形或出现裂缝。如果构件的破坏面与构件的轴线正交，则称构件的破坏为正截面破坏；如果构件截面变形前为平面，变形后仍保持平面，则称构件的截面变形符合平截面，而相应的构件强度称为正截面强度。一般情况下，钢筋混凝土的梁、板、柱等构件都可能会发生正截面破坏。需要说明的是，这里的梁、板、柱是指构件截面的边长与其长度或高度符合规定比例的构件。按照欧洲规范EN 1992—1—1：2004的定义，梁为跨度不小于3倍截面高度的构件，板为短边尺寸不小于5倍厚度的构件，柱为截面高度不超过4倍截面宽度且高度大于3倍截面高度的构件。对于不符合规定比例的构件，如深梁、厚板等，不属于本章讨论的范围。

3.1 弯压构件承载力计算

3.1.1 基本假定

在结构分析和设计中，需要根据力的平衡条件、变形协调条件和本构关系建立分析方程。下面是针对钢筋混凝土构件正截面分析所做的假定：

(1) 在荷载作用下，截面保持平截面（即平截面假定）；

(2) 不考虑受拉混凝土的作用；

(3) 忽略混凝土与钢筋间的粘结滑移效应；

(4) 混凝土和钢筋的应力—应变关系已知；

(5) 截面上的轴力为常数。

上面的第一项为熟知的钢筋混凝土构件的应变协调假定。按照弹性力学理论，截面变形保持平面只有对于两端承受相等弯矩作用的均质梁在圣维南原理下才是正确的；对于承受均布荷载作用的浅梁和薄板，平截面变形“大体上”是正确的。从结构工程的应用而言，一般的梁、板、柱等构件按平截面变形进行分析和设计是可行的。对于钢筋混凝土构件，开裂前的截面符合平截面比较容易理解，但构件开裂后的截面比较复杂。

事实上，当构件截面混凝土开裂后，裂缝处的混凝土卸载，承担的拉应力全部转由钢筋承担，卸载后的混凝土回缩，越靠近裂缝的截面回缩越多，两条裂缝中部混凝土的变形基本保持不变。显然，开裂后一特定截面混凝土的变形不再保持平面。但从试验中观察到，受压破坏发生在一定的区域而不是一个特定的截面。对于一定区域的受压区和受拉区（跨几条裂缝）的变形进行测量发现，直到受压区混凝土压碎，平均应变大体上符合线性规律，即从平均的角度采用平截面假定是合适的，或者说，平截面假定是从宏观的角度来认识的。试验结果也表明，根据平截面假定计算的结果与试验结果的误差在10%之内。对于符合前面梁、板、柱条件的钢筋混凝土构件分析和设计中采用平截面假定，不仅不需通过试验建立过多的经验公式，也使力学概念更为清晰。

3.1.2　正截面承载力计算

考虑图 3-1 所示的承受轴力 N_Z 、弯矩 M_X 和 M_Y 的钢筋混凝土构件的截面，将坐标系 XOY 逆时针转动 θ 角后形成新的坐标系 xOy，y 轴与构件截面的中性轴正交，有 $v=y+c-Y_{max}$，其中 Y_{max} 为 xOy 坐标系中构件截面周边上与 x 轴距离最远的点。与中性轴距离为 v 截面的应变为 $\varepsilon_v=\varepsilon_{cu}\dfrac{v}{c}$ 。设混凝土的应力—应变关系为 $\sigma_c=f(\varepsilon_v)$，则：

$$\sigma_c=f\left(\varepsilon_{cu}\frac{v}{c}\right)=f\left(\varepsilon_{cu}\frac{y+c-Y_{max}}{c}\right)=g(y) \tag{3-1}$$

构件截面混凝土的轴力和弯矩为：

$$N_c=\iint_A \sigma_c \mathrm{d}A=\iint_A g(y)\mathrm{d}A \tag{3-2}$$

$$M_{xc}=\iint_A y\sigma_c \mathrm{d}A=\iint_A yg(y)\mathrm{d}A \tag{3-3}$$

$$M_{yc}=-\iint_A x\sigma_c \mathrm{d}A=-\iint_A xg(y)\mathrm{d}A \tag{3-4}$$

其中，A 为图 3-1 中以顶点 a、2、3、4、5、6、7、b、c、10、11 和 d 构成的受压区的面积。负号表示受压。如图 3-1 所示，坐标系 xOy 的 x 轴平行于构件截面的中性轴。

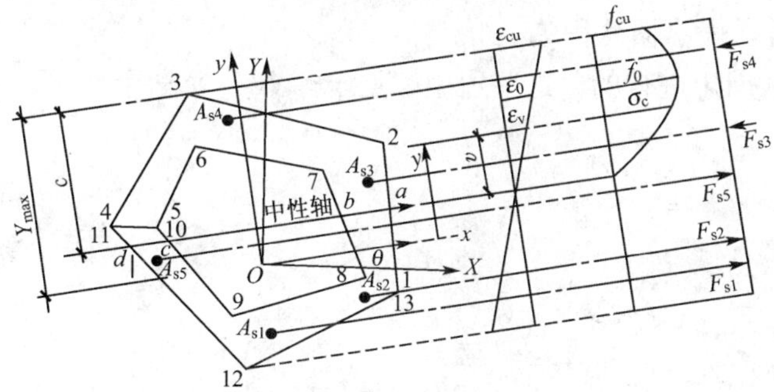

图 3-1　任意形状的钢筋混凝土截面

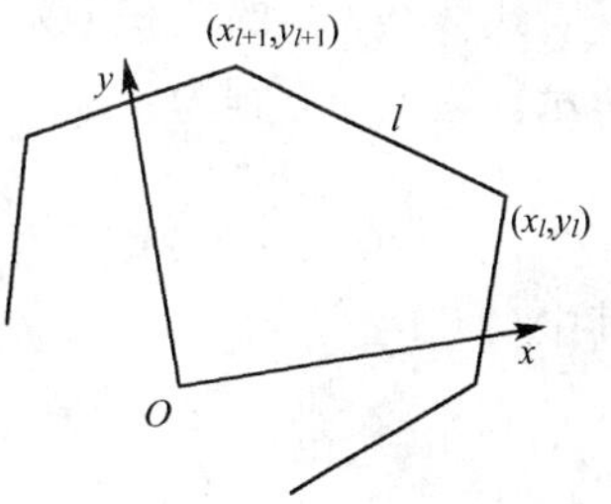

图 3-2　边 l 的定义

由外轴力 N_Z 和外弯矩 M_X 、M_Y 与内轴力和内弯矩的平衡得：

$$N_Z=N_c+N_s \tag{3-5}$$

$$M_X=(M_{xc}+M_{xs})\cos\theta+(M_{yc}+M_{ys})\sin\theta \tag{3-6}$$

$$M_Y=-(M_{xc}+M_{xs})\sin\theta+(M_{yc}+M_{ys})\cos\theta \tag{3-7}$$

式中　N_s 、M_{xs} 、M_{ys} ——钢筋的轴力、在 x 方向和在 y 方向的弯矩；

N_c 、M_{xc} 、M_{yc} ——混凝土的轴力、在 x 方向和在 y 方向的弯矩；

θ ——沿逆时针方向中性轴正向与 X 轴正向的夹角（图 3-1）。

根据式（3-2）～式（3-4）计算混凝土的压力和弯矩时，需要进行双重积分，可以采用多种方法。为简化计算，下面采用格林公式（Green）将面积域 A 内的双重积分转化为面积域 A 的外包闭合曲线 L 上的线积分[1]，即

$$\iint_A\left(\frac{\partial Q}{\partial x}-\frac{\partial P}{\partial y}\right)\mathrm{d}x\mathrm{d}y=\oint_L P\mathrm{d}x+\oint_L Q\mathrm{d}y \tag{3-8}$$

式中 P、Q——x方向和y方向的函数；

A——积分面积；

L——包围面积域A的闭合曲线。

令$P=0$，$Q=\frac{1}{r+1}x^{r+1}y^s g(y)$，其中$r$和$s$为非负整数，代入式（3-8）得：

$$\iint_A x^r y^s g(y)\mathrm{d}x\mathrm{d}y=\frac{1}{r+1}\oint_L x^{r+1}y^s g(y)\mathrm{d}y \tag{3-9}$$

根据式（3-9），混凝土轴力N_c、弯矩M_{xc}和M_{yc}可用线积分统一表示为：

$$R=\frac{1}{r+1}\oint_L x^{r+1}y^s g(y)\mathrm{d}y=\frac{1}{r+1}\sum_l S_l \tag{3-10}$$

式中 S_l——沿着包围截面受压区的闭合多边形L的线积分。

r和s取用不同的值时，式（3-10）表示不同的含义：当$r=0$和$s=0$时，表示轴力N_c[式（3-2）]；当$r=0$和$s=1$时，表示弯矩M_{xc}[式（3-3）]；当$r=1$和$s=0$时，表示弯矩$-M_{yc}$[式（3-4）]，注意式（3-4）中的负号。如果函数$g(y)=1$，式（3-10）分别表示：当$r=0$和$s=0$时，表示面积A；当$r=0$和$s=1$时，表示面积矩S_x；当$r=1$和$s=0$时，表示面积矩S_y；当$r=2$和$s=0$时，表示惯性矩I_x；当$r=0$和$s=2$时，表示惯性矩I_y；当$r=1$和$s=1$时，表示惯性积I_{xy}。

式（3-10）的线积分是沿受压区周边进行的。这些边用端点坐标(x,y)表示，如图3-2所示。边l的方程为：

$$x=\alpha_l+\beta_l y \tag{3-11}$$

其中

$$\alpha_l=x_l-\beta_l y_l,\ \beta_l=\frac{y_{l+1}-y_l}{x_{l+1}-x_l}$$

(x_l,y_l)和(x_{l+1},y_{l+1})分别为边l的起点和终点坐标。这样

$$S_l=\oint_L(\alpha_l+\beta_l y)^{r+1}y^s g(y)\mathrm{d}y=\oint_l G_l(y)\mathrm{d}y \tag{3-12}$$

其中

$$G_l(y)=(\alpha_l+\beta_l y)^{r+1}y^s g(y) \tag{3-13}$$

采用高斯积分计算式（3-12）的值得到：

$$S_l=\oint_l G_l(y)\mathrm{d}y=(y_{l+1}-y_l)\sum_{i=1}^{N_g}w_i G_l(y_i) \tag{3-14}$$

式中 N_g——高斯积分阶数；

w_i——第i个节点的权数；

y_i——节点坐标。

w_i和y_i的值可在数值分析书中找到。

假设第j根钢筋的面积为A_{sj}，坐标为(x_{sj},y_{sj})，应力为f_{sj}（当应变大于钢筋断裂应变时，钢筋应力取为$f_{sj}=0$），则全部N_b根钢筋承受的轴力和弯矩分别为：

$$N_s = \sum_{j=1}^{N_b} A_{sj} f_{sj}\ ,\ M_{xs} = \sum_{j=1}^{N_b} y_{sj} A_{sj} f_{sj}\ ,\ M_{ys} = -\sum_{j=1}^{N_b} x_{sj} A_{sj} f_{sj} \tag{3-15}$$

图 3-1 所示坐标系的原点 O 与塑性中心重合。塑性中心是“塑性”状态（即当钢筋屈服且整个混凝土截面处于最大压力下的状态）下截面的形心。

【例 3-1】 如图 3-3（a）所示，钢筋混凝土矩形截面构件承受轴力 N_Z、弯矩 M_X 和 M_Y 的作用，中性轴为−45°方向，到塑性中心的距离为 9.972in（250mm）。假设混凝土的应力—应变关系为抛物线—矩形曲线，如图 3-3（b），钢筋是弹性—完全塑性材料，屈服强度为 $f_y = 60$ksi（420MPa），弹性模量 $E_s = 30000$ksi（2×10^5 MPa）。计算构件截面的承载力。

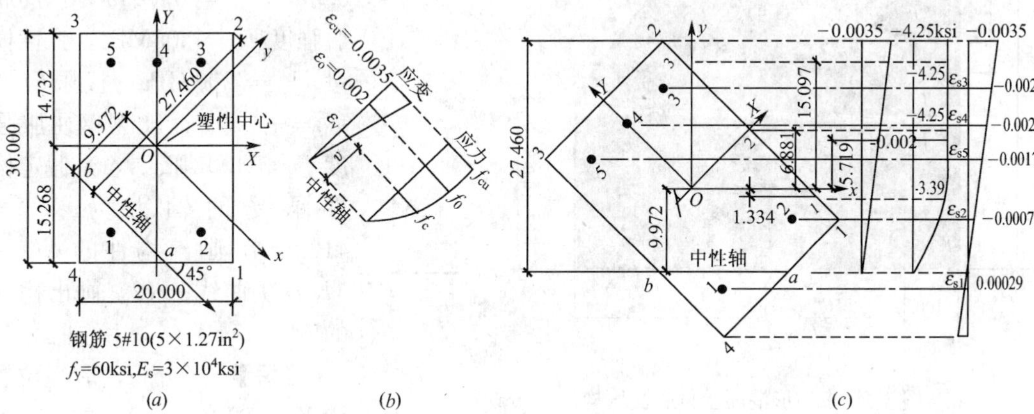

图 3-3　钢筋混凝土矩形截面的承载力

（a）混凝土截面和钢筋特性；（b）混凝土应力—应变关系；（c）极限状态时截面的应变与应力

【解】 将截面绕塑性中心转 45°，如图 3-3（c）所示。受压区为顶点 a123b 构成的区域。沿着 a—1、1—2、2—3 和 3—b 进行线积分。

（1）轴力 N_z

轴力 N_z 为混凝土所受力 N_c 和钢筋所受力 N_s 之和。取 $r=0$，$s=0$，受压区混凝土承受的轴力 N_c 可由式(3-10)计算，如图 3-3(b)所示。计算式(3-10)的积分值时要求确定 S_l 的值[式(3-12)和式(3-14)]。首先确定高斯节点处 $g(y_i)$ 的值，然后根据式(3-13)和式(3-14)分别确定 $G_l(y_i)$ 和 S_l 的值。

钢筋承受的应力和轴力可直接确定。图 3-3(c)示出每根钢筋的应变 ε_{si}，由应变可计算钢筋的应力 f_{si} 和轴向力 N_{si}。

（2）弯矩 M_x 和 M_y

取 $r=0$，$s=1$，由式(3-10)计算混凝土承受的 x 方向的弯矩 M_{xc}；取 $r=1$，$s=0$ 计算混凝土承受的 y 方向的弯矩 M_{yc}。每边高斯点处的 $g(y_i)$ 与计算轴力 N_c 时的 $g(y_i)$ 值相同。

钢筋所承受的弯矩 M_{xs} 根据每根钢筋承受的力与该力到 x 轴的距离计算，弯矩 M_{ys} 根据每根钢筋承受的力与该力到 y 轴的距离计算。

（3）原始坐标系的弯矩 M_X 和 M_Y

弯矩 M_X 和 M_Y 采用式（3-6）和式（3-7）进行转换得到，即

$$M_X=-7217.94\times\cos45^\circ+(-3263.03)\times\sin45^\circ=-7411.72\text{kips-in}(837.4\text{kN}\cdot\text{m})$$

$$M_Y=-7217.94\times\sin45^\circ+(-3263.03)\times\cos45^\circ=2796.55\text{kips-in}(316.0\text{kN}\cdot\text{m})$$

【例 3-2】 图 3-4 所示为多边形钢筋混凝土偏心受压构件，截面尺寸也示于图中，沿周边布置钢筋，截面内放置一H 型钢，开有一直径 200mm 的孔洞。材料参数为：混凝土抗压强度 $f_c=17\text{MPa}$，$\varepsilon_0=0.002$，$\varepsilon_{cu}=0.0035$；钢筋屈服强度 $f_y=305\text{MPa}$，弹性模量 $E_s=200\text{GPa}$，极限应变 $\varepsilon_{su}=\pm0.01$；H 型钢屈服强度 $f_H=400\text{MPa}$。(1) 假定构件承受的轴力为 $N=4120\text{kN}$，画出构件的 M_X-M_Y 相关曲线；(2) 画出构件的 M_X-M_Y-N 相关曲面。

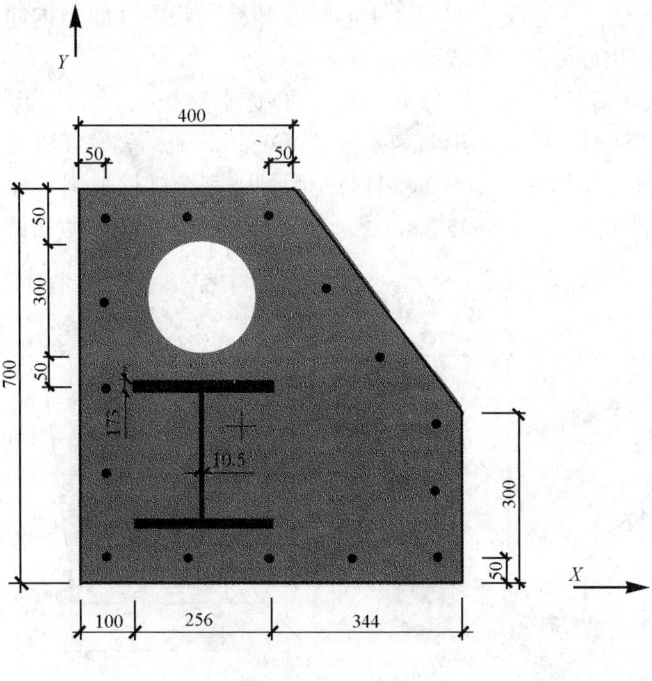

图 3-4 多边形混凝土偏心受压构件（mm）

【解】 经分析，形心位置为 $X=292.2\text{mm}$，$Y=281.5\text{mm}$。图 3-5 给出了构件 $N=4120\text{kN}$ 时的 M_X-M_Y 相关曲线和 M_X-M_Y-N 相关曲面。

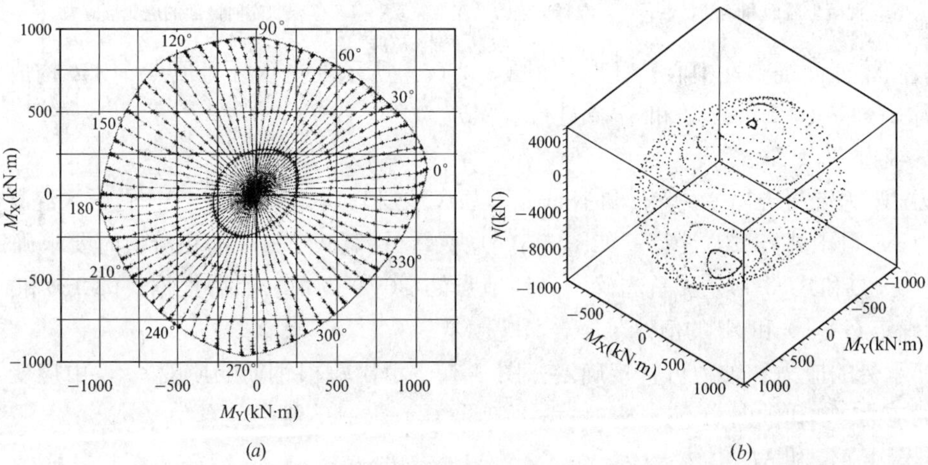

图 3-5 例 3-1 混凝土构件的相关曲线和相关曲面

(*a*) $N=4120\text{kN}$ 时的 M_X-M_Y；(*b*) M_X-M_Y-N

【例 3-3】 图 3-6(*a*)为一 L 形钢筋混凝土剪力墙。混凝土抗压强度为 $f_c'=9000\text{psi}$ (62.1MPa)，截面布置 29 根 10 号[$1\frac{1}{4}$in (31.3mm)]钢筋，钢筋屈服强度 $f_y=60000\text{psi}$ (420MPa)。剪力墙上作用不同的轴力时，图 3-6(*b*)给出了按美国 ACI 318 规范和欧州规

范 EN 1992 计算的 $M_X - M_Y$ 相关曲线。

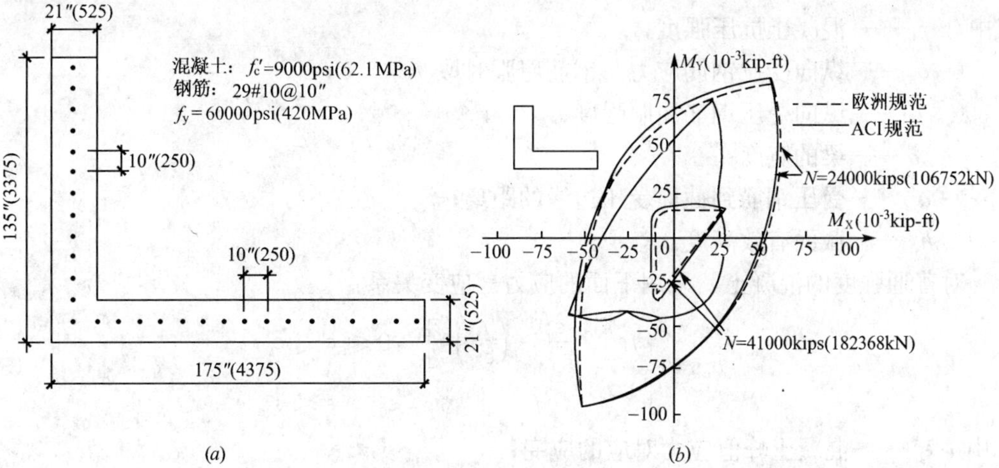

图 3-6　L 形钢筋混凝土剪力墙的 $M_X - M_Y$ 相关曲线

(*a*) 钢筋混凝土剪力墙；(*b*) $M_X - M_Y$ 相关曲线

3.1.3　单向受力矩形截面构件承载力的简化计算

前面的公式为计算钢筋混凝土构件正截面强度的一般公式，适用于任意的截面形状和配筋形式，但计算比较复杂。实际结构中的构件大多数是矩形的。由于矩形截面形式固定，比较规则，计算截面承载力时可以采用简化的形式。

如图 3-7 所示，简化的方法是将曲线的受压区应力图等效为矩形应力图，矩形应力图的宽度为 $\alpha_1 f_c$，高度为 $x = \beta_1 c$。等效的条件是：曲线应力图的合力与矩形应力图的合力相等；曲线应力图的合力中心与矩形应力图的合力中心相同。这样，按照矩形受压应力图建立的构件正截面承载力计算公式为

$$N = \alpha_1 bxf_c + A_s' f_y' - A_s \sigma_s \tag{3-16}$$

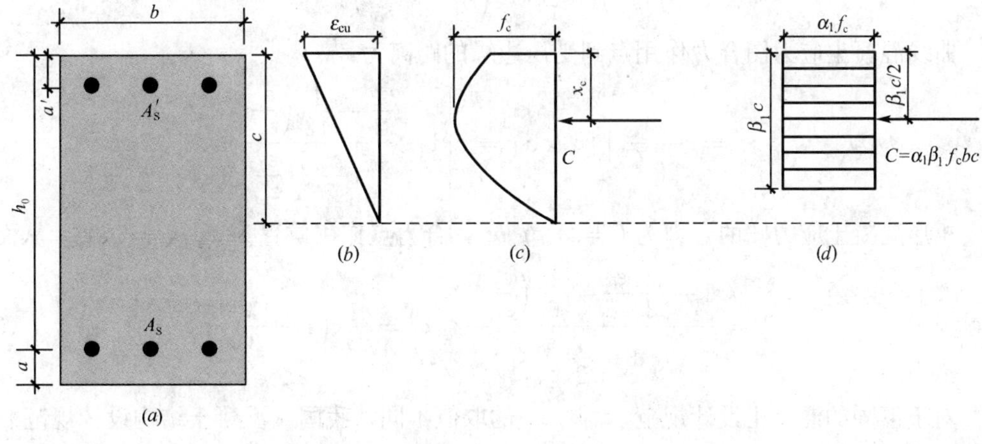

图 3-7　曲线应力图等效为矩形应力图

(*a*) 截面；(*b*) 应变分布；(*c*) 应力分布；(*d*) 等效矩形应力

$$M=\alpha_1 f_c bx\left(h_0-\frac{x}{2}\right)+A_s' f_y'(h_0-a') \tag{3-17}$$

式中 f_c ——混凝土抗压强度；

σ_s ——纵向受拉钢筋应力，钢筋屈服时取 f_y；

f_y' ——纵向受压钢筋屈服强度；

b ——梁的宽度；

a' ——受压钢筋到截面受压边缘的距离；

h_0 ——截面有效高度。

对普通强度的混凝土，采用下面的应力—应变关系：

$$\sigma_c=\begin{cases} f_c\left[2\dfrac{\varepsilon}{\varepsilon_0}-\left(\dfrac{\varepsilon}{\varepsilon_0}\right)^2\right] & 0\leqslant\varepsilon\leqslant\varepsilon_0 \\ f_c & \varepsilon_0<\varepsilon\leqslant\varepsilon_{cu} \end{cases} \tag{3-18}$$

式中 ε_0 ——混凝土峰值应力对应的应变；

ε_{cu} ——混凝土极限压应变。

钢筋的应力—应变关系取为

$$\sigma_s(\varepsilon_s)=\begin{cases} E_s\varepsilon_s & 0\leqslant\varepsilon_s\leqslant\varepsilon_y \\ f_y & \varepsilon_y<\varepsilon_s\leqslant\varepsilon_{su} \end{cases} \tag{3-19}$$

式中 E_s ——钢筋弹性模量；

f_y ——钢筋屈服强度；

ε_y ——钢筋屈服应变；

ε_{su} ——钢筋极限应变，取 0.01。

曲线混凝土应力图的合力为：

$$C=\int_0^c\sigma_c b\mathrm{d}x=\int_0^{x_0}f_c\left[2\frac{\varepsilon}{\varepsilon_0}-\left(\frac{\varepsilon}{\varepsilon_0}\right)^2\right]b\mathrm{d}x+\int_{x_0}^c f_c b\mathrm{d}x \tag{3-20}$$

由于 $x=x_0\dfrac{\varepsilon_c}{\varepsilon_0}$，$x_0=c\dfrac{\varepsilon_0}{\varepsilon_{cu}}$，其中 x_0 为截面上应变为 ε_0 处的高度，代入上式积分得：

$$C=f_c c\,b\left(1-\frac{1}{3}\frac{\varepsilon_0}{\varepsilon_{cu}}\right) \tag{3-21}$$

曲线混凝土应力图合力作用点到受压边缘的距离为：

$$x_c=c-\frac{1}{C}\int_0^c\sigma_c bc\,\mathrm{d}x=c\left[1-\frac{\dfrac{1}{2}-\dfrac{1}{12}\left(\dfrac{\varepsilon_0}{\varepsilon_{cu}}\right)^2}{1-\dfrac{1}{3}\dfrac{\varepsilon_0}{\varepsilon_{cu}}}\right] \tag{3-22}$$

矩形混凝土应力图的合力为 $C=\alpha_1\beta f_c bc$，合力点作用位置为 $x_c=0.5\beta_1 c$，从而得：

$$\beta_1=\frac{1-\dfrac{2}{3}\dfrac{\varepsilon_0}{\varepsilon_{cu}}+\dfrac{1}{6}\left(\dfrac{\varepsilon_0}{\varepsilon_{cu}}\right)^2}{1-\dfrac{1}{3}\dfrac{\varepsilon_0}{\varepsilon_{cu}}},\ \alpha_1=\frac{1}{\beta}\left(1-\frac{1}{3}\frac{\varepsilon_0}{\varepsilon_{cu}}\right) \tag{3-23}$$

对于不同的混凝土设计规范，ε_0 和 ε_{cu} 的取值不同，我国《混凝土结构设计规范》(GB 50010—2002) 取 $\varepsilon_0=0.002$，$\varepsilon_{cu}=0.0033$，代入上式得 $\alpha_1=0.969$，$\beta_1=0.824$。我国规范近似取 $\alpha_1=1.0$，$\beta_1=0.8$。

由于式（3-18）表示的混凝土应力—应变公式只是针对普通强度混凝土的（C50 以下），所以上面确定的 α_1 和 β_1 只适用于普通强度混凝土。为包括高强混凝土，许多研究者通过分析和试验对 α_1 和 β_1 进行了修正。表 3-1 所列为一些研究者建议的 α_1 和 β_1 值，表 3-2 所列为不同国家规范采用的 α_1 和 β_1 的值。图 3-8 给出了一些国家规范中 α_1 取值及与试验结果的比较，图 3-9 给出了不同国家规范中 β_1 取值与试验结果的比较。

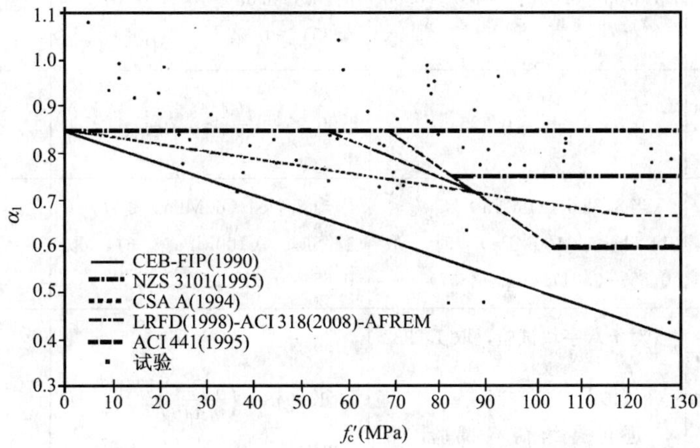

图 3-8　设计规范中的 α_1 值与试验结果的比较

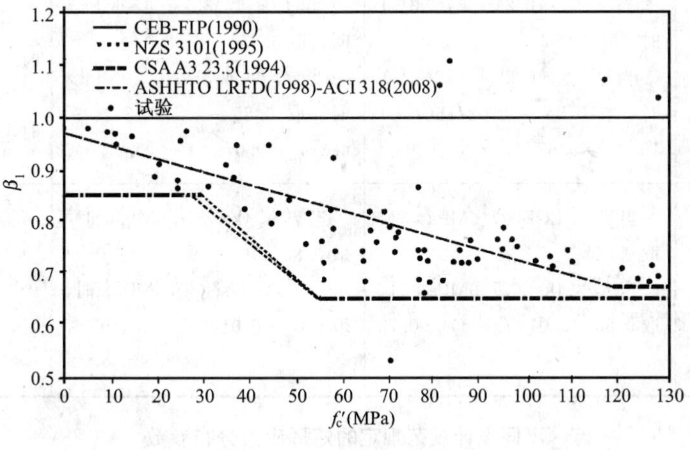

图 3-9　设计规范中的 β_1 值与试验结果的比较

需要说明的是，在我国混凝土结构设计规范中，混凝土轴心抗压强度 f_c（棱柱体抗压强度）包括了将实验室试件的试验强度转化为实际结构中构件强度的差别，即将实验室试件的抗压强度乘 0.88 的系数得到实际中构件的抗压强度。所以，对于普通混凝土，我国规范取 $\alpha_1 = 1.0$。国外的混凝土规范中，圆柱体抗压强度 f_c' 没有考虑构件强度与试件强度的差别，所以对于普通混凝土，取 $\alpha_1 = 0.85$ 或从 0.85 降低的系数。

将受压区混凝土的应力等效为矩形应力分布后，由于不需再进行数值积分及迭代计算，用式（3-16）和式（3-17）可方便地计算构件的正截面强度。根据破坏时钢筋 A_s 是否屈服，需要判断大小偏心破坏（国外称为受拉破坏和受压破坏），具体见相关规范。

不同研究者建议使用的矩形应力参数　　表 3-1

研究者	α_1	β_1	ε_{cu}
Azizinamini 等 (1994)[2]	当 $f'_c \leqslant 10$ksi（69MPa）时，取 0.85 当 $f'_c > 10$ksi（69MPa）时，取 $0.85-0.05(f'_c-10) \geqslant 0.60$	当 $f'_c \leqslant 4.35$ksi（30MPa）时，取 0.85 当 $f'_c > 4.35$ksi（30MPa）时，取 $0.85-0.05516(f'_c-4.35) \geqslant 0.65$	0.003
Ibrahim 和 MacGregor (1997)[3]	$0.85-\dfrac{f'_c}{116} \geqslant 0.725$	$0.95-\dfrac{f'_c}{58} \geqslant 0.70$	0.003
Pendyala 和 Mendis (1998)[4]	当 8.7ksi（60MPa）$\leqslant f'_c \leqslant$ 14.5ksi（100MPa）时，取 $0.85-0.01724(f'_c-8.7)$	当 8.7ksi（60MPa）$\leqslant f'_c \leqslant$ 14.5ksi（100MPa）时，取 $0.65-0.00862(f'_c-8.7)$	0.003
Attard 和 Stewart (1998)[5]	对于八字块试验，取 $1.2932\left(\dfrac{f'_c}{0.145}\right)^{-0.0998} \geqslant 0.71$ 进行持续荷载试验，取 $0.6470\left(\dfrac{f'_c}{0.145}\right)^{-0.0324} \geqslant 0.58$	$1.0948\left(\dfrac{f'_c}{0.145}\right)^{-0.091} \geqslant 0.67$	0.003
Bae 和 Bayrak (2003)[6]	当 $f'_c \leqslant 10.2$ksi（70MPa）时，取 0.85 当 $f'_c > 10.2$ksi（70MPa）时，取 $0.85-0.02758(f'_c-10.2) \geqslant 0.67$	当 $f'_c \leqslant 4.35$ksi（30MPa）时，取 0.85 当 $f'_c > 4.35$ksi（30MPa）时，取 $0.85-0.02758(f'_c-4.35) \geqslant 0.67$	当 $f'_c \leqslant 8$ksi（55MPa）时，取 0.003 当 $f'_c > 8$ksi（55MPa）时，取 0.0025
Ozbakkaloglu 和 Saatcioglu（2004）[7]	当 $f'_c \leqslant 4$ksi（27.6MPa）时，取 0.85 当 $f'_c > 4$ksi（27.6MPa）时，取 $0.85-0.01(f'_c-4) \geqslant 0.72$	当 $f'_c \leqslant 4$ksi（27.6MPa）时，取 0.85 当 $f'_c > 4$ksi（27.6MPa）时，取 $0.85-0.014(f'_c-4) \geqslant 0.67$	0.003

不同设计规范规定的矩形应力分布参数　　表 3-2

规　　范	α_1	β_1	ε_{cu}
我国建筑规范 GB 50010—2002[8]	当 $f_{cu,k} \leqslant 50$MPa 时，取 1.0；当 50MPa $< f_{cu,k} \leqslant$ 80MPa 时，取 $1.0-0.002(f_{cu,k}-50)$	当 $f_{cu,k} \leqslant 50$MPa 时，取 0.8；当 50MPa $< f_{cu,k} \leqslant$ 80MPa 时，取 $0.8-0.002(f_{cu,k}-50)$	0.0033
我国港口规范 JTJ 267—98[9]	1.0	当 $f_{cu,k} \leqslant 50$MPa 时，取 0.8； 当 $f_{cu,k} > 50$MPa 时，取 $0.8-0.005(f_{cu,k}-50)$	0.0033

续表

规　范	α_1	β_1	ε_{cu}
美国规范 AASHTO LRFD 2007[10]和 ACI 318—08[11]	0.85	当 $f'_c \leqslant 4$ksi（27.6MPa）时，取 0.85；当 $f'_c > 4$ksi（27.6MPa）时，取 $0.85-0.05(f'_c-4) \geqslant 0.65$	0.003
新西兰规范 NZS 3101—1995[12]	当 $f'_c \leqslant 8$ksi（55MPa）时，取 0.85；当 $f'_c > 8$ksi（55MPa）时，取 $0.85-0.02758(f'_c-8) \geqslant 0.75$	当 $f'_c \leqslant 4.35$ksi（30MPa）时，取 0.85；当 $f'_c > 4.35$ksi（30MPa）时，取 $0.85-0.05516(f'_c-4.35) \geqslant 0.65$	0.003
加拿大规范 CSA A23.3—04[13]	$0.85-0.0015f'_c$(MPa) $\geqslant 0.67$	$0.97-0.0025f'_c$(MPa) $\geqslant 0.67$	0.0035
欧洲规范 EN 1992—1—1：2004[14]	$\begin{cases}1.0 & f_{ck} \leqslant 50\text{MPa} \\ 1.0-\dfrac{f_{ck}-50}{200} & 50\text{MPa} < f_{ck} \leqslant 90\text{MPa}\end{cases}$	$\begin{cases}0.8 & f_{ck} \leqslant 50\text{MPa} \\ 0.8-\dfrac{f_{ck}-50}{400} & 50\text{MPa} < f_{ck} \leqslant 90\text{MPa}\end{cases}$	$10^{-3} \times \begin{cases}3.5 & f_{ck} < 50\text{MPa} \\ 2.6+35\times\left(\dfrac{90-f_{ck}}{100}\right)^4 & f_{ck} \geqslant 50\text{MPa}\end{cases}$
挪威 NS 3473—1995[15]	—	—	当 $f'_c \leqslant 8$ksi（55MPa）时，取 0.0035
欧洲模式规范 CEB—FIP (1990)[16]	$0.85\left(1-\dfrac{f_{ck}}{250}\right)$，$f_{ck}$ 为 MPa	1	$0.004-0.002\left(\dfrac{f_{ck}}{100}\right)$
法国规范 AFREM (1995)[17]	0.85	$1.0-\left(\dfrac{0.7}{4.5-0.1724f'_c}\right)$	0.003
美国规范 ACI 441—R96 (1996)[18]	0.85，当 $f'_c > 10$ksi（69MPa）时，取 $0.85-0.05033(f'_c-10) \geqslant 0.60$	1.0，当 $f'_c > 10$ksi（69MPa）时，取 0.67	0.003
澳大利亚规范 AS 3600—2001[19]	0.85	$0.85-0.007(f'_c-28)$ 且应大于 0.65 小于 0.85，f'_c 的单位为 MPa	0.003

3.1.4　双向偏心受压构件承载力的简化计算

3.1.4.1　等效矩形应力图法

前面介绍了矩形截面构件承载力计算时，设计规范中采用的受压混凝土等效矩形应力分布的方法，一些分析也表明，对于其他类型的截面，如三角形、梯形等，也可将受压混凝土应力分布等效为矩形应力分布，误差不大。对于矩形截面双向偏心受压混凝土构件，受压区应力的分布可能为三角形或梯形。下面给出矩形截面双向偏心受压混凝土应力等效为矩形应力分布的计算方法和公式。

1. 平衡方程

对于图 3-10 所示的钢筋混凝土双向偏心受压构件，取矩形截面的左下点作为辅助坐标系原点。从左下角钢筋开始，按顺时针方向依次对钢筋编号，则各根钢筋形心坐标可表示为 (x_{sj}, y_{sj})，$j=1$、…、n，n 为钢筋总数。

设截面右上点到 B 点（中性轴与截面高的交点）的距离为 d，中性轴与水平向的夹角为 θ，截面右上点至等效矩形应力图下边缘的距离为 s，坐标原点至中性轴的距离为 p，坐标原点至等效矩形应力图下边缘的距离为 r，则这些量之间存在下列关系：

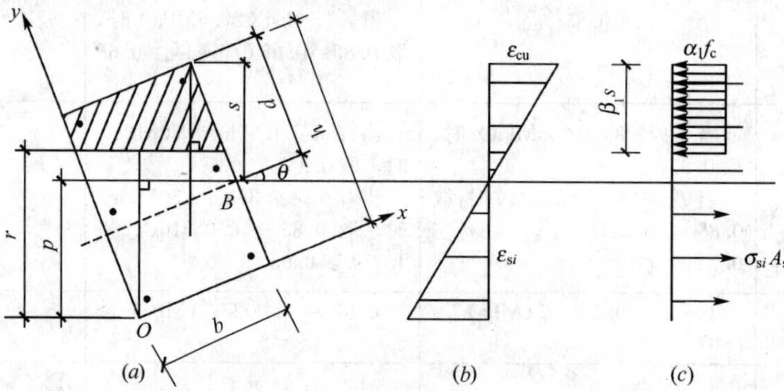

图 3-10 矩形截面构件正截面承载力计算

(*a*) 构件截面；(*b*) 截面应变；(*c*) 混凝土应力和钢筋的力

$$s = d\cos\theta,\ p = b\sin\theta + h\cos\theta - s,\ r = p + (1-\beta)s \tag{3-24}$$

中性轴直线方程为：

$$x\sin\theta + y\cos\theta - p = 0 \tag{3-25}$$

等效矩形应力图下边缘直线方程为：

$$x\sin\theta + y\cos\theta - r = 0 \tag{3-26}$$

根据图 3-10，双向偏心受压构件的平衡方程可表示为：

$$N \leqslant N_u = \alpha_1 f_c S_c + \sum_{j=1}^{n} \sigma_{sj} A_{sj} \tag{3-27}$$

$$M_x \leqslant M_{ux} = \alpha_1 f_c S_c (x_c - x_0) + \sum_{j=1}^{n} \sigma_{sj} A_{sj} (x_{sj} - x_0) \tag{3-28}$$

$$M_y \leqslant M_{uy} = \alpha_1 f_c S_c (y_c - y_0) + \sum_{j=1}^{n} \sigma_{sj} A_{sj} (y_{sj} - y_0) \tag{3-29}$$

式中 N——施加的轴向压力；

N_u——抵抗轴力；

M_x、M_y——x 和 y 方向施加的弯矩；

M_{ux}、M_{uy}——x 和 y 方向的抵抗弯矩；

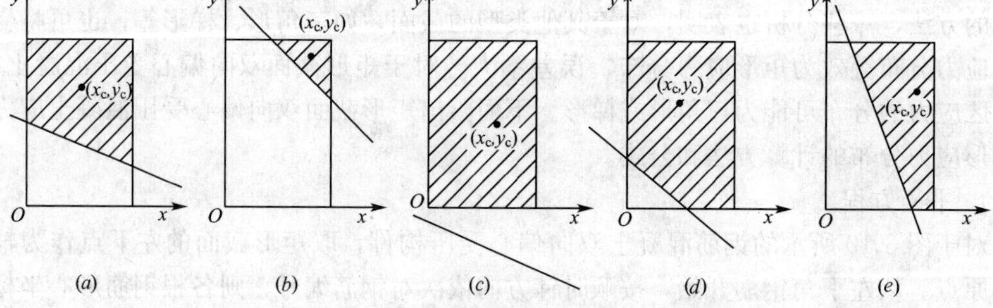

图 3-11 构件截面双向受压的 5 种情况

f_c ——混凝土抗压强度；

S_c ——等效矩形应力受压混凝土的面积；

x_0、y_0 ——截面形心坐标；

x_c、y_c ——等效矩形应力受压混凝土的重心坐标；

A_{sj} ——第 j 根钢筋的面积；

σ_{sj} ——第 j 根钢筋的应力；

x_{sj}、y_{sj} ——第 j 根钢筋的坐标。

2. 混凝土等效矩形应力受压区面积及形心坐标

对于矩形截面的钢筋混凝土双向偏心受压构件，在轴力和弯矩作用下，混凝土受压区可能会出现下面的 5 种情况之一。

情况 1［图 3-11 (*a*)］：$\beta d \leqslant h$ 且 $0 < \theta < \arctan\left(\dfrac{\beta d}{b}\right)$。

$$S_c = hb - \frac{2br - b^2\sin\theta}{2\cos\theta},\ x_c = \frac{\dfrac{b^2(h - r/\cos\theta)}{2} + \dfrac{b^3\sin\theta}{3\cos\theta}}{S_c} \tag{3-30}$$

$$y_c = \frac{3b(h\cos\theta - r)(h\cos\theta + r) + b^2\sin\theta(3r - b\sin\theta)}{6S_c\cos^2\theta} \tag{3-31}$$

情况 2［图 3-11 (*b*)］：$\beta d \leqslant h$ 且 $\arctan\left(\dfrac{\beta d}{b}\right) \leqslant \theta < \dfrac{\pi}{2}$。

$$S_c = \frac{1}{2}\left(b - \frac{r - h\cos\theta}{\sin\theta}\right)\left(h - \frac{r - b\sin\theta}{\cos\theta}\right) \tag{3-32}$$

$$x_c = \frac{r + 2b\sin\theta - h\cos\theta}{3\sin\theta},\ y_c = \frac{r + 2h\cos\theta - b\sin\theta}{3\cos\theta} \tag{3-33}$$

情况 3［图 3-11 (*c*)］：$\beta d > h$ 且 $0 < \theta < \arctan\left(\dfrac{\beta d - h}{b}\right)$。

$$S_c = hb,\ x_c = \frac{b}{2},\ y_c = \frac{h}{2} \tag{3-34}$$

情况 4［图 3-11 (*d*)］：$\beta d > h$ 且 $\arctan\left(\dfrac{\beta d - h}{b}\right) \leqslant \theta \leqslant \arctan\left(\dfrac{\beta d}{b}\right)$。

$$S_c = hb - \frac{r^2}{2\sin\theta\cos\theta} \tag{3-35}$$

$$x_c = \frac{\dfrac{hb^2}{2} - \dfrac{r^3}{6\sin^2\theta\cos\theta}}{S_c},\ y_c = \frac{\dfrac{bh^2}{2} - \dfrac{r^3}{6\sin\theta\cos^2\theta}}{S_c} \tag{3-36}$$

情况 5［图 3-11 (*e*)］：$\beta d > h$ 且 $\arctan\left(\dfrac{\beta d}{b}\right) < \theta < \dfrac{\pi}{2}$。

$$S_c = hb - \frac{2hr - h^2\cos\theta}{2\sin\theta} \tag{3-37}$$

$$x_c = \frac{3h(b\sin\theta - r)(b\sin\theta + r) + h^2\cos\theta(3r - h\cos\theta)}{6S_c\sin^2\theta} \tag{3-38}$$

$$y_c = \frac{\dfrac{h^2(b - r/\sin\theta)}{2} + \dfrac{h^3\cos\theta}{3\sin\theta}}{S_c} \tag{3-39}$$

3. 钢筋应力

设第 j 根钢筋到中性轴的距离为：

$$d_{sj}=x_{sj}\sin\theta+y_{sj}\cos\theta-p \tag{3-40}$$

根据图 3-10，钢筋应力按下式计算：

$$\sigma_{sj}=E_s\varepsilon_{sj}=E_s\frac{\varepsilon_{cu}}{s}(x_{sj}\sin\theta+y_{sj}\cos\theta-p) \tag{3-41}$$

当 $\sigma_{sj}>f'_y$ 时，取 $\sigma_{sj}=f'_y$ ；当 $\sigma_{sj}<-f_y$ 时，取 $\sigma_{sj}=-f_y$ 。

4. 承载力验算

当已知构件的截面尺寸及轴力 N 、弯矩 M_x 和 M_y 时，可根据上面给出的公式，按下面的步骤验算构件的承载力：首先根据弯矩 M_x 和 M_y 计算偏心角 $\alpha=\arctan\left(\frac{M_y}{M_x}\right)$。先给定 d 一个很小的值（如第 1 步 $d=0.05h$），在 $0\sim180^\circ$ 的范围内搜索 θ 的值，使由式(3-28)和式（3-29）求得的 M_{ux} 、M_{uy} 计算的 $\alpha_u=\arctan\left(\frac{M_{uy}}{M_{ux}}\right)$ 等于 α，之后再由式（3-27）计算 N_u；如果 $N_u=N$（计算中足够接近即可），则此时的 d 和 θ 即为所求的距离和夹角，否则增大 d（如第 2 步 $d=0.10h$），重新按上述过程进行计算，直到满足 $N_u=N$ 为止。比较 $\sqrt{M_{ux}^2+M_{uy}^2}$ 与 $\sqrt{M_x^2+M_y^2}$ 的大小，若 $\sqrt{M_{ux}^2+M_{uy}^2}>\sqrt{M_x^2+M_y^2}$，则截面承载力满足要求；否则不满足要求。

【例 3-4】 如图 3-12（a）所示的钢筋混凝土柱，截面尺寸 $h\times b=600\text{mm}\times400\text{mm}$，配置 6 Φ 20 的 HRB400 级钢筋，混凝土等级为 C40，保护层厚度 40mm。柱承受的轴向压力设计值 $N=1500\text{kN}$ 。假定 x 方向的弯矩 $M_x=80\text{kN}\cdot\text{m}$，$y$ 方向的弯矩 $M_y=200\text{kN}\cdot\text{m}$ 。验算柱的安全性。

【解】 $f_c=19.1\text{N/mm}^2$，$\varepsilon_{cu}=0.0033$，$f_y=360\text{N/mm}^2$，$f'_y=360\text{N/mm}^2$，$E_s=2.0\times10^5\ \text{N/mm}^2$。$\alpha_1=1.0,\beta=0.8$ 。

建立图 3-12（b）所示的直角坐标系，确定各根钢筋形心的坐标。将上面的数值代入方程（3-27），利用计算机迭代求解得，$d=481.2\text{mm}$，$\theta=43.1^\circ$，$N_u=1500.95\text{kN}$ 。同时得到，$p=360.05\text{mm}, r=430.32\text{mm}, s=351.35\text{mm}$ 。

由于 $\beta d=0.8\times481.2=384.96\text{mm}<h=600\text{mm}$，且 $\arctan\left(\frac{\beta d}{b}\right)=\arctan$

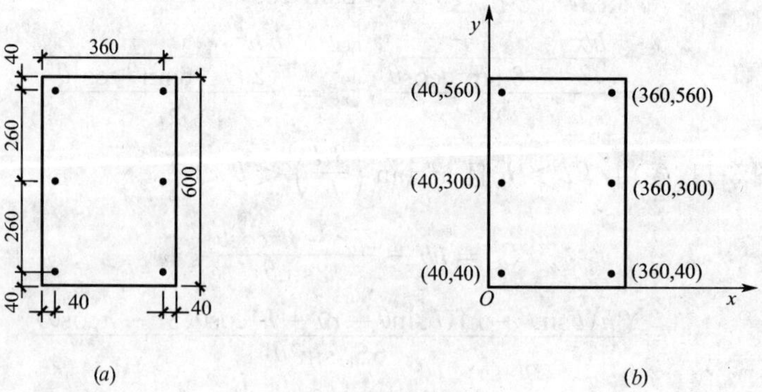

图 3-12 钢筋坐标

（a）截面配筋；（b）钢筋坐标

$\left(\frac{0.8\times481.2}{400}\right)=43.9^{\circ}>\theta=43.1^{\circ}$，属于上面第 1 种情况，混凝土受压区面积及形心坐标为：

$$S_{c}=\frac{1}{2}\left(b-\frac{r-h\cos\theta}{\sin\theta}\right)\left(h-\frac{r-b\sin\theta}{\cos\theta}\right)$$

$$=\frac{1}{2}\times\left(400-\frac{430.32-600\times\cos 43.1^{\circ}}{\sin 43.1^{\circ}}\right)\times\left(600-\frac{430.32-400\times\sin 43.1^{\circ}}{\cos 43.1^{\circ}}\right)$$

$$=79121.33\ \mathrm{mm}^{2}$$

$$x_{c}=\frac{r+2b\sin\theta-h\cos\theta}{3\sin\theta}=\frac{430.32+2\times400\times\sin 43.1^{\circ}-600\times\cos 43.1^{\circ}}{3\times\sin 43.1^{\circ}}$$

$$=263.08\mathrm{mm}$$

$$y_{c}=\frac{r+2h\cos\theta-b\sin\theta}{3\cos\theta}=\frac{430.32+2\times600\times\cos 43.1^{\circ}-400\times\sin 43.1^{\circ}}{3\times\cos 43.1^{\circ}}$$

$$=471.58\mathrm{mm}$$

钢筋应力公式为：

$$\sigma_{sj}=E_{s}\varepsilon_{sj}=E_{s}\frac{\varepsilon_{cu}}{s}\left(x_{sj}\sin\theta+y_{sj}\cos\theta-p\right)$$

$$=1.88\times(0.683x_{sj}+0.73y_{sj}-360.05)$$

依次代入各钢筋形心坐标，得：

$$\sigma_{s1}=1.88\times(0.683\times40+0.73\times40-360.05)=-570.64\ \mathrm{N/mm^{2}}$$

$$<-f_{y}=-360\ \mathrm{N/mm^{2}}\text{，取 }\sigma_{s1}=-360\ \mathrm{N/mm^{2}}$$

$$\sigma_{s2}=1.88\times(0.683\times40+0.73\times300-360.05)=-213.53\ \mathrm{N/mm^{2}}$$

$$\sigma_{s3}=1.88\times(0.683\times40+0.73\times560-360.05)=143.08\ \mathrm{N/mm^{2}}$$

$$\sigma_{s4}=1.88\times(0.683\times360+0.73\times560-360.05)=553.9\ \mathrm{N/mm^{2}}$$

$$>f_{y}=360\ \mathrm{N/mm^{2}}\text{，取 }\sigma_{s4}=360\ \mathrm{N/mm^{2}}$$

$$\sigma_{s5}=1.88\times(0.683\times360+0.73\times300-360.05)=197.19\ \mathrm{N/mm^{2}}$$

$$\sigma_{s6}=1.88\times(0.683\times360+0.73\times40-360.05)=-159.42\ \mathrm{N/mm^{2}}$$

x 轴和 y 轴的极限弯矩为（忽略附加弯矩）

$$M_{ux}=\alpha_{1}f_{c}s_{c}(x_{c}-x_{0})+\sum_{j=1}^{6}\sigma_{sj}A_{sj}(x_{sj}-x_{0})=136.96\mathrm{kN\cdot m}>M_{x}=80\mathrm{kN\cdot m}$$

$$M_{uy}=\alpha_{1}f_{c}s_{c}(y_{c}-y_{0})+\sum_{j=1}^{6}\sigma_{sj}A_{sj}(y_{sj}-y_{0})=342.82\mathrm{kN\cdot m}>M_{y}=200\mathrm{kN\cdot m}$$

由于 $N_{u}=N$ 且 $\sqrt{M_{ux}^{2}+M_{uy}^{2}}>\sqrt{M_{x}^{2}+M_{y}^{2}}$，截面设计满足要求。

3.1.4.2　倪克勤公式

倪克勤（N. V. Nikitin）公式是根据材料力学方法按照弹性理论推导得出的，严格讲适用于弹性构件。将倪克勤公式推广用于对称配筋的钢筋混凝土正截面承载力计算，与试验结果和一般计算方法的结果对比表明，误差不大，所以为我国混凝土规范推荐使用。

倪克勤公式表示为：

$$N \leqslant \frac{1}{\frac{1}{N_{ux}}+\frac{1}{N_{uy}}-\frac{1}{N_{u0}}} \tag{3-42}$$

式中 N_{u0} ——构件轴心受压承载力设计值，$N_{u0}=f_cA+f'_yA'_s$；

N_{ux}、N_{uy} ——轴向压力作用于 x 轴、y 轴并考虑相应的计算偏心距后，按全部纵向钢筋计算的构件偏心受压承载力设计值。

在美国规范 ACI 318 中，倪克勤公式也称为倒数荷载法，是由 Bresler 首先提出的。

3.1.4.3 荷载等值线法

用荷载等值线法进行分析时，首先不考虑双向弯曲，而对每一方向单独进行计算，将两个方向弯矩的计算结果代入椭圆方程进行验算。椭圆方程为：

$$\left(\frac{M_{nx}}{M_{0x}}\right)^{\alpha_1}+\left(\frac{M_{ny}}{M_{0y}}\right)^{\alpha_2}=1.0 \tag{3-43}$$

式中 $M_{nx}=P_ne_y$；

$M_{ny}=P_ne_x$；

P_n ——构件截面轴力；

e_x、e_y —— P_n 对 y 轴和对 x 轴的偏心矩；

M_{0x} —— M_{ny}（或 e_x）为 0 时 P_n 处的 M_{nx}；

M_{0y} —— M_{nx}（或 e_y）为 0 时 P_n 处的 M_{ny}。

α_1、α_2 ——指数，与构件的截面尺寸、纵筋数量和位置、混凝土强度、钢筋屈服应力及混凝土保护层厚度有关。

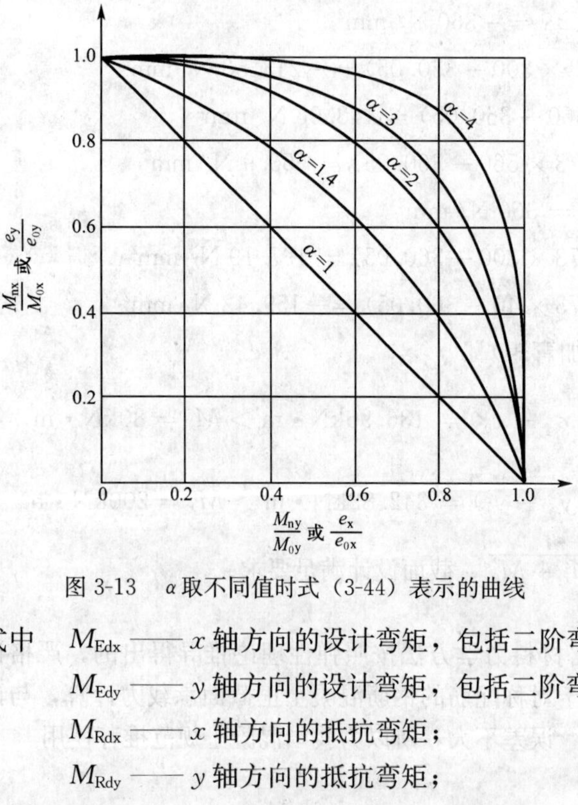

图 3-13 α 取不同值时式（3-44）表示的曲线

Bresler 建议取 $\alpha_1=\alpha_2=\alpha$，则：

$$\left(\frac{M_{nx}}{M_{0x}}\right)^{\alpha}+\left(\frac{M_{ny}}{M_{0y}}\right)^{\alpha}=1.0 \tag{3-44}$$

图 3-13 绘出了 α 取不同值时式（3-44）表示的曲线。

在实际应用中，对于矩形截面，α 取 1.5；对于正方形截面，α 取为 1.5～2.0。

欧洲规范 EN 1992—1—1：2004 采用的公式也是荷载等值线法，即：

$$\left(\frac{M_{Edx}}{M_{Rdx}}\right)^{\alpha}+\left(\frac{M_{Edy}}{M_{Rdy}}\right)^{\alpha}\leqslant 1.0 \tag{3-45}$$

式中 M_{Edx} —— x 轴方向的设计弯矩，包括二阶弯矩；

M_{Edy} —— y 轴方向的设计弯矩，包括二阶弯矩；

M_{Rdx} —— x 轴方向的抵抗弯矩；

M_{Rdy} —— y 轴方向的抵抗弯矩；

a——指数，对于圆形和椭圆形截面 $a=2$，对于矩形截面按表 3-3 取值。

矩形截面 a 的值　　表 3-3

N_{Ed}/N_{Rd}	0.1	0.7	1.0
a	1.0	1.5	2.0

表中　$N_{Rd}=A_c f_{cd}+A_s f_{yd}$，截面轴向承载力设计值；

A_c——混凝土毛截面面积；

A_s——纵向钢筋面积；

f_{cd}——混凝土抗压强度设计值；

f_{yd}——钢筋抗压强度设计值；

N_{Ed}——各荷载组合下的轴向荷载设计值。

澳大利亚规范 AS 3600—2001 也采用荷载等值线法计算双向受压构件的承载力，对于承受轴力和关于各主轴弯矩作用的矩形截面构件，要求满足：

$$\left(\frac{M_x^*}{\phi M_{ux}}\right)^{\alpha_n}+\left(\frac{M_y^*}{\phi M_{uy}}\right)^{\alpha_n}\leqslant 1.0 \tag{3-46}$$

式中　ϕM_{ux}，ϕM_{uy}——在设计轴力（N^*）作用下单独对主轴和次轴进行计算得到的截面抵抗弯矩设计值；

M_x^*，M_y^*——对主轴和次轴的弯矩设计值，包括放大系数；

$\alpha_n=0.7+1.7N^*/(0.6N_{uo})$，取值范围为 $1\leqslant\alpha_n\leqslant 2$；

N^*——轴力设计值；

N_{uo}——构件可承受的轴力。

需要说明的是，对于双向偏心受压构件，我国规范与美国规范和欧洲规范对弯矩 M_x 和 M_y 方向的定义是不同的。在我国规范中，弯矩 M_x 和 M_y 的方向为 x 轴和 y 轴的方向，在美国规范和欧洲规范中，M_x 和 M_y 的方向为绕 x 轴和 y 轴的方向（图 3-14）。

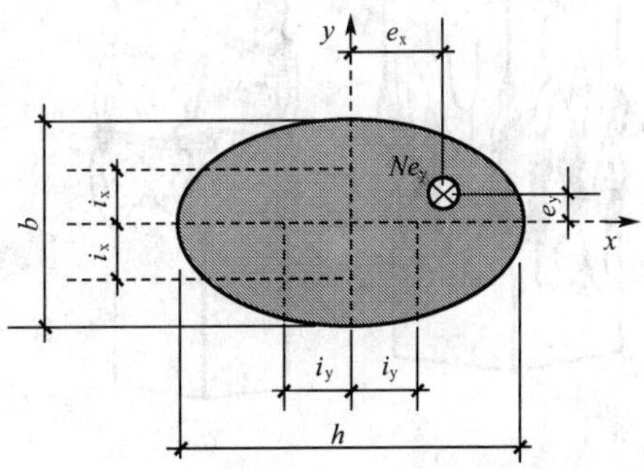

图 3-14　欧洲规范中偏心距 e_x 和 e_y 的定义

3.2　轴心受压构件承载力计算

3.2.1　短轴心受压构件的力学特性

轴心受压构件是偏心受压构件的一种特殊情况，即偏心距为 0 的受压构件。在实际工程结构中，由于混凝土材料的非匀质性、纵筋的不对称布置、荷载作用位置的不准确及施工时不可避免的尺寸误差等原因，并不存在理想的轴心受压构件。考虑到有些构件，如承受恒荷载为主的多层房屋的内柱及桁架的受压腹杆，实际存在的弯矩很小，可近似按轴心受压构件计算。另外，轴心受压构件正截面承载力计算还用于偏心受压构件垂直弯矩平面的承载力验算。

根据所配箍筋形式的不同，轴心受压构件分为普通箍筋轴心受压构件和螺旋箍筋轴心受压构件，如图 3-15 所示。普通箍筋轴心受压构件纵筋的作用是提高柱的承载力，减小

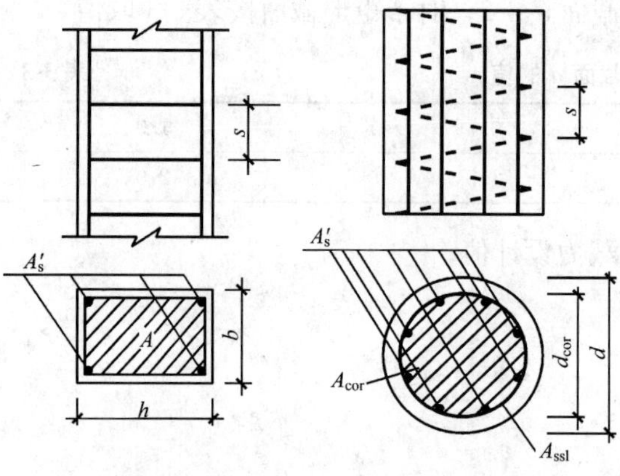

(a) (b)

图 3-15 钢筋混凝土轴心受压构件

(a) 普通箍筋；(b) 螺旋箍筋

构件截面尺寸，防止因偶然偏心产生破坏，改善破坏时构件的延性，并减小混凝土的徐变变形。箍筋作用是与纵筋形成骨架，防止纵筋受力后外凸，其破坏形式如图 3-16 所示。螺旋箍筋轴心受压构件纵筋的作用与普通箍筋轴心受压构件相同。但螺旋箍筋的作用与普通箍筋不同，当构件承受很大的轴向压力，沿柱高连续缠绕的、间距很密的螺旋箍筋犹如一套筒，将核心混凝土包住，约束核心混凝土在纵向受压时产生的横向变形，使混凝土处于三向受压状态，从而提高了混凝土的抗压强度和变形能力(延性)。图 3-17 示出了短的素混凝土构件、普通箍筋混凝土构件和螺旋箍筋混凝土构件轴心受压时的荷载—变形曲线。

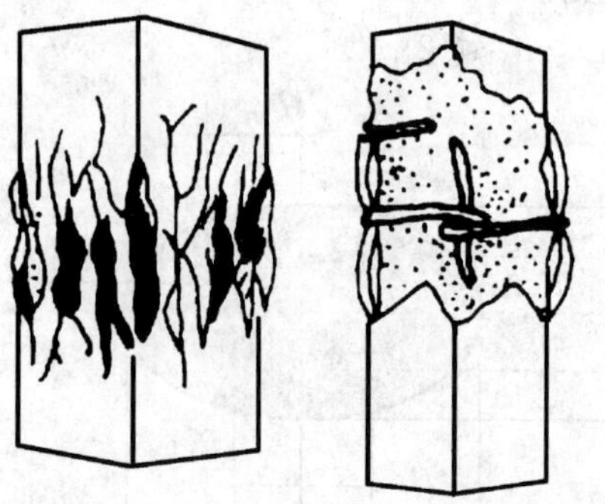

(a) (b)

图 3-16 普通箍筋钢筋混凝土轴心受压构件的破坏形式

(a) 纵向裂缝；(b) 保护层脱落

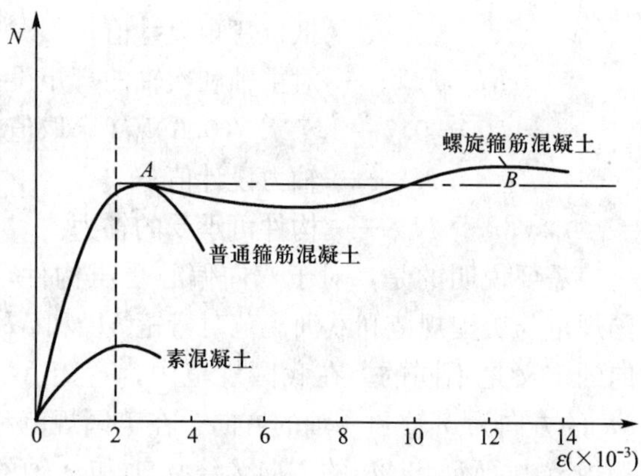

图 3-17 轴心受压构件的荷载—应变曲线

3.2.2 基于稳定性的承载力

失稳破坏不是结构构件达到了材料的强度，而是在荷载作用下构件产生了不可控制的变形。其原因在于，实际的构件在制作过程中其轴线不可避免地存在着初曲率；作用在构件上的外力，其合力作用线也不可能毫无偏差地与构件的轴线相重合；即使在实验室条件下尽可能避免了上述缺陷，但构件材料本身的不均匀性仍无法避免。这些因素都使构件在外加压力作用下除了发生轴向压缩变形外，还发生附加的弯曲变形。这些变形使构件不能再保持平衡状态，从而发生失稳破坏。

对于钢筋混凝土构件，由于其截面一般较大，长细比较小，尽管很少发生完全的失稳破坏，但由于混凝土材料的非线性，在达到极限承载力前，制作误差及初始变形会使构件产生相当大的附加变形和附加弯矩，降低了构件的承载力。本节从稳定性入手讨论钢筋混凝土轴心受压构件（长柱）的承载力。

3.2.2.1　经典的欧拉公式

欧拉是最早研究构件轴心受压时稳定性的研究者之一。如图 3-18 所示，在达到临界状态前，构件保持初始平衡位置，在达到临界状态时，构件从初始的平衡位置过渡到新的平衡位置，此后随着荷载增加变形进一步增大，发生平衡形式的转移，平衡状态出现分岔。

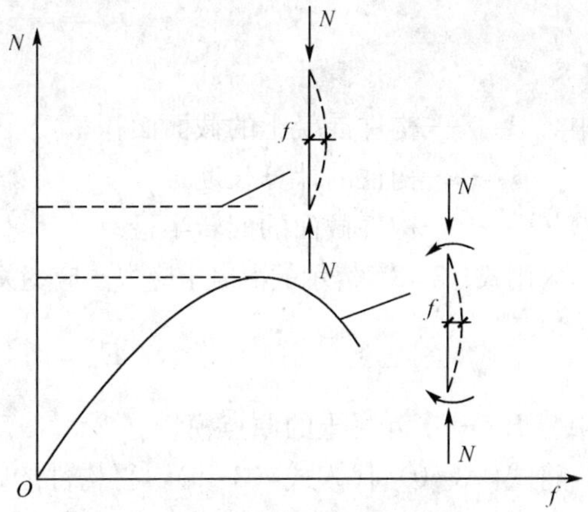

图 3-18　欧拉屈曲及极值失稳的荷载—侧移曲线

计算轴心受压构件稳定荷载的经典欧拉公式为：

$$N_{cr} = \frac{\pi^2 EI}{l^2} \tag{3-47}$$

式中　N_{cr}——构件的稳定荷载；

EI——构件的刚度；

l——构件的计算长度，根据不同的边界条件取用不同的值。

达到稳定荷载时构件截面应力按下式计算：

$$\sigma_{cr} = \frac{N_{cr}}{A} \tag{3-48}$$

式中　A——构件截面面积。

欧拉公式是假定构件为弹性材料得出的。当 $l \to 0$ 时，由欧拉公式求得的承载力趋于无穷大，这是由稳定条件确定的承载力。实际上，由于材料强度是有限的，因此构件的实际承载力为式（3-48）和根据材料强度计算结果的较小者，如图 3-19 所示。

3.2.2.2　Engesser 公式

当构件的材料呈非线性时，其稳定性会降低，目前已经对此进行了很多研究。Engesser1890 年提出他的第一理论[20]，该理论仍然是以经典的欧拉公式为基础的，只是对弹性模量进行了修正，即将欧拉公式中的弹性模量替换为应力—应变曲线在当前应力时的切线模量 E_σ，如图 3-20 所示，然后按下式计算临界应力：

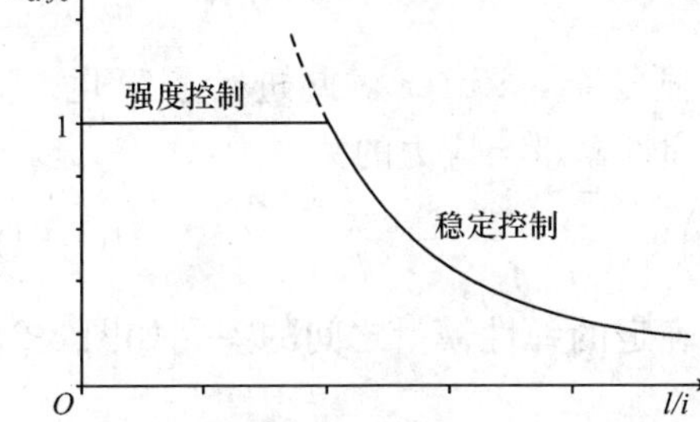

图 3-19　轴心受压构件的承载力

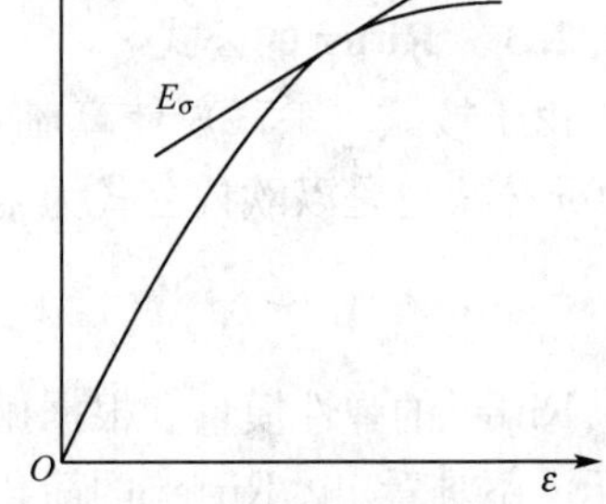

图 3-20　混凝土的切线模量

$$\sigma_{cr}=\frac{N_{cr}}{A_c}=\frac{\pi^2 E_\sigma}{\left(\frac{l}{i}\right)^2} \tag{3-49}$$

式中 A_c——构件混凝土的截面面积；

l——构件的计算长度；

i——构件截面的回转半径。

采用式（3-18）表示的混凝土应力—应变关系，则应力为σ_{cr}时的切线模量由下式确定：

$$E_\sigma=E_{c0}\sqrt{1-\frac{\sigma_{cr}}{f_c}} \tag{3-50}$$

式中 E_{c0}——混凝土的原点模量。

将式（3-50）代入式（3-49），得构件的临界应力：

$$\sigma_{cr}=\frac{1}{2}\sigma_E\left[\sqrt{\left(\frac{\sigma_E}{f_c}\right)^2+4}-\frac{\sigma_E}{f_c}\right] \tag{3-51}$$

其中

$$\sigma_E=\frac{\pi^2 E_{c0}}{(l/i)^2}$$

钢筋的影响可以用简单的方法来考虑，即假定临界应力根据混凝土确定，钢筋的作用以临界应力为基础计算。这样，柱的临界荷载可按下式计算：

$$N_{cr}=\sigma_{cr}bh+\sigma_s A_s \tag{3-52}$$

由于钢筋混凝土柱的刚度大于素混凝土柱，如此简化求得的临界应力偏小。考虑到混凝土失稳前钢筋也可能屈服，式（3-52）可写为：

$$N_{cr}=\min\begin{cases}\sigma_{cr}b\,h(1+\alpha_E\rho)\\ \sigma_{cr}b\,h+A_s f_y\end{cases} \tag{3-53}$$

式中 A_s——钢筋面积；

α_E——钢筋与混凝土弹性模量之比，即E_s/E_{c0}；

ρ——构件截面配筋率。

在实际结构中，混凝土可能要经历多次重复加载和卸载，卸载后混凝土的弹性模量与单次加载时的不同。由于 Engesser 第一理论没有考虑混凝土重复加载或卸载的影响，1895 年 Engesser 假定混凝土的弹性模量等于割线模量，又提出了第二理论。但 Engesser 的第二理论使计算变得复杂。1947 年，Shanley 通过计算和试验研究证实[21]，临界荷载值只是稍大于 Engesser 第一理论值，Engesser 第二理论值为临界荷载的上限值。这表明，对于实际工程设计，Engesser 第一理论是可用的。

3.2.2.3 Ritter 的公式

由于按式（3-51）计算临界应力要开平方，略显复杂，Ritter 对此进行了简化[20]。Ritter 公式也是以欧拉公式为基础的，他假定混凝土弹性模量与应力的关系为：

$$E_\sigma=E_{c0}\left(1-\frac{\sigma}{f_c}\right) \tag{3-54}$$

Ritter 的弹性模量和根据抛物线应力—应变关系确定的弹性模量之间的差别如图 3-21 所示。不难看出，Ritter 的简化方法偏于保守。

将 Ritter 的弹性模量公式（3-54）代入欧拉公式（3-47）即得 Ritter 公式：

$$\sigma_{\mathrm{cr,Ritter}}=\frac{f_c}{1+\frac{f_c}{\pi^2E_{c0}}\left(\frac{l}{i}\right)^2} \tag{3-55}$$

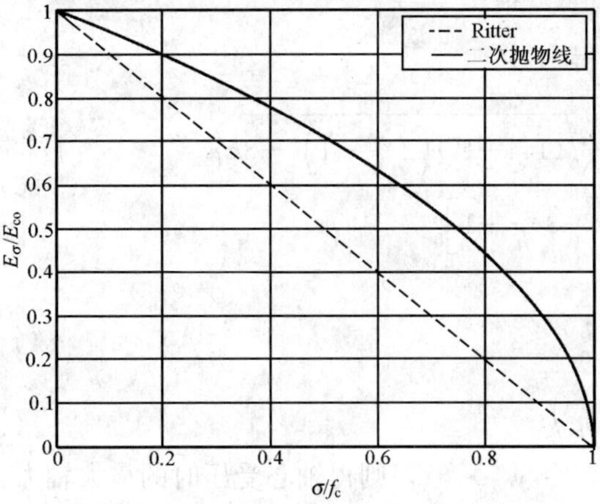

图 3-21 式（3-50）和（3-54）表示的弹性模量—应力关系

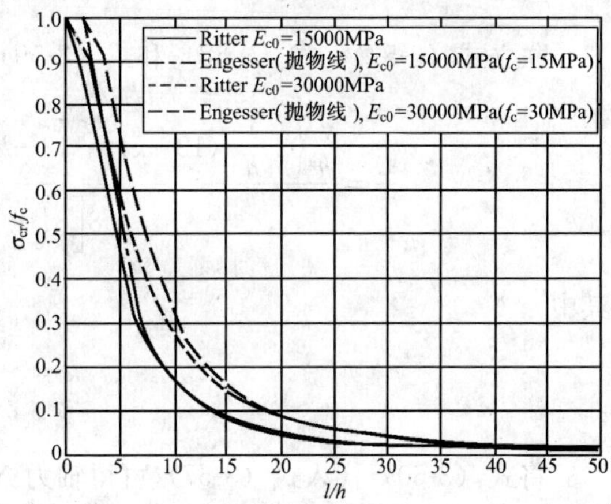

图 3-22 宽和高均为 h 矩形截面构件的临界应力

图 3-22 示出了不同初始弹性模量时，Ritter 公式与 Engesser 公式计算结果的比较。

按照与前面相同的方式考虑钢筋的作用，则轴向承载力的表达式仍用式（3-53）表示，只是其中的 σ_{cr} 用式（3-55）计算。

3.2.2.4 静力平衡法

对于用混凝土这种具有软化特性的材料制作的钢筋混凝土柱，其临界截面可能在破坏前就达到了极限承载力。因此，应该用最大荷载条件确定承载力。这种用于偏心受压构件的方法也可用于承受轴心受压的构件，称为静力平衡法。对于两端简支的柱，中点的最大水平变形可用下式计算：

$$f_{\max}=\frac{1}{\alpha}\varphi l^2 \tag{3-56}$$

式中 φ——构件中高截面的曲率；

α——取决于沿柱方向曲率函数的形状参数。

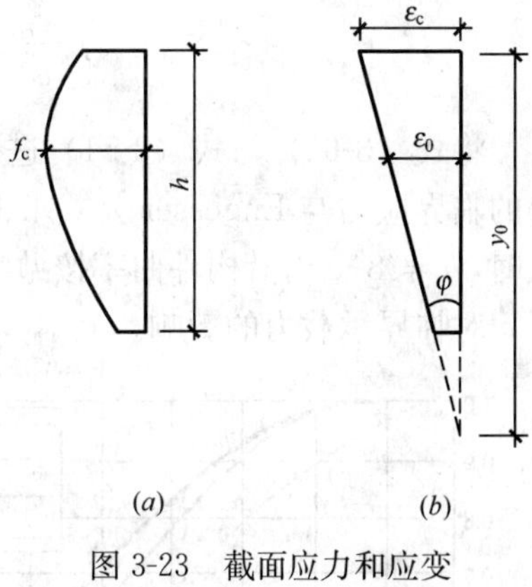

图 3-23 截面应力和应变

（a）应力；（b）应变

根据式（3-18）表示的混凝土应力—应变关系，对于最大挠度由式（3-56）确定的矩形截面无筋柱，按照图 3-23，截面力和弯矩为：

$$\begin{aligned}N&=b\int_{y_0-h}^{y_0}\varepsilon_c f_c\frac{y}{y_0\varepsilon_0}\left(2-\varepsilon_c\frac{y}{y_0\varepsilon_0}\right)\mathrm{d}y\\&=b\left\{f_c\frac{\varepsilon_c}{y_0\varepsilon_0}\left[y_0^2-(y_0-h)^2\right]-\frac{1}{3}f_c\frac{\varepsilon_c^2}{y_0^2\varepsilon_0^2}\left[y_0^3-(y_0-h)^3\right]\right\}\end{aligned} \tag{3-57}$$

$$\begin{aligned}M&=b\int_{y_0-h}^{y_0}f_c\varepsilon_c\frac{y}{y_0\varepsilon_0}\left(2-\varepsilon_c\frac{y}{y_0\varepsilon_0}\right)y\mathrm{d}y\\&=b\left\{\frac{2}{3}f_c\frac{\varepsilon_c}{y_0\varepsilon_0}\left[y_0^3-(y_0-h)^3\right]-\frac{1}{4}f_c\frac{\varepsilon_c^2}{y_0^2\varepsilon_0^2}\left[y_0^4-(y_0-h)^4\right]\right\}\end{aligned} \tag{3-58}$$

柱中点的弯矩为：

$$M=Nf_{\max}=N\frac{1}{\alpha}\varphi l^{2} \tag{3-59}$$

联立式（3-57）、式（3-58）和式（3-59）得：

$$\frac{\varepsilon_c}{\varepsilon_0}=\frac{\frac{y_0}{h}\left\{2\frac{y_0}{h}(12+k)-12-k-\sqrt{(144+k^2)\left(2\frac{y_0}{h}-1\right)^2-8k}\right\}}{8\left[3\left(\frac{y_0}{h}\right)^2-3\frac{y_0}{h}+1\right]} \tag{3-60}$$

其中

$$k=\frac{\alpha}{\varepsilon_0\left(\frac{l}{h}\right)^2}$$

将式（3-60）代入式（3-57）可得轴力 N。令 $y_0\rightarrow\infty$，则得轴心受压时的最大轴力，这是稳定的极限准则，因为柱没有挠曲变形。因此，最大荷载相应于发生挠曲的临界荷载，这一临界荷载为：

$$\frac{N_{cr}}{bhf_c}=\frac{k}{6}\left(\sqrt{1+\left(\frac{k}{12}\right)^2}-\frac{k}{12}\right) \tag{3-61}$$

临界应力为：

$$\frac{\sigma_{cr}}{f_c}=\frac{k}{6}\left(\sqrt{1+\left(\frac{k}{12}\right)^2}-\frac{k}{12}\right) \tag{3-62}$$

将式（3-62）与式（3-51）进行比较可以看出，如果取 $\alpha=\pi^2$，那么由静力平衡法求得的临界应力与Engesser公式求得的临界应力是相同的。关于参数 α，当沿构件曲率为常数时，$\alpha=8$；当沿构件曲率按抛物线规律变化时，$\alpha=9.6$，一般取 $\alpha=10$。图3-24示出了 α 对临界承载力的影响。

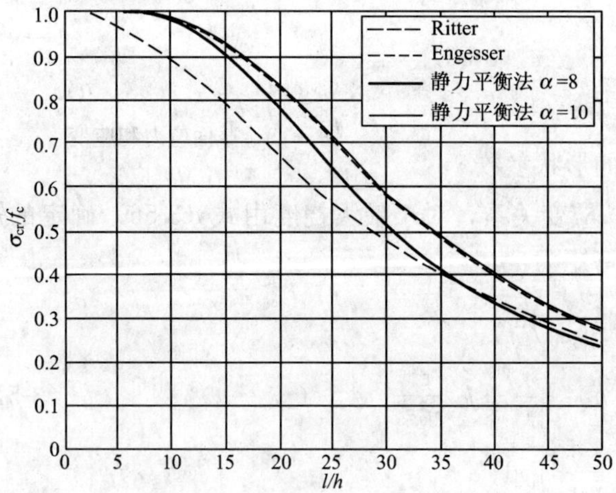

图 3-24 α对临界承载力的影响

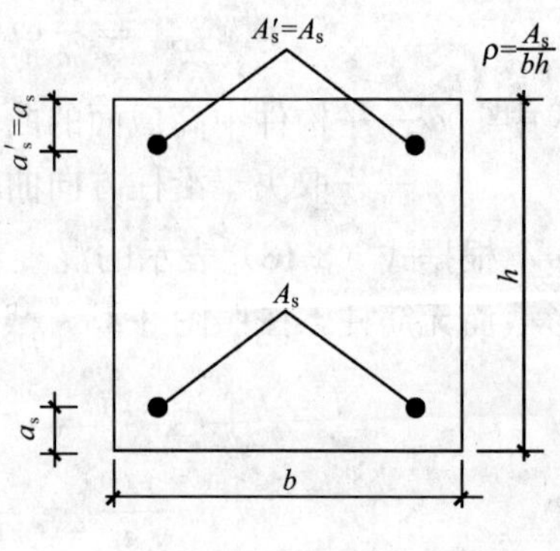

图 3-25 轴心受压柱的截面图

如果构件中配有钢筋，平衡条件取决于钢筋是否屈服。对于图 3-25 所示的矩形截面柱，图 3-26 示出了下面三种情况，计算与无筋截面的情况相同。假定 $a'_s = a_s$，$A'_s = A_s$，可以得到下面的结果。

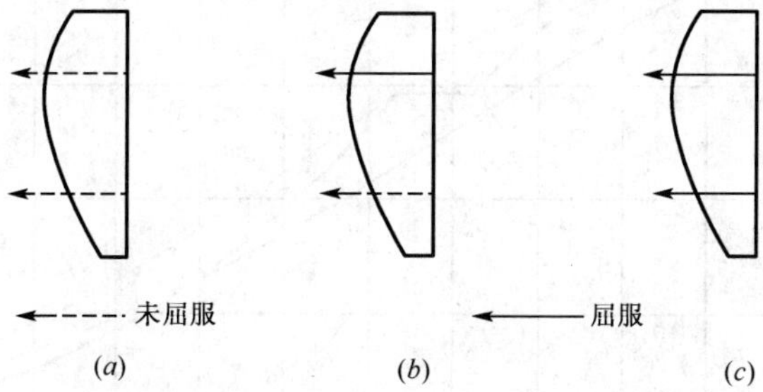

图 3-26 钢筋屈服或不屈服的三种情况

（1）钢筋均未屈服［图 3-26（a）］

$$\frac{\varepsilon_{c1}}{\varepsilon_0} = \frac{1}{12}k + \Phi_{\varepsilon_0} + 1 - \sqrt{(\Phi_{\varepsilon_0}+1)^2 - \Phi_{\varepsilon_0} k\left[2\left(\frac{a_s}{h}\right)^2 - 2\frac{a_s}{h} + \frac{1}{3}\right] + \frac{1}{12^2}k^2} \tag{3-63}$$

$$\frac{N_1}{bhf_c} = -\left(\frac{\varepsilon_{c1}}{\varepsilon_0}\right)^2 + 2\frac{\varepsilon_{c1}}{\varepsilon_0}(1+\Phi_{\varepsilon_0}) \tag{3-64}$$

其中

$$\Phi_{\varepsilon_0} = \frac{A_s E_s \varepsilon_0}{bhf_c}, \quad k = \frac{\alpha}{\varepsilon_0\left(\dfrac{l}{h}\right)^2}$$

（2）上部钢筋屈服［图 3-26（b）］

$$\frac{\varepsilon_{c2}}{\varepsilon_0} = \frac{f_y}{\varepsilon_0 E_s} \tag{3-65}$$

$$\frac{N_2}{bhf_c} = -\left(\frac{\varepsilon_{c2}}{\varepsilon_0}\right)^2 + 2\left(\frac{\varepsilon_{c2}}{\varepsilon_0} + 2\Phi_{\varepsilon_0}\right) \tag{3-66}$$

（3）钢筋全部屈服［图 3-26（c）］

$$\frac{\varepsilon_{c3}}{\varepsilon_0} = \frac{1}{12}k + 1 - \sqrt{\frac{1}{12^2}k^2 + 2\Phi_{\varepsilon_0} + 1} \tag{3-67}$$

$$\frac{N_3}{bhf_c} = -\left(\frac{\varepsilon_{c3}}{\varepsilon_0}\right)^2 + 2\left(\frac{\varepsilon_{c3}}{\varepsilon_0}\right) + 2\Phi_{\varepsilon_0} \tag{3-68}$$

取 $\alpha = 8, b = 250\text{mm}, h = 250\text{mm}, E_s = 2\times10^5\text{MPa}, \varepsilon_0 = 0.2\%$，$f_c = 5\text{MPa}$，$f_y = 200\text{MPa}$，则 $\Phi_{\varepsilon_0} = 0.10, a_s/h = 0.15$。图 3-27 示出了按静力平衡法、Engesser 法和 Ritter 法计算的结果，其中 $N_0 = bhf_c + (A_s + A'_s)f_y$。

由图 3-27 可以看出，按静力平衡法计算的结果在 l/h 约为 18～23 时有一水平线段，在此范围内承载力不随 l/h 的变化而变化。在该线段之上，所有钢筋屈服，承载力按式（3-68）计算；在该线段之下，所有钢筋均未屈服，按式（3-64）计算。水平线段只是对应

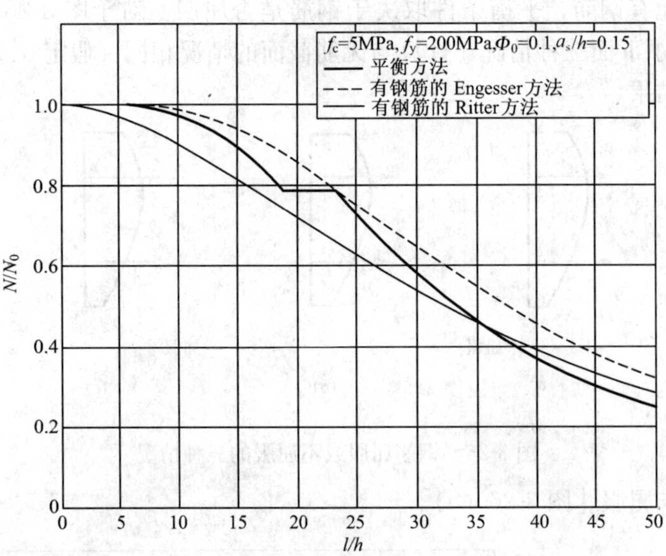

图 3-27　三种方法承载力计算结果的比较

于上部钢筋屈服的情况，承载力按式（3-66）计算。

将钢筋强度取为 $f_y = 400$MPa，同样按照上面的条件进行计算，计算结果如图 3-28 所示。由图可以看出，式（3-64）只适用于 $f_y > 400$MPa 的情况。对于弹性模量为 2×10^5MPa 的钢筋，这意味着屈服应变等于或大于混凝土的最大应变（$\varepsilon_0 = 0.2\%$）。一般而言，有无水平线只取决于钢筋的屈服应变是否高于混凝土的应变 ε_0，而水平段的“宽度”主要取决于钢筋的等级，这可通过对比图 3-28（$\Phi_{\varepsilon_0} = 0.1$）和图 3-29（$\Phi_{\varepsilon_0} = 0.2$）看出，两个图中只是钢筋强度不同。这是很显然的，因为水平段起于钢筋的屈服，止于钢筋的未屈服。

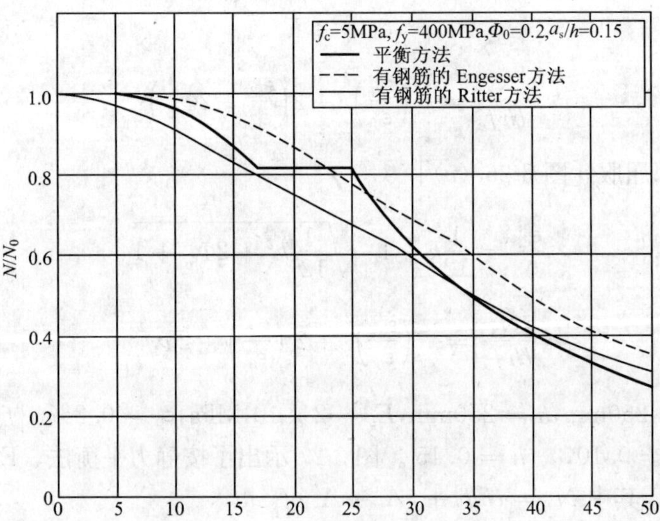

图 3-28　$\Phi_{\varepsilon_0} = 0.1$ 时的计算结果

由图 3-27、图 3-28 和图 3-29 可以看出，当 l/h 大于 40 时，按修正 Ritter 柱公式的临界荷载偏高，但此时混凝土强度为 5MPa，工程中并不采用如此低的强度值。由图 3-30 可以看出，对于混凝土强度较高的情况（35MPa），按修正的 Ritter 公式计算的临界荷载并不高。

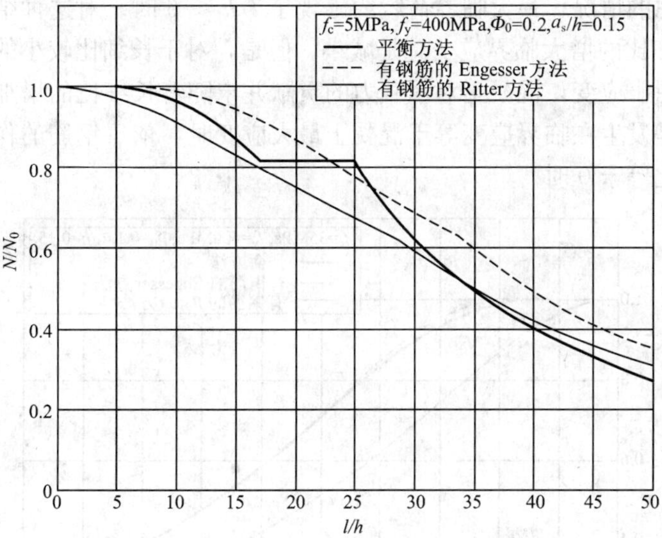

图 3-29　$\Phi_{\varepsilon_0}=0.2$ 时的计算结果

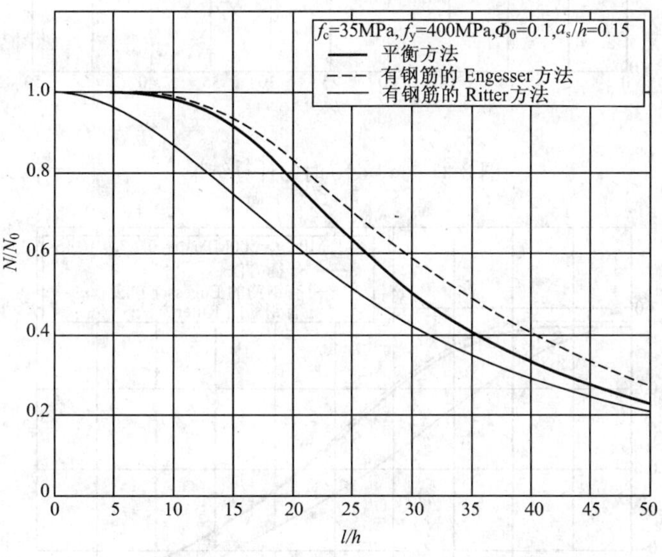

图 3-30　$f_c=35$MPa 时的计算结果

这些计算是在混凝土最大应力时的应变为常数（$\varepsilon_0=0.002$）的假定下进行的，与抗压强度无关。实际上混凝土的弹性模量随抗压强度而变。随着混凝土强度的增大，Ritter 公式中弹性模量误差的影响变得更加明显。

在图 3-27～图 3-30 的计算结果中，α 取为 8，较为保守，一般取 $\alpha=10$。如果取 $\alpha=$

10，由静力平衡法求得的临界荷载与修正的 Engesser 公式求得的临界荷载几乎是相同的，这可从图 3-31 看出。

当钢筋的屈服应变较高即将图 3-26（a）的情况用于所有长细比的构件时，由静力平衡法得到的结果非常有趣。在这种情况下，柱最大临界荷载时的长细比不为 0，如图 3-32 所示。对于所考虑的情况，最大临界荷载约出现于 $l/h \approx 6$ 时。对这种结果的解释是：如图 3-33，随着长细比的增大临界应变总是减小。但是，对于长细比较小的混凝土构件，由于临界应变大于屈服应变，混凝土对承载力的贡献并未随着长细比的增加而减小。混凝土的最大贡献当然是发生在临界应变等于混凝土最大应变时，依靠钢筋的作用，显然最大值不是发生在长细比等于 0 时。

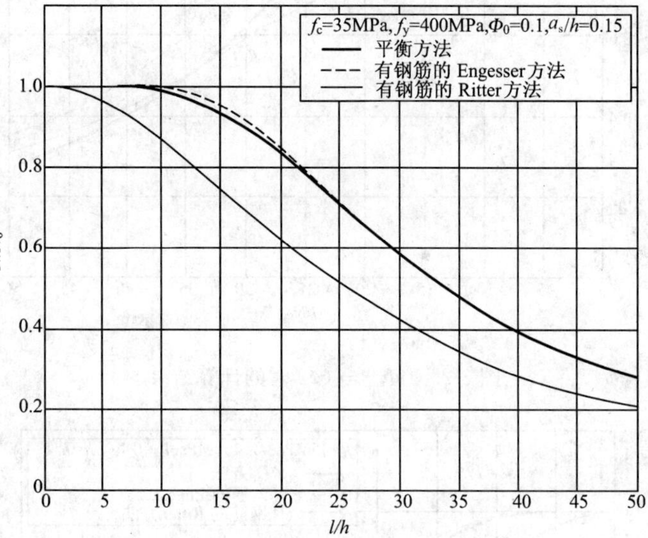

图 3-31　$\alpha = 10$ 时的计算结果

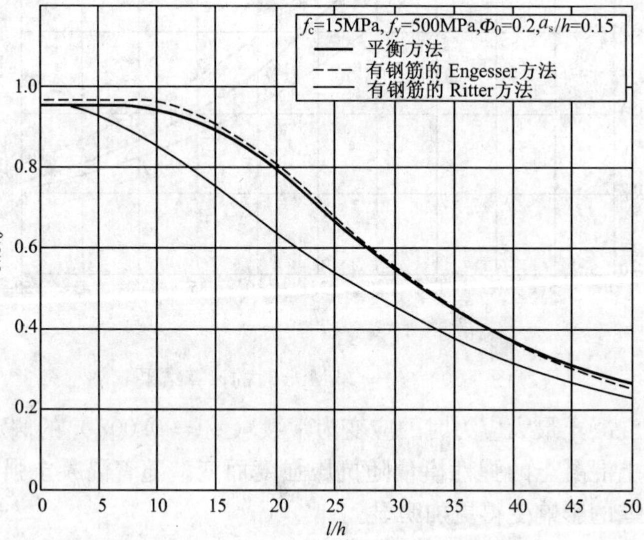

图 3-32　$f_y = 500\text{MPa}$ 时的计算结果

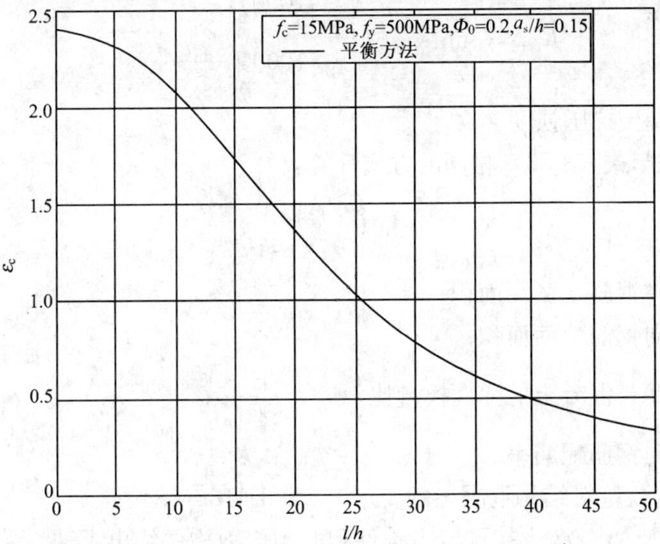

图 3-33 不同长细比的构件压屈时混凝土的临界应变

3.2.2.5 设计规范采用的计算方法

1. 我国《混凝土结构设计规范》(GB 50010—2002)

对于轴心受压的构件，我国《混凝土结构设计规范》(GB 50010—2002)[8]承载力的计算公式为：

$$N_u = 0.9\varphi(f_c A + f'_y A'_s) \tag{3-69}$$

式中 φ——构件稳定系数，按规范［8］表 7.3.1 取值或按下式计算：

$$\varphi = \left[1 + 0.002\left(\frac{l_0}{b} - 8\right)^2\right]^{-1}$$

l_0——构件的有效长度；

b——矩形截面构件的短边尺寸；

f_c——混凝土轴心抗压强度；

A——构件截面面积；

f'_y——钢筋受压屈服强度；

A'_s——纵向钢筋面积。

当构件纵筋配筋率大于 3%时，A 用 $A - A'_s$ 代替。

在我国规范中，当 $l_0/b \leqslant 8$ 或 $l_0/d \leqslant 7$ 或 $l_0/i \leqslant 28$ 时，可认为柱是短柱，由于短柱的有效长度对柱承载力的影响很小，这时稳定系数取为 $\varphi = 1.0$，其中 d 为圆形截面柱的直径，i 为柱截面的最小回转半径。

2. 丹麦实用规范 DS411

在丹麦实用规范 DS411[22]中，柱承载力的计算是以 Ritter 公式为基础的，即：

$$\sigma_{cr,Ritter} = \frac{f_c}{1 + \dfrac{f_c}{\pi^2 E_{0cr}}\left(\dfrac{l}{i}\right)^2} \tag{3-70}$$

其中

$$E_{0cr} = \min\begin{cases} 1000 f_c \\ 0.75 \times 51000\left(\dfrac{f_c}{f_c + 13}\right) \end{cases} \tag{3-71}$$

式中 f_c——混凝土抗压强度。

钢筋的作用按与式（3-53）相同的方式计算：

$$N_{cr} = \min\begin{cases} \sigma_{cr} A_c (1 + n\rho) \\ \sigma_{cr} A_c + f_y A_{sc} \end{cases} \tag{3-72}$$

式中 A_c——构件混凝土截面面积；

A_{sc}——纵向钢筋截面面积；

n——钢筋与混凝土的弹性模量比，$n = \dfrac{E_s}{500 f_c}$；

ρ——纵向钢筋配筋率。

3. 美国《建筑规范对结构混凝土的要求》（ACI 318—08）

美国规范 ACI 318—08[11] 按预应力构件和非预应力构件给出了轴心受压构件的承载力计算公式。对于非预应力普通箍筋轴心受压构件，计算公式为：

$$\phi P_n \leqslant \phi P_{n,\max} = 0.80\phi\left[0.85 f'_c (A_g - A_{st}) + f_y A_{st}\right] \tag{3-73}$$

式中 P_n——名义轴向荷载；

A_g——构件毛截面面积；

A_{st}——纵向钢筋（钢筋或型钢）总面积；

f'_c——混凝土圆柱体抗压强度；

ϕ——强度折减系数，取 0.65。

对于预应力普通箍筋轴心受压构件，计算公式为：

$$\phi P_n \leqslant 0.8\phi P_0 \tag{3-74}$$

式中 P_0——偏心距为 0 时的名义轴向荷载；

ϕ——强度折减系数，取 0.65。

关于对普通箍筋轴心受压构件承载力乘 0.8 的系数，美国规范 ACI 318—08 的解释是考虑 $\dfrac{e}{h}$ 近似为 0.05 的偏心距。

4. 加拿大规范《混凝土结构设计》（CSA A23.3—04）

对于配置普通箍筋的钢筋混凝土柱，加拿大规范 CSA A23.3—04[13] 要求轴向极限设计荷载不应大于 $P_{\max}$，$P_{\max}$ 按下式计算：

$$P_{\max} = 0.80\left[\alpha_1 \phi_c f'_c (A_g - A_{st} - A_t - A_p) + \phi_s f_y A_{st} + \phi_a F_y A_t - f_{pr} A_p\right] \tag{3-75}$$

式中 α_1——矩形应力图系数，按下式计算：

$$\alpha_1 = 0.85 - 0.0015 f'_c \geqslant 0.67$$

A_g——构件毛截面面积；

A_p——预应力筋截面面积；

A_{st}——纵向钢筋总截面面积；

A_t——组合截面中结构型钢、钢管的面积；

f'_c——混凝土圆柱体抗压强度；

f_{pr}——混凝土达到极限压应变时预应力筋的应力；

f_y——钢筋屈服强度；

F_y——结构钢屈服强度；

ϕ_a——结构钢抗力系数，取 0.9；

ϕ_c——混凝土抗力系数，取 0.6；

ϕ_s——钢筋抗力系数，取 0.85。

5. 新西兰规范《混凝土结构设计》(NZS 3101—1995)

新西兰规范 NZS 3101—1995[12] 要求承载能力极限状态下柱的设计轴向荷载 N^* 不大于 $0.85\phi N_0$。混凝土柱的名义受压承载力为：

$$N_0 = \alpha_1 \phi_c f'_c (A_g - A_{st}) + \phi_s f_y A_{st} \tag{3-76}$$

式中　A_g——构件毛截面面积；

A_{st}——纵向钢筋总截面面积；

f'_c——混凝土圆柱体抗压强度；

f_y——非预应力筋屈服强度；

α_1——系数，按下式计算；

$$\alpha_1 = \begin{cases} 0.85 & f'_c \leqslant 55\text{MPa} \\ 0.85 - 0.04(f'_c - 55) \geqslant 0.75 & f'_c > 55\text{MPa} \end{cases}$$

ϕ_c、ϕ_s——混凝土、钢筋强度降低系数。

图 3-34 给出了美国规范 ACI 318、加拿大规范 CSA A23.3—04 和新西兰规范 NZS 3101—1995 中不同混凝土抗压强度下应力系数 α_1 的比较。

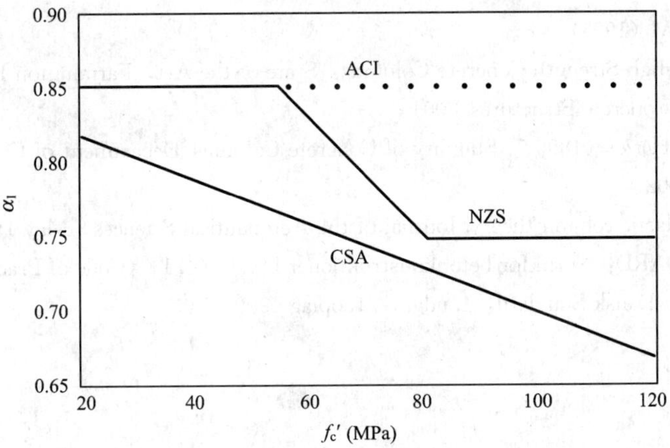

图 3-34　三本规范中系数 α_1 的比较

参 考 文 献

1 Fafitis A and Shah S P. Predictions of ultimate behavior of confined columns subjected to large deformations, Journal of the American Concrete Institute, 1985, 82 (4): 423-433

2 Azizinamini A, Kuska S S B, Brungardt P and Hatfield E. Seismic behavior of square high-strength concrete columns. ACI Structural Journal, 1994, 91 (3): 336-345

3 Ibrahim H H H and MacGregor G. Modification of the ACI rectangular stress block for high-strength concrete. ACI Structural Journal，1997，94（1)：40-48

4 Pendyala R and Mendis P A. A rectangular stress block for high strength concrete. Structural Engineering Journal，Institution of Engineers，Australia，1998，CE39（4)：135-144

5 Attard M M and Stewart M G. A two parameter stress block for high strength concrete. ACI Structural Journal，1998，95（3)：305-317

6 Bae S and Bayrak O. Stress block parameters for high-strength concrete members. ACI Structural Journal，2003，100（5)：626-636

7 Ozbakkaloglu T and Saatcioglu M. Rectangular stress block for high-strength concrete，ACI Structural Journal，2004，101（4)：475-483

8 GB 50010—2002. 混凝土结构设计规范．北京：中国建筑工业出版社，2002

9 JTJ 267—98. 港口工程混凝土结构设计规范．北京：人民交通出版社，1998

10 AASHTO LRFD-2007. AASHTO LRFD Bridge Design Specifications，Washington，D. C.，2007

11 ACI 318—08. Building Code Requirement for Strutural Concrete（ACI 318—08）and Commentary（ACI 318—08)，2008

12 NZS 3101—1995. Design of Concrete Structures. Wellington，New Zealand，1995

13 CSA A23. 3-04. Design of concrete structures. Canadian Standards Association，2004

14 EN 1992-1-1：2004. Design of concrete structures—Part 1：General rules and rules for buildings，CEN，2004

15 NS 3473 E. Norwegian Standard. Norwegian Council for Building Standardization，4th edition，November，1995

16 CEB-FIP Model Code 1990. CEB（Comité Euro-International du Béton，1991）. CE Bull. d'Information，1991

17 法国规范 AFREM（1995）

18 ACI 441—R96. High-Strength Concrete Columns：State-of-the-Art，Farmington Hills，Mich.，1996

19 AS 3600—2001. Concrete Structures. 2001

20 Tim Gudmand—Hфyer（1890）. Stability of Concrete Columns. Department of Civil Engineering DTU-building 118，2002

21 Shanley F R. Inelastic column theory. Journal of the Aeronautical Sciences，May 1947，4（5）

22 DANSK STANDARD：Norm for betonkonstruktioner DS411（4. 1）(Code of Practice for the structural use of concrete)，Dansk Standard，4. udgave/1. oplag 1999-03-03

第 4 章　钢筋混凝土构件的受剪承载力

对于荷载作用下的钢筋混凝土梁，除承受弯矩作用外，一般还承受剪力作用。第 3 章讨论了钢筋混凝土构件的正截面承载力计算问题。由于正截面计算中只考虑沿构件轴线方向的正应力，同时采用平截面假定，分析相对比较简单，容易建立力学分析模型。但对于剪力作用下的构件，截面同时承受正应力和剪应力的作用，属于复合受力状态，分析要复杂得多，特别是混凝土开裂后，截面上应力发生重分布，使问题进一步复杂。图 4-1 示出了均布荷载作用下钢筋混凝土梁的主应力迹线和配置的抗剪钢筋。

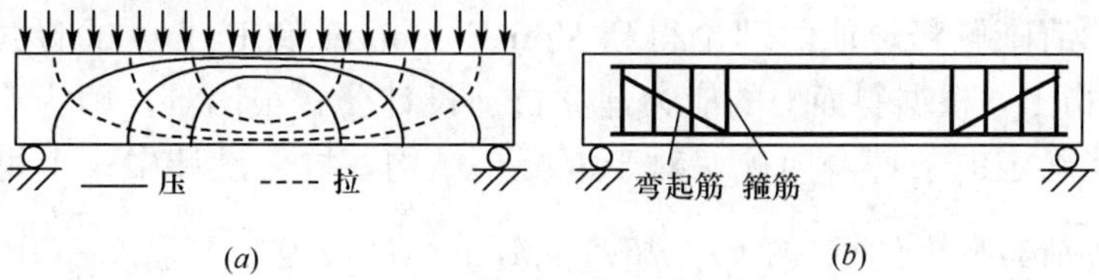

图 4-1　均布荷载下的简支钢筋混凝土梁

(a) 主应力迹线；(b) 钢筋布置

由于钢筋混凝土抗剪问题的复杂性，从 20 世纪初至今，有关的理论和试验研究一直是一个不断深化的课题。试验已经表明，受多种因素影响，钢筋混凝土构件的剪切破坏有三种形式，即斜拉破坏、剪压破坏和斜压破坏，这在一般的钢筋混凝土结构书籍中都有介绍。本章主要介绍钢筋混凝土梁抗剪理论的发展背景、近年提出的各种理论和模型。

4.1　抗剪理论的发展

钢筋混凝土梁的剪切破坏要经历混凝土开裂、斜裂缝扩展和破坏等过程。在混凝土开裂前，梁腹中的最大剪应力可用经典的均质、弹性理论计算，这一理论是 1856 年由俄罗斯铁路工程师 Jourawski 提出的：

$$\tau=\frac{VS}{Ib} \tag{4-1}$$

式中　V——梁上作用的剪力；

I——截面惯性矩；

S——截面对中性轴的面积矩；

b——计算应力处梁的宽度。

如同上面的概念，在 18 世纪，人们错误地认为混凝土梁的剪切破坏类似于钢结构和木结构中的纯剪现象。对于钢筋混凝土构件腹板中的横向钢筋，也只是认为类似于钢梁腹板中的铆钉或木梁的剪切销，起抵抗水平剪应力的作用。

1899 年 Ritter[1] 首次明确提出斜拉的概念和桁架模型，如图 4-2 所示，Ritter 也指出

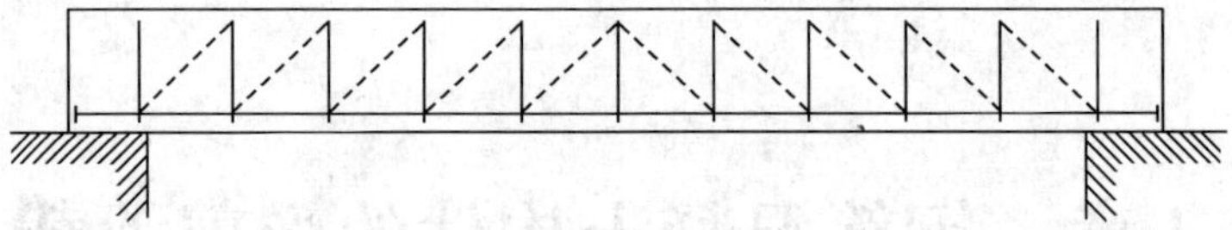

图 4-2 Ritter 的桁架模型

箍筋对钢筋混凝土梁的抗剪作用是受拉而不是受剪，并提出了类似于现行设计规范中的箍筋的计算公式。然而，Ritter 的观点并没有引起其他研究者的重视。因此，关于钢筋混凝土构件的剪切破坏和抗剪强度，形成了两种学派：一种学派是水平剪应力（纯剪破坏）的支持者，而另一种学派是斜拉破坏的支持者（沿斜截面拉坏）。

剪切破坏是纯剪现象还是纯拉现象的讨论最终于 1906～1907 年由 Mörsch（1909）[2] 解决，如图 4-3 所示。Mörsch 指出，如果梁是纯剪状态，45°平面上必有等效的主拉应力。因为混凝土的抗拉能力比抗剪和抗压能力弱，将沿斜面发生剪切破坏。因此，Mörsch 给出了斜拉机理的清晰解释，他的理论得到 Von Emperger 和 Probst 试验数据的进一步支持。Mörsch 还指出，根据斜面上的应力建立抗剪设计公式很困难，因为确定材料的斜拉强度有很多不能确定的条件。因此，对于混凝土结构，抗剪设计中一个可以接受的假定是，当截面上外荷载产生的剪应力$\frac{V}{b_w d}$超过混凝土构件极限抗剪强度$\frac{V_u}{b_w d}$时，在临界截面的未开裂竖直面上发生剪切破坏。因此，Mörsch 用$\frac{V_u}{b_w d}$作为抗剪强度的名义值。Mörsch 认为剪应力在中性轴处达到最大值，中性轴以下到纵向钢筋之间剪应力保持不变。剪应力的最大值为：

$$v_{max}=\frac{V}{b_w z} \tag{4-2}$$

式中 b_w——梁腹板宽度；

z——弯曲力臂。

Mörsch 在 1920[3] 年和 1922[4] 年对钢筋混凝土梁抗剪的桁架模型做了进一步研究，如图 4-4 所示，但与早期 Ritter(1899)[1] 的研究一样，Mörsch（1920，1922）采用的桁架模

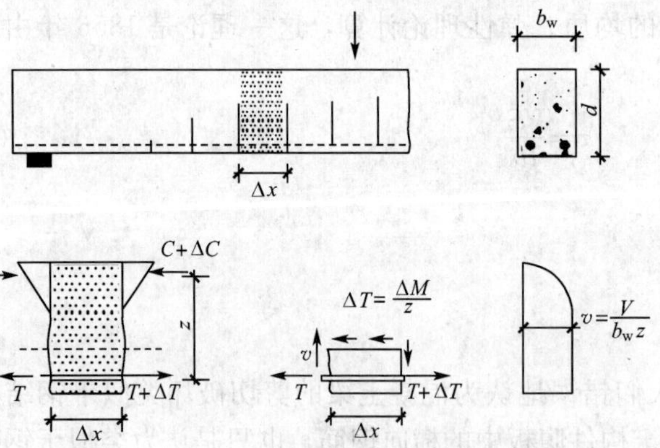

图 4-3 Mörsch 的抗剪模型

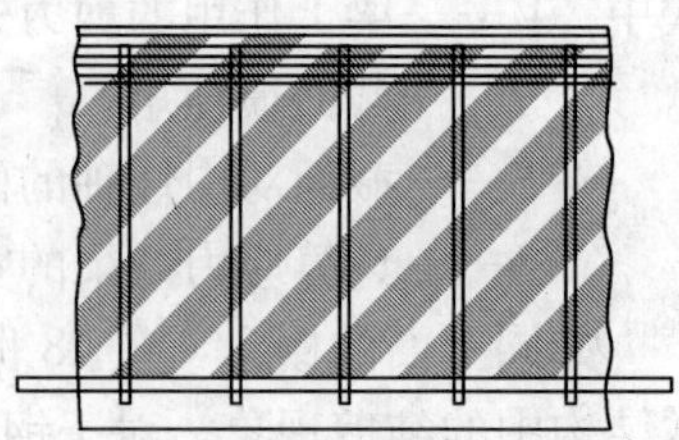

图 4-4 Mörsch 的桁架比拟模型

型忽略了混凝土斜裂缝的拉应力，并假定剪应力由与纵轴成45°角的混凝土斜压杆承担。混凝土斜压应力将梁的上下面推开，而箍筋的拉应力又将之拉近。根据45°桁架模型，箍筋屈服时梁达到其抗剪能力，相应的剪应力为：

$$v=\frac{A_v f_y}{b_w s}=\rho_v f_y \tag{4-3}$$

式中　A_v——箍筋截面面积；

f_y——箍筋屈服强度；

s——箍筋间距；

ρ_v——配箍率。

由于早期的桁架模型过于简单，将混凝土的贡献和箍筋的贡献独立开来，计算结果与试验结果相差颇大。例如，对于图 4-5 所示的梁，采用公式（4-3）计算的最大剪应力仅为0.80MPa。而试验得到的抗剪强度可达到 2.38MPa。由此看来，用45°桁架模型计算的值较保守。

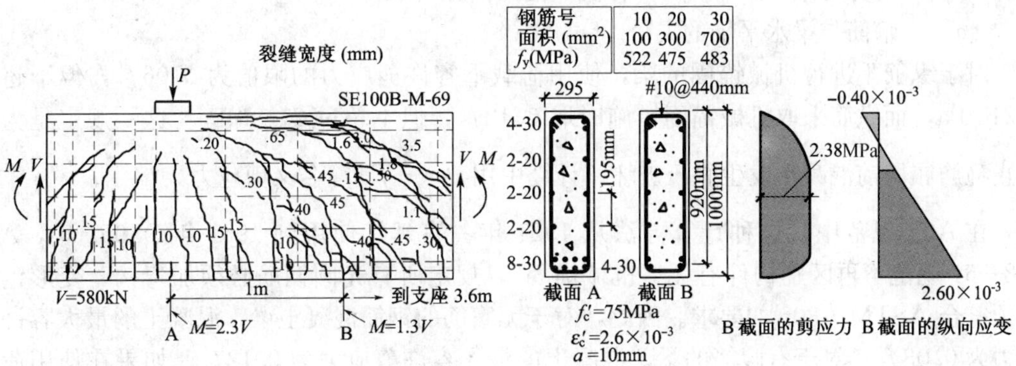

图 4-5　钢筋混凝土梁的剪切裂缝和应力、应变分布

按45°桁架模型计算的抗剪强度之所以保守，其中一个原因是斜压杆与水平轴的夹角 θ 一般情况下小于45°。式（4-3）的一般形式为：

$$v=\rho_v f_y \cot\theta \tag{4-4}$$

若取 θ 等于18.6°，则可由式（4-4）解释计算的抗剪强度。但图 4-5 所示的大部分裂缝的倾角并不是所计算的这样小。

Withey 将 Ritter 的桁架模型引入美国规范的抗剪设计中，并指出由这种方法得出的结果与试验结果相比较为保守。1909 年，Talbot[5] 对名义抗剪强度只与混凝土抗压强度有关的看法提出了质疑，因为斜拉是弯曲引起的水平应力和剪切引起的竖向应力共同导致的。第一次世界大战期间，作为紧急舰队公司混凝土造船项目的一部分，美国对钢筋混凝土梁进行了大量试验。试验结果同样表明，用抗压强度作为名义抗剪强度的唯一度量是非常保守的。

以45°组合桁架模型为基础，考虑混凝土的贡献 V_c，美国 1920 年的 ACI 规范规定，对于不配置箍筋但配置不起机械锚固作用纵筋的梁，容许剪应力值为 $0.025f_c'$，但不超过0.41MPa。若纵筋以180°弯钩形式锚固或采用与钢筋刚性连接的板作为锚固措施，容许剪

应力取 $0.03f_c'$，但不超过 0.62MPa（图 4-6），用下式计算抗剪钢筋的面积：

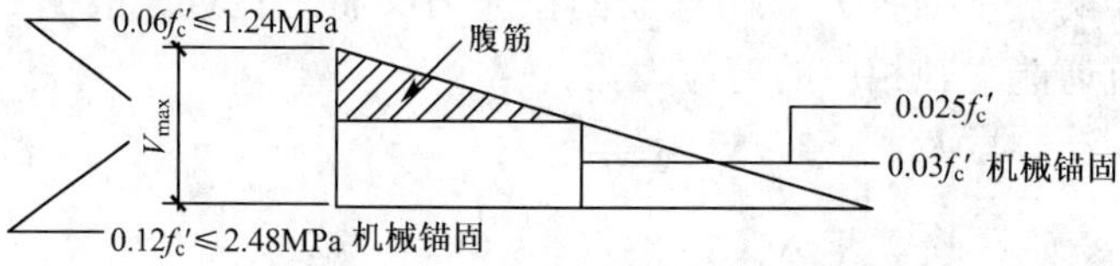

图 4-6 美国 1920 年的 ACI 规范中的抗剪规定

$$A_v f_v = \frac{V' s\sin\alpha}{jd} \tag{4-5}$$

式中 s——箍筋间距；

A_v——箍筋面积；

f_v——箍筋的容许拉应力；

jd——弯曲力臂；

V'——总剪力减 $0.02f_c'bjd$（有机械锚固措施时取 $0.03f_c'bjd$）；

α——箍筋与梁水平轴的夹角。

对于纵筋不进行机械锚固的梁，使用荷载下容许剪应力的限值为 $0.06f_c'$，但不超过 1.24MPa，而纵筋采取机械锚固措施时取 $0.12f_c'$，但不超过 2.48MPa。这一规定是为了防止箍筋屈服前混凝土发生斜压破坏。计算中用 $v=\dfrac{V}{bjd}$ 计算名义剪应力。

在 ACI 规范中，这种计算方法从 1921 年一直延续使用到 1951 年。1951 年，ACI 318—51 规范不再区别构件有无“机械锚固”，规定所有光圆钢筋必须加弯钩，变形钢筋必须符合 ASTM A305 的要求。因此，对于无腹筋的钢筋混凝土梁，混凝土的最大容许剪应力为 $0.03f_c'$；对于有腹筋的梁，混凝土的最大容许剪应力为 $0.12f_c'$。如果在使用荷载下剪应力超过 $0.03f_c'$，必须配置箍筋来抵抗过大的剪应力。按照45°桁架模型计算箍筋面积，计算的箍筋必须能承担总剪力与混凝土承担的剪力之差。

1955 年 8 月，美国俄亥俄州的威尔金斯机场仓库的大梁发生了剪切破坏，这一事件使人们对钢筋混凝土梁传统的抗剪设计方法提出了质疑。剪切破坏的梁高为 914mm，破坏处没有配置箍筋，且纵筋的配筋率只有 0.45%。梁破坏时的剪应力小于 0.5MPa，按当时的 ACI 规范计算使用应力不算大。美国波特兰混凝土协会对高度为 305mm 的梁所做的试验表明，梁破坏前可承受约 1.4MPa 的剪应力。但是，施加约 1.4MPa 的轴向拉力时，抗剪能力降低 50%。由此得出结论，由收缩和热变形产生的拉应力是梁在较低的剪应力下破坏的原因。这表明钢筋混凝土梁的剪切破坏是一个受多种因素影响的复杂问题，其实 Talbot[5] 早在 1909 年就指出了用简单的方法计算无箍筋梁受剪承载力的谬误，只是没有以数学公式的形式表示出来，所以他的重要概念很快被遗忘了。通过对 106 根梁进行试验，他得出如下结论：“破坏时的剪应力随抗剪钢筋数量、梁的相对长度及其它影响梁刚度因素的变化而变化，…，无箍筋梁的抗剪性能取决于混凝土的质量和强度，…，梁的刚度越大，形成的竖向应力越大。简而言之，深梁比细长梁的抗剪强度要高，而配筋量高的梁要比配筋量低的梁抗剪强度高。”

1950～1960 年前后，钢筋混凝土梁更多剪切破坏事件的发生进一步促进了对剪切问题的研究[6]。研究结果表明，钢筋混凝土梁的剪切破坏非常复杂，不能用一个变量反映。这实际上又回到了 Talbot 1909 年提出的已被大家遗忘的概念。遗憾的是，Talbot 的概念后来才出现在设计公式中。20 世纪 50 年代初期，Clark[7]提出了计算名义抗剪强度的数学表达式，包括三个变量：剪跨比、纵筋配筋率和混凝土抗压强度。从本质上讲，Clark 用数学表达式表达了 Talbot 的想法。将剪跨比 a/d 视为主要影响变量，因为它考虑了直接影响梁抗剪强度的两个因素：梁的长度和截面高度。在计算抗剪强度时，使用剪跨比 a/d 的主要问题是剪跨 a 只能定义两点对称加载和一点加载的情况，其它加载情况（如均布荷载）的剪跨比物理含义不明确。伊利诺斯大学 1950 年进行的研究表明，可以将剪跨比 a/d 与水平弯曲应力和斜拉应力联系起来，因此，用 $M/(Vd)$定义一般情况的剪跨比（M 为弯矩，V 为同一截面的剪力）。应该注意的是，对于受一点加载或两点对称加载的简支梁，剪跨 a 等于M/V。即使这两个量不相等，剪跨 a 也常用M/V 代替。对于一般的加载条件，用 $M/(Vd)$代替 a/d 是钢筋混凝土构件抗剪设计的一个重要发展。

1950 年，美国混凝土学会（ACI）和美国土木工程师协会（ASCE）成立了 326 委员会来发展基于“极限强度”理论的抗剪设计方法。委员会提出了无腹筋钢筋混凝土构件开裂抗剪强度的计算方法。

1964 年，Kani[8]将钢筋混凝土构件两相邻裂缝间的混凝土比拟为梳子中的齿（图 4-7）。假定混凝土齿为固定于梁受压区的自由悬臂梁，钢筋施加水平剪力，通过研究混凝土齿的弯曲问题，提出一种更切实际的方法。尽管这一理论没有完全反映剪应力传递机理，但它是更合理方法研究的开端。

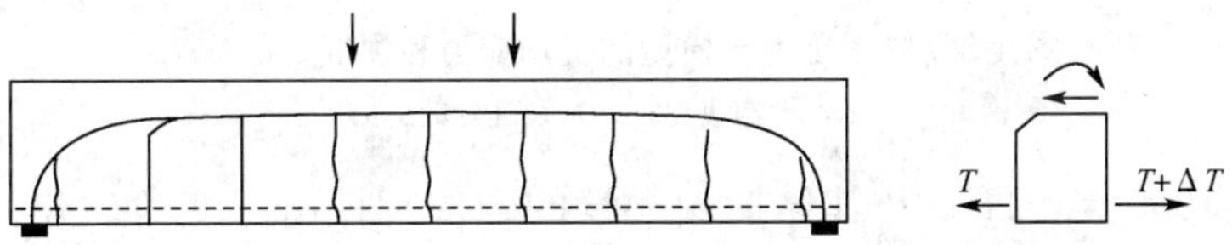

图 4-7　剪力作用下梁开裂后的齿模型

Fenwick 和 Paulay 1968 年对齿模型进行了研究，指出普通混凝土梁通过裂缝间的摩擦跨越裂缝传递力的重要性。Taylor 1974[9]年也研究了 Kani 的模型。研究表明，对于一般的混凝土梁，抗剪能力的构成比例为：受压区应力（20%～40%）、裂缝间的摩擦力（35%～50%）、销栓作用（15%～25%）。

根据对界面上剪应力的大量试验研究，Hamadi 和 Regan 1980[10]年发表了对齿模型分析的结果。假定裂缝是垂直的，裂缝间距为梁有效高度的一半。Reineck 1991[11]年进一步发展了齿模型，考虑了所有的剪应力传递机制，进行了包括协调性的非线性计算。Reineck 根据他本人的力学模型，得出极限抗剪强度的公式，其计算结果与经验公式及其他多个计算公式的结果一致。

修正的桁架模型近年为一些设计规范采用。例如，在 ACI 318—95 规范中，采用了在 45°桁架模型确定的抗剪钢筋承载力基础上加混凝土的贡献项，我国的混凝土设计规范也是如此。另外一种方法是变角桁架模型，这种模型考虑了桁架压杆倾角的变化。CEB-FIP[12]混凝土模式规范（1990）、欧洲规范 EN 1992—1—1：2004[13]及很多其他实用规范的公式都是采用变角桁架模型或同时考虑变角桁架和混凝土的贡献而建立的。

对于受纯扭作用的钢筋混凝土构件，Mitchell 和 Collins（1974）[14]提出了压力场理论。Collins（1978）[15]将压力场理论、Vecchio 和 Collins（1986）[16]将修正压力场理论用于钢筋混凝土构件的抗剪分析。修正压力场理论（图 4-8）考虑了开裂混凝土中的拉应力，是对压力场理论的进一步发展。修正压力场理论可以模拟构件的全部荷载-变形特性，构件中的钢筋轴向受拉，混凝土双向受拉或受压。混凝土的主应力和主应变按同向考虑。根据平衡方程、变形协调关系、钢筋应力—应变关系和受压、受拉开裂混凝土的应力—应变关系，可确定平均应力、平均应变和任意荷载下直至破坏时的夹角。钢筋混凝土构件的破坏不一定由平均应变控制，而是受裂缝处局部应力的影响。检验裂缝处局部应力是修正压力场理论的一项重要内容，即将根据裂缝处钢筋的应力和裂缝表面抗剪能力确定的平均主拉应力限制到允许的范围内。

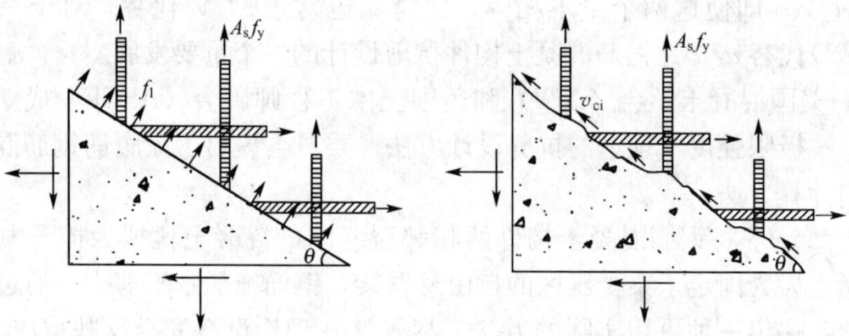

图 4-8 修正压力场模型的平均应力和裂缝处的应力
（a）平均应力；（b）裂缝处的应力

1994 年和 1995 年，Hsu 及其休斯顿大学的合作者提出了变角软化桁架模型（RA-STM）。同修正压力场理论一样，这种方法假定主应力方向 θ 与主应变方向一致。θ 值随剪应力的增大而减小，因此称为“变角”。Pang 和 Hsu[17]将变角桁架模型限用于变角 θ 不超过初始开裂角度 12°的情况，超出这一限值建议采用定角模型，即假定主压应力混凝土与初始开裂方向保持平衡。

作为对修正压力场模型的扩展，Vecchio 2000[18]年提出的扰动应力场模型（DSFM）将沿裂缝表面的刚性滑移加入构件的协调关系中，从而考虑了平均主应力倾角发生变化及混凝土中出现的平均主应变。这种模型反映了裂缝角度的变化，以及主应变方向的滞后。Vecchio 等的结论是，扰动应力场模型作为一种简化模型在多数情况下都具有较好的精度。尽管扰动应力场模型的应力和应变的共轴假定还有不足之处，但在绝大多数情况下这种不足对计算结果的影响很小。

由于混凝土结构抗剪的复杂性，这至今仍是一个需要不断深入研究的课题[19,20]。

4.2 抗剪机理

在 1973 年 ACI-ASCE 426[21]委员会的报告中，确认了以下 4 种剪应力传递机理：未开裂混凝土的剪应力传递、界面剪力传递（通常称为“骨料咬合”或“裂缝摩擦”）、纵向钢筋的销栓作用和拱作用。1998 年 ASCE-ACI 445[20]委员会的报告提出一种新的机理，即直接通过裂缝传递的残余拉应力。无腹筋梁中斜裂缝上的力如图 4-9 所示，有腹筋梁的力如图 4-10 所示。

对于无轴向压力的细长构件，由于受压区的高度较小，受压区混凝土对抗剪强度的贡献不大。相反，对于剪跨比较小的梁，大部分剪力由受压区混凝土承担，尤其是纵向钢筋屈服之后。

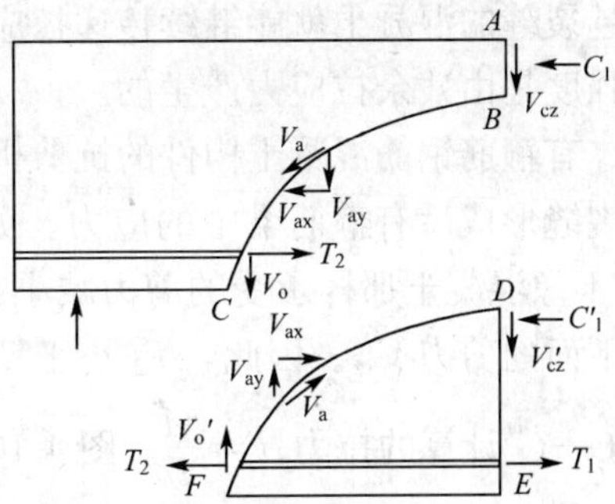

图 4-9　无腹筋梁中斜截面上的力

裂缝表面的剪应力主要通过骨料咬合传递，骨料咬合是由裂缝表面凸出的骨料产生的。描述骨料咬合的基本参数为裂缝界面剪应力、正应力、裂缝宽度和裂缝滑动。Walraven[22] 1981 年做了大量试验，并提出了将骨料颗粒理想化为球体时与裂缝界面相交的概率模型（图 4-11）。当产生滑移时，混凝土基体发生塑性变形，与凸出的骨料接触。接触区的应力包括正应力 σ_P 和剪应力 $\mu\sigma_P$。裂缝表面的几何形状统计上用混凝土的骨料含量及骨料颗粒不同凸出程度的概率描述。

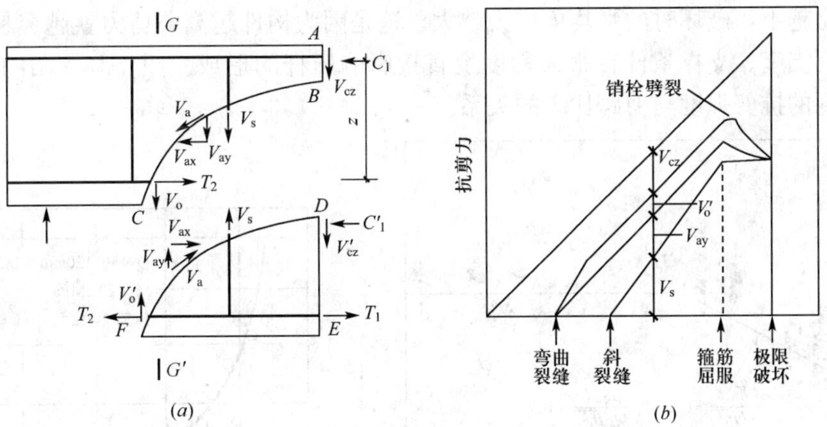

图 4-10　有腹筋梁斜截面上的力和相对大小

(a) 斜裂缝上的力；(b) 不同阶段各力的大小

无腹筋钢筋混凝土构件的销栓作用并不明显，因为销栓作用中的最大剪应力受产生销栓作用的混凝土保护层抗拉强度限制。但是，在纵向钢筋配筋率较大的构件中，尤其是当纵向钢筋分布不只一层时，销栓作用不可忽视。

拱作用与剪跨比 a/d 有直接关系。对于 a/d 小于 2.5、出现斜裂缝且内力重分布后的无箍筋梁，能够通过拱作用承受附加荷载。根据 Kani 1979[23] 年的试验，梁 a/d 等于 7 时的极限抗剪强度为 a/d 等于 1 时的 1/6。

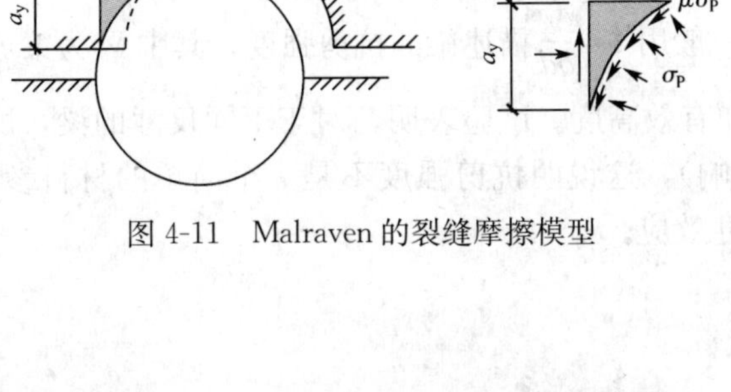

图 4-11　Malraven 的裂缝摩擦模型

当混凝土产生第一条裂缝时，只要裂缝宽度不超过 0.05～0.15mm，跨越裂缝的混凝土就能继续传递拉应力。断裂力学方法对混凝土构件抗剪机理的解释是抗剪强度是由残余拉应力产生的。

有箍筋钢筋混凝土构件的抗剪机制与无箍筋构件的有很大不同。图 4-10（a）示出了斜裂缝形成后有箍筋梁中的应力。如图所示，箍筋承担的剪力为 V_s。由于斜裂缝张开时 V_s 不像混凝土那样承受的剪力减小或消失，为保证平衡，必然产生压力 C_1' 和作用于梁裂缝下面的剪力 V_{cz}'。因此，T_2 小于 T_1，且两者之差取决于箍筋的数量，但 T_2 大于根据截面 $G-G'$计算的拉力 $T=\frac{M}{z}$。图 4-10（b）示出了梁中各种力随所施加剪力的变化。

4.3 影响无腹筋梁抗剪强度的因素

4.3.1 剪跨比的影响

在构件的任一截面上，弯曲裂缝的高度随弯矩的增大而增大。因此，初裂抗剪强度 V_{cr}随弯矩的增大而减小。研究表明，对于一定范围的混凝土强度和配筋率，抗剪强度近似与$\left(\frac{M_u}{V_{cr}d}\right)^{-0.13}$成正比。图 4-12 示出了美国 ACI 规范中临界剪跨比与抗剪强度的关系。构件剪跨比越小，破坏时的平均剪应力越大。这是因为构件越高，剪力就越容易通过压杆直接传递到支座。支撑条件在很大程度上直接影响压杆的形成。图 4-13 示出了按我国试验资料得到的抗剪强度与剪跨比 λ 的关系。

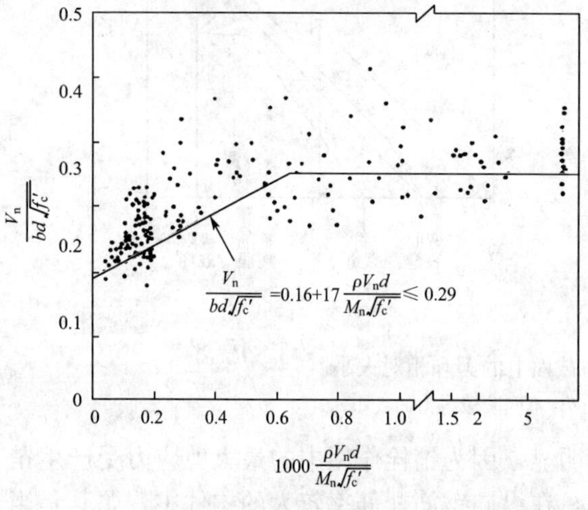

图 4-12 美国规范中剪跨比与抗剪强度的关系

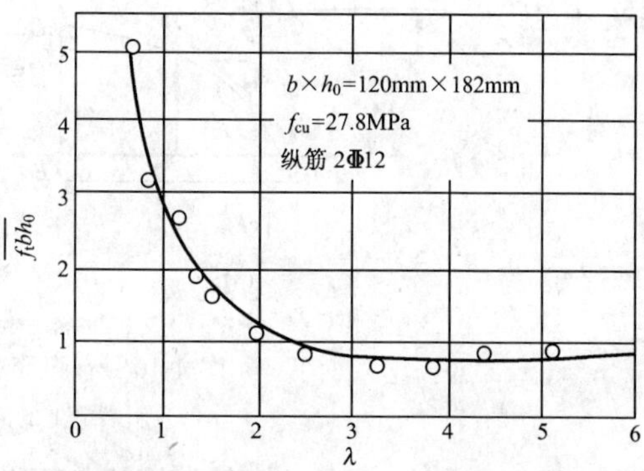

图 4-13 剪跨比对抗剪强度的影响

4.3.2 构件高度的影响

在无腹筋钢筋混凝土梁的试验中，一般用 $v=\frac{V}{bd}$描述梁的抗剪强度，其中 V 为梁剪切破坏时的荷载，b 和 d 分别为梁的宽度和有效高度。试验表明，对于不同尺寸的梁，试验得到的 v 是不同的（排除了随机性的影响），这说明抗剪强度不是一个简单的材料参数，与构件的尺寸有关，称为抗剪强度的尺寸效应。

早在1967年，Kani[24]就指出了无腹筋构件的尺寸对其抗剪强度的重要影响。Shioya[25]等的研究重新肯定了这一事实，并将这一结论扩展到截面高度为3000mm的梁。如图4-14所示，较大截面钢筋混凝土梁的平均抗剪强度约为较小截面梁的1/3。尽管对钢筋混凝土构件的抗剪性能进行了大量的研究，但关于尺寸效应的研究不多。1997年文献［26］收集了470个钢筋混凝土构件抗剪的试验文献，其中只有10个文献考虑了构件尺寸的影响。

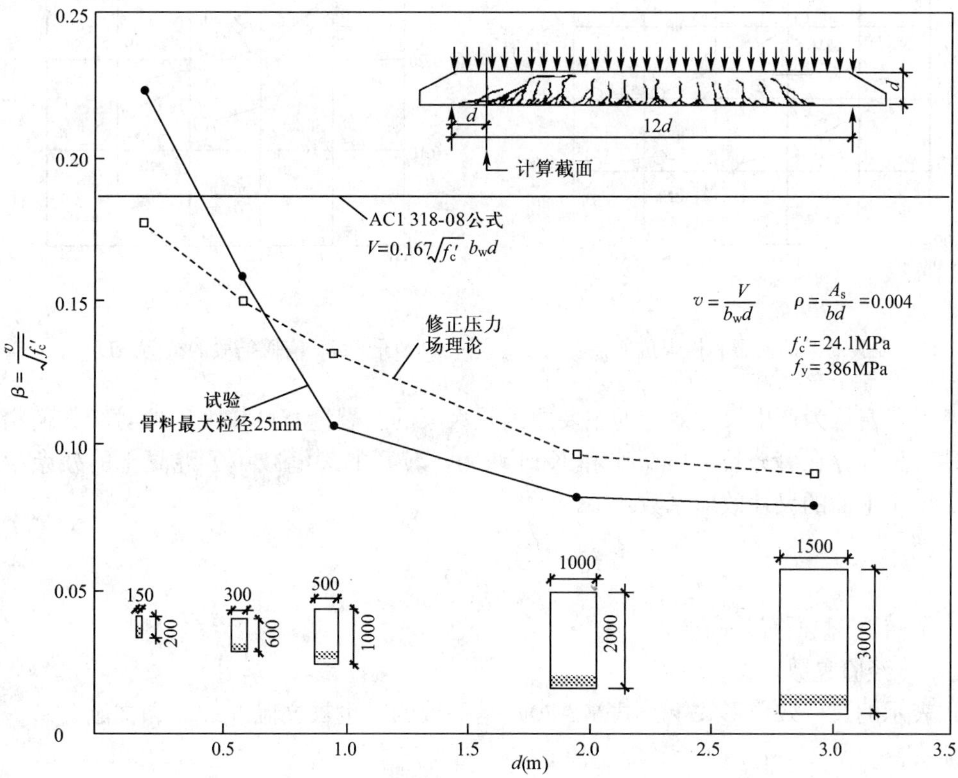

图4-14　不同尺寸构件的抗剪强度

1995年Walraven和Lehwalter采用三组钢筋混凝土梁进行了剪切试验研究。第一组梁尺寸相同，所采用混凝土骨料的最大粒径不同；第二组梁的混凝土拌和料相同、尺寸不同（200×680，400×1030，600×1380，850×1780，1000×2250，单位mm）；第三组梁为配置箍筋的短梁，又分为两小组，第一小组梁高度不同（160～760mm），$A_{sw}/ba=0.15\%$，其中A_{sw}为箍筋面积，b为梁宽度，a为剪跨，第二小组梁高度与第一小组相同，但$A_{sw}/ba=0.30\%$。三组梁的试验结果如图4-15～图4-17所示。由图可以看出，混凝土骨料的最大粒径对梁抗剪强度影响不大（图4-15）；对于未配置箍筋的梁，初裂抗剪强度和极限抗剪强度都随梁高度的增大而降低，

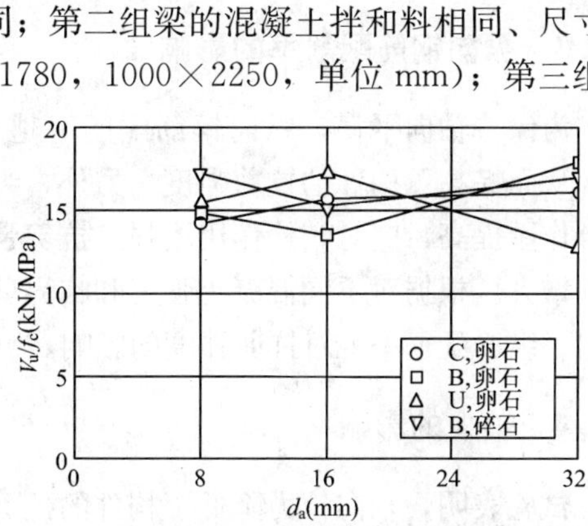

图4-15　骨料最大粒径对梁抗剪强度的影响

但初裂抗剪强度降低的幅度小（图 4-16）；对于配置箍筋的梁，极限抗剪强度也随梁高度的增大而降低（图 4-17）；梁抗剪的尺寸效应系数符合式（4-6）。文献［27］的试验也证实钢筋混凝土梁初裂抗剪强度随高度降低的幅度小。

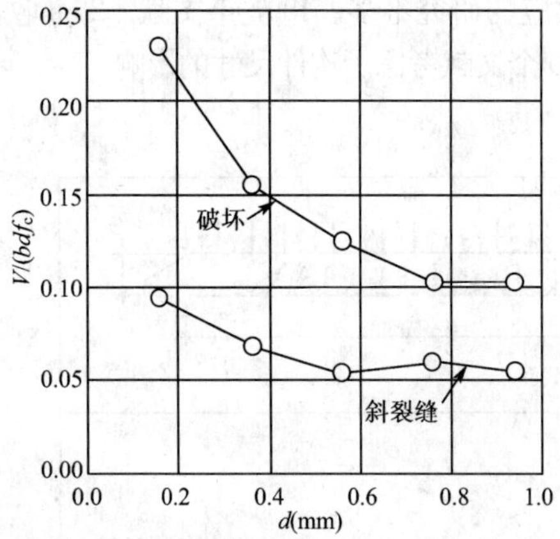

图 4-16 无腹筋梁的初裂和极限抗剪强度

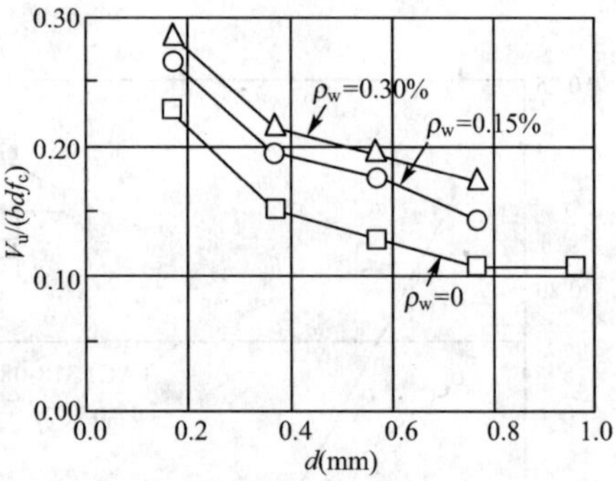

图 4-17 有腹筋梁的抗剪强度

研究者普遍认为产生尺寸效应的主要原因是大梁的斜裂缝宽度较大，但对于如何精确描述这种现象却存在着分歧。Bažant 和 Kim 认为，较宽的裂缝减小了混凝土的残余拉应力，并提出了下面的尺寸效应系数：

$$\lambda=\frac{1}{\sqrt{1+d/d_0}} \tag{4-6}$$

式中 d——构件截面有效高度；

d_0——经验参数。

该式表示的尺寸效应形式上与式（2-80）是一致的，也被文献［28］和文献［27］的试验所证实。

无腹筋钢筋混凝土构件的尺寸效应是设计中需要考虑的非常重要的问题，后面给出了 Bažant 从断裂力学角度进行的解释，表 4-1 列出的很多公式以不同的方式反映了构件有效高度对构件抗剪强度的影响。

4.3.3 纵向钢筋配筋率的影响

为保持轴向平衡，纵向钢筋配筋率越大，钢筋拉力越大，混凝土的有效受剪高度越高，从而提高了构件的抗剪强度。另外，纵向钢筋配筋率较大时，裂缝宽度小，骨料机械咬合作用提高，同时销栓作用增强，抗剪强度提高。研究表明，抗剪强度随配筋率 ρ 呈非线性增大。根据对不同混凝土强度和临界剪跨比的研究，抗剪强度与 $\rho^{0.37}$ 成正比。图 4-18 示出了纵筋配筋率 ρ 对抗剪强度的影响。

4.3.4 轴力的影响

试验表明，轴向拉力降低了构件的抗剪强度，而轴向压力（施加的荷载或预应力）提高了抗剪强度，图 4-19 为一组承受剪力和拉力作用的无腹筋梁的试验结果，图中 d_v 表示

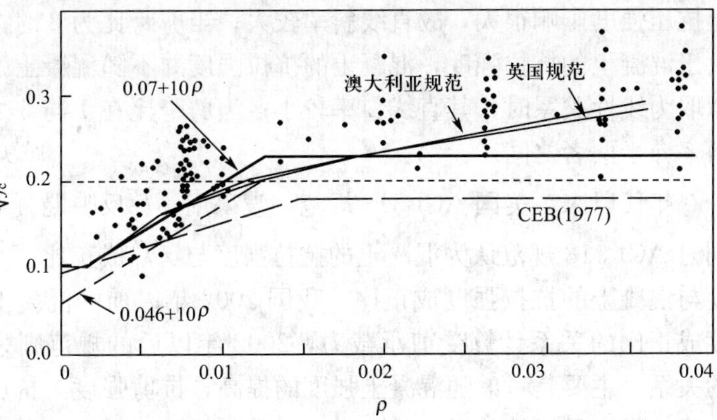

图 4-18　纵向钢筋配筋率对抗剪强度的影响

有效受剪高度，b_v 为腹板宽度，ρ_x 和 ρ_z 为两个正交方向的配筋率。关于轴向压力对构件抗剪性能及对构件延性影响的程度，目前还没有深入的研究。承受较大轴向压力和剪力的无腹筋构件，出现初始裂缝后立即发生脆性破坏，因此应采用保守的设计方法。

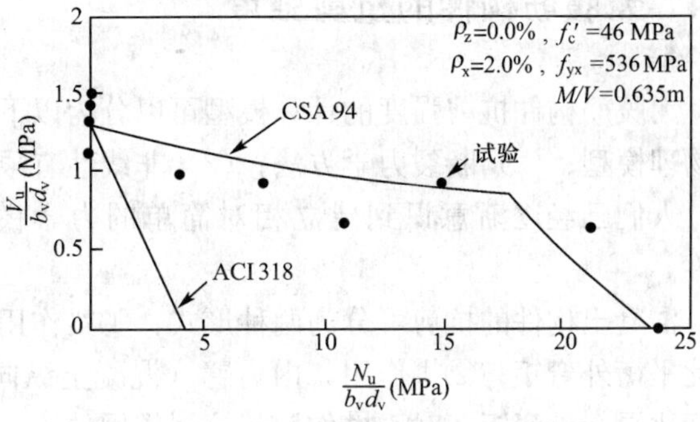

图 4-19　轴向拉力对构件抗剪强度的影响

对于承受很大轴向拉力和剪力的构件，初始裂缝很陡（接近于 90°），并延伸到构件的全截面高度。因此构件上部与下部一样需要配置纵向钢筋，以控制与纵筋垂直的初始裂缝。随着荷载的增加，构件不断产生新的倾角比较小的斜裂缝。当斜裂缝的倾角小到纵向钢筋无法约束时，构件发生破坏。因此，相对而言，承受拉力和剪力的构件具有一定的延性。

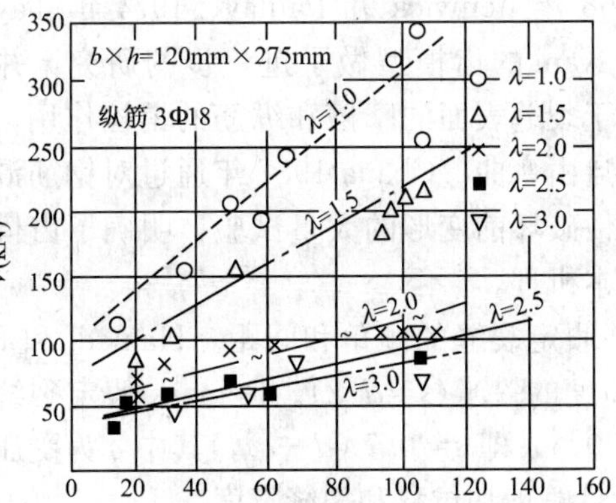

图 4-20　混凝土构件抗剪强度与混凝土抗压强度的关系

4.3.5　混凝土强度的影响

梁的斜截面破坏是由于混凝土达到相应受力状态下的极限状态而发生的。因此，混凝土的强度对梁的抗剪强度影响很大。图 4-20 所示为截面尺寸和纵向钢筋配筋率相同的五组试验梁的试验结果。由图 4-20 可见，梁的抗剪能力随混凝土强度的提高而提高。但是，由于在不同的剪跨比 λ 下梁的破坏形态不同，所以，这种影响的程度亦不相同。当剪跨比为 1 时为斜压破坏，梁的抗剪能力取决于混凝土的抗压强度，混凝土抗压强度影响很大，故直线斜率较大；当剪跨比为3时接近斜拉破坏，梁的抗剪能力取决于混凝土的抗拉强度，混凝土的抗拉强度并不随混凝土强度的提高而成比例增长，故近似取为线性关系时，其直线斜率较小；当剪跨比在1与3之间时，发生剪压破坏，其直线斜率介于两者之间。

自20世纪50年代以来，美国ACI 318规范一直采用$\sqrt{f'_c}$反映混凝土强度对构件抗剪强度的影响，同时ACI 318规范认为混凝土的抗拉强度与$\sqrt{f'_c}$成正比。因此，认为混凝土构件的抗剪强度与混凝土的抗拉强度成正比。我国2002年以前的混凝土设计规范采用与混凝土抗压强度成正比的关系计算受剪承载力，2002年以后的规范则采用了与混凝土抗拉强度成正比的关系，主要是考虑随混凝土强度的提高，抗剪强度与抗压强度的线性关系不再明显，而与抗拉强度呈线性关系。

4.4 无腹筋构件的抗剪强度

无腹筋构件抗剪强度的计算模型可以分为以下几类：(1) 结构性能和结构破坏的力学或物理模型；(2) 断裂力学方法；(3) 非线性有限元分析；(4) 经验公式。在最近几十年中，人们已经逐渐意识到建立相对简单的力学模型计算抗剪强度或解释经验公式的重要性。

混凝土构件的抗剪可分为两种形式：①梁作用，作用于恒定力臂上的纵向钢筋拉力的变化平衡外弯矩；②拱作用，内力臂（混凝土纵向压应力的合力到受拉钢筋重心的距离）的变化平衡外弯矩。对于拱作用起控制作用的情况采用压杆—拉杆模型。关于压杆—拉杆模型，将结合钢筋混凝土深梁进行讨论。关于梁作用、力学或物理模型，主要介绍断裂力学方法、桁架模型、齿模型、非线性模型和经验方法。

4.4.1 细长构件的齿模型

如前所述，早期解释弯剪裂缝的模型是Kani 1964年提出的齿模型（图4-21），其中次斜裂缝是由混凝土“齿”的弯曲引起的。1968年Fenwick和Paulay、1974年Taylor[9]对Kani的齿模型做了进一步的研究，并指出由于裂缝表面的摩擦和纵筋的销栓作用，齿不能自由弯曲。Chana 1987年通过对钢筋混凝土构件破坏前变形的大量试验，明确了齿模型的基本机理。

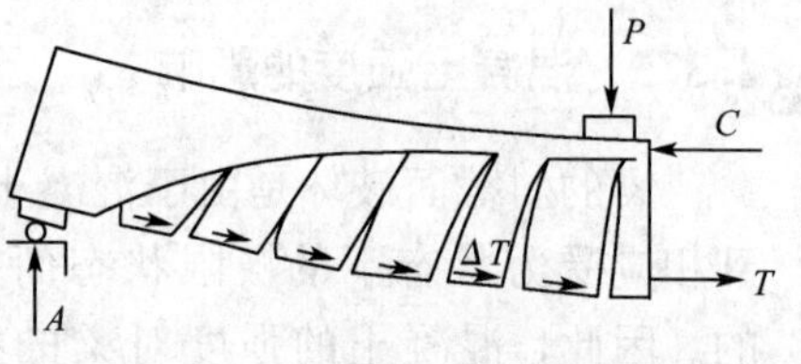

图4-21 Kani的齿模型

齿模型的主要特征是假定裂缝不连续，并假定裂缝的倾角和间距。Hamadi和Regan假定裂缝是垂直的，裂缝间距等于截面有效高度的一半($s=d/2$)。Reineck假定裂缝倾角为60°，间距为弯曲分析中确定的裂缝高度的70%，即$s=0.7(d-c)$，其中c为受压区高度。对于给定的裂缝间距，若已知应变，即可计算剪切位移和裂缝宽度。

Hamadi和Regan[10]以大量的界面剪切试验为基础建立了齿模型，并假定了界面剪切和齿的几何形状。Reineck进一步完善了齿模型，考虑了所有的剪力传递机理，考虑协调条件进行了非线性计算。不同剪切机理下的剪力分布与Taylor 1974年的研究结果相似，表明抗剪强度主要是由界面剪切提供的，对大的钢筋混凝土构件销栓作用具有重要影响。

Reineck 1991[11]年以力学模型为基础建立了构件受剪承载力的计算公式。对于无轴力或预应力的构件，可承受的剪力为：

$$V_u=\frac{0.4b_w d f_{ct}+V_{du}}{1+0.054\lambda} \tag{4-7}$$

其中

$$V_{du}=\frac{1.33\rho^{8/9}}{(f'_c)^{2/3}b_w d f'_c},\ \lambda=\frac{f'_c d}{E_s\rho w_u},\ \rho=\frac{A_s}{b_w d}$$

式中　f_{ct}——混凝土抗拉强度，取 $0.246\,(f'_c)^{2/3}$，MPa；

f'_c——混凝土抗压强度，MPa；

V_{du}——销栓力；

d——截面有效高度，mm；

λ——无量纲的裂缝宽度，用来确定裂缝表面的摩擦力；

w_u——极限裂缝宽度，取为 0.09mm；

E_s——钢筋弹性模量，取为 2×10^5MPa；

ρ——纵向钢筋配筋率。

下面介绍 Kazemi 和 Broujerdian 的分析方法及计算公式[29]。

图 4-22 所示为承受两个对称集中荷载梁的左半部分，荷载作用下加荷点与支座之间出现斜裂缝，裂缝的宽度与多种因素有关。假定在水平方向，主裂缝自上到下宽度呈线性变化，上部宽度为 0，下部宽度为 w_{max}。这样，任一高度 y 处的主裂缝宽度为：

$$w(y)=\frac{y}{d}w_{max} \tag{4-8}$$

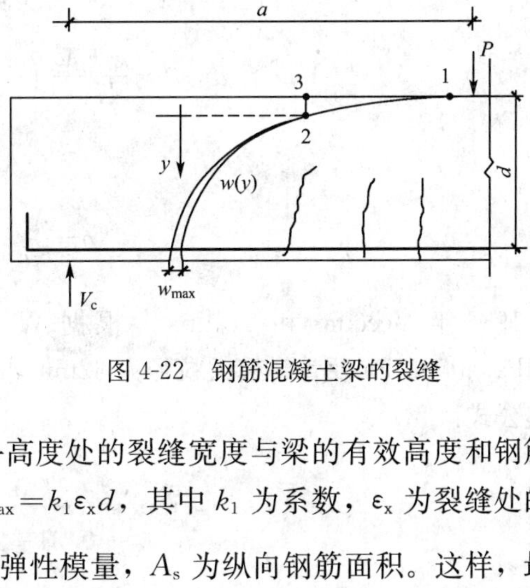

图 4-22　钢筋混凝土梁的裂缝

式中　d——梁的截面有效高度。

根据 Lubell（2004）[30]等的研究，梁任一高度处的裂缝宽度与梁的有效高度和钢筋应变呈正比。所以，可假定最大裂缝宽度为 $w_{max}=k_1\varepsilon_x d$，其中 k_1 为系数，ε_x 为裂缝处的纵向钢筋应变，可表示为 $\varepsilon_x=\frac{T}{E_sA_s}$，$E_s$ 为钢筋弹性模量，A_s 为纵向钢筋面积。这样，最大裂缝宽度为：

$$w_{max}=\frac{k_1Td}{E_sA_s} \tag{4-9}$$

将式（4-9）代入式（4-8）得：

$$w(y)=\frac{k_1Ty}{E_sA_s} \tag{4-10}$$

如图 4-22 所示，剪切破坏前，主裂缝扩展到点 2，2-1 或 2-3 为可能的破坏路径。另一种破坏形式是可能在受压区 1-2-3 压坏。图 4-23（a）～（c）示出了梁三种破坏形式的隔离体，其中 R 为沿裂缝和作用在边 2-1［图 4-23（a）］或边 2-3［图 4-23（b）］的力的合力。由平衡条件得到［图 4-23（d）］，$T=V_c\cot\theta$，其中 θ 为 R 与梁纵轴的夹角，V_c 为梁的受剪承载力。如图 4-23（a）和（b）所示，M 为 R 与梁上部纤维的交点。假定点 M 到支座的水平距离为 k_2a，其中 k_2 为常数，则 $\cot\theta=k_2a/d$，从而 $T=V_ck_2a/d$。将 T 代入式（4-10）得：

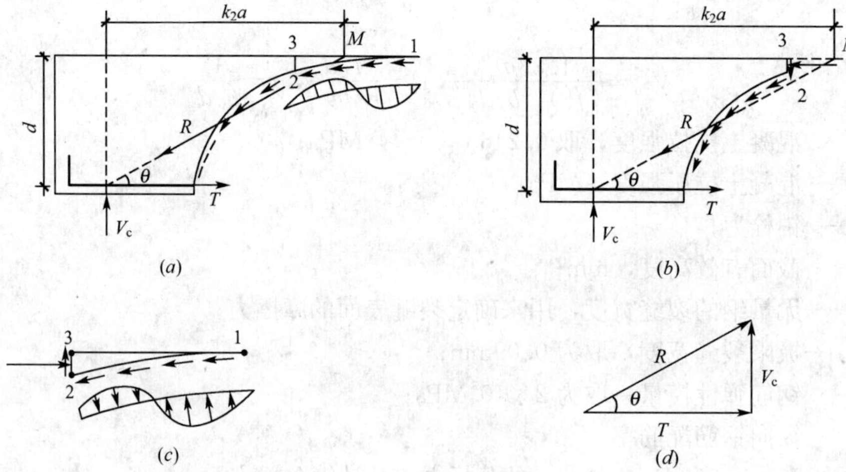

图 4-23　梁剪切破坏面上的力

$$w(y)=\frac{k_1k_2V_c}{E_sA_s}\left(\frac{a}{d}\right)y=\frac{k_1k_2v_c}{\rho E_s}\left(\frac{a}{d}\right)y \tag{4-11}$$

其中

$$\rho=\frac{A_s}{bd},\ v_c=\frac{V_c}{bd}$$

1986 年 Vecchio 和 Collins[31] 根据 Walraven 1981[22] 年对立方体强度为 13MPa、37MPa 和 59MPa 及骨料最大粒径为 32mm 混凝土的试验结果，给出了裂缝表面剪应力的传递公式：

$$v_{ci}=\frac{0.18\sqrt{f_c'}}{0.31+24\left(\dfrac{w}{d_a+16}\right)} \tag{4-12}$$

式中 v_{ci}——裂缝表面的剪应力，MPa；

f_c'——混凝土圆柱体抗压强度，MPa；

d_a——骨料最大粒径，mm。

将式（4-11）代入式（4-12）得：

$$v_{ci}(y)=\frac{0.18\sqrt{f_c'}}{0.31+\dfrac{0.24k_1k_2v_c}{d_c\sqrt{f_c'}}y} \tag{4-13}$$

其中

$$d_{c}=\frac{\rho E_{s}(d_{a}+16)}{100\sqrt{f'_{c}}}\left(\frac{d}{a}\right)$$

如图 4-24，对 $v_{ci}(y)$ 进行积分得剪力 V_c：

$$V_{c}=b\int_{0}^{k_{3}d}v_{ci}(y)\mathrm{d}y \qquad (4\text{-}14)$$

式中　k_3——开裂面高度系数。

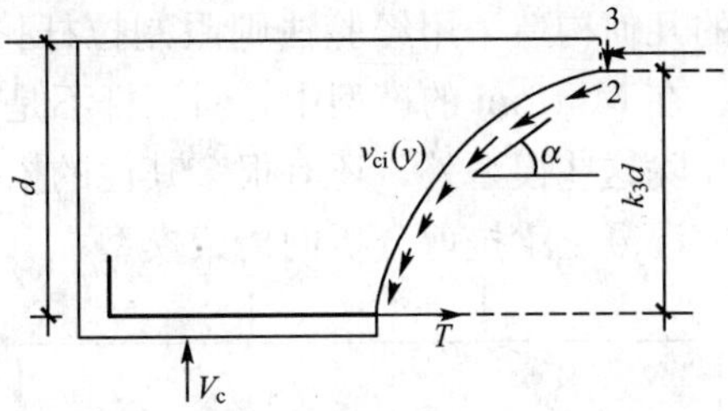

图 4-24　梁极限状态时破坏面上的拉应力

将式（4-13）代入式（4-14）两边同除以 bk_3d 得：

$$v_{c}=\frac{4v_{0}d_{0}}{v_{c}d}\ln\left(1+\frac{v_{c}d}{4v_{0}d_{0}}\right) \qquad (4\text{-}15)$$

其中

$$d_{0}=Ad_{c},\ v_{0}=B\sqrt{f'_{c}},\ A=\frac{0.556}{k_{1}k_{2}k_{3}^{2}},\ B=0.581k_{3}$$

A、B 均为常数，可通过对试验数据进行拟合得到。式（4-15）表示的抗剪强度 v_c 是一个非线性方程，需要迭代求解，比较复杂。因此，有必要进行简化。分析表明，当构件的截面高度很小（$d\rightarrow 0$）和很大（$d\rightarrow\infty$）时，式（4-15）右边趋于同一个极限。所以，可用该极限表示 v_c，即

$$\frac{v_{c}}{v_{0}}=\frac{1}{1+\dfrac{v_{c}d}{4v_{0}d_{0}}} \qquad (4\text{-}16)$$

解式（4-16）得：

$$\frac{v_{c}}{v_{0}}=2\left(\frac{\sqrt{1+d/d_{0}}-1}{d/d_{0}}\right) \qquad (4\text{-}17)$$

同样，分析表明，当 $d\rightarrow 0$ 和 $d\rightarrow\infty$ 时，式（4-17）的右边也趋于同一个极限。所以，可用该极限表示 v_c，即

$$\frac{v_{c}}{v_{0}}=\frac{1}{\sqrt{1+d/d_{0}}} \qquad (4\text{-}18)$$

由此可见，式（4-18）也含有式（4-6）表示的系数 λ，反映了尺寸效应的影响。根据 ASCE-ACI 445 委员会[20]报告的数据库对常数 A、B 进行回归分析，得到 $A=1.33$，$B=0.5$，变异系数为 19.2%。将 A、B 代入式（4-18）并除以安全系数 1.65，得无腹筋梁的抗剪强度公式为：

$$v_{c}=\frac{0.35\sqrt{f'_{c}}}{\sqrt{1+d/d_{0}}} \qquad (4\text{-}19)$$

其中

$$d_{0}=\frac{4}{300}\left[\frac{\rho E_{s}(d_{a}+16)}{\sqrt{f'_{c}}}\left(\frac{d}{a}\right)\right]$$

4.4.2　混凝土桁架模型

如前所述，一些研究者很早就用桁架模型研究钢筋混凝土梁的抗剪问题，但一般讨论

的是有腹筋钢筋混凝土梁，这里讨论的是无腹筋梁。根据剪跨比大于 2 还是小于 2，对于无腹筋的钢筋混凝土梁，Al-Nahlawi 和 Wight 1992 年建立了图 4-25 所示的桁架模型。根据桁架的几何构造采用经验法则限制拉杆拉力。Muttoni 1990 年提出了图 4-26 所示的桁架模型。在 Muttoni 的模型中，斜压杆不是直接从加载点伸向支座，而是在弯压区内有一个节点。除这些模型外，还有很多其他的桁架模型。下面介绍日本学者 Tamura 等[32]提出的预应力混凝土梁抗剪分析的桁架模型。

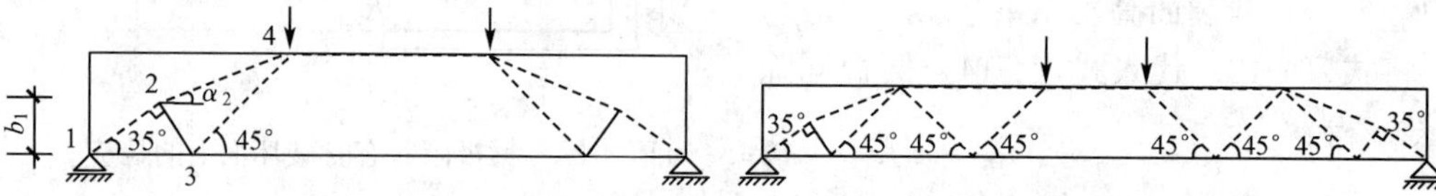

剪跨比≤2时的桁架模型　　　　剪跨比>2时的桁架模型

图 4-25　Al-Nahlawi 和 Wight 提出的桁架模型

对于预应力混凝土简支梁，为研究其剪切破坏机制，Tamura 等先利用非线性有限元方法进行分析，根据混凝土应力的大小确定荷载传递路径。分析中将剪跨比 a/d、截面有效高度 d 及混凝土抗压强度 f'_c 视为影响梁抗剪强度的重要参数，分别在 2.5～4.5、400～800mm 及 40～80MPa 范围内变化；梁的宽度 b 取为 200mm；纵向钢筋配筋率为 1.3%（f_{py}=930MPa）；由上下预应力 P 产生的上表面纤维应力 σ_u 和下表面纤维应力 σ_l 按 4 种情况考虑，分别在−3～6MPa 和 1～15MPa 的范围内变化，如图 4-27 所示。

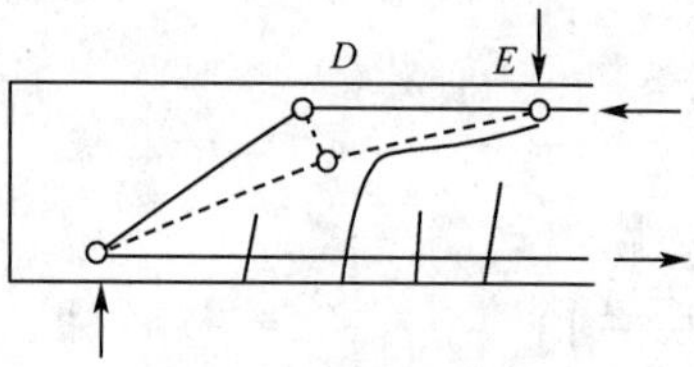

图 4-26　Muttoni 提出的桁架模型

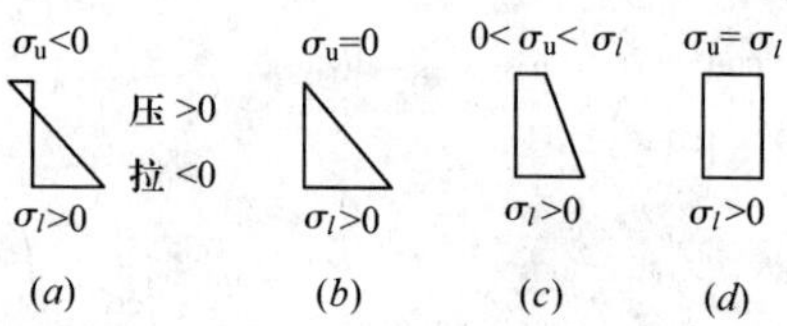

图 4-27　预应力产生的混凝土应力

根据对构件混凝土应力流的分析结果，建立了图 4-28 所示的基本桁架模型。模型由 7 个节点和 11 根杆件（斜压杆、弯拉杆、弯压杆和横拉杆）组成。在这些杆件中，任何一个杆的轴力大于其承载力时，梁即发生破坏。横压杆 5 和 6 的厚度分别取为从加载点到杆 5、6 中点之间的距离和到支座中点左半边的距离；弯压杆的厚度取为 $2c$，其中 c 为混凝土保护层厚度；下拉杆面积取为钢筋截面面积之和；斜压杆 1 和 2 受支座影响，其截面面积取为 r_l+0.1d 与 b 及斜率的乘积，3 和 4 受承压板影响，其截面面积取为 2（r_s+0.1d）与 b 及斜率的乘积，其中 r_l 和 r_s 分别为支座和承压板的宽度，b 为梁的宽度。考虑到出现剪切裂缝时混凝土抗压强度降低，分析中混凝土抗压强度乘以软化系数值 η。对于 30～100MPa 的混凝土，η 的值随 f'_c 在 0.6～0.4 之间变化，可用下式表示：

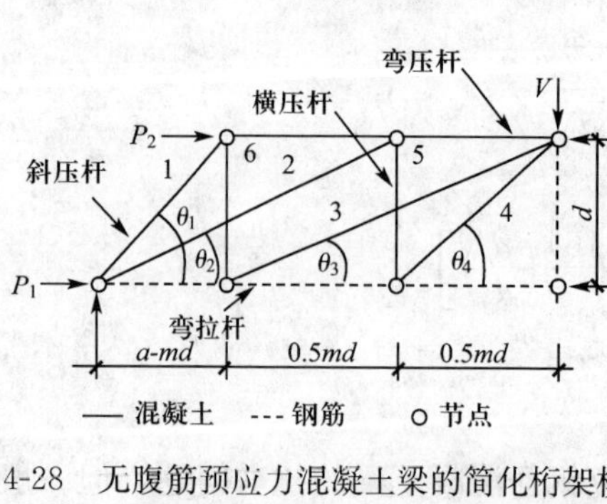

图 4-28　无腹筋预应力混凝土梁的简化桁架模型

$$\eta=0.7-0.3\left(\frac{f'_c}{100}\right) \tag{4-20}$$

式中　f'_c——混凝土抗压强度。

引入下式表示的参数

$$m=2.55\left[\left(1+0.2\frac{\sigma_u}{\sigma_u+\sigma_l}\right)\sigma_l\right]^{-3/5}\left(\frac{a}{d}\right)\left(\frac{f'_c}{100}\right)^{3/5} \tag{4-21}$$

式中　σ_u——梁上表面纤维的应力；

σ_l——梁下表面纤维的应力；

a——梁的剪切跨；

d——梁截面有效高度。

有限元分析表明，混凝土中应力流的形式与 m 值的大小有关。因此，根据 m 的大小，将图 4-28 中的模型分为Ⅰ和Ⅱ两种形式进行分析。

在模型Ⅰ中［$m>1.0$，图 4-29（a）］，将 md 作为从加载点到杆件 3 端节点之间的水平距离。当 $m\geqslant2.0$ 时，由于承压板的影响减弱，杆件 3 的厚度取为$(a-md)\sin\theta_3$，其中

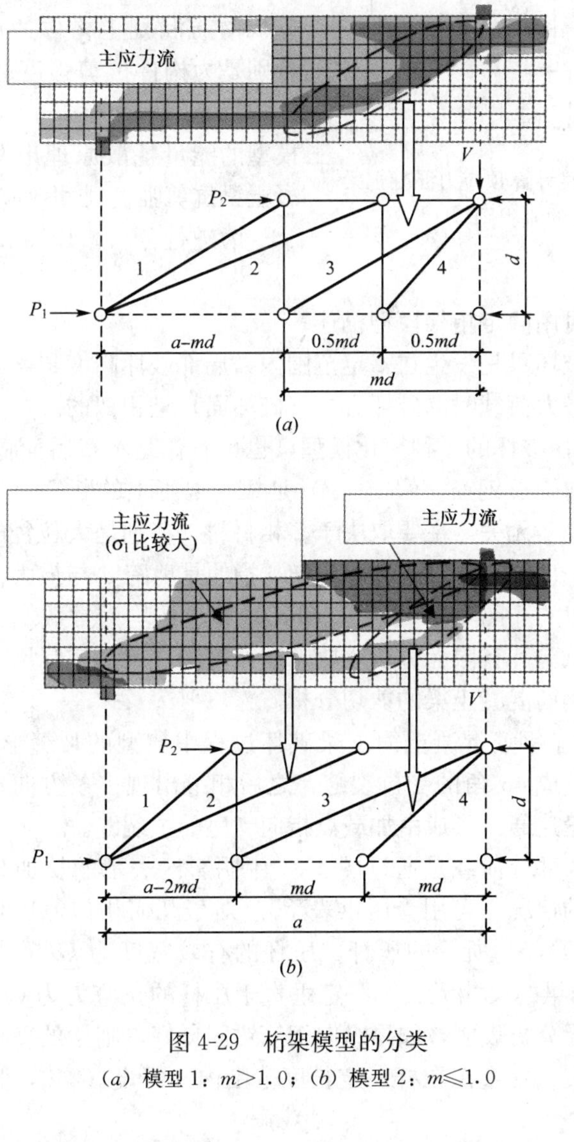

图 4-29　桁架模型的分类

（a）模型 1：$m>1.0$；（b）模型 2：$m\leqslant1.0$

$d \geqslant a - md$。m 值的上限设为 $0.9a/d$。这种模型用于预应力较低和中等的情形。

在模型Ⅱ中［$m \leqslant 1.0$，图 4-29（b）］，将 md 看作是从加载点到杆件 4 端节点之间的距离。由于承压板对杆件 2 和 3 截面尺寸的影响较小。厚度分别取为 $md\sin\theta_2$ 和 $(a-2md)\sin\theta_3$，其中 $d \geqslant a - 2md$。这种模型用于预应力水平较高的情形。

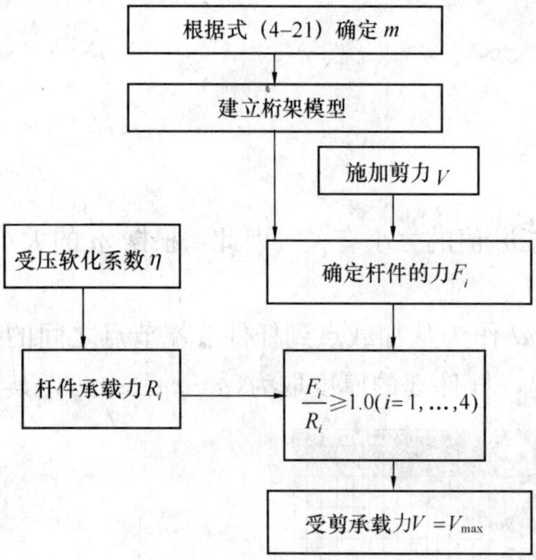

图 4-30　利用桁架模型计算预应力混凝土梁抗剪强度的流程图

图 4-30 给出了用 Tamura 等提出的模型计算无腹筋预应力混凝土梁抗剪强度的流程图。

4.4.3　断裂力学方法

无腹筋钢筋混凝土构件的剪切破坏主要与属于准脆性材料的混凝土的裂缝形成和扩展有关，而断裂力学方法是分析和描述裂缝张开和扩展的手段。所以，用断裂力学方法分析钢筋混凝土构件的剪切破坏更具优势，特别是为构件抗剪强度的尺寸效应提供了合理的解释。下面是 Bažant（1997）从裂缝带模型的能量耗散原理出发，对无腹筋钢筋混凝土梁抗剪强度尺寸效应的研究。

为进行分析，Bažant 做出了如下三个基本假定：

（1）梁剪切破坏可用静定桁架模型描述；

（2）压杆的受压破坏只是发生在一定范围内，局部破坏高度与梁的尺寸无关；

（3）不同尺寸梁最大荷载时的破坏方式（破坏面）是相似的。

假定（1）是梁剪切破坏的一种简化模型，也可看作是本章后面将要讨论的压杆-拉杆模型，拉杆为梁的纵向受拉钢筋。假定（2）是根据混凝土的断裂力学特性给出的。局部破坏区的大小与梁的尺寸无关，主要取决于多相材料（特别是大粒径的骨料）的尺寸和间距及材料的特征长度 l［式（2-37）］。假定（3）指的是剪跨 a 与最大荷载时材料破坏区或断裂区的长度 c 是相似的［图 4-31（b）］，即 a/d 和 c/d 均为常数。当然这一假定只是在一定范围内成立的，试验和有限元分析表明，这一范围在梁的实际尺寸范围内。

下面是对无腹筋钢筋混凝土梁的剪切分析。

图 4-31（a）示出了钢筋混凝土简支梁破坏过程中典型的裂缝形式。在剪力作用下，首先出现第一条与梁轴成 45°角的受拉裂缝，之后相继出现多条方向不同的裂缝。当接近最大荷载时，这些裂缝连通，形成由加载点指向支座的主裂缝。

按照桁架模型，大部分荷载是通过图 4-31 中阴影区表示的从加载点到支座的压杆传递的（对于均布荷载的情况，可用受压拱表示）。对于几何相似但尺寸不同的梁，其破坏性能可理想化为图 4-31（b）所示的压杆，压杆的有效宽度为 kd，其中 d 为梁的有效高度，k 近似为常数，与梁的尺寸无关。假定垂直于压杆的正应力为 0，材料性能按轴向性能考虑。试验和有限元分析表明，如果纵向钢筋锚固良好，则梁的剪切破坏起始于压杆上端部的破坏。受压断裂只发生在压杆一定长度范围内［假设（2）］，假定沿压杆方向断裂

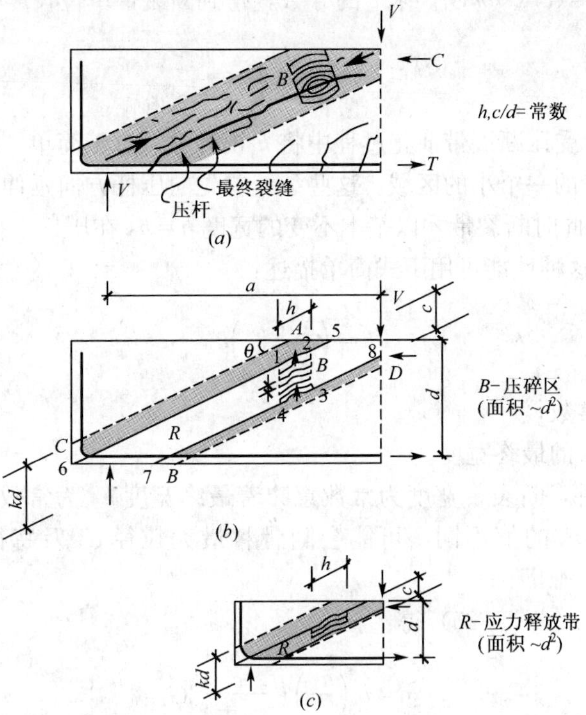

图 4-31　无腹筋钢筋混凝土梁的剪切破坏过程

（a）压杆及破坏过程中压杆的断裂扩展区；

（b）压杆断裂带扩展产生的应力释放区；（c）压杆的应力释放带

区的宽度 h 近似为常数（近似与骨料最大粒径成正比，也与其他材料特性有关）。

在剪力 V 作用下，压杆中产生的轴向应力为：

$$\sigma_c=\frac{V}{bkd\sin\theta\cos\theta}=\frac{v_u}{k}\left(\frac{a}{d}+\frac{d}{a}\right) \tag{4-22}$$

式中　θ——压杆与梁轴线的夹角。

压杆中的应变能密度为 $\sigma_c^2/(2E_c)$，其中 E_c 为混凝土弹性模量。压杆的体积为 abc，其中 b 为梁的宽度。所以，在不变的加载点位移处受压断裂带形成过程中应力释放导致的能量损失为：

$$\Pi_c=-\frac{\sigma_c^2}{2E_c}abc=-\frac{v_u^2}{2E_ck^2}\left(\frac{a}{d}+\frac{d}{a}\right)^2abc \tag{4-23}$$

负号表示能量损失。根据断裂力学原理，断裂带增长导致的能量释放率为[33]：

$$\Omega=-\left[\frac{\partial\Pi_c}{\partial c}\right]_u=-\frac{\sigma_c^2}{2E_c}ab=-\frac{v_u^2}{2E_ck^2}\left(\frac{a}{d}+\frac{d}{a}\right)^2ab \tag{4-24}$$

断裂带的能量释放可用描述断裂带轴向劈裂微裂缝的断裂能 G_f 表达，这些裂缝的长度为 h（断裂带宽度），平均间距为 s_c。断裂带上微裂缝的平均数目为 c/s_c。因此，断裂带

消耗的总能量为 $W_f=(c/s_c)bhG_f$。求 c 的导数，得到断裂带单位长度上消耗的能量：

$$\Re=\frac{bh}{s_c}G_f \tag{4-25}$$

该式中，在整个受压断裂带演化过程中将 h 视为常量过于简单。很自然，断裂带应该起始于轴向劈裂裂缝的一个小的区域。这些裂缝首先向压杆方向延伸，直至达到特征长度 h_0[式(2-37)]。只有此时断裂带才以基本不变的宽度 $h=h_0$ 在压杆上扩展［图4-31（a）中断裂区的等高线］。这种性能可用下式简单描述：

$$h=\left(\frac{c}{w_0+c}\right)h_0 \tag{4-26}$$

式中 w_0——正的常数；

h_0——断裂带的最终宽度。

所以，严格来讲，断裂带宽度为常数意味着最终宽度 h_0 为常数，而不是 h。对于不同的混凝土，常数 w_0 的值不同，可能会随骨料最大粒径 d_a 及特征长度［式（2-37）］增大。

将式（4-26）代入式（4-25）得：

$$\Re=b\left(\frac{h_0}{s_c}\right)\left(\frac{c}{w_0+c}\right)G_f \tag{4-27}$$

$\Re$ 随 c 增大反映了 R 阻力曲线的特性（因为 $\Re$ 表示对断裂的阻力[33]）。受拉断裂的 R 阻力曲线特性也是由断裂区尺寸增大引起的。这里增大是用断裂带轴向劈裂裂缝长度间接表示的。

从另一个角度考虑，如果荷载峰值是由图 4-32（b）所示的剪切裂缝的扩展引起的，则应引入压—剪裂缝的断裂能 Γ_f，将要求裂缝扩展的临界能量表示为：

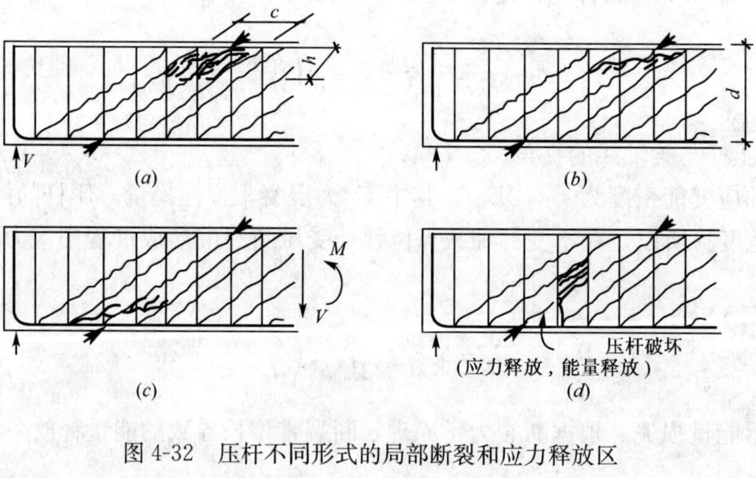

图 4-32 压杆不同形式的局部断裂和应力释放区

$$R=\Gamma_f b\left(\frac{c}{w_0+c}\right) \tag{4-28}$$

如果 $\Gamma_f=G_f h_0/s_c$，则式（4-27）与式（4-28）是相等的。所以可以认为峰值荷载是由断裂带劈裂裂缝扩展引起的，用 Γ_f/G_f 代替 h_0/s_c 可得到由于压—剪断裂达到峰值时的解。

断裂带平衡扩展过程中的能量平衡要求 $\Omega=\Re$。由式(4-24)～式(4-26)得：

$$v_u=v_p\left(1+\frac{d}{d_0}\right)^{-1/2} \tag{4-29}$$

其中

$$d_0=w_0\ \frac{d}{c},\ v_p=c_pK_c\left(\frac{a}{d}+\frac{d}{a}\right)^{-1},\ K_c=\sqrt{E_cG_f},\ c_p=k\sqrt{\frac{2h_0}{w_0 s_c}\times\frac{c/d}{a/d}} \tag{4-30}$$

上式中，K_c 为轴向劈裂裂缝的断裂韧度（临界应力强度因子）。由于假定 c/d 和 a/d 为常数，d_0、v_p 和 c_p 也均为常数，与尺寸 d 无关。v_p 为尺寸很小梁的名义抗剪强度的一个限值（渐近值）。式（4-29）即为 Bažant 的尺寸效应公式，如图 4-33（*a*）所示。该曲线表示了梁宏观性能从强度理论或塑性极限分析的水平渐近线，光滑过渡到线弹性断裂力学描述的斜率为$-1/2$ 的渐近线。

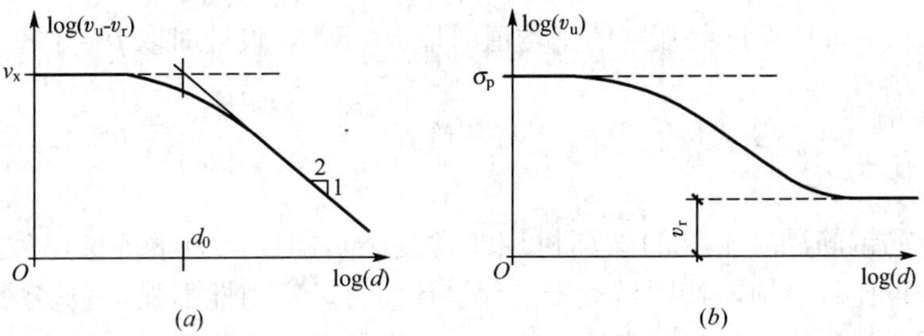

图 4-33　混凝土梁剪切破坏的尺寸效应

进行相同的分析，很容易看出如果假定断裂带的宽度 h 与 d 成正比，而不是服从式(4-26)，则尺寸效应消失。但如果 h 不随 d 按比例变化，也存在尺寸效应。如果常数 w_0 取为 0，得到 $v_u\propto d^{-1/2}$，为线弹性断裂力学描述的尺寸效应，这时尺寸效应最为明显。但试验结果表明，钢筋混凝土梁的尺寸效应并不是如此显著，说明常数 w_0 是一个大于 0 的值。

对尺寸 d 非常小的梁，将 $\sigma_c=f_c^b$ 代入式（4-22）有：

$$v_p=kf_c^b\left(\frac{a}{d}+\frac{d}{a}\right)^{-1} \tag{4-31}$$

式（4-31）与式（4-30）的 v_p 等价。这样，式（4-29）为：

$$v_u=kf_c^b\left(\frac{a}{d}+\frac{d}{a}\right)^{-1}\left(1+\frac{d}{d_0}\right)^{-1/2} \tag{4-32}$$

式（4-32）反映了剪跨比对名义抗剪强度的影响。需要说明的是，f_c^b 并不表示混凝土的单轴抗压强度 f_c'，因为混凝土压杆的断裂是在很高的横向拉应变下发展的，且因先前的高横向拉应力发生各向异性损伤，所以 f_c^b 是依赖于单轴抗压强度 f_c' 和直接拉伸强度 f_t' 的双轴强度，需要通过梁的剪切试验确定。

Bažant 和 Yu 通过对试验数据进行分析，给出的无腹筋梁抗剪强度公式为：

$$v_{\mathrm{u}}=0.2\rho^{3/8}\left(1+\frac{d}{a}\right)\frac{\sqrt{f'_{\mathrm{c}}}}{\sqrt{1+d/d_0}} \tag{4-33}$$

其中

$$d_0=9.253\sqrt{d_{\mathrm{a}}}(f'_{\mathrm{c}})^{-2/3}$$

式中 d_{a}——骨料最大粒径。

后来 Bažant 和 Yu 又给出了下面的简化计算公式：

$$v_{\mathrm{u}}=\frac{\mu\sqrt{f'_{\mathrm{c}}}}{\sqrt{1+d/d_0}} \tag{4-34}$$

其中

$$d_0=1120\left(\frac{\rho}{f'_{\mathrm{c}}}\right)^{2/3}$$

式（4-34）中，计算抗剪强度的平均值时取 $\mu=5.0$，设计时取 $\mu=3.8$。ρ 为纵向钢筋配筋率的 100 倍。

4.4.4 经验方法

因为无腹筋钢筋混凝土梁的破坏机理非常复杂，即使从力学理论出发建立了计算模型，应用起来也比较麻烦，特别是对于工程设计而言，实用性不强，很多情况下不得不给出基于试验或所提出模型的经验表达式。所以，在抗剪强度分析和计算中，通过对无腹筋钢筋混凝土梁试验结果的统计分析建立经验公式仍占有重要的地位。

建立经验公式时应反映影响梁抗剪强度的主要因素。根据前面的分析，影响无腹筋钢筋混凝土梁抗剪强度的主要因素有混凝土抗压强度 f'_{c}、剪跨比 $\frac{a}{d}$、纵向钢筋配筋率 ρ 等。下面是 Karim[34] 等进行的分析和给出的经验公式。

Karim 等将钢筋混凝土梁的名义极限抗剪强度定义为梁完全发生剪切破坏时的抗剪强度，表示为 $v_{\mathrm{u}}=\frac{V_{\mathrm{u}}}{bd}$，将初裂抗剪强度定义为第一条主斜裂缝出现时的抗剪强度，表示为 $v_{\mathrm{cr}}=\frac{V_{\mathrm{cr}}}{bd}$。对于极限抗剪强度和初裂抗剪强度，考虑 f'_{c}、$\frac{a}{d}$ 和 ρ 三个主要变量，建立的公式为：

$$v_{\mathrm{u}}=\frac{V_{\mathrm{u}}}{bd}=k_1(f'_{\mathrm{c}})^{b_1}(\rho)^{b_2}\left(\frac{d}{a}\right)^{b_3}+k_2 \tag{4-35a}$$

$$v_{\mathrm{cr}}=\frac{V_{\mathrm{cr}}}{bd}=k_3(f'_{\mathrm{c}})^{b_4}(\rho)^{b_5}\left(\frac{d}{a}\right)^{b_6}+k_4 \tag{4-35b}$$

式中 $b_1\sim b_6$、$k_1\sim k_4$——试验回归参数。

用式（4-35a）和式（4-35b）对试验结果进行多元非线性回归分析表明，对于普通混凝土和高强混凝土，计算的极限抗剪强度和初裂抗剪强度与试验结果符合得不是很好。主要原因是短梁的拱作用和细长梁的梁作用有很大的差异。对于短梁$\left(1.0<\frac{a}{d}<2.5\right)$，由于

支座与荷载点之间的距离很短，在出现第一条斜裂缝后，短梁并不立即破坏，而是出现应力重分布，v_{cr} 与 v_u 相差很大；相反，对于细长梁$\left(\frac{a}{d}\geqslant 2.5\right)$，在第一条主斜裂缝出现后即完全破坏，$v_{cr}$ 和 v_u 几乎相等。

根据上面的分析，将抗剪强度公式（4-35a）和（4-35b）分别改为：

$$v_u=\frac{V_u}{bd}=(f'_c)^{b_1}(\rho)^{b_2}\left(\frac{d}{a}\right)^{b_3}[k_1+k_2(A_d)]^{a_1}+k_3 \tag{4-36a}$$

$$v_{cr}=\frac{V_{cr}}{bd}=(f'_c)^{b_4}(\rho)^{b_5}\left(\frac{d}{a}\right)^{b_6}[k_4+k_5(A_d)]^{a_2}+k_6 \tag{4-36b}$$

式中　a_1、a_2——试验确定的参数；

A_d——形状调整系数，当 $1.0<\frac{a}{d}<2.5$ 时，$A_d=\frac{a}{d}$；当 $\frac{a}{d}\geqslant 2.5$ 时，$A_d=2.5$。

用式（4-36a）和式（4-36b）对试验结果进行多元非线性回归分析，得到的结果为：对于极限抗剪强度，$a_1=1$，$b_1=b_2=b_3=0.5$；对于初裂抗剪强度，$a_2=1$，$b_4=b_5=b_6=0.5$。从这里看出，用式（4-36a）表示的极限抗剪强度与用式（4-36b）表示的初裂抗剪强度对应的参数是相同的。

因此，由多元回归分析得到的极限抗剪强度和初裂抗剪强度计算公式（单位 MPa）分别为：

$$v_u=\frac{V_u}{bd}=0.4+\sqrt{f'_c\rho\left(\frac{d}{a}\right)}(10-3A_d) \tag{4-37a}$$

$$v_{cr}=\frac{V_{cr}}{bd}=0.4+\sqrt{f'_c\rho\left(\frac{d}{a}\right)}(2.7-0.4A_d) \tag{4-37b}$$

除了前面提到的公式外，表 4-1 列出了其他研究者对无腹筋钢筋混凝土梁试验结果进行分析得出的经验公式（表中 v_c 与 v_u 是相同的）。

无腹筋钢筋混凝土梁抗剪强度的经验公式　**表 4-1**

研究者、委员会或规范	经 验 公 式	单位制
Zsutty（1968）[35]	$v_{cr}=59\left(f'_c\rho\frac{d}{a}\right)^{1/3}$	US
Okamura 和 Higai（1980）[36]	$v_c=64\left(f'_c\rho\frac{d}{a}\right)^{1/3}d^{-1/4}\left(0.75+1.4\frac{d}{a}\right)$	US
Kim 和 White（1999）[37]	$v_u=0.2(1-\sqrt{\rho})\left(\frac{d}{a}\right)^r(12\sqrt{f'_c}+147900\rho^{0.9})\left(\frac{d}{a}\right)^{0.6}$ $r=\left(\frac{d}{a}\right)^{0.6}\rho^{-0.1}\leqslant 1$	US
基于 Collins 和 Kuchma（1999）建议的修正 ACI（MACI）	$v_c=\frac{57.5}{50+S_e}\times 2\sqrt{f'_c}$	US

续表

研究者、委员会或规范	经验公式	单位制
Kim 和 Park[38]	$v_u=3.5(f_c)^{\alpha/3}\rho^{3/8}\left(0.4+\frac{d}{a}\right)\left(\frac{1}{\sqrt{1+0.008d}}+0.18\right)$ 当 $1\leqslant\frac{a}{d}<3$ 时，$\alpha=2-\frac{1}{3}\times\frac{a}{d}$；当 $\frac{a}{d}\geqslant3$ 时，$\alpha=1$	SI
Khuntia 和 Stojadinovic	$v_u=28.7(f_c)^{0.18}(\rho)^{0.37}\left(\frac{V_u d}{M_u}\right)^{0.13}$	US
Bentz(2005)[39]	$v_c=\left(1+\frac{d_a\rho}{80}\right)d^{-0.33}\sqrt{f_c'}$	SI
	$v_c=\left(0.21+0.09\frac{\rho V_u d}{M_u}\right)\left(\frac{d}{100}\right)^k\sqrt{f_c'}$ $k=\frac{d_a}{200}\sqrt{\rho}-0.4$	
	$v_c=\frac{240\rho^{-1/3}\sqrt{f_c'}}{1000+s_e}, s_e=(0.9d)\frac{35}{d_a+16}$	
	$v_c=\left(0.2+\frac{\rho V_u d}{8M_u}\right)\frac{\sqrt{f_c'}}{\sqrt{1+d/d_0}}, d_0=\frac{d}{80+12d_a\rho^{0.33}}$	
Bažant(1991)[27]	$v_u=0.54\sqrt[3]{\rho}\left(\sqrt{f_c'}+249\sqrt{\frac{\rho}{a/d^5}}\right)\frac{1+\sqrt{5.08/d_a}}{\sqrt{1+d/(25d_a)}}$	SI
Broujerdian(2004)[40]	$v_c=\frac{(f_c')^{0.8}}{4\sqrt{1+d/d_0}}\left(\frac{d}{a}\right), d_0=3\times10^6\rho(f_c')^{-1.6}$	SI
Gastebled 和 May(2001)	$v_c=0.15\frac{37.41}{\sqrt{d}}\left(\frac{3d}{a}\right)^{1/3}(100\rho)^{1/6}(1-\sqrt{\rho})^{2/3}(f_c')^{0.35}$	SI
美国 ACI-ASCE 委员会 426(1973)[41]	$v_c=(0.8+100\rho)\sqrt{f_c'}\leqslant2.3\sqrt{f_c'}$	US
美国 ASCE-ACI 445 委员会(2003)[42]	$v_c=3.66\left(\frac{\rho}{d}\right)^{1/3}\sqrt{f_c'}, v_c=6.85\left(\frac{\rho}{d}f_c'\right)^{1/3}$	SI
	$v_c=0.026\left(100\rho\frac{d}{a}f_c'\right)^{1/3}\sqrt{\frac{890}{d+250}}$	
	$v_c=21\rho^{0.395}\left(\frac{a}{d}\right)^{-0.415}(f_c')^{0.29}d^{-0.3}$	
美国 ACI 446 委员会(2005)[43]	$v_c=\min\left(0.166\sqrt{f_c'}, 2.1\sqrt{\frac{f_c'}{d}}\right)$	SI

续表

研究者、委员会或规范	经验公式	单位制
我国规范 GB 50010—2002[44]	均布荷载：$v_c=0.7\beta_h f_t,\beta_h=\left(\frac{800}{h_0}\right)^{1/4},0.8\leqslant\beta_h\leqslant1.0$ 集中荷载：$v_c=\frac{1.75}{\lambda+1}f_t$，$\lambda$ 小于 1.5 时取 1.5，大于 3 时取 3	SI
美国规范 ACI 318—08[45]	$v_c=2\lambda\sqrt{f_c'}\leqslant200$（简化公式） $v_c=1.9\lambda\sqrt{f_c'}+2500\rho\frac{V_u d}{M_u}\leqslant3.5\lambda\sqrt{f_c'}$（一般公式）	US
欧洲模式规范 CEB-FIP(1990)[12]	$v_c=27.67\left(f_c\rho\frac{d}{a}\right)^{1/3}\left(1+\sqrt{\frac{8}{d}}\right)$	US
欧洲规范 EN 1992—1—1：2004[13]	$v_{Rd,c}=C_{Rd,c}k(100\rho_l f_{ck})^{1/3}+k_1\sigma_{cp}$ $k_1=0.15,k=1+\sqrt{\frac{200}{d}}\leqslant2.0,\sigma_{cp}\leqslant0.2f_{cd}$ $v_{Rd,c}=0.035k^{3/2}\sqrt{f_{ck}}$（最小值）	SI
德国规范 DIN 1045-1 2001[46]	$v_{Rd,c}=2.76k(100\rho_l f_{ck})^{1/3}-0.12N_u/A_c$ $k=1+\sqrt{\frac{7.87}{d}}\leqslant2.0$	US
挪威规范[47]	$v_{c0}=0.3(\eta_1 f_{tn}+100\rho)(1.5-d)/\gamma_c<0.6\eta_1 f_{tn}(1.5-d)/\gamma_c$ $\eta_1=0.15+0.85\rho_0/2200$	
日本标准(JSCE 1986)[48]	$v_c=0.9\beta_d\beta_p\beta_n(f_c')^{1/3}$ $\beta_d=\left(\frac{39.4}{d}\right)^{1/4}\leqslant1.6,\beta_p=(100\rho_w)^{1/3}\leqslant1.5$ $0<\beta_n\leqslant2$（考虑弯矩和轴力作用）	
瑞典规范 SIA 262	$v_{Rd}=0.1/\left(1+0.0022d\frac{m_{Ed}}{m_{Rd}}\right)\sqrt{f_c'}$	

表中，f_c'—混凝土圆柱体抗压强度；f_{ck}—混凝土强度特征值；a—梁剪跨；d—梁截面有效高度；ρ、ρ_l、ρ_w—纵向钢筋配筋率；M_u、V_u—同一截面的弯矩和剪力；d_a—骨料最大粒径；f_t—混凝土抗拉强度设计值；λ—剪跨比（我国），轻骨料混凝土强度修正系数，普通混凝土取 1.0，轻砂混凝土取 0.85，全轻混凝土取 0.75，其他情况可根据轻骨料的体积比线性内插（美国）；f_{tn}—混凝土抗拉强度；γ_c—混凝土材料分项系数；ρ_0—混凝土干密度；σ_{cp}—截面压应力；f_{cd}—混凝土抗压强度设计值；m_{Ed}—临界截面设计荷载产生的单位长度弯矩；m_{Rd}—临界截面的单位长度受弯承载力。

由表 4-1 可以看出，由于是经验公式，各研究者给出的表达式或规范采用的公式各不相同，但基本都反映了影响抗剪强度的主要因素。在混凝土强度对抗剪强度的影响方面，大部分公式用$\sqrt{f_c'}$或$(f_c')^{1/3}$表示，但关于纵向钢筋配筋率和剪跨比的影响，各公式差别较大。

4.5 有腹筋构件的抗剪强度

前面的图 4-10（a）已经示出了有腹筋钢筋混凝土梁破坏面上的各种力，图 4-10（b）示出了随着外加荷载增大各种力的变化。当梁中配置了抗剪箍筋时，其受力特点与无腹筋梁有很大不同，混凝土、箍筋和纵向钢筋构成的体系更便于建立力学分析模型，最早采用的桁架模型就是其中一例。近年来，随着试验技术的进步和对复杂应力状态下混凝土强度和本构关系研究的深入，提出了一些新的、更为合理的模型，促进了钢筋混凝土结构抗剪设计理论和方法的发展。

4.5.1 塑性理论模型

混凝土是典型的准脆性材料，而塑性理论适用于具有良好变形性能的材料建造的结构。因此对于具有脆性特性的混凝土材料，应用塑性理论时，需要做适当处理和修正。

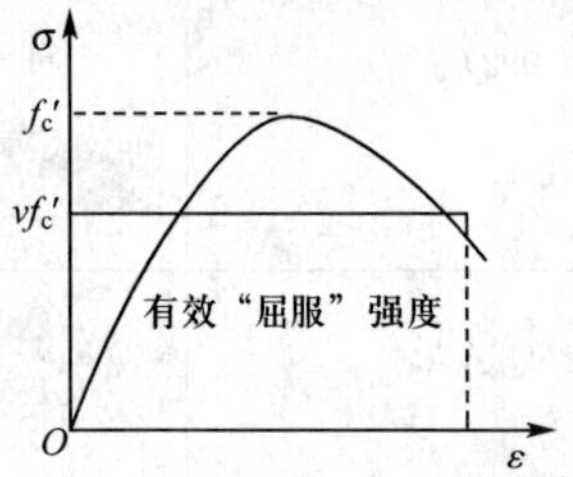

图 4-34 混凝土的刚—塑性理想化

Nielsen[50] 1984 年用塑性理论分析了钢筋混凝土梁的抗剪强度和板的抗冲切强度，将混凝土理想化为“屈服台阶”为 $f_c=\nu f_c'$ 的刚塑性材料，式中 ν 为小于 1 的折减系数，其值取决于混凝土强度、极限压应变 ε_{cu} 及所应用的条件，f_c' 为混凝土圆柱体抗压强度。ν 的值可按混凝土应力—应变曲线下的面积与弹—塑性材料应力—应变曲线下的面积相等的原则确定，如图 4-34。对于配置箍筋的钢筋混凝土梁，ν 的平均值为：

$$\nu=0.8-\frac{f_c'}{200} \tag{4-38a}$$

为保证较高的安全性，分析中可保守取为：

$$\nu=0.7-\frac{f_c'}{200} \tag{4-38b}$$

对于钢筋混凝土板的抗冲切，ν 取为：

$$\nu=\frac{3.2}{\sqrt{f_c'}} \tag{4-38c}$$

由式(4-38a)～式(4-38c)可以看出，强度折减系数 ν 反映了混凝土脆性的影响，强度越高，脆性越大，强度降低的越多。

4.5.1.1 下限解

图 4-35 示出了在距支座 a 处施加两个集中荷载 P 的钢筋混凝土梁。当出现下面情况之一时，梁达到破坏状态：

（1）纵向（x）钢筋屈服；

（2）横向（y）钢筋屈服；

（3）混凝土“屈服”。

按照塑性理论，下限解应满足平衡条件和屈服条件。

1. 平衡条件

考虑图 4-35 所示的钢筋混凝土矩形梁，假定在荷载 P 作用下混凝土截面形成一个与 x 轴成 θ 角的斜压剪切带。箍筋和下翼缘受拉，上翼缘受压。

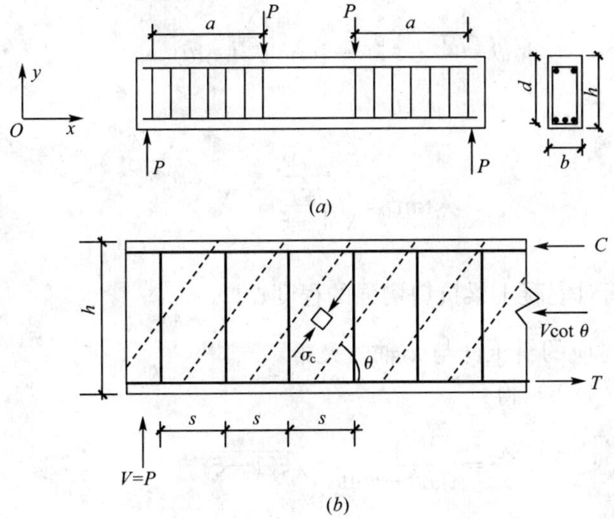

图 4-35　剪力作用下钢筋混凝土梁的下限解

（a）钢筋混凝土梁；（b）受剪区段

如果箍筋以 s 的间距密集配置，箍筋应力 σ_s 可用分布于混凝土整个面积上的等效箍筋应力 σ_{ys} 代替：

$$\sigma_{ys}=\frac{A_v\sigma_s}{bs}=\rho\sigma_s \tag{4-39}$$

式中　A_v——与混凝土面积 bs 相交的箍筋面积；

ρ——配箍率。

假定混凝土的斜压应力为 σ_c，则在 x 和 y 方向，由混凝土和箍筋承担的总应力为

$$\sigma_x=-\sigma_c\cos^2\theta,\ \sigma_y=-\sigma_c\sin^2\theta+\rho\sigma_s,\ v=\sigma_c\cos\theta\sin\theta \tag{4-40}$$

式（4-40）中的 σ_c 和 σ_x 可另写为

$$\sigma_c=\frac{v}{\sin\theta\cos\theta}=v(\tan\theta+\cot\theta),\ \sigma_x=-v\cot\theta \tag{4-41}$$

竖向平衡条件要求 $\sigma_y=0$，所以由式（4-40）得：

$$\rho\sigma_s=\sigma_c\sin^2\theta=v\tan\theta \tag{4-42}$$

2. 屈服条件

如果混凝土不被压碎，纵向钢筋不屈服，下限解必须满足下列条件：

$$\sigma_c=v(\tan\theta+\cot\theta)\leqslant f_c \tag{4-43}$$

$$\sigma_s \leqslant f_{vy} \tag{4-44}$$

式中 f_c——混凝土的“屈服”强度；

f_{vy}——箍筋屈服强度。

根据式（4-42）和式（4-43），最优的下限解为满足下列条件的最大荷载：

$$\tan\theta = \frac{\rho\sigma_s}{v} = \xi\frac{\sigma_c}{v} = \xi(\tan\theta + \cot\theta) \tag{4-45}$$

从而

$$\tan\theta_l = \sqrt{\frac{\xi}{1-\xi}} \tag{4-46}$$

式中 $\xi = \frac{\rho\sigma_s}{\sigma_c}$，表示箍筋对混凝土梁抗剪增强的程度；

θ_l——梁下限解对应的斜压杆与 x 轴的夹角。

由式（4-43）和式（4-46）得：

$$\frac{v}{\sigma_c} = \frac{1}{\tan\theta + \cot\theta} = \sqrt{\xi(1-\xi)} \tag{4-47}$$

或

$$\left(\frac{v}{\sigma_c}\right)^2 + \left(\xi - \frac{1}{2}\right)^2 = \frac{1}{4} \tag{4-48}$$

式（4-48）表示以$\left(0, \frac{1}{2}\right)$为坐标原点，$\frac{1}{2}$为半径的圆。在 $0 \leqslant \xi \leqslant 0.5$ 的范围内，式（4-47）为正且为 ξ 的单调增函数。所以当

$$(\sigma_c)_{max} = f_c \text{ 及 } \xi_{max} = \frac{\rho(\sigma_s)_{max}}{f_c} = \frac{\rho f_{vy}}{f_c} = \psi \tag{4-49}$$

时 v 最大，即箍筋屈服腹板混凝土压碎，如图 4-36 的曲线部分，而纵向钢筋保持弹性状态。对于 $\xi \geqslant 0.5$，式（4-47）或式（4-48）给出的最优下限解为 $v_{max} = 0.5 f_c$，即图 4-36 中的直线，由式（4-44）得出 $\sigma_s = \frac{f_c}{2\rho} \leqslant f_{vy}$。式（4-46）和（4-47）表明，当 $0 \leqslant \psi \leqslant 0.5$ 时，压应力的方向为 $0 \leqslant \theta \leqslant 45°$。对于 $\psi > 0.5$，$v_{max} = 0.5 f_c$ 且 $\theta = 45°$［由式（4-47）得出］。由此可见，下限解给出的斜压杆角度依配箍率而变且与纵轴的角度不超过 45°。需要说明的是，下限解不需满足位移协调条件。

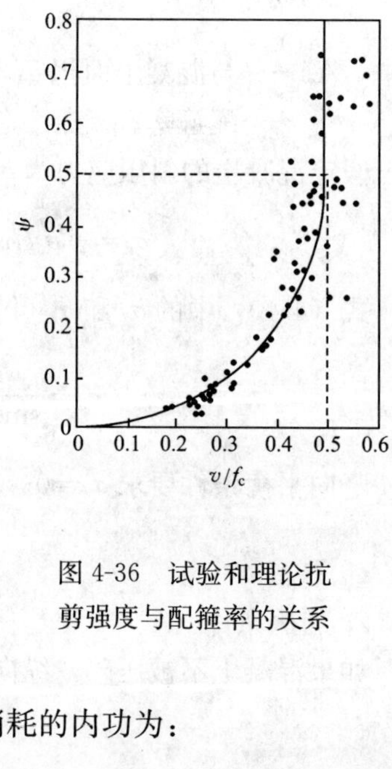

图 4-36 试验和理论抗剪强度与配箍率的关系

4.5.1.2 上限解

图 4-37 示出了受两个集中荷载 P 作用的梁的破坏机构，梁中间部分以 u 的竖向位移沿与水平线成 θ 角的直屈服线滑移，与屈服线相交的箍筋数目为 $\frac{h\cot\theta}{s}$，箍筋截面面积为 A_v，屈服时的伸长为 u。如图 4-38，箍筋消耗的内功为：

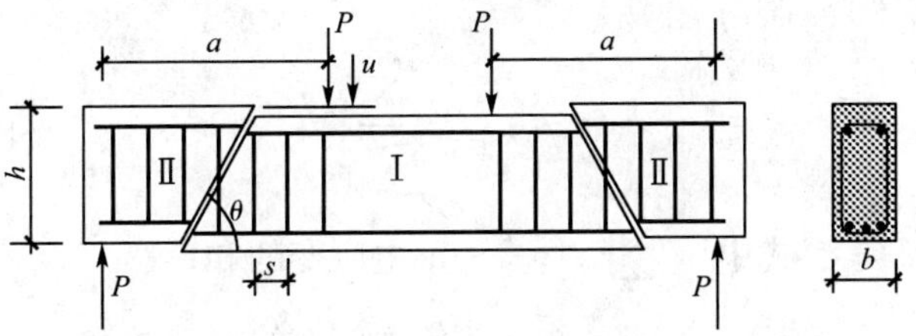

图 4-37　受集中荷载作用梁的破坏机构图

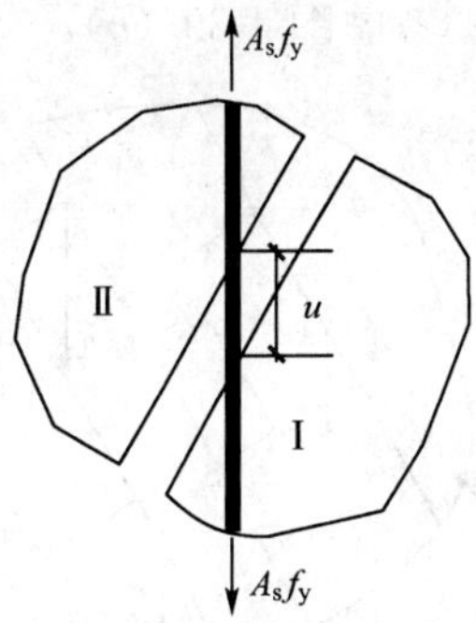

图 4-38　箍筋的应变能

$$W_s = \frac{h\cot\theta}{s}A_v f_{vy} u = \rho f_{vy} bhu\cot\theta \tag{4-50}$$

假定混凝土为抗拉强度为 0 的修正的摩尔-库仑材料，破坏包络线如图 4-39（b）所示，则单位体积混凝土消耗的内功为：

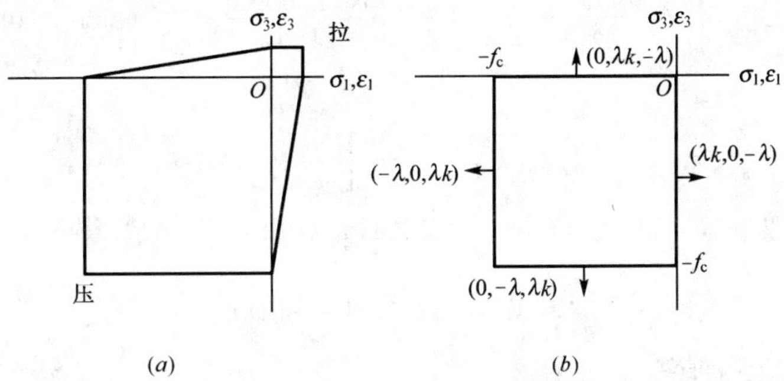

图 4-39　材料强度的摩尔-库仑准则

（a）考虑抗拉强度；（b）忽略抗拉强度

$$W = \sigma_1\varepsilon_1 + \sigma_2\varepsilon_2 + \sigma_3\varepsilon_3 \tag{4-51}$$

式中下标对应于三个主应力方向。对于刚塑性摩尔-库仑材料，破坏准则为：

$$f = k\sigma_3 - \sigma_1 - f_c = 0,\ |\sigma_3| \geqslant |\sigma_2| \geqslant |\sigma_1| \tag{4-52}$$

按照塑性理论的正交条件，屈服线上混凝土的应变为：

$$\varepsilon_i = \lambda\frac{\partial f}{\partial\sigma_i} \tag{4-53}$$

式中　λ——任意常数。

具体到式（4-52）表示的混凝土破坏准则，混凝土的应变为：

$$\varepsilon_1 = -\lambda,\varepsilon_2 = 0,\varepsilon_3 = \lambda k \tag{4-54}$$

式（4-54）对应于图 4-39（b）所示的情况，表示为主应变和的形式有：

$$\varepsilon_1 + \varepsilon_2 + \varepsilon_3 = \lambda(k-1) \tag{4-55}$$

根据式（4-51）、式（4-52）、式（4-54）和式（4-55），混凝土消耗的能量为：

$$W = \lambda(-\sigma_1 + k\sigma_3) = \lambda f_c = \frac{f_c}{k-1}(\varepsilon_1 + \varepsilon_2 + \varepsilon_3) \tag{4-56}$$

考虑图 4-39（b），功的和为

$$W=\frac{f_c}{k}\sum\varepsilon^+=f_c\sum|\varepsilon^-| \tag{4-57}$$

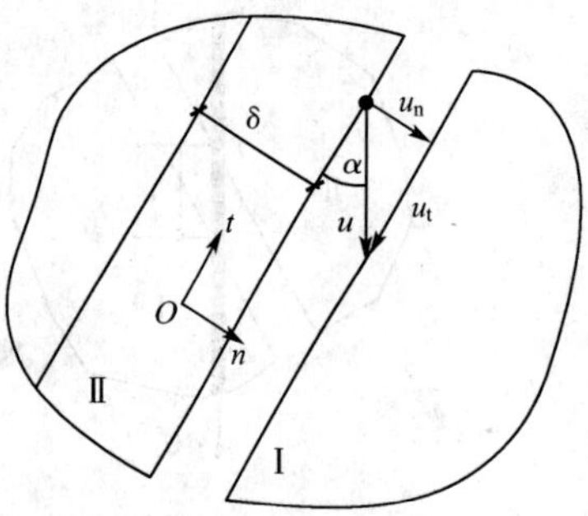

图 4-40　梁截面的屈服面

所以

$$k=\frac{\sum\varepsilon^+}{\sum|\varepsilon^-|} \tag{4-58}$$

式中　$\sum\varepsilon^+$——正主应变的和；

$\sum|\varepsilon^-|$——负主应变绝对值的和。

考虑图 4-40 所示的宽度为 δ 的屈服面，相对于第Ⅱ部分与屈服面垂直和平行的混凝土材料的应变为：

$$\varepsilon_n=\frac{u\sin\alpha}{\delta},\varepsilon_t=0,\gamma_{nt}=\frac{u\cos\alpha}{\delta} \tag{4-59}$$

主应变为：

$$\begin{Bmatrix}\varepsilon_1\\\varepsilon_3\end{Bmatrix}=\frac{u\sin\alpha}{2\delta}\pm\frac{1}{2}\sqrt{\frac{u^2\sin^2\alpha}{\delta^2}+\frac{u^2\cos^2\alpha}{\delta^2}}=\frac{u}{2\delta}(\sin\alpha\pm1) \tag{4-60}$$

由式（4-58）得：

$$k=\frac{\varepsilon_1}{\varepsilon_3}=\frac{1+\sin\alpha}{1-\sin\alpha} \tag{4-61}$$

对于平面应变状态，由式（4-56）、式（4-60）和式（4-61）得：

$$W=f_c\frac{u}{2\delta}(1-\sin\alpha) \tag{4-62}$$

t 方向单位长度消耗的能量为：

$$W_t=Wb\delta=\frac{1}{2}f_cub(1-\sin\alpha) \tag{4-63}$$

对于平面应力状态，式（4-62）也是正确的。由图 4-37，屈服线的长度为 $h/\sin\theta$，混凝土消耗的能量为：

$$W_c=\frac{1}{2}f_cb(1-\cos\theta)\frac{h}{\sin\theta}u \tag{4-64}$$

根据能量守恒原理，结合式（4-50）和式（4-64），荷载 P 所做的功与消耗的能量相等得：

$$Pu=\rho f_{vy}bhu\cot\theta+\frac{1}{2}f_cb(1-\cos\theta)u\frac{h}{\sin\theta} \tag{4-65}$$

由此得到：

$$\frac{v}{f_c}=\frac{P}{bhf_c}=\psi\cot\theta+\frac{1-\cos\theta}{2\sin\theta} \tag{4-66}$$

其中

$$\psi=\frac{\rho f_{vy}}{f_c}$$

对于式（4-66），由 $\frac{\partial v}{\partial\theta}=0$ 得：

$$\tan\theta_u = \frac{2\sqrt{\psi(1-\psi)}}{1-2\psi} \tag{4-67}$$

进而得到下面形式的上限解：

$$\frac{v}{f_c} = \sqrt{\psi(1-\psi)} \tag{4-68}$$

式（4-68）表示的上限解与式（4-47）表示的下限解相同（$\sigma_c = f_c$、$\sigma_s = f_{vy}$ 时，$\xi = \psi$），这意味着在所做的假定下（混凝土抗拉强度为 0 的修正摩尔-库仑材料，纵向钢筋不做功），所得到的是“精确解”。

另外将式（4-67）表示的上限解的滑移面角度 θ_u 与式（4-46）表示的下限解的裂缝角度 θ_l 进行比较有 $\theta_u = 2\theta_l$，Braestrup[51]解释了这一结果的物理含义。对于倾角 θ_l，施加的剪力等于长度 $h\cot\theta_l$ 上箍筋的力。一旦箍筋屈服，增加的荷载只能通过增大 $\cot\theta_l$ 来承担，即倾角变小。为平衡箍筋应力，这引起混凝土的应力增大，直到混凝土受压破坏。其竖向分量保持不变，沿倾角为 θ_u 的屈服线滑动破坏，所以 θ_u 为 θ_l 的 2 倍。

4.5.2　压力场理论

4.5.2.1　基本公式

在压力场理论（CFT）中，构件需要满足平衡条件、变形协调条件和应力—应变关系。这一理论是 Mitchell 和 Collins[14] 1974 年提出的。第 1 章已对压力场理论的基本概念做了介绍，本节只针对钢筋混凝土梁的抗剪设计讨论压力场理论的应用。与塑性理论的极限分析相比，压力场理论描述了混凝土结构从开裂到剪切破坏的整个过程。所以，一般情况下，混凝土和钢筋均不处于极限状态。压力场理论认为开裂后混凝土主应力与主应变的方向相同。

1. 平衡条件

平衡条件与塑性理论的下限解类似。考虑弯矩为 0 的钢筋混凝土梁截面的平衡，如图 4-41（*a*）所示，混凝土、箍筋和纵筋的平衡如下。

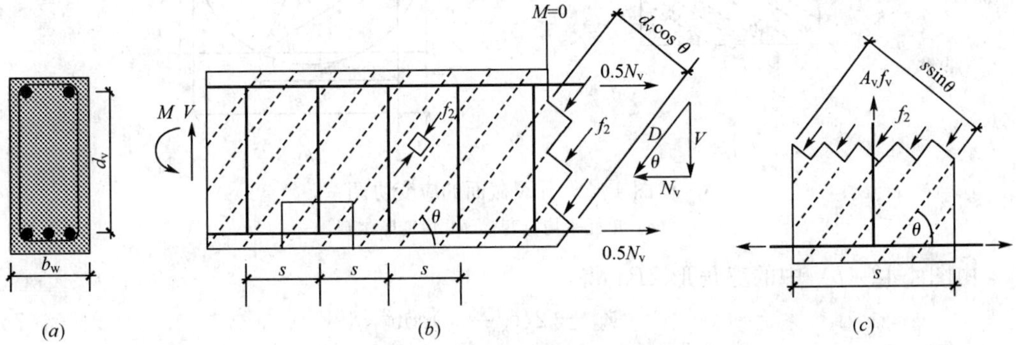

图 4-41　用于压力场理论的变角桁架模型的平衡

（*a*）梁截面；（*b*）斜向压应力和纵向平衡；（*c*）箍筋的力

与构件纵轴成 θ 角的混凝土斜压杆的竖向分力必须等于施加的剪力［图 4-41（*a*）］，即

$$V = D\sin\theta = (f_2 b_w d_v \cos\theta)\sin\theta \tag{4-69}$$

从而有

$$f_2 = \frac{V}{b_w d_v}(\tan\theta + \cot\theta) \tag{4-70}$$

式中 b_w ——梁的宽度；

d_v ——内力臂。

混凝土中的斜压杆向箍筋传递的竖向力为［图 4-41（*b*）］：

$$A_v f_v = (f_2 b_w s\sin\theta)\sin\theta \tag{4-71}$$

即

$$\frac{A_v f_v}{s} = \frac{V}{d_v}\tan\theta \tag{4-72}$$

式中 A_v ——箍筋截面面积；

f_v ——箍筋应力；

s ——箍筋间距。

混凝土斜压杆的水平分力与纵向钢筋的拉力平衡，即

$$N_v = A_s f_x = V\cot\theta \tag{4-73}$$

式中 A_s ——纵向钢筋面积；

f_x ——纵向钢筋应力。

压力场理论忽略了混凝土开裂后的抗拉强度，主压应力与主压应变的倾角一致。

2. 应变协调

如图 4-42（*b*）所示，可采用应变摩尔圆表示的几何变换建立开裂截面的应变协调关系。

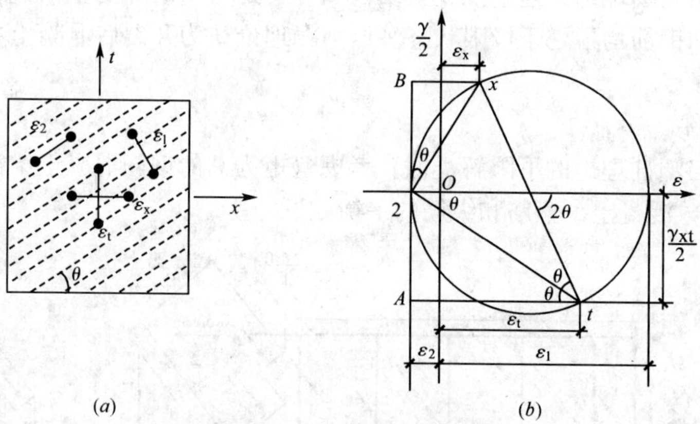

图 4-42 开裂截面的应变协调

（*a*）单元平均应变；（*b*）应变摩尔圆

由图 4-42（*b*）中的三角形 2*Bx* 得：

$$\gamma_{xt} = 2(\varepsilon_x - \varepsilon_2)\cot\theta \tag{4-74a}$$

而由三角形 2*At* 得：

$$\gamma_{xt} = 2(\varepsilon_t - \varepsilon_2)\tan\theta \tag{4-74b}$$

式中 ε_x ——截面纵向应变（拉为正）；

ε_t ——横向应变；

γ_{xt} ——剪应变；

ε_2 ——主压应变（负）。

根据上面两个公式，得斜压杆的倾角为：

$$\tan^2\theta = \frac{\varepsilon_x - \varepsilon_2}{\varepsilon_t - \varepsilon_2} \tag{4-74c}$$

因为上述应变协调条件是从摩尔圆导出的，有时也将压力场模型称为摩尔协调桁架模型。材料的第一应变不变量给出了下面的关系：

$$\varepsilon_1 + \varepsilon_2 = \varepsilon_x + \varepsilon_t \tag{4-75}$$

需要说明的是，当混凝土开裂后，这些协调关系是用"平均"应变表示的，即应变是在包含几条裂缝的长度上测量的。

3. 开裂混凝土及钢筋的应力—应变关系

混凝土腹板不只是在方向 2 受压，也在方向 1 受拉（图 4-42），因此承受较大拉应变的开裂混凝土抗压强度会降低。裂缝间混凝土的性能，可采用下面的应力—应变关系（图 1-88）描述：

$$f_2 = f_{2\max}\left[\frac{2\varepsilon_2}{\varepsilon_0} - \left(\frac{\varepsilon_2}{\varepsilon_0}\right)^2\right] \tag{4-76}$$

其中

$$f_{2\max} = \frac{f_c'}{0.8 + 170\varepsilon_1} \leqslant f_c'$$

式中　ε_0——混凝土峰值应力对应的应变，$\varepsilon_0 = -0.002$；

　　ε_1——主拉应变。

此外，钢筋处于弹性状态，满足下面的关系：

$$f_v = E_s\varepsilon_t\ ,\ f_x = E_s\varepsilon_x \tag{4-77}$$

4. 计算步骤

上面是压力场理论的全部公式，有 3 个平衡方程[式(4-70)、式(4-72)和式(4-73)]，2 个应变协调方程［式（4-74c）和式（4-75)］和 3 个应力一应变关系［式（4-76）和（4-77)］来解 3 个未知应力 f_2 、f_v 和 f_x ，4 个未知应变 ε_x 、ε_t 、ε_1 和 ε_2 ，及斜压倾角 θ，共 8 个方程和 8 个未知数。解这些公式构成的方程组，可以计算构件的荷载—变形关系，箍筋屈服时，得到构件的受剪承载力。

下面是按压力场理论进行钢筋混凝土构件受剪分析的步骤：

(1) 假定 θ 的范围（通常在 25°～45°之间），给定箍筋应力 f_v（0～f_{vy}）；

(2) 对于给定的 θ 和 f_v ，由式（4-71）计算 f_2 ；

(3) 由式（4-70）计算 V ；

(4) 由式（4-73）计算 f_x ；

(5) 由式（4-77）计算 ε_t 和 ε_x ；

(6) 由式（4-74c）计算 ε_2 ；

(7) 由式（4-75）计算 ε_1 ；

(8) 采用式（4-76）计算开裂混凝土应力（表示为 f_2' ）；

(9) 计算 $\Delta f_2 = |\ f_2' - f_2\ |$ ；

(10) 当 $\Delta f_2 = 0$ 时（计算中足够小即可，如 10^{-3}MPa），其对应的 θ 即为剪力 V 时的

θ 角，代入式（4-74a）计算剪应变 γ_{xt}，从而得到剪力—剪应变曲线。如果直接取 $f_v = f_{vy}$ 进行计算，则可得到构件的受剪承载力。

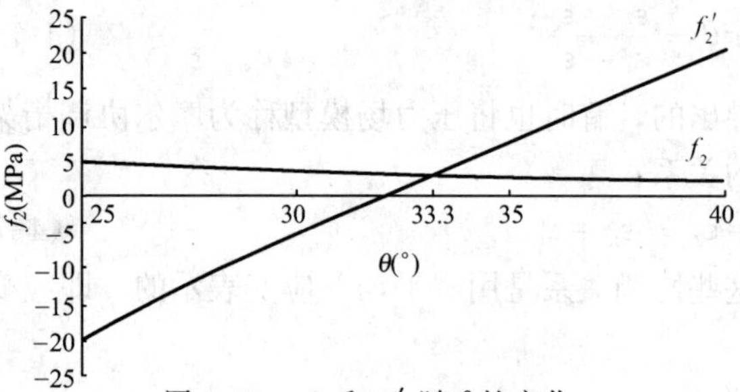

图 4-43 f_2 和 f_2' 随 θ 的变化

【例 4-1】 一承受均布荷载的简支梁，$b = 250\text{mm}$，$h = 500\text{mm}$，混凝土采用 C30，$f_{ck} = 20.1\text{MPa}$，对应的圆柱体抗压强度规定值 $f_c' = 25.3\text{MPa}$，$\varepsilon_0 = 0.002$。纵向钢筋面积 $A_s = 3040\,\text{mm}^2$，配置双肢 ϕ8 @90 箍筋（HPB235），$f_{vy} = 210\text{MPa}$，$E_s = 200000\ \text{N/mm}^2$。用压力场理论计算受剪承载力 V。

【解】 取 $d_v = 0.9d = 0.9 \times 450 = 405\text{mm}$。图 4-43 示出了按上面压力场理论的步骤进行计算时，f_2［式（4-71）］和 f_2'［式（4-76）］随 θ 的变化。由图可以看出，当 $\theta = 33.3°$ 时，f_2 与 f_2' 的曲线相交于一点，此时的受剪承载力 $V = 150.8\text{kN}$。

4.5.2.2 压力场理论与塑性理论的关系

假定混凝土的应力—应变关系为线弹性—完全塑性关系，将压力场理论的结果与前面 4.5.1 节忽略混凝土弹性变形的塑性理论解进行比较。为与塑性理论解保持一致，假定纵向钢筋处于弹性状态，即 $f_x = E_s\varepsilon_x < f_y$，但箍筋和混凝土达到了其弹性极限，即

$$f_v = f_{vy}\,,\ \varepsilon_t = \varepsilon_y = \text{屈服应变}$$

$$f_2 = f_c\,,\ \varepsilon_2 = -\varepsilon_c\ (\varepsilon_2\ \text{为负值})$$

剪应力是未知的。由式（4-47）得：

$$\frac{v}{f_c} = \frac{\tan\theta}{\tan^2\theta + 1} \tag{4-78}$$

由式（4-72）得（箍筋屈服 $f_v = f_{vy}$）：

$$\tan\theta = \frac{A_v}{bs} \times \frac{f_{vy}}{v} = \frac{A_v}{bs} \times \frac{f_{vy}}{f_c} \times \frac{f_c}{v} = \psi\frac{f_c}{v} \tag{4-79}$$

其中

$$\psi = \frac{A_v}{bs} \times \frac{f_{vy}}{f_c} = \rho_v\,\frac{f_{vy}}{f_c}$$

将式（4-79）代入式（4-78）得到：

$$\left(\frac{v}{f_c}\right)\left(\psi^2\,\frac{f_c^2}{v^2} + 1\right) = \psi\frac{f_c}{v} \tag{4-80a}$$

$$\psi^2 + \left(\frac{v}{f_c}\right)^2 = \psi \tag{4-80b}$$

$$\frac{v}{f_c} = \sqrt{\psi(1-\psi)} \tag{4-80c}$$

$$\tan\theta = \sqrt{\frac{\psi}{1-\psi}} \tag{4-80d}$$

将上面的公式与塑性理论的公式进行对比可以看出，如果把混凝土和箍筋视为理想的弹塑性材料，压力场理论的解与塑性理论的解是一致的。所以，从某种意义上讲，塑性理论的解是压力场理论解的一种特殊情况。

4.5.3　修正压力场理论

4.5.3.1　基本公式

压力场理论忽略了混凝土开裂后拉应力的贡献，从而高估了构件的变形，低估了构件的强度。为考虑混凝土拉应力的影响，提高压力场理论计算结果的准确性，Vecchio 和 Collins 1986 年[52]提出了修正压力场理论（MCFT）。压力场理论的主要简化是假定主应变方向与主应力方向一致。事实上，试验表明，主应力和主应变方向角相差约 ±10°（图 1-84）。由于构件混凝土实际存在拉应力，混凝土主压应力与裂缝的角度并不完全一致，而是保持一个很小角度，这样压应力场穿越裂缝传递拉应力，降低了混凝土强度，裂缝表面产生了剪应力。

1. 裂缝间力的平衡

图 4-44 示出了梁截面混凝土的各种力，截面剪力由斜压应力 f_2 和斜拉应力 f_1 抵抗。裂缝处的拉应力为 0，裂缝中间部分的拉应力最大，f_1 和 f_2 均为平均值。

由图 4-44（*c*）的摩尔圆得到：

$$f_1 + f_2 = A1 + A2 = v(\tan\theta + \cot\theta) = \frac{V}{b_w d_v}(\tan\theta + \cot\theta) \tag{4-81}$$

式中　b_w——截面宽度；

d_v——内力臂。

与压力场理论的式（4-70）相比，修正压力场理论的式（4-81）考虑了混凝土拉应力的贡献，斜压应力使梁纵向钢筋受拉，而斜拉应力使纵向钢筋受压。竖向不平衡力由箍筋承担，即

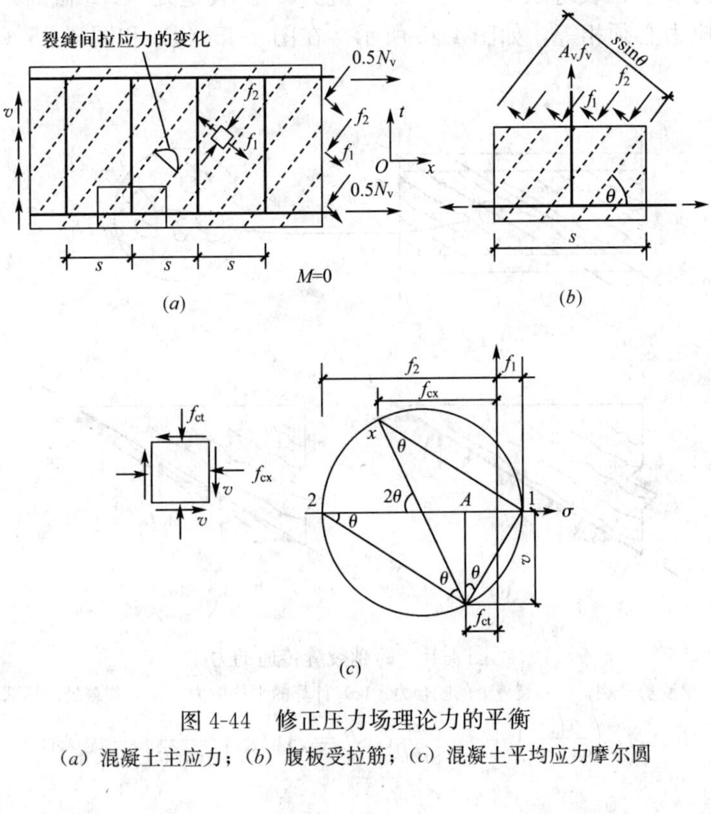

图 4-44　修正压力场理论力的平衡

（*a*）混凝土主应力；（*b*）腹板受拉筋；（*c*）混凝土平均应力摩尔圆

$$A_v f_v = (f_2 \sin^2\theta - f_1 \cos^2\theta) b_w s \tag{4-82}$$

由式（4-81）和式（4-82）得：

$$v = \frac{f_1}{\tan\theta + \cot\theta} + \frac{1}{\tan\theta + \cot\theta}\left(\frac{A_v f_v}{b_w s} + f_1 \cos^2\theta\right)\frac{1}{\sin^2\theta} \tag{4-83}$$

$$\begin{aligned} V = v b_w d_v &= \frac{f_1 b_w d_v}{\tan\theta + \cot\theta}(1 + \cot^2\theta) + \frac{A_v f_v b_w d_v}{b_w s} \times \frac{\cos^2\theta + \sin^2\theta}{(\tan\theta + \cot\theta)\sin^2\theta} \\ &= f_1 b_w d_v \cot\theta + \frac{A_v f_v}{s} d_v \frac{\tan\theta + \cot\theta}{\tan\theta(\tan\theta + \cot\theta)} \\ &= f_1 b_w d_v \cot\theta + \frac{A_v f_v}{s} d_v \cot\theta \end{aligned} \tag{4-84}$$

式（4-84）中取 $f_v = f_{vy}$ 时得到的是构件的受剪承载力，第一项为混凝土对受剪承载力的贡献，第二项为箍筋对受剪承载力的贡献。由此可以看出，箍筋对抗剪的贡献与变角桁架模型（4-4）的结果是一致的，而混凝土贡献是由混凝土斜开裂后的拉应力产生的。混凝土斜拉和斜压裂缝间的纵向不平衡应力 f_x 由纵向钢筋承担，即

$$A_s f_x = (f_2 \cos^2\theta - f_1 \sin^2\theta) b_w d_v = V\cot\theta - f_1 b_w d_v \tag{4-85}$$

2. 跨越裂缝的力的平衡

在剪力作用下，实际出现的斜裂缝比较复杂，分析中将其理想化为相互平行的平面，与纵向钢筋的角度（压杆角度）为 θ。当剪力较小时，拉力通过箍筋应力的局部增加而穿越裂缝传递。当剪力达到一定值时，裂缝处的箍筋达到屈服强度。当剪应力较高时，跨越裂缝传递的拉力要求在裂缝表面产生局部剪应力 v_{ci}。裂缝处（2-2 截面）和裂缝间（1-1 截面）的两组应力必须相等，如图 4-45 所示。在图 4-45（*c*）和图 4-45（*d*）中，竖向力相等得：

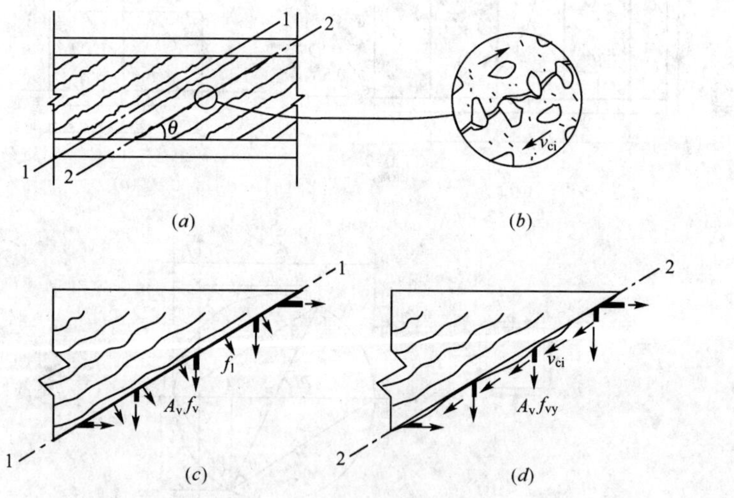

图 4-45 跨越裂缝传递的力

（*a*）梁受剪开裂；（*b*）裂缝上的咬合力；（*c*）计算的平均应力；（*d*）裂缝处的局部应力

$$A_v f_v \left(\frac{d_v}{s\tan\theta}\right) + f_1 \frac{b_w d_v}{\sin\theta}\cos\theta = A_v f_{vy}\left(\frac{d_v}{s\tan\theta}\right) + v_{ci} b_w d_v \tag{4-86}$$

由此得平均拉应力 f_1 为：

$$f_1 = v_{ci}\tan\theta + \frac{A_v}{b_w s}(f_{vy} - f_v) \tag{4-87}$$

式中　f_{vy}——裂缝处箍筋的应力（箍筋的屈服强度）；

　　　f_v——裂缝间混凝土中箍筋的应力。

所以，依赖于 f_1 的混凝土的贡献是通过提供拉力提高了骨料咬合作用，进而增大了跨越裂缝传递的剪力。裂缝界面传递剪应力 v_{ci} 的能力取决于裂缝宽度 w，v_{ci} 与 w 的关系可用式（4-12）表示。裂缝宽度可取为主拉应变 ε_1 与平均斜裂缝间距 $s_{m\theta}$ 的乘积，即

$$w = \varepsilon_1 s_{m\theta} \tag{4-88}$$

斜裂缝的间距取决于纵向钢筋和横向钢筋控制裂缝的特性。参照图 4-46，可建立下面斜裂缝间距与竖向和水平方向裂缝间距的关系：

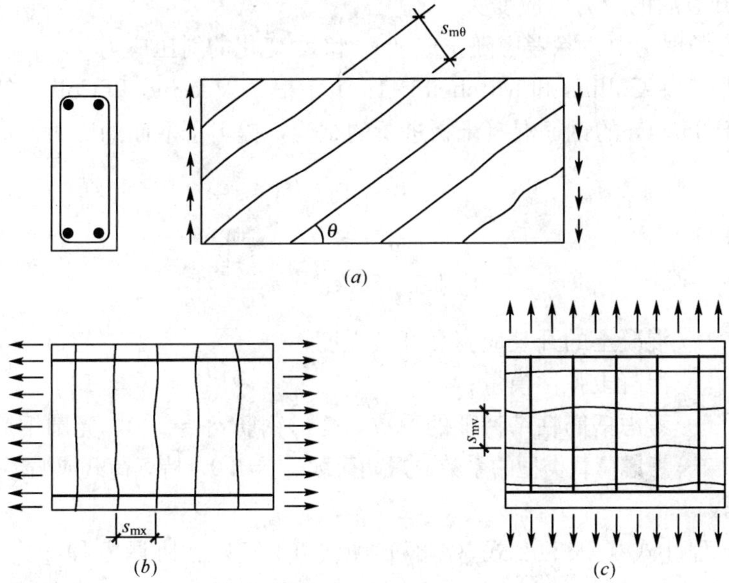

图 4-46　钢筋混凝土梁的裂缝间距

（a）剪切斜裂缝；（b）竖向裂缝；（c）水平裂缝

$$s_{m\theta} = \frac{1}{\dfrac{\sin\theta}{s_{mx}} + \dfrac{\cos\theta}{s_{mv}}} \tag{4-89}$$

式中　s_{mx}——垂直于 x 方向裂缝的间距；

　　　s_{mv}——垂直于 v 方向裂缝的间距。

竖向和水平方向的裂缝间距根据 CEB-FIP 模式规范的公式确定：

$$s_{mx} = 2\left(c_x + \frac{s_x}{10}\right) + 0.25k_1\frac{d_{bx}}{\rho_x}, \quad s_{mv} = 2\left(c_v + \frac{s_v}{10}\right) + 0.25k_1\frac{d_{bv}}{\rho_v} \tag{4-90}$$

其中

$$\rho_v = \frac{A_v}{b_w s}, \quad \rho_x = \frac{A_s}{A_c}$$

式中　d_{bx}、d_{bv}——x 和 v 方向的钢筋直径（图 4-47）；

c_x、c_v ——x 和 v 方向的混凝土保护层厚度；
s_x、s_v ——x 和 v 方向的钢筋间距；
k_1 ——系数，对变形筋取 0.4，对光圆筋取 0.8；
A_v ——箍筋截面面积（双肢）；
A_s ——纵向钢筋面积；
A_c ——混凝土截面面积。

裂缝处和裂缝间水平力相等限定了混凝土拉力的大小为裂缝处钢筋屈服对应的值，即

$$A_s f_y \geqslant A_s f_x + f_1 b_w d_v + \left[f_1 - \frac{A_v}{b_w s}(f_{vy} - f_v)\right] b_w d_v \cot^2\theta \tag{4-91}$$

3. 协调条件

混凝土平均应变的协调方程与压力场理论的相同。

4. 混凝土开裂后的应力—应变关系

在修正压力场理论中，除考虑随主应变 ε_1 和 ε_2 变化的斜压应力 f_2 外，还要考虑与 ε_1 有关的斜拉应力 f_1 。Collins 和 Mitchell[53] 1991 年根据 Vecchio 和 Collins 1986 年对混凝土抗压强度小于 35MPa 的钢筋混凝土板进行的试验，提出了下面的应力—应变关系：

$$f_1 = \begin{cases} E_c \varepsilon_1 & \varepsilon_1 \leqslant \varepsilon_{cr} \\ \dfrac{\alpha_1 \alpha_2 f_{cr}}{1+\sqrt{500\varepsilon_1}} & \varepsilon_1 > \varepsilon_{cr} \end{cases} \tag{4-92}$$

式中 ε_{cr} 、f_{cr} ——混凝土的开裂应变和开裂强度；
E_c ——混凝土弹性模量；
α_1 ——考虑钢筋粘结特征的系数，变形钢筋 $\alpha_1 = 1.0$，光圆钢筋 $\alpha_1 = 0.7$；
α_2 ——考虑荷载类型的系数，短期荷载 $\alpha_2 = 1.0$，持续荷载或循环荷载 $\alpha_2 = 0.7$。

5. 计算步骤

上述平衡方程［式（4-82）、式（4-85）和式（4-87）］、协调方程［式（4-74c）和式（4-75）］和应力—应变关系［式（4-77）、式（4-92）和式（4-76）］构成了按修正压力场理论计算钢筋混凝土构件受剪分析的方程组。解方程组即可求解未知应力 f_1、f_2、f_v 和 f_x，未知应变 ε_x、ε_t、ε_1、ε_2 和角度 θ，进而由式(4-84)确定构件的荷载—应变关系，当箍筋屈服时，得到构件的受剪承载力。

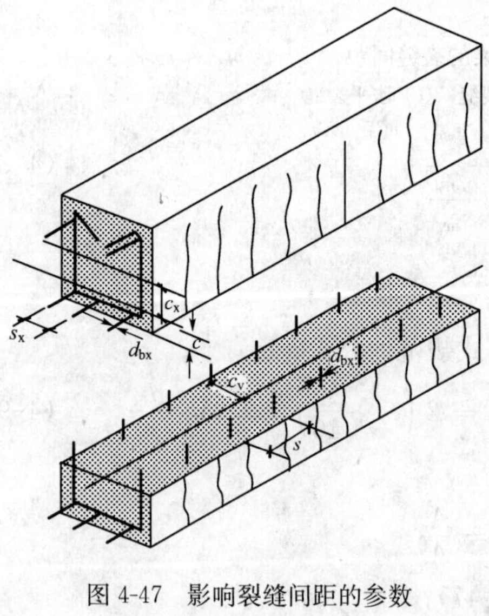

图 4-47 影响裂缝间距的参数

在前面按压力场理论计算钢筋混凝土构件受剪承载力的步骤中，实际上是通过对 θ 进行一维搜索寻找使 $\Delta f_2 = 0$ 的 θ 值的，但采用修正压力场理论进行计算时，情况变得复杂，需要对两个变量进行搜索，即进行二维搜索，计算量要比一维搜索大得多。这可采用已有的优化方法解决，为此构造下面的目

标函数：

$$Z=\min\left\{\left[\frac{A_{v}f_{v}}{b_{w}s}-(f_{2}\sin^{2}\theta-f_{1}\cos^{2}\theta)\right]^{2}+\left[\frac{A_{s}f_{x}}{b_{w}d_{v}}-(f_{2}\cos^{2}\theta-f_{1}\sin^{2}\theta)\right]^{2}\right\} \tag{4-93}$$

当优化计算使得 $Z=0$（实际计算中足够小即可）时，上式表示满足了构件两个方向力的平衡条件。如果以 θ 和 ε_1 作优化变量，则计算式（4-93）中 f_1、f_2、f_v、f_x 和 V 的步骤如下：

（1）假定 θ 和 ε_1 的初值；

（2）由式（4-92）计算 f_1；

（3）由式（4-90）计算 s_{mx} 和 s_{mv}；

（4）由式（4-89）计算 $s_{m\theta}$；

（5）由式（4-88）计算 w；

（6）由式（4-12）计算 v_{ci}；

（7）由式（4-87）计算 f_v；

（8）由式（4-77）计算 ε_t；

（9）由式（4-74*c*）和（4-75）联立求得 ε_2 和 ε_x；

（10）由式（4-77）计算 f_x；

（11）由式（4-76）计算 f_2；

（12）由式（4-84）计算受剪承载力 V。

【例 4-2】　已知条件同例 4-1，用修正压力场计算受剪承载力 V。

【解】　按照上述修正压力场理论的步骤进行计算，得到 $\theta=35.1°$，$V=324.8\text{kN}$。与例 4－1 的结果比较可看出，修正压力场考虑开裂混凝土承担的拉应力，箍筋屈服时斜裂缝角度 θ 变化不大，但受剪承载力比压力场理论的计算结果大一倍。图 4-48 给出了不同配箍情况时构件斜裂缝的角度 θ 与受剪承载力 V 的变化。

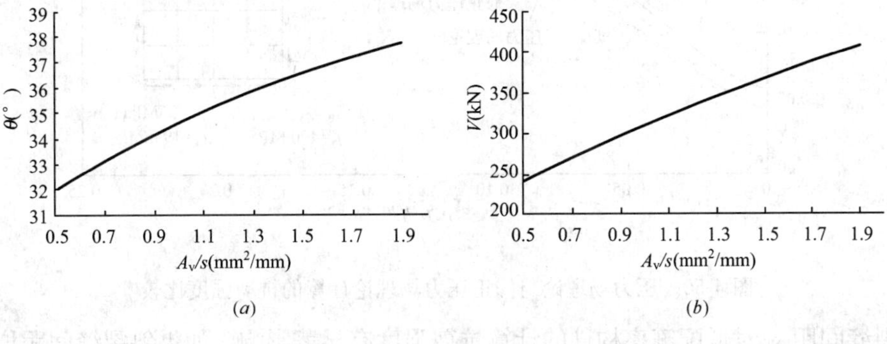

图 4-48　不同配箍情况时修正压力场理论的计算结果

（*a*）斜裂缝角度；（*b*）受剪承载力

4.5.3.2　修正压力场理论与压力场理论的比较

修正压力场理论考虑了混凝土开裂后的强度，而压力场理论未考虑。为比较按两种理论计算的构件受剪承载力的差别，图 4-49 对两种方法的计算结果进行了比较。与试验结果相比可以看出，修正压力场理论较压力场理论的计算精度有显著改善。图 4-50 表明了

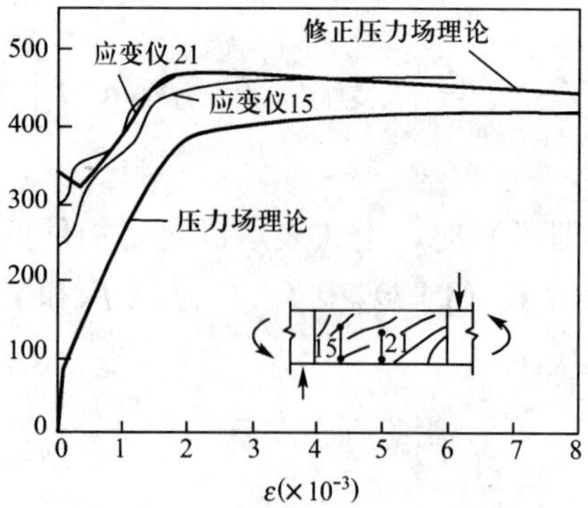

图 4-49 试验和计算的荷载—应变关系

混凝土开裂后的拉应力对两组钢筋混凝土平板构件抗剪能力的影响。按照压力场理论，忽略混凝土开裂后的拉应力，计算得到的无箍筋构件（$\rho_v=0$）抗剪强度为 0，而按修正压力场理论，考虑混凝土开裂后的拉应力，即使构件不配置箍筋，开裂后的抗剪强度也不为 0。图 4-50 还表明，计算的抗剪强度不仅与箍筋配筋率有关，还与纵筋配筋率有关，增大纵筋配筋率提高了抗剪强度。随着纵筋配筋率的增大，按压力场理论计算的抗剪强度与按修正压力场理论计算的抗剪强度的差别也增大。对于纵筋配筋率为 2%、$\rho_v f_{vy}/f_c'$ 大于 0.10 的构件，最大抗剪能力由裂缝处纵筋的屈服控制。在这种情况下，混凝土开裂后的拉应力对计算的抗剪强度影响很小。另一方面，当纵筋总面积达到腹板面积的 10%时，纵筋应力低于屈服强度，当配箍率进一步增大时，构件的破坏将由混凝土压碎控制。混凝土开裂后的拉应力提高了构件的刚度，减小了混凝土应变，使构件破坏前能够抵抗很大的剪力。

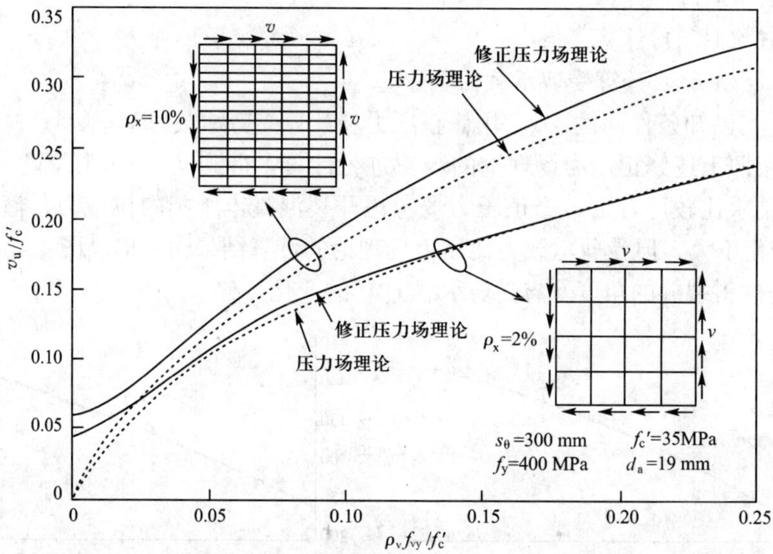

图 4-50 压力场理论与修正压力场理论计算的抗剪强度比较

斜裂缝间距 s_θ 对低配箍率构件的计算抗剪强度有显著影响。如果斜裂缝间距增大，与 ε_1 有关的裂缝宽度 w 也增大，则混凝土开裂后裂缝间传递的拉应力减小。图 4-51 示出了用修正压力场理论计算的两个混凝土构件的抗剪性能，图中一个构件的裂缝间距为 300mm，另一个构件的裂缝间距为 2000mm。配置的纵筋和施加的轴向荷载使纵向应变 ε_x 保持为 0.5×10^{-3}。由图 4-51 可看出，配箍率 ρ_v 越小，计算的抗剪强度对裂缝间距就越敏感。当 ρ_v 等于 0 时，裂缝间距为 2000mm 构件的抗剪强度仅为裂缝间距为 300mm 构件抗剪强度的一半。

目前，修正压力场理论已用于膜、梁、平面框架、板和壳及三维实体结构的分析。即使是用于非常复杂的结构，计算结果与实测结果也比较符合。已经表明，该理论能够精确地模拟裂缝形式、变形、钢筋应力、极限强度和破坏模式。这需要采用简单的便于使用的公式来描述结构混凝土的本构特性。总的来讲，修正压力场理论是一种适合各种形式结构混凝土应用的统一、合理的分析方法。

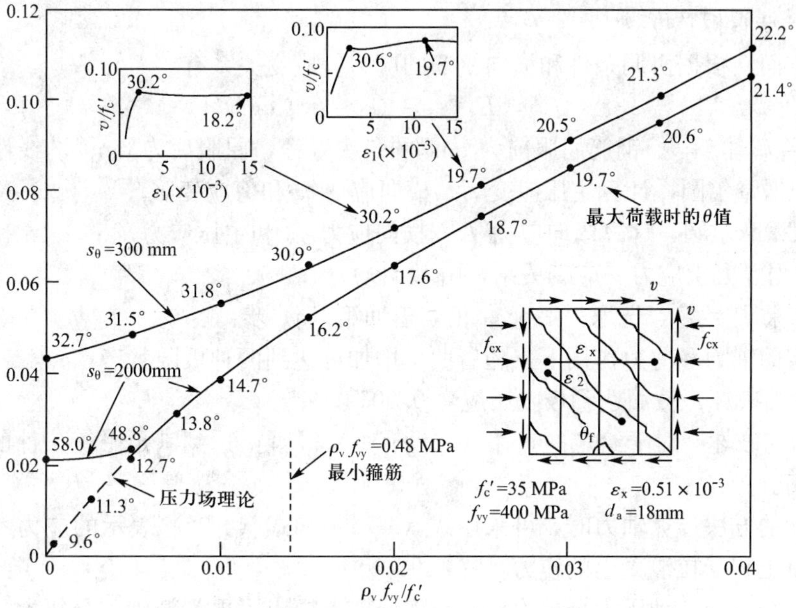

图 4-51　斜裂缝间距对低配箍率构件抗剪强度的影响

4.5.4　扩展的修正压力场理论

Nakamura 和 Higai[55] 1995 年将扩展的修正压力场理论用于作用有剪力、轴力和弯矩的情况。下面是具体的计算步骤：

(1) 将截面混凝土分为若干层；

(2) 将轴力 N、剪力 V 均匀分布于截面上；

(3) 对于给定的曲率 φ，根据应变沿截面高度 h 上的线性分布和上边缘纤维的应变 ε_c（负）确定高度为 y_{ci} 层的应变为 ε_{xi}

$$\varepsilon_{xi} = (h - y_{ci})\varphi + \varepsilon_c \tag{4-94}$$

(4) 对于每层混凝土，已知的 τ_{xy} 和 ε_{xi} 满足平衡和协调条件；

(5) 对所有层反复进行第 4 步；

(6) 根据应变计算纵向钢筋应力；

(7) 计算钢筋应力的合力，检验轴向平衡条件。如果不满足平衡条件，调节 ε_c，返回第 3 步；

(8) 根据纵向应力计算弯矩，检验弯矩平衡条件。

第 4 步进一步细化为

(a) 假定主拉应变 ε_1；

(b) 根据 ε_1 和混凝土应力—应变关系计算主拉应力 f_1；

(c) 根据水平方向的平衡，计算 f_1 和 ε_1 与纵轴的夹角 θ。横向钢筋的应力为：

$$f_v = \frac{b_w s}{A_v}(v\tan\theta - f_1) \tag{4-95}$$

式中 A_v——横向钢筋面积；

s——横向钢筋间距；

b_w——腹板宽度。

另一方面，根据协调条件和横向钢筋的应力—应变关系有：

$$f'_v = E_s[\varepsilon_1 - (\varepsilon_1 - \varepsilon_x)\tan^2\theta] \tag{4-96}$$

由 $f_v = f'_v$ 求解 θ。钢筋屈服前为 $\tan\theta$ 的二次方程，屈服后为 $\tan\theta$ 的线性方程。

(d) 根据摩尔圆，计算主压应变 ε_2、横向应变 ε_v 和剪应变 γ_{xy}；

(e) 根据摩尔圆，计算纵向应力 f_x、横向应力 f_v 和主压应力 f_2；

(f) 根据混凝土应力—应变关系，由 ε_2 计算 f'_2；

(g) 如果 $f_2 \neq f'_2$，选取另一个 ε_1 值，返回第 (a) 步。

在恒定的轴力和剪力作用下，随着曲率增加可达到两种极限状态：

(1) 弯曲破坏：截面达到极限压应变 0.0035；

(2) 剪切破坏：对于给定的 ε_x 和 v，没有一层混凝土达到满足平衡条件的解，即使满足轴力平衡。

按上面的方法计算轴力时，可采用式（4-76）和式（4-92）表示的应力—应变关系计算受压混凝土和受拉混凝土的应力。

除前面介绍的几种压力场理论外，很多研究者提出了更为精细的分析方法，这些方法理论上讲更为合理，但计算要复杂得多，特别是模型需要更多的材料参数，实用性不强。本章不再详细介绍，具体可查阅相关文献［55～58］。

4.5.5 简化的修正压力场理论 (1)

前面讨论的压力场理论和修正压力场理论实际上是针对纯剪状态的（也可有不变的正应力），适用于纯剪作用下钢筋混凝土板的剪切分析和设计。图 4-52 示出了钢筋混凝土梁和板截面剪应力的分布，对于钢筋混凝土梁，一般作用有弯矩，截面上存在沿截面高度变化的正应力。前面文献［54］提出了这种情况梁受剪承载力的计算方法，但非常复杂，不适用于工程设计。Collins 等[60]提出了简化的修正压力场计算方法，成为加拿大规范 CSA A23.3-94[61]、加拿大桥梁规范 MTO 1993[62]、CSA 2000[63]和美国桥梁设计规范[64,65] AASHTO LRFD-1994～AASHTO LRFD-2004 中抗剪设计方法的基础。

4.5.5.1 有腹筋构件

在式（4-84）中，考虑预应力的作用，梁的受剪承载力为：

$$V = \beta\sqrt{f'_c}\,b_w d_v + \frac{A_v f_{vy}}{s} d_v \cot\theta + V_p \tag{4-97}$$

其中

$$\beta = \frac{f_1\cot\theta}{\sqrt{f'_c}} = \frac{0.33\cot\theta}{1+\sqrt{500\varepsilon_1}} \leqslant \frac{0.18}{0.3+\dfrac{24w}{d_a+16}} \tag{4-98}$$

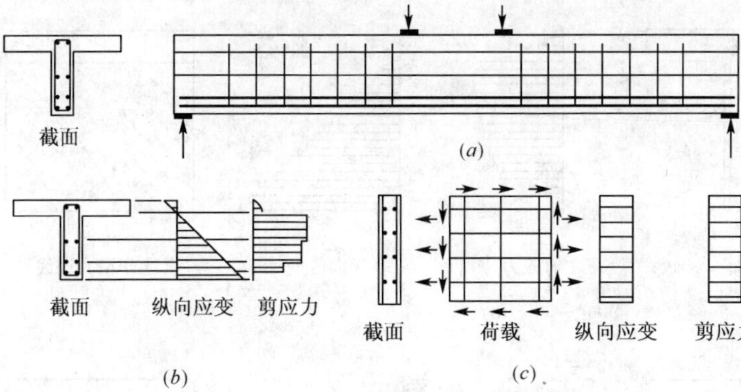

图 4-52　钢筋混凝土梁与板的剪切试验

(a) 传统的试验梁；(b) 梁的剪应力分布；(c) 多伦多大学 1979 年的试验

式中　V_p——预应力筋承担的剪力。

由式 (4-76) 得到主压应力为 f_2 时开裂混凝土的主压应变：

$$\varepsilon_2 = -0.002\left[1-\sqrt{1-\frac{f_2(0.8+170\varepsilon_1)}{f_c'}}\right] \tag{4-99}$$

应力 f_2 根据 (4-70) 计算，代入式 (4-99) 得：

$$\varepsilon_2 = -0.002\left[1-\sqrt{1-\frac{v}{f_c'}(\tan\theta+\cot\theta)(0.8+170\varepsilon_1)}\right] \tag{4-100}$$

其中 $v=\dfrac{V-V_p}{b_w d_v}$，V 为梁的受剪承载力，V_p 为预应力产生的剪力。

由式 (4-74c) 和式 (4-75) 得：

$$\varepsilon_1 = \varepsilon_x + (\varepsilon_x - \varepsilon_2)\cot^2\theta \tag{4-101}$$

将式 (4-100) 代入式 (4-101) 得：

$$\varepsilon_1 = \varepsilon_x + \left\{\varepsilon_x + 0.002\left[1-\sqrt{1-\frac{v}{f_c'}(\tan\theta+\cot\theta)(0.8+170\varepsilon_1)}\right]\right\}\cot^2\theta \tag{4-102}$$

假定在高度 d_v 上，混凝土剪应力为均匀分布 [图 4-53 (b)]。截面应变沿截面高度线性分布，[图 4-53 (b)]，则由图 4-54 得纵向受拉钢筋应变为：

$$\varepsilon_x = \frac{M_u/d_v + 0.5(N_u + V_u\cot\theta) - A_{ps}f_{po}}{E_sA_s + E_pA_{ps}} \tag{4-103}$$

式中　N_u——垂直于截面的轴向设计荷载，与 V_u 同时出现，拉为正，压为负；

V_u——截面设计剪力；

M_u——截面设计弯矩，大于 0；

E_s——钢筋弹性模量；

A_s——受拉区纵向钢筋面积；

d_v——取有效高度与控制裂缝钢筋层间最大距离的较小者。

当按式 (4-97) 计算要求的箍筋时，需要确定 β 和 θ 的值。在保证箍筋应变 $\varepsilon_t \leqslant 0.002$ 和混凝土压应力 $f_2 \leqslant f_{2max}$ 的条件下，使箍筋用量趋于最小的 β 和 θ 值如表 4-2 所

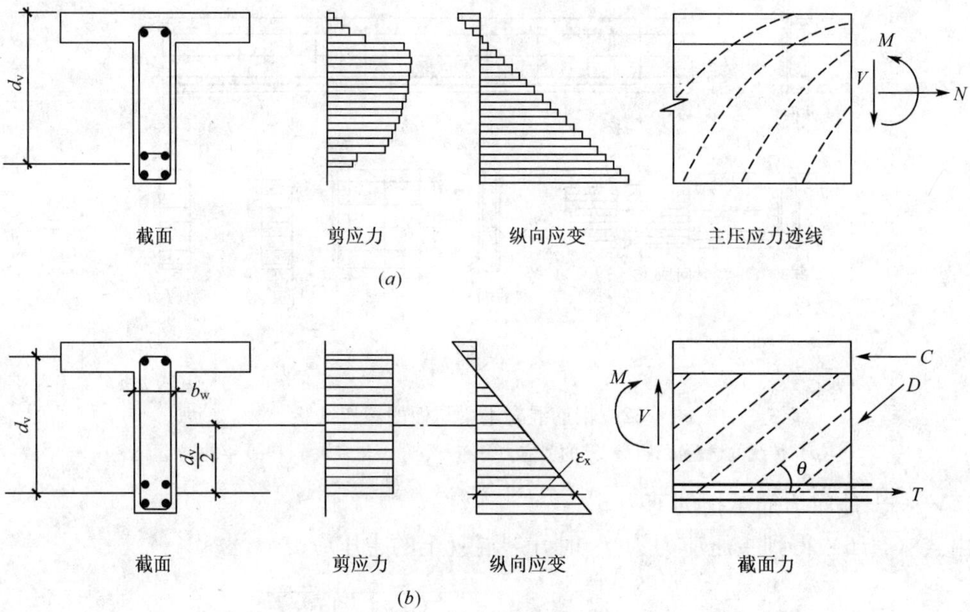

图 4-53 梁中高处的应变

(*a*) 实际应力、应变分布；(*b*) 假定的应力、应变分布

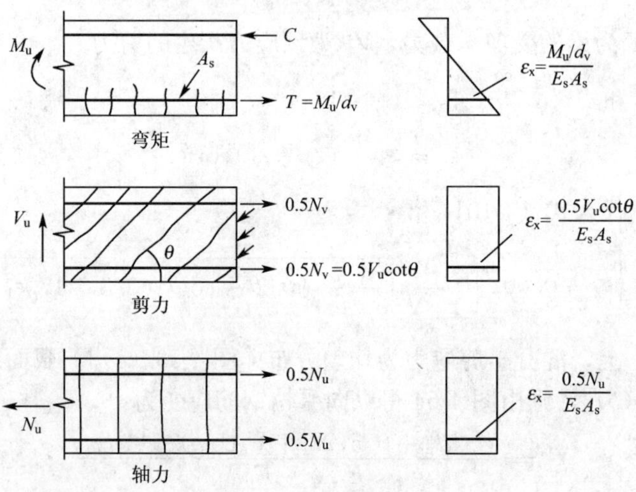

图 4-54 钢筋应变

示。表 4-2 中的数值是按斜裂缝间距 300mm、最大骨料粒径 20mm 确定的，包括了一般梁的情况。

图 4-55 示出了剪力对纵向钢筋拉力的影响。尽管简支座 B 处的弯矩为 0，但由于斜裂缝的存在，靠近支座处的纵向钢筋有很大的拉力。在图 4-55（*b*）所示的自由体中，对 C 点取矩并假定裂缝处的骨料咬合力对 C 点的力矩可忽略不计，可确定支座 B 处纵向钢筋的拉力。对于非预应力混凝土梁，支座区域内边要求的拉力为：

有腹筋构件的 θ 和 β 值　**表 4-2**

$\frac{v}{f_c'}$		$\varepsilon_x\times1000$					
		≤0	≤0.25	≤0.50	≤1.00	≤1.50	≤2.00
≤0.050	θ(°)	27.0	28.5	29.0	36.0	41.0	43.0
	β	4.88	3.49	2.51	2.23	1.95	1.72
≤0.075	θ(°)	27.0	27.5	30.0	36.0	40.0	42.0
	β	4.88	3.01	2.47	2.16	1.90	1.65
≤0.100	θ(°)	23.5	26.5	30.5	36.0	38.0	39.0
	β	3.26	2.54	2.41	2.09	1.72	1.45
≤0.150	θ(°)	25.0	29.0	32.0	36.0	36.5	37.0
	β	2.55	2.45	2.28	1.93	1.50	1.24
≤0.200	θ(°)	27.5	31.0	33.0	34.5	35.0	36.0
	β	2.45	2.33	2.10	1.58	1.21	1.00
≤0.250	θ(°)	30.0	32.0	33.0	35.5	38.5	41.5
	β	2.30	2.01	1.64	1.40	1.30	1.25

$$T=\left(\frac{V_u}{\phi}-0.5V_s\right)\cot\theta \qquad (4\text{-}104)$$

式（4-104）为剪力产生的附加拉力。对于承受剪力 V_u、弯矩 M_u 和轴力 N_u 的预应力混凝土截面，构件受拉侧的纵向钢筋必须满足下面的条件：

$$A_s f_y+A_{ps}f_{ps}\leqslant\frac{M_u}{d_v\phi}+0.5\frac{N_u}{\phi}+\left(\frac{V_u}{\phi}-0.5V_s-V_p\right)\cot\theta \quad (4\text{-}105)$$

在最大弯矩位置，剪力变号，所以斜压应力的倾角发生变化，倾角与从集中荷载或从支座向外辐射的扇形形式有关，如图 4-55（a）所示。应力的扇形形式减小了剪力产生的纵向钢筋的拉力（即斜裂缝 θ 变得更陡）。由于这一影响，纵向钢筋的拉力不超过单独由最大弯矩产生的拉力。

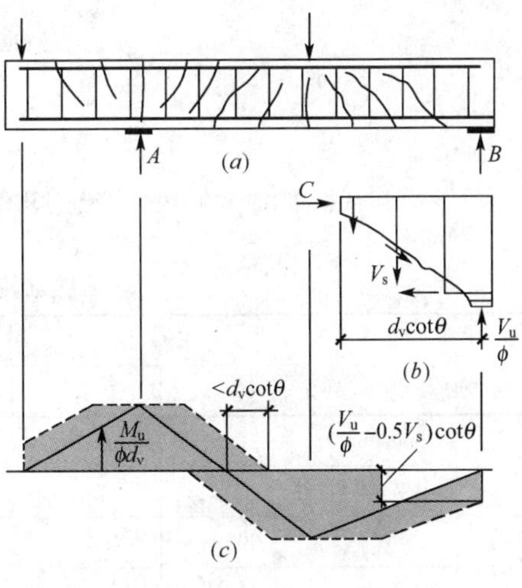

图 4-55　抗剪对纵向钢筋的要求

4.5.5.2　无腹筋构件

确定表 4-2 中的系数 β 时，假定有箍筋腹板的斜裂缝间距为 12in（300mm）。对于腹板无箍筋的构件，采用这种假定计算偏于危险。所以，按表 4-2 中的系数 β 计算无腹筋构件的抗剪强度是不合理的。

对于腹板无箍筋的构件，开裂混凝土传递剪力的能力主要由斜裂缝的宽度控制［式 4-12］。裂缝宽度可取为主拉应变 ε_1 与裂缝间距的乘积。所以，对于给定的 ε_1，抗剪强度随裂缝间距而变，间距越大，抗剪强度越低。

图 4-56 示出了 Collins 等对裂缝间距做的假定。对于无箍筋的构件，随着 θ 接近于 0，

斜裂缝变得很宽。假定$\theta=90°$时的裂缝间距为s_x，s_x的大小主要依赖于钢筋最大间距或钢筋与弯压区的距离。

表示裂缝传递剪力能力的系数β与θ、ε_1和s_x有关。对于给定的ε_x、s_x和选定的θ值，β、ε_1可分别按式（4-98）和式（4-102）计算，对于开裂混凝土，表4-3给出了使β最大的θ值。确定表4-3的β时，假定最大骨料粒径为20mm。对于其他粒径的骨料，确定表4-3中的β值时，间距需按下式进行等效：

$$s_{xe}=s_x\frac{35}{d_a+16}\quad(\text{mm})\tag{4-106}$$

式中 d_a——骨料最大粒径，mm。

对于没有配置裂缝控制分布筋的构件，裂缝间距s_x随构件尺寸的增大而增大。由表4-3可以看出，随着s_x增大，构件抗剪强度降低。

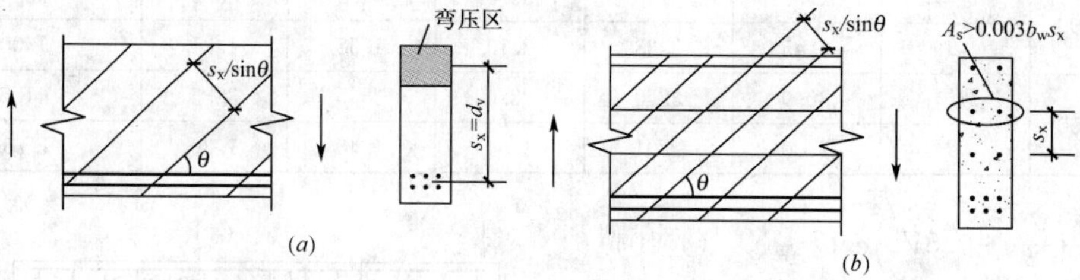

图4-56 裂缝间距参数s_x的定义

(*a*) 无横向钢筋和集中纵向钢筋的构件；(*b*) 无横向钢筋但有均布纵向钢筋的构件

无腹筋构件的θ和β值 **表4-3**

s_x		$\varepsilon_x\times1000$					
		≤0	≤0.25	≤0.50	≤1.00	≤1.50	≤2.00
≤125mm	θ(°)	27.0	29.0	31.0	34.0	36.0	38.0
	β	4.94	3.78	3.19	2.56	2.19	1.93
≤250mm	θ(°)	30.0	34.0	37.0	40.0	43.0	45.0
	β	4.65	3.45	2.83	2.19	1.87	1.65
≤375mm	θ(°)	32.0	37.0	40.0	45.0	48.0	50.0
	β	4.47	3.21	2.59	1.98	1.65	1.45
≤625mm	θ(°)	35.0	41.0	45.0	51.0	54.0	57.0
	β	4.19	2.85	2.26	1.69	1.40	1.18
≤1250mm	θ(°)	38.0	48.0	53.0	59.0	63.0	66.0
	β	3.83	2.39	1.82	1.27	1.00	0.83
≤2500mm	θ(°)	42.0	55.0	62.0	69.0	72.0	75.0
	β	3.47	1.88	1.35	0.87	0.65	0.52

图4-57示出对于528根钢筋混凝土梁，按ACI 318规范公式的计算结果和本节简化的修正压力场理论的计算结果与试验结果的比较[60]。由图4-57不难看出，与ACI公式相比，修正压力场理论的计算结果与试验结果符合得更好，变异系数更小。这说明按照力学原理建立的修正压力场理论合理地反映了钢筋混凝土梁剪切破坏的机理。

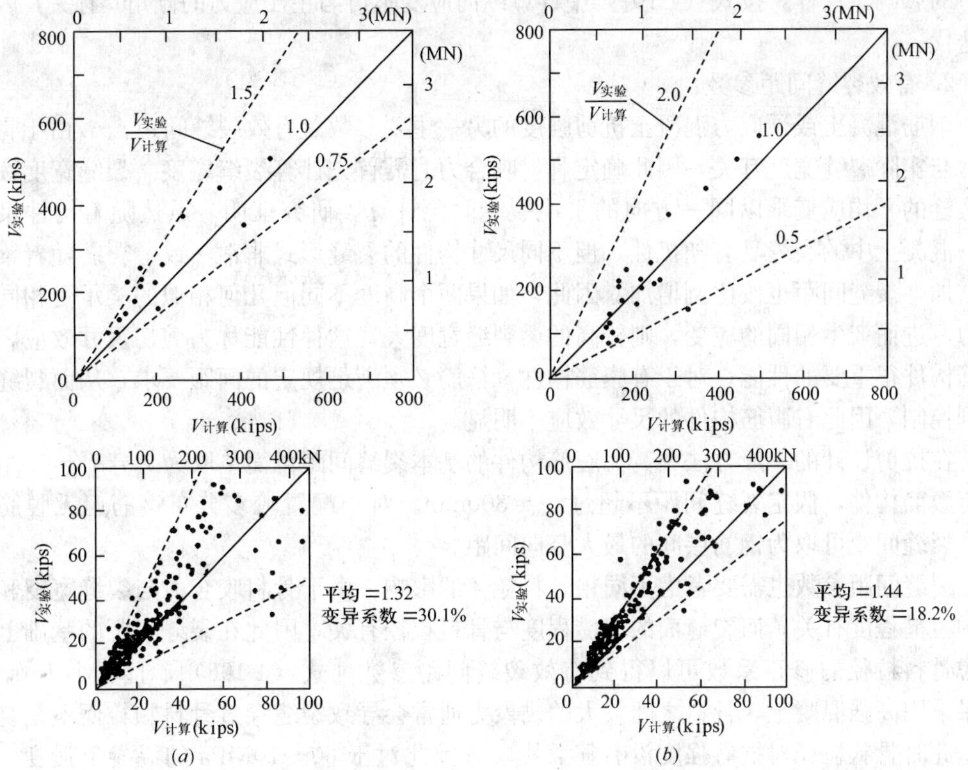

图 4-57　理论计算结果与 528 根梁试验结果的比较

(a) ACI 318 规范公式；(b) 修正压力场理论

4.5.6　简化的修正压力场理论（2）

按前面的简化的修正压力场理论计算构件的抗剪强度时，需要根据外加剪应力 v/f_c'、纵向应变 ε_x 和有效裂缝间距 s_{xe} 查表确定式（4-97）中的 β 和 θ，比较麻烦，文献［66］在简化的修正压力场理论的基础上，对构件的抗剪计算做了进一步的简化，该方法成为加拿大规范 CSA A23. 3—04[67] 的基础。

4.5.6.1　一般参数

在文献［66］的简化方法中，只将纵向应变 ε_x 和有效裂缝间距 s_{ze} 作为计算考虑的参数。

1. 纵向应变

参考式（4-103），构件截面中高度处的应变可近似取为受拉钢筋应变的一半，表达为：

$$\varepsilon_x = \frac{M_u/d_v + V_u - V_p + 0.5N_u - A_{ps}f_{po}}{2(E_sA_s + E_pA_{ps})} \tag{4-107}$$

式中各参数的意义同式（4-103）。

在式（4-103）中，$0.5V_u\cot\theta$ 为由剪力引起的纵筋拉力，在式（4-107）中，将 $0.5\cot\theta$ 近似取 1，这是保守的假定，因为简化后在 θ 的允许范围内稍高估计了剪力对纵筋拉力的影响。这样，按式（4-107）中计算纵向应变不再与主压应力的倾角θ有关，因此无需迭代。

2. 有效裂缝间距参数

钢筋混凝土或预应力混凝土抗剪强度的另一主要参数是有效裂缝间距s_{xe}。由于骨料咬合力与实际裂缝宽度有关，因此确定骨料咬合力时需首先计算裂缝宽度。裂缝宽度按垂直于裂缝的平均应变乘以同一方向的平均裂缝间距计算。研究证明，虽然随着构件尺寸增大，混凝土中的裂缝具有随机性，但不同尺寸构件的裂缝形式非常一致[68,69]。随着梁的尺寸增加，裂缝间距也按比例增加。因此，如果两个高度不同但几何相似的梁承受相同的剪应力，进而产生相同的应变，则较高的梁裂缝宽度大，这种性能称为剪切尺寸效应，是无腹筋构件很重要的性能。对于有腹筋构件，箍筋必须满足规定的间距要求，从而裂缝间距得到控制，因此有腹筋构件的尺寸效应不明显。

在抗剪设计的一般方法中，无腹筋构件的基本裂缝间距可简单取为$s_x=d_v=0.9d$。对于有腹筋构件，假定裂缝间距不超过$s_x=300$mm。对于配置较多分布钢筋但无腹筋的构件，裂缝间距可取为钢筋层间的最大竖向间距。

裂缝间距参数也需要考虑不同粗骨料粒径的影响。由于骨料咬合力与裂缝宽度和裂缝面的粗糙程度有关，而裂缝面的粗糙程度与骨料粒径有关，因此在裂缝间距的基础上乘以考虑骨料粒径的修正系数可以得到有效裂缝间距参数［式（4-106）］，且不小于$0.85s_x$。如果采用高强混凝土，骨料之间较大的黏聚力通常会导致裂缝穿过骨料颗粒而不是绕过骨料，此时骨料粒径对抗剪强度没有显著影响，因此对于60～70MPa的混凝土强度，文献［66］建议s_{xe}表达式中的骨料粒径从规定的尺寸线性减小至0。

文献［66］给出了β和θ与构件中高度处的纵向应变和有效裂缝间距的简单关系。下面先介绍无腹筋构件抗剪强度公式中β的确定方法，之后讨论有腹筋构件θ的选取，最后讨论有腹筋构件β和θ的组合情况。

4.5.6.2 无腹筋构件抗剪参数与抗剪强度的关系（β公式的建立）

对于无腹筋的钢筋混凝土或预应力混凝土构件，$A_v=0$，由式（4-82）并考虑式(4-98)得：

$$f_2=f_1\cot^2\theta=\frac{0.33\sqrt{f_c'}\cot^2\theta}{1+\sqrt{500\varepsilon_1}} \tag{4-108}$$

假定构件混凝土强度f_c'、中高度截面纵向应变ε_x和裂缝间距s_{xe}已知，可通过下面的步骤确定β和θ的值：

(1) 计算应变

① 假定主拉应变ε_1（$\varepsilon_x+0.0005$或其他值）；

② 由式（4-108）计算主压应力f_2；

③ 由式（4-99）计算主压应变ε_2；

④ 由下式计算新的ε_1

$$\varepsilon_1=\varepsilon_x(1+\cot^2\theta)-\varepsilon_2\cot^2\theta \tag{4-109}$$

如果由式（4-109）计算的ε_1与①中的ε_1相等或误差满足规定要求，ε_1即为要求的ε_1，否则转②进行迭代。

(2) 计算β和θ

由式（4-98）得：

$$\beta=\frac{f_1\cot\theta}{\sqrt{f_c'}}=\frac{0.33\cot\theta}{1+\sqrt{500\varepsilon_1}}\leqslant\frac{0.18}{0.3+\dfrac{0.686s_{xe}\varepsilon_1}{\sin\theta}} \tag{4-110}$$

式（4-110）取等号即可求得 θ 和 β。

例如，假定混凝土强度 $f_c'=35\text{MPa}$，构件截面中高度处的纵向应变 $\varepsilon_x=0.001$，有效裂缝间距 $s_{xe}=300\text{mm}$。按上面的步骤经过 4 次迭代得主拉应变 $\varepsilon_1=0.00229$（>0.0002），$\theta=41.9°$，$\beta=0.178\sqrt{\text{MPa}}$。

图 4-58 示出了有效裂缝间距取 300mm，混凝土圆柱体抗压强度取 20～100MPa 时斜裂缝宽度的计算结果。从图中可看出，随着纵向应变增加，剪切破坏时的斜裂缝宽度也增大。对于纵向应变为负值的情况（可能由预应力引起），需采用最小裂缝宽度，此时要求所有情况下主拉应变至少取为 0.2×10^{-3}。因此该方法不能计算构件初始开裂时的强度，只能计算构件由各种原因引起开裂后的强度。

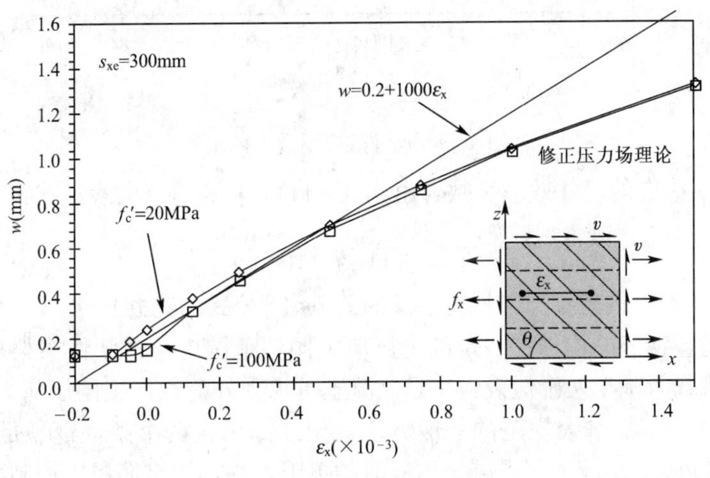

图 4-58　斜裂缝宽度与纵向应变的关系

如图 4-58 所示，裂缝宽度与纵向应变的非线性关系可以用一个简单的线性表达式描述，即 $w=0.2+1000\varepsilon_x$（mm）。对于强度为 400MPa 的钢筋，构件截面中高度处的应变通常小于 1×10^{-3}（400MPa 的钢筋应力除以弹性模量 200000MPa 得到纵筋应变为 0.002，因此弯曲破坏时中高处的纵向应变为 0.001）。将裂缝宽度的简化表达式代入式（4-12）得有效裂缝间距为 300mm 时无腹筋构件沿裂缝面的剪切应力，即

$$v_{ci}=\frac{0.4\sqrt{f_c'}}{1+1500\varepsilon_x} \tag{4-111}$$

当应变小于 -0.2×10^{-3} 时，由简化的裂缝宽度公式得到裂缝宽度为负值，这时采用较低的应变值计算抗剪强度是不恰当的。相反，当应变较大时线性公式变得保守（即当纵向应变较大时用线性表达式会高估裂缝宽度），因此对于较大的应变采用该方法是保守的。例如屈服强度为 800MPa 的钢筋在构件截面中高度处应变为 0.002，用修正压力场理论计算的抗剪强度为 $0.13\sqrt{f_c'}$，而用式（4-111）计算的值为 $0.1\sqrt{f_c'}$，相对于修正压力场理论保守 23%。

为了将式（4-111）扩展用于不同截面高度和骨料粒径的构件，采用不同的有效裂缝间距进行计算，并将计算结果除以 $s_{xe}=300$mm 时的情况。图 4-59 示出了考虑构件高度和骨料粒径的系数 $[1300/(1000+s_{xe})]$，该表达式为修正压力场理论计算结果的下限，接近于 1994 年加拿大规范简化方法采用的尺寸效应系数。

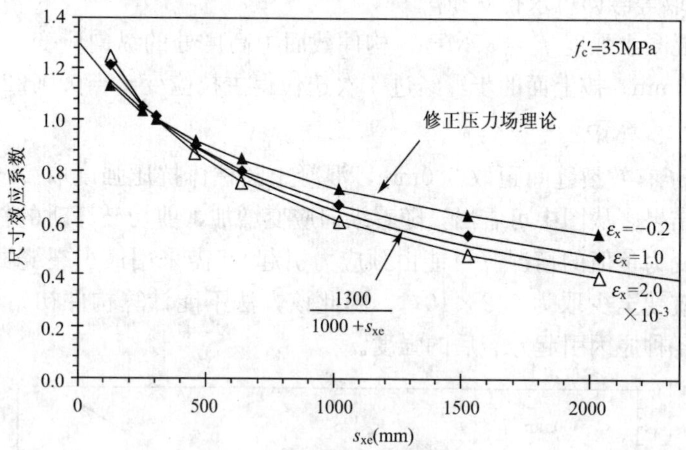

图 4-59 尺寸效应系数的确定

考虑图 4-59 给出的尺寸效应系数，由式（4-111）可得到 β 的表达式：

$$\beta=\left(\frac{0.4}{1+1500\varepsilon_x}\right)\left(\frac{1300}{1000+s_{xe}}\right) \tag{4-112}$$

4.5.6.3 有腹筋构件抗剪参数与抗剪强度的关系（θ 公式的建立）

纵横向均配置钢筋的构件在一定的主压应力倾角范围内通过塑性桁架机制承担剪力，但塑性桁架的承载力基于两个假设：一是混凝土可承受外荷载产生的压应力而不压碎，二是箍筋屈服。1984 年加拿大规范的一般方法规定，如果这两个条件都满足，则允许工程师选取所需的 θ 角。θ 角应大于混凝土压碎时的下限，并小于钢筋屈服控制的上限。

混凝土构件对抗剪的要求越高，则允许的最小和最大倾角的范围越小。为了继续采用 1994 年加拿大规范的最大抗剪限制，并取消抗剪参数 v/f_c' 的计算，按最大剪应力情况下 θ 角的范围控制所有荷载作用下的 θ 角。θ 角根据选取的纵向应变、外加剪应力及沿构件厚度无外加压应力 f_z 的条件计算。图 4-60 给出了满足剪应力 $v=0.25f_c'$ 及不同混凝土强度要求的 θ 的上限和下限。由图中可看出，随着纵向应变增加，θ 也随之增大。因此，文献［66］给出了满足上下限要求的 θ 的简化表达式：

$$\theta=29°+7000\varepsilon_x \tag{4-113}$$

需要说明的是，虽然 θ 角在确定抗剪钢筋对受剪承载力的贡献时非常重要，但还需要对纵筋进行校核，有腹筋或无腹筋构件都必须进行计算。式（4-113）适用于有腹筋构件，但对于较大的无腹筋构件却很保守。文献［66］建议校核无腹筋构件的锚固要求时采用下面的表达式：

$$\theta=(29°+7000\varepsilon_x)\left(0.88+\frac{s_{xe}}{2500}\right) \tag{4-114}$$

上式是对修正压力场理论的结果进行曲线拟合得到的，该项修正对于有腹筋构件没有影响，有腹筋构件取 $s_{xe}=300$mm。

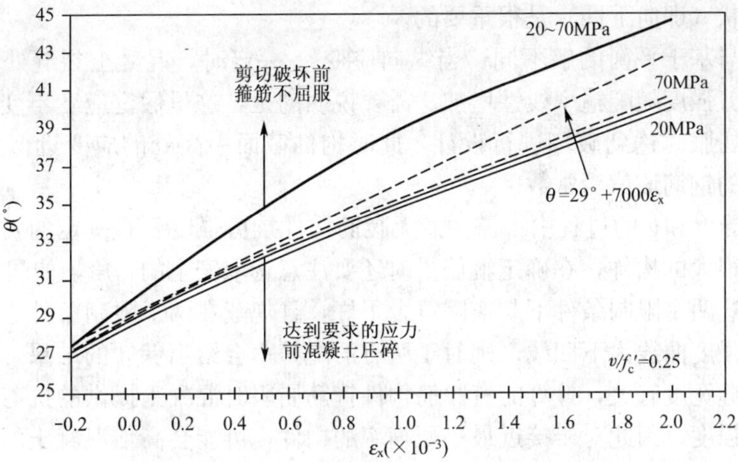

图 4-60　高剪切荷载下 θ 角的范围

4.5.6.4　有腹筋构件 β 和 θ 的组合情况

前面给出了确定无腹筋构件 β 和配箍率较高构件 θ 的方法。下面说明给出的 β 和 θ 也适用于普通配箍率的构件。当箍筋屈服时，由式（4-95）得：

$$\rho_v f_{vy} = v\tan\theta - f_1 \tag{4-115}$$

将式（4-115）代入式（4-81）得：

$$v = \sqrt{(f_1 + \rho_v f_{vy})(f_2 - \rho_v f_{vy})} \tag{4-116}$$

该表达式表示了横向钢筋屈服而纵向钢筋不屈服时构件的抗剪强度。

从塑性理论建立抗剪强度公式，忽略混凝土拉应力 f_1，假定混凝土压应力与抗压强度 f_c' 成正比，得到图 4-61 中的曲线。

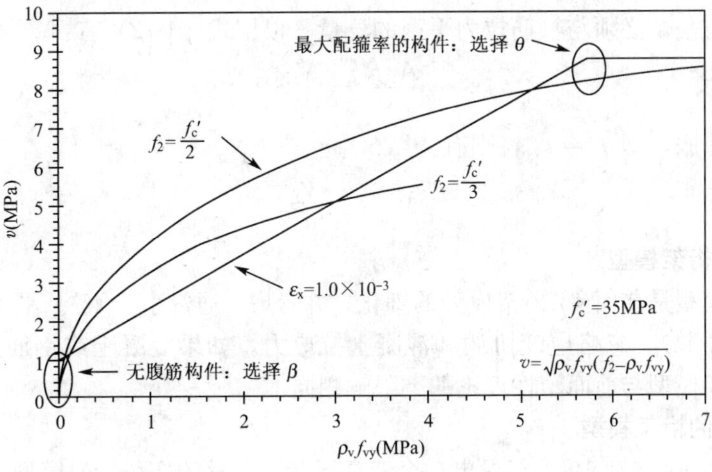

图 4-61　平衡分析的抗剪强度

由图 4-61 可以看出，随着配箍量的增加，通过平衡分析得到的抗剪强度不是呈线性增加，而是以平方根的形式增加。抗剪强度与混凝土抗压强度有关，但由于抗剪强度还与其他很多因素有关，因此仅进行平衡分析不足以用于一般的抗剪设计。但图中给出的抗剪强度曲线的形状（即向下凹）是很重要的。

本节方法与基于平衡的解不同，当纵向应变 ε_x 一定时，混凝土裂缝处的应力和应变不变，因此抗剪强度随配箍率线性增加。需要说明的是，这里假定应变不变是合理的，因为构件按受弯屈服时达到破坏进行设计，此时构件截面中高处的应变近似为 $f_y/(2E_s)$，对于一种品种的钢筋该值为常数。

在前面推导 β 和 θ 的过程中，需注意无腹筋构件抗剪强度要有一定的安全储备，对于所承受的剪力很大的构件，在确定箍筋量时还要注意选取安全的 θ 角，如图 4-61 所示。由于抗剪强度在这两个限制条件下与实际符合很好，且规范在两个限制条件之间采用线性关系，如果实际强度曲线为下凹线，则对于所有的配箍率会给出保守的结果。但混凝土对抗剪的贡献与裂缝宽度有关，计算的有腹筋构件箍筋屈服时混凝土提供的抗剪强度低于无腹筋构件的抗剪强度，因此对于接近最小配箍率的构件，可能会高估混凝土的贡献，低估箍筋的贡献，从而不能给出比平衡分析更保守的结果。

4.5.7 桁架模型

4.5.7.1 45°桁架模型

如本章前面所述，Ritter[1] 1899 年、Mörsch 1902[2] 年提出了钢筋混凝土构件抗剪的桁架模型，忽略了开裂混凝土的拉应力，假定混凝土开裂后斜压应力保持 45°。

如同压力场理论中的平衡方程［式（4-70）］，取 $\theta=45°$。假定腹板剪应力均匀分布，斜压力场中的竖向应力分量必须与施加的剪力平衡，得：

$$f_2=\frac{2V}{b_w d_v} \tag{4-117}$$

斜压力的水平力分量与钢筋的拉力平衡：

$$N_v=V \tag{4-118}$$

斜压力还有一个必须与箍筋拉力平衡的分量。根据式（4-72）有：

$$\frac{A_v f_v}{s}=\frac{V}{d_v} \tag{4-119}$$

如果箍筋屈服，即 $f_v=f_{vy}$，则有：

$$A_v f_{vy}=\frac{Vs}{d_v} \tag{4-120}$$

4.5.7.2 变角桁架模型

变角桁架模型是前面 45°桁架模型的细化，并考虑 θ 通常小于 45°。平衡方程与压力场理论相同（图 4-41），忽略应变协调和混凝土拉应力。如果混凝土或钢筋达到其“屈服”强度，变角桁架模型与前面塑性理论的下限解相同。

4.5.7.3 改进的桁架模型

Ramirez 和 Breen[70] 1991 年提出一个考虑混凝土贡献的变角桁架模型：

$$v_{MTM}=v_s+v_c \tag{4-121}$$

式中 v_{MTM}——改进桁架模型的抗剪强度；

v_s——从变角桁架模型得出的钢筋对抗剪的贡献，按下式计算：

$$v_s=\frac{A_v}{b_w s}f_{vy}\cot\theta=\rho f_{vy}\cot\theta \tag{4-122}$$

θ——破坏时桁架模型斜压杆的倾角；

A_v——箍筋面积；

b_w——腹板宽度；

f_{vy}——箍筋屈服强度；

ρ——箍筋配筋率；

s——箍筋间距。

混凝土的贡献随所施加的剪力而变，但与 θ 无关，按下式计算：

未开裂状态

$$v_c = 0.17\sqrt{f_c'} \quad (v \leqslant 0.17\sqrt{f_c'})(\text{MPa}) \tag{4-123a}$$

过渡状态

$$v_c = \frac{1}{2}\left(\frac{\sqrt{f_c'}}{2} - v\right) \quad (0.17\sqrt{f_c'} \leqslant v \leqslant 0.5\sqrt{f_c'})(\text{MPa}) \tag{4-123b}$$

全桁架状态

$$v_c = 0 \quad (v > \frac{1}{2}\sqrt{f_c'})(\text{MPa}) \tag{4-123c}$$

压杆的角度必须限制在30°≤θ≤65°的范围内。

为避免混凝土压碎，限制压应力为：

$$f_d = \frac{v}{\sin\theta\cos\theta} \leqslant 2.5\sqrt{f_c'}(\text{MPa}) \tag{4-124}$$

斜向压力的水平分量 H_u 由配置的纵向钢筋承担，得到：

$$H_u = V_u\cot\theta \tag{4-125}$$

式中　V_u——乘荷载系数后截面的剪力。

由上下弦杆的水平力相等，得到所需的拉杆力为：

$$\phi_v A_s f_y \geqslant \frac{M_{umax}}{z} \geqslant \frac{M_u}{z} + \frac{H_u}{2} \tag{4-126}$$

式中　ϕ_v——剪力折减系数；

A_s——纵向钢筋面积；

z——弯曲力臂；

M_u——构件设计荷载产生的弯矩；

M_{umax}——构件设计荷载产生的最大弯矩。

4.5.8　设计规范中的抗剪强度计算方法

1. 我国《混凝土结构设计规范》(GB 50010—2002)

在我国规范中，配置腹筋的受弯构件斜截面承载力计算，是以剪压破坏形态为基础的，即构件剪切破坏时，与斜裂缝相交的箍筋和弯起的纵向钢筋屈服，混凝土在复合应力下达到其强度。图 4-62 为我国钢筋混凝土或预应力混凝土受弯构件斜截面受剪承载力计算的模型。基于此，我国规范给出的配置腹筋的矩形、T 形和 I 形截面受弯构件受剪承载力的一般表达式为：

$$V_u = V_{cs} + V_p + 0.8f_yA_{sb}\sin\alpha_s + 0.8f_{py}A_{pb}\sin\alpha_p \tag{4-127}$$

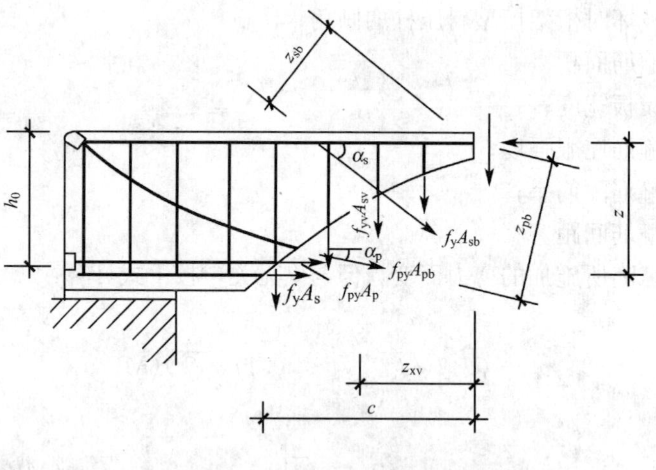

图 4-62 我国规范中有腹筋构件受剪承载力计算图式

式中 V_{cs}——构件混凝土和箍筋承担的剪力设计值；

V_p——由预加力所提高的构件受剪承载力设计值，按 $V_P = 0.05N_{p0}$ 计算；

A_{sb}、A_{pb}——同一弯起平面内的非预应力弯起钢筋、预应力弯起钢筋的截面面积；

α_s、α_p——斜截面上非预应力弯起钢筋、预应力弯起钢筋的切线与构件纵向轴线的夹角；

0.8——考虑到弯起钢筋与破坏斜截面相交位置的不定性，其应力可能达不到屈服强度，在公式中引入的弯起钢筋应力不均匀系数。

应注意，计算 V_p 时，当合力 N_{p0} 引起的截面弯矩与外弯矩方向相同时，以及预应力混凝土连续梁和允许出现裂缝的预应力混凝土简支梁，均应取 $V_p = 0$。同时，对先张法预应力构件，计算合力 N_{p0} 时，应考虑预应力钢筋传递长度 l_{tr} 的影响。

对于承受均布荷载为主的受弯构件，混凝土和箍筋的受剪承载力按下式计算：

$$V_{cs} = 0.7f_tbh_0 + 1.25f_{yv}\frac{A_{sv}}{s}h_0 \tag{4-128}$$

式中 A_{sv}——配置在同一截面内箍筋各肢的全部截面面积：$A_{sv} = nA_{sv1}$，此处，n 为在同一截面内箍筋的肢数，A_{sv1} 为单肢箍筋的截面面积；

s——沿构件长度方向的箍筋间距；

f_{yv}——箍筋抗拉强度设计值，按 f_y 值采用。

对于承受集中荷载为主的受弯构件［集中荷载作用下（包括作用有多种荷载，其中集中荷载对支座截面或节点边缘所产生的剪力值占总剪力值的75%以上的情况）的独立梁］，受剪承载力按下式计算：

$$V_{cs} = \frac{1.75}{\lambda+1}f_tbh_0 + f_{yv}\frac{A_{sv}}{s}h_0 \tag{4-129}$$

式中 λ——计算截面的剪跨比，可取 $\lambda = \frac{a}{h_0}$，a 为集中荷载作用点至支座或节点边缘的距离；当 $\lambda < 1.5$ 时，取 $\lambda = 1.5$，当 $\lambda > 3$ 时，取 $\lambda = 3$；集中荷载作用点至支座之间的箍筋应均匀配置。

2. 我国《公路钢筋混凝土及预应力混凝土桥涵设计规范》(JTG D62—2004)

我国《公路钢筋混凝土及预应力混凝土桥涵设计规范》[71]（JTG D62—2004）规定，配置箍筋和弯起钢筋的矩形、T 形和 I 形截面受弯构件的斜截面受剪承载力按下式计算：

$$V_u = V_{cs} + V_{sb} + V_{pb} \tag{4-130}$$

其中

$$V_{cs} = \alpha_1 \alpha_2 \alpha_3 0.45 \times 10^{-3} bh_0 \sqrt{(2+0.6P)\sqrt{f_{cu,k}}\rho_{sv} f_{sv}}$$

$$V_{sb} = 0.75 \times 10^{-3} f_{sd} \sum A_{sb} \sin\theta_s ,\ V_{pb} = 0.75 \times 10^{-3} f_{pd} \sum A_{pb} \sin\theta_p$$

式中　V_{cs}——斜截面内混凝土和箍筋的受剪承载力设计值，kN；

V_{sb}——与斜截面相交的普通弯起钢筋受剪承载力设计值，kN；

V_{pb}——与斜截面相交的预应力弯起钢筋受剪承载力设计值，kN；

α_1——异号弯矩影响系数，计算简支梁和连续梁近边支点梁段的受剪承载力时，$\alpha_1 = 1.0$；计算连续梁和悬臂梁近中间支点梁段的受剪承载力时，$\alpha_1 = 0.9$；

α_2——预应力提高系数，对钢筋混凝土受弯构件，$\alpha_2 = 1.0$；对预应力混凝土受弯构件，$\alpha_2 = 1.25$；但当由钢筋合力引起的截面弯矩和外弯矩的方向相同时，或允许出现裂缝的预应力混凝土受弯构件，取 $\alpha_2 = 1.0$；

α_3——受弯翼缘的影响系数，取 $\alpha_3 = 1.1$；

b——斜截面受压端正截面处，矩形截面宽度或 T 形和 I 形截面腹板宽度，mm；

h_0——斜截面受压端正截面的有效高度，自纵向受拉钢筋合力点至受压边缘的距离，mm；

P——斜截面内纵向受拉钢筋的配筋百分率，$P = 100\rho$，$\rho = (A_p + A_{pb} + A_s)/(bh_0)$，当 $P > 2.5$ 时，取 $P = 2.5$；

$f_{cu,k}$——边长为 150mm 的混凝土立方体抗压强度标准值，MPa；

ρ_{sv}——斜截面内箍筋配筋率，$\rho_{sv} = A_{sv}/(s_v b)$；

f_{sv}——箍筋抗拉强度设计值；

A_{sv}——斜截面内配置在同一截面的箍筋各肢总截面面积，mm^2；

s_v——斜截面内箍筋的间距，mm；

A_{sb}、A_{pb}——斜截面内在同一弯起平面的普通弯起钢筋、预应力弯起钢筋的截面面积，mm^2；

θ_s、θ_p——普通弯起钢筋、预应力弯起钢筋（在斜截面受压端正截面处）的切线与水平线的夹角。

3. 美国《建筑规范对结构混凝土的要求》(ACI 318—08)

(1) 抗剪强度计算

在 ACI 318—08 中，无箍筋梁的受剪承载力为出现斜裂缝时承受的荷载

$$V_c = \left(0.16\lambda\sqrt{f'_c} + 17\frac{\rho_w V_u d}{M_u}\right) b_w d \leqslant 0.29\lambda\sqrt{f'_c}\, b_w d \tag{4-131}$$

式中　f'_c——混凝土圆柱体抗压强度，MPa；

λ——轻骨料混凝土强度修正系数；

ρ_w——纵向钢筋配筋率；

b_w——梁的宽度，mm；

M_u ——乘系数的截面弯矩，kN·m；

V_u ——与弯矩同一截面乘系数的剪力；

d ——截面有效高度，mm。

该公式是 ACI-ASCE 326 委员会 1962 年提出的，沿用至今。将 V_c 取为出现斜裂缝时的剪力是根据试验和经验确定的。

式（4-131）的简化形式为：

$$V_c = \frac{1}{6}\lambda \sqrt{f'_c} b_w d \tag{4-132}$$

对于有箍筋的钢筋混凝土梁，名义受剪承载力的公式为：

$$V_n = V_c + V_s \tag{4-133}$$

式中 V_c ——混凝土的受剪承载力，假定 V_c 等于无箍筋梁的受剪承载力，即式（4-132）；

V_s ——根据 45°桁架模型确定的箍筋受剪承载力，按下式计算：

$$V_s = \frac{A_v f_v d}{s} \tag{4-134}$$

A_v ——箍筋的截面面积；

f_v ——箍筋的屈服强度；

s ——箍筋间距。

对于有轴力作用的构件，当轴力 $N_u > 0$（受压）时，式（4-131）修改为：

$$V_c = \left(0.16\lambda \sqrt{f'_c} + 17\frac{\rho_w V_u d}{M_m}\right) b_w d \leqslant 0.29\lambda \sqrt{f'_c} b_w d \sqrt{1 + \frac{N_u}{3.45 A_g}} \tag{4-135a}$$

其中

$$M_m = M_u - N_u\left(\frac{4h - d}{8}\right)$$

式中 A_g ——构件毛截面面积；

h ——截面全高。

V_c 的简化表达式为：

$$V_c = \left(0.158 + 0.012\frac{N_u}{A_g}\right)\lambda \sqrt{f'_c} b_w d \tag{4-135b}$$

对于轴力 $N_u < 0$ 的情况（受拉）

$$V_c = \left(0.166 + 0.048\frac{N_u}{A_g}\right)\lambda \sqrt{f'_c} b_w d \tag{4-135c}$$

(2) 抗压强度的限制和最小抗剪钢筋

ACI 318—08 规范将 f'_c 限制为不超过 70MPa，否则按下式要求增大最小抗剪钢筋面积：对于普通混凝土，抗剪钢筋的最小面积为：

$$A_v = 0.062\sqrt{f'_c}\frac{b_w s}{f_y} \geqslant 0.345\frac{b_w s}{f} \tag{4-136}$$

对于高强混凝土（$f'_c \geqslant 70$ MPa），抗剪钢筋的最小面积为：

$$0.345\frac{b_w s}{f_y} \leqslant A_v = 0.010\frac{f'_c}{f_y} b_w s \leqslant 1.035\frac{b_w s}{f_y} \tag{4-137}$$

4. 美国《荷载与抗力系数桥梁设计规范》(AASHTO LRFD)

美国《荷载与抗力系数桥梁设计规范》(AASHTO LRFD—1994)[64]是美国第一本采用荷载和抗力系数（可靠度方法）编写的设计规范，采用了修正压力场理论计算混凝土构件的抗剪强度。由于按修正压力场理论计算比较复杂，美国国家协作公路研究项目专门进行了混凝土结构构件简化抗剪设计方法的研究[72]，提出了简化的计算方法，为《荷载与抗力系数桥梁设计规范》(AASHTO LRFD—2007)[65]采用。AASHTO LRFD—2007 提供了三种计算钢筋混凝土和预应力混凝土构件抗剪强度的方法，其中一般方法为简化的修正压力场方法。

在 AASHTO LRFD—2007 中，钢筋混凝土和预应力混凝土构件的名义受剪承载力 V_n 取用下面两式的较小值：

$$V_n = V_c + V_s + V_p \tag{4-138}$$

$$V_n = 0.25 f_c' b_v d_v + V_p \tag{4-139}$$

式中　V_c——混凝土承担的剪力；

V_s——抗剪钢筋承担的剪力；

V_p——剪力方向的有效预应力分量；

f_c'——混凝土圆柱体抗压强度；

b_v——腹板有效宽度，mm；

d_v——有效剪切高度，mm，为合拉力与压力间的距离，不小于 $0.9d$ 或 $0.72h$，可按下式计算：

$$d_v = \frac{M_n}{A_s f_y + A_{ps} f_{ps}}$$

M_n——名义受弯承载力，N·mm；

A_s——构件所考虑截面弯曲受拉侧非预应力筋的面积，mm^2。计算 A_s 时，应忽略距离小于所考虑截面延伸长度处被截断的钢筋；

f_y——规定的钢筋最小屈服强度，MPa；

A_{ps}——构件中弯曲受拉侧预应力筋的面积（图 4-63)，mm^2；

f_{ps}——计算构件名义抗力时预应力筋的平均应力，MPa。

V_c 和 V_s 可采用下面三种方法计算。

(1) 一般方法

V_c 和 V_s 可采用下面的公式计算：

$$V_c = 0.083\beta \sqrt{f_c'} b_v d_v \tag{4-140}$$

$$V_s = \frac{A_v f_y d_v (\cot\theta + \cot\alpha)\sin\alpha}{s} \tag{4-141}$$

式中　s——箍筋间距，mm；

A_v——距离 s 内抗剪钢筋的面积，mm^2；

β——斜开裂混凝土传递拉力能力的系数；

θ——斜压应力的倾角，°；

α——箍筋对纵轴的倾角，°。

对于满足最小箍筋要求的截面，β和θ的值根据v_u/f_c'和ε_x按表4-4确定，其中v_u为混凝土的平均设计剪应力，按下式计算：

$$v_u=\frac{|V_u-\phi V_p|}{\phi b_v d_v} \tag{4-142}$$

式中 V_u——乘系数的剪力，N；

ϕ——受剪抗力折减系数。

ε_x为构件截面中高度处的纵向应变。当截面承受图4-63所示的弯矩M_u、轴力N_u和剪力V_u时，ε_x可按下式计算：

$$\varepsilon_x=\frac{\dfrac{|M_u|}{d_v}+0.5N_u+0.5|V_u-V_p|\cot\theta-A_{ps}f_{po}}{2(E_sA_s+E_pA_{ps})} \tag{4-143a}$$

式中 f_{po}——预应力筋弹性模量与预应力筋和周围混凝土应变差的乘积，MPa。对于常用的预应力筋，先张和后张构件可取$0.7f_{pu}$；

N_u——乘系数的轴力，受拉为正，受压为负，N；

M_u——乘系数的弯矩，不小于V_ud_v，N·mm。

ε_x的初值不大于0.001。

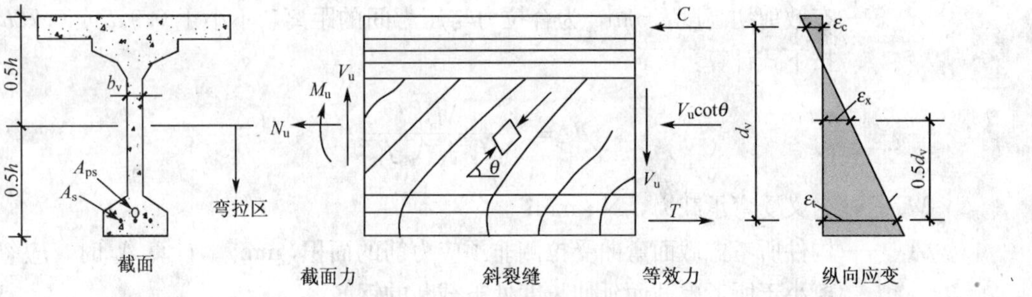

图4-63 满足最小箍筋要求截面的剪切参数（$V_p=0$）

对横向钢筋小于最小箍筋要求的截面，β和θ的值根据s_{xe}和ε_x按表4-5确定，其中s_{xe}为裂缝间距，按式（4-106）计算，其中s_x取d_v和控制纵向裂缝钢筋层最大间距的较小者，每层钢筋面积不小于$0.003b_vs_x$。当截面承受图4-64所示的弯矩M_u、轴力N_u和剪力V_u时，构件腹板内产生的最大纵向应变ε_x按下式计算：

$$\varepsilon_x=\frac{\dfrac{|M_u|}{d_v}+0.5N_u+0.5|V_u-V_p|\cot\theta-A_{ps}f_{po}}{E_sA_s+E_pA_{ps}} \tag{4-143b}$$

ε_x的初值应不大于0.002。

若按式（4-143a）或式（4-143b）计算的ε_x为负值，说明构件混凝土未开裂，ε_x改按下式计算：

$$\varepsilon_x=\frac{\dfrac{|M_u|}{d_v}+0.5N_u+0.5|V_u-V_p|\cot\theta-A_{ps}f_{po}}{2(E_cA_c+E_sA_s+E_pA_{ps})} \tag{4-143c}$$

式中　A_c ——构件中弯曲受拉侧的混凝土面积（图 4-63），mm^2 。

在传递长度内，从钢筋和混凝土粘结处至传递长度端部，f_{po} 由 0 线性增加至全值；构件弯拉区为构件中高处以下的区域，如图 4-64 所示。

图 4-65 为用一般方法计算的预应力混凝土构件的弯矩—剪力相关图，图 4-66 为假定的翼缘中轴力与轴向应变的关系。

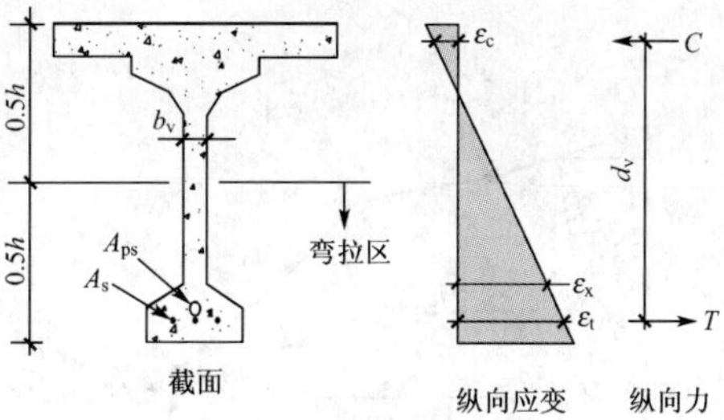

图 4-64　配筋小于最小配箍率截面的纵向应变

横向钢筋符合最小规定要求截面的 θ 和 β 值　　**表 4-4**

$\frac{v_u}{f'_c}$	$\varepsilon_x\times1000$								
	≤−0.20	≤−0.10	≤−0.05	≤0.00	≤0.125	≤0.25	≤0.50	≤0.75	≤1.00
≤0.075	22.3 6.32	20.4 4.75	21.0 4.10	21.8 3.75	24.3 3.24	26.6 2.94	30.5 2.59	33.7 2.38	36.4 2.23
≤0.100	18.1 3.79	20.4 3.38	21.4 3.24	22.5 3.14	24.9 2.91	27.1 2.75	30.8 2.50	34.0 2.32	36.7 2.18
≤0.125	19.9 3.18	21.9 2.99	22.8 2.94	23.7 2.87	25.9 2.74	27.9 2.62	31.4 2.42	34.4 2.26	37.0 2.13
≤0.150	21.6 2.88	23.3 2.79	24.2 2.78	25.0 2.72	26.9 2.60	28.8 2.52	32.1 2.36	34.9 2.21	37.3 2.08
≤0.175	23.2 2.73	24.7 2.66	25.5 2.65	26.2 2.60	28.0 2.52	29.7 2.44	32.7 2.28	35.2 2.14	36.8 1.96
≤0.200	24.7 2.63	26.1 2.59	26.7 2.52	27.4 2.51	29.0 2.43	30.6 2.37	32.8 2.14	34.5 1.94	36.1 1.79
≤0.225	26.1 2.53	27.3 2.45	27.9 2.42	28.5 2.40	30.0 2.34	30.8 2.14	32.3 1.86	34.0 1.73	35.7 1.64
≤0.250	27.5 2.39	28.6 2.39	29.1 2.33	29.7 2.33	30.6 2.12	31.3 1.93	32.8 1.70	34.3 1.58	35.8 1.50

截面横向钢筋小于最低要求截面的 θ 和 β 值　　**表 4-5**

s_{xe}	$\varepsilon_x\times1000$										
	≤−0.20	≤−0.10	≤−0.05	≤0.00	≤0.125	≤0.25	≤0.50	≤0.75	≤1.00	≤1.50	≤2.00
≤130	25.4 6.36	25.5 6.06	25.9 5.56	26.4 5.15	27.7 4.41	28.9 3.91	30.9 3.26	32.4 2.86	33.7 2.58	35.6 2.21	37.2 1.96
≤250	27.6 5.78	27.6 5.78	28.3 5.38	29.3 4.89	31.6 4.05	33.5 3.52	36.3 2.88	38.4 2.50	40.1 2.23	42.7 1.88	44.7 1.65
≤380	29.5 5.34	29.5 5.34	29.7 5.27	31.1 4.73	34.1 3.82	36.5 3.28	39.9 2.64	42.4 2.26	44.4 2.01	47.4 1.68	49.7 1.46
≤500	31.2 4.99	31.2 4.99	31.2 4.99	32.3 4.61	36.0 3.65	38.8 3.09	42.7 2.46	45.5 2.09	47.6 1.85	50.9 1.52	53.4 1.31
≤750	34.1 4.46	34.1 4.46	34.1 4.46	34.2 4.43	38.9 3.39	42.3 2.82	46.9 2.19	50.1 1.84	52.6 1.60	56.3 1.30	59.0 1.10
≤1000	36.6 4.06	36.6 4.06	36.6 4.06	36.6 4.06	41.2 3.20	45.0 2.62	50.2 2.00	53.7 1.66	56.3 1.43	60.2 1.14	63.0 0.95
≤1500	40.8 3.50	40.8 3.50	40.8 3.50	40.8 3.50	44.5 2.92	49.2 2.32	55.1 1.72	58.9 1.40	61.8 1.18	65.8 0.92	68.6 0.75
≤2000	44.3 3.10	44.3 3.10	44.3 3.10	44.3 3.10	47.1 2.71	52.3 2.11	58.7 1.52	62.8 1.21	65.7 1.01	69.7 0.76	72.4 0.62

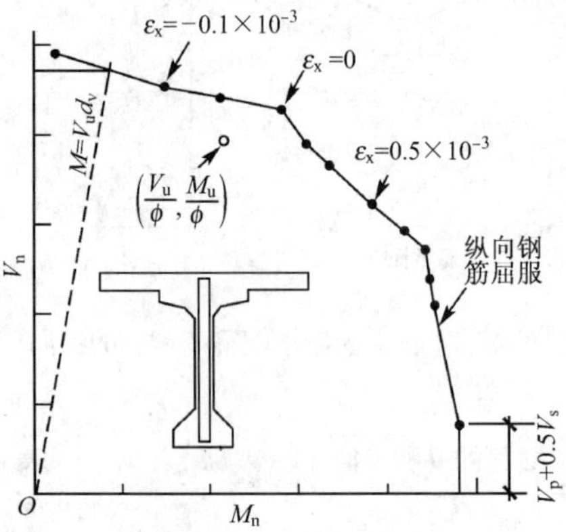

图 4-65 弯矩—剪力相关图

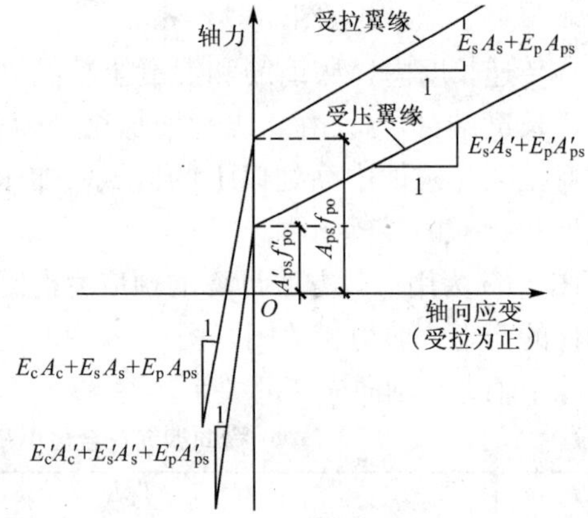

图 4-66 轴力与轴向应变的关系

（2）非预应力截面的简化方法

对剪力为 0 处至柱、桥墩或墙的距离小于 3 d_v 的混凝土基础，不承受轴向拉力且最小箍筋面积满足规定要求或总高度不小于 400mm 的非预应力混凝土截面，可直接取 $\beta=2.0$、$\theta=45°$，由式（4-140）和式（4-141）计算 V_c 和 V_s 的值。

（3）预应力和非预应力截面的简化方法

对于不承受较大轴向拉力且最小箍筋面积不小于规定要求的预应力和非预应力混凝土梁，可令 $V_p=0$，V_c 取下面 V_{ci} 和 V_{cw} 的较小值：

$$V_{ci}=0.0525\sqrt{f_c'}b_vd_v+V_d+\frac{V_iM_{cre}}{M_{max}}\geqslant0.16\sqrt{f_c'}b_vd_v \tag{4-144}$$

$$V_{cw}=(0.16\sqrt{f_c'}+0.30f_{pc})b_vd_v+V_p \tag{4-145}$$

式中 V_{ci}——当斜裂缝是由剪力和弯矩的组合作用引起时，混凝土提供的名义抗剪力，N；

V_{cw}——当斜裂缝是由腹板过大的主拉力引起时，混凝土提供的名义抗剪力，N；

V_d——由未乘系数的恒荷载（包括结构支承的重量和附加恒荷载）引起的截面剪力，N；

V_i——由与 M_{max} 同时作用的外加荷载产生的截面乘系数的剪力，N；

M_{cre}——由外加荷载引起截面弯曲裂缝的弯矩，N·mm；

M_{max}——由外加荷载引起的截面最大乘系数的弯矩，N·mm。

f_{pc}——全部预应力损失完成后，抵抗活荷载的截面形心处或形心在翼缘内时腹板与翼缘连接处混凝土的压应力，MPa。在组合截面中，f_{pc} 为组合截面形心处或形心在翼缘内时腹板与翼缘连接处的混凝土，由预应力和只由预制构件承担的弯矩产生的合压应力。

在式（4-144）中，M_{max} 和 V_i 按引起截面最大弯矩的荷载组合确定，M_{cre} 按下式计算：

$$M_{cre}=S_c\left(f_r+f_{cpe}-\frac{M_{dnc}}{S_{nc}}\right) \tag{4-146}$$

式中 f_{cpe}——外部使用荷载产生拉应力处，仅由有效预应力（所有预应力损失完成后）

引起的截面边缘纤维的混凝土压应力，N；

M_{dnc}——作用于非组合截面上的总未乘系数恒荷载的弯矩，N·mm；

S_c——拉应力由外荷载产生时组合截面最边缘纤维的截面模量，mm^3；

S_{nc}——拉应力由外荷载产生时单个或非组合截面最边缘纤维的截面模量，mm^3。

V_s 按式（4-141）确定，其中 $\cot\theta$ 为：

$$\cot\theta=\begin{cases}1.0 & V_{ci}\leqslant V_{cw}\\ 1.0+1.14\left(\dfrac{f_{pc}}{\sqrt{f_c'}}\right)\leqslant 1.8 & V_{ci}>V_{cw}\end{cases}\tag{4-147}$$

除了按上述三种方法之一确定构件的受剪承载力或需要的抗剪钢筋面积外，还需对纵向受拉钢筋的拉力进行验算，即满足下式要求：

$$A_{ps}f_{ps}+A_sf_y\geqslant\frac{|M_u|}{d_v\phi_f}+0.5\frac{N_u}{\phi_c}+\left(\left|\frac{V_u}{\phi_v}-V_p\right|-0.5V_s\right)\cot\theta\tag{4-148}$$

式中　V_s——所考虑截面的横向钢筋承担的剪力，不大于 V_u/ϕ_v，N；

ϕ_f、ϕ_v、ϕ_c——分别为弯矩、剪力和轴力的抗力系数。

在端部承压区的内边缘，构件弯曲受拉侧的纵向钢筋应满足：

$$A_sf_y+A_{ps}f_{ps}\geqslant\left(\frac{V_u}{\phi_v}-0.5V_s-V_p\right)\cot\theta\tag{4-149}$$

当需配置横向钢筋时，钢筋面积不小于下式的值：

$$A_v=0.083\sqrt{f_c'}\frac{b_vs}{f_y}\tag{4-150}$$

式中　A_v——间距 s 内横向钢筋的面积，mm^2；

b_v——因管道而调整的腹板宽度，mm。

对于节段式后张混凝土箱梁桥，当需配置横向钢筋时，横向钢筋面积应满足

$$A_v\geqslant 0.35\frac{b_ws}{f_y}\tag{4-151}$$

式中　A_v——间距 s 内每块腹板的横向抗剪钢筋面积，mm^2；

b_w——腹板宽度，mm。

【例 4-3】　图 4-67 为一 1.8m 高的 I 型预应力混凝土梁。控制截面在距支座中心线 0.06L 处。荷载产生的剪力、弯矩和轴力分别为 $V_u=1406.5\text{kN}$，$M_u=2893.2\text{kN}\cdot\text{m}$，$N_u=0\text{kN}$，预应力产生的剪力为 $V_p=104.1\text{kN}$。普通钢筋和预应力筋面积为 $A_s=0$，$A_{ps}=3553.54\text{ mm}^2$，预应力筋的强度和弹性模量为 $f_{ps}=1300\text{MPa}$，$E_p=1.95\times10^5\text{MPa}$，混凝土抗压强度为 $f_c'=44.8\text{MPa}$，弹性模量为 $E_c=3.4\times10^4\text{MPa}$。梁的宽度、有效高度为 $b_v=150\text{mm}$，$d_v=1740\text{mm}$。抗力系数为 $\phi=0.9$。计算需要的抗剪箍筋。

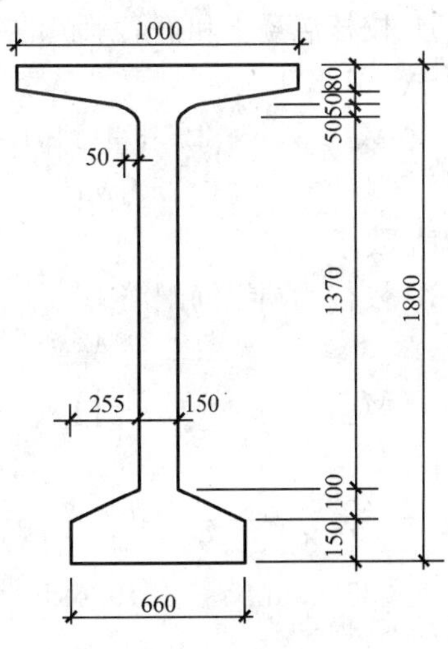

图 4-67　梁的截面

【解】　按 AASHTO LRFD-2007 中的一般方法进行箍筋计算。

(1) 计算剪应力比 v_u/f'_c

$$v_u=\frac{V_u-\phi V_p}{\phi b_v d_v}=\frac{(1406.5-0.9\times104.1)\times10^3}{0.9\times150\times1740}=5.59\text{MPa}$$

$$\frac{v_u}{f'_c}=\frac{5.59}{44.8}=0.125$$

(2) 确定 β 和 θ

假定 $-0.10\times10^{-3}\leqslant\varepsilon_x\leqslant-0.05\times10^{-3}$，则由表 4-4 得 $\beta=2.94$，$\theta=21.8°$。

(3) 计算 ε_x

由于 ε_x 为负值，由式（4-143c）计算 ε_x

$$\varepsilon_x=\frac{|M_u|/d_v+0.5N_u+0.5|V_u-V_p|\cot\theta-A_{ps}f_{po}}{2(E_sA_s+E_pA_{ps}+E_cA_c)}$$

$$=\frac{2893.2\times10^6/1740+0+0.5\times|1406.5-104.1|\times10^3\times\cot(22.8°)-3553.54\times1300}{2\times(0+1.95\times10^5\times3553.54+3.4\times10^4\times237000)}$$

$$=-0.08\times10^{-3}$$

ε_x 满足假定的范围，则取 $\beta=2.94$，$\theta=22.8°$。

(4) 确定抗剪钢筋

由式（4-140）

$$V_c=0.083\beta\sqrt{f'_c}b_vd_v=0.083\times2.94\times\sqrt{44.8}\times150\times1740=426.3\text{kN}$$

$$V_s=\frac{V_u}{\phi}-V_c-V_p=\frac{1406.5}{0.9}-426.3-104.1=1032.4\text{kN}$$

由式（4-141）

$$\frac{A_v}{s}=\frac{V_s}{f_yd_v\cot\theta}=\frac{1032.4\times10^3}{420\times1740\times\cot22.8°}=0.59\text{ mm}^2/\text{mm}$$

布置双肢 4 号@300mm 箍筋，$\frac{A_v}{s}=0.84\text{ mm}^2/\text{mm}>0.59\text{ mm}^2/\text{mm}$，这时

$$V_s=\frac{A_vf_yd_v\cot\theta}{s}=0.84\times420\times1740\times\cot22.8°=1461.0\text{kN}$$

(5) 校核混凝土和箍筋承担的剪力

由式（4-139）

$$V_c+V_s=426.3+1461.0=1887.3\text{kN}$$

$$\leqslant0.25f'_cb_vd_v=0.25\times44.8\times150\times1740=3171.4\text{kN}$$

满足要求。

(6) 校核梁端纵筋配筋率

$$A_sf_y+A_{ps}f_{ps}=0+3553.54\times1300=4619.6\text{kN}$$

$$\frac{|M_u|}{d_v\phi}+0.5\frac{N_u}{\phi}+\left(\left|\frac{V_u}{\phi}-V_p\right|-0.5V_s\right)\cot\theta$$

$$=\frac{2893.2\times10^3}{1740\times0.9}+0+\left(\left|\frac{1406.5}{0.9}-104.1\right|-0.5\times1461.0\right)\times\cot22.8°$$

$$=3580.6\text{kN}\leqslant4619.6\text{kN}$$

$$\left(\frac{V_u}{\phi}-0.5V_s-V_p\right)\cot\theta=\left(\frac{1406.5}{0.9}-0.5\times1461.0-104.1\right)\times\cot22.8°$$

$$=1733.1\text{kN} \leqslant 4619.6\text{kN}$$

满足式（4-148）和式（4-149）的要求。

5. 加拿大规范《混凝土结构设计》(CSA A23.3)

在钢筋混凝土和预应力混凝土结构设计中，加拿大规范 CSA A23.3—84 采用了压力场理论，CSA A23.3—94[61] 则采用了修正压力场理论，规范中称为一般方法（还有简化方法）。一般方法适用于抗压强度不大于 80MPa 的混凝土，表达式为：

$$V_r = V_c + V_s + V_p \leqslant 0.25\phi_c f_c' b_w d_v + V_p \tag{4-152}$$

其中

$$V_c = \lambda\phi_c\beta\sqrt{f_c'}\,b_w d_v\,,\ V_s = \frac{\phi_s A_v f_y d_v(\cot\theta + \cot\alpha)\sin\alpha}{s} \tag{4-153}$$

式中　V_r——乘系数的受剪承载力；

V_c——混凝土的受剪承载力；

V_s——箍筋的受剪承载力；

V_p——预应力提供的受剪承载力

λ——考虑轻质混凝土的系数（普通混凝土取 $\lambda=1$）；

ϕ_c——混凝土材料系数，取 0.65；

β——考虑混凝土开裂的系数；

f_c'——混凝土圆柱体抗压强度；

b_w——腹板有效宽度；

ϕ_s——钢筋材料系数，取 0.85；

A_v——间距为 s 的箍筋面积；

f_y——箍筋屈服强度；

d_v——抵抗矩力臂，取 $0.9d$ 和 $0.72h$ 的大者；

θ——斜压应力与构件纵轴的夹角；

α——斜箍筋与纵轴的夹角；

d——构件有效高度；

h——构件高度。

CSA A23.3—94 也是通过计算构件中高截面的应变 ε_x，确定式（4-153）中的 β 和 θ 的，规范提供了相应的表格和曲线。图 4-68 和图 4-69 示出了 CSA A23.3—94 提供的有箍筋构件（即大于最小配箍要求）和无箍筋构件（即小于最小配箍要求）的 β 和 θ 的曲线。

由于确定 β 和 θ 时比较复杂，2004 年的加拿大混凝土规范 CSA A23.3—04[67] 进行了简化（$\sqrt{f_c'} \leqslant 8\text{MPa}$），确定 β 和 θ 时不再查表或使用曲线，而是根据式（4-107）计算的构件截面中高度处的应变 ε_x，按式（4-113）计算裂缝角度 θ，对于 $A_v < A_{v,min} = 0.06\sqrt{f_c'}\dfrac{b_w s}{f_y}$ 的构件，按式（4-112）计算 β，其中 s_{xe} 按式（4-106）计算；对于 $A_v \geqslant A_{v,min}$ 的构件，取 $s_{xe}=300\text{mm}$，按式（4-112）计算 β。推导 β 和 θ 的过程见第 4.5.6 节。

在使用式（4-107）时需满足下列条件：

(1) M_u 和 V_u 均应取为正值，M_u 不应小于 $(V_u - V_p)d_v$；

(2) 在计算从所考虑截面算起截断长度小于其延伸长度钢筋的面积 A_s 时，A_s 按与全延伸长度相比不足的长度的比例进行折减；

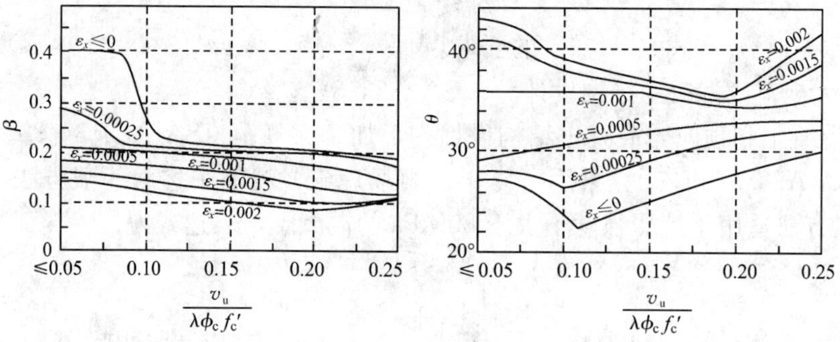

图 4-68　有箍筋截面的 β 和 θ 值

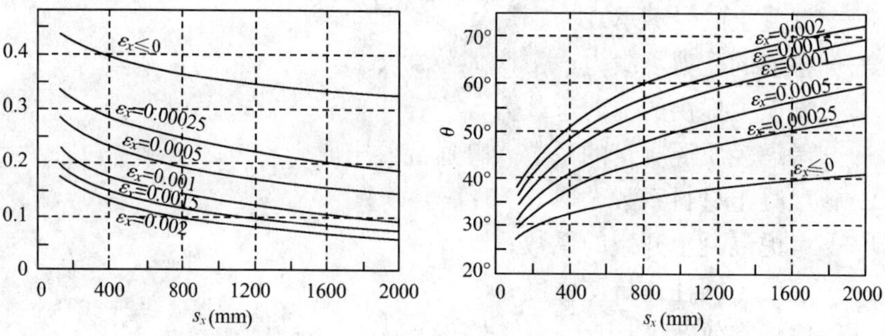

图 4-69　无箍筋截面的 β 和 θ 值

(3) 如果按式（4-107）计算的 ε_x 为负值，则 ε_x 取 0 或将式（4-107）中的分母用 $2(E_s A_s + E_p A_{ps} + E_c A_{ct})$ 代替，但 ε_x 不小于 -0.20×10^{-3}；

(4) 对于与支座表面距离小于 d_v 的截面，可使用与支座表面距离为 d_v 截面的 ε_x 计算 β 和 θ；

(5) 如果构件承受的拉力足以使其弯压面开裂，需考虑 ε_x 的增大。根据更为准确的方法的计算结果，按式（4-107）计算的 ε_x 需乘 2；

(6) 允许使用比按式（4-107）计算的 ε_x 大的值来确定式（4-112）的 β 和式（4-113）的 θ，但 ε_x 不应大于 3.0×10^{-3}。

为承担构件剪切开裂产生的附加拉力，CSA A23.3—04 规定，弯拉侧乘系数的钢筋抗拉力应大于或等于按下式计算的值：

$$F_{lt} = \frac{M_u}{d_v} + 0.5N_u + (V_u - 0.5V_s - V_p)\cot\theta \tag{4-154a}$$

其中 M_u 和 V_u 均应取为正值，N_u 以拉为正，压为负。

对于式（4-154a）中的弯矩项 M_u/d_v 小于轴力项与剪力项之和的截面，弯压侧乘系数的钢筋抗拉力应大于或等于按下式计算的值：

$$F_{lc} = 0.5N_u + (V_u - 0.5V_s - V_p)\cot\theta - \frac{M_u}{d_v} \tag{4-154b}$$

同样，M_u 和 V_u 均应取为正值，N_u 以拉为正，压为负。

【例 4-4】　按加拿大混凝土规范 CSA A23.3-04 计算例 4-3。

【解】　$V_u = 1406.5\text{kN}$，$M_u = 2893.2\text{MPa}$，$N_u = 0$，$V_p = 104.1\text{kN}$，$A_s = 0$，A_p

$=3553.54\ \mathrm{mm}^2$，$f_{po}=1300\mathrm{MPa}$，$E_p=1.95\times10^5\mathrm{MPa}$，$f'_c=44.8\mathrm{MPa}$，$E_c=3.4\times10^4\mathrm{MPa}$，$b_v=150\mathrm{mm}$，$d_v=1740\mathrm{mm}$，$\phi_c=0.65$，$\phi_s=0.85$。

按式（4-107）计算 $\varepsilon_x<0$，所以根据 CSA A 23.3—04 的规定，用 $2(E_sA_s+E_pA_{ps}+E_cA_{ct})$ 代替式(4-107)中的分母项进行计算，即

$$\varepsilon_x=\frac{M_u/d_v+V_u-V_p+0.5N_u-A_pf_{po}}{2(E_sA_s+E_pA_{ps}+E_cA_{ct})}$$

$$=\frac{2893.2\times10^6/1740+1406.5\times10^3-104.1\times10^3+0.5\times0-3553.54\times1300}{2\times(0+1.95\times10^5\times3553.54+3.4\times10^4\times237000)}$$

$$=-0.1\times10^{-3}>-0.20\times10^{-3}$$

由式（4-113）得

$$\theta=29+7000\varepsilon_x=29+7000\times(-0.1\times10^{-3})=28.3^\circ$$

假设 $\dfrac{A_v}{s}>\dfrac{A_{v,\min}}{s}=0.06\sqrt{f'_c}\dfrac{b_w}{f_y}=0.06\times\sqrt{44.8}\times\dfrac{150}{420}=0.143\ \mathrm{mm}^2/\mathrm{mm}$

则取 $s_{xe}=300\mathrm{mm}$，由式（4-112）

$$\beta=\frac{0.4}{1+1500\varepsilon_x}=\frac{0.4}{1+1500\times(-0.1\times10^{-3})}=0.471$$

由式（4-153）

$$V_c=\lambda\phi_c\beta\sqrt{f'_c}b_wd_v=1.0\times0.65\times0.471\times\sqrt{44.8}\times150\times1740\times10^{-3}=534.8\mathrm{kN}$$

取 $V_r=V_u$，由式（4-152）得

$$V_s=V_u-V_c-V_p=1406.5-534.8-104.1=767.6\mathrm{kN}$$

由式（4-153）

$$\frac{A_v}{s}=\frac{V_s}{\phi_sf_yd_v(\cot\theta+\cot\alpha)\sin\alpha}=\frac{767.6\times10^3}{0.85\times420\times1740\times\cot28.3^\circ}=0.664\ \mathrm{mm}^2/\mathrm{mm}$$

符合前面的假定。

布置双肢＃4@300mm 的箍筋，$\dfrac{A_v}{s}=0.84\ \mathrm{mm}^2/\mathrm{mm}>0.664\ \mathrm{mm}^2/\mathrm{mm}$，这时

$$V_s=\frac{\phi_sA_vf_yd_v\cot\theta}{s}=0.85\times0.84\times420\times1740\times\cot28.3^\circ\times10^{-3}=970.5\mathrm{kN}$$

$$\begin{aligned}V_r&=V_c+V_s+V_p=534.8+970.5+104.1\\&=1609.4\mathrm{kN}\leqslant0.25\phi_cf'_cb_wd_v+V_p\\&=0.25\times0.65\times44.8\times150\times1740+104.1=1900.2\mathrm{kN}\end{aligned}$$

满足式（4-152）的要求。

$$F_{lt}=\frac{M_u}{d_v}+0.5N_u+(V_u-0.5V_s-V_p)\cot\theta$$

$$=\frac{2893.2\times10^3}{1740}+0.5\times0+(1406.5-0.5\times970.5-104.1)\times\cot28.3^\circ$$

$$=3182.7\mathrm{kN}<A_sf_y+A_{ps}f_{po}$$

$$=0+3553.54\times1300\times10^{-3}=4619.6\mathrm{kN}$$

满足式（4-154a）的要求。

6. 挪威标准（NS 3473E—1992）

挪威标准 NS 3473E—1992[47]适用于立方体抗压强度不大于 105MPa 或圆柱体强度不

大于 95MPa 的混凝土。

(1) 不配置抗剪钢筋的构件

对于不配置抗剪钢筋的构件，剪拉破坏时的受剪承载力为：

$$V_{cd}=V_{co}=0.33\left(f_{td}+\frac{k_A A_s}{\gamma_c b_w d}\right)b_w dk_v\leqslant 0.66f_{td}b_w dk_v \tag{4-155}$$

其中

$$1.0\leqslant k_v=1.5-d\leqslant 1.4,\quad k_A=100\text{MPa}$$

式中 A_s ——完全锚固的受拉钢筋面积；

f_{td} ——混凝土抗拉强度设计值；

γ_c ——混凝土材料系数；

b_w ——腹板宽度；

d ——从最外边缘受压纤维到受拉钢筋重心的距离。

挪威标准要求直接通过试验测定混凝土的抗拉强度，而不通过构件混凝土抗压强度计算。

剪力和轴向压力共同作用下的受剪承载力为：

$$V_{cd}=V_{co}+0.8\frac{M_0}{M_f}V_f\leqslant\left(f_{cd}k_v-\frac{0.25N_f}{A_c}\right)b_w z_1 \tag{4-156}$$

其中

$$M_0=-\frac{N_f W_c}{A_c}$$

式中 M_f ——截面上与剪力 V_f 组合后的总弯矩；

V_f ——设计剪力；

A_c ——混凝土面积；

W_c ——混凝土截面对最外边缘受拉纤维或最外边缘受压纤维的截面模量；

N_f ——设计轴力，$<0.4A_s f_{cd}$，受压时 $N_f<0$；

f_{cd} ——混凝土抗压强度设计值；

z_1 ——$0.7d$ 与 I_c/S_c 的较大者；

I_c ——未开裂混凝土的截面惯性矩；

S_c ——混凝土截面对中心轴的静矩。

式（4-156）中，$\left(0.8\frac{V_f M_0}{M_f}\right)$一项反映了轴向压力对构件受剪承载力的影响。

剪力和轴向拉力共同作用下的受剪承载力为：

$$V_{cd}=V_{co}\left(1-\frac{N_f}{1.5f_{td}A_c}\right)\geqslant 0 \tag{4-157}$$

式中 N_f ——设计轴向拉力，>0。

当承受与轴力有关的弯矩作用时，如果采用下式计算的受剪承载力大于式（4-157）的值，则受剪承载力取用下式的值：

$$V_{cd}=V_{co}\left(1-\frac{M_0}{|M_f|}\right)\geqslant 0 \tag{4-158}$$

(2) 配置抗剪钢筋的构件

对于配置抗剪钢筋的构件，受剪承载力为：

$$V_n = V_{cd} + V_{sd} \tag{4-159}$$

式中　V_{cd}——按无抗剪钢筋情况计算的受剪承载力，取 $k_v = 1.0$；

V_{sd}——钢筋的抗剪作用，按下式计算：

$$V_{sd} = \frac{A_{sv} f_{sd}}{s} z(1 + \cot\alpha)\sin\alpha \tag{4-160}$$

A_{sv}——箍筋面积；

f_{sd}——抗剪钢筋强度设计值；

z——截面弯曲内力臂，截面有受压区时 $z = 0.9d$；

α——箍筋与构件纵轴的夹角；

s——箍筋间距。

发生斜压破坏时，受剪承载力为：

$$V_{cd} = 0.25 f_{cd} b_w z(1 + \cot\alpha) \leqslant 0.45 f_{cd} b_w z \tag{4-161}$$

这意味着 $\alpha \geqslant 51°$。

关于抗剪钢筋最小面积，挪威规范规定应满足下式，且至少一半的抗剪钢筋是箍筋

$$A_s \geqslant \frac{0.2 A_c f_{tk} \sin\alpha}{f_{sk}} \tag{4-162}$$

式中　f_{sk}——抗剪钢筋强度特征值；

f_{tk}——混凝土抗拉强度特征值。

7. 澳大利亚规范《混凝土结构》（AS 3600—2001）

（1）梁抗剪强度的设计

在澳大利亚规范（AS 3600—2001）[73]中，钢筋混凝土或预应力混凝土梁的受剪承载力设计值为 ϕV_u，V_u 表示为：

$$V_u = V_{uc} + V_{us} \tag{4-163}$$

式中　V_{uc}——混凝土的抗剪作用；

V_{us}——钢筋的抗剪作用。

对于钢筋混凝土梁，V_{uc}按下式计算：

$$V_{uc} = \beta_1 \beta_2 \beta_3 b_v d_0 \left(\frac{A_{st} f'_c}{b_v d_0}\right)^{1/3} \tag{4-164}$$

其中

$$\beta_1 = 1.1\left(1.6 - \frac{d_0}{1000}\right) \geqslant 1.1$$

$$\beta_2 = \begin{cases} 1 & \text{无拉力和压力} \\ 1 - N^*/(3.5A_g) \geqslant 0 & \text{受拉} \\ 1 + N^*/(14A_g) & \text{受压} \end{cases}$$

$$\beta_3 = \begin{cases} 1 \\ \dfrac{2d_0}{a_v} \leqslant 2 (\text{荷载与支座间形成压杆}) \end{cases}$$

式中　β_1——考虑尺寸效应的系数；

β_2——考虑轴向拉力或压力的系数；

β_3——考虑剪跨比的系数；

N^*——轴力；

b_v——受剪腹板有效宽度；

d_0——混凝土最外层受压纤维到最外层受拉钢筋或预应力筋重心的距离，预应力混凝土构件不小于 0.8D（D 为受弯截面的全高）；

f_c'——混凝土圆柱体抗压强度；

a_v——荷载到支座的距离；

A_{st}——受拉区所考虑截面完全锚固的纵向钢筋的截面面积。

对于预应力混凝土梁，无抗剪钢筋时，V_{uc} 取下面公式计算结果的较小值，当所考虑的截面出现弯曲裂缝时，只按式（4-165）计算。

1）弯剪开裂

$$V_{uc}=\beta_1\beta_2\beta_3 b_v d_0\left[\frac{(A_{st}+A_{pt})f_c'}{b_v d_0}\right]^{1/3}+V_0+P_v \tag{4-165}$$

式中 β_1、β_2、β_3、A_{st}——同式（4-164）。确定 β_2 时，N^* 的值取无预应力时的轴力；

V_0——截面弯矩等于消压弯矩时，截面可能产生的剪力，消压弯矩按下式计算：

$$M_0=Z\sigma_{cp.f}$$

$\sigma_{cp.f}$——由预应力所引起的混凝土开裂时最外纤维的压应力；

Z——未开裂混凝土的截面模量。

P_v——所考虑截面预应力的垂直分量。

对于简支预应力混凝土梁：

$$V_0=\frac{M_0}{(M^*/V^*)} \tag{4-166}$$

式中 M^*、V^*——同一设计荷载在所考虑截面产生的弯矩和剪力。

对于超静定结构，确定 M_0 和 V_0 时应考虑预应力二次效应产生的剪力和弯矩。

2）梁腹剪切开裂

$$V_{uc}=V_t+P_v \tag{4-167}$$

式中 V_t——预应力与截面内其他作用效应组合在中性轴产生 $0.33\sqrt{f_c'}$ 主拉应力的剪力，或腹板与翼缘界面的剪力，取两者的不利者。

式（4-163）中，抗剪钢筋对梁极限抗剪强度的贡献 V_{us} 按下式计算：

$$V_{us}=\frac{A_{sv}f_{sy.f}d_0}{s}(\sin\alpha_v\cot\theta_v+\cos\alpha_v) \tag{4-168}$$

式中 s——箍筋间距，按平行于梁纵轴线的方向确定；

θ_v——混凝土斜压杆与梁纵轴线间的夹角，可保守取为 45°或更精确的值，在 $V^*=\phi V_{u.min}$ 的 30°到 $V^*=\phi V_{u.max}$ 的 45°之间线性变化；

α_v——斜抗剪钢筋与纵向受拉钢筋间的夹角；

$f_{sy.f}$——钢筋屈服强度。

（2）抗剪钢筋最小面积

梁中需要配置的抗剪钢筋最小面积按下式确定：

$$A_{\mathrm{sv.min}}=\frac{0.35b_{\mathrm{v}}s}{f_{\mathrm{sy.f}}} \tag{4-169}$$

最小配筋时梁的抗剪强度按下式计算：

$$V_{\mathrm{u.min}}=V_{\mathrm{uc}}+0.6b_{\mathrm{v}}d_0 \tag{4-170}$$

（3）由腹板压碎控制的抗剪强度

在任何情况下，极限抗剪强度不应超过下式计算的值：

$$V_{\mathrm{u.max}}=0.2f_{\mathrm{c}}'b_{\mathrm{v}}d_0+P_{\mathrm{v}} \tag{4-171}$$

其中

$$b_{\mathrm{v}}=b_{\mathrm{w}}-0.5\Sigma d_{\mathrm{d}}$$

式中　b_{w}——腹板宽度；

Σd_{d}——腹板水平面内灌浆孔道直径之和。

8. 日本标准 JSCE（1986）

日本标准 JSCE（1986）[48] 中钢筋混凝土构件的受剪承载力按下式计算：

$$V=V_{\mathrm{c}}+V_{\mathrm{s}} \tag{4-172}$$

其中混凝土承担的剪力 V_{c} 按表 4-1 中对应的公式计算，箍筋承担的剪力 V_{s} 按下式计算：

$$V_{\mathrm{s}}=\frac{A_{\mathrm{s}}f_{\mathrm{y}}(0.87d)}{s} \tag{4-173}$$

式中　A_{s}——箍筋截面面积；

f_{y}——箍筋屈服强度；

d——截面有效高度；

s——箍筋间距。

9. 日本建筑协会指南（1988）

Aoyama[74] 1992 年解释了 1988 年日本建筑协会（AIJ）按照极限强度概念编制的钢筋混凝土建筑物抗震设计指南的抗剪设计方法。指南的一个显著特点是考虑了构件的非线性变形能力，将构件的抗剪强度考虑为梁作用和拱作用的组合。该方法不考虑变形协调条件。

（1）拱作用

假定拱由两根直杆组成，与水平面成 θ 角，竖向高度为梁高的一半[图 4-70(c)]。如果拱的轴向压应力为 σ_{a}，则拱作用承担的剪力为：

$$V_{\mathrm{a}}=b\frac{D}{2}\sigma_{\mathrm{a}}\tan\theta \tag{4-174}$$

其中

$$\tan\theta=\frac{\sqrt{L^2+D^2}-L}{D}\approx\frac{D}{2L}$$

式中　b——梁的宽度；

D——梁的高度；

L——梁的跨度。

（2）梁作用（变角桁架）

梁作用按变角桁架模型考虑，桁架机制主要依赖于箍筋的数量，如果梁中没有箍筋，这一机制不会存在。随着箍筋数量的增加，拱起的抗剪作用将会减小。

由上弦节点的平衡得出（图 4-71）：

$$\sigma_t = \frac{\rho_w \sigma_{wy}}{\sin^2\phi} = \rho_w \sigma_{wy}(1+\cot^2\phi) \tag{4-175}$$

式中 σ_t ——斜压杆平均压应力；

ρ_w——配箍率；

ϕ——压杆倾角；

σ_{wy} ——箍筋屈服强度，小于 $25f'_c$。

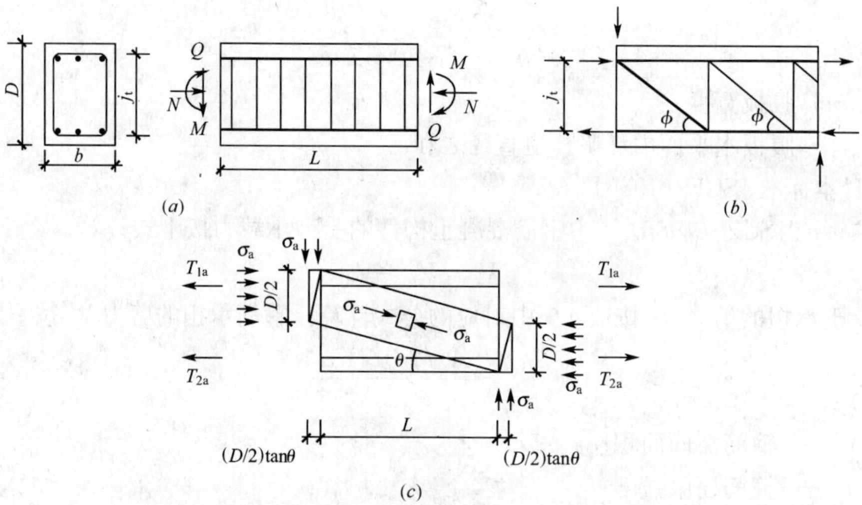

图 4-70 弯剪作用下构件的桁架作用和拱作用

（a）钢筋和内力；（b）桁架作用；（c）拱作用

梁作用承担的总剪力为：

$$V_t = bj_t\rho_w\sigma_{wy}\cot\phi \tag{4-176}$$

式中 j_t——梁上下纵向钢筋的中心距离。

构件承担的总剪力为：

$$V_u = V_t + V_a = bj_t\rho_w\sigma_{wy}\cot\phi + b\frac{D}{2}\sigma_a\tan\theta \tag{4-177}$$

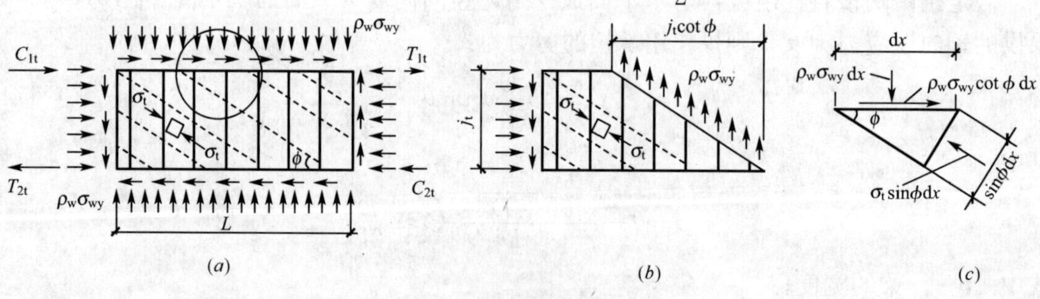

图 4-71 桁架作用的平衡

（a）桁架作用；（b）竖向平衡；（c）上部钢筋平衡

(3) 关于无延性构件的规定

当腹筋应力达到屈服强度 σ_{wy} 且混凝土达到其最大承载力时，构件达到极限受剪承载力 V_u。由于混凝土出现斜裂缝，采用折减系数 ν_0 对其强度 $\sigma_B = f'_c$ 进行折减

$$\sigma_{t}+\sigma_{a}=\nu_{0}\sigma_{B} \tag{4-178}$$

需要说明的是，为简单起见，式（4-178）忽略了桁架倾角 ϕ 和拱倾角 θ 的差别。折减系数取 Nielsen 1984[50]年 T 形梁的试验结果：$\nu_{0}=0.7-\sigma_{B}/200$［即式（4-38$b$）］。随着混凝土强度的提高，$\nu_{0}\sigma_{B}$ 增大，直到 $\sigma_{B}=70$MPa 时，$\nu_{0}\sigma_{B}=24.5$MPa。

引入系数

$$\beta=\frac{\sigma_{t}}{\nu_{0}\sigma_{B}}=\frac{\rho_{w}\sigma_{wy}(1+\cot^{2}\phi)}{\nu_{0}\sigma_{B}} \tag{4-179}$$

则式（4-177）可表示为：

$$V_{u}=bj_{t}\rho_{w}\sigma_{wy}\cot\phi+b\frac{D}{2}(1-\beta)\nu_{0}\sigma_{B}\tan\theta \tag{4-180}$$

式中角度 ϕ 是唯一的未知数。

考虑到随着裂缝宽度的增加骨料咬合作用减小，Thürlimann 1979[75]年给出了下面的限定条件：

$$\cot\phi\leqslant 2\ (\phi\geqslant 26.5^{\circ}) \tag{4-181}$$

根据式（4-178），σ_{t} 一定小于 $\nu_{0}\sigma_{B}$。从式（4-179）得：

$$\cot\phi\leqslant\sqrt{\frac{\nu_{0}\sigma_{B}}{\rho_{w}\sigma_{wy}}-1} \tag{4-182}$$

式（4-179）与式（4-180）是关于 $\cot\phi$ 的二次方程，其解为：

$$\cot\phi=\frac{bj_{t}\rho_{w}\sigma_{wy}+\sqrt{\Delta}}{bD\rho_{w}\sigma_{wy}\tan\theta} \tag{4-183}$$

其中

$$\Delta=(bj_{t}\rho_{w}\sigma_{wy})^{2}-bD\rho_{w}\sigma_{wy}\tan\theta\left[2V_{u}-bD\tan\theta(\nu_{0}\sigma_{B}-\rho_{w}\sigma_{wy})\right]$$

从而得到

$$\cot\phi\geqslant\frac{j_{t}}{D\tan\theta} \tag{4-184}$$

根据塑性理论的下限定理，为使式(4-180)的极限剪力最大，$\cot\phi$ 可在式(4-181)、(4-182)和式(4-184)表示的范围内取最大值。

对于与式(4-184)相比式(4-181)起控制作用的构件，即一般长度 $j_{t}/(D\tan\theta)\geqslant 2$ 的构件，图 4-72(a)示出了标准化的极限剪力和标准化的腹筋之间的关系。

式（4-180）也可写为下面的形式：

$$\frac{V_{u}}{bj_{t}\nu_{0}\sigma_{B}}=\frac{\rho_{w}\sigma_{wy}}{\nu_{0}\sigma_{B}}\cot\phi+(1-\beta)\frac{D\tan\theta}{2j_{t}} \tag{4-185}$$

当 $\rho_{w}\sigma_{wy}=0$ 时，$\beta=0$［式（4-179）］，在图 4-72(a) 中可以得到 A 点（由于上面提到的构件长度的限制 $\frac{j_{t}}{D\tan\theta}\geqslant 2\Rightarrow\frac{D\tan\theta}{2j_{t}}\leqslant\frac{1}{4}$）。在 A 点和 B 点之间，式（4-181）起控制作用。因此，$\cot\phi=2.0$，$\beta<1$，极限剪力由线 OB 的梁作用和阴影区 OAB 的拱作用构成。在 B 点之外，式（4-182）起控制作用：

$$\cot\phi=\sqrt{\frac{\nu_{0}\sigma_{B}}{\rho_{w}\sigma_{wy}}-1} \tag{4-186}$$

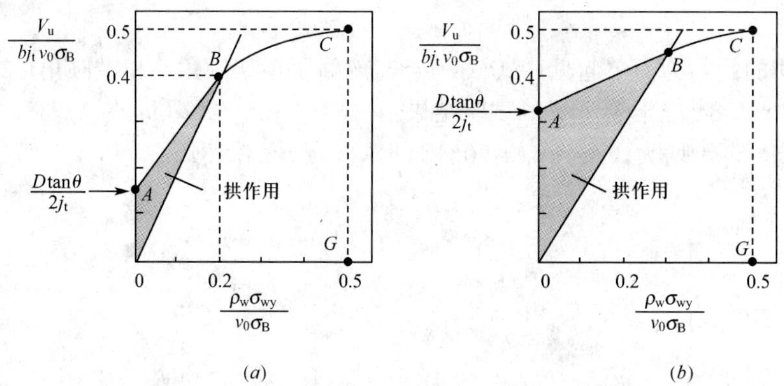

图 4-72 非延性构件抗剪强度与抗剪钢筋的关系

(a) 情况 1：$\frac{j_t}{D\tan\theta}\geqslant 2$；(b) 情况 2：$\frac{j_t}{D\tan\theta}<2$

从式（4-179）得到$\beta=1$。式（4-185）中的拱作用项消失（第二项），在这一范围内，剪力只由梁机构承担，即式（4-185）变为：

$$\left(\frac{\rho_w\sigma_{wy}}{\nu_0\sigma_B}-\frac{1}{2}\right)^2+\left(\frac{V_u}{bj_t\nu_0\sigma_B}\right)^2=\frac{1}{4} \tag{4-187}$$

在图 4-72 中，上式表示以G点为中心的圆，抗剪钢筋的上限由C点确定，或$\rho_w\sigma_{wy}=\frac{1}{2}\nu_o\sigma_B$。

对于非常短的构件$\left(\frac{j_t}{D\tan\theta}<2\right)$，式（4-181）与式（4-184）相比，式（4-184）起控制作用。

延性构件塑性铰的长度约为$1.5D$，在该区域内形成弯剪斜裂缝。为考虑这种斜裂缝，从两个方面对前面的公式进行修改。

首先，用下式折减腹板混凝土的有效强度$\nu\sigma_B$：

$$\nu=\begin{cases}(1-15R_p)\nu_o & R_p\leqslant 0.05\\ \dfrac{\nu_o}{4} & R_p\geqslant 0.05\end{cases} \tag{4-188}$$

式中 R_p——期望的最大塑性铰转角。

其次，式（4-181）中$\cot\phi$的上限按下式进行折减：

$$\cot\phi=\begin{cases}2-50R_p & R_p\leqslant 0.02\\ 1 & R_p>0.02\end{cases} \tag{4-189}$$

指南第 4 章的条文说明给出了最大期望转角的建议值，如表 4-6 所示，可用于计算ν和$\cot\phi$的值。

最大期望转角的建议值 **表 4-6**

	$1/R_p$	ν/ν_0	$\cot\phi$
柱	67	0.775	1.25
梁	50	0.700	1
与墙连接的梁	40	0.625	1

在塑性铰区，减小 $\cot\phi$ 是考虑塑性铰较大程度的转动会引起骨料咬合力下降。在塑性铰区之外，$\cot\phi$ 为由式（4-181）、式（4-182）和式（4-184）确定的常数。

10. 欧洲模式规范（CEB-FIP MC 1990）

CEB-FIP 模式规范采用了变角桁架模型[12]，压杆与梁轴线的夹角 θ 在 $18.4°\sim45°(1\leqslant\cot\theta\leqslant3)$ 范围内取值。

CEB-FIP 模式规范的方法实际上是一个不需满足应变协调条件的静力平衡模型。为简便起见，将荷载和抗力系数取为 1，箍筋角度设为 90°。

按混凝土压碎确定的承载力：

$$V_{\rm Sd}=f_{\rm cd2}b_{\rm w}z\cos\theta\sin\theta \tag{4-190}$$

式中　$b_{\rm w}$——腹板宽度；

$f_{\rm cd2}$——由于横向拉力而降低的混凝土抗压强度；

$V_{\rm Sd}$——设计剪力；

θ——混凝土压杆与梁轴线的夹角；

z——受弯力臂高度。

按箍筋确定的承载力：

$$V_{\rm Sd}=\frac{A_{\rm sw}f_{\rm yd}}{s}z\cos\theta \tag{4-191}$$

式中　$A_{\rm sw}$——箍筋面积；

$f_{\rm yd}$——箍筋屈服强度设计值；

s——箍筋间距。

对平行于压力方向的裂缝，由于横向拉力而降低的混凝土设计强度可取为：

$$f_{\rm cd2}=\frac{f_{\rm cd}}{1+k\varepsilon_1/\varepsilon_0} \tag{4-192}$$

式中　$f_{\rm cd}$——混凝土抗压强度设计值；

ε_0——最大压应力时混凝土的应变（约为 0.002）；

ε_1——垂直于施加压力方向开裂钢筋混凝土的平均拉应变；

k——依赖于表面粗糙程度和钢筋直径的系数，对于一般的变形钢筋 $k=0.1$。

如果裂缝与压应力不平行，则压力通过混凝土间的摩擦（垂直于裂缝的界面剪力和压力）和销栓作用跨越裂缝传递，使混凝土强度进一步降低。裂缝与压应力成 45°时降低最多，平行时降低最小。

11. 欧洲规范《混凝土结构设计》（EN 1992—1—1：2004）

对于有腹筋钢筋混凝土构件的抗剪设计，欧洲规范 EN 1992-1-1：2004[13] 的计算方法也是以桁架模型为基础的，如图 4-73 所示。

箍筋屈服时的剪力为：

$$V_{\rm Rd,s}=\frac{A_{\rm sw}f_{\rm ywd}z}{s}(\cot\theta+\cot\alpha) \tag{4-193}$$

式中　$A_{\rm sw}$——箍筋截面面积；

$f_{\rm ywd}$——箍筋屈服强度设计值；

z——对于高度不变的构件相应于所考虑单元最大弯矩的内力臂，近似取 $0.9d$；

s——箍筋间距；

θ——混凝土压杆与梁轴线的夹角。

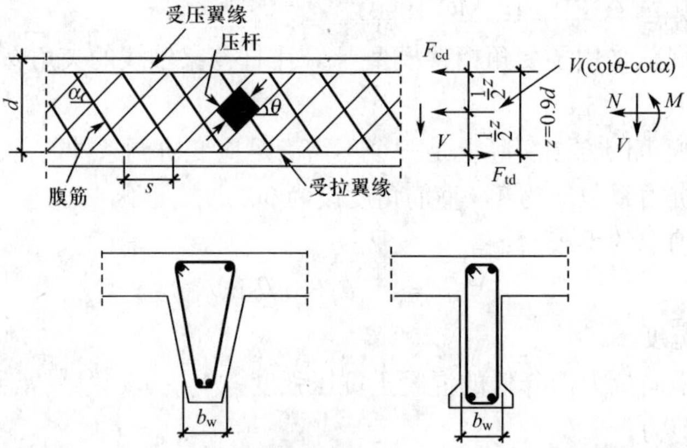

图 4-73 欧洲规范中钢筋混凝土构件的桁架模型

混凝土压杆压碎时的剪力为：

$$V_{\mathrm{Rd,max}}=\alpha_{c}\nu f_{cd}b_{w}z\frac{\cot\theta+\cot\alpha}{1+\cot^{2}\theta} \tag{4-194}$$

式中 b_w——拉杆和压杆的最小宽度；

ν——混凝土强度折减系数，按下式计算：

$$\nu=0.6\left(1-\frac{f_{ck}}{250}\right)$$

对于钢筋混凝土和预应力混凝土构件，当抗剪钢筋的设计应力低于屈服强度特征值 f_{yk} 的 80%时，ν 可按下式取值：

$$\nu=\begin{cases}0.6 & f_{ck}\leqslant 60\mathrm{MPa}\\ 0.9-\dfrac{f_{ck}}{200}>0.5 & f_{ck}>60\mathrm{MPa}\end{cases}$$

f_{ck}、f_{cd}——混凝土抗压强度特征值和设计值；

α_c——系数，欧洲规范的建议值为：非预应力结构取 1；预应力结构取：

$$\alpha_{c}=\begin{cases}1+\dfrac{\sigma_{cp}}{f_{cd}} & 0<\sigma_{cp}\leqslant 0.25f_{cd}\\ 1.25 & 0.25f_{cd}<\sigma_{cp}\leqslant 0.5f_{cd}\\ 2.5\left(1-\dfrac{\sigma_{cp}}{f_{cd}}\right) & 0.5f_{cd}<\sigma_{cp}<1.0f_{cd}\end{cases}$$

σ_{cp}——由混凝土的设计轴力产生的平均压应力，受压为正，考虑钢筋的作用对混凝土截面取平均得到。不需要计算距支座边缘小于 $0.5d\cot\theta$ 截面的 σ_{cp} 值；

为保证构件剪切破坏时具有一定的延性，钢拉杆的强度应小于混凝土压杆的强度。根据水平力的平衡，剪力在受拉钢筋中产生的附加拉力为：

$$2\Delta F_{td}=\frac{V_{Ed}}{\tan\theta}-\frac{V_{Ed}}{\tan\alpha} \tag{4-195}$$

即

$$\Delta F_{td} = 0.5V_{Ed}(\cot\theta - \cot\alpha) \tag{4-196}$$

式（4-196）的附加拉力由构件上部的钢筋承担。

为避免斜弯破坏，截面受拉钢筋应满足下面的条件：

$$\frac{M_{Ed}}{z} + \Delta F_{td} \leqslant \frac{M_{Ed,max}}{z} \tag{4-197}$$

式中　M_{Ed}—— 与 V_{Ed} 对应的弯矩；

$M_{Ed,max}$—— 构件承受的最大弯矩。

式（4-193）和式（4-194）即为欧洲规范给出的构件受剪承载力计算公式，取两式的较小值。ν 考虑了压杆中拉应力的影响。为保证极限状态时形成的桁架受力合理，设计中应对 θ 角进行限制。欧洲规范的建议值为 $1 \leqslant \cot\theta \leqslant 2.5$。

抗剪钢筋最大有效面积 $A_{sw,max}$ 应满足下式的要求：

$$\frac{A_{sw,max} f_{ywd}}{b_w s} \leqslant \frac{\frac{1}{2}\alpha_c \nu f_{cd} \sin\alpha}{1 - \cos\alpha} \tag{4-198}$$

对于与支座边缘距离 $0.5d < a_v < 2.0d$ 范围内上表面作用有荷载的构件，欧洲规范允许考虑构件抗剪强度的提高，计算中设计剪力 V_{Ed} 乘系数 $\beta = \frac{a_v}{2d}$（当 $a_v < 0.5d$ 时，取 $a_v = 0.5d$），但未乘系数的剪力应满足下式：

$$V_{Ed} \leqslant A_{sw} f_{ywd} \sin\alpha \tag{4-199}$$

式中　$A_{sw} f_{ywd}$ ——穿越荷载作用区斜向剪切裂缝钢筋的抗剪力（见图 4-74）。只需考虑中心 $0.75a_v$ 范围内的抗剪钢筋。

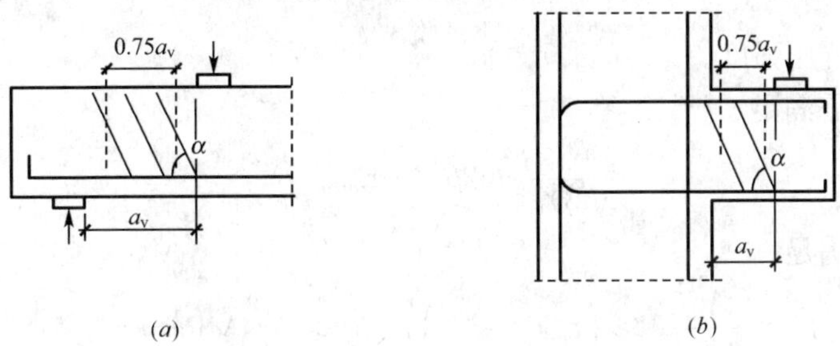

图 4-74　短剪跨内直接起斜杆作用的抗剪筋

（a）梁；（b）牛腿

需要注意的是，只是在计算抗剪钢筋面积时才对设计剪力 V_{Ed} 乘系数 β，而且纵向钢筋需全部伸入支座内。未乘系数 β 的设计剪力 V_{Ed} 应满足下式：

$$V_{Ed} \leqslant 0.5 b_w d \nu f_{cd} \tag{4-200}$$

12. 德国规范 DIN 2001

德国规范 DIN 2001 中钢筋混凝土构件的受剪承载力按下式计算：

$$V = V_c + V_s \tag{4-201}$$

其中混凝土承担的剪力为

$$V_c = \left[240.3 f_{ck}^{1/3}\left(1-1.2\frac{N_u}{0.67 f_{ck} A_c}\right)\right](0.9d) b_w \tag{4-202}$$

式中 N_u——构件承受的轴力；

f_{ck}——混凝土抗压强度特征值；

A_c——构件截面面积；

d——构件截面有效高度；

b_w——构件截面宽度。

箍筋承担的剪力为：

$$V_s = \frac{A_s f_y (0.9d)}{s}\cot\theta \tag{4-203}$$

其中

$$\cot\theta = \frac{1.2-1.4\dfrac{N_u}{(0.57 f_{ck})A_c}}{1-\dfrac{V_c}{V_u}} \quad (0.58 \leqslant \cot\theta \leqslant 3.0)$$

式中 A_s——箍筋截面面积；

f_y——箍筋屈服强度；

s——箍筋间距；

V_u——构件的剪力。

13. 法国预应力混凝土规范（BPEL 91—1991）

法国预应力混凝土规范 BPEL 91—1991[76]适用于混凝土强度小于 60MPa 的情况。抗剪设计采用变角桁架模型，梁受压部分承担混凝土的附加作用 $\nu_c = \dfrac{f_{tj}}{3}$，混凝土斜压杆与梁轴的夹角 $\beta_u \geqslant 30°$。根据 BPEL 91—1991，混凝土设计抗压强度为 $\dfrac{2}{3}\left(\dfrac{0.85}{\gamma_b}\right) f_{cj}$，其中 f_{cj} 为第 j 天时混凝土的抗压强度。

对于混凝土，需满足

$$\frac{0.85}{3\gamma_b}\sin 2\beta_u \geqslant \tau_{red,u} \tag{4-204}$$

对于箍筋，需满足

$$\frac{A_t f_e}{b_n s_t \gamma_s} \geqslant \left(\tau_{red,u} - \frac{f_{tj}}{3}\right)\tan\beta_u \geqslant 0.4\text{MPa} \tag{4-205}$$

式中 A_t——箍筋截面面积；

b_n——腹板净宽；

f_e——箍筋屈服强度；

f_{tj}——第 j 天时混凝土的抗拉强度；

s_t——箍筋间距；

γ_b、γ_s——混凝土和钢筋的材料系数；

$\tau_{red,u}$——未开裂截面的平均剪应力。

14. 法国钢筋混凝土规范（BAEL 91—1991）

法国钢筋混凝土规范 BAEL 91—1991[77]也适用于混凝土强度小于 60MPa 的情况。抗剪设计采用 Mörsch-Ritter 提出的 45°桁架模型，梁受压部分承担混凝土的附加作用 $v_c = \frac{1}{3}f_{tj}$。

箍筋与轴线成 90°时，要求极限强度满足下式的要求：

$$\frac{A_t}{b_0 s_t} \geqslant \frac{\gamma_s(\tau_u - 0.3f_{tj}k)}{0.9f_c} \text{ 且 } f_{tj} \leqslant 3.3\text{MPa} \tag{4-206}$$

式中　b_0——腹板总宽度；

τ_u——极限剪应力。

系数 0.9 为 z/d 的近似值，其中 z 为弯曲力臂，d 为从受拉钢筋到受压最边缘的距离。系数 k 按下面取值：

对于纯弯的情况：$k=1$；

对于弯矩与轴向压力组合的情况：$k = 1 + \frac{3\sigma_{cm}}{f_{cj}}$，其中 σ_{cm} 为整个混凝土截面的平均压应力；

对于弯矩与轴向拉力组合的情况：$k = 1 - \frac{10\sigma_{tm}}{f_{cj}}$，其中 σ_{tm} 为整个混凝土截面的平均拉应力。

当箍筋为 90°时，要求混凝土：$\tau_u \leqslant \frac{0.2f_{cj}}{\gamma_b}$，$\tau_u \leqslant 5\text{MPa}$；

当腹板严重开裂时，极限剪应力降低为：$\tau_u \leqslant \frac{0.15f_{cj}}{\gamma_b}$，$\tau_u \leqslant 4\text{MPa}$；

当箍筋为 45°时，对于混凝土的要求可放松为：$\tau_u \leqslant \frac{0.27f_{cj}}{\gamma_b}$，$\tau_u \leqslant 7\text{MPa}$。

最后的设计表达式与 BPEL 91—1991 规范一致。

4.6 压杆—拉杆模型

4.6.1 基本概念

钢筋混凝土梁的抗剪分析早期采用的力学模型是桁架模型，这种模型将实体的钢筋混凝土梁简化为静定桁架，通过分析桁架的内力，确定梁的抗剪强度。这种模型进一步发展，成为今天的压杆—拉杆模型，但其应用范围已不只是梁的抗剪，而是扩大到很多应力场比较复杂的问题，如牛腿、节点、桩帽等的承载力计算。1984 年压杆—拉杆模型被加拿大混凝土设计规范 CSA 1984 采用，1994 年～2007 年的美国公路桥梁 AASHTO LRFD 规范、2001 年的德国混凝土规范 DIN 1045-1（2001-07）和欧洲混凝土规范 EN 1992-1：2004 也都将压杆—拉杆模型纳入正式条文之中。2002 年，美国规范 ACI 318 将压杆—拉杆模型作为一种可选的设计方法纳入规范附录。文献［78］以美国规范 ACI 318 的压杆—拉杆模型为基础研究了按我国规范进行设计时有关系数的换算问题。关于压杆—拉杆模型的详细内容见相关文献[79]。尽管压杆—拉杆模型能够解决的问题已经不只是梁的抗剪，但本节只针对梁的抗剪进行分析，主要是深梁。

严格来讲，压杆—拉杆模型是一种基于塑性下限理论的平衡模型，设计结果是不唯一的。设计者必须选择一个合理的荷载传递路径，保证结构任何一部分的应力不超过其强度。如果设计者能够确定满足平衡条件的荷载分布，则构件的实际强度至少等于计算得到的强度。同时还应保证选用的材料和细部构造是合适的，以避免构件破坏之前发生过度变形、脆性断裂和钢筋锚固破坏。

在压杆—拉杆模型方法中，将混凝土结构分为两类，一是梁之类的区域，这一区域可应用弯曲理论中的平截面假定，称为B区（Beam或Bernoulli，即梁或贝努里）；另一类则是扰乱区或不连续区，称为D区（Disruption或Discontinue，干扰或不连续），这种区域在几何形状上有突变、或是集中荷载作用处或支座反力处，其应变分布是非线性的，这时弯曲理论不再适用。根据圣维南原理，集中荷载或几何突变造成的局部效应仅存在于距集中荷载作用点或几何突变处约一个构件单位的高度范围内。因此，一般假定D区范围为距荷载作用点或突变区近似一个构件的单位高度。这里特别强调用“约”和“近似”进行描述，因为D区在各种情况下是不同的。

就抗剪而言，理论上讲，压杆—拉杆模型既可用于深梁，也可用于细长梁，但深梁

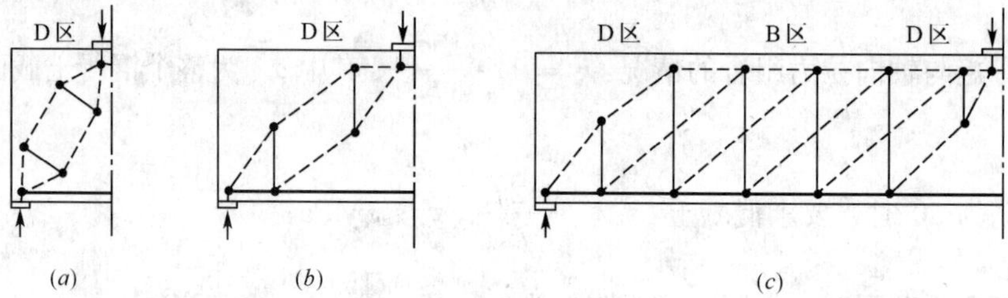

图4-75 随剪跨比增大压杆—拉杆模型的演变

与细长梁的工作特点是不同的，图4-75示出了随剪跨比增大时压杆—拉杆模型的演变。当剪跨比较大时，剪切破坏由混凝土的抗拉强度和骨料咬合作用控制，而压杆—拉杆模型只考虑混凝土受压。所以，将压杆—拉杆模型用于深梁的抗剪分析更为恰当。图4-76示出了根据截面模型和压杆—拉杆模型计算的不同剪跨比梁的受剪承载力。

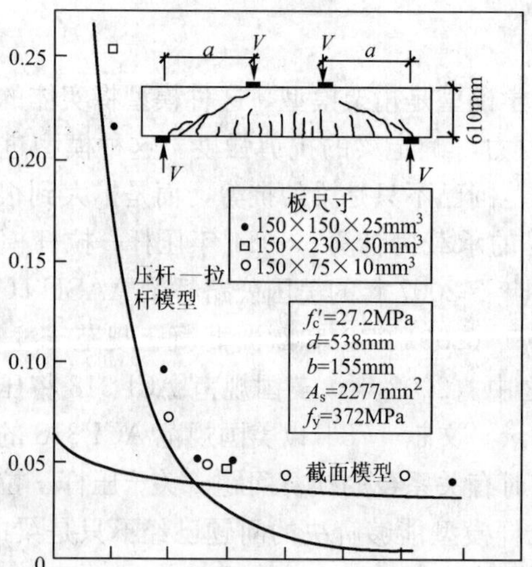

图4-76 梁受剪承载力随剪跨比的变化

用压杆—拉杆模型进行构件承载力计算，除需建立合理的模型外，还要满足节点、压杆和拉杆的强度要求。

1. 节点

节点是压杆—拉杆模型中压杆、拉杆与集中力轴线的交点。从平衡考虑，压杆—拉杆模型的一个节点至少应作用有三个力，如图4-77所示。节点按这些力的符号分类，如C-C-C节点作用三个压力，C-C-T节点作用两个压力和一个拉力，等等。在压杆—拉杆通过节点传力的条件下，节点周围的混凝土体积所占的区域称为节点区。过去采用的是

静水节点区，其大部分已为图 4-78 所示的扩展节点区（阴影部分）代替。扩展节点区即为由有效宽度为 w_s 的压杆与有效宽度为 w_t 的拉杆所围的构件的一部分（图 4-78）。D 区的最大跨高比可近似取为 2。因此，D 区中压杆与拉杆间的最小夹角为 $\tan^{-1}(1/2)=26.5°$。

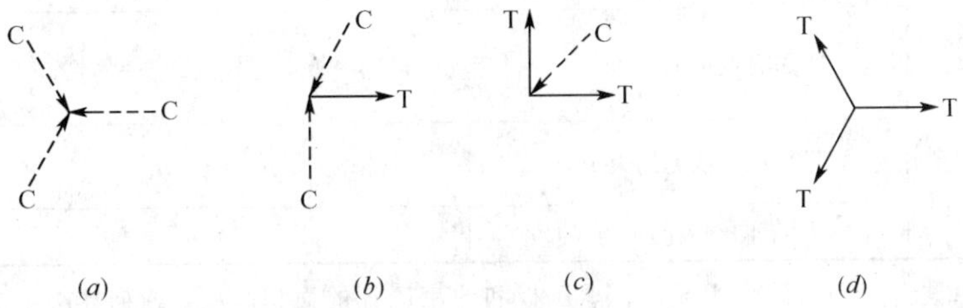

图 4-77　节点分类

(a) C-C-C 节点；(b) C-C-T 节点；(c) C-T-T 节点；(d) T-T-T 节点

由于节点区处于复杂的应力状态，其强度与单轴受力时混凝土的强度不同。表 4-7 列出了 Schlaich 等（1987）、MacGregor（1988）和 Bergmeister 等[80]建议的节点区混凝土有效强度。

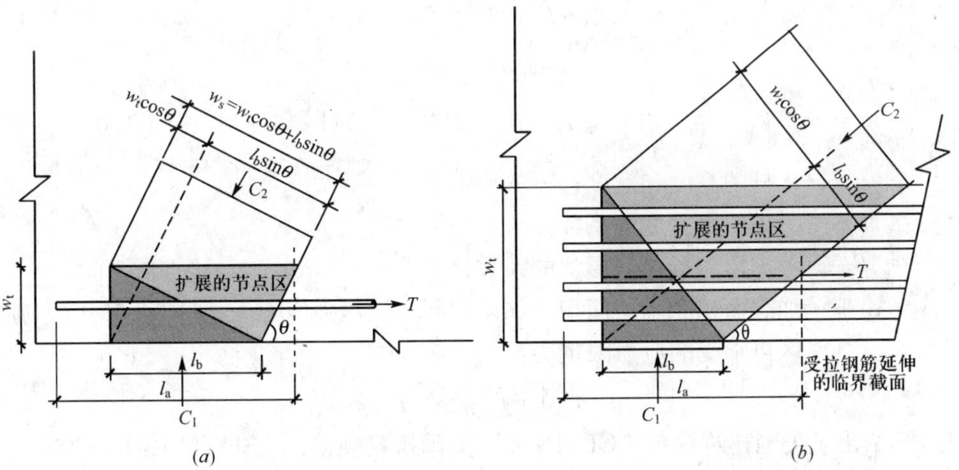

图 4-78　扩展节点区

(a) 单层钢筋；(b) 多层钢筋

节点区混凝土的有效强度　　**表 4-7**

研究者	节　点	有效强度（MPa）
Schlaich 等（1987）	C-C-C 节点	$0.85f_c'$
	锚固或穿过钢筋的节点	$0.68f_c'$
Mac Gregor（1988）	压杆和支座包围的节点	$0.85f_c'$
	锚固一个拉杆的节点	$0.65f_c'$
	在多于一个方向锚固拉杆的节点	$0.50f_c'$

续表

研究者	节　点	有效强度（MPa）
Bergmeister 等	无承压板的无约束节点	$\begin{cases} 0.8f_c' & f_c' \leqslant 27.6 \\ \left(0.9-\frac{0.25f_c'}{69}\right)f_c' & 27.6 < f_c' \leqslant 69 \\ 0.65f_c' & f_c' > 69 \end{cases}$
	有约束的节点	$\nu f_c'\sqrt{\frac{A}{A_b}}+\alpha\left(\frac{A_{core}}{A_b}\right)f_{lat}\left(1-\frac{s}{d}\right)^2$
	无承压板的无约束节点	$\nu f_c'\sqrt{\frac{A}{A_b}}$
	三向约束的节点	$2.5f_c'$

注：A、A_b、A_{core}—分别为约束混凝土、承压板和约束压杆的面积；f_{lat}—横向压力，$f_c' \leqslant 48.3$MPa 时为 $2f_yA_s/(ds)$，$f_c' > 48.3$MPa 时为 $2f_sA_s/(ds)$，f_s—钢筋应力；s—约束钢筋的间距；d—约束核心区的直径；$\nu=0.5+1.25/\sqrt{f_c'}$；α—系数，螺旋箍筋取 4.0，锚固于纵向钢筋的封闭方箍筋取 2.0，未锚固于纵向钢筋的封闭方箍筋取 1.0。

Jirsa[81] 等根据 10 个独立 C-C-T 节点和 9 个 C-T-T 节点的试验得出结论，如果压杆有效应力限制为 $0.8f_c'$，所有节点区达到破坏的计算结果是保守的。Adebar 和 Zhou 将未配置足够钢筋的深构件可承受的最大应力限定为：

$$f_c \leqslant 0.6f_c'(1+2\alpha\beta) \leqslant 1.8f_c' \tag{4-207}$$

其中

$$\alpha = 0.33\left(\sqrt{\frac{A_2}{A_1}}-1\right) \leqslant 1.0, \beta = 0.33\left(\frac{h}{b}-1\right) \leqslant 1.0, \frac{h}{b} > 1.0$$

式中　h、b——压杆的高度和宽度；

α——考虑约束程度的系数；

β——考虑压力场几何形状的系数；

A_1、A_2——加载面积和承压面积。如果混凝土抗压强度大大超过 34.5MPa，则节点区可承受的应力限定为：

$$f_c \leqslant 0.6f'_c + 6\sqrt{f'_c}\alpha\beta \tag{4-208}$$

表 4-8 给出了美国建筑规范 ACI 318-08、美国桥梁规范 AASHTO LRFD-2007、加拿大规范 CSA A23.3—04 和欧洲规范 EN 1992—1—1：2004 中关于节点区强度的规定。

各规范对节点区混凝土强度的规定　　表 4-8

规　范	混凝土有效强度
美国 ACI 318—08[45]	$f_{ce}=0.85\beta_n f_c'$ (1) 节点受到压杆或承载面积约束：$\beta_n=1.00$ (2) 节点仅锚固一个拉杆：$\beta_n=0.80$ (3) 节点不只锚固一个拉杆：$\beta_n=0.60$
美国 AASHTO LRFD—2007[65]	$f_{cu}=\nu f_c'$ (1) 节点被压杆或承载区约束：$\nu=0.85$ (2) 节点仅锚固一个拉杆：$\nu=0.75$ (3) 节点不只锚固一个拉杆：$\nu=0.65$

续表

规　　范	混凝土有效强度
加拿大 CSA A23.3—04[67]	(1) 压—压节点（压杆相交）：$f_c=0.85\phi f_c'$ (2) 压—拉节点（压杆与拉杆相交）：$f_c=0.75\phi f_c'$ (3) 拉—拉节点（拉杆相交）：$f_c=0.65\phi f_c'$ 其中 ϕ 为材料抗力系数，f_c' 为混凝土圆柱体抗压强度
欧洲规范 EN 1992—1—1：2004[13]	(1) 节点处没有锚固拉杆的受压节点：$\sigma_{Rd,max}=k_1\nu' f_{cd}$（$k_1$ 可取 1.0） (2) 一个方向锚固有拉杆的压—拉节点：$\sigma_{Rd,max}=k_2\nu' f_{cd}$（$k_2$ 可取 1.0） (3) 多于一个方向锚固有拉杆的压—拉节点：$\sigma_{Rd,max}=k_3\nu' f_{cd}$（$k_3$ 可取 0.75） (4) 当至少满足下面条件中的一个时，上面三种情况的抗压强度设计值可增加 10%： ①承受三向压力 ②压杆和拉杆间的所有夹角≥55° ③施加于支座和集中荷载作用处的应力是均匀的，且节点受箍筋约束 ④布置多层钢筋 ⑤节点可靠地受支承或摩擦约束 (5) 当节点所有三个方向压杆的荷载分布已知时，三向受压节点可按公式 $\sigma_{Rd,max}\leqslant k_4\nu' f_{cd}$ 验算（k_4 可取 3.0） 其中，$\nu'=0.60\left(1-\dfrac{f_{ck}}{250}\right)$，$f_{ck}$ 为混凝土抗压强度特征值

2. 压杆

压杆是压杆—拉杆模型中理想化的受压构件。代表平行面区或扇形受压区的合力。在设计中，常将压杆理想化为棱柱形受压构件，如图 4-79 所示。若两端节点区强度不同，或承压长度不同，可将压杆理想化为截面均匀变化的锥形受压构件。

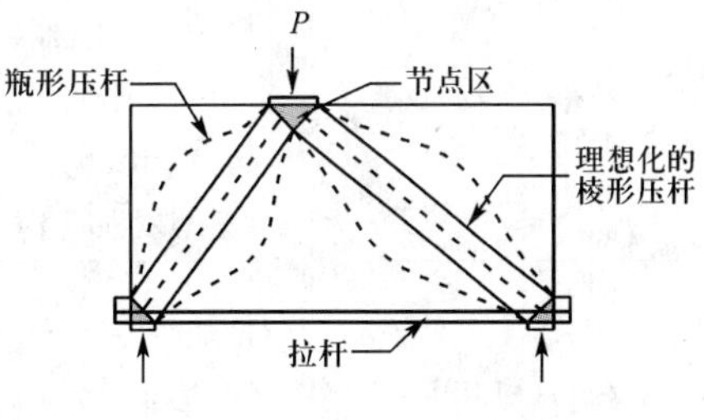

图 4-79　深梁压杆—拉杆模型

由于压杆受到与其轴线垂直方向拉应变或应力的作用，其抗压强度降低。表 4-9 为不同研究者[80]提出的混凝土有效强度公式。对于所有类型的压杆和节点，Marti（1985）[82]有效应力的平均值取为 $0.6f_c'$（MPa）。Bergmeister 等[81]提出用下式计算混凝土的有效应力：

$$f_c=\left(0.5+\frac{1.25}{\sqrt{f_c'}}\right)f_c' \quad (20\text{MPa}\leqslant f_c'\leqslant 80\text{MPa}) \tag{4-209}$$

压杆的混凝土有效强度　　**表 4-9**

研　究　者	压杆受力状态	有效强度(MPa)
Schlaich 等[83] (1987)	棱柱压杆中可能存在无扰动和单轴压应力状态	$0.85f_c'$
	拉应变或垂直于压杆轴线的钢筋会引起平行于压杆的裂缝（裂缝在允许宽度范围内）	$0.68f_c'$
	拉应变引起斜裂缝或钢筋与压杆轴线成斜角	$0.51f_c'$
	斜裂缝很宽（这种情况出现于模型较大程度地偏离按弹性理论计算的内力流时）	$0.34f_c'$

续表

研 究 者	压杆受力状态	有效强度(MPa)
Mac Gregor[84] (1988)	深梁中单独的压杆或D区	$0.50 f_c'$
	开裂严重的细长梁，压杆角度为30°	$0.25 f_c'$
	开裂严重的细长梁，压杆角度为45°	$0.45 f_c'$
Alshegeir	剪跨比小于2.0、由加载点到支座的中等约束斜压杆	$0.85 f_c'$
	形成拱作用的压杆	$0.75 f_c'$
	预应力混凝土梁的拱构件和扇形压杆	$0.50 f_c'$
	非扰乱但有较高压应力的压杆	$0.95 f_c'$

表4-10给出了美国ACI 318—08规范、美国AASHTO LRFD—2007、加拿大CSA规范和欧洲规范EN 1992—1—1：2004中关于压杆强度的规定。

规范中对压杆强度的规定 **表4-10**

规 范	有 效 强 度
美国ACI 318—08[45]	$f_{ce} = 0.85\beta_s f_c'$ (1) 截面不变化的棱柱压杆：$\beta_s = 1.00$ (2) 受拉构件或受拉翼缘中的压杆：$\beta_s = 0.40$ (3) 有控制裂缝钢筋的瓶形压杆：$\beta_s = 0.75$ (4) 无控制裂缝钢筋的瓶形压杆：$\beta_s = 0.60\lambda$ (5) 所有其他情况：$\beta_s = 0.60\lambda$ 其中λ为与混凝土品种有关的系数，普通混凝土取1.0，轻砂混凝土取0.85，轻骨料混凝土取0.75
美国AASHTO LRFD—2007[65]	$f_{cu} = \dfrac{f_c'}{0.8 + 170\varepsilon_1} \leqslant 0.85 f_c'$，$\varepsilon_1 = \varepsilon_s + (\varepsilon_s + 0.002)\cot^2\theta_s$ 其中，θ_s为所考虑压杆与相邻拉杆间的最小夹角；ε_1为拉伸方向的平均拉应变；f_c'为规定的混凝土抗压强度
加拿CSA A23.3—94[61]	同AASHTO LRFD—2007
欧洲规范 EN 1992-1-1：2004[13]	(1) 有横向压应力和无横向压应力的压杆：$\sigma_{Rd,max} = f_{cd}$ (2) 如果混凝土压杆受压开裂：$\sigma_{Rd,max} = \nu' f_{cd}$ 其中ν'同表4-8

3. 拉杆

拉杆是压杆—拉杆模型中的受拉杆件。拉杆包括钢筋或预应力筋及与拉杆轴向同心的周围混凝土。周围混凝土定义了锚固压杆与拉杆的区域。虽然设计中不考虑混凝土承担的拉力，但周围混凝土缩短了拉杆的伸长，这对限制变形是有利的。

4. 裂缝控制

压杆—拉杆模型所分析的是构件极限状态时的承载力，为控制使用过程中构件出现的裂缝，需要配置钢筋。美国规范ACI 318规定，对于f_c'不大于6000psi（41.1MPa）的情况，与压杆轴相交的钢筋需满足下式的要求（图4-80）：

$$\sum \frac{A_{si}}{bs_i}\sin\alpha_i \geqslant 0.003 \qquad (4\text{-}210)$$

式中 A_{si}——与压杆方向成 α_i 角的钢筋层中，间距为 s_i 钢筋的总面积；

α_i——压杆轴线与钢筋的夹角。

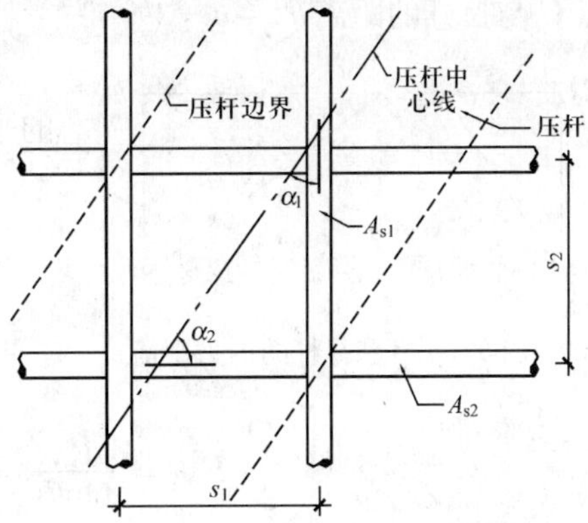

图 4-80 与压杆相交的钢筋

4.6.2 深梁的抗剪强度

深梁是指跨高比较小的梁，具体界限各国规范的规定不同。我国规范 GB 50010—2002 将 $l_0/h\leqslant2$ 的简支单跨梁和 $l_0/h\leqslant2.5$ 的简支多跨连续梁称为深梁，美国规范 ACI 318 将跨高比小于等于 4 或从支撑面到构件高度的 2 倍范围内承受集中荷载的区域定义为深梁，欧洲规范 EN 1992-1-1：2004 将深梁定义为跨度小于 3 倍截面全高度的构件。

深梁与细长梁的主要区别是深梁截面变形不再符合平截面假定，计算难以确定变形协调条件。所以，早期计算承载力时主要采用根据试验确定的经验公式，近年国外规范已用压杆—拉杆模型将其取代。图 4-81 示出了单个集中荷载作用下深梁的内力流和简化的压杆—拉杆模型。

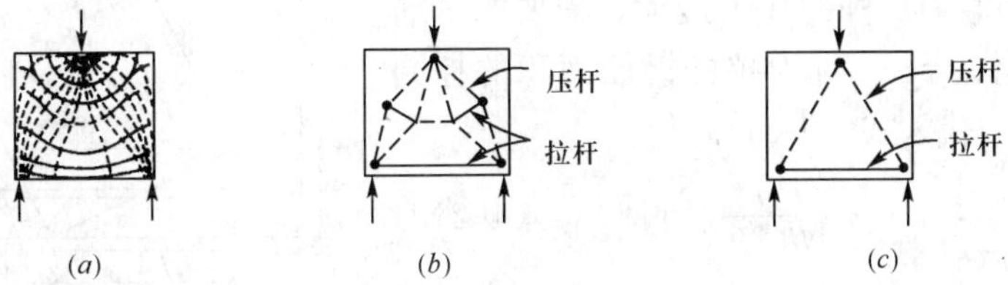

图 4-81 单个集中荷载作用下深梁的内力流和压杆—拉杆模型

(a) 主应力迹线；(b) 桁架模型；(c) 简化的桁架模型

下面以美国规范 ACI 318 中压杆—拉杆模型的规定为基础，讨论移动荷载下钢筋混凝土深梁的承载力计算[85,86]。

图 4-82 所示为一简支深梁，长为 l，宽为 b，高为 h，有效跨度为 $l_0=l-2l'$。承压板尺寸为 $l_b\times b$。梁上施加一个移动荷载 P，P 可从一端支座移动至另一支座处。深梁模型化的压杆和拉杆也示于图 4-82 中，实线表示拉杆，虚线表示压杆。假设 P 到左支座的距离为 x，则 $l'<x<l-l'$。随着 x 的变化，压杆的位置和形状也发生变化。所以，需要考察压杆、拉杆和支座内力的变化，按最不利情况进行设计。

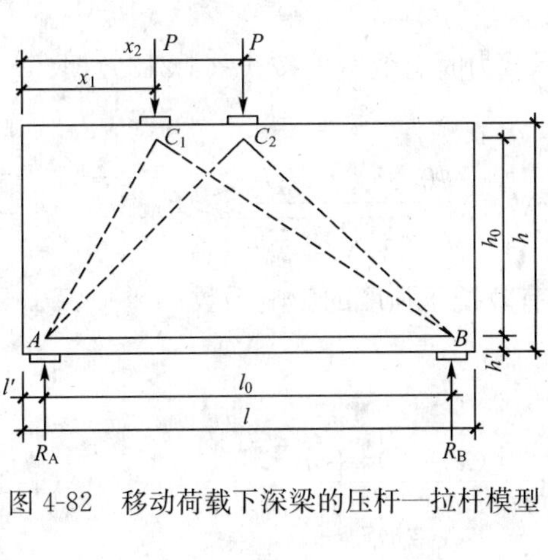

图 4-82 移动荷载下深梁的压杆—拉杆模型

1. 压杆及拉杆的轴力

假设拉杆 AB 中心线到深梁下表面的距离及节点 C 到深梁上表面的距离均为 h'，则

节点 C 与拉杆的距离 $h_0=h-2h'$。

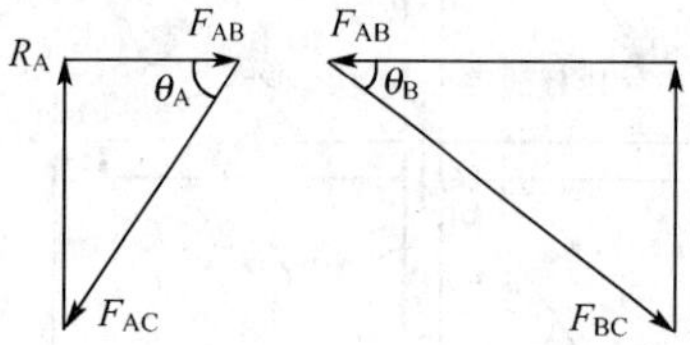

图 4-83 压杆和拉杆的内力平衡

如图 4-83，考虑支座 A 和支座 B 水平及竖向力的平衡，得到压杆和拉杆的轴力为：

$$F_{AC}=\frac{R_A}{\sin\theta_A}=\frac{(l-x-l')\sqrt{(x-l')^2+h_0^2}}{l_0h_0}P$$

$$F_{BC}=\frac{R_B}{\sin\theta_B}=\frac{(x-l')\sqrt{h_0^2+(l-x-l')^2}}{l_0h_0}P$$

$$F_{AB}=\frac{R_A}{\tan\theta_A}=\frac{(l-x-l')(x-l')}{l_0h_0}P$$

2. 拉杆（钢筋）的面积

使用屈服强度为 f_y 的钢筋，则拉杆 AB 所需钢筋面积为：

$$A_{st}=\frac{F_{AB}}{\phi f_y}=\frac{(l-x-l')(x-l')}{l_0h_0\phi f_y}P \tag{4-211}$$

式中 ϕ——强度折减系数，$\phi=0.75$。

由式（4-211）可以看出，拉杆面积 A_{st} 为荷载位置 x 的函数，使钢筋面积 A_{st} 最大的位置 x 应满足 $\frac{\mathrm{d}A_{st}}{\mathrm{d}x}=0$，由此解得 $x=l/2$。即荷载移动到深梁跨中时 AB 杆的拉力最大，需要的钢筋面积最大。因此 $x=l/2$ 时为拉杆钢筋面积的控制情况。将 $x=l/2$ 代入式（4-211）得：

$$A_{st}=\frac{Pl_0}{4\phi h_0f_y} \tag{4-212}$$

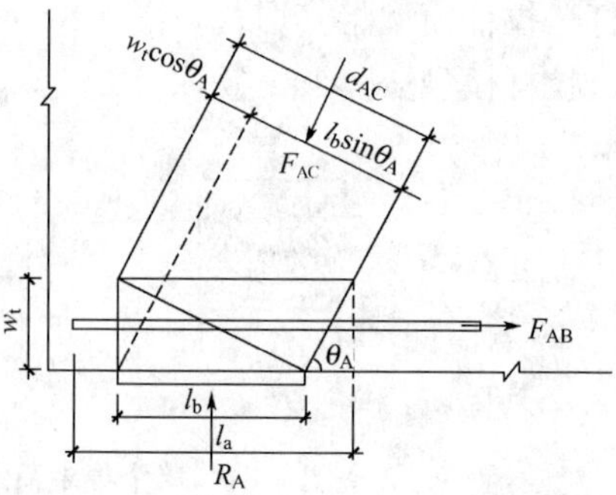

图 4-84 节点 A 示意图

3. 压杆承载力

根据压杆—拉杆模型节点的几何构造(图 4-84)，压杆 AC 在节点 A 处和 C 处的有效宽度为：

$$d_{AC}=w_t\cos\theta_A+l_b\sin\theta_A=\frac{w_t(x-l')+l_bh_0}{\sqrt{(x-l')^2+h_0^2}} \tag{4-213a}$$

$$d_{CA}=l_b\sin\theta_A=\frac{l_bh_0}{\sqrt{(x-l')^2+h_0^2}} \tag{4-213b}$$

容易看出 $d_{AC}\geqslant d_{CA}$，所以验算压杆 AC 的承载力时有效宽度按式（4-213b）取值。压杆 AC 的设计承载力应满足下式：

$$\phi F_{ns}=\phi0.85\beta_sf_c'A_{cs}=\phi0.85\beta_sf_c'd_{CA}b=\frac{\phi0.85\beta_sf_c'bl_bh_0}{\sqrt{(x-l')^2+h_0^2}}\geqslant F_{AC} \tag{4-214}$$

式中 β_s——考虑开裂和约束混凝土钢筋对压杆有效抗压强度的影响系数；

A_{cs}——压杆一端的截面面积。

压杆 AC 的设计压应力为：

$$\sigma_{CA}=\frac{F_{AC}}{d_{CA}b}=\frac{P(l-l'-x)[(x-l')^2+h_0^2]}{bl_0h_0^2l_b} \tag{4-215}$$

根据式（4-214），当$l'<x<l-l'$时，应满足$\sigma_{CA}\leqslant\phi 0.85\beta_s f_c'$。因此$\sigma_{CA}$最大时的情况为压杆$AC$承载力起控制的情况。同理可验算压杆$BC$的承载力。

4. 节点区承载力

节点区的承载力为：

$$\phi F_{nn}=\phi 0.85\beta_n f_c' A_{nz} \tag{4-216}$$

式中 A_{nz}——节点区的表面积。

如图4-84，压杆AC有效宽度按式（4-213a）计算，拉杆AB的有效宽度为$w_t=2h'$，支座反力R_A的有效宽度为l_b。节点A的承载力应满足：

$$\phi 0.85\beta_n f_c' d_{AC}b\geqslant F_{AC},\phi 0.85\beta_n f_c' w_t b\geqslant F_{AB},\phi 0.85\beta_n f_c' l_b b\geqslant R_A \tag{4-217}$$

压杆AC的设计压应力为：

$$\sigma_{AC}=\frac{F_{AC}}{d_{AC}b}=\frac{P(l-l'-x)[(x-l')^2+h_0^2]}{bl_0h_0[w_t(x-l')+l_bh_0]} \tag{4-218}$$

拉杆AB的设计拉应力为：

$$\sigma_{AB}=\frac{F_{AB}}{w_t b}=\frac{P(l-l'-x)(x-l')}{2bl_0h_0h'} \tag{4-219}$$

支座A处的应力为：

$$\sigma_{R_A}=\frac{R_A}{l_b b}=\frac{(l-x-l')P}{l_0l_bb} \tag{4-220}$$

这样式（4-217）可表示为：

$$\sigma_{AC}\leqslant\phi 0.85\beta_n f_c',\ \sigma_{AB}\leqslant\phi 0.85\beta_n f_c',\sigma_{R_A}\leqslant\phi 0.85\beta_n f_c'$$

同样可验算节点B的承载力。

节点C的承载力应满足：

$$\begin{aligned}&\phi 0.85\beta_n f_c' d_{CA}b\geqslant F_{AC},\\&\phi 0.85\beta_n f_c' d_{CB}b\geqslant F_{BC},\\&\phi 0.85\beta_n f_c' l_b b\geqslant P\end{aligned} \tag{4-221}$$

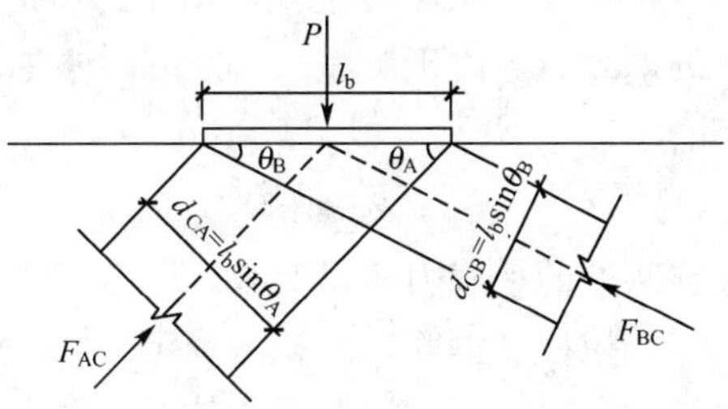

图4-85 节点C示意图

如图4-85，荷载P作用的有效宽度为l_b，压杆AC的有效宽度按式（4-213b）计算，压杆BC的有效宽度为：

$$d_{CB}=l_b\sin\theta_B=\frac{l_bh_0}{\sqrt{(l-x-l')^2+h_0^2}} \tag{4-222}$$

压杆BC的设计压应力为：

$$\sigma_{BC}=\frac{F_{BC}}{d_{CB}b}=\frac{P(x-l')[(l-x-l')^2+h_0^2]}{bl_0h_0^2l_b} \tag{4-223}$$

裂缝控制荷载P处的压应力为：

$$\sigma_P=\frac{P}{bl_b} \tag{4-224}$$

这样式（4-221）可表示为：

$$\sigma_{AC}\leqslant\phi 0.85\beta_n f_c',\ \sigma_{BC}\leqslant\phi 0.85\beta_n f_c',\sigma_P\leqslant\phi 0.85\beta_n f_c' \tag{4-225}$$

【例 4-5】 对于图 4-82 所示的简支深梁，假定梁长 $l=6000$mm，宽 $b=450$mm，高 $h=3000$mm。采用圆柱体抗压强度 $f_c'=27.6$MPa 的混凝土，钢筋屈服强度 $f_y=420$MPa。承压板尺寸 $l_b\times b=400\text{mm}\times450\text{mm}$。梁上的移动荷载 $P=1500$kN。用压杆—拉杆模型对深梁进行设计。

【解】 有效跨度为 $l_0=l-2l'=6000-2\times300=5400$mm。

如图 4-82，假设荷载到左端支座的距离为 x（$300\text{mm}=l'<x<l-l'=5700\text{mm}$）；$h'=200$mm，则 $h_0=h-2h'=2600$mm。

（1）内力计算

压杆和拉杆轴力为

$$F_{AC}=\frac{(l-x-l')\sqrt{(x-l')^2+h_0^2}}{l_0h_0}P=0.107(5700-x)\sqrt{(x-300)^2+2600^2}\quad(\text{N})$$

$$F_{BC}=\frac{(x-l')\sqrt{h_0^2+(l-x-l')^2}}{l_0h_0}P=0.107(x-300)\sqrt{(5700-x)^2+2600^2}\quad(\text{N})$$

$$F_{AB}=\frac{(l-x-l')(x-l')}{l_0h_0}P=0.107(5700-x)(x-300)\quad(\text{N})$$

（2）加载和支座处承载力验算

由于加载点下面的节点区受到压杆和承载板的限制，β_n 取 1.0。加载点的承载力为

$$\begin{aligned}\phi F_{un}&=\phi0.85f_c'\beta_nl_bb=0.75\times0.85\times27.6\times1.0\times400\times450\\&=3167\text{kN}>P=1500\text{kN}\end{aligned}$$

加载处的承载力满足要求。

当移动荷载从深梁左端移动至跨中时，A 支座的反力大于 B 支座，这里只需验算 A 支座的承载力。由于支座 A 锚固一个拉杆，β_n 取 0.8。支座 A 处的承载力为

$$\begin{aligned}\phi F_{un}&=\phi0.85f_c'\beta_nl_bb=0.75\times0.85\times27.6\times0.8\times400\times450\\&=2534\text{kN}>R_A\end{aligned}$$

支座处的承载力满足要求。

（3）拉杆（钢筋）面积的确定

当 $x=l/2=3000$mm 时为拉杆钢筋面积的控制情况。拉杆 AB 所需钢筋面积为

$$A_{st}=\frac{Pl_0}{4\phi h_0f_y}=\frac{1500\times10^3\times5400}{4\times0.75\times2600\times420}=2473\text{ mm}^2$$

选用 6 根 8＃钢筋，直径 $d=25.4$mm，面积 $A_{st}=3060\text{ mm}^2$，分两层布置。

（4）压杆承载力验算

压杆 AC 的设计压应力为：

$$\sigma_{CA}=\frac{P(l-l'-x)[(x-l')^2+h_0^2]}{bl_0h_0^2l_b}=\frac{(5700-x)[(x-300)^2+2600^2]}{4.38\times10^9}\quad(\text{MPa})$$

由于 σ_{CA} 是 x 的函数，则使 σ_{CA} 最大的 x 应满足 $\frac{d\sigma_{AC}}{dx}=0$，即

$$2(5700-x)(x-300)-(x-300)^2=2600^2$$

解得 $x_1=1107$mm，$x_2=3093$mm。

图 4-86 示出了 σ_{CA} 与 x 的关系曲线，由图可以看出，$x_1=1107$mm 为 σ_{CA} 的一个局部极小值，$x_2=3093$mm 为 σ_{CA} 的一个局部极大值，靠近支座时，σ_{CA} 的值又增大，所以除验算荷载在 $x_2=3093$mm 处 AC 杆的承载力外，还需验算左端支座处 AC 杆的承载力。

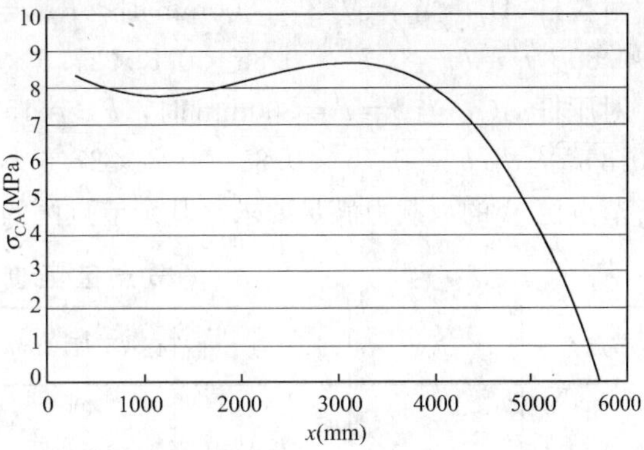

图 4-86　压杆 AC 的应力图

当 $x_2=3093$mm 时，求得 $F_{AC}=1064$kN，$d_{CA}=565$mm。取 $d_{CA}=560$mm。本例配置控制裂缝的钢筋网，β_s 取 0.75。

压杆 AC 的设计承载力为

$$\phi F_{ns}=\phi 0.85\beta_s f'_c d_{CA} b=0.75\times 0.85\times 0.75\times 27.6\times 560\times 450$$
$$=3325\text{kN}>F_{AC}=1064\text{kN}$$

同样，荷载在梁左端时，$\phi F_{ns}=\phi 0.85\beta_s f'_c d_{CA} b>F_{AC}$。压杆 AC 的承载力满足要求。同样压杆 BC 的承载力也满足要求。

(5) 节点区承载力验算

节点 A 锚固一根拉杆，β_n 取 0.8。支座处的有效宽度 $l_b=400$mm，如图 4-84，压杆 AC 及拉杆 AB 的有效宽度分别为：

$$w_t=2h'=400\text{mm}, d_{AC}=\frac{w_t(x-l')+l_b h_0}{\sqrt{(x-l')^2+h_0^2}}=\frac{400(x+2300)}{\sqrt{(x-300)^2+2600^2}}$$

压杆 AC 及拉杆 AB 中的应力为：

$$\sigma_{AC}=\frac{P(l-l'-x)[(x-l')^2+h_0^2]}{bl_0h_0[w_t(x-l')+l_bh_0]}=\frac{(5700-x)[(x-300)^2+2600^2]}{1.68\times 10^6(x+2300)}$$

$$\sigma_{AB}=\frac{P(l-l'-x)(x-l')}{2bl_0h_0h'}=\frac{(5700-x)(x-300)}{1.68\times 10^6}$$

支座处的应力为：

$$\sigma_{R_A}=\frac{P(l-l'-x)}{l_0l_bb}=\frac{5700-x}{648}$$

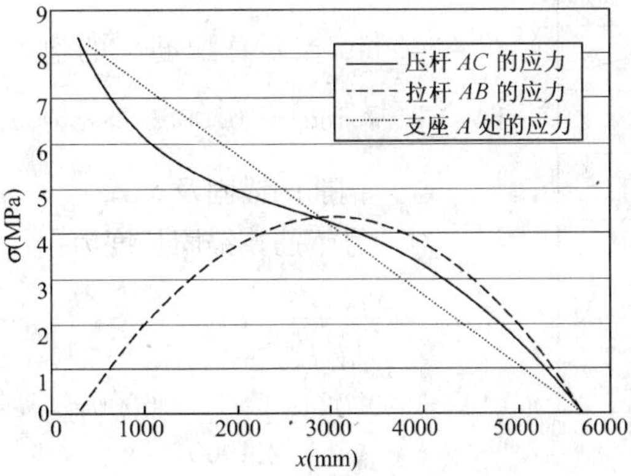

图 4-87　节点 A 处各杆件及支座的应力图

节点 A 处各杆件及支座的应力如图 4-87 所示。由图可以看出，在 A 节点，荷载位于梁左端时，压杆 AC 和承压板的压应力最大；荷载位于跨中时，拉杆 AB 的拉应力最大。

对支座 A，当 $x=l'=300$mm 时，$R_A=1500$kN。

$$\phi 0.85\beta_n f'_c l_b b=0.75\times 0.85\times 0.8\times 27.6\times 450\times 400$$
$$=2534\text{kN}>R_A=1500\text{kN}$$

对拉杆 AB，当 $x=l/2=3000\text{mm}$ 时，$F_{AB}=780\text{kN}$。

$$\phi 0.85\beta_n f_c' w_t b = 0.75\times 0.85\times 0.8\times 27.6\times 400\times 450 = 2534\text{kN} > F_{AB} = 780\text{kN}$$

对压杆 AC，当 $x=l'=300\text{mm}$ 时，$F_{AC}=1502\text{kN}$，$d_{AC}=400\text{mm}$。

$$\phi 0.85\beta_n f_c' d_{AC} b = 0.75\times 0.85\times 0.8\times 27.6\times 400\times 450 = 2534\text{kN} > F_{AC} = 1502\text{kN}$$

节点区 A 的承载力满足要求。其余节点区的强度验算如表 4-11 所示。

节点区强度验算 **表 4-11**

节点	β_n	力	有效宽度（mm）	F_u（kN）	ϕF_{nn}（kN）	$F_u\leqslant\phi F_{nn}$
		R_A	400	1500	2534	满足
A	0.8	F_{AB}	400	780	2534	满足
		F_{AC}	400	1502	2534	满足
		R_B	400	1500	2534	满足
B	0.8	F_{AB}	400	780	2534	满足
		F_{BC}	400	1502	2534	满足
C		P	400	1500	3167	满足
C	1.0	F_{AC}	560	1064	3325	满足
		F_{BC}	560	1064	3325	满足

（6）裂缝控制最小钢筋量的确定

在深梁中沿整个高度布置水平钢筋，沿整个长度布置竖向钢筋，均采用 5＃钢筋，直径 $d=16\text{mm}$，截面面积 $A_{sv}=194\ \text{mm}^2$，间距 150mm。根据式（4-210），与压杆 AC 轴线相交的钢筋网的总配筋率为：

$$\sum\frac{A_{si}}{bs_i}\sin\alpha_i = \frac{A_{sh}}{bs_h}\sin\alpha_h + \frac{A_{sv}}{bs_v}\sin\alpha_v$$

$$= \frac{194\times 2}{450\times 150}\times\frac{2600}{\sqrt{(x-300)^2+2600^2}} + \frac{194\times 2}{450\times 150}\times\frac{x-300}{\sqrt{(x-300)^2+2600^2}}$$

$$= \frac{x+2300}{174\sqrt{(x-300)^2+2600^2}}$$

图 4-88 示出了 $\sum\frac{A_{si}}{bs_i}\sin\alpha_i$ 随 x 变化的曲线。由图可以看出，当荷载移动到深梁左端时，$\sum\frac{A_{si}}{bs_i}\sin\alpha_i$ 值最小。因此取 $x=l'=300\text{mm}$ 控制总配筋率的值，此时 $\sum\frac{A_{si}}{bs_i}\sin\alpha_i = 0.0056 > 0.003$。

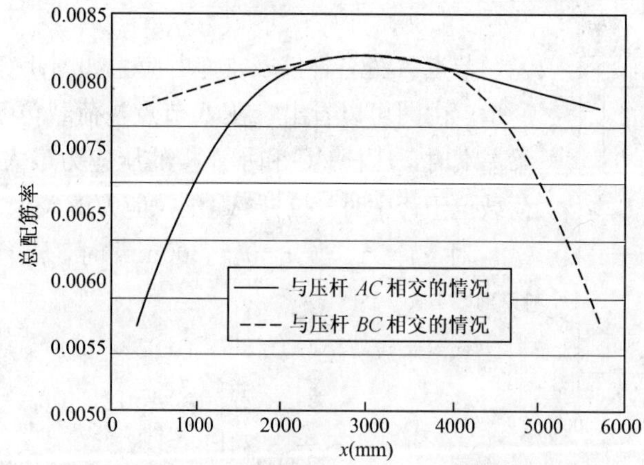

图 4-88 总配筋率随 x 的变化

（7）钢筋的锚固及布置

对 8 号钢筋，锚固长度为：

$$l_{dh} = \frac{0.02\beta\lambda f_y}{\sqrt{f_c'}}d_b$$

$$= \frac{0.02\times 1\times 1\times 60000}{\sqrt{4000}}\times 1$$

$$= 19\text{in}\ (483\text{mm})$$

l_{dh}还需进行修正：在弯钩平面的垂直方向上，混凝土保护层厚度 70mm＞64mm (2.5in)，在钢筋延伸方向上，混凝土保护层厚度 60mm≥51mm（2in），修正系数取 0.7。则修正后的锚固长度为 l_{dh} ＝0.7×483＝338mm。

有效锚固长度 l_d＝扩大节点区长度－保护层厚度－水平抗剪钢筋直径＝500－50－16＝434mm。

由于 $l_d > l_{dh}$，因此纵向钢筋的锚固长度满足要求。图 4-89 示出了钢筋的布置情况。

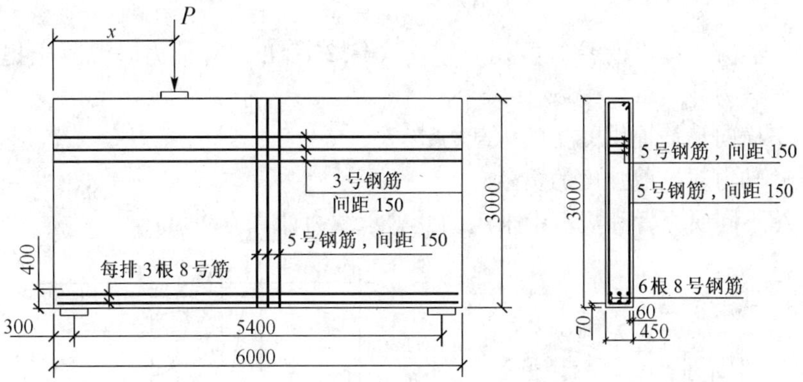

图 4-89　移动荷载下深梁配筋（mm）

4.7　柱的受剪承载力

在地震作用下，为避免钢筋混凝土结构发生脆性破坏，降低结构的地震反应，在必要和可行的前提下，设计中通过使一些结构构件产生塑性铰并保持较大的转动能力来减小地震对结构的强度要求。具体来讲，通过控制结构的破坏形式或使一些一次要构件破坏来保全整个结构，这就是所谓的能力设计原理。

对于建筑中的钢筋混凝土框架结构，设计中要求塑性铰出现于梁中，但形成塑性机构时基础上部的柱端会出现塑性铰。对于桥梁结构，由于其上部结构承载力大，不能出现塑性铰，塑性铰一般出现在柱中，成为耗能构件。

地震作用下柱与梁的抗剪有所不同，一是柱要承担很大的轴力，二是剪力最大的位置往往也是出现塑性铰的位置。所以，柱塑性铰区的抗剪成为一个重要的问题。随着塑性铰转角增大，弯曲-剪切裂缝宽度的增大会减小骨料咬合产生的抗剪力，进而降低塑性铰区的抗剪强度。图 4-90 示出了柱塑性铰区水平承载力随位移延性系数的变化，即当构件水平变形达到一定值时，柱的抗剪强度随位移延性系数的增大而减小。如果与抗弯强度对应的剪力小于残余抗剪强度，则可保证柱呈现延性弯曲反应。如果剪力大于初始抗剪强度，则会发生脆性剪切破坏。如果剪力处

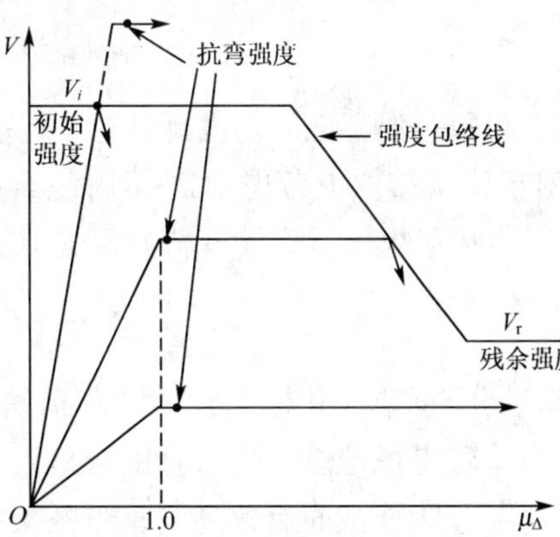

图 4-90　抗剪强度与延性的关系

于初始抗剪强度和残余抗剪强度之间，则在强度与力－位移曲线交点对应的延性系数下发生剪切破坏。

图 4-91 示出了柱或桩的抗剪机理。对于柱或桩受剪承载力的计算，一般采用下面的表达式：

$$V_N = V_c + V_s + V_p \tag{4-226a}$$

或

$$V_N = V_c + V_s \tag{4-226b}$$

式中 V_c——混凝土提供的受剪承载力［式（4-226a）］或有轴力时混凝土提供的受剪承载力［式（4-226b）］；

V_s——横向箍筋提供的受剪承载力；

V_p——轴力对抗剪强度的贡献。

下面介绍不同研究者和规范中采用的受剪承载力计算方法。

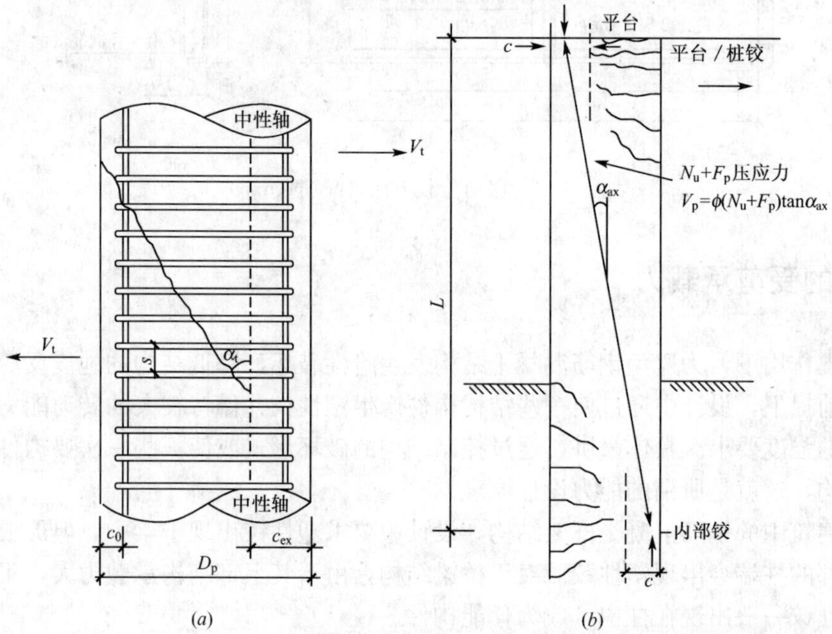

图 4-91 柱或桩的抗剪机制

（a）箍筋对混凝土的约束；（b）斜压杆的水平分量

1. 我国《混凝土结构设计规范》(GB 50010—2002) 的方法

对于建筑结构中考虑地震作用组合的框架柱，我国《混凝土结构设计规范》(GB 50010—2002)[44]按下式计算斜截面受剪承载力：

$$V_c \leqslant \frac{1}{\gamma_{RE}}\left(\frac{1.05}{\lambda+1}f_t b h_0 + f_{yv}\frac{A_{sv}}{s}h_0 + 0.056N\right) \tag{4-227}$$

式中 λ——框架柱和框支柱的计算剪跨比，取 $\lambda=M/(Vh_0)$；此处，M 宜取柱上、下端考虑地震作用组合的弯矩设计值的较大值，V 取与 M 对应的剪力设计值，h_0 为柱截面有效高度；当框架结构中的框架柱的反弯点在柱层高范围内时，可取 $\lambda=H_n/(2h_0)$，此处，H_n 为柱净高；当 $\lambda<1.0$ 时，取 $\lambda=1.0$；当 $\lambda>3.0$

时，取 $\lambda=3.0$；

N——考虑地震作用组合的框架柱和框支柱轴向压力设计值，当 $N>0.3f_cA$ 时，取 $N=0.3f_cA$。

当考虑地震作用组合的框架柱和框支柱出现拉力时，其斜截面抗震受剪承载力应符合下列规定：

$$V_c \leqslant \frac{1}{\gamma_{RE}}\left(\frac{1.05}{\lambda+1}f_tbh_0+f_{yv}\frac{A_{sv}}{s}h_0-0.2N\right) \tag{4-228}$$

式中　N——考虑地震作用组合的框架柱轴向拉力设计值。

当上式右边括号内的计算值小于 $f_{yv}\frac{A_{sv}}{s}h_0$ 时，取等于 $f_{yv}\frac{A_{sv}}{s}h_0$，且 $f_{yv}\frac{A_{sv}}{s}h_0$ 值不小于 $0.36f_tbh_0$。

2. Kowalski 等的公式

Kowalski 等[87]（1998）根据大量的试验数据，提出了下面不同抗剪分量的公式。按式（4-226a）计算，需要采用 0.85 的受剪承载力折减系数。

（1）混凝土强度

混凝土受剪承载力包括剪压传递效应、骨料咬合力以及销栓作用，可按下式计算：

$$V_c=k_c\sqrt{f_c'}A_e \tag{4-229}$$

式中　k_c——与塑性铰区曲率延性系数有关的系数，按图 4-92 确定；

f_c'——混凝土圆柱体抗压强度，MPa；

$A_e=0.8A_{gross}$，有效剪切面积；

A_{gross}——构件截面毛面积。

由于塑性铰区出现较宽的裂缝及由此引起的骨料咬合力降低，如图 4-92 所示，k_c 随曲率延性系数 $\mu_\varphi=\varphi/\varphi_y$ 的增加而减小。对于塑性铰 $2D_p$（D_p 为桩的直径或总截面高度（有螺旋约束的矩形桩））之外的区域，由于弯曲裂缝较小，可按 $\mu_\varphi=1.0$ 计算。

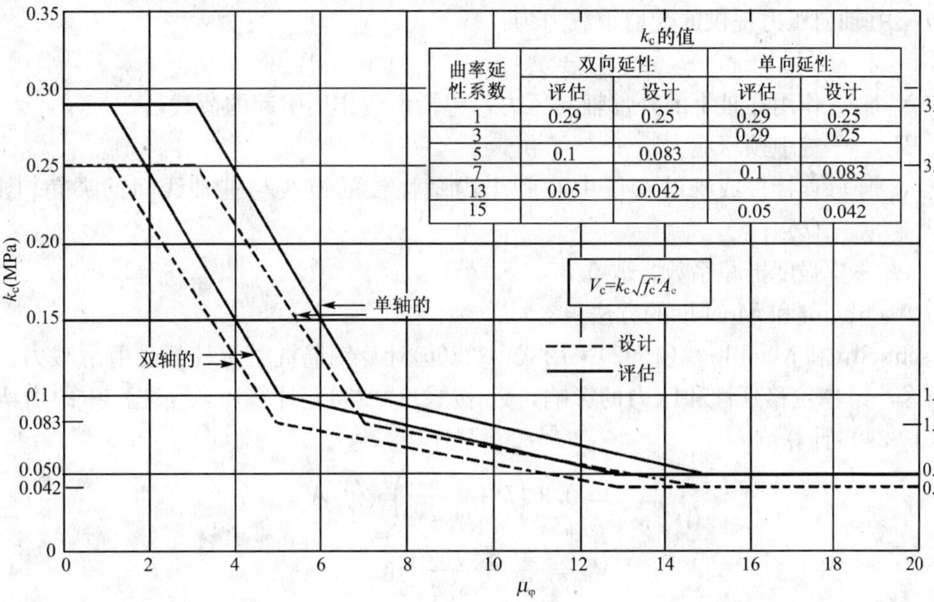

图 4-92　系数 k_c 与曲率延性系数 μ_φ 的关系

图 4-92 分别给出了用于新结构设计和已有结构评估的 k_c 值。新结构设计时的取值较为保守，因为经济上这对新结构的设计影响不大，但经济上对评估已有结构影响较大。图中分别给出了桩在两正交方向（双向延性）或单方向（单向延性）发生非弹性反应时的不同取值。

(2) 横向钢筋

当桩受剪开裂后，横向螺旋箍筋或焊接箍筋与裂缝间的混凝土形成一个空间桁架，其承载力按下式计算：

圆形螺旋箍筋或焊接箍筋：

$$V_s = \frac{\pi}{2} A_{sp} f_{yh} \frac{D_p - c_{ex} - c_0}{s} \cot\alpha_t \tag{4-230}$$

式中 A_{sp}——螺旋箍筋或焊接箍筋的总截面面积；

f_{yh}——横向螺旋箍筋或焊接箍筋的屈服强度；

c_{ex}——达到受弯承载力时最外层受压纤维到中性轴的高度[图 4-91(a)]；

c_0——混凝土保护层厚度，算至焊接箍筋或螺旋箍筋中心[图 4-91(a)]；

α_t——危险裂缝与桩轴线的夹角[图 4-91(a)]，评估已有结构时取 30°；设计新结构时取 35°；

s——焊接箍筋或螺旋箍筋沿桩轴线的间距。

方形螺旋箍筋或焊接箍筋：

$$V_s = A_h f_{yh} \frac{D_p - c_{ex} - c_0}{s} \cot\alpha_t \tag{4-231}$$

式中 A_h——平行于引起剪切裂缝实际剪切方向横向钢筋的总面积。

(3) 轴向荷载

由于轴向压力的存在，桩中塑性铰受压区形成了压杆，其水平分量 V_p 可抵抗部分剪力，提高了受剪承载力。轴向预应力以同样的形式提高了受剪承载力。因此参考图 4-91(b)，由轴向压力提供的受剪承载力为：

$$V_p = \phi_p (N_u + F_p) \tan\alpha_{ax} \tag{4-232}$$

式中 N_u——作用在桩上的外部轴向压力，包括地震作用引起的荷载；

F_p——桩中预压应力；

α_{ax}——连接板或桩的弯压中心和土内塑性铰的连线与桩轴线间的夹角[图 4-91(b)]；

ϕ_p——强度折减系数，取 0.85。

3. Aschheim 和 Moehle 的方法

Aschheim 和 Moehle[88] (1992)采用式(4-226b)计算钢筋混凝土柱的受剪承载力。对于塑性铰区，考虑位移延性和压力的影响，V_c 按式（4-233）计算，V_s 根据 30°的桁架模型按式（4-234）计算：

$$V_c = 0.3\left(k + \frac{N}{14A_g}\right)\sqrt{f_c} A_e \tag{4-233}$$

$$V_s = \frac{\pi}{2} \frac{A_{sp} f_{yh} d}{s} \cot 30° \tag{4-234}$$

其中

$$k=\frac{4-\mu_{\Delta}}{3},0\leqslant k\leqslant 1 \tag{4-235}$$

式中　k——与位移延性系数有关的系数；

μ_{Δ}——构件位移延性系数，按第 6 章的定义计算；

A_e——有效剪切面积，对于圆柱，取 $0.8A_g$；

A_{sp}——横向钢筋截面面积；

f_{yh}——横向钢筋屈服强度；

s——横向钢筋的间距；

d——截面有效高度，对于圆柱取 $0.8D$（D 为圆柱直径）。

4. Priestley 等的方法

Priestley 等[89]（1996）提出用式（4-226a）计算钢筋混凝土柱的受剪承载力。对于塑性铰区，考虑位移延性和压力的影响，V_c 按式（4-236）计算，V_s 根据 35°的桁架模型按式（4-237）计算，V_p 按式（4-238）计算。

$$V_c=k\sqrt{f_c'}A_e \tag{4-236}$$

$$V_s=\frac{\pi}{2}\frac{A_{sp}f_{yh}D_{sp}}{s}\cot 35^{\circ} \tag{4-237}$$

$$V_p=0.85N\tan\alpha=0.85N\frac{D_c}{2L} \tag{4-238}$$

其中

$$k=\begin{cases}0.25 & \mu_{\Delta}\leqslant 2\\ 0.25-0.0835(\mu_{\Delta}-2) & 2<\mu_{\Delta}<4\\ 0.083 & \mu_{\Delta}=4\\ 0.083-0.0125(\mu_{\Delta}-4) & 4<\mu_{\Delta}\leqslant 8\\ 0.042 & \mu_{\Delta}>8\end{cases} \tag{4-239}$$

式中　μ_{Δ}——构件位移延性系数；

A_e——有效剪切面积，对于圆柱，取 $0.8A_g$；

A_g——构件毛截面面积；

f_{yh}——横向钢筋屈服强度；

A_{sp}——横向钢筋截面面积；

D_{sp}——构件核心约束区直径；

D_c——构件直径；

N——轴力；

L——上塑性铰与下塑性铰间的距离［图 4-91(b)］。

5. 加利福尼亚《抗震设计准则》(1999)

基于 45°的桁架模型，加利福尼亚抗震设计准则[90]（1999）采用式（4-226a）计算柱的名义受剪承载力。对于塑性铰区和其他区域，V_c 的计算采用了不同的公式。计算塑性铰区的 V_c 时，考虑了位移延性系数的影响（图 4-93）。对于圆形柱，用式（4-241）计算横向钢筋提供的承载力。

剪切破坏面在塑性铰区内时：

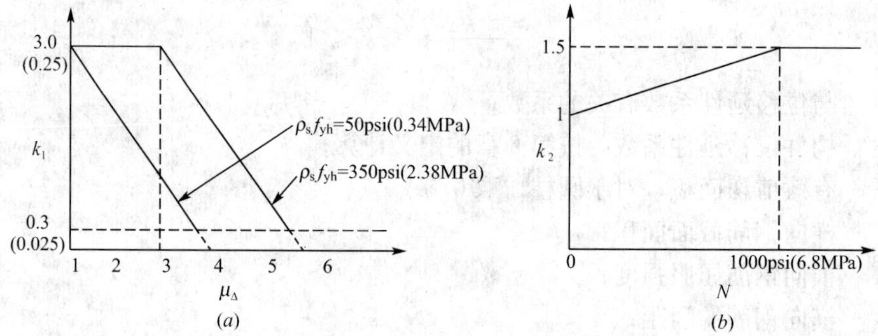

图 4-93 k_1 和 k_2 的值

(a) k_1 与 μ_Δ 的关系；(b) k_2 与 N 的关系

$$V_c = k_1 k_2 A_e \sqrt{f_c'} \leqslant 0.33 A_e \sqrt{f_c'} \tag{4-240a}$$

剪切破坏面在塑性铰区外时：

$$V_c = 0.25 k_2 A_e \sqrt{f_c'} \leqslant 0.33 A_e \sqrt{f_c'} \tag{4-240b}$$

$$V_s = \frac{\pi}{2} \frac{A_{sp} f_{yh} D_{sp}}{s} \tag{4-241}$$

其中

$$0.025 \leqslant k_1 = \frac{\rho_s f_{yh}}{12.5} + 0.305 - 0.083\mu_\Delta < 0.25 \tag{4-242a}$$

$$k_2 = 1 + \frac{N}{13.8 A_g} \leqslant 1.5 \tag{4-242b}$$

式中 A_{sp}——螺旋筋的面积；

f_{yh}——螺旋筋屈服强度；

D_{sp}——圆柱核心区直径；

A_g——柱的毛截面面积；

N——轴向压力；

A_e——有效剪切面积；

ρ_s——配箍率；

s——箍筋间距；

μ_Δ——位移延性系数。

6. ATC/MCEER 的方法

ATC 和 MCEER（地震工程研究多学科中心）[91] 根据 NCHRP 12-49（2001）的研究成果，为 AASHTO-LRFD 抗震设计指南建议的钢筋混凝土柱受剪承载力公式为式(4-243)～式(4-246)：

$$V_c = 0.05 \sqrt{f_c'} b_w d \tag{4-243}$$

$$V_s = \frac{\pi}{2} \frac{A_{sp} f_{yh} D_{sp}}{s} \cot\theta (\text{圆形}) \tag{4-244a}$$

$$V_s = \frac{A_{sh} f_{yh} D_{sp}}{s} \cot\theta (\text{矩形}) \tag{4-244b}$$

$$V_p = \frac{\Lambda}{2} N\tan\alpha \tag{4-245}$$

其中

$$\tan\alpha = \frac{D'}{L},\ \tan\theta = \left(\frac{1.6\rho_v A_v}{\Lambda\rho_t A_g}\right)^{0.25} \geqslant \tan\alpha \tag{4-246a}$$

$$\rho_v = \frac{\rho_s}{2} = \frac{2A_{sp}}{sD_{sp}}(\text{圆形}),\ \rho_v = \frac{A_{sh}}{sb_w}(\text{矩形}) \tag{4-246b}$$

式中　Λ——边界条件系数，两端固支时取 2.0，一端固支一端自由时取 1.0；

D'——柱中核心区直径；

b_w——柱截面宽度；

d——柱截面有效高度；

A_{sp}——螺旋箍筋面积；

A_{sh}——剪力方向一层横向钢筋的总面积；

A_g——柱毛截面面积；

A_v——混凝土受剪面积，圆形截面取 $0.8A_g$，矩形截面取 $b_w d$；

D_{sp}——圆形截面核心区直径（矩形截面环箍周边宽度）；

f_{yh}——横向钢筋屈服强度；

ρ_t——纵向钢筋配筋率；

ρ_v——横向钢筋配筋率；

θ——裂缝倾角。

7. 新西兰桥梁标准（1995）

基于 45°的桁架模型，新西兰标准[92]（1995）采用式（4-226b）计算柱的受剪承载力。确定塑性铰区的 V_c 时，考虑了纵向钢筋配筋量和轴向荷载的影响。不过，轴向荷载的影响只用于轴压比大于 0.1 的情况。所以，当轴压比小于或等于 0.1 时，忽略了混凝土的贡献。V_s 根据式（4-248）计算：

$$V_c = \left[4(0.07 + 10p_w)\sqrt{f_c'}\sqrt{\frac{N}{f_c' A_g} - 0.1}\right] b_w d \tag{4-247}$$

$$V_s = \frac{A_{sh} f_{yh} D_{sp}}{s}(\text{矩形柱}),\ V_s = \frac{\pi}{2}\frac{A_{sp} f_{yh} D_{sp}}{s}(\text{圆柱}) \tag{4-248}$$

其中

$$p_w = \frac{A_{s,tens}}{b_w d}(\text{矩形柱}),\ p_w = \frac{0.5A_{st}}{A_c}(\text{圆柱})$$

式中　f_{yh}——横向钢筋的屈服强度；

b_w——矩形柱的截面宽度；

d——柱截面有效高度；

D_{sp}——圆柱核心区直径（矩形柱环箍周边宽度）；

A_{sp}——箍筋截面面积；

A_c——柱截面混凝土的面积；

A_g——柱的毛截面面积；

A_{st} ——圆柱纵向受拉钢筋面积；

$A_{s,tens}$ ——矩形柱纵向受拉钢筋面积。

8. 日本《公路桥梁设计规范》(1996)

日本《公路桥梁设计规范》[93] (1996) 按式 (4-226b) 计算桥墩的受剪承载力，其中

$$V_c = k_c k_e k_{pt} v_c bh \tag{4-249}$$

$$V_s = \frac{A_w f_{sy} d(\sin\theta + \cos\theta)}{a\gamma_b} \tag{4-250}$$

式中 v_c ——混凝土抗剪强度（例如，设计强度为24MPa和30MPa混凝土的抗剪强度分别为0.35MPa和0.37MPa）；

k_c ——循环荷载效应系数，表示循环荷载下抗剪强度的退化。静荷载、Ⅰ型地面运动和Ⅱ型地面运动时分别为1.0、0.6和0.8；

k_e ——有效高度系数（例如，有效高度小于1m、3m、5m和大于10m时，系数为1.0、0.7、0.6和0.5）；

k_{pt} ——与受拉钢筋配筋率 p_t 有关的修正系数（例如，受拉钢筋配筋率为0.2%、0.3%、0.5%和大于1.0%时，修正系数为0.9、1.0、1.2和1.5）；

b、h ——有效宽度和高度；

d ——压应力合力到受拉钢筋重心的距离；

A_w ——间距为 a、角度为 θ 钢筋的面积；

f_{sy} ——箍筋屈服强度；

γ_b ——构件系数，取1.15。

9. Sezen的方法

Sezen[94]提出的计算柱受剪承载力的公式为：

$$V_n = V_s + V_c = k\frac{A_v f_{yv} d}{s} + k\left(\frac{0.5\sqrt{f_c'}}{a/d}\sqrt{1+\frac{P}{0.5\sqrt{f_c'}A_g}}\right)0.8A_g \tag{4-251}$$

式中 A_v ——与施加的剪力方向平行的横向钢筋的截面面积；

s——横向钢筋的间距；

k——系数，当位移延性小于2时，取1.0；位移延性大于6时取0.7；位移延性在2～6之间时，按线性插值确定；

P——轴向压力。

从上述公式可以看出，计算受压构件的抗剪强度时，不同研究者提出的或规范采用的公式对箍筋的抗剪作用基本是类似的，但在考虑混凝土和轴力的影响方面差别很大。

4.8 剪切摩擦

4.8.1 剪切摩擦的概念

在钢筋混凝土结构设计中，经常会遇到受剪力作用的混凝土薄弱面问题，如施工缝、混凝土与钢筋间的界面等，称为剪切摩擦问题。由于这些界面的抗剪强度比较弱，设计中需要通过计算确定薄弱面的配筋。除设计中直接需要考虑剪切摩擦问题，也经常从材料层次将混凝土裂缝的剪切－滑移用于钢筋混凝土结构的有限元分析。

关于剪切摩擦的计算方法最早是由 Birkeland P W 和 Birkeland H W (1966)[95]提出的，用于解决预制混凝土结构节点力的传递问题。图 4-94 描述了剪切摩擦问题。假定沿结合面 m-m 滑移，且结合面满足简单的库仑摩擦准则，产生滑移所需的剪力等于 μP，其中 μ 为两个结合面间的摩擦系数，P 为垂直于裂缝面的夹紧力。在施工过程中一般将结合面处理为粗糙的，所以滑动将使结合面 m-m 的两边组成部分产生距离 δ（图 4-94b）。如果钢筋穿过结合面，距离 δ 将使钢筋产生拉力 T。拉力提供的外部夹紧力使结合面产生相等的压力。结合面的粗糙程度可形象地用一组锯齿形斜坡描述，倾角为 θ。

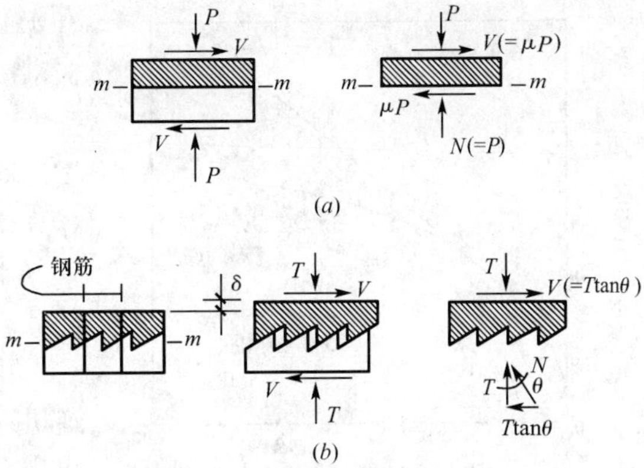

图 4-94 混凝土构件的剪切摩擦
(a) 未经处理的剪切摩擦面；(b) 经人工处理的剪切摩擦面

4.8.2 剪切摩擦强度和剪切-滑移模型

到目前为止，国内外已经对混凝土的剪切摩擦问题进行了大量的试验研究，并根据试验试件提出了不同的剪切摩擦强度模型。试验采用的试件有推开型[图 4-95(a)]、拉开型[图 4-95(b)]和改进的推开型[图 4-95(c)]试件。改进的推开型试件的特点是在剪切面上同时产生垂直压力 $P\sin\theta$ 和剪力 $P\cos\theta$。对推开型试件和拉开型试件试验结果的比较表明，平行于剪切面的拉应力降低了无初始裂缝试件的抗剪强度，但预设裂缝试件的抗剪强度没有降低。对推开型试件和改进的推开型试件试验结果的比较表明，作用在剪切面的垂直压应力等于箍筋屈服时提供的应力。下面介绍一些研究者的研究成果和提出的计算模型。

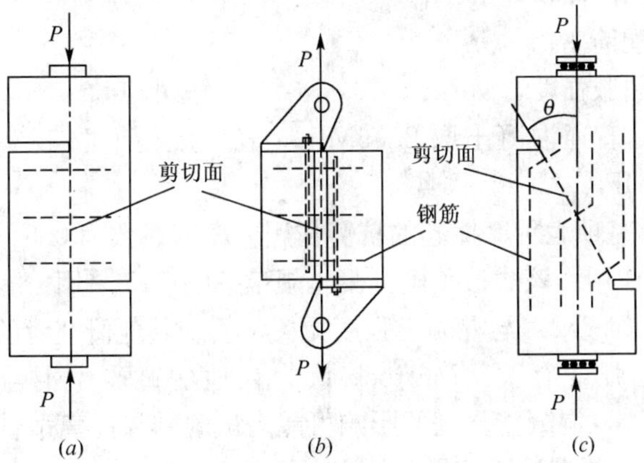

图 4-95 剪切摩擦试件
(a) 推开型；(b) 拉开型；(c) 改进的推开型

1. Mattock 等的研究

Hofbeck、Ibrahim 和 Mattock(1969)[96]及 Mattock 和 Hawkins(1972)[97]对未开裂或预设裂缝的混凝土试件进行了大量的试验研究。采用的试件有推开型、拉开型和改进的推

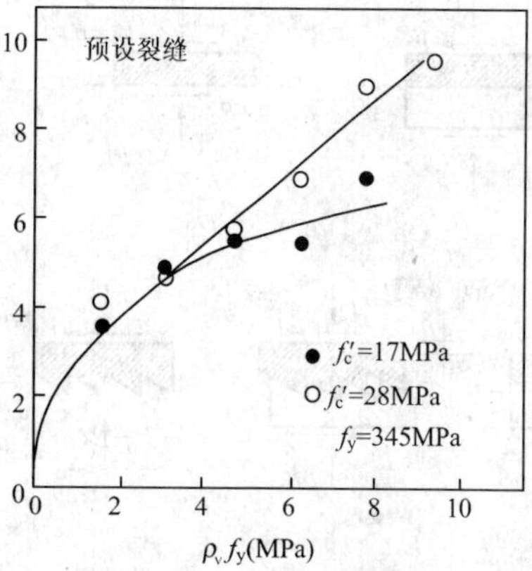

图 4-96 混凝土强度对预裂混凝土试件抗剪强度的影响

开型试件，混凝土的圆柱体抗压强度为 21～37MPa。对于预设裂缝的混凝土，混凝土抗压强度为 $\rho_v f_y$（ρ_v 为钢筋配筋率，f_y 为钢筋屈服强度）设定了一个上限 $(\rho_v f_y)_u$。当配筋低于 $(\rho_v f_y)_u$ 时，抗剪强度与混凝土强度无关；高于 $(\rho_v f_y)_u$ 时，如果混凝土的强度很低，抗剪强度随 $\rho_v f_y$ 增大的幅度减小，如图 4-96 所示。

预设裂缝混凝土和未开裂混凝土的剪力传递机理完全不同。对于未开裂混凝土，剪力由出现斜拉裂缝后形成的压杆承担，破坏发生于剪力和轴力组合下斜混凝土压杆的压碎。对于配置适量钢筋的预设裂缝的混凝土，抗剪强度产生于由裂缝面的摩擦滑移及钢筋的销栓作用。如果施加很大正应力或配置较多的钢筋，剪切面张开受到限制，其破坏方式类似于未开裂的混凝土。混凝土的预设裂缝降低了混凝土的抗剪强度，增大了各级荷载下的滑移。

如果钢筋垂直于预设裂缝面的剪切面，Mattock 等提出的抗剪强度公式为：

$$v_n = 0.8\rho_v f_y + K_1 \tag{4-252}$$

其中

$$\rho_v f_y = \frac{A_{sf} f_y}{A_c} \geqslant 1.38 \tag{4-253}$$

式中 A_{sf} ——跨越裂缝的钢筋面积，mm²；

A_c ——剪切面的面积，mm²；

ρ_v ——钢筋配筋率；

f_y ——钢筋屈服强度，MPa；

K_1 ——系数，普通混凝土取 2.76MPa，轻质混凝土取 1.38MPa，轻砂混凝土取 1.72MPa。

式（4-252）的第一项表示摩擦起的抗剪作用，摩擦系数为 0.8；第二项表示骨料咬合和钢筋销栓起的抗剪作用。该式被美国混凝土规范 ACI 318 采用。

Mattock 的公式（4-252）与混凝土强度无关，后来其他研究者的研究表明，混凝土剪切摩擦强度与混凝土强度有关。Mattock 认为在他的试验中混凝土抗压强度为 21～37MPa，变化范围很小，混凝土强度的影响可能为试验结果的离散性所掩盖，为此，1988 年他又进行了试验[98]，根据试验结果，给出下面的公式：

$$v_u = 0.467(f_c')^{0.545} + 0.8(0.8\rho_v f_y + \sigma_n) < 0.3 f_c' \tag{4-254}$$

式中 f_c' ——混凝土圆柱体抗压强度，MPa；

ρ_v ——钢筋配筋率；

f_y ——钢筋屈服强度，MPa；

σ_n ——剪切面上的压应力，MPa。

2. Walraven 等的研究

Walraven[99]（1981）及 Walraven 和 Reinhardt（1981）[100] 1981 年对混凝土的剪切摩擦问题进行了研究，试验采用预设裂缝的推开型矩形试件，试件尺寸为 400mm×600mm×120mm，采用内部和外部两种配筋形式。混凝土立方体抗压强度为 20～56MPa，配筋率为 0.56%～3.35%，钢筋与剪切面的角度为 45°～135°。模型可用于开裂钢筋混凝土构件的有限元分析。

Walraven 等的理论研究中，假定混凝土是由刚性-完全塑性的砂浆和不同粒径的球形刚性骨料组成的混合体（图 4-97），假定骨料的体积含量和粒径分布已知，可以计算给定长度上骨料与剪切面相交的骨料颗粒的平均数目，当两裂缝面产生相对滑移、张开时，包裹骨料的砂浆"屈服"，产生正应力和剪应力。分析建立了混凝土基体沿接触面积 a_x 和 a_y 相对剪切滑移和压碎的平衡方程。

裂缝上的本构方程为：

$$\sigma_a = \sigma_{pu}\ (A_x - \mu A_y), \tau_a = \sigma_{pu}\ (A_y + \mu A_x) \tag{4-255}$$

其中 $A_x = \Sigma a_x, A_y = \Sigma a_y$，其值与裂缝宽度、剪切位移、骨料最大粒径及单位体积混凝土骨料的体积有关。

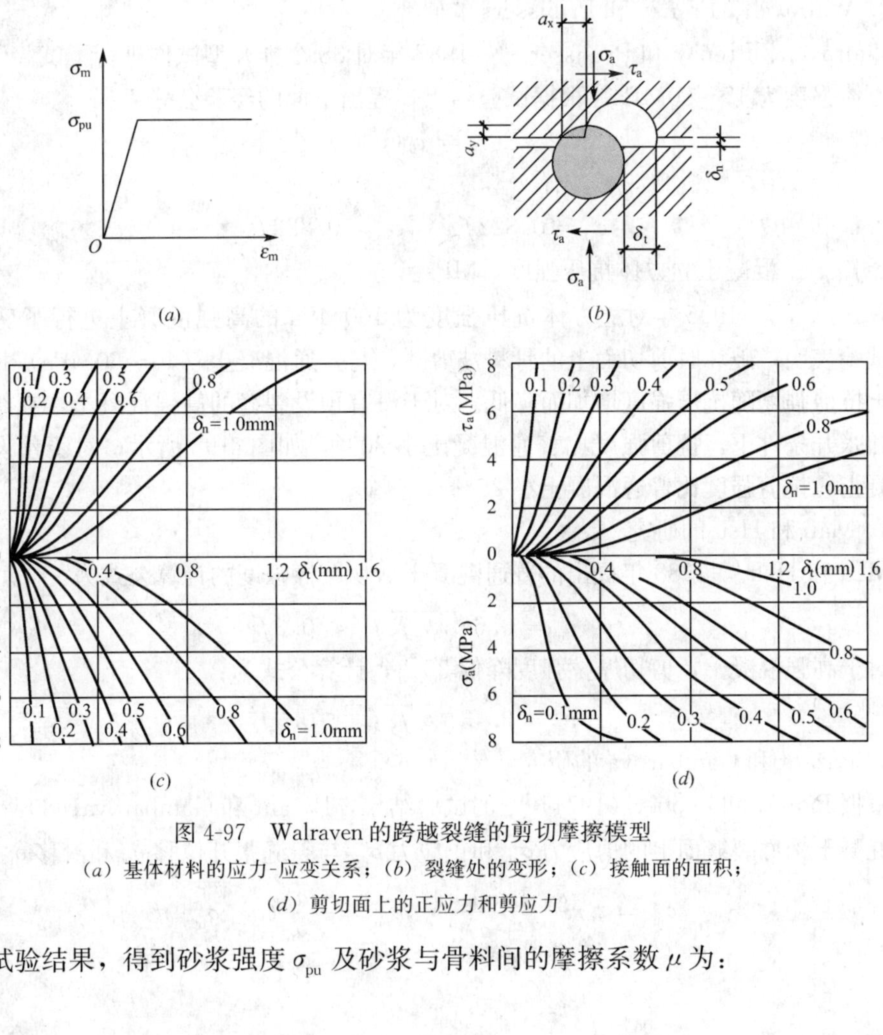

图 4-97 Walraven 的跨越裂缝的剪切摩擦模型

(*a*) 基体材料的应力-应变关系；(*b*) 裂缝处的变形；(*c*) 接触面的面积；

(*d*) 剪切面上的正应力和剪应力

根据试验结果，得到砂浆强度 σ_{pu} 及砂浆与骨料间的摩擦系数 μ 为：

$$\sigma_{pu}=6.39f_{cc}^{0.56},\mu=\frac{\tau_{pu}}{\sigma_{pu}}=0.4 \tag{4-256}$$

式中 f_{cc} ——混凝土立方体抗压强度，MPa。

Walraven (1999)[99]及 Walraven 和 Reinhardt (1981)[100]研究得出的结论是：

(1) 对于有钢筋的裂缝，剪切面的滑移—张开关系基本不变，与配筋率无关；对于素混凝土的裂缝，滑移—张开关系依赖于外部的约束程度；

(2) 对于有钢筋的裂缝，配筋率不变时，钢筋直径的变化对混凝土的抗剪性能没有明显影响；

(3) 骨料组成的变化（粒径从 16mm 变化到 32mm 或清除粒径为 0.25～1.00mm 的骨料)，对混凝土的抗剪性能没有大的影响；

(4) 受外部剪力作用有钢筋穿过的裂缝的混凝土的法向位移和切向位移随配筋率和混凝土强度的增加而减小。混凝土强度增大，抗剪强度提高；

(5) 钢筋的作用随与剪切面角度的减小而增加，即钢筋与裂缝成 45°时剪切位移使其受拉，成 135°时使其趋向于扭结；

(6) 与骨料咬合作用相比，钢筋销栓起的作用不大。

3. Walraven、Frénay 和 Pruijssers 的研究

Walraven、Frénay 和 Pruijssers[101] 1987 年对 88 个推开型试件进行了试验研究，混凝土立方体强度为 17～60MPa。根据试验结果，提出下面的经验公式：

$$v_{u,th}=c_1(\rho_v f_y)^{c_2} \tag{4-257}$$

其中

$$c_1=0.822f_{cc}^{0.406},c_2=0.822f_{cc}^{0.303}$$

式中 f_{cc}——混凝土立方体抗压强度，MPa。

Walraven[102] 1995 年对立方体抗压强度为 100MPa 的高强混凝土进行了剪切摩擦试验。试验表明，破坏时剪切面上的骨料被剪断，与普通混凝土（40～60MPa）相比，高强混凝土抗剪强度随抗压强度增加而降低。对于没有预设裂缝的高强混凝土，在给定的裂缝滑移和张开条件下，抗剪强度比普通混凝土小 30%，如图 4-98 所示；对于预设裂缝的高强混凝土，抗剪强度比普通混凝土小 25%～45%。

4. Mau 和 Hsu 的研究

Mau 和 Hsu[103] 1988 年提出的普通混凝土剪切摩擦强度的计算公式为：

$$v_u=0.66\sqrt{\rho_v f_y f_c'}<0.3f_c' \tag{4-258a}$$

对于高强混凝土，剪切摩擦强度降低 35%，计算公式为：

$$v_u=0.43\sqrt{\rho_v f_y f_c'}<0.3f_c' \tag{4-258b}$$

5. Bažant 和 Gambarova 的研究

根据 Paulay 和 Leober (1974)[104]的试验结果，Bažant 和 Gambarova 1980[105]年提出了下面混凝土构件裂缝面上的剪应力 σ_{nt} 和正应力 σ_{nn} 与裂缝张开位移 δ_n 和滑移 δ_t 的关系式：

$$\sigma_{nt}=\tau_u r\frac{a_3+a_4|r|^3}{1+a_4r^4},\sigma_{nn}=-\frac{a_1}{\delta_n}(a_2|\sigma_{nt}|)^p \tag{4-259}$$

其中

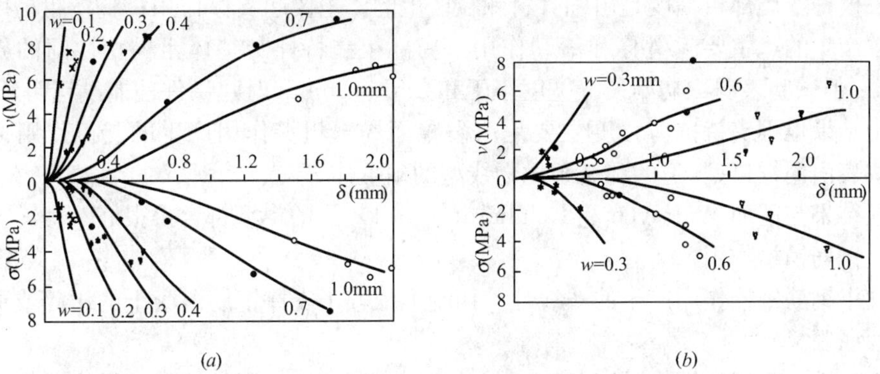

图 4-98　混凝土抗剪强度随裂缝滑移和张开位移的变化
(*a*) 普通混凝土 (60MPa)；(*b*) 高强混凝土 (115MPa)

$$r=\frac{\delta_t}{\delta_n},\tau=\tau_0\frac{a_0}{a_0+\delta_n^2},p=1.30\left(1-\frac{0.231}{1+0.185\delta_n+5.63\delta_n^2}\right),a_0=0.01d_a^2$$

$$a_1=0.000534\text{N/mm},a_2=145\ \text{mm}^2/\text{N},a_3=\frac{2.45}{\tau_0},a_4=2.44\left(1-\frac{4}{\tau_0}\right),\tau_0=0.245f_c'$$

式中　f_c'——混凝土圆柱体抗压强度，MPa；

τ_u——最大剪应力，MPa；

δ_n、δ_t——裂缝张开位移和滑移，mm；

d_a——骨料最大粒径，mm。

用上述模型对钢筋混凝土结构进行分析表明，由于剪应力与正应力是耦合的，主应力轴与应变增量不平行。

6. Loov 和 Patanik 的研究

Loov 和 Patanik[106] 1994 年对 16 根界面做了粗糙处理的混凝土梁进行了试验研究，12 根梁的混凝土圆柱体抗压强度为 35MPa，两根为 20MPa，两根为 45MPa。根据试验结果，Loov 和 Patanik 提出了下面的公式：

$$v_n=k\lambda\sqrt{(0.1+\rho_v f_y)f_c'}\leqslant 0.25f_c' \tag{4-260}$$

式中　f_c'——混凝土圆柱体抗压强度，MPa；

k——施工条件系数，整体浇注混凝土取 0.6，在结硬的混凝土上浇注并凿毛处理的取 0.5；

λ——混凝土品种系数。

7. Millard 和 Johnson 的研究

Millard 和 Johnson (1984)[107] 对由骨料咬合和钢筋销栓作用产生的跨裂缝剪力传递机理进行了试验研究，其中 19 个试件用于研究骨料的咬合作用，7 个试件用于研究钢筋的销栓作用，混凝土立方体抗压强度为 29～54MPa。在骨料咬合作用的试验中，将钢筋放在混凝土中的直径很大的塑料管中，从而消除钢筋销栓的影响。在研究钢筋销栓作用的试验中，采用人工产生光滑裂缝的方法消除骨料的咬合作用。

(1) 骨料咬合

试验结果不支持 Laible、White 和 Gergely (1977)[108] 提出的局部和整体粗糙度模型。

根据这一模型，局部粗糙度是由细骨料颗粒产生的，主要起支撑作用；整体粗糙度是由粗骨料颗粒产生的，主要起滑移和滚动作用。局部粗糙特性与整体粗糙特性间的界限约为0.25mm。但试验表明，初始裂缝宽度小于和大于0.25mm时，试件性能没有明显的变化。

试验结果也不支持抗剪强度主要是由裂缝面局部粗糙作用产生的支撑作用提供的理论。这些表面用锯口型[109]的和一组抛物线型的扇形体[110]表示。

试验结果与前面 Walraven 和 Reinhardt (1981)[100]的模型符合得很好。

(2) 钢筋销栓作用

试件中钢筋销栓作用产生的非线性剪切刚度依赖于支撑钢筋混凝土的压碎或劈裂及钢筋的塑性屈服。

对于起销栓作用的钢筋，Millard 和 Johnson (1984)[107]用弹性地基梁模型建立了下面的初始刚度公式：

$$K_i = 0.166\Delta s G_f^{0.75} \phi^{1.75} E_s^{0.25} \tag{4-261}$$

式中 E_s——钢筋弹性模量；

G_f——混凝土反力模量；

Δs——跨越裂缝的剪切位移；

ϕ——钢筋直径。

在轴向应力 αf_y 下钢筋的塑性弯矩为：

$$M_p = \frac{\phi^3 f_y (1-\alpha^2)}{6} \tag{4-262}$$

式中 f_y——钢筋屈服强度。

钢筋的极限销栓力为：

$$F_{du} = 1.30\phi^2 \sqrt{f_{cc} f_y (1-\alpha^2)} \tag{4-263}$$

式中 f_{cc}——混凝土立方体抗压强度。

钢筋不同加载阶段的销栓力为：

$$F_d = F_{du}\left[1-\exp\left(-\frac{K_i \Delta s}{F_{du}}\right)\right] \tag{4-264}$$

Millard 和 Johnson[107] 1985年又对同时有骨料咬合作用和钢筋销栓作用的13个试件进行了试验。试验表明，骨料咬合作用和钢筋销栓作用之间是相互耦合的。由于骨料使裂缝面张开，骨料咬合在钢筋中引起附加拉力。同样，钢筋与混凝土的粘结在裂缝面的法向提供了较高的抗拉刚度，这使得骨料咬合作用产生的抗剪刚度和强度提高，但对局部粘结退化比较敏感。

8. 周旺华等的研究

钢筋混凝土叠合受弯构件叠合面的传力机理也属于剪切摩擦问题。周旺华等[111]结合我国混凝土规范 GBJ 10—89 的修订，对叠合受弯构件进行了大量的试验研究，得出如下结论：

(1) 配有箍筋的自然粗糙叠合面的极限抗剪强度，可以保证叠合梁的整体受力工作性能；具有划毛的加工叠合面即使没有联系箍筋也可保证叠合板的整体工作性能。

(2) 叠合梁叠合面的极限抗剪强度为混凝土粘结强度（包括摩阻力等因素）与箍筋强

度之和，并且随配箍率的增加而提高，当配箍率 $\rho_{kv}<0.15\%$时，箍筋对叠合面抗剪强度的提高可忽略不计。

（3）叠合梁板的叠合面抗剪强度，除与配箍率、叠合面粗糙度和后浇混凝土强度等级有关外，还与梁的破坏形态、叠合面沿梁高位置的变化、剪跨比和剪应力二次受力影响等因素有关。

（4）叠合梁板伸出叠合面的箍筋，必须与后浇混凝土有可靠的锚固（试验中有一条预应力混凝土叠合梁，因箍筋伸出叠合面的锚固长度不够而沿叠合面全长剪切破坏）。

叠合面的破坏特点是，无箍筋穿过叠合面的直接剪切试件会突然发生破坏，即沿叠合面裂缝的出现与破坏是同时发生的，属于脆性破坏。对于配有箍筋穿过叠合面的直接剪切试件，在加载过程中，先沿叠合面出现裂缝，试件并不立即破坏，仍然可以继续承受外加荷载，直到穿过叠合面中的钢筋应力达到屈服极限后，试件才发生破坏，有明显的预兆，属于延性破坏。梁破坏时斜裂缝分开的两部分混凝土块体发生较大的相对错动，其破坏形态如图 4-99 所示。

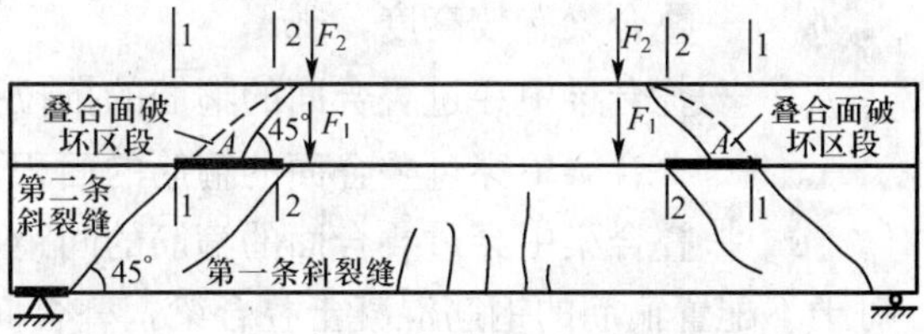

图 4-99　钢筋混凝土叠合梁叠合面的剪切破坏形态

4.8.3　规范中的计算方法

1. 我国《混凝土结构设计规范》（GB 50010—2002）

在编制我国混凝土规范 GBJ 10—89 的过程中，编制组对 49 个剪切面配箍的剪切试件的试验结果进行了分析，得到下面的表达式：

$$\frac{\tau}{f_c}=0.157+0.85\rho_{sv}\frac{f_y}{f_c} \tag{4-265}$$

式中　τ——剪切面上的剪应力；

f_c——混凝土轴心抗压强度；

f_y——箍筋屈服强度；

ρ_{sv}——配箍率。

考虑到叠合梁抗剪试验中较少出现斜裂缝沿水平叠合面发展的情况，故建立规范的设计公式时将式（4-265）改为：

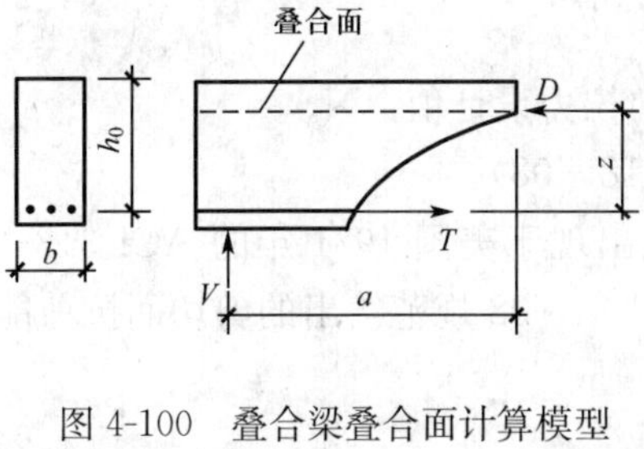

图 4-100　叠合梁叠合面计算模型

$$\frac{\tau}{f_c}=0.12+0.85\rho_{sv}\frac{f_y}{f_c} \tag{4-266}$$

在图 4-100 中，不考虑箍筋的作用，由力矩平衡得：

$$Va=Dz=ab\tau z$$

所以
$$\tau=\frac{V}{bz}$$

将 τ 代入式（4-266）并取 $z=0.85h_0$ 得：

$$V_u = 0.12 f_c b h_0 + 0.85 f_{yv} \frac{A_{sv} h_0}{s} \tag{4-267}$$

近似取 $f_t = \frac{f_c}{10}$，得到我国《混凝土结构设计规范》（GB 50010—2002）中叠合面的受剪承载力计算公式：

$$V_u = 1.2 f_t b h_0 + 0.85 f_{yv} \frac{A_{sv} h_0}{s} \tag{4-268}$$

式中 f_t——混凝土抗拉强度设计值，取叠合面和预制构件中混凝土强度的较小者，MPa；

b——叠合梁宽度，mm；

h_0——叠合梁有效高度，mm；

f_{yv}——叠合梁中穿过叠合面的箍筋的抗拉强度设计值，MPa；

A_{sv}——叠合梁中穿过叠合面的箍筋的面积，mm^2；

s——叠合梁中穿过叠合面的箍筋的间距，mm。

对于不配置箍筋的钢筋混凝土叠合梁，叠合面受剪承载力应满足下式的要求：

$$\frac{V}{b h_0} \leqslant 0.4 \ (\text{N/mm}) \tag{4-269}$$

对于地震区的结构抗震等级为一级的钢筋混凝土剪力墙，我国建筑规范规定施工缝处的受剪承载力按下式计算：

当施工缝承受轴向压力时：

$$V_u = \frac{1}{\gamma_{RE}}(0.6 f_y A_s + 0.8N) \tag{4-270}$$

式中 γ_{RE}——承载力抗震调整系数，按《混凝土结构设计规范》（GB 50010—2002）的表 11.1.6 取用；

A_s——剪力墙水平施工缝处全部竖向钢筋截面面积，包括竖向分布钢筋、附加竖向插筋及边缘构件（不包括两侧翼墙）纵向钢筋的总面积，mm^2；

f_y——剪力墙水平施工缝处竖向钢筋的屈服强度，MPa；

N——考虑地震作用组合的水平施工缝处的轴向压力设计值，N。

当施工缝承受轴向拉力时：

$$V_u = \frac{1}{\gamma_{RE}}(0.6 f_y A_s - 0.8N) \tag{4-271}$$

式中 N——考虑地震作用组合的水平施工缝处的轴向拉力设计值，N。

2. 美国《建筑规范对结构混凝土的要求》（ACI 318—08）

钢筋混凝土结构结合面的剪切摩擦设计方法首先出现于美国 1971 年的 ACI 318—71 规范中。假定裂缝沿剪切面出现，钢筋穿过裂缝。ACI 318-08 规范给出的剪切面抗剪能力的计算公式为：

$$V_n = A_{vf} f_y \mu \tag{4-272}$$

式中 V_n——剪切面抗剪能力；

A_{vf}——剪切-摩擦钢筋的面积；

μ——摩擦系数，按下面的规定取值：

①整浇混凝土：$\mu=1.4\lambda$；

②人工处理为 1/4in（6.35mm）粗糙面的硬化混凝土上浇注的混凝土：$\mu=1.0\lambda$；

③未专门进行界面处理的硬化混凝土上浇注的混凝土：$\mu=0.6\lambda$；

④锚固于轧制的大头结构钢或钢筋上的混凝土：$\mu=0.7\lambda$；

其中 λ 为轻骨料混凝土强度修正系数，见表 4-10。

对于结硬混凝土上专门进行了凿毛处理的情况，V_n 不得超过 $0.2f_c'A_c$、$(480+0.08f_c')A_c$ 和 $1600A_c$ 中的小者；对于任何情况，V_n 不得超过 $0.2f_c'A_c$ 或 $800A_c$。

当抗剪钢筋与剪切面斜交时，受剪承载力为：

$$V_n = A_{vf}f_y(\mu\sin\alpha+\cos\alpha) \tag{4-273}$$

式中　α——裂缝面与抗剪摩擦钢筋的夹角（图 4-101）。在上面的公式中，由于只有产生摩擦的法向分量乘 μ，A_{vf} 只包括因滑动而承受拉应力的钢筋。

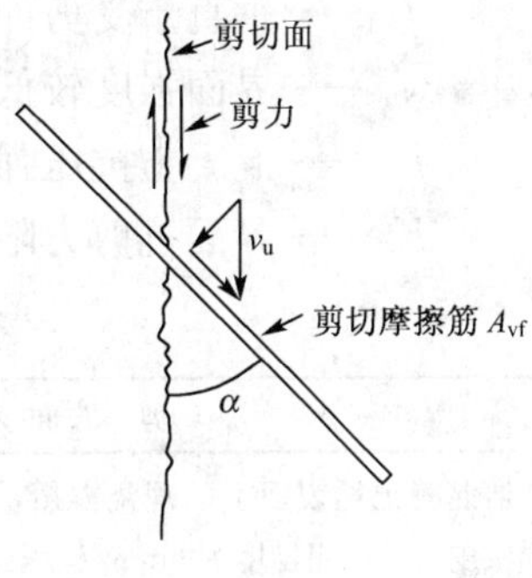

图 4-101　与裂缝斜交的钢筋

美国规范 ACI 318—08 中的剪切摩擦设计公式（4-272）是以结构承受荷载前已有裂缝为前提建立的，比较保守。为此，ACI 318—08 中规定，除可采用式（4-272）进行设计外，还可“用预测的强度与综合试验结果基本吻合的其他剪力传递方法进行设计”。当抗剪摩擦钢筋垂直于剪切面时，ACI 318—08 的附录中提供了下面的计算公式：

$$V_n = 0.8A_{vf}f_y+A_cK_1 \tag{4-274a}$$

式中　A_c——混凝土剪切面的面积；

K_1——与混凝土品种有关的参数。对于普通混凝土，$K_1=400$psi（2.758MPa）；对于轻质混凝土，$K_1=200$psi（1.379MPa）；对于轻砂混凝土，$K_1=250$psi（1.724MPa）。

当钢筋与剪切面斜交时计算公式为：

$$V_n = A_{vf}f_y(0.8\sin\alpha+\cos\alpha)+A_cK_1\sin^2\alpha \tag{4-274b}$$

3. 美国《荷载与抗力系数桥梁设计规范》（AASHTO LRFD—2007）

在桥梁结构设计中，美国 AASHTO LRFD-2007[65] 规定下列情况下需考虑给定平面的界面剪力传递：

（1）已有或潜在的裂缝；

（2）不同材料间的接触面；

（3）不同时间浇筑混凝土的界面；

（4）截面上不同构件的界面。

抵抗界面剪力的钢筋可由单根钢筋、多肢箍筋或焊接钢丝网组成。应考虑所有已有钢筋的界面剪力传递，应采用埋置、弯钩、机械方法（如栓钉或焊接）以使其在界面两侧充分发挥到设计屈服应力。

界面的名义受剪承载力按下式计算：

$$V_{ni} = cA_{cv} + \mu(A_{vf}f_y + P_c) \tag{4-275}$$

其中

$$V_{ni} \leqslant K_1 f'_c A_{cv} \text{ 和 } V_{ni} \leqslant K_2 A_{cv}, A_{cv} = b_{vi}L_{vi}$$

式中 A_{cv}——参与界面剪力传递的混凝土面积，mm^2；

A_{vf}——A_{cv}中穿过受剪面的抗剪钢筋面积，mm^2；

b_{vi}——参与剪力传递的界面宽度，mm；

L_{vi}——参与剪力传递的界面长度，mm；

c——粘结系数(表 4-12)，MPa；

μ——摩擦系数(表 4-12)，dim；

f_y——钢筋屈服应力，设计值不超过 60ksi(420MPa)；

P_c——垂直于受剪面的永久净压力，如果为拉力，则 $P_c=0.0$，N；

f'_c——界面强度较低一侧混凝土的 28d 抗压强度，MPa；

K_1——混凝土抗压强度中用于抵抗界面剪力部分的百分率(表 4-12)；

K_2——界面抗剪力限值(表 4-12)，MPa。

c、μ、K_1 和 K_2 的值 **表 4-12**

剪切面状况		c(MPa)	μ	K_1	K_2(MPa)
清洁混凝土梁表面上的现浇混凝土板，无浮浆皮，表面粗糙度为 6mm	普通混凝土	1.9	1.0	0.3	12.4
	轻骨料混凝土				9.0
整浇普通混凝土		2.8	1.4	0.25	10.3
整浇轻骨料混凝土或非整浇但与清洁混凝土表面紧贴、人工凿毛粗糙度 6mm，无浮浆皮		1.7	1.0	0.25	6.9
普通混凝土，无浮浆皮，人工凿毛粗糙度 6mm		1.7	1.0	0.25	10.3
与清洁混凝土表面紧贴的混凝土，无浮浆皮，未人工凿毛的混凝土		0.52	0.6	0.2	5.5
通过铆钉或钢筋锚于轧制结构钢中的混凝土，钢筋与混凝土接触处清洁，无涂料		0.17	0.7	0.2	5.5

注：对于支座、梁托和凸缘，粘结系数 c 取 0.0。

如果穿过剪切面的净力 P_c 为拉力，应按下式配置附加钢筋：

$$A_{vpc} = \frac{P_c}{\phi f_y} \tag{4-276}$$

穿过交界面积 A_{cv} 的界面抗剪钢筋面积 A_{vf} 应满足：

$$A_{vf} \geqslant \frac{0.35A_{cv}}{f_y} \tag{4-277}$$

4. 加拿大规范《混凝土结构设计》(CSA A23.3—04)

加拿大规范 CSA A23.3—04[67] 规定，剪切面乘系数的抗剪强度的一般计算公式如下：

$$v_r = \lambda\phi_c(c + \mu\sigma) + \phi_s\rho_v f_y \cos\alpha_f \tag{4-278}$$

其中

$$\sigma = \rho_v f_y \sin\alpha_f + \frac{N}{A_g}, \rho_v = \frac{A_{vf}}{A_{cv}}$$

式中　λ——考虑轻质混凝土的系数；

ϕ_c、ϕ_s——混凝土和钢筋的抗力系数；

c——粘聚应力(表 4-13)；

μ——摩擦系数(表 4-13)；

σ——有效正应力；

ρ_v——剪切摩擦筋配筋率；

A_{vf}——剪切摩擦筋面积；

A_{cv}——抵抗剪力传递截面的面积；

f_y——钢筋屈服强度；

α_f——剪切摩擦筋与剪切面间的夹角；

N——垂直于剪切面未乘系数的永久荷载，压为正，拉为负；

A_g——毛截面面积。

在式(4-278)中，$\lambda\phi_c(c+\mu\sigma)$不大于 $0.25\phi_c f'_c$，其中 f'_c为混凝土抗压强度。

c和μ的值　　**表 4-13**

剪切面状况	c(MPa)	μ
混凝土浇筑在表面清洁但未专门打毛处理的硬混凝土上	0.25	0.60
混凝土浇筑在表面清洁且专门进行打毛、毛坑深度至少为 5mm 的硬混凝土上	0.50	1.00
整浇混凝土	1.00	1.40
用大头拉杆或钢筋锚固于轧制结构钢的混凝土	0.00	0.60

对于整浇在表面清洁且专门进行打毛、毛坑深度至少为 5mm 硬混凝土上的混凝土，乘系数的抗剪强度也可按下面的公式计算：

$$v_r = \lambda\phi_c k\sqrt{\sigma f'_c} + \phi_s\rho_v f_y\cos\alpha_f \tag{4-279}$$

式中　k——混凝土浇筑系数，浇筑在硬化的混凝土上时，$k=0.5$；整体浇筑时，$k=0.6$。

式(4-279)中，$\lambda\phi_c k\sqrt{\sigma f'_c}$不大于 $0.25\phi_c f'_c$。

5. 欧洲规范《混凝土结构设计》(EN 1992-1-1：2004)

欧洲规范 EN 1992-1-1：2004[13]规定，不同时间浇筑的混凝土的界面抗剪强度按下式计算：

$$v_{Rdi} = cf_{ctd} + \mu\sigma_n + \rho f_{yd}(\mu\sin\alpha + \cos\alpha) \leqslant 0.5\nu f_{cd} \tag{4-280}$$

其中

$$\rho = \frac{A_s}{A_i}$$

式中　f_{ctd}——混凝土抗拉强度设计值；

f_{cd}——混凝土抗压强度设计值；

f_{yd}——钢筋屈服强度设计值；

σ_n——跨越界面的最小法向外力和剪力共同作用下产生的单位面积上的应力，$\sigma_n < 0.6f_{cd}$，受压为正，受拉为负。当 σ_n 为拉应力时 cf_{ctd}取为 0；

A_s——穿过界面在界面两侧有适当锚固的钢筋面积，如果有普通抗剪钢筋，则需计算在内；

A_i——接缝面积(图 4-102)；

α——见图 4-103，限制为 $45^\circ \leqslant \alpha \leqslant 90^\circ$；

ν——有效系数，按下式计算：

$$\nu = 0.6\left(1 - \frac{f_{ck}}{250}\right)$$

f_{ck}——混凝土抗压强度特征值，MPa；

c、μ——与界面粗糙度有关的系数。当缺少更为详细的信息(如在产品标准规定的)时，将表面分为非常光滑、光滑、粗糙或锯齿状的，例如：

(1)非常光滑：在钢、塑料或特殊处理的木模上浇筑的表面：$c=0.25$，$\mu=0.5$；

(2)光滑：滑模、模压表面或振捣后未做进一步处理的自由表面：$c=0.35$，$\mu=0.6$；

(3)粗糙：通过梳刮、暴露骨料或其他等效性质的方法，使表面每 40mm 形成至少 3mm 的沟槽：$c=0.45$，$\mu=0.7$；

(4) 锯齿状的：符合图 4-103 的表面锯齿槽：$c=0.50$，$\mu=0.9$。

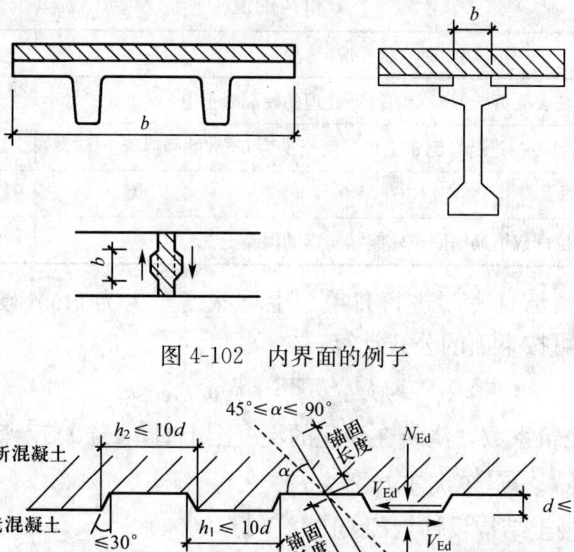

图 4-102　内界面的例子

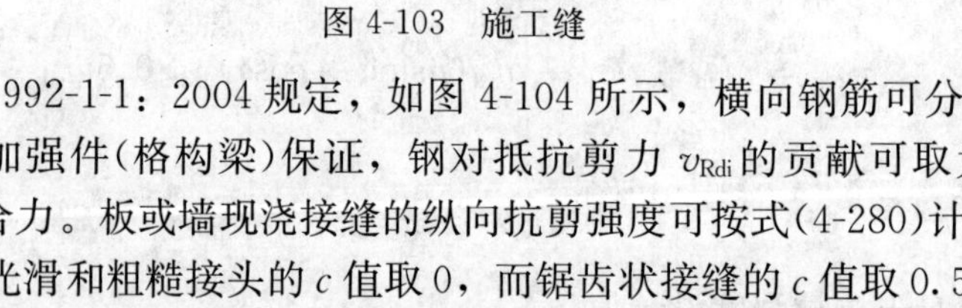

图 4-103　施工缝

欧洲规范 EN 1992-1-1：2004 规定，如图 4-104 所示，横向钢筋可分段布置。两不同混凝土的连接通过加强件(格构梁)保证，钢对抵抗剪力 v_{Rdi} 的贡献可取为角度 $45^\circ \leqslant \alpha \leqslant 135^\circ$的每个斜撑的合力。板或墙现浇接缝的纵向抗剪强度可按式(4-280)计算。当接缝处产生较大的裂缝时，光滑和粗糙接头的 c 值取 0，而锯齿状接缝的 c 值取 0.5。在疲劳荷载或动态荷载作用下，式(4-280)中的 c 值应减半。

6. 澳大利亚标准《混凝土结构》(AS 3600—2001)

澳大利亚标准 AS 3600—2001 规定，组合梁腹板与翼缘间剪切面及整浇翼缘剪切面间纵向受剪承载力设计值为 ϕV_{uf}，V_{uf}按下式计算：

$$V_{uf} = \beta_4\left(\frac{A_s f_{sy} d}{s}\right) + \beta_5 b_f d f'_{ct} \leqslant 0.2 f'_c b_f d \tag{4-281}$$

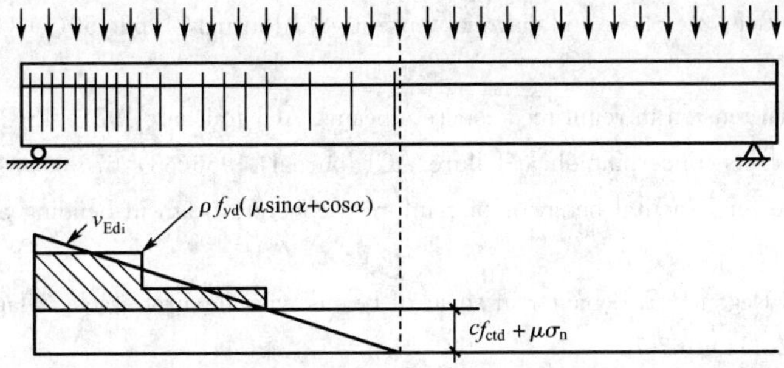

图 4-104　要求的内界面筋抗剪能力

式中　β_4、β_5——剪切面条件系数；

A_s——穿过剪切面钢筋的截面面积；

f_{sy}——穿过剪切面钢筋的屈服强度；

d——组合梁的有效高度；

s——穿过剪切面钢筋的间距；

b_f——剪切面宽度；

f'_{ct}——混凝土的抗拉强度特征值。

剪切面条件系数按表 4-14 取值，当剪切面内有较大程度的不均匀收缩、温度效应、拉应力或疲劳效应时，需对 β_5 进行折减。

剪切面条件系数　**表 4-14**

剪切面条件	β_4	β_5
用模板成型或按类似标准施工得到的光滑表面	0.6	0.1
经抹光或捣实，细骨料上浮、残留一些细纹的表面；滑模成型和振捣梁找平形成的表面；采用其他挤压技术形成的表面	0.6	0.2
人工处理的表面： (1) 梳刮形成的表面 (2) 通过振捣粗骨料浮于混凝土表面形成的粗糙面 (3) 水冲暴露表面粗骨料 (4) 提供机械剪力键	0.9	0.4
整浇施工	0.9	0.5

参考文献

1　Ritter W. Die bauweise hennebique. Schweizerische BAuzeitung，February 1899，33(7)，Zurich

2　Mörsch E. Concrete steel construction. McGraw-Hill，N. Y.，1909:368 (English Translation by Goodrich E P，from 3rd edition of Der Eisenbeton，1st edition，1902)

3　Mörsch E. Der Eisenbetonbau-Seine theorie und Anwendung (Reinforced concrete construction-theory and application)，5th Ed.，Wittwer，Stuttgart，1920，Vol. 1，Part 1

4　Mörsch E. Der Eisenbetonbau-Seine Theorie und Anwendung (Reinforced concrete construction-theory and application，5th Ed.，Wittwer，Stuttgart，1922，Vol. 1，Part 2

5　Talbot A N. Tests of reinforced concrete beams：Resistance to web stresses. Series of 1907 and 1908，Engineering Experiment Station, Bulletin 29, University of Illinois, Urbana, IL (1909)

6 ACI-ASCE Commitîee 326. Shear and diagonal tension. ACI Journal, 1962, 59(1)-(3):1-30,277-344,352-396

7 Clark A P. Diagonal tension in reinforced concrete beams. ACI Journal, 1951, 48(2): 145-156

8 Kani G N J. Basic facts concerning shear failure. ACI Journal, 1966(63):675-69

9 Taylor H P J. The fundamental behavior of reinforced concrete beam in bending and shear. ACI SP-42, Detroit, 1974:43-77

10 Hamadi Y D and Regan P E. Behavior in shear of beams with flexural cracks. Magazine of Concrete Research, 1980, 32(111): 67-78

11 Reineck K H. Ultimate shear force of structural concrete members without transverse reinforcement derived from a mechanical model. ACI Structural Journal, 1991, 88(5):592-602

12 CEB-FIP Model Code 1990. CEB(Comité Euro-International du Béton,1991):CE Bull. d' Information, July 1991

13 EN 1992-1-1: 2004. Design of concrete structures-Part 1: General rules and rules for buildings, CEN, 2004

14 Mitchell D and Collins M P. Diagonal compression field theory-a rational model for structural concrete in pure torsion. ACI Journal, 1974, 71(8):396-408

15 Collins M P. Towards a rational theory for RC members in shear. Journal of Structural Engineering, ASCE, 1978, 104(4):649-666

16 Vecchio F J and Collins M P. The modified compression field theory for reinforced concrete elements subjected to shear. ACI Journal, 1986, 83(2):219-231

17 Pang X B and Hsu T C. Fixed angel softened truss model for reinforced concrete. ACI Journal,1996, 93(2):197-207

18 Vecchio F J. Disturbed stress field model for reinforced concrete: formulation. ASCE,Journal of Structural Engineering, 2000, 126 (8):1070-1077

19 Duthinh D and Carino N J. Shear design of high-strength concrete beams: a review of the state-of-the art, NISTIR 5870. Building and Fire Research Laboratory, National Institute of Standards and Technology, Gaithersburg, MD 20899

20 ACI-ASCE Committee 445. Recent approaches to shear design of structural concrete. ASCE, Journal of Structural Engineering, 1998, 124(12):1375-1417

21 ACI-ASCE Committee 426. The shear strength of reinforced concrete members. Proceedings, ASCE, Journat of Structural Engineering,1974,100(ST8):1543-1591

22 Walraven J C. Fundamental analysis of aggregate interlock. Journal of the Structural Division, ASCE, 1981, 107(11):2245-2270

23 Kani M et al. Study on shear in reinforced concrete. University of Toronto Press, Toronto, October 1979:225

24 Kani G N J. How safe are our large reinforced concrete beams. ACI Journal,1967,64(3):128-141

25 Shioya T, Iguro M, Nojiri Y, Akiyama H and Okada T. Shear strength of large reinforced concrete beams, fracture mechanics: application to concrete. ACI SP-118, American Concrete Institute, Detroit, 1989:309

26 Bažant Z P. Fracturing truss model: size effect in shear failure of reinforced concrete. Journal of Engineering Mechanics, 1997, 123(12):1276-1288

27 Bažant Z P and Kazemi M T. Size effect on diagonal shear failure of beams without stirrups. ACI Struc-

tural Journal, 1991, 88(3):268-276

28 Walraven J and Lehwalter N. Size effects in short beams loaded in shear. ACI Structural Journal, 1994, 19(5):585-593

29 Kazemi M T and Broujerdian V. Reinforced concrete beams without stirrups considering shear friction and fracture mechanics. Canadian Journal of Civil Engineering, 2006, 33:161-168

30 Lubell A, Sherwood E, Bentz E C and Collins M P. Safe shear design of large, wide Beams. Concrete International, 2004, 26(1): 66-78

31 Vecchio F J and Collins M P. Modified compression filed theory for reinforced concrete elements subjected to shear. ACI Structural Journal, 1986, 83(2): 219-231

32 Tamura S, Hamada Y, Lertsamattiyakul M and Niwa J. A study on shear carrying capacity of evaluation methods of prestressed concrete beams with rectangular cross section. Journal of Prestressed Concrete, 2003, 45(6):101-110

33 Bažant Z P and Cedolin L. New method of analysis for slender columns. ACI Structural Journal, 1991, 88(4):391-401

34 Karim S R, Javier F and Michael F. New shear strength prediction for concrete members using statistical and interpolation function techniques. 8th ASCE Specialty Conference on Probabilistic Mechanics and Structural Reliability. PMC 2000-279

35 Zsutty T C. Beam shear strength prediction by analysis of existing data. ACI Journal, 1968, 65(11): 942-951

36 Okamura H and Higai T. Proposed design equation for shear strength of reinforced concrete beams without web reinforcement. Proceedings of Japanese Society of Civil Engineers, 1980, 300:131-141

37 Kim Woo and White Richard N. Shear-critical cracking in slender reinforced concrete beams. ACI Structural Journal, 1999, 96(5):757-765

38 Kim J K, Park Y D and Eo S H. Size effect in concrete specimens with dissimilar initial cracks. Size effect in concrete structures, proceedings of Japan Concrete Institute International Workshop, ed by Mihashi H, Okamural H and Bažant Z P, 1993, 181-192

39 Bentz E V. Empirical modeling of reinforced concrete shear strength size effect for members without stirrups. ACI Structural Journal, 2005, 102(2):232-241

40 Broujerdian V. Size effect on shear strength of reinforced concrete beams. Master Science Thesis, Department of Civil Engineering, Sharif University of Techology, Tehran, Iran, 2004

41 Joint ACI-ASCE Task Committee 426 on Shear and Diagonal Tension (1973, 1990). The shear strength of reinforced concrete members. Journal of Structure Division ASCE, ST6, 1973, Reapproved 1990

42 ASCE-ACI 445, 2003. Summary of evaluation of the proposals for the quick fix for reinforced concrete members without transverse reinforcement. Reported bu Subcommittee ACI-445F of ACI Committee 445 on Shear and Torsion, American Concrete Institute, Farmington Hills, Mich, 2003

43 ACI 446, 2005. ACI 446 proposal for ACI 318 update for size effect of beam depth in shear design of reinforced concrete beams without shear reinforcement. Reported bu Subcommittee ACI 446B of ACI Committee 446 on Fracture Mechnics, American Concrete Institute, Farmington Hill, Mich, 2005

44 GB 50010—2002. 混凝土结构设计规范. 北京:中国建筑工业出版社, 2002

45 ACI 318—08. Building Code Requirement for Strutural Concrete and Commentary, 2008

46 DIN 1045—1, Deutsche Norm. Tragwerke aus Beton, Stahlbeton und Spannbeton - Teil 1: Bemessung und Konstruktion. S. (Concrete, reinforced and prestressed concrete strutures-Part 1: Design). Normenausschuss Bauwesen (NABau) im DIN Deutsches Institut für Normung e. V. Beuth Verl. Berlin, Ju-

ly, 2001

47 NS 3473 E. Norwegian Standard. Norwegian Council for Building Standization, 4th edition, November 1992

48 JSCE. Standard specification for design and construction of concrete structures, part 1 :Design. Japan Society of Civil Engineers, Tokyo, 1986

49 Muttoni A and Ruiz M F. Shear strength of members without transverse reinforcement as function of critical shear crack width. ACI Structural Journal, 2008, 105(2):163-172

50 Nielsen M P. Limit analysis and concrete plasticity. Prentice-Hall Inc. ,Englewood Cliffs,N. J. 1984:620

51 Braestrup M W. Concrete plasticity: The Copenhagen Shear Group, 1973-79. Concrete Plasticity: A Tribute to Professor Nilesen on his 60 th Birthday, Danish Journal of Structural Engineering, 1994, 65 (2～4):33-87

52 Collins M P and Mitchell D. A rational approach to shear design: The 1984 canandian code provisions. ACI Journal, 1986, (6):925-933

53 Collins M P and Mitchell D. Prestressed Concrete Structures. Prentice Hall, Engewood Cliffs, N J, 1991

54 陈宝林. 最优化理论与算法. 北京:清华大学出版社,1989

55 Nakamura H and Higai T. Evaluation of shear strength of RC beam section based on extended modified compression field theory. Concrete Library of Japan Society of Civil Engineers,1995, (25):93-105

56 Kupfer H, Mang R and Karavesyroglou M. Ultimate limit state of the shear zone of reinforced and prestressed concrete girders-an analysis taking aggregate interlock into account. Bauinggenieur, 1983, 58: 143-149 (In German)

57 Kupfer H and Bulicek H. A consistent model for the design of shear reinforcement in slender beams with I-or box-shaped cross-section. Proceedings of Symposium on Concrete Shear in Earthquake, Houston, 1992:256-265

58 Poli S D, Gambarova P G and Karakoc C. Aggregate interlock: role in reinforced concrete thin-webbed beams in shear. Journal of Structural Engineering, 1987, 113(1):1-19

59 Reineck K H. Ultimate shear of members without transverse reinforcement. ACI Structural Journal, 1991, 88(5): 592-602

60 Collins M P and Mitchell D, Adebar P and Vecchio F J. General shear design method. ACI Structural Journal, 1996, 93(1):36-45

61 CSA A23. 3—94. Design of concrete structures. Canadian Standards Association, 1994

62 MTO 1993. Ontario highway bridge design code (OHBDC). Ministry of Transportation Ontario (MTO), Downsview, Ont. , 1993

63 CAN/CSA-S6-00. Canadian highway bridge design code (CHBDC). CSA International, Toronto, Ont. ,2000

64 AASHTO LRFD—1994. AASHTO LRFD Bridge Design Specifications 1st ed. , Washington,DC, 1994

65 AASHTO LRFD—2007. AASHTO LRFD Bridge Design Specifications. Washington, D C, 2007

66 Bentz E C and Collins M P. Development of the 2004 Canadian Standards Association (CSA) A23. 3 shear provisions for reinforced concrete. Canadian Journal of Civil Engineering, 2006, 33:521-534

67 CSA A23. 3-04. Design of concrete structures. Canadian Standards Association, Mississauga, Ont. CSA, 2004

68 Shioya T, Iguro M, Nojiri Y Akiyama H and Okada T. C. Shear strength of large reingforced concrete beams. Fracture Mechanics: Application to Concrete, SP-118, Li V C and Bažant Z P, ed, American Concrete Institute, Farmington Hills, Mich. ,1989: 259-280

69　Bentz E C and Buckley S. Repeating a classic set of experiments on the size effect in shear of members without stirrups. ACI Structural Journal，2005，102(6)：832-838

70　Ramirez J and Breen J. Evaluation of a modified truss model approach for beams in shear. ACI Structural Journal，1991，88(5)：562-571

71　JTG D62—2004. 公路钢筋混凝土及预应力混凝土桥梁设计规范. 北京：人民交通出版社，2004

72　Hawkins N M，Kuchma D A，Mast R F，Marsh M L and Reineck K-H. Simplified shear design of structural concrete members. NCHRP Report 549，Washington，DC，2005

73　AS 3600—2001. Concrete Structures，2001

74　Aoyama H. Design philosophy for shear in earthquake resistance in Japan. Proceedings Symposium on Concrete Shear in Earthquake，Houston，1992：407-418

75　Thürlimann B. Plastic analysis of reinforced concrete beams. IABSE Colloquim of. Plasticity in Reinforced Concrete，Copenhagen，1979：71-90

76　BPEL(Béton Précontraint aux Etats Limites). Règles Techniques de Conception et de Calcul des Ouvrages et Constructions en Béton Armé suivant la Méthode des Etats Limites. CCTG(Cahier des Clauses Techniques Générales)fasc. 62，1991

77　BAEL 91. 法国钢筋混凝土规范，1991

78　魏巍巍，贡金鑫. 按我国规范的压杆-拉杆设计方法. 建筑结构学报，2008，(S1)：287-293

79　贡金鑫，魏巍巍，胡家顺. 中美欧混凝土结构设计. 北京：中国工业建筑出版社，2007

80　SchlaichYun Y M and Ramirez J. Strength of struts and nodes in strut-tie model. Journal of Structural Engineering，1996，122(1)：20-29

81　Jirsa J，Breen J，Bergmeister K，Barton D，Anderson R and Bouadi H. Experimental studies of nodes in strut-and-tie models. LABSE Colloquim of on Structural Concrete，IABSE Report，1991，62：525-532

82　Marti P. Truss models in detailing. Concrete International，1985，7(12)：66-73

83　Schlaich J，Schafer K and Jenneweinm M. Toward a consistent design of structural concrete. PCI Journal，1987，32(3)：74-150

84　MacGregor J G and Gergely P. Suggested revisions to ACI building code clauses dealing with shear in beams. ACI Journal，1977，74(10)：493-500(1988)

85　林园，贡金鑫，李荣庆. 移动荷载下钢筋混凝土深梁基于压杆-拉杆模型的设计. 现代混凝土基本理论及工程应用，全国第十届混凝土基本理论及工程应用学术会议论文集. 北京：中国建筑工业出版社，2008：978-984

86　林园，贡金鑫，李荣庆. 2 个移动荷载下深梁设计的压杆-拉杆模型. 建筑科学与工程学报. 2008，25(4)：58-64

87　Kowalsky M J，Priestley M J N and Seible F. Shear and flexural behavior of lightweight concrete bridge columns in seismic regions. ACI Structural Journal，1999，96(1)：136-148

88　Aschheim M and Moehle J P. Shear strength and deformability of reinforced concrete bridge columns subjected to inelastic cyclic displacement. Earthquake Engineering Research Center，Report No. UCB/EERC-92/04，1992

89　Priestley M J N，Verma R and Xiao Y. Seismic shear strength of circular reinforced concrete bridge columns. Journal of Structure Engineering，ASCE，1994，120(8)：2310-2329

90　CALTRANS Seismic design criteria(Version 1. 1). 1999

91　ATC/MCEER (2003). Recommended LRFD Guidelines for the Seismic Design of Highway Bridges，Multidisciplinary Center for Earthquake Engineering Research Report No. MCEER-03-SP03，ATC-49，2003

92 NZS 3101. Concrete Structures Standard. Standards Association of New Zealand, Wellington, NZ, 1995

93 Japan Road Association. Design specifications of highway bridge. Tokyo, Japan, 1996

94 Halil Sezen. Shear deformation model for reinforced concrete columns. Structure Engineering and Mechanics, 2008,28(1): 39-52

95 Birkeland P W and Birkeland H W. Connections in precast concrete construction. ACI Journal, 1966, 63(3), 345-368

96 Hofbeck J A, Ibrahim I O and Mattock A H. Shear transfer in reinforced concrete. ACI Journal, 1969, 66(2): 119-128

97 Mattock A H and Hawkins N M. Shear transfer in RC-recent research. PCI Journal, 1972, 17(2): 55-75

98 Mattock A H. Discussion of paper by Walraven J C, Frenay J and Pruijssers A(1987). Influence of concrete strength and load history on the shear friction capacity of concrete members. PCI Journal, 1988, 22(1): 165-166

99 Walraven J C. Fundamental analysis of aggregate interlock. Journal of Structural Division, 1981, 107(11): 2245-2270

100 Walraven J C and Reinhardt H W. Theory and experiments on the mechanical behavior of cracks in plain and reinforced concrete subjected to shear loading. Heron, 1981, 26(1A): 68

101 Walraven J C, Frenay J and Pruijssers A. Influence of concrete strength and load history on the shear friction capacity of concrete members. PCI Journal, 1987, 32(1): 66-85

102 Walraven J C. High performance concrete: exploring a new material. Structural Engineering International, 1995: 182-187

103 Mau S T and Hsu T T. Discussion of paper by Walraven J C, Frenay J and Pruijssers A(1987). Influence of concrete strength and load history on the shear friction capacity of concrete members. PCI Journal, 1988, 22(1): 166-170

104 Paulay T and Loeber P J. Shear transfer by aggregate interlock. ACI SP—42. 1: Shear in Reinforced Concrete, 1974: 1-15

105 Bažant Z P and Gambarova P. Rough cracks in reinforced concrete. Journal of Structural Division, 1980, 106(ST 4): 819-841

106 Loov R E and Patnaik A K. Horizontal shear strength of composite concrete beams with a rough interface. PCI Journal, 1994, 39(1): 48-69

107 Millard S G and Johnson R P. Shear transfer across cracks in reinforced concrete due to aggregate interlock and to dowel action. Magazine of Concrete Research, 1985, 36(126): 9-21

108 Laible J P, White R N and Gergely P. Experimental investigation of seismic shear transfer across cracks in concrete nuclear containment vessels. ACI SP-53: RC Structures in Seismic Zones, 1977: 203-226

109 Jimenez R, Gergely P and White R N. Shear transfer across cracks in RC. Cornell University Report 78-4, 1978: 357

110 Fardis M N and Buyukozturk O. Shear transfer model for RC. Journal of Engineering Mechanics, 1979, 105(EM 2): 255-275

111 周旺华. 现代混凝土叠合结构. 北京:中国建筑工业出版社,1998

第 5 章　钢筋混凝土构件的受扭承载力

扭转是平面外力作用下结构或结构构件受力的一种形式，这时竖向荷载不在结构构件的轴线上，从而使构件产生绕轴线的转动。如果构件的转动受到约束，构件就需要承担相应的扭矩，称为受扭构件，如图 5-1 所示。构件受扭时的破坏特征与受弯和受剪完全不同，裂缝为绕构件轴线的螺丝状，如图 5-2 所示。当构件同时承受弯矩、剪力和扭矩时，其破坏方式和承载力计算非常复杂，是近年来钢筋混凝土结构研究的一个重要方面。

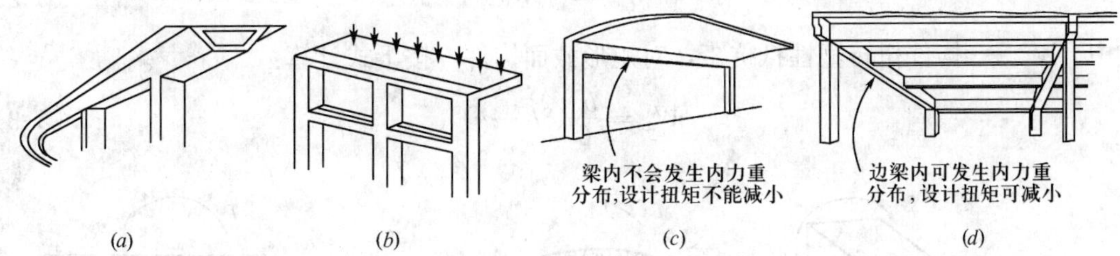

图 5-1　受扭的钢筋混凝土结构或构件

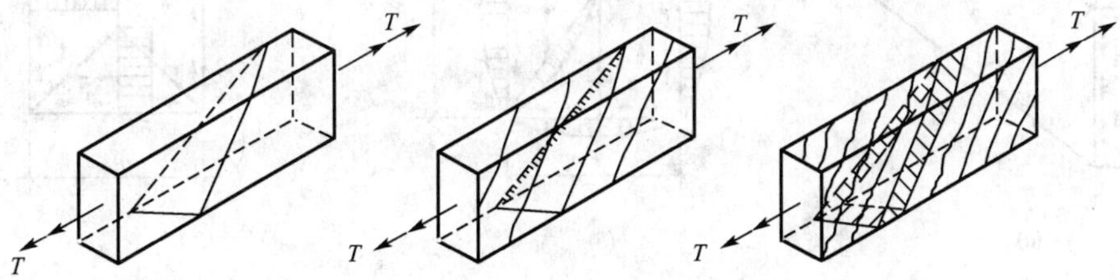

图 5-2　扭转裂缝

5.1　钢筋混凝土梁的开裂扭矩

在扭矩作用下，混凝土构件产生剪应力，如图 5-3(*a*)所示，可通过材料力学方法表示为主拉应力和主压应力。如果扭矩很小，则构件中的主拉应力较小，达不到混凝土的抗拉强度，构件就不会开裂。如果扭矩产生的混凝土最大主应力值达到混凝土抗拉强度，结构混凝土就会产生裂缝。但在即将出现裂缝时，由于混凝土的极限拉应变很小，因此钢筋的应力也很小，它对结构提高开裂荷载作用不大，在计算开裂扭矩时可忽略钢筋的影响。由于混凝土构件受扭开裂时立即丧失承载力，所以也将混凝土构件的开裂扭矩视为素混凝土构件的极限扭矩。

若假定混凝土为弹性材料，按照材料力学理论可得到构件的开裂扭矩[图 5-3(*b*)]：

$$T_{cr} = \beta f_t bh^2 \tag{5-1}$$

式中 f_t——混凝土抗拉强度；

h——构件截面的长边；

b——构件截面的短边；

β——与比值$\frac{h}{b}$有关的系数，当$\frac{h}{b}=1\sim10$时，$\beta=0.208\sim0.313$。

若假定混凝土为理想的塑性材料，当构件外边缘的最大扭剪应力值或最大主应力值达到混凝土抗拉强度时，并未发生破坏，荷载还可继续增加，直到截面边缘的拉应变达到混凝土的极限拉应变值，截面上各点的应力全部达到混凝土抗拉强度后，截面开裂[图 5-3(c)]。根据塑性力学理论，可将截面上的切应力划分为四个部分，计算各部分扭剪应力的合力及相应组成的力偶，其总和为 T_{cr}，即

$$T_{cr} = f_t W_t \tag{5-2}$$

式中 W_t——构件扭转塑性抵抗矩，对矩形截面构件，按下式计算：

$$W_t = \frac{b^2}{6}(3h-b) \tag{5-3}$$

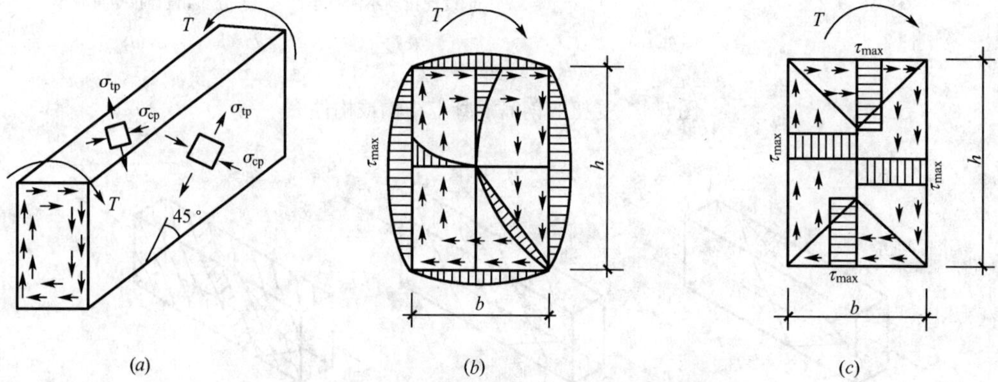

图 5-3 纯扭构件在裂缝出现前的应力状态

(a)受扭构件应力；(b)剪应力分布；(c)受扭塑性状态

实际上，混凝土既非完全弹性材料，又非理想的塑性材料，而是介于两者之间的弹塑性材料。低强度混凝土具有一定的塑性性质，对于高强度混凝土，其脆性显著增大。因此，按式(5-1)计算的开裂扭矩值比试验值低，而按式(5-2)计算的开裂扭矩值比试验值高。

为实用计算方便，开裂扭矩可近似采用理想塑性材料截面的应力分布计算模式，但混凝土抗拉强度要适当降低。试验表明，对低强度混凝土，降低系数约为 0.8，对高强度混凝土，降低系数约为 0.7。我国《混凝土结构设计规范》(GB 50010—2002)[1]为统一开裂扭矩值的计算公式，并满足一定的可靠度要求，采用下式计算开裂扭矩：

$$T_{cr} = 0.7 f_t W_t \tag{5-4}$$

式中 f_t——混凝土抗拉强度设计值。

如上式，在我国的混凝土结构设计规范中，混凝土梁开裂扭矩是根据塑性理论建立的。国外则常采用斜弯理论和薄壁管理论。

1984 年，Hsu 提出用斜弯理论计算素混凝土梁的极限抗扭强度[2]。根据这一理论，扭矩可表示为：

$$T_{np} = \frac{x^2 y}{3}(0.85 f_r) \tag{5-5}$$

式中　T_{np}——素混凝土梁的受扭承载力；

x——构件截面长边的边长；

y——构件截面短边的边长；

f_r——混凝土断裂模量(弯拉强度)。

对于实心截面的钢筋混凝土梁，开裂前，可认为扭矩完全由混凝土承担，故其开裂扭矩可用式(5-5)表示。另根据美国 ACI 318—89 规范[3]，混凝土开裂时最大剪应力为$4\sqrt{f_c'}$，因此将式(5-5)中的 $0.85f_r$ 用 $4\sqrt{f'_c}$代替得开裂扭矩为：

$$(T_{cr})_{solid} = \frac{x^2 y}{3}(4\sqrt{f_c'}) \tag{5-6}$$

式中　f_c'——混凝土圆柱体抗压强度，psi。

1985 年，Hsu 和 Mo[4]根据其他学者所做的 108 根钢筋混凝土梁的扭转试验，发现部分梁因为钢筋不足，极限扭矩小于开裂扭矩，从而导致梁发生脆性破坏。因此，他们根据薄壁管理论[图 5-5(a)]提出计算开裂扭矩的公式，对于实心截面梁，管壁厚 t 取为 $1.2A_{cp}/p_{cp}$，后来 Hsu 又做了修正，取 $t=A_{cp}/p_{cp}$，得出实心梁的开裂扭矩为：

$$T_{cr} = 5\sqrt{f_c'}\left(\frac{A_{cp}^2}{p_{cp}}\right) \quad (\text{in}-\text{lb}) \tag{5-7}$$

式中　A_{cp}——构件整个混凝土截面的面积，in^2；

p_{cp}——构件截面的周长，in。

在 ACI 318—95[5]规范中，将实心截面梁受扭开裂后等效的管壁厚度 t 取为 $0.75A_{cp}/p_{cp}$，管壁中心线包围的面积 A_0 为周长 p_{cp}包围的面积。在扭矩作用下，假设当主拉应力达到 $4\sqrt{f_c'}$时混凝土发生开裂，得出的实心梁开裂扭矩为：

$$T_{cr} = 4\sqrt{f_c'}\left(\frac{A_{cp}^2}{p_{cp}}\right) \quad (\text{in}-\text{lb}) \tag{5-8}$$

目前的 ACI 318—08[6]规范仍采用式(5-8)计算梁的开裂扭矩，但考虑了轻骨料混凝土强度修正系数 λ。

混凝土开裂前，欧洲规范 EN 1992—1—1：2004[7]的扭转计算是以闭合薄壁截面模型为基础的，闭合剪力流产生的扭矩与外扭矩平衡。对于实心截面，可等效为薄壁截面，如图 5-4 所示。纯扭作用下截面壁内的剪应力按下式计算：

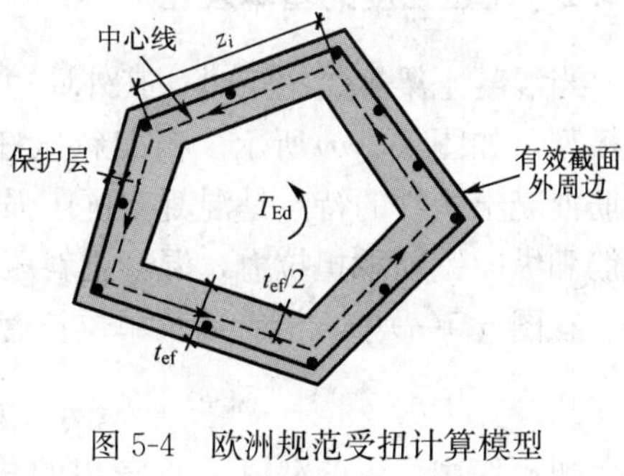

图 5-4　欧洲规范受扭计算模型

$$\tau_{t,i} t_{ef,i} = \frac{T_{Ed}}{2A_k} \tag{5-9}$$

扭转产生的第 i 个壁的剪力按下式计算：

$$V_{Ed,i} = \tau_{t,i} t_{ef,i} z_i \tag{5-10}$$

式中 T_{Ed}——设计扭矩；

A_{k}——壁中心连线包围的面积，包括内部空心区；

$\tau_{\mathrm{t},i}$——第 i 个壁的扭转剪应力；

$t_{\mathrm{ef},i}$——有效壁厚，可取为$\dfrac{A}{u}$，但不得小于壁边缘与纵向钢筋中心距离的两倍。对空心截面实际厚度为上限值；

A——外周边所包围截面的总面积，包含内部空心区的面积；

u——截面的外周长；

z_i——第 i 个壁的边长，用相邻壁交点间的距离表示。

当 $\tau_{\mathrm{t},i}=f_{\mathrm{ctd}}$时，构件即发生扭转开裂，开裂扭矩为：

$$T_{\mathrm{Rd,c}} = 2A_{\mathrm{k}} f_{\mathrm{ctd}} t_{\mathrm{ef},i} \tag{5-11}$$

式中 f_{ctd}——混凝土抗拉强度设计值。

加拿大规范 CSA A23.3—04[8] 按下式计算预应力混凝土构件的开裂扭矩：

$$T_{\mathrm{cr}} = 0.38\lambda\phi_{\mathrm{c}}\sqrt{f_{\mathrm{c}}'}\left(\frac{A_{\mathrm{c}}^2}{p_{\mathrm{c}}}\right)\sqrt{1+\frac{\phi_{\mathrm{p}} f_{\mathrm{cp}}}{0.38\lambda\phi_{\mathrm{c}}\sqrt{f_{\mathrm{c}}'}}} \tag{5-12}$$

式中 λ——轻质混凝土系数；

ϕ_{c}——混凝土抗力系数；

A_{c}——混凝土截面外周长包围的面积(包括孔洞)，mm^2；

p_{c}——混凝土截面外周长，mm；

ϕ_{p}——预应力筋抗力系数；

f_{cp}——抵抗施加的外荷载的截面重心的混凝土压应力(所有预应力损失后)，当重心在混凝土翼缘内时为腹板与翼缘交界面的混凝土压应力，MPa。

对于有孔洞的构件，当壁厚小于 $0.75A_{\mathrm{c}}/p_{\mathrm{c}}$ 时，式(5-12)中的截面毛面积 A_{c} 用 $1.5A_{\mathrm{g}}$ 代替。

5.2 钢筋混凝土梁纯扭时的极限抗扭强度

5.2.1 纯扭强度的基本理论

当混凝土梁承受扭矩时，其外周边出现斜扭裂缝。开裂后，薄壁管可理想化为空间桁架模型，如图 5-5(*b*)所示。桁架斜压杆的倾角为 α，且全部管壁斜压杆的倾角是相同的。钢筋混凝土构件的特点是混凝土抗压强度高，钢筋抗拉强度高。因此在桁架模型中，闭合箍筋和纵向钢筋承担拉力，混凝土斜压杆承担压力。

在图 5-5(*a*)中，沿管周长单位长度的剪力为：

$$q = \tau t = \frac{T}{2A_1} \tag{5-13}$$

扭矩作用产生的混凝土管一边的总剪力为 q 乘以该边边长，因此在一竖直边上的剪力为：

$$V_2 = qy_0 = \frac{T}{2A_1}y_0 \tag{5-14}$$

式中 A_1——闭合箍筋中心线所包围的面积。

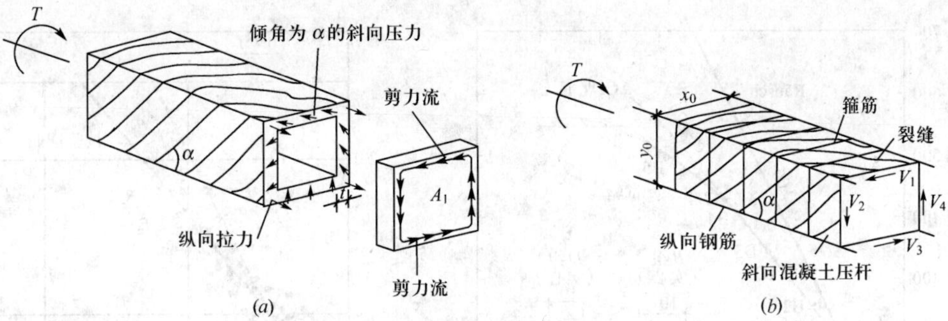

图 5-5　薄壁管和空间桁架模型
(a)薄壁管模型；(b)空间桁架模型

作用于四个边上的剪力[图 5-5(b)]对构件纵轴形成的扭矩抵抗外荷载产生的扭矩。

图 5-6 为从图 5-5(b)桁架正面薄壁管取出的隔离体，斜裂缝与 $n=\frac{y_0\cot\alpha}{s}$ 根箍筋相交，其中 s 为箍筋间距。穿过裂缝箍筋的内力必须与 V_2 平衡。假设极限扭转状态时，箍筋均已屈服，则：

$$V_2=\frac{A_t f_{ty} y_0}{s}\cot\alpha \tag{5-15}$$

式中　A_t——封闭箍筋单肢的截面面积；

f_{ty}——箍筋屈服强度；

α——斜裂缝与构件纵轴的夹角。

由式(5-14)和式(5-15)，并令 $T=T_n$，得到下面构件受扭承载力的计算公式：

$$T_n=\frac{2A_1 A_t f_{ty}}{s}\cot\alpha \tag{5-16}$$

式(5-16)对实心和空心截面构件均适用。

早在 1929 年，Räusch[9]就以空间桁架模型首先提出计算钢筋混凝土构件的极限抗扭理论，并推导出与式(5-16)相同的公式。然而，式(5-16)过高估计了钢筋混凝土构件的抗扭强度。例如，Hsu[10] 1968 年对适筋钢筋混凝土梁的试验表明，理论值比实际强度高出约 30%，如图 5-7(a)所示。图 5-7(b)为式(5-16)与我国试验资料的比较。因此，以后的学者陆续提出了其他的一些修正公式，以使理论值接近于试验结果。这些公式大致可分为如下三类。

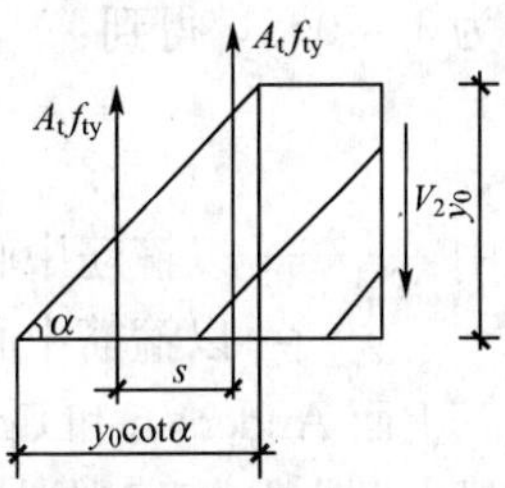

图 5-6　竖向力的平衡

1. 第一类修正公式

在第一类修正公式中，假设构件中的抗扭钢筋一部分有效，因此在式(5-16)中引入一个小于 1 的有效系数 λ_s，且认为斜裂缝与构件纵轴的夹角为 45°，这样原公式中的常数小于 2。Anderson[11]是最早提出这种修正公式的，他建议在 Räusch 的公式中，除引入有效系数 λ_s 外，还需同时考虑混凝土所承受的扭矩。他提出的公式为：

$$T_n=T_c+\lambda_s\frac{2xyA_t f_{ty}}{s} \tag{5-17}$$

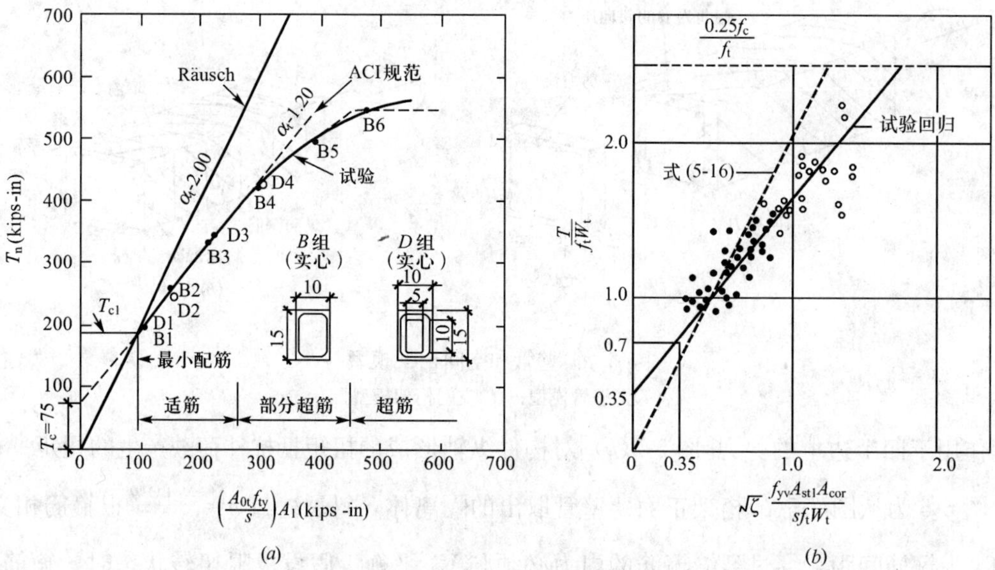

图 5-7 Räusch 公式与试验结果的比较

(a)国外试验结果；(b)我国试验结果

式中 A_t——单肢箍筋截面面积；

T_c——混凝土承担的扭矩；

x——构件截面长边的边长；

y——构件截面短边的边长；

λ_s——钢筋的有效系数。

1950 年，Cowan 利用应变能理论推导出另外一个修正公式，并建议钢筋的有效系数取为 $\lambda_s=0.8$，得到：

$$T_n = T_c + 1.6\,\frac{x_1 y_1 A_t f_{ty}}{s} \tag{5-18}$$

式中 x_1——以箍筋中心线计算的箍筋短肢尺寸；

y_1——以箍筋中心线计算的箍筋长肢尺寸。

上面 Andersen 和 Cowan 的理论，都是以圣维南的经典弹性理论为基础的，假设混凝土的最大主拉应力达到抗拉强度时混凝土发生扭转破坏。实际上，钢筋混凝土构件扭矩由混凝土和钢筋两者共同承担，破坏时混凝土已经开裂。为此，1968 年，Hsu 根据其自己的试验结果提出了钢筋混凝土构件的极限抗扭理论[10]，适用于纵向钢筋和箍筋均已屈服的情况，即

$$T_u = T' + \Omega\,\frac{x_1 y_1 A_t f_{ty}}{s} \tag{5-19}$$

其中

$$T' = \frac{2.4}{\sqrt{x}}x^2 y\sqrt{f_c'},\quad \Omega = 0.66m + 0.33\,\frac{y_1}{x_1}$$

$$m = \frac{sA_l}{2A_t(x_1+y_1)}\left(\text{若 } f_{ly} \neq f_{ty}\text{，则 } m \text{ 值须乘}\frac{f_{ly}}{f_{ty}}\right)$$

式中 A_l——纵向钢筋的面积，in^2；

A_t——单肢箍筋的面积，in^2；

f'_c——混凝土抗压强度，psi；

f_{ly}——纵向钢筋屈服强度，psi；

f_{ty}——箍筋屈服强度，psi；

x——矩形截面短边的边长，in；

y——矩形截面长边的边长，in；

x_1——短边一侧箍筋长度，in；

y_1——长边一侧箍筋长度，in。

1974 年，Hsu 又在试验的基础上[12]，对 Räusch 公式做了两方面的修正。首先，规定了一个较小的力臂面积 $0.5\alpha_t A_1$，其中 α_t 为截面尺寸比例系数，在 1～1.5 之间取值；第二，增加了 T_c 项，即

$$T_u = T_c + \alpha_t \frac{xyA_t f_{ty}}{s} \tag{5-20}$$

ACI 318—71 规范建议[13]，在扭矩作用下钢筋混凝土实心截面构件开裂后，混凝土承担的扭矩 T_c 为开裂扭矩 T_{cr}的 40%。因此，由式(5-6)得：

$$T_c = \frac{x^2 y}{3}(4\sqrt{f'_c}) \times 40\% = 0.533x^2 y\sqrt{f'_c} \quad (\text{in}-\text{lb}) \tag{5-21}$$

箍筋承担的扭矩 T_s 为：

$$T_s = \alpha_t \frac{xyA_t f_{ty}}{s} \quad (\text{in}-\text{lb}) \tag{5-22}$$

截面尺寸比例系数 α_t 按下式计算：

$$\alpha_t = 0.66 + 0.33\frac{y_1}{x_1} < 1.5$$

式(5-22)中的比例系数 α_t 小于 2，即使加上混凝土承担的扭矩 T_c，所得扭矩值亦较 Räusch 公式的计算值小。

在 ACI 318—89 规范中，抗扭设计沿用了 ACI 318—71 规范的规定，只是将 $T_u = T_c + T_s$ 改为 $T_n = T_c + T_s$。

2. 第二类修正公式

第二类修正公式是由 Lampert 和 Thurlimann1969 年提出的[14]，他们建议减小图 5-5(*b*)中绕闭合箍筋中心线包围的面积 $A_1 = xy$，而用角部纵向钢筋中心连线所包围的面积代替，此外不再将混凝土斜压杆的角度取为 45°，而采用变角桁架模型，所得公式为：

$$T_n = T_{cv} + 2\frac{A_2 A_t f_{ty}}{s}\cot\alpha \tag{5-23}$$

其中

$$T_{cv} = \begin{cases} T_c & T_n \leqslant T_c \\ \dfrac{3}{2}T_c - \dfrac{1}{2}T_n & T_c < T_n \leqslant 3T_c, T_c = 2.5\tau_R t_d(2A_2), \tau_R = \dfrac{f_t}{4} \\ 0 & T_n > 3T_c \end{cases}$$

式中　A_2——角部纵向钢筋中心连线所包围的面积；

α——混凝土斜压杆与构件纵轴的夹角；

T_{cv}——混凝土承担的扭矩；

t_d——有效壁厚。

因为纵向钢筋始终位于箍筋内，所以 $A_2<A_1$，即使式(5-23)中多了 T_{cv} 及 $\cot\alpha$ 项，但相比于式(5-16)，计算结果要小。

3. 第三类修正公式

第三类修正公式是由 Collins 及 Mitchell 1980 年提出的[15]，他们的做法是减小式(5-16)中的 A_1 值，而用 A_0 代替，并采用变角桁架模型得到：

$$T_n = 2\frac{A_0 A_t f_{ty}}{s}\cot\alpha \tag{5-24}$$

式中 $A_0=A_1-\dfrac{a_0}{2}p_1$，为剪力流中心线所包围的面积；

a_0——等效矩形应力图的有效高度，按下式计算：

$$a_0=\frac{A_1}{p_1}\left[1-\sqrt{1-\frac{T_n p_1}{0.85 f_c' A_1^2}\left(\tan\alpha+\frac{1}{\tan\alpha}\right)}\right] \tag{5-25}$$

A_1——闭合箍筋中心线所包围的面积；

α——斜裂缝与构件纵轴的夹角；

p_1——闭合箍筋中心线所围的周长。

5.2.2 软化桁架理论

如前所述，Räusch 早在 1929 年就利用空间桁架理论给出了计算钢筋混凝土构件受扭承载力的基本公式，但 Räusch 提出的公式偏于不安全，误差达 30%之多，这是因为无法准确估计剪力流中心线的位置，导致过高估计了力臂面积 A_0[图 5-8(*a*)]。准确确定剪力流中心线的位置，需要确定剪力流区的厚度 t_d[图 5-8(*a*)]。

自从 20 世纪 60 年代后期以来，剪切和扭转桁架模型理论经历了四个主要发展阶段。首先，Lampert 和 Thurlimann(1968，1969)引入了变角桁架模型，发现混凝土斜压杆有弯曲现象；第二，Collins(1973)推导出确定混凝土斜压杆角度的协调方程；第三，Robinson 和 Demorieux(1972)发现混凝土压杆具有软化现象，Vecchio 和 Collins(1981)利用软化系数将这种软化量化；第四，1988 年 Hsu 根据平衡方程、协调方程和混凝土软化应力-应变关系，提出了软化桁架模型理论，可分析钢筋混凝土构件开裂后加载历程中的剪切和扭转性能。

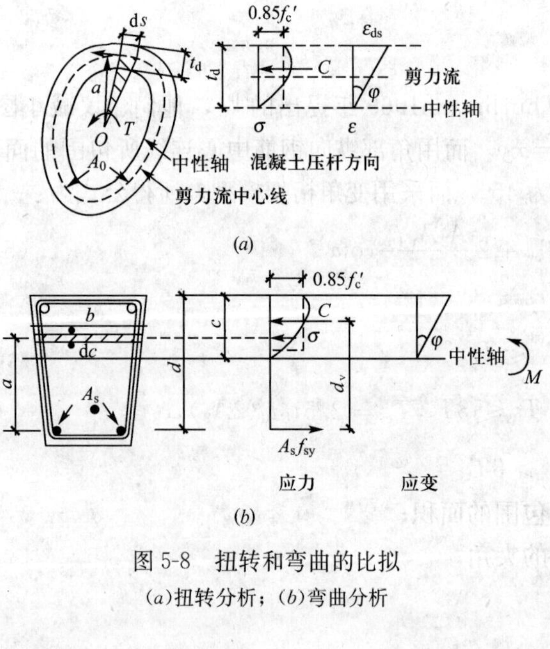

图 5-8 扭转和弯曲的比拟

(*a*)扭转分析；(*b*)弯曲分析

下面介绍根据软化桁架模型，通过合理确定剪力流场的厚度 t_d 计算钢筋混凝土构件抗扭强度的方法[16]。

5.2.2.1 扭转和弯曲的相似性

图 5-8(*a*)所示为受扭构件的截

面，闭合剪应力流限于厚度为 t_d 的周边环形区内。在这一厚度的闭合区内，剪力流 q 沿中心线 s 作用。为保证绕扭转中心 O 的平衡，外扭矩 T 等于内力矩，即

$$T = q\oint_{L} a\mathrm{d}s \tag{5-26a}$$

式中　a——扭转中心 O 到剪力流 q 力臂的长度。

乘积 $a\mathrm{d}s$ 为图示阴影面积的两倍。因此，$\oint_{L} a\mathrm{d}s$ 为剪力流中心线所围面积的两倍，表示为 $2A_0$，A_0 称为力臂面积，与力臂长度的平方成正比。将 $2A_0$ 代入式(5-26a)得

$$T = q(2A_0) \tag{5-26b}$$

式(5-26b)为 Bredt 的薄管理论(1986)的结果。如果能够确定剪力流中心线的位置，这一理论也可用于厚管。另外，式(5-26b)也给出了与式(5-13)相同的结果，但式(5-13)是针对矩形截面构件得出的，而式(5-26b)是从一般形状的截面得出的，具有普遍意义。

受扭开裂后的钢筋混凝土构件如图 5-9(a)所示，从厚度为 t_d 的剪力流区定义的薄壁管中取出一个单元，如图 5-9(c)所示，单元上的应力可以用桁架模型描述，如图 5-9(d)。单元的竖向长度和水平长度均取为单位长度，斜裂缝倾角为 α。假定钢筋屈服，根据水平面力的平衡，可得：

$$q = \frac{A_t f_{ty}}{s}\cot\alpha \tag{5-27}$$

将式(5-27)代入式(5-26b)得：

$$T_n = (2A_0)\frac{A_t f_{ty}}{s}\cot\alpha \tag{5-28}$$

式(5-28)就是变角桁架模型受扭承载力的基本公式。当 α 取 45°时，式(5-28)变为 Räusch 公式。在图 5-9(d)中，桁架模型单元竖向面力平衡时，q 与 T_n 可以用纵筋表达，即

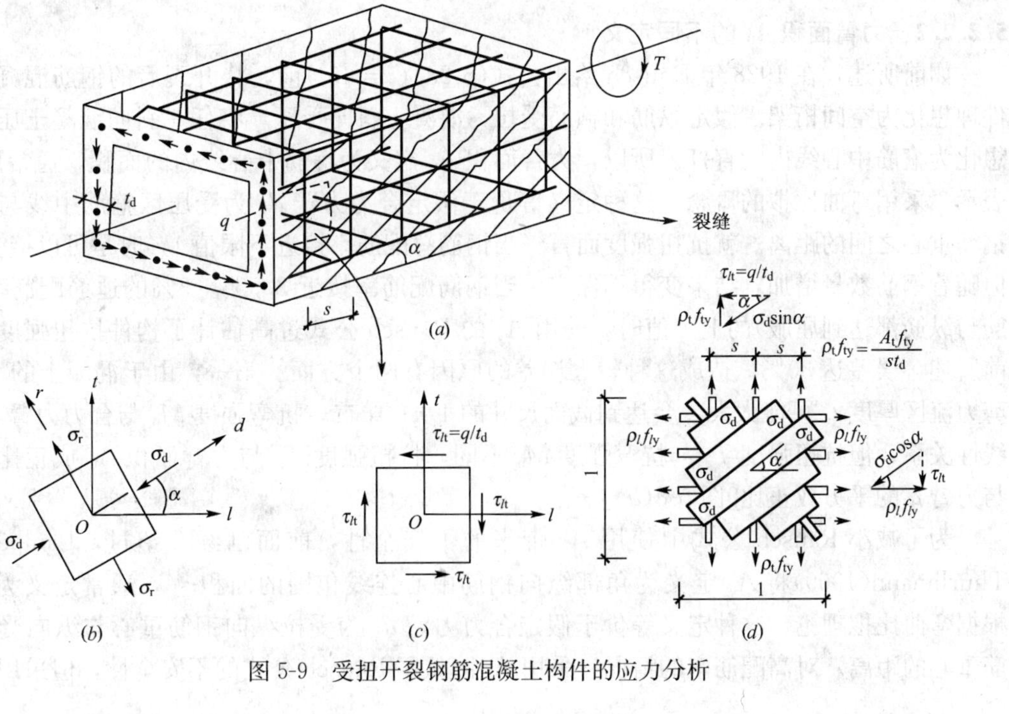

图 5-9　受扭开裂钢筋混凝土构件的应力分析

$$q=\left(\frac{A_l f_{ly}}{p_0}\right)\tan\alpha \tag{5-29}$$

$$T_n=(2A_0)\left(\frac{A_l f_{ly}}{p_0}\right)\tan\alpha \tag{5-30}$$

式中 p_0——剪力流中心线的周长。

扭转分析与图 5-8(*b*)所示的梁的弯曲分析是相似的。在图 5-8(*b*)中，对受拉筋重心取矩，则有：

$$M_n=\int(\sigma b)a\mathrm{d}c=Cd_v \tag{5-31}$$

式中 C——受压区应力 σ 的合力；

d_v——合力力臂。

比较式(5-31)与式(5-26*b*)可以看出，式(5-26*b*)中的 $2A_0$ 等价于式(5-31)中的合力力臂 d_v，剪力流 q 等价于受压应力的合力 C。假定钢筋屈服，得：

$$C=A_s f_{sy} \tag{5-32}$$

将式(5-32)代入式(5-31)：

$$M_n=A_s f_{sy} d_v \tag{5-33}$$

式(5-33)表明，弯矩 M_n 等于纵筋力 $A_s f_{sy}$ 乘合力力臂 d_v。同样，在式(5-28)中，扭矩 T_n 等于单位长度上的箍筋力$(A_t f_{ty}/s)\cot\alpha$ 乘 $2A_0$。

对于受弯构件，增加钢筋面积，会使名义抗弯强度 M_n 增大，同时受压区高度 c 增加，合力力臂 d_v 减小。M_n、c 与 d_v 间的关系可从混凝土的应力—应变关系得出。同样，对于受扭构件，增加钢筋面积，会使名义扭转强度 T_n 增大，同时剪力流区厚度 t_d 增加，力臂面积 A_0 减小。T_n、t_d 与 A_0 间的关系同样可从混凝土的应力—应变关系得出。在钢筋混凝土构件扭转分析中，关键问题是确定剪力流区的厚度 t_d，如同弯曲分析中确定受压区高度 c。

5.2.2.2 力臂面积 A_0 的不同定义

如前所述，在 1928 年 Räusch 给出公式(5-28)($\alpha=45°$)前，将开裂后的钢筋混凝土构件理想化为空间桁架。假定纵筋和箍筋受拉，混凝土斜向受压。将任一斜向混凝土压杆理想化为箍筋中心线内的直杆。所以，力臂面积 A_0 定义为箍筋中心线内的面积，通常用 A_1 表示。采用弯曲比拟的概念，这种定义等价于假定合力力臂 d_v 为受压区箍筋中线与受拉钢筋重心之间的距离。就抗扭强度而言，当钢筋总配筋率接近下限值1%时是可以接受的，但随着钢筋数量增加，结果变得不保守。当钢筋配筋率接近 2.5%～3%的适筋配筋率(箍筋与纵筋都达到屈服)的上限值时，使用 A_1 的 Räusch 公式过高估计了构件抗扭强度，如前所述，误差达 30%。造成这种较大误差的原因有两个方面。第一，由于混凝土的软化，剪力流区厚度 t_d 可能太大，会达到截面尺寸的 1/4；第二，抗弯强度 M_n 与合力力臂 d_v 呈线性关系，但抗扭强度 T_n 与抗弯强度 M_n 不同，抗扭强度 T_n 与力臂面积 A_0 成正比，或与力臂 a 的平方成正比[图 5-8(*a*)]。

为了减小 Räusch 公式中使用 A_1 带来的不安全性，前面已经介绍过，Lampert 和 Thurlimann(1969)将 A_0 定义为角部纵向钢筋中心连线包围的面积[14]，通常定义为 A_2。根据弯曲比拟理论，这种定义等价于假定合力力臂 d_v 为受拉纵向钢筋重心与纵向受压钢筋重心的距离。对高配筋率的情况，采用 A_2 降低了 Räusch 公式的不安全性，但采用不变的合力力臂依然得不到合理的结果。

力臂面积 A_1、A_2 或 $0.5\alpha_t A_1$ 的定义都有一个共同的缺点，即剪力流区的厚度与施加的扭矩无关。合理的方法是定义 A_0 时确定剪力流区的厚度。

5.2.2.3　剪力流区厚度 t_d 的确定

确定 t_d 需要三个公式，即需要协调条件、平衡条件和材料准则。公式推导如下。

1. 协调性

当空心的钢筋混凝土构件承受扭矩作用时，如图 5-9 所示，每一个截面都要转动，产生转角 θ，在剪力流管中产生剪应变 γ_{lt}。根据 Bredt 的闭合扭转理论，θ 与 γ_{lt} 的关系为：

$$\theta=\frac{p_0}{2A_0}\gamma_{lt} \tag{5-34}$$

式中　p_0——剪力流中心线的周长。

在斜裂缝和桁架作用形成后，剪力流管中的剪应变 γ_{lt} 将使纵筋在 $l-t$ 方向产生拉应变 ε_l 和箍筋产生拉应变 ε_t，在 $d-r$ 方向混凝土产生主压应变 ε_d 和主拉应变 ε_r。l 轴与 d 轴的夹角为 α，如图 5-9(*b*)。剪应变 γ_{lt} 可根据 ε_d、ε_r 和 α 由下式确定：

$$\gamma_{lt}=2(\varepsilon_d-\varepsilon_r)\sin\alpha\cos\alpha \tag{5-35}$$

混凝土斜压杆除 d 轴方向的应变 ε_d 外，还承受扭转角 θ 产生的弯曲作用(图 5-10)。图 5-10(*b*)为隔离出的剪力流管上且穿过剪力流中线的面 $OABC$。在发生扭曲后，该曲面变为双曲抛物面 $OADC$，描述倾角为 α 的混凝土斜压杆的斜线 OB，变为曲线 OD。双曲抛物面 $OADC$ 可表示为[16]：

$$w=\theta xy \tag{5-36}$$

式中　w——垂直于 $x-y$ 平面的位移。

假定由 O 沿直线 OB 的坐标轴为 s 轴，则曲线 OD 的斜率为 w 对 s 的一阶导数，即

$$\frac{\mathrm{d}w}{\mathrm{d}s}=\frac{\partial w}{\partial x}\times\frac{\mathrm{d}x}{\mathrm{d}s}+\frac{\partial w}{\partial y}\times\frac{\mathrm{d}y}{\mathrm{d}s}=(\theta y)\cos\alpha+(\theta x)\sin\alpha \tag{5-37}$$

混凝土斜压杆的曲率 ψ 为 w 对 s 的二阶导数，即

$$\frac{\mathrm{d}^2w}{\mathrm{d}s^2}=\frac{\partial(\mathrm{d}w/\mathrm{d}s)}{\partial x}\times\frac{\mathrm{d}x}{\mathrm{d}s}+\frac{\partial(\mathrm{d}w/\mathrm{d}s)}{\partial y}\times\frac{\mathrm{d}y}{\mathrm{d}s}=(\theta\sin\alpha)\cos\alpha+(\theta\cos\alpha)\sin\alpha \tag{5-38}$$

所以，混凝土斜压杆的曲率 ψ 与扭转角 θ 的几何关系为：

$$\psi=\theta\sin2\alpha \tag{5-39}$$

式(5-39)不仅适用于矩形截面，也适用于其他任意截面。在图 5-10 中，之所以用矩形

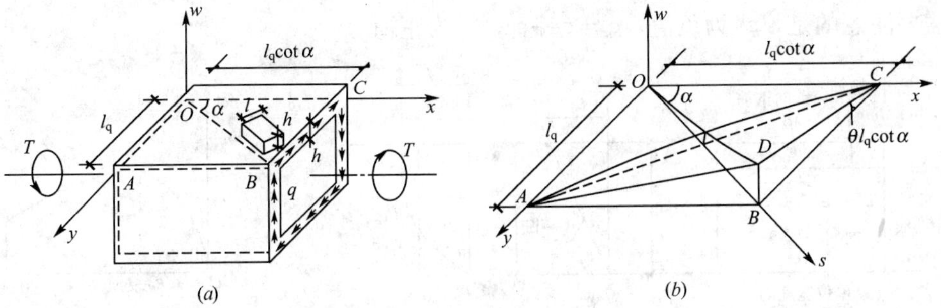

图 5-10　受扭混凝土斜压杆的弯曲

(*a*)受扭的矩形截面；(*b*)上壁变形

截面表示由扭曲引起的混凝土斜压杆的弯曲，是因为施加的曲率在平面上表示比在曲面上更为直观。

由于混凝土斜压杆弯曲，可忽略截面内受拉部分的面积，如图 5-10 和图 5-11。将受压部分的面积看作是有效面积，其厚度记为 t_d，即剪力流区的厚度。在厚度 t_d 内，假定应变呈线性分布。所以，t_d 与表面处的最大应变 ε_{ds} 和曲率 ψ 的关系为：

$$t_d = \frac{\varepsilon_{ds}}{\psi} \tag{5-40}$$

此外，由于应变呈线性分布，表面处的最大应变 ε_{ds} 与平均应变 ε_d 有如下关系：

$$\varepsilon_{ds} = 2\varepsilon_d \tag{5-41}$$

由式(5-34)～式(5-41)得：

$$t_d = \frac{A_0}{p_0 \sin^2\alpha\cos^2\alpha}\left(\frac{\varepsilon_d}{\varepsilon_d - \varepsilon_r}\right) \tag{5-42}$$

注意，式(5-42)中的 A_0 和 p_0 是 t_d 的函数，即

$$A_0 = A_c - \frac{t_d}{2}p_c + \xi_1 t_d^2 \tag{5-43}$$

$$p_0 = p_c - 4\xi_1 t_d \tag{5-44}$$

式中 A_c——混凝土截面外周长包围的面积；

p_c——混凝土截面外周长；

ξ_1——系数，对矩形截面 $\xi_1=1$；对圆形截面 $\xi_1=\pi/4$。

假设剪力流中心线位于剪力流区厚度 t_d 的中间位置，A_0 和 p_0 可用式(5-43)和式(5-44)描述。这种假设有两方面的优点：首先，简化了 A_0 和 p_0 的表达式；其次，可以在一定程度上补偿使用式(5-28)中的 $\frac{A_t f_{ty}}{s}$ 项表达箍筋上的单位力时存在的不保守性。

2. 材料准则

对于承受轴力和弯矩的混凝土斜压杆，图 5-11 示出了厚度 t_d 内压应力的分布。混凝土应力—应变关系采用 Vecchio 和 Collins(1981)提出的软化应力—应变曲线[17]，如图5-12所示，其中软化系数 ξ 为 $\varepsilon_r/\varepsilon_d$ 的函数，即

$$\xi = \sqrt{\frac{\varepsilon_d}{\varepsilon_d - \varepsilon_r}} \tag{5-45}$$

需要注意的是，ε_d 为负值，$\varepsilon_r = \varepsilon_l + \varepsilon_t - \varepsilon_d$ 为正值。

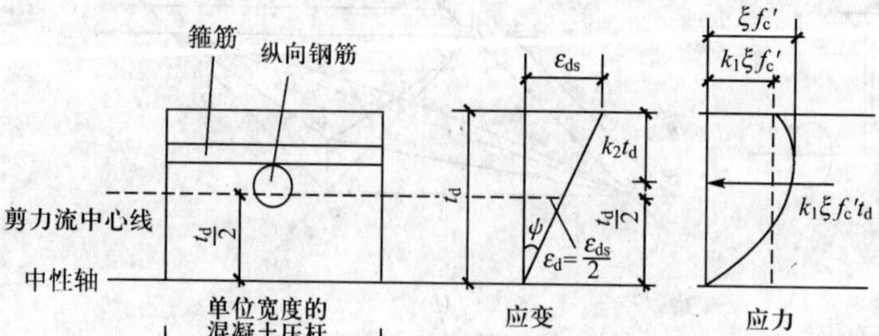

图 5-11 混凝土斜压杆的应变和应力

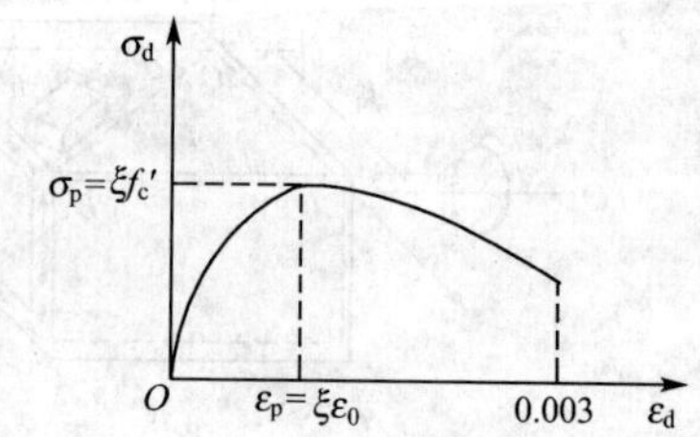

图 5-12 软化混凝土的应力—应变曲线

根据图 5-12 的软化混凝土应力—应变关系，峰值应力为 $\xi f_c'$，平均压应力 σ_d 定义为：

$$\sigma_d = k_1 \xi f_c' \tag{5-46a}$$

其中，k_1 为平均应力与峰值应力的比值，可通过对图 5-12 中应力—应变曲线进行积分得到，为混凝土表面最大应变 ε_{ds} 和软化系数 ξ 的函数。对于适筋构件，当混凝土最大应变 ε_{ds} 在 0.0015～0.0030 范围内，软化系数 ξ 在 0.35～0.50 的范围内变化时，得到的扭矩最大。在这一范围内，k_1 的范围为 0.85～0.77，取其平均值 0.8。设 f_c' 为正值，由式(5-46*a*)得：

$$\sigma_d = -0.8\xi f_c' \tag{5-46b}$$

将式(5-45)代入式(5-42)，根据 ξ 和 α 将 t_d 表达为：

$$t_d = \frac{A_0 \xi^2}{p_0 \sin^2\alpha \cos^2\alpha} \tag{5-47}$$

从上式可以看出，t_d 不再是应变 ε_d 或 ε_r 的函数。从物理角度讲，这意味着 t_d 与加载过程无关。

需要说明的是，因为式(5-45)是从受纯剪的钢筋混凝土板试验得到的，公式中的 ε_d 和 ε_r 描述的是不承受弯矩作用的构件平面内的均匀应变。与此不同的是，式(5-42)是根据承受平面内应变和弯矩的混凝土斜压杆构件得到的。因此，ε_d 和 ε_r 描述的是厚度 t_d 内中间高度处的平均应变。所以，式(5-47)暗含着受压和受弯混凝土斜压杆的软化与只受平均压应变的非受弯构件软化相同这样一个假定。这种假定尚未得到试验证实，但可近似使用。

3. 平衡方程

根据图 5-9(*d*)所示的钢筋混凝土构件的桁架模型，混凝土的应力满足摩尔应力圆。假定破坏时钢筋屈服(对适筋构件)，垂直于裂缝方向的混凝土不受拉，即 $\sigma_r=0$，叠加混凝土应力和钢筋应力，得出下面三个平衡方程式：

$$\sigma_l = \sigma_d \cos^2\alpha + \rho_l f_{ly} \tag{5-48a}$$

$$\sigma_t = \sigma_d \sin^2\alpha + \rho_t f_{ty} \tag{5-48b}$$

$$\tau_{lt} = \sigma_d \sin\alpha\cos\alpha \tag{5-48c}$$

其中

$$\rho_l = \frac{A_l}{p_0 t_d}, \rho_t = \frac{A_t}{s t_d}$$

式中　σ_l、σ_t——l 方向和 t 方向上的正应力(受拉为正)；

τ_{lt}——$l-t$ 坐标系中的剪应力(负值，图 5-9)；

ρ_l、ρ_t——l 方向和 t 方向上的配筋率；

A_l——截面上纵筋的总面积；

A_t——单肢箍筋的面积；

s——箍筋间距；

f_{ly}、f_{ty}——纵筋和箍筋的屈服强度。

对于纯扭的情况，$\sigma_l=\sigma_t=0$，由式(5-48)和式(5-46*b*)可得：

$$\xi = \frac{\dfrac{A_l f_{ly}}{p_0} + \dfrac{A_t f_{ty}}{s}}{0.80 f_c' t_d} \tag{5-49}$$

将式(5-46*b*)代入式(5-48*a*)，使用式(5-49)得：

$$\cos^2\alpha=\frac{\dfrac{A_l f_{ly}}{p_0}}{\dfrac{A_l f_{ly}}{p_0}+\dfrac{A_t f_{ty}}{s}} \tag{5-50}$$

4. 求解

式(5-47)、式(5-49)和式(5-50)表示的三个方程包含三个未知数 t_d、ξ 和 α，联立这三个方程可进行求解，具体步骤如下：

①假定 t_d 的初值，由式(5-43)和式(5-44)计算 A_0 和 p_0；

②由式(5-49)和式(5-50)计算 ξ 和 α；

③将 ξ 和 α 代入式(5-47)得出 t_d。如果求得的 t_d 与①中的 t_d 足够接近，则 t_d、ξ 和 α 即为所求。否则，重新假定①中的 t_d，再进行计算。

④求得 t_d、ξ 和 α 后，由式(5-48)和式(5-46*b*)计算极限剪应力 τ_{lt}，由式(5-28)计算受扭承载力 T_n。

【例 5-1】 矩形钢筋混凝土梁的截面尺寸为 250mm×500mm，配置 6 根 5#(直径 17.875mm)纵向钢筋(4 根在角部，2 根在截面长边中部)，箍筋为间距 150mm 的 4#(直径 12.7mm)钢筋。材料性能为 f_{ly}=420MPa，f_{ty}=420MPa，f'_c=42.0MPa。计算梁的受扭承载力。

【解】 $A_c=250\times500=1.25\times10^5\,\text{mm}^2$，$p_c=2\times(250+500)=1500\text{mm}$，$A_l=1200\,\text{mm}^2$，$A_t=130.0\,\text{mm}^2$，$\xi_1=1$。

假定 t_d=50.0mm，代入式(5-43)得：

$$A_0=A_c-\frac{t_d}{2}p_c+\xi_1 t_d^2=1.25\times10^5-\frac{50}{2}\times1500+50^2=9\times10^4\,\text{mm}^2$$

代入式(5-44)得：

$$p_0=p_c-4\xi_1 t_d=1500-4\times50=1300\text{mm}$$

$$\frac{A_l f_{ly}}{p_0}=\frac{0.0012\times420}{1.3}=0.388\text{kN/m},\frac{A_t f_{ty}}{s}=\frac{0.00013\times420}{0.15}=0.364\text{kN/m}$$

由式(5-49)：

$$\xi=\frac{\dfrac{A_l f_{ly}}{p_0}+\dfrac{A_t f_{ty}}{s}}{0.80f'_c t_d}=\frac{(0.388+0.364)\times10^3}{0.80\times42000\times0.05}=0.448$$

由式(5-50)：

$$\cos^2\alpha=\frac{\dfrac{A_l f_{ly}}{p_0}}{\dfrac{A_l f_{ly}}{p_0}+\dfrac{A_t f_{ty}}{s}}=\frac{0.388}{0.388+0.364}=0.516$$

$$\sin^2\alpha=1-\cos^2\alpha=1-0.516=0.484$$

代入式(5-47)得：

$$t_d=\frac{A_0\xi^2}{p_0\sin^2\alpha\cos^2\alpha}=\frac{9\times10^4\times0.448^2}{1300\times0.516\times0.484}=55.64\text{mm}>50\text{mm}$$

重新假定 $t_d=51.6\text{mm}$，重复上面的过程得 $t_d=51.7\text{mm}\approx51.6\text{mm}$。$A_0=8.88\times10^4\text{mm}^2$。最后由式(5-28)得：

$$T_n=(2A_0)\frac{A_t f_{ty}}{s}\cot\alpha=66.88\text{kN}\cdot\text{m}$$

5.2.2.4　剪力流区厚度设计

式(5-47)给出的剪力流区厚度计算适合于钢筋混凝土构件的受扭承载力分析，但不便于设计。在设计中，剪力流区厚度 t_d 要根据受扭承载力 T_n 确定，为此提出了下面的方法。

混凝土斜压杆应力 σ_d 与薄壁厚度 t_d 及剪力流 q 有关，由式(5-48c)得：

$$\sigma_d=\frac{q}{t_d\sin\alpha\cos\alpha}\tag{5-51}$$

构件破坏时，式(5-51)中的 σ_d 达到最大值 $\sigma_{d,max}$，扭矩达到名义值 T_n。将 $q=T_n/2A_0$ 代入式(5-51)得：

$$t_d=\frac{T_n}{2A_0\sigma_{d,max}\sin\alpha\cos\alpha}\tag{5-52}$$

假定薄壁的厚度很小，即 t_d 很小，忽略式(5-43)的最后一项 ξt_d^2，A_0 近似表达为

$$A_0=A_c-\frac{t_d}{2}p_c\tag{5-53}$$

将式(5-53)代入式(5-52)，整理得：

$$\left(\frac{p_c}{A_c}t_d\right)^2-2\left(\frac{p_c}{A_c}t_d\right)+\left(\frac{T_n p_c}{A_c^2}\right)\frac{1}{\sigma_{d,max}\sin\alpha\cos\alpha}=0\tag{5-54}$$

令 $t_{d0}=\frac{A_c}{p_c}$，$\tau_n=\frac{T_n p_c}{A_c^2}$，$\tau_{n,max}=\sigma_{d,max}\sin\alpha\cos\alpha$，式(5-54)变为：

$$\left(\frac{t_d}{t_{d0}}\right)^2-2\left(\frac{t_d}{t_{d0}}\right)+\frac{\tau_n}{\tau_{n,max}}=0\tag{5-55}$$

在图 5-13 表示的 t_d-τ_n 坐标系中，式(5-55)表示的是一条抛物曲线。由式(5-55)求 t_d 得：

$$t_d=t_{d0}\left[1-\sqrt{1-\frac{\tau_n}{\tau_{n,max}}}\right]\tag{5-56}$$

这种确定剪力流区厚度的方法，首先由 Collins 和 Mitchell(1980)提出[式(5-25)]，后被加拿大规范(1984)采用。代入 t_{d0}、τ_n 和 $\tau_{n,max}$ 得：

$$t_d=\frac{A_1}{p_1}\left[1-\sqrt{1-\frac{T_n p_1}{0.7\phi_c f_c' A_1^2}\left(\tan\alpha+\frac{1}{\tan\alpha}\right)}\right]\tag{5-57}$$

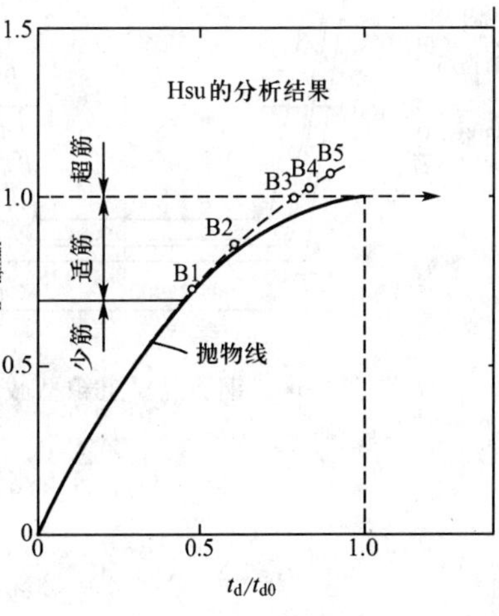

图 5-13　τ_n 与 t_d 的关系

在式(5-57)中，A_c 和 p_c 分别用 A_1 和 p_1 代替，因为混凝土保护层不起抗扭作用。假定 $\sigma_{d,max}$ 为 $0.7\phi_c f_c'$，材料强度折减系数 ϕ_c 取为 0.6。

式(5-57)和式(5-56)表明，厚度比 t_d/t_{d0} 是剪应力比 $\tau_n/\tau_{n,max}$ 的函数，也是裂缝倾角 α 的函数，

但 α 在 45°附近变化时并不敏感。在式(5-56)中，$\tau_n<\tau_{n,max}$ 描述了适筋的情况，$\tau_n>\tau_{n,max}$ 描述了超筋的情况。超筋的情况不能用式(5-56)计算，因为根号内为负数。图 5-13 表明，当 $\tau_n<0.9\tau_{n,max}$ 时，可以用式(5-56)进行计算。但当 $\tau_n>0.9\tau_{n,max}$ 时，t_d 增长过快，这反映了忽略 ξt_d^2 用 A_0 近似计算 t_d 出现的问题[式(5-53)]。对于厚管壁，当 $t_d>0.7t_{d0}$ 时，式(5-43)中的 ξt_d^2 项不能再忽略。

为解决这一问题，Hsu 和 Mo(1985)采用了不同的方法。使用软化桁架模型，对文献中 61 根符合前面四个条件的钢筋混凝土构件的抗扭性能进行了分析，试验梁剪力流区的厚度用计算机计算，通过线性回归分析得出下面的表达式：

$$t_d=\frac{A_c}{p_c}\left(0.082+3.405\frac{\tau_n}{f_c'}\right)\frac{1}{\sin2\alpha} \tag{5-58}$$

尽管式(5-58)计算简便，精度也很高，但在一些情况下，不便用于实际设计。为此提出了 t_d 的简化表达式。

由式(5-26b)可直接得到剪力流区厚度 t_d 的简化表达式，注意 $q=\tau_{lt}t_d$ 和 $T=T_n$，得：

$$t_d=\frac{T_n}{2A_0\tau_{lt}} \tag{5-59}$$

假定 $A_0=m_1A_c$ 和 $\tau_{lt}=m_2f_c'$，其中 m_1 和 m_2 为无量纲系数，代入式(5-59)得：

$$t_d=C\frac{T_n}{A_cf_c'} \tag{5-60}$$

其中，$C=0.5/(m_1m_2)$。对适筋构件，m_1 在 0.55～0.85 之间变化，m_2 在 0.13～0.22 之间变化。m_2 值较小是由混凝土软化引起的。当钢筋用量增加时，m_2 随 m_1 的减小而增加。因此，m_1 与 m_2 的乘积可近似看作是一个常数，等于 0.125，C 取为常数 4，从而：

$$t_d=\frac{4T_n}{A_cf_c'} \tag{5-61}$$

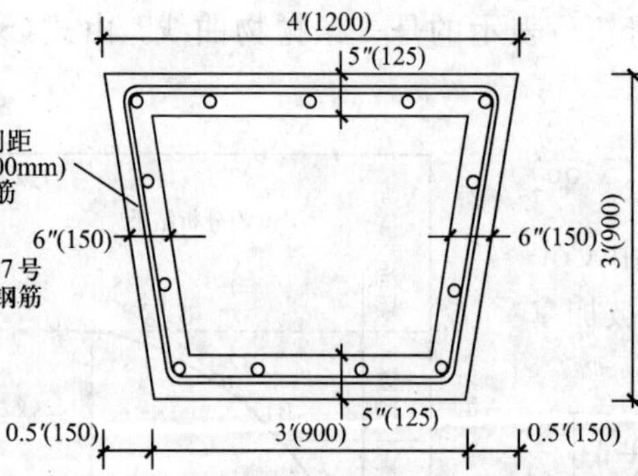

图 5-14　钢筋混凝土箱型截面梁

【例 5-2】 图 5-14 所示为钢筋混凝土箱型截面梁，要求能够承受 7400in-kip(836kN·m)的扭矩。混凝土净保护层厚度为 1.5in(38.1mm)，混凝土抗压强度为 $f_c'=4000$psi(27.6MPa)，钢筋屈服强度为 $f_y=60000$psi(415MPa)。对梁进行配筋设计。

【解】 根据图 5-14 中构件的尺寸得：

$$A_c=(3+4)\times3\times12\times\frac{12}{2}=1512\ \text{in}^2(975500\ \text{mm}^2)$$

$$p_c=(3+4+2\times\sqrt{3^2+0.5^2})\times12=157\text{in}(3990\text{mm})$$

$T_n=7400$in−kip，由式(5-61)得箱梁壁厚度：

$$t_d = \frac{4T_n}{A_c f_c'} = \frac{4 \times 7400}{1512 \times 4} = 4.89\text{in}(124\text{mm}) < 5\text{in}(127\text{mm})$$

所以，箱梁壁厚满足要求。

由式(5-53)：

$$A_0 = A_c - \frac{t_d}{2} p_c = 1512 - \frac{4.89}{2} \times 157 = 1128\ \text{in}^2(7277 \times 10^2\text{mm}^2)$$

$$p_0 = p_c - 4t_d = 157 - 4 \times 4.89 = 137.4\text{in}(3470\text{mm})$$

由式(5-28)得：

$$\frac{A_t}{s} = \frac{T_n \tan\alpha}{2A_0 f_{ty}} = \frac{7400\tan\alpha}{2 \times 1128 \times 60} = 0.0547\tan\alpha(\text{in}^2/\text{in})$$

最小夹角 α 为：

$$\alpha = 12° + 33° \times \left[\frac{T_n p_c}{A_c^2 f_c'(0.27 - 45\varepsilon_{ly})}\right] = 12 + 33 \times \frac{7400 \times 157}{1512 \times 1512 \times 4 \times (0.27 - 45 \times 0.00207)}$$

$= 35.7° < 45°$，适筋。

取 $\alpha = 45°$，则 $\frac{A_t}{s} = 0.0547 \times 1 = 0.0547\text{in}^2/\text{in}(1.39\text{mm}^2/\text{mm})$。选择 6＃钢筋 $\left[\frac{3}{4}\text{in}(19.05\text{mm})\right]$，则箍筋间距：

$$s = \frac{0.44}{0.0547} = 8.04\text{in}(204\text{mm})$$

$$\frac{p_1}{8} = \frac{157 - 4 \times 2 \times (1.5 + 0.75/2)}{8} = 17.75\text{in}(451\text{mm})$$

$$s = 8.04 < 12\text{in}(300\text{mm}) < 17.75\text{in}(451\text{mm})$$

配置 6＃箍筋，间距为 8in(200mm)。

所需纵向钢筋面积：

$$A_l = \frac{T_n p_0}{2A_0 f_{ly}\tan\alpha} = \frac{7400 \times 137.4}{2 \times 1128 \times 60 \times 1} = 7.51\text{in}^2(4840\text{mm}^2)$$

配置 13 根 7＃纵向钢筋$\left[\frac{7}{8}\text{in}(22.225\text{mm})\right]$，则实际纵向钢筋面积，为 $A_l = 13 \times 0.60 = 7.80\text{in}^2(503\text{mm}^2)$。

5.2.3　当前规范中的设计方法

1. 我国《混凝土结构设计规范》(GB 50010—2002)

我国《混凝土结构设计规范》(GB 50010—2002)以试验结果为基础，并根据式(5-16)考虑抗扭钢筋的作用，给出下面的受扭承载力计算公式：

$$T \leqslant 0.35 f_t W_t + 1.2\sqrt{\zeta} f_{yv} \frac{A_{stl} A_{cor}}{s} \tag{5-62}$$

其中

$$\zeta = \frac{f_y A_{stl} s}{f_{yv} A_{st1} u_{cor}},\ A_{cor} = b_{cor} h_{cor},\ u_{cor} = 2(b_{cor} + h_{cor})$$

式中　ζ——纵筋与箍筋强度比，对钢筋混凝土纯扭构件，其 ζ 值应符合 $0.6 \leqslant \zeta \leqslant 1.7$ 的要求，当 $\zeta < 0.6$ 时，取 $\zeta = 0.6$；当 $\zeta > 1.7$ 时，取 $\zeta = 1.7$；

A_{st1}——单肢箍筋面积；

A_{stl}——纵向钢筋面积；

A_{cor}——箍筋包围区域的面积；

h_{cor}——构件长边箍筋长度；

b_{cor}——构件短边箍筋长度；

u_{cor}——截面核心部分的周长；

s——箍筋间距；

f_y——纵向钢筋屈服强度；

f_{yv}——箍筋屈服强度。

纵向钢筋面积按下式计算：

$$A_{stl} = \zeta \frac{f_{yv} A_{st1} u_{cor}}{f_y s} \tag{5-63}$$

2. 美国《建筑规范对结构混凝土的要求》(ACI 318—08)

1995年后的美国ACI 318规范计算钢筋混凝土构件承载力时采用了变角空间桁架模型，钢筋混凝土构件的受扭承载力公式为：

$$T_n = \frac{2A_0 A_t f_{yv}}{s} \cot\theta \tag{5-64}$$

式中 A_0——剪应力流包围的毛面积，经分析确定，可取 $A_0 = 0.85A_{oh}$；

A_{oh}——受扭箍筋所围区域的面积，见图5-15；

A_t——在间距 s 内，单肢封闭箍筋的面积；

f_{yv}——封闭抗扭箍筋的屈服强度；

s——平行于纵筋方向的抗剪或抗扭钢筋间距；

θ——桁架模型中压杆的角度，通过计算确定，不小于30°，也不大于60°。

ACI 318—08具体对 θ 的取值提出了建议：① 非预应力构件或预应力构件小于②规定的构件可取为45°；②有效预应力不小于纵向钢筋抗拉强度40%的预应力构件可取为37.5°。

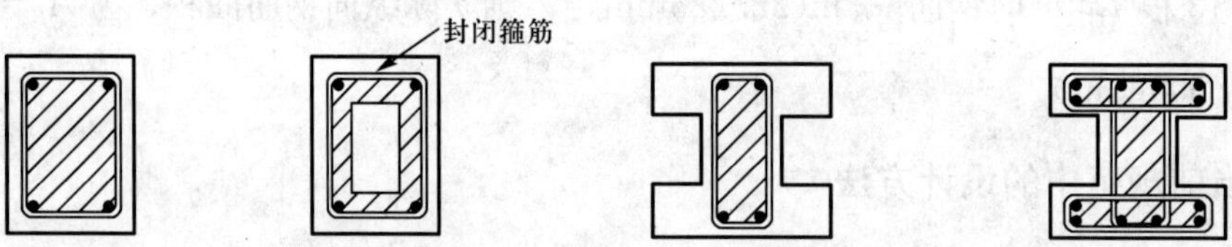

图5-15 阴影面积的确定

由式(5-64)求得 A_t 后，按下式计算抗扭所需的纵筋面积：

$$A_l = \frac{A_t}{s} p_h \left(\frac{f_{yv}}{f_{yl}}\right) \cot^2\theta \tag{5-65}$$

式中 p_h——最外层封闭受扭钢筋中心线的周长；

f_{yl}——纵向受扭钢筋的屈服强度。

3. 欧洲规范《混凝土结构设计》(EN 1992—1—1：2004)

在欧洲规范EN 1992—1—1：2004中[7]，混凝土开裂后的受扭承载力计算是以闭合薄壁截面空间桁架模型为基础的，构件抗扭所需的纵向钢筋截面面积ΣA_{si}按下式计算：

$$\frac{\sum A_{si}f_{yd}}{u_k}=\frac{T_{Ed}}{2A_k}\cot\theta \tag{5-66}$$

式中　T_{Ed}——设计扭矩；

A_k——管壁中心连线包围的面积(图 5-4)，包括内部空心区；

u_k——面积 A_k 的周长；

f_{yd}——纵向钢筋的屈服强度设计值；

θ——压杆与纵向钢筋的夹角，在 $1\leqslant\cot\theta\leqslant2$ 范围内取值；

A_{si}——第 i 个薄壁纵筋的面积。

需要的箍筋按下式计算：

$$\frac{A_{sw}f_{ywd}}{s}=\frac{\sum A_{si}f_{yd}}{u_k}\tan^2\theta \tag{5-67}$$

式中　A_{sw}——受扭箍筋面积；

f_{ywd}——受扭箍筋屈服强度设计值。

混凝土压杆压碎时，构件可承受的最大扭矩为：

$$T_{Rd,max}=2\nu\alpha_{cw}f_{cd}A_k t_{ef,i}\sin\theta\cos\theta \tag{5-68}$$

式中　A_k——薄壁中心连线包围的面积，包括内部空心区；

$t_{ef,i}$——有效壁厚，可取为$\dfrac{A}{u}$，但不得小于薄壁边缘与纵向钢筋中心距离的两倍。对空心截面实际厚度为上限值；

A——外周边所包围截面的总面积，包含内部空心区的面积；

u——截面的外周长；

ν——混凝土强度折减系数，按(4-194)计算；

f_{cd}——混凝土抗压强度设计值；

α_{cw}——见式(4-195)。

4. 加拿大规范《混凝土结构设计》(CSA A23.3—04)

加拿大规范《混凝土结构设计》(CSA A23.3—04)规定[8]，横向抗扭钢筋提供的抵抗扭矩按下式计算：

$$T_r=2A_0\frac{\phi_s A_t f_y}{s}\cot\theta \tag{5-69}$$

式中　A_0——剪力流包围的面积(包括孔洞)，取为 $0.85A_{oh}$；

A_{oh}——封闭横向抗扭钢筋中心线包围的面积(包括孔洞)；

ϕ_s——钢筋抗力系数；

A_t——封闭横向抗扭钢筋单肢的面积；

s——封闭横向抗扭钢筋间距；

θ——斜压应力与构件纵轴的夹角，确定方法与受剪的情况相同。

纵向钢筋面积的确定方法见 5.3.2 中加拿大规范的方法。

5. 澳大利亚标准《混凝土结构》(AS 3600—2001)

澳大利亚标准《混凝土结构》(AS 3600—2001)[18]规定了无封闭箍筋和有封闭箍筋梁受扭承载力的计算方法。

对于无封闭箍筋的梁，极限扭矩按下式计算：

$$T_{uc}=J_t(0.3\sqrt{f_c'})\sqrt{1+10\frac{\sigma_{cp}}{f_c'}} \tag{5-70}$$

式中 f_c'——混凝土圆柱体抗压强度特征值；

J_t——梁的扭转模量，实心矩形截面为$0.4x^2y$，实心T形、L形或I形截面为$0.4\sum x^2y$，x和y分别为所划分矩形单元的长边和短边长度；空心薄壁截面为$2A_mb_w$，b_w为壁厚，A_m为单室中线所围面积；

σ_{cp}——混凝土有效预应力平均值。

对于有封闭箍筋的梁，极限扭矩按下式计算：

$$T_{us}=f_{sy,f}\frac{A_{sw}}{s}(2A_t)\cot\theta_t \tag{5-71}$$

式中 A_t——连接截面各角纵向钢筋中心的多边形的面积；

$f_{sy,f}$——箍筋屈服强度；

A_{sw}——箍筋截面面积；

s——箍筋间距；

θ_t——混凝土斜压杆轴线与构件纵轴线间的夹角，可保守取为45°，精确计算时在$T^*=\phi T_{uc}$的30°与$T^*=\phi T_{u,max}$的45°之间按线性规律变化。

5.3 组合荷载作用下钢筋混凝土梁的扭转

上面讨论了承受纯扭作用的钢筋混凝土构件承载力的计算问题。实际工程中，构件很少只承受扭矩作用，往往还同时承受弯矩和剪力的作用。当钢筋混凝土构件承受纯扭作用时，如上所述，计算相对比较简单。当同时承受扭矩、弯矩及剪力作用时，计算要复杂得多。下面先介绍一些研究者提出的理论计算方法，然后介绍国内外现行规范采用的简化方法。

5.3.1 理论方法及一些国家早期规范的方法

1. Lessig的方法

1959年Lessig基于下面的假设[19]，根据斜弯理论，提出组合荷载下矩形截面梁极限强度的两种破坏方式。Lessig的基本假定如下：

①当破坏面形成时，纵向钢筋和箍筋均已屈服；

②忽略混凝土的抗拉强度；

③破坏面上箍筋的间距不变；

④在破坏区内没有外加荷载；

⑤受压区的剪应力不会影响构件强度；

⑥忽略钢筋的销栓作用；

⑦破坏面的扭曲对极限强度没有影响。

(1) 第一种破坏方式

中性轴上部为与纵向钢筋有一定角度的受压区，破坏面如图5-16所示。

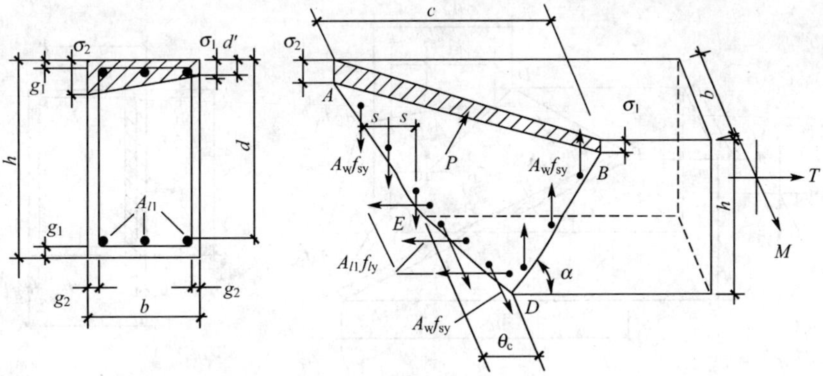

图 5-16　第一种破坏方式的破坏面

承载力计算步骤如下：

①计算 $\theta_1=\dfrac{\theta_c}{c}=\dfrac{b}{2h+b}$

②假设受压区高度 a（按下面 a 的表达式计算）及计算截面参数 Δ_1 和$\overline{\Delta}_1$：

$$a=\begin{cases}\dfrac{A_{l1}f_{ly}}{f_c'b} & \Phi\leqslant 0.1\\ 0 & \Phi>0.1\end{cases},\text{其中 }\Phi=\frac{T}{M}$$

$$\Delta_1=d-\frac{a}{2},\overline{\Delta}_1=\theta_1\left(h-g_1-\frac{a}{2}\right)+(1-\theta_1)\frac{b}{4}\left(1-\theta_1-4\frac{g_2}{b}\right)$$

③计算纵向长度 c_2 并取小值：

$$\frac{c}{b}=-\frac{1}{\Phi}+\sqrt{\frac{1}{\Phi^2}+\frac{1}{r}\times\frac{\Delta_1}{\overline{\Delta}_1}},c_{\max}=2h+b$$

④按下式计算 a，若 a 小于步骤②假设的 a，重复步骤②～④：

$$a=\frac{A_{l1}f_{ly}b\left(1+r_1\theta_1\dfrac{c^2}{b^2}\right)}{f_c'(c^2+b^2)},\text{其中 }r_1=\frac{A_wf_{sy}b}{A_{l1}f_{ly}s}$$

⑤计算最小受扭承载力 T：

$$T=A_{l1}f_{ly}\frac{\Delta_1+r_1\overline{\Delta_1}\left(\dfrac{c}{b}\right)^2}{\dfrac{1}{\Phi}+\dfrac{c}{b}}\tag{5-72a}$$

式中　b——构件截面宽度；

h——构件截面高度；

A_{l1}——第一种破坏方式的下部纵向受拉钢筋面积；

A_w——箍筋面积；

s——箍筋间距；

f_c'——混凝土抗压强度；

g_1、g_2——水平及竖向混凝土保护层厚度，为构件表面至箍筋中心的距离。

(2) 第二种破坏方式

在靠近梁受扭应力和剪应力符号相反的面形成中性轴和受压区，破坏面如图 5-17 所示。

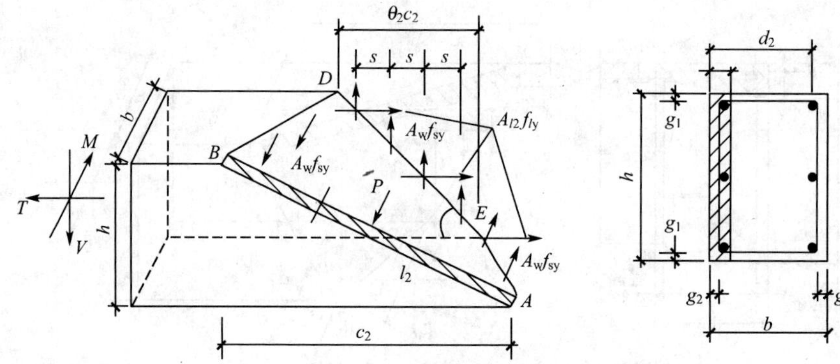

图 5-17 第二种破坏方式的破坏面

计算步骤如下：

①计算 $\theta_2=\dfrac{b}{2h+b}$

②假设受压区高度 a（按下面 a 的表达式计算）及计算截面参数 Δ_2 和$\overline{\Delta}_2$

$$a=\begin{cases}\dfrac{A_{l2}f_{ly}}{f_c' b} & \Phi\leqslant 0.1\\ 0 & \Phi>0.1\end{cases},\text{其中 }\Phi=\frac{T}{M}$$

$$\Delta_2=d_2-\frac{a}{2},\overline{\Delta}_2=\theta_2\left(b-g_2-\frac{a}{2}\right)+(1+\theta_2)\frac{h}{4}\left(1-\theta_2-4\frac{g_1}{h}\right)$$

③计算纵向长度 c_2 并取小值：

$$\frac{c_2}{h}=\sqrt{\frac{1}{r_2}\times\frac{\Delta_2}{\overline{\Delta}_2}},c_{2,\max}=2h+b$$

④按下式计算 a，若 a 小于步骤②假设的 a，重复步骤②～④：

$$a=\frac{A_{l2}f_{ly}b\left(1+r_2\theta_2\dfrac{c_2^2}{h^2}\right)-Vc_2}{f_c'(c_2^2+h^2)},\text{其中 }r_2=\frac{A_w f_{sy}b}{A_{l2}f_{ly}s}$$

⑤计算最小受扭承载力 T：

$$T=A_{l2}f_{ly}\frac{\Delta_2+r_2\overline{\Delta}_2\left(\dfrac{c_2}{h}\right)^2}{(1+\delta)\left(\dfrac{c_2}{h}\right)} \tag{5-72b}$$

其中

$$\delta=\frac{Vb}{2T}$$

式中 A_{l2}——第二种破坏方式的下部纵向钢筋面积。

2. 前苏联规范（1962）的方法

1962 年前苏联规范[20]根据 Lessig 的理论对组合荷载作用下的极限受扭承载力做了如下简化：

（1）忽略第一种破坏方式中箍筋的垂直分量及第二种破坏方式中箍筋的水平分量；

（2）$h-g_1=d$，$b-g_2=d_2$。

进行如此的简化后，计算公式变为下面的形式：

(1) 第一种破坏方式

$$T=A_{l1}f_{ly}\left(d-\frac{a}{2}\right)\frac{\left[1+\left(\frac{r}{1+2h/b}\right)\left(\frac{c}{b}\right)^{2}\right]}{\frac{1}{\Phi}+\frac{c}{b}} \tag{5-73a}$$

其中

$$a=\frac{A_{l1}f_{ly}\left[1+\left(\frac{r_1}{1+2h/b}\right)\left(\frac{c}{b}\right)^{2}\right]}{f_c'b\left[1+\left(\frac{c}{b}\right)^{2}\right]},\frac{c}{b}=-\frac{1}{\Phi}+\sqrt{\frac{1}{\Phi^2}+\left(\frac{1+2h/b}{r_1}\right)}\leqslant 1+2\frac{h}{b}$$

(2) 第二种破坏方式

$$T=A_{l2}f_{ly}\left(d_2-\frac{a}{2}\right)\frac{\left[1+\left(\frac{r_2}{1+2h/b}\right)\left(\frac{c_2}{h}\right)^{2}\right]}{(1+\delta)\left(\frac{c_2}{h}\right)} \tag{5-73b}$$

其中

$$a=\frac{A_{l2}f_{ly}\left[1+\left(\frac{r_2}{1+2h/b}\right)\left(\frac{c_2}{h}\right)^{2}\right]-V\frac{c_2}{h}}{f_c'h\left[1+\left(\frac{c_2}{h}\right)^{2}\right]},\frac{c_2}{h}=\sqrt{\frac{1+2h/b}{r_2}}\leqslant 1+2\frac{h}{b}$$

上述各式中各符号的意义同 Lessig 公式。

3. Collins 的方法

1965 年 Collins[21] 等人根据前苏联规范的假设条件，做了进一步的简化：组合荷载下矩形梁受压区的高度与矩形梁扭弯时的受压区高度相同。简化后，建立的破坏模型如下：

(1) 第一种破坏方式

$$\left(\frac{T}{T_{01}}\right)^{2}+\frac{M}{M_{01}}=1 \tag{5-74a}$$

其中

$$T_{01}=2\sqrt{\chi}M_{01},\chi=\frac{r_1}{1+2h/b},r_1=\frac{A_w f_{sy}b}{A_{l1}f_{ly}s}$$

式中　M_{01}——构件纯弯破坏时的弯矩，按下式计算：

$$M_{01}=A_{l1}f_{ly}\left(d-\frac{a}{2}\right),a=\frac{A_{l1}f_{ly}}{0.85f_c'b}$$

式中　A_{l1}——下部钢筋面积；

f_{ly}——钢筋屈服强度；

b——梁截面宽度；

h——梁截面高度；

d——有效截面高度。

(2) 第二种破坏方式

$$T+V\frac{b}{2}=T_{02} \tag{5-74b}$$

其中

$$T_{02}=M_{01}\sqrt{\frac{4r_2R_2}{1+2b/h}},R_2\approx\left(\frac{A_{l2}}{A_{l1}}\right)\left(\frac{b}{h}\right),r_2=\frac{A_{\mathrm{w}}f_{\mathrm{sy}}b}{A_{l1}f_{l\mathrm{y}}s}$$

(3) 第三种破坏方式

对这种破坏方式，因受弯矩影响上部钢筋减少，造成钢筋不对称，所以破坏时中性轴和受压区出现在靠近梁的底面位置，破坏面如图 5-18 所示。

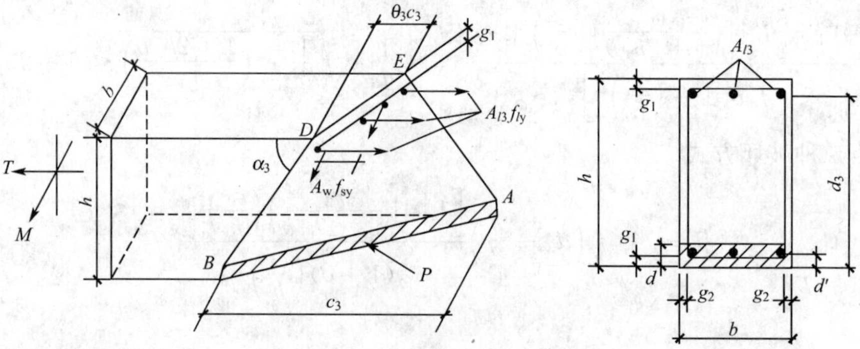

图 5-18 第三种破坏方式的破坏面

$$\left(\frac{T}{T_{01}}\right)^2-\frac{M}{M_{01}}=R \tag{5-74c}$$

其中

$$R=\frac{A_{l3}}{A_{l1}}$$

4. Silva 的方法

1962 年 Yudin[22]提出了组合荷载下对称配筋矩形梁的承载力分析方法，1979 年 Silva 等将该方法推广至不对称钢筋矩形梁的分析。他们的假设条件如下：

① 与 Lessig 方法①～⑥的假设条件相同；

② 梁扭转裂缝与纵向钢筋的夹角为 45°；

③ 混凝土受压区中心位于抗剪钢筋的中心位置。

基于上述假设条件，得到下面的公式：

(1) 第一种破坏方式

$$\frac{T}{T_{01}}+\frac{M}{M_{01}}=1 \tag{5-75a}$$

(2) 第二种破坏方式

$$\frac{T}{T_{02}}+\frac{V}{V_{02}}=1 \tag{5-75b}$$

(3) 第三种破坏方式

$$\frac{T}{T_{01}}-\frac{M}{M_{01}}=R \tag{5-75c}$$

其中

$$M_{01}=A_{l1}f_{l\mathrm{y}}h',T_{01}=\frac{2b'h'A_{l1}f_{l\mathrm{y}}}{b'+h'};T_{02}=2b'h'\frac{A_{\mathrm{w}}f_{\mathrm{sy}}}{s};V_{02}=\frac{2T_{02}}{b};R=\frac{A_{l3}}{A_{l1}}$$

式中　h'——长边箍筋的中心距离；

b'——短边箍筋的中心距离。

5. Elfgren、Karlsson 和 Losberg 的方法

1974 年 Elfgren 等[23]在下列假定下，利用空间桁架模型，提出了组合荷载下钢筋混凝土矩形梁的破坏模型，同时考虑剪力的影响：

①破坏面的纵向钢筋和箍筋均已屈服；

②没有二次破坏，即表面角部混凝土不会剥落；

③忽略混凝土抗拉强度；

④忽略钢筋销栓作用对剪力的贡献，并忽略混凝土受压区所承受的剪力；

⑤组合荷载下梁受压区的高度通常很小，因此假设受压区中心位置为箍筋中心。

再根据梁每一面所受应力不同，每面的裂缝角度也不同，最后得到下面的公式：

(1) 扭应力和剪应力符号相同面的箍筋和下部纵向钢筋屈服

$$\frac{M}{M_0}+\left(\frac{T}{T_0}\right)^2R+\left(\frac{V}{V_0}\right)^2R=1 \tag{5-76a}$$

(2) 扭应力和剪应力符号相同面的箍筋和纵向钢筋屈服

$$\left(\frac{T}{T_0}\right)^2\frac{2R}{R+1}+\left(\frac{V}{V_0}\right)^2\frac{2R}{R+1}+\left(\frac{TV}{T_0V_0}\right)\left(\frac{2R}{R+1}\right)\frac{2}{\sqrt{1+b'/h'}}=1 \tag{5-76b}$$

(3) 扭应力和剪应力符号相同面的箍筋和上部纵向钢筋屈服

$$\frac{M}{M_0}\left(\frac{-1}{R}\right)+\left(\frac{T}{T_0}\right)^2+\left(\frac{V}{V_0}\right)^2=1 \tag{5-76c}$$

其中

$$M_0=A_{l1}f_{ly}h',R=\frac{A_{l3}}{A_{l1}}$$

$$T_0=2b'h'\frac{A_{\mathrm{w}}f_{\mathrm{sy}}}{s}\sqrt{\frac{A_{l3}f_{ly}}{b'+h'}\times\frac{s}{A_{\mathrm{w}}f_{\mathrm{sy}}}},V_0=2h'\frac{A_{\mathrm{w}}f_{\mathrm{sy}}}{s}\sqrt{\frac{A_{l3}f_{ly}}{h'}\times\frac{s}{A_{\mathrm{w}}f_{\mathrm{sy}}}}$$

6. 澳大利亚规范 CA2—1973 的方法

1973 年的澳大利亚规范根据 Collins 等的理论，推广得到四个破坏模型：

(1) 第一种破坏方式

$$T=2M_{01}\chi\left[\sqrt{\frac{1}{\Phi}+\frac{1}{\chi}}-\frac{1}{\Phi}\right] \tag{5-77a}$$

(2) 第二种破坏方式

$$T=M_{01}\frac{1}{1+\delta}\sqrt{\frac{4rR_2}{1+2b/h}} \tag{5-77b}$$

(3) 第三种破坏方式

$$T=2M_{01}\chi\left[\sqrt{\frac{1}{\Phi}+\frac{R}{\chi}}+\frac{1}{\Phi}\right] \tag{5-77c}$$

(4) 第四种破坏方式（剪切破坏）

$$V+\frac{1.6T}{b}=V_0 \tag{5-77d}$$

其中

$$\chi=\frac{r}{1+2h/b},r=\frac{A_{\mathrm{w}}f_{\mathrm{sy}}b}{A_{l1}f_{l\mathrm{y}}s},R=\frac{A_{l3}}{A_{l1}}\approx\frac{M_{03}}{M_{01}},R_2=\frac{M_{02}}{M_{01}}\approx\frac{1+R}{2}\frac{b'}{h'}$$

$$\Phi=\frac{T}{M},\delta=\frac{Vb}{2T}$$

式中 b'——闭合箍筋的宽度，取箍筋中心的间距；

h'——闭合箍筋的高度，取箍筋中心的间距。

7. Hsu 及 collins 和 Lampert 的方法

在按受扭进行截面设计、配置纵向钢筋时，通常是将相等面积的钢筋配置于梁的上部和下部，但在承受弯扭共同作用时，上部和下部需要的钢筋面积不再相同。所以，Hsu[16] 及 Collins 和 Lampert[24] 根据钢筋屈服情况建立了两个破坏模型。

(1) 第一种破坏方式

下部纵向钢筋与上部纵向钢筋配筋强度相等（$A'_{\mathrm{s}}f'_{\mathrm{y}}=A_{\mathrm{s}}f_{\mathrm{y}}$），破坏时的相互作用关系如图 5-19 ($a$)，表达式为：

$$\left(\frac{T_{\mathrm{n}}}{T_{\mathrm{n0}}}\right)^2+\frac{M_{\mathrm{n}}}{M_{\mathrm{n0}}}=1 \tag{5-78a}$$

式中 T_{n0}——构件纯扭时的承载力；

M_{n0}——构件纯弯时的承载力。

(2) 第二种破坏方式

下部纵向钢筋与上部纵向钢筋配筋强度不相等（$A'_{\mathrm{s}}f'_{\mathrm{y}}\neq A_{\mathrm{s}}f_{\mathrm{y}}$），破坏时的相互作用关系如图 5-19 ($b$)，表达式为：

$$\left(\frac{T_{\mathrm{n}}}{T_{\mathrm{n0}}}\right)^2=1+\frac{1}{r}\left(\frac{M_{\mathrm{n}}}{M_{\mathrm{n0}}}\right)\text{或}\left(\frac{T_{\mathrm{n}}}{T_{\mathrm{n0}}}\right)^2=\frac{1}{r}\left(1-\frac{M_{\mathrm{n}}}{M_{\mathrm{n0}}}\right) \tag{5-78b}$$

其中 $r=\dfrac{A'_{\mathrm{s}}f'_{\mathrm{y}}}{A_{\mathrm{s}}f_{\mathrm{y}}}$，$r$ 在 $\dfrac{1}{3}\sim\dfrac{1}{2}$ 之间时抗扭强度是增加的。

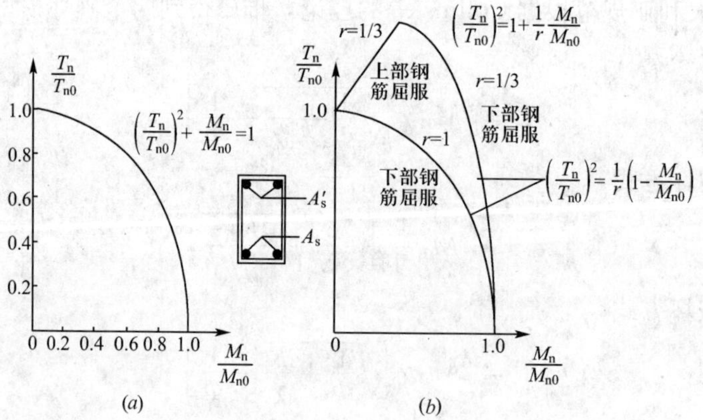

图 5-19 弯矩与扭矩相互作用曲线

(a) $A'_{\mathrm{s}}f'_{\mathrm{y}}=A_{\mathrm{s}}f_{\mathrm{y}}$；($b$) $A'_{\mathrm{s}}f'_{\mathrm{y}}<A_{\mathrm{s}}f_{\mathrm{y}}$

5.3.2 当前规范中的方法

1. 我国《混凝土结构设计规范》(GB 50010—2002)

对于弯剪扭共同作用下的钢筋混凝土构件，我国《混凝土结构设计规范》(GB 50010—2002)规定考虑剪力与扭矩的相互作用计算所需的抗剪和抗扭纵向钢筋面积和箍筋面积，单独考虑弯矩的作用而计算抗弯所需的纵向钢筋面积，无量纲剪扭承载力的相关关系可取四分之一圆，如图 5-20 所示。由于四分之一圆弧的相关方程比较复杂，所以简化为图中的三折线 AB、BC 和 CD。经分析，给出剪力和扭矩作用下构件的承载力计算公式为：

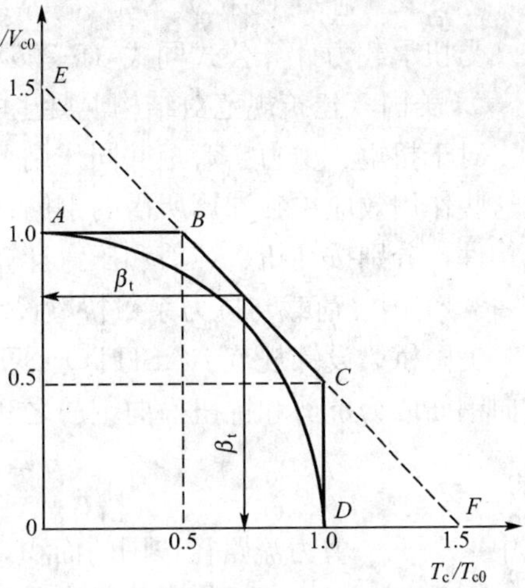

图 5-20 混凝土剪扭承载力的相关关系

$$V \leqslant (1.5-\beta_t)(0.7f_t bh_0+0.05N_{p0})+1.25f_{yv}\frac{A_{sv}}{s}h_0 \tag{5-79a}$$

$$T \leqslant \beta_t\left(0.35f_t+0.05\frac{N_{p0}}{A_0}\right)W_t+1.2\sqrt{\zeta}f_{yv}\frac{A_{st1}A_{cor}}{s} \tag{5-79b}$$

其中

$$\beta_t=\frac{1.5}{1+0.5\left(\dfrac{V}{T}\right)\left(\dfrac{W_t}{bh_0}\right)}$$

当 $\beta_t<0.5$ 时，取 $\beta_t=0.5$；当 $\beta_t>1.0$ 时，取 $\beta_t=1.0$。

对于集中荷载作用下的独立剪扭构件：

$$V \leqslant (1.5-\beta_t)\left(\frac{1.75}{\lambda+1}f_t bh_0+0.05N_{p0}\right)+f_{yv}\frac{A_{sv}}{s}h_0 \tag{5-79c}$$

其中

$$\beta_t=\frac{1.5}{1+0.2(\lambda+1)\left(\dfrac{V}{T}\right)\left(\dfrac{W_t}{bh_0}\right)}$$

当 $\beta_t<0.5$ 时，取 $\beta_t=0.5$；当 $\beta_t>1$ 时，取 $\beta_t=1$。

式中 T——构件截面所承受的扭矩设计值；

V——剪力设计值；

A_{sv}——受剪承载力所需的箍筋截面面积；

f_{yv}——受扭箍筋的抗拉强度设计值；

f_t——混凝土轴心抗拉强度设计值；

b——构件截面宽度；

h_0——构件截面有效高度；

W_t——截面受扭塑性抵抗矩［式 (5-3)］；

N_{p0}——混凝土法向预应力等于 0 时预应力钢筋及非预应力钢筋的合力；

A_0——构件的换算截面面积；

ζ——见式（5-62）。

受扭承载力计算公式同式（5-79*b*）。

2. 美国《建筑规范对结构混凝土的要求》（ACI 318—08）

对于扭矩、剪力、弯矩共同作用下的钢筋混凝土构件，美国规范 ACI 318—08[6] 分别按这些作用效应单独计算所需的钢筋；对于扭矩、剪力、轴力和弯矩共同作用下的偏心受压构件，分别按纯扭、纯剪和压弯计算所需钢筋。

3. 美国《荷载与抗力系数桥梁设计规范》（AASHTO LRFD—2007）

美国桥梁设计规范 AASHTO LRFD—2007 规定钢筋混凝土剪力和扭矩作用下构件的横向钢筋取为抗剪和抗扭横向钢筋之和。构件的受扭承载力按下式计算：

$$T_n = \frac{2A_0 A_t f_y \cot\theta}{s} \tag{5-80}$$

式中 A_0——剪力流路径包围的面积，包括其内的孔洞，mm^2；

A_t——实心截面构件为闭合受扭钢筋单肢的面积，箱形截面构件为外腹板受扭钢筋的总面积，mm^2；

f_y——受扭钢筋规定的最小屈服强度，MPa；

θ——将式（4-142）和式（4-143）中的 v 和 V_u 修正后确定的裂缝倾角，°。

对于实心截面的构件，纵向钢筋需满足下式要求：

$$A_{ps} f_{ps} + A_s f_y \geqslant \frac{|M_u|}{d_v \phi} + 0.5\frac{N_u}{\phi} + \sqrt{\left(\left|\frac{V_u}{\phi} - V_p\right| - 0.5V_s\right)^2 + \left(\frac{0.45 p_h T_u}{2A_0 \phi}\right)^2}\cot\theta \tag{5-81}$$

式中 p_h——闭合横向钢筋中心线的周长，mm；

T_u——乘系数的扭矩。

其他符号的意义见式（4-148）。

对于箱型截面构件，除计算需要的受弯钢筋外，受扭纵向钢筋面积不小于下式的要求：

$$A_l = \frac{T_n p_h}{2A_0 f_y} \tag{5-82}$$

4. 欧洲规范《混凝土结构设计》（EN 1992—1—1：2004）

欧洲规范 EN 1992—1—1：2004 的计算方法与美国规范 ACI 318—08 相近，对于剪力和扭矩共同作用下的构件，承载力仍按桁架模型计算，压杆与构件轴线夹角 θ 的取值相同，分别计算抗扭和抗剪所需的箍筋截面面积，然后进行叠加。

5. 加拿大规范《混凝土结构设计》（CSA A23.3—04）

加拿大规范《混凝土结构设计》（CSA A23.3—04）规定，对于承受剪力和扭矩作用的构件，承载力可采用剪切计算的一般方法计算，确定 ε_x 时，式（4-107）中的 $V_u - V_p$ 项用 $\sqrt{(V_u - V_p)^2 + \left(\frac{0.9 p_h T_u}{2A_0}\right)^2}$ 代替，其中 p_h 为封闭横向抗扭钢筋中心线的周长，A_0 为剪力流包围的面积（包括孔洞）。

需要的纵向钢筋应满足式（4-154*a*）和式（4-154*b*）的要求，但式（4-154*a*）和式（4-154*b*）中的 $V_u - 0.5V_s - V_p$ 用 $\sqrt{(V_u - 0.5V_s - V_p)^2 + \left(\frac{0.45 p_h T_u}{2A_0}\right)^2}$ 代替。

6. 澳大利亚标准《混凝土结构》(AS 3600—2001)

澳大利亚标准《混凝土结构》(AS 3600—2001)规定，梁的纵向钢筋需要承担弯矩和扭矩的作用，为此对梁弯拉区和弯压区纵向抗扭钢筋的计算分别进行了规定。弯拉区的纵向钢筋需承担下式表示的附加拉力：

$$0.5f_{sy,f}\left(\frac{A_{sw}}{s}\right)u_t\cot^2\theta_t \tag{5-83}$$

弯压区的纵向钢筋需承担下式表示的附加拉力：

$$0.5f_{sy,f}\left(\frac{A_{sw}}{s}\right)u_t\cot^2\theta_t-F_c^*\geqslant 0 \tag{5-84}$$

式中 u_t——定义 A_t 的多边形周长；

$f_{sy,f}$——箍筋屈服强度；

F_c^*——受压区弯矩产生的设计力绝对值；

Q_t——混凝土压杆与纵向钢筋的夹角；

A_{sw}——单肢箍筋截面面积。

5.4 最小配筋率和最大截面尺寸

5.4.1 最小配筋率

由于混凝土具有一定的抗拉强度(尽管很小)，因此当扭矩很小时，钢筋混凝土构件不会受扭开裂，即不配抗扭钢筋的构件也具有一定的抗扭能力。但为防止构件开裂后出现偶然的脆性破坏，在构造上需要配置一定量的钢筋，即满足最小配筋率要求。

1. 我国《混凝土结构设计规范》(GB 50010—2002)

由于钢筋对推迟构件裂缝出现并不明显，所以，当承受剪扭作用时，我国混凝土结构设计规范认为钢筋混凝土构件与素混凝土构件的极限承载力基本相同，从而用钢筋混凝土构件开裂荷载相关曲线代替素混凝土构件的极限荷载相关曲线。图5-21为我国原哈尔滨建筑工程学院和同济大学对矩形截面构件试验的结果。我国规范 GB 50010—2002 在上述试验结果的基础上，并考虑与抗剪公式的协调，给出了下面构造配筋的界限公式：

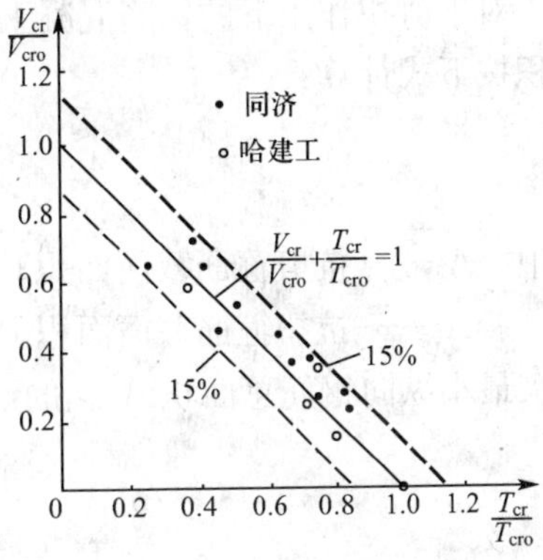

图5-21 剪扭构件开裂荷载相关曲线

$$\frac{V}{bh_0}+\frac{T}{W_t}\leqslant 0.7f_t \tag{5-85}$$

式中 W_t——构件扭转塑性抵抗矩[式(5-3)]；

f_t——混凝土抗拉强度。

为了简化计算，我国混凝土设计规范 GB 50010—2002 还规定，当

$$T\leqslant 0.175W_tf_t$$

时可不考虑扭矩的作用，而只按受弯配筋；当

$$V\leqslant 0.35f_tbh_0$$

时可不考虑剪力的作用，而只按弯扭构件配筋。

在弯剪扭构件中，箍筋的配筋率 $\rho_{sv}=\dfrac{A_{sv}}{bs}$ 不小于 $0.28\dfrac{f_t}{f_{yv}}$。箍筋间距应符合规范 GB 50010—2002 中抗剪钢筋的构造规定。梁内受扭纵向钢筋的配筋率 ρ_{tl} 需满足：

$$\rho_{tl}\geqslant 0.6\sqrt{\frac{T}{Vb}}\frac{f_t}{f_y} \tag{5-86}$$

当 $\dfrac{T}{Vb}>2.0$ 时，取 $\dfrac{T}{Vb}=2.0$。

式中 ρ_{tl}——受扭纵向钢筋的配筋率，$\rho_{tl}=\dfrac{A_{stl}}{bh}$；

b——矩形截面的宽度，T 形或 I 形截面的腹板宽度，箱形截面的侧壁总厚度；

A_{stl}——沿截面周边布置的受扭纵向钢筋的总截面面积；

f_t——混凝土抗拉强度；

f_y——钢筋屈服强度。

2. 美国《建筑规范对结构混凝土的要求》(ACI 318—08)

美国规范 ACI 318—08 认为，当扭矩小于 $0.25T_{cr}$ 时，不会引起结构抗弯和抗剪强度的显著降低。因此，对非预应力构件，美国规范 ACI 318—08 规定当乘系数的扭矩 T_u 小于下式的值时，可忽略扭矩的作用：

$$\phi\lambda\sqrt{f_c'}\left(\frac{A_{cp}^2}{p_{cp}}\right)(\text{in}-\text{lb})\text{ 或 }0.083\phi\lambda\sqrt{f_c'}\left(\frac{A_{cp}^2}{p_{cp}}\right)\quad(\text{N}\cdot\text{mm}) \tag{5-87}$$

式中 A_{cp}、p_{cp}——见式 (5-7)；

λ——轻骨料混凝土强度修正系数。

对于剪扭作用下的钢筋混凝土构件，美国规范 ACI 318—08 规定横向封闭箍筋的最小面积按下式计算：

$$A_v+2A_t=0.75\sqrt{f_c'}\frac{b_w s}{f_{yv}}\geqslant\frac{50b_w s}{f_{yv}} \tag{5-88}$$

式中 A_v——抗剪箍筋截面面积；

A_t——抗扭箍筋截面面积。

最小纵向钢筋总面积 $A_{l,\min}$ 的计算公式为：

$$A_{l,\min}=\frac{5\sqrt{f_c'}A_g}{f_{yl}}-\left(\frac{A_t}{s}\right)p_h\left(\frac{f_{yv}}{f_{yl}}\right)\quad(\text{in}^2) \tag{5-89}$$

式中 A_g——混凝土毛截面的面积（不包括空心部分），in^2；

p_h——最外层闭合受扭钢筋中心线的周长，in。

为了限制 $A_{l,\min}$ 的值，式 (5-89) 右边第二项中单位长度上的横向钢筋 $\dfrac{A_t}{s}$ 取值不小于 $25\dfrac{b_w}{f_{yv}}$。

式 (5-89) 的推导过程可见文献 [25]。文献 [25] 指出该式在应用中存在下列问题：

①有时会出现负的最小纵筋面积；

②纵筋与箍筋的比例失调，不能得到式 (5-64) 中容许的 θ 值；

③对于有翼缘的截面会引起不必要的混乱。

为此，文献［25］提出下面确定纵向钢筋最小面积的方法。为避免构件混凝土开裂后抗扭强度立即降低，应满足下面的条件：

$$T_{\mathrm{n}} \geqslant T_{\mathrm{cr}} \text{ 或 } T_{\mathrm{n}} = \lambda T_{\mathrm{cr}} \tag{5-90}$$

式中，λ 为系数，当 $\lambda \geqslant 1$ 时，T_{n} 按式（5-64）计算，T_{cr} 按式（5-8）计算。结合式（5-65）得到

$$A_{l,\min} = \lambda\left(\frac{2\sqrt{f_{\mathrm{c}}'}}{f_{yl}}\frac{A_{\mathrm{cp}}}{A_0}\frac{p_{\mathrm{h}}}{p_{\mathrm{cp}}}\cot\theta\right)A_{\mathrm{cp}} \quad (\mathrm{in}^2) \tag{5-91a}$$

式中各符号的意义同式（5-8）、式（5-64）和式（5-65）。

如果取 $\lambda=1.0$，则有：

$$A_{l,\min} = \left(\frac{2\sqrt{f_{\mathrm{c}}'}}{f_{yl}}\right)\left(\frac{A_{\mathrm{cp}}^2}{A_0}\right)\left(\frac{p_{\mathrm{h}}}{p_{\mathrm{cp}}}\right)\cot\theta \quad (\mathrm{in}^2) \tag{5-91b}$$

【例 5-3】 考虑图 5-22 所示的扁梁，这种梁经常在网格板中使用。混凝土强度 $f_{\mathrm{c}}' = 3000\mathrm{psi}(20.7\mathrm{MPa})$，钢筋屈服强度 $f_{yl} = f_{\mathrm{yv}} = 60\mathrm{ksi}(420\mathrm{MPa})$，确定最小抗扭筋面积，为了简化计算，假定 $A_{\mathrm{v}}=0$。

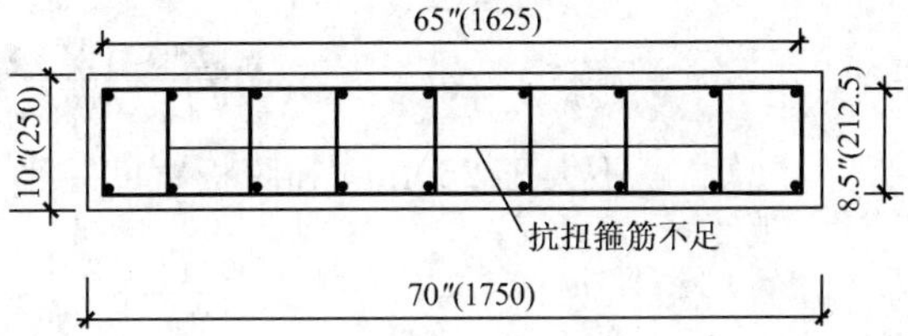

图 5-22　钢筋混凝土扁梁[in(mm)]

【解】 根据 ACI 318—08 的规定：

$$A_{\mathrm{t,min}} = \frac{25b_{\mathrm{w}}s}{f_{\mathrm{yv}}} = \frac{25\times70s}{60000} = 0.0293s(\mathrm{in}^2)$$

选用 4 号箍筋$\left[\frac{1}{2}\mathrm{in}(12.7\mathrm{mm})\right]$，$s=6.75\mathrm{in}(170\mathrm{mm})$。根据式(5-89)得最小纵筋面积：

$$A_{l,\min} = \frac{5\sqrt{f_{\mathrm{c}}'}A_{\mathrm{g}}}{f_{yl}} - \left(\frac{A_{\mathrm{t}}}{s}\right)p_{\mathrm{h}}\left(\frac{f_{\mathrm{yv}}}{f_{yl}}\right) = \frac{5\times\sqrt{3000}\times700}{60000} - \left(\frac{0.2}{6.75}\right)\times147\times\left(\frac{60000}{60000}\right)$$
$$= -1.16\mathrm{in}^2$$

结果表明不需要配置抗扭纵筋。所以，暗含的 θ 为 90°，超出了允许界限。这意味着 θ 角是不合理的。

如果采用式(5-91b)进行计算，则有($\theta=45°$)：

$$A_{l,\min} = \frac{2\sqrt{f_{\mathrm{c}}'}}{f_{yl}}\frac{A_{\mathrm{cp}}^2}{A_0}\frac{p_{\mathrm{h}}}{p_{\mathrm{cp}}}\cot\theta = \frac{2\times\sqrt{3000}\times700^2\times147}{60000\times0.85\times65\times8.5\times160} = 1.75\ \mathrm{in}^2$$

使用 9 根 4 号钢筋[$1.8\mathrm{in}^2(1161\mathrm{mm}^2)$]即可满足要求。

由式(5-65)，要求的箍筋面积为：

$$A_{\mathrm{t}} = \frac{sA_l}{p_{\mathrm{h}}\dfrac{f_{\mathrm{yv}}}{f_{\mathrm{y}l}}\cot^2\theta} = \frac{1.8s}{147\times60000/60000\times\cot^2 45°} = 0.0122s$$

采用间距为 9in(225mm)的 3 号钢筋$\left[\frac{3}{8}\mathrm{in}(9.525\mathrm{mm})\right]$即可满足要求。

3. 欧洲规范《混凝土结构设计》(EN 1992—1—1：2004)

欧洲规范 EN 1992—1—1：2004 规定，如果满足下式要求，则按最小面积配筋：

$$\frac{T_{Ed}}{T_{Rd,c}}+\frac{V_{Ed}}{V_{Rd,c}}\leqslant 1.0 \tag{5-92}$$

式中 T_{Ed}——设计扭矩；

V_{Ed}——设计剪力；

$T_{Rd,c}$——开裂扭矩，按式(5-11)计算；

$V_{Rd,c}$——无抗剪钢筋构件的受剪承载力设计值，根据表 4-1 中的欧洲规范公式计算。

4. 加拿大规范《混凝土结构设计》(CSA A23. 3—04)

加拿大规范《混凝土结构设计》(CSA A23. 3—04)规定，当采用未开裂截面的刚度计算的扭矩大于 $0.25T_{cr}$时，按计算确定需要的抗扭钢筋面积，否则可忽略扭矩的影响。

5. 澳大利亚标准《混凝土结构》(AS 3600—2001)

澳大利亚标准《混凝土结构》(AS 3600—2001) 规定，下列情况构件不要求配置抗扭钢筋：

(1) $$T^{*}<0.25\phi T_{uc};\tag{5-93}$$

(2) $$\frac{T^{*}}{\phi T_{uc}}+\frac{V^{*}}{\phi V_{uc}}\leqslant 0.5;\tag{5-94}$$

(3) 总高度不大于 250mm 和腹板宽度一半中的较大值，且

$$\frac{T^{*}}{\phi T_{uc}}+\frac{V^{*}}{\phi V_{uc}}\leqslant 1 \tag{5-95}$$

式中 T^{*}——设计扭矩；

V^{*}——设计剪力。

T_{uc}和 V_{uc}分别按式(5-70)和式(4-164)计算。

如果上述要求不能满足，由横向封闭箍筋和纵向钢筋组成的抗扭钢筋，应满足下式：

$$\frac{T^{*}}{\phi T_{us}}+\frac{V^{*}}{\phi V_{us}}\leqslant 1 \tag{5-96}$$

其中 T_{us}根据式(5-71)计算，V_{us}根据式(4-168)计算。

5.4.2 最小截面尺寸

为防止构件受扭时发生混凝土首先被压坏的超筋破坏，必须控制受扭钢筋的数量不超过上限，即必须控制构件截面尺寸不能过小。

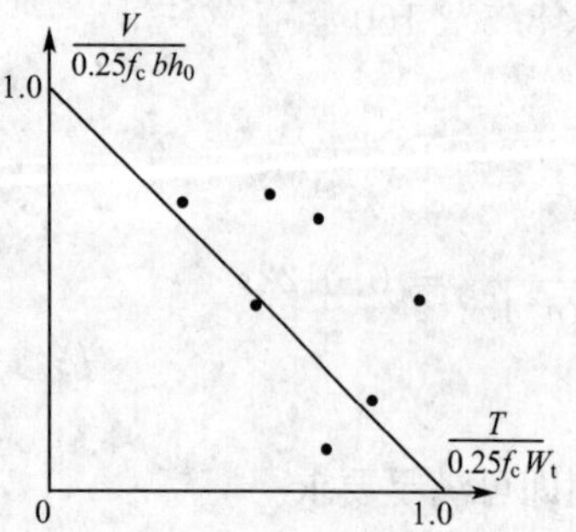

图 5-23 剪扭构件完全超筋的相关曲线

1. 我国《混凝土结构设计规范》(GB 50010—2002)

图 5-23 为我国试验得到的剪扭构件完全超筋的相关曲线。根据这一试验结果，我国规范 GB 50010—2002 规定，在弯矩、剪力和扭矩共同作用下，矩形、T 形、I 形截面和箱形构件的截面应符合下列条件：

当 $\frac{h_w}{b}\left(或\frac{h_w}{t_w}\right)\leqslant 4$ 时

$$\frac{V}{bh_0}+\frac{T}{0.8W_t}\leqslant 0.25\beta_c f_c \tag{5-97a}$$

当 $\frac{h_w}{b}\left(或\frac{h_w}{t_w}\right)\geqslant 6$ 时

$$\frac{V}{bh_0}+\frac{T}{0.8W_t}\leqslant 0.2\beta_c f_c \tag{5-97b}$$

当 $4<\frac{h_w}{b}$（或$\frac{h_w}{t_w}$）<6 时，按线性内插法确定。

式中　b——矩形截面的宽度，T 形或 I 形截面的腹板宽度，箱形截面的侧壁总厚度 $2t_w$；

W_t——受扭构件的截面受扭塑性抵抗矩；

h_w——截面的腹板高度，对矩形截面，取有效高度 h_0；对 T 形截面，取有效高度减去翼缘高度；对 I 形和箱形截面，取腹板净高；

t_w——箱形截面壁厚，其值不小于$\frac{b_h}{7}$，此处 b_h 为箱形截面的宽度；

f_c——混凝土抗压强度；

β_c——混凝土强度影响系数。

式(5-97)中，系数 0.8 考虑了超筋破坏的不安全性，特别是高强混凝土。

2. 美国《建筑规范对结构混凝土的要求》(ACI 318—08)

在美国规范 ACI 318—08 中[6]，假定由施加的剪力 V_u 产生的名义剪应力为 $\tau_v=\frac{V_u}{b_w d}$，由扭矩 T_u 产生的名义剪应力为 $\tau_t=\frac{T_u}{2A_0 t}$，对图 5-24($a$)所示的空心截面，将这些应力叠加并取 $A_0=0.85A_{oh}$和 $t=\frac{A_{oh}}{p_h}$，则有：

$$\tau=\tau_v+\tau_t=\frac{V_u}{b_w d}+\frac{T_u p_h}{1.7A_{oh}^2} \tag{5-98}$$

式中　V_u——截面乘系数的剪力；

T_u——截面乘系数的扭矩；

p_h——最外层封闭受扭钢筋的中心线周长；

A_{oh}——由最外层封闭受扭钢筋中线包围的面积。

为了减少肉眼可见的裂缝，并防止剪扭引起的斜向压应力造成混凝土表面被压碎，美国规范 ACI 318—08 规定，在剪力和扭矩共同作用下空心截面应符合下式的要求：

$$\frac{V_u}{b_w d}+\frac{T_u p_h}{1.7A_{oh}^2}\leqslant\phi\left(\frac{V_c}{b_w d}+8\sqrt{f_c'}\right) \tag{5-99}$$

式中　ϕ——强度折减系数，取 0.85；

V_c——混凝土可承受的名义剪力。

对实心截面构件，如图 5-24(b)所示，τ_t 主要环绕截面周边分布，但 τ_v 则由整个截面来承受。与试验结果的比较表明，用式(5-99)计算实心截面的剪应力比较保守，而用下面的形式表达与试验结果比较接近：

$$\tau=\sqrt{\left(\frac{V_u}{b_w d}\right)^2+\left(\frac{T_u p_h}{1.7A_{oh}^2}\right)^2} \tag{5-100}$$

所以，ACI 318—08 规定实心截面需符合下式的要求：

$$\sqrt{\left(\frac{V_u}{b_w d}\right)^2+\left(\frac{T_u p_h}{1.7A_{oh}^2}\right)^2}\leqslant \phi\left(\frac{V_c}{b_w d}+8\sqrt{f_c'}\right) \tag{5-101}$$

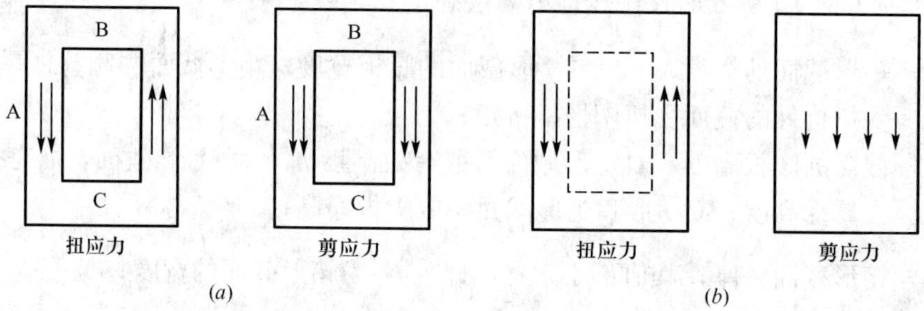

图 5-24 剪扭应力的叠加

(a)空心截面；(b)实心截面

3. 欧洲规范《混凝土结构设计》(EN 1992—1—1：2004)

欧洲规范 EN 1992—1—1：2004 认为[7]，剪力和扭矩共同作用下混凝土构件的最大承载力取决于混凝土压杆的承载力。为不超过最大承载力，欧洲规范规定实心截面构件的截面需满足下面的条件：

$$\frac{T_{Ed}}{T_{Rd,max}}+\frac{V_{Ed}}{V_{Rd,max}}\leqslant 1.0 \tag{5-102}$$

式中 T_{Ed}——设计扭矩；

V_{Ed}——设计剪力；

$T_{Rd,max}$——最大抵抗扭矩，见式(5-68)；

$V_{Rd,max}$——最大抵抗剪力，按式(4-194)计算。

4. 加拿大规范《混凝土结构设计》(CSA A23.3—04)

加拿大规范《混凝土结构设计》(CSA A23.3—04)规定，箱形构件的截面需满足下式的要求：

$$\frac{V_f-V_p}{b_w d_v}+\frac{T_f p_h}{1.7A_{oh}^2}\leqslant 0.25\phi_c f_c' \tag{5-103a}$$

式中 V_f——截面乘系数的剪力；

V_p——乘系数 ϕ_p 的有效预应力在施加剪力方向的分量；

b_w——梁腹板宽度；

d_v——有效剪切高度，取 $0.9d$ 和 $0.72h$ 的大者；

T_f——乘系数的扭矩；

p_h——封闭横向抗扭钢筋中心线的周长；

A_{oh}——以封闭横向抗扭钢筋中心线为周长的区域的面积(包括孔洞)；

ϕ_c——混凝土强度折减系数。

如果箱形构件截面的壁厚小于 A_{oh}/p_h，式(5-103a)中的第二项用 $T_f/(1.7A_{oh}t)$ 代替，其中 t 为所考虑应力截面的壁厚。

对于其他截面，需满足下式的要求：

$$\sqrt{\left(\frac{V_{\rm f}-V_{\rm p}}{b_{\rm w}d_{\rm v}}\right)^2+\left(\frac{T_{\rm f}p_{\rm h}}{1.7A_{\rm oh}^2}\right)^2}\leqslant 0.25\phi_{\rm c}f_{\rm c}' \tag{5-103b}$$

5. 澳大利亚标准《混凝土结构》(AS 3600—2001)

澳大利亚标准《混凝土结构》(AS 3600—2001)规定，为了避免扭剪共同作用下腹板混凝土压碎，梁的尺寸应符合下式要求：

$$\frac{T^*}{\phi T_{\rm u,max}}+\frac{V^*}{\phi V_{\rm u,max}}\leqslant 1 \tag{5-104}$$

其中

$$T_{\rm u,max}=0.2f_{\rm c}'J_{\rm t}$$

式中　$f_{\rm c}'$——混凝土圆柱体抗压强度；

$J_{\rm t}$——梁的扭转模量，按式(5-70)取值。

$V_{\rm u,max}$按式(4-171)计算。

5.5　抗扭刚度

受扭的钢筋混凝土构件包括平衡扭转和协调扭转两种情况。协调扭转的构件承担的扭矩与构件的抗扭刚度有关。所以，对于协调扭转的钢筋混凝土构件，确定其抗扭刚度非常重要。

5.5.1　开裂前的抗扭刚度

构件的抗扭刚度定义为构件单位长度上产生单位转角需要的扭矩，表示为

$$K_{\rm t}=T\Big/\frac{{\rm d}\phi}{{\rm d}z} \tag{5-105}$$

式中　$\frac{{\rm d}\phi}{{\rm d}z}$——构件单位长度上的转角。

图5-25 所示为钢筋混凝土构件纯扭时的扭矩－单位长度上的转角曲线，即 $T-\frac{{\rm d}\phi}{{\rm d}z}$ 曲线。由图可以看出，在荷载很小时，构件的 $T-\frac{{\rm d}\phi}{{\rm d}z}$ 关系为线性的；混凝土接近开裂时，略呈现非线性。所以，按开裂弯矩计算的抗扭刚度总是比按完全弹性理论计算的抗扭刚度小，一般为完全弹性理论结果的 60％～70％。按完全弹性理论的刚度计算公式为：

$$K_{\rm te}=G_{\rm c}I_{\rm te} \tag{5-106}$$

式中　$G_{\rm c}$——混凝土的剪变模量；

$I_{\rm te}$——构件的弹性扭转惯性矩。

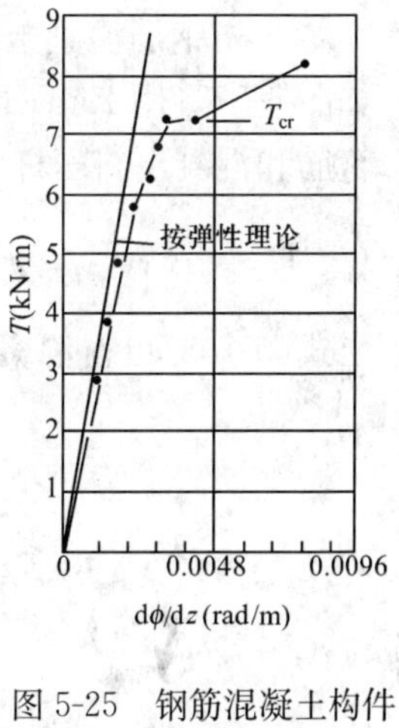

图 5-25　钢筋混凝土构件纯扭时的扭矩—单位长度转角曲线

5.5.2 开裂后的抗扭刚度

1973 年 Hsu[26] 根据 Bredt 的薄壁管理论及 Räusch 的空间桁架模型给出了钢筋混凝土梁开裂后的抗扭刚度公式。对于图 5-26 所示的受扭的任意截面钢筋混凝土薄壁管，根据式(5-26b)，剪应力为：

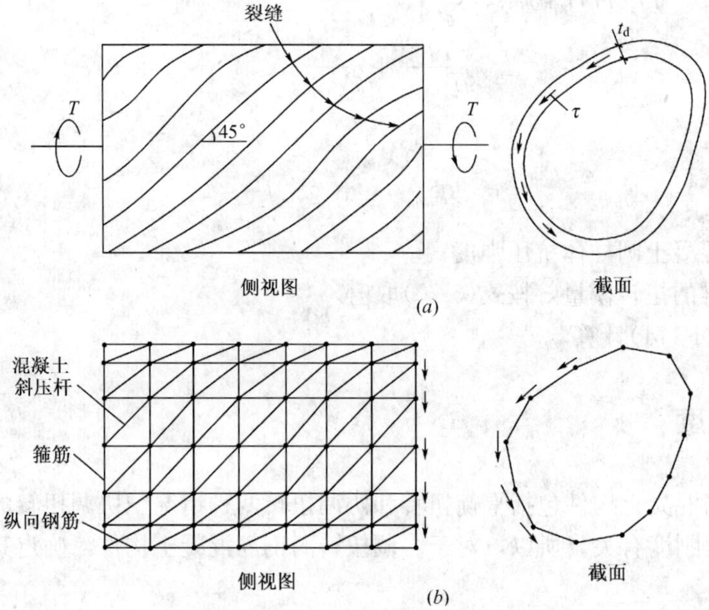

图 5-26 受扭构件空间桁架比拟图

(a)混凝土构件的斜裂缝；(b)理想化的空间桁架

$$\tau=\frac{q}{t_{\mathrm{d}}}=\frac{T}{2A_0t_{\mathrm{d}}} \tag{5-107}$$

式中 A_0——箍筋中心线所包围的面积；

t_{d}——钢筋混凝土薄壁管的厚度。

如图 5-27，用 Räusch 的空间桁架理论分析受扭构件时，裂缝倾角取为 45°，纵向钢筋、箍筋和混凝土斜压杆的力定义为 X、Y 和 D，这些力具有如下关系：

$$X=Y=\frac{D}{\sqrt{2}}=F=\tau st_{\mathrm{d}} \tag{5-108}$$

由式(5-108)可得混凝土、纵向钢筋及箍筋的应力为：

$$\sigma_{\mathrm{c}}=\frac{D}{\left(\frac{s}{\sqrt{2}}\right)t_{\mathrm{d}}}=\frac{\sqrt{2}\tau st_{\mathrm{d}}}{\left(\frac{s}{\sqrt{2}}\right)t_{\mathrm{d}}}=2\tau \tag{5-109a}$$

$$\sigma_l=\frac{X}{A_l}=\frac{\tau st_{\mathrm{d}}}{A_l}=\frac{\tau}{r_l} \tag{5-109b}$$

$$\sigma_{\mathrm{v}}=\frac{X}{A_{\mathrm{v}}}=\frac{\tau st_{\mathrm{d}}}{A_{\mathrm{v}}}=\frac{\tau}{r_{\mathrm{v}}} \tag{5-109c}$$

式中 A_l——纵向钢筋面积；

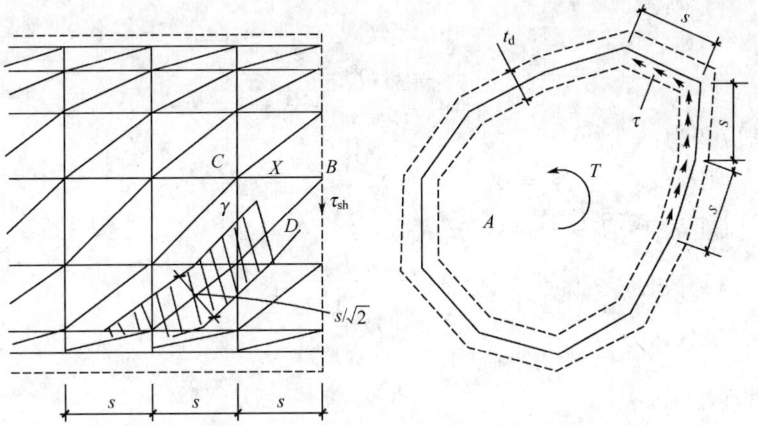

图 5-27 薄壁管的空间桁架模型

$r_l = \dfrac{A_l}{st_d}$——纵向钢筋面积与薄壁管面积比；

A_v——箍筋面积；

$r_v = \dfrac{A_v}{st_d}$——箍筋面积与薄壁管面积比。

根据式(5-109)，混凝土、纵向钢筋和箍筋应变为：

$$\varepsilon_c = \frac{\sigma_c}{E_c} = \frac{2\tau}{E_c},\ \varepsilon_l = \frac{\sigma_l}{E_s} = \frac{\tau}{E_s r_l},\ \varepsilon_v = \frac{\sigma_v}{E_s} = \frac{\tau}{E_s r_v} \tag{5-110}$$

在空间桁架上取一小的单元(图 5-28)，该小单元为由对角斜边的混凝土和四周的钢筋形成的边长为 s 的正方形。由混凝土压应变产生的剪应变如图 5-28(a)所示，原混凝土单元长度为CB，变形后为CE，缩短了 $BE=\varepsilon_C(\sqrt{2}s)$，为保持混凝土与钢筋的连续性，最后共同变形到 F 点，且EF垂直CE，BF垂直AB。由于$BF=\sqrt{2}BE=2\varepsilon_C s$，变形后单元的形状变为平行四边形，剪应变为：

$$\gamma_c = \frac{BF}{AB} = \frac{2\varepsilon_c s}{s} = 2\varepsilon_c \tag{5-111a}$$

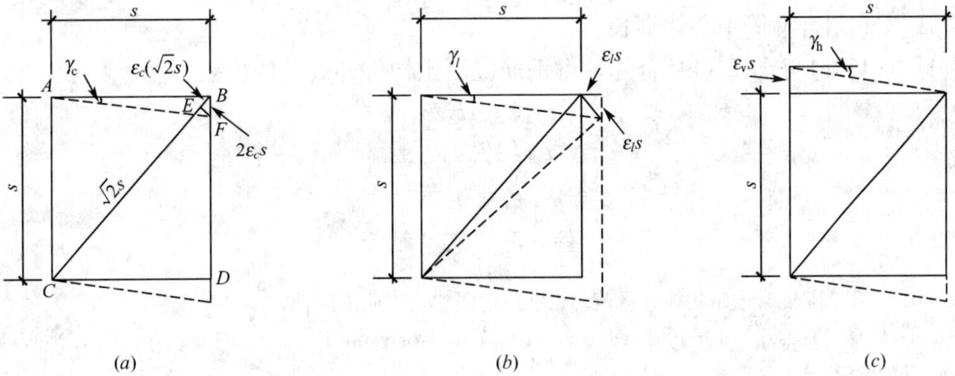

图 5-28 扭剪作用下空间桁架的变形协调

(a)混凝土压杆缩短引起的扭转；(b)纵筋伸长引起的扭转；(c)箍筋伸长引起的扭转

同理

$$\gamma_l=\frac{\varepsilon_l s}{s}=\varepsilon_l,\gamma_v=\frac{\varepsilon_v s}{s}=\varepsilon_v \tag{5-111b}$$

所以总剪应变为：

$$\gamma=\gamma_c+\gamma_l+\gamma_v=2\varepsilon_c+\varepsilon_l+\varepsilon_v \tag{5-112}$$

将式(5-110)代入式(5-112)得：

$$\frac{\tau}{\gamma}=\frac{E_s}{4n+\frac{1}{r_l}+\frac{1}{r_v}} \tag{5-113a}$$

其中 $n=\frac{E_s}{E_c}$。

定义 $G_{cr}=\frac{\tau}{\gamma}$ 为构件开裂后的剪变模量，则：

$$G_{cr}=\frac{E_s}{4n+\frac{1}{r_l}+\frac{1}{r_v}} \tag{5-113b}$$

G_{cr}描述了受扭构件开裂后材料的变形特性，考虑了钢筋弹性模量、混凝土弹性模量、纵向钢筋面积比及箍筋面积比，将纵向钢筋面积比及箍筋面积比进一步定义为：

$$\rho_l=\frac{A_l u}{A_c s}=\left(\frac{ut_d}{A_c}\right)r_l,\ \rho_v=\frac{A_v u}{A_c s}=\left(\frac{ut_d}{A_c}\right)r_v$$

式中 A_l——全部纵向钢筋面积；

A_c——全部混凝土面积；

u——箍筋中心线周长。

代入式(5-113b)得：

$$G_{cr}=\frac{E_s}{4n+\frac{ut_d}{A_c\rho_l}+\frac{ut_d}{A_c\rho_v}} \tag{5-113c}$$

根据 Bredt 的薄壁管理论，均匀薄壁钢筋混凝土构件的开裂扭转常数 C_{cr}可表示为：

$$C_{cr}=\frac{4A_1^2 t_d}{u} \tag{5-114}$$

式中 A_1——闭合箍筋中心线周长。

将式(5-113c)与式(5-114)合并，得钢筋混凝土构件开裂后的抗扭刚度：

$$G_{cr}C_{cr}=\frac{4E_s A_1^2 A_c}{u^2\left(\frac{4nA_c}{ut_d}+\frac{1}{\rho_l}+\frac{1}{\rho_v}\right)} \tag{5-115}$$

参 考 文 献

1 GB 50010—2002. 混凝土结构设计规范. 北京：中国建筑工业出版社，2002

2 Hsu T T C. Torsion of reinforced concrete. Van Nostrand Reinhold，Incorporation，New York，1984：544

3 ACI 318—89. Building Code Requirement for Structural Concrete（ACI 318—89）and Commentary（ACI 318—89），1989

4 Hsu T T C and Mo Y L. Softening of concrete in torsional members-Theory and tests, Journal of the American Concrete Institute, Proceedings, 1985, 82(3): 290-303

5 ACI 318—95. Building Code Requirement for Structural Concrete and Commentary, 1995

6 ACI 318—08. Building Code Requirement for Structural Concrete and Commentary, 2008

7 EN 1992-1-1: 2004. Design of concrete structures — Part 1: General rules and rules for buildings, CEN, 2004

8 CSA A23. 3—04. Design of concrete structures. Canadian Standards Association, 2004

9 Räusch R. Design of reinforced concrete in torsion, Ph. D. Thesis, Technische Hochschule, Berlin, 1929

10 Hsu T T C. Ultimate torque of reinforced rectangular beams, Journal of the structural division, ASCE, 1968, 94(ST2): 485-510

11 Anderson A R. Shear strength of hollow core members, Technical Bulletin 78-81, Concrete Technology Associates, Tacoma, WA, 1978: 33

12 Hsu T T C and Burton K T. Design of reinforced concrete spandrel beams, Proceedings, Journal of the structural division, ASCE, 1974, 100(ET1): 209-229

13 ACI 318—71. Building Code Requirement for Structural Concrete and Commentary, 1971

14 Lampert P and Thurlimann B. Torsionsversuch an stahlbetonbalken(torsion tests of reinforced concrete beams), Bericht Nr 6506-2: 101; Torsion-Biege-Versuche an stahlbeton-balken(Torsion—bending tests on reinforced concrete beams), Bericht Nr, 6506-3, Institute of Baustatik, ETH, Zurich, Switzerland (in German), 1969

15 Collins M P and Mitchell D. Shear and torsion design of prestressed and non-prestressed concrete beams. PCI Journal, 1980, 25(5): 32-100

16 Hsu T T C. Unified theory of reinforced concrete. Boca Raton , FL: CRC Press, Incorporation, 1993

17 Vecchio F and Collins M P. Stress-stain characteristics of reinforced concrete in pure shear. Reports of the Working Commissions (International Association for Bridge and Structural Engineering), 1981, 34: 211-225

18 AS 3600-2001. Concrete Structures, 2001

19 Lessig N N. Determination of load-carrying capacity of rectangular reinforced concrete elements subjected to flexure and torsion. Trudy No. 5, Institute Betona i Zhelezobe-tona (Concrete and Reinforced Concrete Institute), Moscow, 1959: 5-28 (in Russian). Translated by Portland Cement Association, Foreign Literature Study No. 371. Available from S. L. A. Translation Center, The John Crerar, Library Translation Center, 35 W. 33rd St. , Chicago, Illinois 60616

20 State committee on construction of the USSR Council of Ministers, "Structural Standards and Regulations, "SNIP H-B, 1-62, State Publishing Offices for Literature on Structural Engineering, Architecture and Structural Materials , Moscow, 1962(in Russian)

21 Collins M P, Walsh P F, Archer F E and Hall A S. Reinforced concrete beams subjected to combined torsion, bending and shear. UNICIV Report, No. R-14, University of New South Wales, October 1965

22 Yudin V K. Determination of load-carrying capacity of rectangular reinforced concrete elements subjected to combined torsion and bending. Beton I Zhelezobeton (Concrete and Reinforced Concrete), 1962, (6): 265-269 (in Russian)

23 Elfgren L. Reinforced concrete beams loaded in combined torsion, bending and shear. Publication 71: 3, Division of Concrete Structures, Chalmers University of Technology, Goteborg, Sweden, 1972

24 Collins M P and Lampert P. Redistribution of moments at cracking-the key to simpler torsion design?

Analysis of Structural Systems for Torsion, SP-35, American Concrete Institute, Farmington Hills, MI, 1973: 343-383

25 Mohamed A A and Richard N W. Toward a rational approach for design of minimum torsion reinforcement, ACI Structural Journal, 1999, 96(1): 40-45

26 Hsu T T C. Post-cracking torsional rigidity of reinforced concrete sections. Journal of ACI, 1973

第 6 章　钢筋混凝土构件的延性与极限分析

延性描述的是混凝土结构设计中需要考虑的变形性能。延性好的结构比延性差的结构能更好地承受意外和不可预知的作用，如由不均匀沉降或温度变化以及受力方式的改变而在结构上产生的强加变形以及受到爆炸和冲击作用等。良好的延性使结构或结构构件失效前具有明显的预兆，对于超静定结构，还能使结构发生应力重分布，将超载产生的内力重新分配到低应力区。设计中也经常利用钢筋混凝土的延性性能减少临界截面钢筋的拥挤，简化细部要求，使结构设计更为经济。另外，延性也是混凝土结构在地震作用下发生大的塑性变形而不倒塌的基本要求，从而保证人民生命和财产的安全。

6.1　延性的概念

延性是结构体系、结构构件或结构材料在破坏前承载力不降低或降低不大而承受大的塑性变形的能力。为保证结构或构件具有足够的延性，以保持适当承载力、抵消温度或不同沉降产生的变形，世界各国的混凝土设计规范都对钢筋混凝土结构的延性提出了一定要求，但所采用的方法不尽相同。

结构的延性取决于构件的延性，而构件的延性与结构材料的塑性性能有关。

6.1.1　材料性能

钢筋混凝土构件是由钢筋和混凝土组成的，所以其延性取决于钢筋和混凝土的塑性或变形性能。对于部分预应力混凝土结构，还包括预应力筋的变形性能。由于预应力筋的变形性能与普通钢筋不同，其构件的延性相对较差。另外，预应力会使构件产生二次弯矩，相对来讲，分析也比较复杂。

6.1.1.1　受压混凝土的变形性能

第 1 章已对受压混凝土的强度和变形性能进行了讨论。一般情况下，混凝土的变形能力与其强度的变化趋势是相反的。强度低的混凝土，变形能力较好，峰值应力后的应力－应变曲线下降平缓；而强度高的混凝土，变形能力较差，峰值应力后的应力－应变曲线下降较快，脆性明显，如图 6-1(*a*)所示。使用箍筋对混凝土进行约束或在混凝土中掺加钢纤维，可以改善混凝土峰值应力后的变形性能[图 6-1(*b*)]。如第 1 章所讨论的，箍筋提供的约束力可以用混凝土中钢筋的体积配筋率、混凝土强度和箍筋的屈服强度来表达。减小箍筋间距可以提高受压混凝土的约束强度和变形能力，如果箍筋间距不变，则随着混凝土强度提高约束能力降低。

6.1.1.2　钢筋与预应力筋的变形性能

第 1 章讨论了钢筋的性能。钢筋和预应力筋的延性可以通过钢筋和预应力筋的强屈比 f_u/f_y 和极限应变 ε_{su} 描述。一般而言，软钢的应力—应变曲线具有明显的屈服台阶，变形

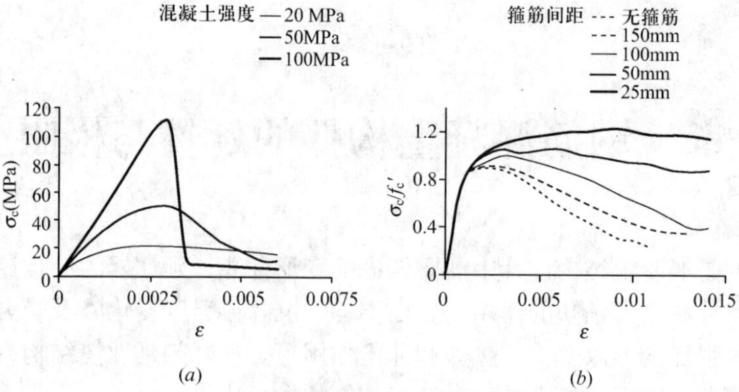

图 6-1　不同等级和约束混凝土的延性

（a）混凝土强度对 σ-ε 的影响；（b）约束对混凝土 σ-ε 的影响

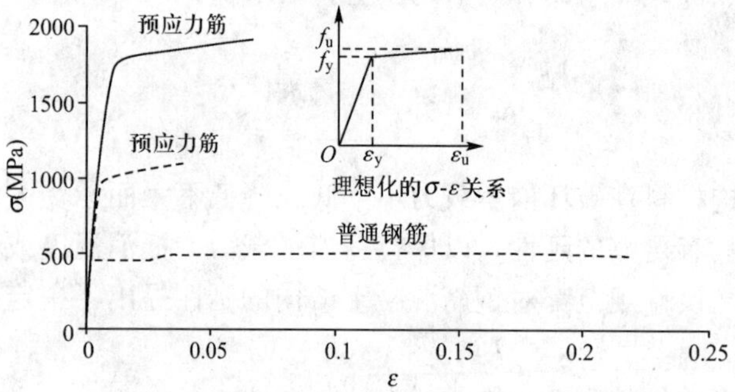

图 6-2　一般钢筋和预应力筋的应力—应变曲线

能力好，而预应力混凝土结构常用的硬钢强度很高，变形能力较差，如图 6-2 所示。Cosenza、Greco 和 Manfredi（1993）建议用下面的表达式描述钢筋的延性[1]：

$$\text{钢筋延性系数}=\varepsilon_{su}^{0.75}\left(\frac{f_u}{f_y}-1\right)^{0.9} \tag{6-1}$$

Beeby（1992，1997）[2,3] 用图示法将延性描述为应力—应变曲线中扣除弹性变形面积后剩余的塑性区面积(理想弹塑性曲线与真实曲线的差别)，这种定义需要真实的钢筋应力—应变曲线。目前国际上通常将规定试件区段(标距 203mm)内的伸长量作为钢筋的延性指标。我国标准 GB 14990—1998 对 HRB335、HRB400 和 HRB500 钢筋伸长率的最小要求分别是 16%、14%和 12%。美国标准按钢筋直径分档，如表 6-1 所示。表 6-2 给出了其他一些国家设计规范对钢筋延性的分类。

不同标准对钢筋延性的要求　　　　表 6-1

标　准	牌号或等级	规格范围(直径，mm)③	伸长率(%)
GB 13013—91[4]	HPB235	8～20	≥25
GB 1499—1998[5]	HRB335	6～25，28～50	≥16①
	HRB400		≥4②
	HRB500		≥12③
GB 13014—91[6]	RRB400	8～25，28～40	≥14
ASTM A706/A 706M-06a[7]	60 级	3、4、5、6(10、13、16、19)	≥14②
		7、8、9、10、11(22、25、29、32、36)	≥12②
		14、18(43、57)	≥10②

续表

标　准	牌号或等级	规格范围(直径，mm)③		伸长率(%)
ASTM A615/A 615M-06a[8]	40 级	3(10)		≥11②
		4、5(13、16)，6(19)		≥12②
	60 级	3(10)，4、5(13、16)，6(19)		≥9②
		7、8(22、25)		≥8②
		9、10、11(29、32、36)，14、18(43、57)		≥7②
	75 级	6(19)，7、8(22、25)		≥7②
		9、10、11(29、32、36)，14、18(43、57)		≥6②
prEN 10080-1999[9]	Part2	B500A	4～16	2.5%
	Part3	B500B	6～40	5.0%
	Part4	B450C		7.5%

① δ_5，即按试件 $5d$ 段内的伸长量计算；

② 按试件规定区段(203mm)内的伸长量计算；

③ 美国标准的钢筋规格中，括号前面的数字表示钢筋号，括号内的数字近似表示钢筋的名义直径。

不同设计规范中钢筋延性的分类　　表 6-2

标准或规范	钢筋延性水平		
	低	一般	高
欧洲模式规范 (CEB MC 90)[10]	B 级	A 级	S 级
	$(f_{su}/f_{sy})_k \geqslant 1.05$ $\varepsilon_{su,k} \geqslant 2.5\%$	$(f_{su}/f_{sy})_k \geqslant 1.08$ $\varepsilon_{su,k} \geqslant 5.0\%$	$(f_{su}/f_{sy})_k \geqslant 1.15$ $\varepsilon_{su,k} \geqslant 6.0\%$
德国规范 (DIN 1045-1)[11]	N 型	H 型	E 型
	$(f_{su}/f_{sy})_k \geqslant 1.05$ $\varepsilon_{su,k} \geqslant 2.5\%$	$(f_{su}/f_{sy})_k \geqslant 1.08$ $\varepsilon_{su,k} \geqslant 5.0\%$	$(f_{su}/f_{sy})_k \geqslant 1.15$ $\varepsilon_{su,k} \geqslant 8.0\%$
欧洲规范 (EN 1992-1-1：2004)[12]	A 级	B 级	C 级
	$(f_{su}/f_{sy})_k \geqslant 1.05$ $\varepsilon_{su,k} \geqslant 2.5\%$	$(f_{su}/f_{sy})_k \geqslant 1.08$ $\varepsilon_{su,k} \geqslant 5.0\%$	$1.15 \leqslant (f_{su}/f_{sy})_k \leqslant 1.35$ $\varepsilon_{su,k} \geqslant 7.5\%$
澳大利亚规范 (AS 3600：2001)[13]	L 级	N 级	不采用
	$(f_{su}/f_{sy})_k \geqslant 1.03$ $\varepsilon_{su,k} \geqslant 1.5\%$	$(f_{su}/f_{sy})_k \geqslant 1.08$ $\varepsilon_{su,k} \geqslant 5.0\%$	

我国、美国和欧州对预应力筋极限伸长率的最低要求　　表 6-3

标　准		钢筋类型	最低延伸率(%)
我　国	GB/T 5223—2002[14]	冷拉钢丝，消除应力钢丝	3.5
	GB/T 5224—2003[15]	钢绞线	3.0
	GB/T 20065—2006[16]	钢筋	3.5
美　国	ASTM A416—1996[17]	无涂层，7 股	3.5
	ASTM A886—1994[18]	刻痕，7 股，消除应力	3.5
	ASTM A722—1995[19]	无涂层，高强，钢筋	4.0
	ASTM A779—1995[20]	无涂层，7 股，挤压，消除应力	3.5

续表

标 准		钢筋类型	最低延伸率(%)
欧 洲	prEN 10138—2[21]	钢丝	3.5
	prEN 10138—3[22]	钢绞线	3.5
	prEN 10138—4[23]	钢筋	3.5

对于预应力筋的延性要求，目前各国的设计规范只是规定了最低的极限伸长率 ε_{pu}，没有规定最小应变硬化率 f_{pu}/f_{py}。表 6-3 为我国标准、美国材料与试验(ASTM)标准和欧洲标准对不同类型预应力筋的最低伸长率要求。

6.1.2 构件的延性

6.1.2.1 构件的延性指标

理论上可以使用截面弯矩—曲率关系描述构件截面的延性。如果构件的截面具有很高的延性，则在破坏前构件的曲率很大。截面弯矩—曲率关系受材料延性性能、受拉钢筋配筋率和截面尺寸等因素的影响。图 6-3 示出了钢筋混凝土构件、有延性的部分预应力混凝土构件和无延性的部分预应力混凝土构件的典型弯矩—曲率 ($M-\varphi$) 关系。

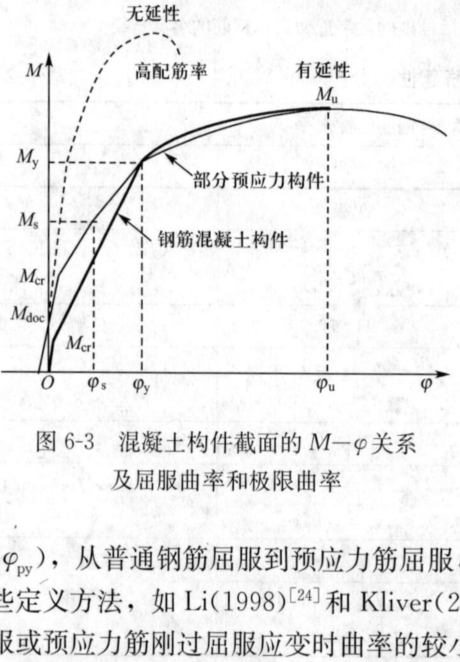

图 6-3 混凝土构件截面的 $M-\varphi$ 关系及屈服曲率和极限曲率

钢筋混凝土或预应力混凝土构件截面的延性可用 $\varphi_u-\varphi_y$ 或 φ_u/φ_y 作为指标(图 6-3)，其中 φ_u 为构件达到极限弯矩 M_u 时的曲率，φ_y 为构件刚达到屈服弯矩 M_y 时的曲率，φ_u/φ_y 称为截面的曲率延性系数，用 μ_φ 表示。但对于部分预应力混凝土构件，定义截面的屈服曲率有一定困难，过去曾采用了不同的定义，如表 6-4 所示。在部分预应力构件中，普通钢筋通常先屈服(φ_{sy})，随后预应力筋屈服(φ_{py})，从普通钢筋屈服到预应力筋屈服，构件的承载力会显著增加(图 6-3)。也有其他一些定义方法，如 Li(1998)[24] 和 Kliver(2001)[25] 将预应力构件的屈服曲率取为普通钢筋屈服或预应力筋刚过屈服应变时曲率的较小者。

部分预应力混凝土构件截面屈服曲率和极限曲率的定义 **表 6-4**

规范或研究者	屈服曲率或对应的应变	极限曲率或对应的应变
欧洲模式规范(CEB MC 90)[10]	$\varepsilon_s=\varepsilon_{sy}$或 $\varepsilon_p=\varepsilon_{py}$	$\varepsilon_u=0.0035$
美国规范(ACI 318—08)[26]	$\varepsilon_s=\varepsilon_{sy}$或 $\varepsilon_p=\varepsilon_p(f_{py})$	$\varepsilon_0=0.0030$
Cohn 和 Bartlett(1982)[27]	$\varepsilon_s=\varepsilon_{sy}$	$\frac{\partial M}{\partial \varphi}=0$
Naaman(1986)[28]	$M-\varphi$ 曲线初始段与屈服段的交点	$\frac{\partial M}{\partial \varphi}=0$
Cohn 和 Riva(1991)[29]	$\varepsilon_s=\varepsilon_{sy}$	$\frac{\partial M}{\partial \varphi}=0$

除上面屈服曲率的定义方法外，还经常使用能量法和几何作图法进行定义。能量法(1)如图 6-4(a)所示，作二折线 $OY-YN$ 代替原来的荷载一位移曲线，条件是曲线下的总面积相等，即图中阴影区 OAB 的面积与 YNB 的面积相等，Y 为等效的屈服点，欧洲规范《结构抗震设计》(EN 1998—1：2004)[30]采用了这种方法；能量法(2)如图 6-4(b)所示，阴影区 YBC 的面积等于 CLF 的面积，Y 为等效的屈服点，我国《公路桥梁抗震设计细则》(JTG/T B02—01—2008)[31]采用了这种方法；几何作图法如图 6-4(c)所示，作直线与曲线初始段相切，与过 N 的水平线交于点 A，作垂线 AB 交曲线于 B，连接 OB 并延伸与水平线交于点 C，作垂线得与曲线的交点 Y，Y 为等效的屈服点。

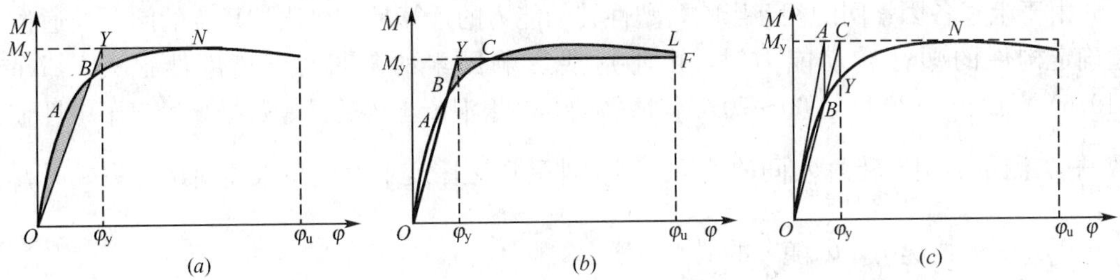

图 6-4　确定屈服点的方法

(a)能量法(1)；(b)能量法(2)；(c)几何作图法

截面延性只反映了构件一个截面的变形性能，并不能描述整个构件的性能。为了反映构件真实的性能，必须考虑整个构件或构件一定的区域，延性用构件或局部塑性转动能力或变形能力度量。

塑性转动能力用塑性转角 θ_{pl} 表示，塑性转角定义为总转角 θ_{tot} 与弹性转角 θ_{el} 之差，即 $\theta_{pl}=\theta_{tot}-\theta_{el}$，如图 6-5 所示。总转角 θ_{tot} 为截面达到名义强度时，受拉钢筋伸长和受压混凝土最外层纤维缩短产生的转角；弹性转角 θ_{el} 为钢筋和预应力筋之一刚达到弹性极限时，受拉钢筋伸长与受压混凝土最外层纤维缩短产生的转角。

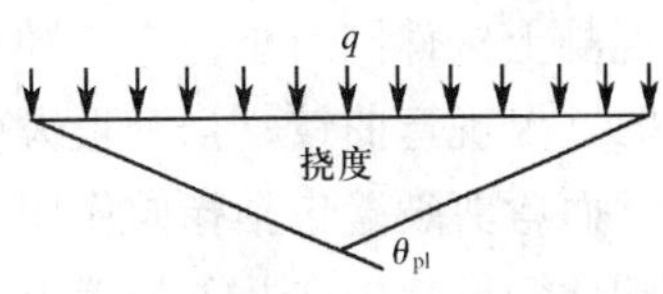

图 6-5　构件的转角

同样，构件的变形能力可用塑性变形 δ_{pl} 描述，表示为构件总变形 δ_{tot} 与弹性变形 δ_{el} 之差，也可表示为 $\mu_{\Delta}=\delta_{pl}/\delta_{el}$，称为变形延性系数。

在钢筋达到屈服强度后，构件可以继续变形，混凝土从峰值应力进入软化阶段，构件受压区的应力图形变得丰满。当混凝土达到极限压应变时，静定构件就不能再继续承受荷载。而对于超静定结构，如果临界区域有足够的变形能力，按弯矩重分配方式设计的构件的承载力可继续增加。理论分析时，达到极限承载力后的变形难以计算，通常不予考虑。在试验研究中，构件软化后的性能有时用小于承载力的某一个值(如 $0.95M_u$、$0.9M_u$ 或 $0.85M_u$)对应的转角和变形表示。

临界截面极限弯矩时的中性轴高度与截面有效高度之比或矩形应力图的高度与截面有效高度之比是判断构件截面延性的重要指标。不同的规范对这一指标有不同的要求。

6.1.2.2　影响构件延性的因素

在对已有文献进行分析的基础上，Cohn(1991)[29]列出了影响混凝土梁弯矩重分布程度的因素，如表 6-5 所示。塑性铰的转动能力是最重要的因素，而塑性铰的转动能力依赖于各种材料因素与结构因素。

影响构件延性的因素 **表 6-5**

材料	构件几何尺寸	静定体系和加载方式
混凝土性能 钢筋的强度或塑性 钢筋与混凝土的粘结性能	截面形状 几何或力学配筋率 抗剪钢筋(约束) 钢筋细部 构件尺寸与长细比	静定体系 剪力影响 荷载类型 重复加载/持续加载/循环加载

由于上述各因素间的相互影响，塑性转动能力的计算是一个比较复杂的问题。通过试验确定构件的塑性转动能力时，由于这些影响因素的随机性，离散性很大。Siviero (1976)[32]比较了20世纪60～70年代所做的350根混凝土梁的试验数据，给出了中性轴参数 $\frac{x}{d}$ 与测量的塑性转角 θ_{pl} 间的关系。当构件受压区因变形达到极限而使构件失效时，在 $\frac{x}{d}$ 小于0.2的情况下，θ_{pl} 随 $\frac{x}{d}$ 的减小而增大。

部分预应力混凝土构件和普通钢筋混凝土构件的变形能力都与钢筋和混凝土的材料性能有关。很多研究者已经证明，影响普通钢筋混凝土构件变形能力的参数也以相同的方式影响部分预应力混凝土构件。尽管如此，预应力混凝土构件与普通钢筋混凝土构件之间的不同使两者的变形能力具有明显的差异。

1. 剪力的影响

试验和理论分析表明，剪力对塑性铰变形能力的影响主要取决于临界区的剪力大小。当混凝土构件同时承受弯矩和剪力作用时，可能出现两种类型的塑性铰。当弯矩起主导作用时，出现弯曲铰；当有很大剪力作用时，出现弯剪铰。弯曲铰的主要特征是产生竖向裂缝，而弯剪裂缝包括指向作用力或支座的斜裂缝。弯剪铰分布在较长的长度上，而弯曲铰的塑性变形集中在几条裂缝上。剪应力控制着塑性铰从一种类型向另一种类型的转化，影响着塑性铰的转动能力，如图6-6中钢筋混凝土构件的试验结果所示。剪应力的增大使塑性变形集中到较小的区域，导致转动能力降低。

Li(1998)[24]通过数值方法模拟了部分预应力构件的性能，得出了相似的结论，其中使用了力学配筋率的概念。力学配筋率 ω_m 定义为受拉筋配筋率 ω、受压筋配筋率 ω' 和预应

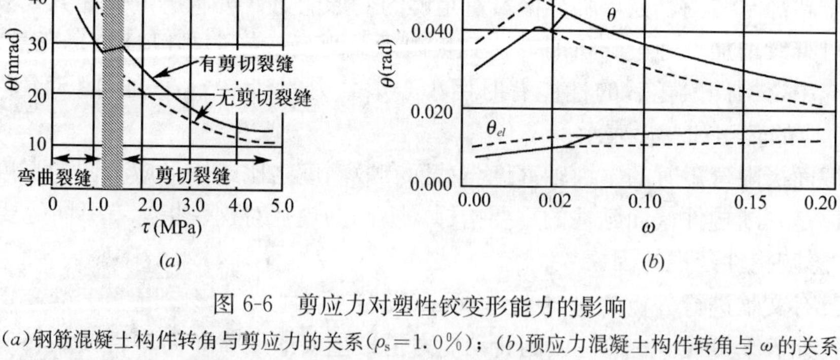

图6-6 剪应力对塑性铰变形能力的影响

(a)钢筋混凝土构件转角与剪应力的关系($\rho_s=1.0\%$)；(b)预应力混凝土构件转角与 ω 的关系

力筋配筋率 ω_p 的代数和，即

$$\omega_m = \omega + \omega_p - \omega' \tag{6-2}$$

其中

$$\omega = \frac{A_s f_{sy}}{bdf_c'};\ \omega_p = \frac{A_p f_{py}}{bdf_c'};\ \omega' = \frac{A'_s f_{sy}}{bdf_c'}$$

式中　A_s、A'_s、A_p——受拉钢筋、受压钢筋和预应力筋的截面面积；

f_{sy}、f_{py}、f_c'——钢筋屈服强度、预应力筋屈服强度和混凝土抗压强度；

b、d——构件的宽度和有效高度。

Naaman(1986)[28]证明了中性轴参数 x/d 与力学配筋率的关系基本是线性关系。

在塑性铰模型中，只考虑弯曲裂缝还是同时考虑弯曲裂缝和剪切裂缝对分析结果有显著影响。研究表明，如果只考虑弯矩而不考虑剪力的影响，得到的计算结果是塑性铰变形能力的下限值。剪力使转动能力的增加依赖于构件高度与裂缝间距之比及斜压杆的倾角。梁的名义剪应力高于板，导致剪切效应减小。

弯曲铰和弯剪铰的变形能力很大程度上受裂缝形状的影响。试验中观察到变形能力变化范围很大主要是由于裂缝形状的不确定性造成的。更确切地说，影响变形能力的各种参数可以通过裂缝的形状和特征来区分。在分析转动能力时，根据实际的裂缝形状建立模型是非常重要的。对纵筋配筋率不变的构件，如果分析采用较小的平均裂缝间距，塑性铰分布在较大的长度内，则得到的转动能力较采用较大平均间距的大。

2. 塑性铰失效方式的影响

塑性铰的变形能力和失效依赖于受拉钢筋(钢筋或预应力筋)的断裂或受压混凝土的压碎情况。从一种失效方式转换为另一种失效方式以钢筋界限配筋率、力学配筋率 ω 或 $\frac{x}{d}$ 值为标志，可用材料性能和截面形状来描述。Li(1998)对部分预应力构件变形性能的分析表明，钢筋混凝土构件和部分预应力混凝土构件的界限配筋很接近，约为 ω=0.05[图 6-6(b)]。当钢筋先屈服时，随着受拉筋数量的增加，塑性铰转动能力减小[24,33]。在这种情况下，钢筋的性能，特别是极限伸长率，对转动性能有很大影响，受压区的性能对转动性能影响很小。如果破坏发生在受压区，增加钢筋用量则使塑性转动能力降低，在这种情况下，受压区的性能对转动能力有很大影响。

3. 钢筋—混凝土粘结性能的影响

钢筋屈服后的应力—应变性能和粘结性能对极限状态时的转动能力有一定影响，特别是构件的变形能力受钢筋极限伸长限制的情况。例如，钢筋硬化率的增加，会导致塑性铰区长度增加，这一长度内的塑性应变使塑性转动能力增大，这种影响在部分预应力构件中最大。

研究表明，钢筋的粘结性能，包括钢筋的变形形式，只影响钢筋断裂时的变形能力，随着粘结性能降低，失效延迟。钢筋的局部粘结性能受钢筋排列、混凝土强度、保护层厚度、约束和裂缝影响。这些因素间的相互作用很难量化，对部分预应力构件还没有足够的资料，需要做进一步的研究。

钢筋直径的增加导致粘结性能软化，因此引起预应力筋层内力重分布。随着钢筋直径的增大，裂缝间距增大。如果钢筋断裂控制构件的失效，延性随钢筋直径的增大而逐渐

增加。

在后张预应力构件中，由于预应力筋与带肋钢筋粘结性能不同，钢筋与预应力筋之间的应力分布会改变。在计算转动能力时必须考虑这种影响。对于有粘结预应力构件和使用无粘结预应力筋的构件，如果预应力筋的粘结完全失效，与配筋率相同的钢筋混凝土构件及使用有粘结预应力筋的构件相比，变形能力降低。

4. 构件尺寸的影响

如果失效发生在受压区，受压区的性能对转动能力有很大影响。使用高强混凝土，受压区抗压能力增加，转动能力提高。这增加了受拉区钢筋的利用率，但增大了裂缝间距。由此可见，尽管高强混凝土的塑性较差，但构件的延性提高，这反映了构件的延性受综合因素影响，不只是完全取决于材料的性能。有关高强混凝土脆性对构件延性影响的程度还需做进一步的研究。为避免混凝土保护层突然剥落和受压钢筋屈曲而导致混凝土抗压能力过早丧失，混凝土和受压区必须有适当的塑性。横向钢筋约束提高了构件受压区的变形性能，一是通过增大转动能力提高了构件延性，二是阻止了过早的剪切破坏而提高了构件延性。随着构件尺寸的增加，约束效果降低，导致转动能力下降。

尽管混凝土尺寸的影响并不局限于约束的效果，但提出了一个更为复杂的问题。尺寸对转动能力影响的原因被裂缝处能量的释放所取代，从而产生了局部不稳定性。在混凝土结构构件中，峰值荷载前裂缝的扩展过程比较复杂，尚没有得到尺寸对转动能力影响的一般结论。当根据小尺寸试件的试验结果进行外推时，必须考虑尺寸的影响。

5. 荷载形式的影响

当根据梁的试验结果评价塑性铰转动能力以及利用不同的分析模型进行计算时，施加于构件上的荷载形式是需要考虑的一个重要因素。加载点处受压区的应力对变形能力是有利的，如图 6-7 所示。

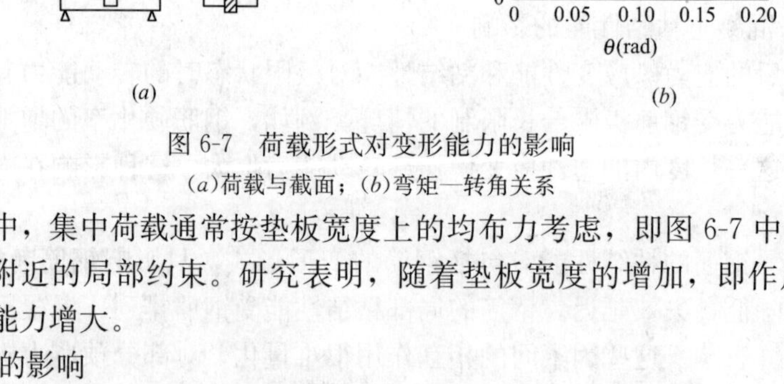

图 6-7 荷载形式对变形能力的影响

(a)荷载与截面；(b)弯矩—转角关系

在分析模型中，集中荷载通常按垫板宽度上的均布力考虑，即图 6-7 中的情况 A。通常不考虑作用力附近的局部约束。研究表明，随着垫板宽度的增加，即作用力范围的扩大，构件的变形能力增大。

6. 预应力筋的影响

试验和理论分析表明，如果钢筋断裂前预应力筋没有断裂，预应力筋的粘结也没有完全失效，则预应力混凝土构件的变形性能和塑性转动能力与钢筋混凝土构件相当。比较钢筋用量相同的部分预应力构件和钢筋混凝土构件的性能时，常引入下面的参数，称为预应力参数：

$$\lambda = \frac{A_p f_{py}}{A_p f_{py} + A_s f_{sy}} \tag{6-3}$$

研究表明，当 λ 大于 0.6 时，有粘结部分预应力混凝土构件的总转动能力和塑性转动能力下降，低于普通钢筋混凝土构件的总转动能力和塑性转动能力。图 6-8 示出了 $\lambda=0$、0.52 和 0.81 时的分析结果。

需要注意的是，比较钢筋混凝土梁和有粘结预应力混凝土梁的局部变形性能时，必须考虑静定体系、加载方式及与钢筋和预应力筋有关的刚度分布。所以，构件截面水平上的分析不能用于评价梁的局部变形能力。而且，考虑钢筋与预应力筋的变形协调要求，必须确定因为局部条件(包括钢筋的不同粘结情况和应力—应变关系)不同钢筋与预应力筋之间应力分布的变化。

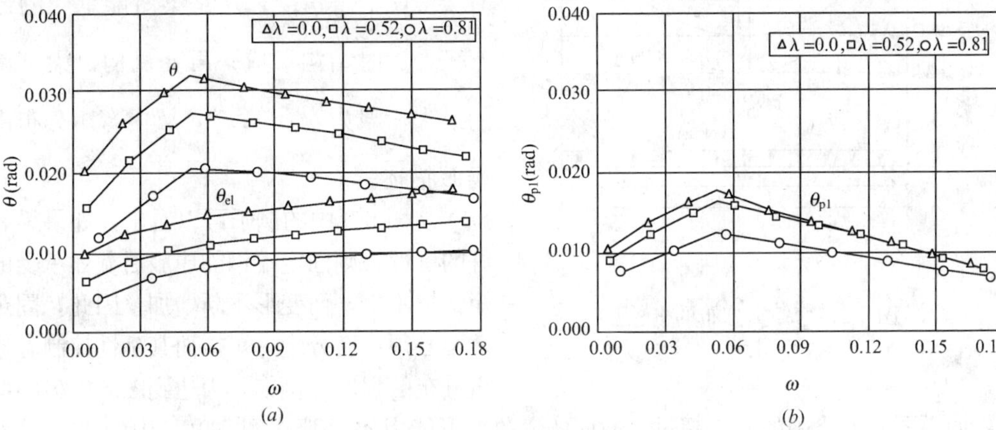

图 6-8　预应力参数对转动能力的影响

(a)弹性转角与总转角；(b)塑性转角

6.2　弯矩重分布

6.2.1　弯矩重分布的概念

弯矩重分布是受弯的超静定结构的部分截面达到承载力后，如果结构有足够的变形能力，荷载发生转移的现象。为说明弯矩重分布的概念，考虑图 6-9(c)所示的长为 L、两端固定的梁，这种梁可看作是连续梁的一个内跨。为分析方便，假定梁的上部和下部配置了相同的纵向钢筋。因此，固定端与跨中的弯矩—曲率关系 M-φ 相同，如图 6-9(a)所示(按弹性—完全塑性考虑)。完全弹性部分为屈服曲率 φ_y 及屈服弯矩 M_y 之前的部分，抗弯刚度为$(EI)_{el}$；之后，有一个完全塑性的水平段，割线刚度$(EI)_{sec}$逐渐减小，当曲率达到 φ_u 时，割线刚度为$(EI)_{min}$，梁发生破坏。

假定梁承受均布荷载 q 的作用，如图 6-9(c)所示，抗弯刚度为$(EI)_{el}$。随着荷载 q 逐渐增大，梁最初处于弹性状态，所以 $M_{hog}=2M_{sag}$，没有弯矩重分布。当固定端弯矩达到其屈服弯矩 M_y 时，如图 6-9(a)中的点 hog1，跨中弯矩达到$\frac{1}{2}M_y$，如 sag1 点所示。在这一阶段，弯矩为 $M_1=1.5M_y=\frac{1}{8}q_1L^2$，如图 6-9($b$)所示，弯矩分布用曲线 A 表示，这时

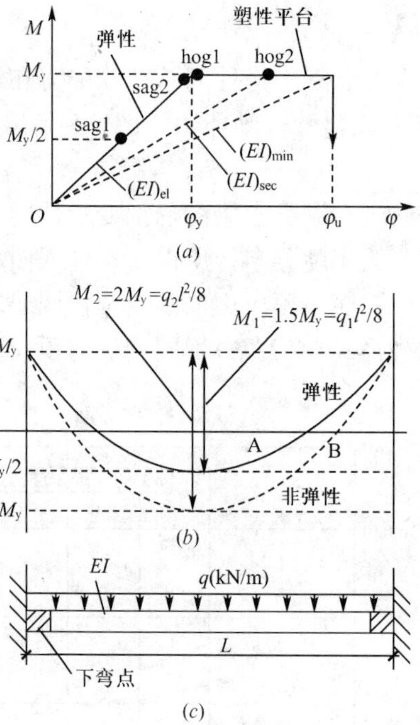

图 6-9 弯矩重分布的概念
(a)M-φ 关系；(b)弯矩；(c)固支梁

梁承受的荷载为 $q_1=\dfrac{12M_y}{L^2}$。此时，梁仍保持线弹性状态。随着荷载继续增加，梁进一步弯曲，图 6-9(b)中的 M_{sag} 增加，超过 $\dfrac{1}{2}M_y$，但固定端的弯矩仍为 M_y。如图 6-9(a)所示，当荷载增加到使固定端截面的曲率从 φ_{hog1} 增大到 φ_{hog2}，跨中截面曲率由 φ_{sag1} 增到 φ_{sag2} 时，跨中弯矩达到其屈服弯矩 M_y，这一过程中固定端截面不再保持弹性，图 6-9(b)中的弯矩 $M_2=2M_y=\dfrac{1}{8}q_2L^2$，这是梁所能承受的最大弯矩，这时结构形成一可变机构，梁可承受的最大荷载为 $q_2=\dfrac{16M_y}{L^2}$，梁内弯矩分布用曲线 B 描述。

从图 6-9 中的例子可以看出，如果梁有很好的延性，则固定端钢筋屈服后截面承受的弯矩保持不变，而变形不断增加。因此，固定端截面必须重新分配弯矩，而其延性控制着弯矩重分布的程度。例如，为达到图 6-9(b)的弯矩 M_2，如果图 6-9(a)中的 φ_{hog2} 超过了截面的弯曲变形能力 φ_u，那么图 6-9(a)中的 M_{sag2} 就不能达到 M_y，即梁在达到其理论塑性能力之前就发生了破坏。如果固定端截面的曲率只能达到 φ_y[图 6-9(a)中的点 φ_{sag2}]，则固定端截面没有延性，即不具有沿图 6-9(a)中平稳段延伸的能力，这时承受的最大荷载为 q_1。

弯矩重分布的程度可以通过对结构进行全过程非线性分析来确定，这显然是非常复杂的。另一种简单的方法是，在给定弯矩重分布水平下，分析构件所需的延性和构件所具有的延性，然后进行比较，当构件所具有的延性大于构件所需要的延性时，则构件能够达到要求的弯矩重分布水平。

Mazzolani 和 Pecce(1992)[34] 及 Eligehausen 和 Fabritius(1993)[35] 等模拟了钢筋混凝土梁不同弯矩重分布水平和截面延性水平下，不同参数对延性要求的影响。按照欧洲模式规范 CEB MC 90(1993)建议的钢筋拉伸硬化模型，Eligehausen 和 Fabritius(1993)[35] 对多个矩形截面、无受压筋、受拉筋屈服强度为 500MPa 的等跨连续梁进行了分析，得出了给定弯矩重分布水平下要求的转动能力与截面延性参数 x/d 间的关系，如图 6-10 所示，β 的意义见 6.2.2 节。

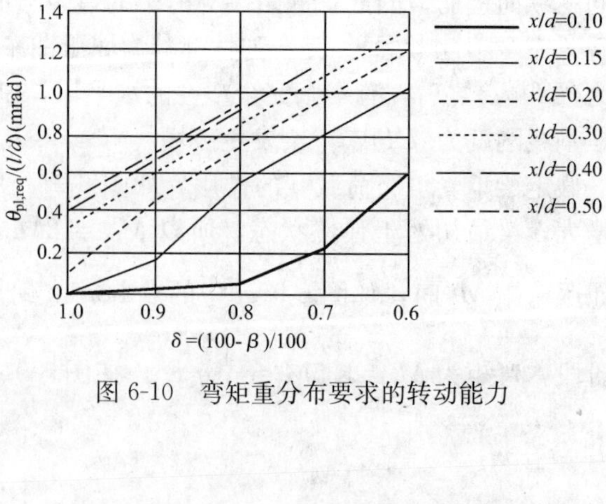

图 6-10 弯矩重分布要求的转动能力

在部分预应力混凝土构件中，由于预应力筋外形变化和预应力的影响，确定弯矩重分布所要求的塑性转动能力非常复杂。出于这一原因，不能使用计算钢筋混凝土梁延性要求的简化刚度法分析预应力构件。因此，必须考虑沿构件刚度的变化进行严格的分析。

6.2.2　弯矩重分布的定义

表 6-6 列出了一些文献对弯矩重分布的定义，其中 Rebentrost 定义的优点是可以清楚地区分正弯矩截面和负弯矩截面。正弯矩重分布系数 β 表示支座处负弯矩降低，跨中正弯矩增加。同样，支座处负弯矩的增加意味着采用了 $-\beta$，跨中正弯矩降低。

在一些国家的设计标准中，对混凝土构件弯矩重分布的定义与这里采用的定义类似，唯一的不同是表 6-6 中采用的实际弯矩 M 包括预应力引起的二次弯矩。预应力梁中二次弯矩与弯矩重分布的相互作用将在下面讨论。

弯矩重分布的定义　　**表 6-6**

文　献	弯矩重分布的定义
Trichy 和 Rakosnik(1977)[36]	重分布程度 $=\dfrac{p_u}{p_{pl}}$，p_u 为极限荷载；p_{pl} 为塑性破坏荷载
Cohn 和 Frostig(1983)[37]	$\Delta M=M_{el}-M$，M 为实际弯矩；M_{el} 为极限荷载引起的弹性弯矩
Campbell 和 Batchelor(1983)[38]	$\Delta M=M_{ie}-M_2$，M_{ie} 为非弹性弯矩；M_2 为预应力引起的二次弯矩
Arenas(1984)[39]	$PAR=\dfrac{\gamma_{col}-\gamma_f}{\gamma_{pl}-\gamma_f}$，$\gamma$ 为荷载系数，下标 col 表示倒塌，pl 表示塑性，f 表示破坏；PAR 为塑性适应比
Bennett 和 Cooke(1967)[40] Moucassian 和 Campbell(1985)[41]	$r=PAR1=\dfrac{p_{nl}-p_{el}}{p_{pl}-p_{el}}$，$r$ 为重分布系数；$PAR1$ 为改进的塑性适应比；p_{el}、p_{pl} 和 p_{nl} 分别为按线弹性、塑性和非线性分析得到的荷载
Scholz(1990)[42,43]	$\beta_p=\left(1-\dfrac{M_d-M_u}{M_{el}+M_2-M_u}\right)\beta_{max}$，$\beta_p$ 为可能的重分布；β_{max} 为对 w_{pl} 要求的弯矩比 MR[式(6-8)]的最大百分比
Rebentrost 等(1999)[44]	$\beta=\dfrac{M-M_{el}}{M_{el}}$，$M$ 为实际弯矩；M_{el}、M_{pl} 分别为与 P_{el}、P_{pl} 对应的弹性弯矩和塑性弯矩；β 为弯矩重分布系数

6.2.3　预应力梁的二次弯矩与弯矩重分布

大量文献对预应力连续梁高弯矩区超过弹性极限后超静定弯矩的影响进行了讨论。Lin 和 Thornton(1972)[45] 使用线弹性分析法和塑性分析法通过两个算例对考虑二次弯矩的梁和不考虑二次弯矩的梁进行了分析。结论是：当用弹性弯矩计算极限抗弯能力时，分析中应考虑二次弯矩。如果分析中使用完全弯矩重分布的塑性弯矩，考虑与不考虑二次弯矩得到的破坏荷载相同。当塑性铰不能完全发挥其变形能力时，极限荷载介于弹性弯矩和完全重分布弯矩之间。其他一些研究者也都得出了相似的结论。

Cohn 和 Frostig(1983)[37]对预应力筋外形不同的三跨连续梁进行了分析。与 Lin 和 Thornton(1972)[45]所用的梁相比，增加了一跨。分析使用了两种方法，一种是直接分析方法，即直接确定连续塑性铰形成时的荷载；另一种为荷载历史方法，即逐步增大荷载，确定结构多个塑性铰形成的过程。得出的结论是：发生破坏(包括破坏)之前，在所有加载过程中，二次弯矩不变。在分析中，这些弯矩的影响不改变计算荷载，但与塑性铰的形成有关，二次弯矩控制着荷载，在截面的设计中不能忽略。他们同时还得出结论，二次弯矩的大小和性质影响着预应力连续梁弯矩重分布的程度。

从这些研究中可以看出，弹性分析中必须考虑二次弯矩，塑性分析中则可以忽略二次弯矩，因为塑性分析中考虑与不考虑二次弯矩对塑性破坏荷载没有影响。在非线性分析中，可根据初始变形(由预应力引起的)考虑二次弯矩。用这种方法可以避免从预应力引起的超静定作用中分离外荷载的问题。

6.2.4 关于弯矩重分布的理论研究

Cohn 和 Riva(1991)[29]根据截面分析得到的结果，给出了弯矩重分布的表达式。可完成的最大弯矩重分布 β 用曲率延性系数 φ_u/φ_y 表示为：

$$\beta=\frac{\dfrac{\varphi_u}{\varphi_y}-1}{15+\left(\dfrac{\varphi_u}{\varphi_y}-1\right)} \tag{6-4}$$

式(6-4)是按塑性铰长度 l_p 与截面内力臂为线性关系建立的，与弯矩分布、荷载大小和钢筋类型有关。塑性铰长度可用下面的简化公式计算：

$$l_p=(0.25\sim0.55)z \tag{6-5}$$

式中 z——计算 φ_u 和 φ_y 截面的内力臂。

Scholz(1990)[42,43]也通过截面分析确定了承受均布荷载的多跨连续梁的允许弯矩重分布，弯矩向支座处重分布且第一个塑性铰出现于支座时：

$$\frac{\varphi_u}{\varphi_y}\geqslant1+\frac{L}{2l_pr}\left(\frac{\dfrac{qL^2}{12M_{el}}}{1-\beta}-0.833\right) \tag{6-6}$$

第一个塑性铰出现于跨中时：

$$\frac{\varphi_u}{\varphi_y}\geqslant1+\frac{L}{2l_pr}\left[\frac{\dfrac{1}{M_{el}}\left(\dfrac{qL^2}{6}-\dfrac{gL^2}{24}\right)}{1-\beta}-1.667\right] \tag{6-7}$$

式中 r——度量二次弯矩的值，表示为 $1-\dfrac{M_2}{M_u}$；

l_p——塑性铰长度，按下面的公式确定：

出现于支座时，$l_p=0.25d+0.075z$；

出现于内跨时，$l_p=0.25d+0.19z$；

z——最大弯矩截面到反弯点的距离；

d——构件截面有效高度；

q、g——作用于连续梁的活荷载和恒荷载。

Cohn(1991)对 Scholz 的方法及其合理性提出了质疑，因为在从弹性阶段形成塑性机构的过程中，假定二次弯矩的影响是逐渐减小的，直到消失。Uren 等(1989)也对 Scholz 方法在实际设计中的适用性提出了质疑。

Arenas(1984)[39]使用弥散块方法对大量的 T 形截面和 I 形截面预应力混凝土梁进行了分析。考虑了两种情况，一种考虑二次弯矩，另一种忽略二次弯矩。结果表明，考虑及不考虑二次弯矩对破坏荷载基本没有影响，但影响了高应力区所需钢筋的数量与分布。结果也证实了早期 Cohn 和 Frostig(1983)[37]的结论，即对按一定荷载形式布置的梁，如两跨梁中的一跨承受均布荷载，二次弯矩会控制破坏的位置。图 6-11 示出了使用表 6-6 中定义的塑性适应比 *PAR* 确定的弯矩重分布限值和中间支座的截面延性，图中 c/d 为截面受压区高度与有效高度的比值。

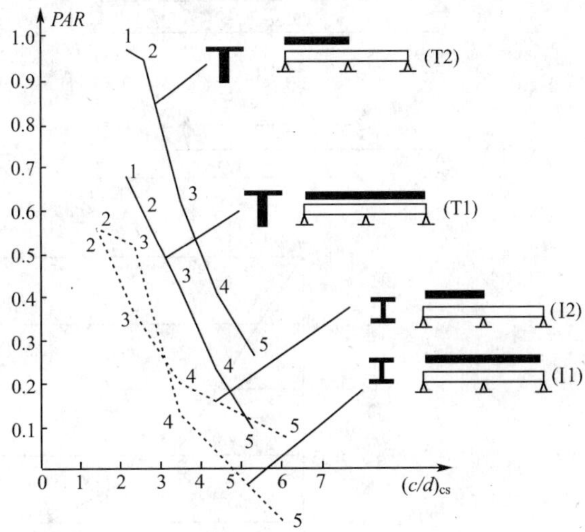

图 6-11　*PAR* 与 c/d 的关系

Moucassian 和 Campbell(1985)[41]对 Arenas(1984)的研究进行了拓展，在对 90 根两跨预应力混凝土梁研究的基础上，提出了确定连续梁极限承载力的方法(图 6-12)。计算了所有梁改进的塑性适应比 *PAR*1(见表 6-6 中的定义)和弯矩比 *MR*。弯矩比由下式定义：

$$MR = -\frac{(M_u - M_2)_{sup}}{(M_u - M_2)_{span}} \tag{6-8}$$

式中　M_u——临界截面的极限弯矩；

M_2——临界截面的二次弯矩；

sup、span——表示支座和跨中。

根据图 6-12 所示数据的下限值，Moucassian 和 Campbell(1985)[41]提出了四个关于 *PAR*1 和 *MR* 的关系式：

$$\begin{cases} PAR1 + MR = 1 & 0 \leqslant MR \leqslant 0.75 \\ 6PAR1 + 2MR = 3 & 0.75 \leqslant MR \leqslant 1.5 \\ PAR1 = 0 & 1.5 \leqslant MR \leqslant 2.25 \\ 3PAR1 - 4MR = 1 & 2.25 \leqslant MR \leqslant 3.0 \end{cases} \tag{6-9}$$

式(6-9)可用于确定两跨连续梁的破坏荷载，即先用临界截面的极限弯矩和二次弯矩计算 *MR*，根据 *MR* 所处的范围按式(6-9)计算 *PAR*1。

Kodur(1992)[46]指出，Moucessian 和 Campbell(1985)[41]的研究存在一些缺点，主要是用于计算弯矩重分布破坏荷载的计算机程序使用了不同的破坏准则。使用荷载增量方法时，计算机程序不能模拟梁的软化性能，而且程序没有考虑剪力的影响。为了克服这些缺点，Kodur(1992)[46]开发了一个改进的计算机程序，在参考了 Vecchio 和 Collins(1986)[47]的修正压力场理论和 Ghali 和 Favre(1986)[48]的拉伸硬化模型后，使用变角桁架模型，在程序中加入了剪切的影响。用弥散块方法对部分预应力混凝土梁中影响弯矩重分布程度的参数进行了研究。研究结果表明：

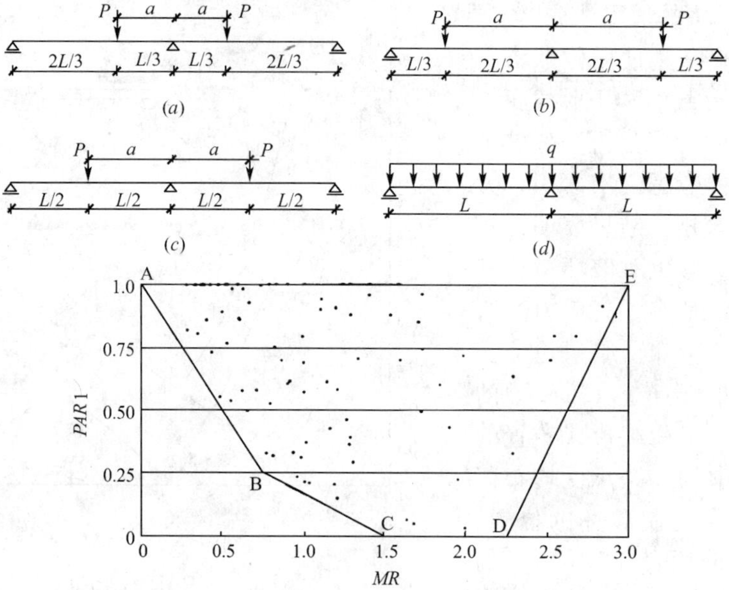

图 6-12 使用塑性适应比得到的弯矩重分布限值

(*a*) 第 1 组；(*b*) 第 2 组；(*c*) 第 3 组；(*d*) 第 4 组

(1) 弯矩重分布程度随跨高比的增加而降低；

(2) 与矩形截面梁、I 形截面梁、倒 T 形截面梁相比，T 形截面梁具有较高的弯矩重分布能力；

(3) 承受均布荷载的梁比承受集中荷载的梁弯矩重分布的程度要低；

(4) 预应力度对弯矩重分布起有利作用，随二次弯矩的增大而增大；

(5) 随混凝土强度的提高（≤50MPa），弯矩重分布降低；

(6) 混凝土约束增大了弯矩重分布的水平，拉伸硬化对弯矩重分布没有影响。

Kodur(1992)[46]根据参数研究的结果，对 *PAR*1 和 *MR* 的关系做了改进。另外，假定梁具有完全的塑性性能，考虑结构体系转动的协调性，Kodur(1992)[46]提出了确定弯矩重分布水平的关系式。如果假定了梁上临界截面的第一个塑性铰和随后塑性铰的位置、塑性铰长度 l_p 和弯矩—曲率关系 M-φ，可以确定特定弯矩重分布水平下的延性要求和塑性转动要求。采用 Mattock(1979)[49]假定的 l_p 和 Baker(1956)[50]提出的 θ_{pl} 的表达式，两跨构件弯矩重分布可达到的弯矩重分布水平用梁的刚度表示为：

$$\frac{\beta}{100-\beta}=\frac{3}{2}EI\left(\frac{1}{EI_{\text{sup}}}-\frac{1}{EI_{\text{y,sup}}}\right)\left(\frac{D}{L}0.1m_1\right)+\frac{M_{2,\text{sup}}}{M_{\text{u,sup}}} \tag{6-10}$$

式(6-10)中的参数 m_1 取为混凝土构件 l_p($l_p=0.5d+0.05m_1L$) 中的 m_1 值，二次弯矩用 $\frac{M_{2,\text{sup}}}{M_{\text{u,sup}}}$ 表示。式(6-10)的其余部分表示非弹性作用引起的弯矩重分布。对实际中的大多数梁，所提出的公式与非线性分析结果非常吻合。

Mo(1993)[51]的分析采用了类似的方法，对塑性铰使用了协调条件。根据虚功原理和

变形的连续性，计算整个加载过程中所有临界截面的弯矩。第 i 个塑性铰的协调条件为

$$\int M_i \varphi \, \mathrm{d}s = 0 \tag{6-11a}$$

式中　M_i——第 i 个塑性铰处单位曲率产生的弯矩；

φ——截面曲率；

$\mathrm{d}s$——微弧长度。

钢筋屈服之前，外荷载产生的曲率 φ 为弹性曲率；钢筋屈服之后，则由弹性曲率和塑性曲率构成。在式(6-11a)中，可用假定的三线段 M-φ 关系估计三个曲率分量，并代入式(6-11a)。假定塑性转动集中在临界截面，则可以推得下面的简化公式：

$$\int k_1 M \mathrm{d}s + (M_i^{\Omega} + 1) \int k_2 (M - M'_{\mathrm{c}}) \mathrm{d}s + \int k_3 (M - M_{\mathrm{y}}) \mathrm{d}s = 0 \tag{6-11b}$$

其中 k_1、k_2 和 k_3 为一组积分系数，表示为：

$$k_1 = \frac{\varphi_{\mathrm{y}} EI - M_{\mathrm{y}}}{EI(M_{\mathrm{y}} - M'_{\mathrm{c}})}, k_2 = \frac{M_i}{EI}$$

$$k_3 = \frac{\varphi_{\mathrm{y}} + \dfrac{\varphi_{\mathrm{y}} EI - M_{\mathrm{y}}}{M_{\mathrm{y}} - M'_{\mathrm{c}}} \varphi'_{\mathrm{c}} - \dfrac{M_{\mathrm{u}}}{M_{\mathrm{y}}} \left(\varphi_{\mathrm{y}} + \dfrac{\varphi_{\mathrm{y}} EI - M_{\mathrm{y}}}{M_{\mathrm{y}} - M'_{\mathrm{c}}} \varphi'_{\mathrm{y}} \right)}{M_{\mathrm{u}} - M_{\mathrm{y}}}$$

式中　M'_{c}——开裂弯矩；

φ'_{c}——开裂曲率。

式(6-11b)可以用于超静定结构任意塑性铰的计算，进而计算任意加载阶段临界截面的弯矩。可根据临界截面的弯矩计算弯矩重分布的水平。

在 Kodur(1992)之前，Warner 和 Yeo(1984)[52]用弥散块方法对钢筋混凝土构件和部分预应力混凝土构件进行了全过程分析。沿梁长微段的弯矩—曲率关系预先用数值方法产生，使用变形控制加载技术跟踪梁整个过程中的性能。预应力产生的影响视为整个弯矩的一部分。提出了与二次弯矩有关的延性要求范围，可用于所有强度设计状况。研究表明，当 x/d 大于 0.4 时，设计中不允许考虑弯矩重分布，因为这将使设计偏于危险。后来澳大利亚设计规范 AS 3600-1988 采用了这一限制要求。

目前所有的研究主要集中于建立可达到的最大弯矩重分布的表达式，进而估计超静定结构的承载力。很明显，不管使用何种分析方法，使构件要求的延性与构件具有的延性准确相等是困难的。随着非线性分析复杂性的增加，不可能用简单的经验公式来近似描述可达到的弯矩重分布水平。Warner 和 Yeo(1984)[52]采用了不同的方法并提出了用于确定弯矩重分布安全界限的非线性分析方法和最低延性要求。为避免二次弯矩产生的问题，非线性分析应考虑全部弯矩中预应力的影响。

与普通混凝土梁相比，关于连续预应力混凝土梁承载力和弯矩重分布程度的破坏性试验资料很有限。根据收集到的 64 根两跨梁和 42 根三跨梁试验结果的分析，对弯矩重分布程度进行了评价。弯矩重分布水平与相对中性轴高度 x/d(强度极限状态下最外层受压纤维到中性轴的距离与有效高度的比值)的对应关系如图 6-13 所示。使用弥散块方法对试件超载性能进行了非线性分析。结果表明，计算梁极限荷载的方法是准确的，可用于评估梁的弯矩重分布水平。大多数试验梁的相对中性轴高度 x/d 大于 0.4。

分析结果表明，弯矩重分布的离散性很大，超过40%。高弯矩重分布的试件大部分是使用直钢筋的梁。然而，试验结果的离散性与设计截面的承载力有关。非线性分析表明，在图6-13中示出的梁中，几乎所有梁都达到了其塑性荷载，实现了完全弯矩重分布。因此，可以认为$x/d<0.2$时梁是安全的，包括图6-13中示出的延性构件。

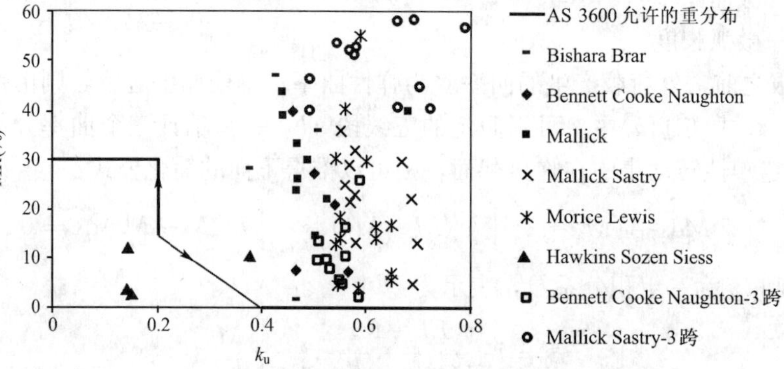

图6-13　从试验梁非线性弥散块分析得到的弯矩重分布

6.2.5　规范中考虑弯矩重分布的弹性分析

考虑弯矩重分布的线弹性分析是一种简单的方法。对于连续梁，在满足平衡的条件下，根据对跨中弯矩的调整，来改变支座处的弹性设计弯矩(包括预应力引起的二次弯矩)，称为弯矩调幅。弯矩调幅系数或弯矩重分布系数用支座处弯矩的变化率β表示，β受临界截面延性的限制，通常表示为相对中性轴高度x/d(强度极限状态下最外层受压纤维到中性轴的距离与有效高度的比值)不等式的形式。需要注意的是，不同国家采用的弯矩调幅系数表达形式不同，在欧洲模式规范CEB MC 90(1993)[10]、德国规范DIN 1045-1(2001)[11]和欧洲规范EN 1992-1-1：2004[12]中，弯矩调幅系数表示为调整后的弯矩占总弹性弯矩的比例。当与这些规范进行比较时，应做下面的转换：

$$\beta=(1.00-\beta_{\mathrm{CEB,DIN,EC2}})\times 100\quad(\%) \tag{6-12}$$

式中　$\beta_{\mathrm{CEB,DIN,EC2}}$——欧洲模式规范CEB MC 90(1993)、德国规范DIN 1045－第1部分(2001)和欧洲规范EN 1992-1-1：2004中的弯矩调幅系数。

世界各国采用的弯矩调幅法不尽相同。我国规程、英国规范和加拿大规范只给出了简化的设计方法，满足规定的条件即能保证构件具有规定条件下的变形能力，国外其他一些规范除给出了简化的设计方法外，对于不能满足规定条件的情况，还给出了构件转动能力的验算方法。本节只介绍简化的设计方法，构件转动能力的验算方法在后面介绍。

1. 我国《钢筋混凝土连续梁和框架考虑内力重分布设计规程》(CECS 51：93)

我国工程建设标准化协会标准《钢筋混凝土连续梁和框架考虑内力重分布设计规程》(CECS 51：93)给出了等跨单向连续板和连续梁考虑内力重分布进行设计的规定。为保证先形成的塑性铰具有足够的转动能力，要求限制截面的配筋率，调幅截面的相对受压区高度$\xi=x/h_0\leqslant0.35$，也不宜小于0.1，其中x为构件截面等效矩形应力分布的高度(与国外规范的定义不同)，h_0为构件截面有效高度。截面的弯矩调幅系数β不宜超过0.25，即调整后的截面弯矩不宜小于按弹性方法计算所得弯矩的75%。

2. 欧洲模式规范(CEB MC 90-1993)

欧洲模式规范 CEB MC 90 是较早根据混凝土等级和钢筋延性等级限制弯矩调幅系数的设计规范之一。其具体要求为：

高强和普通延性钢筋(CEB MC 90A 级和 S 级)：

混凝土强度等级 C12～C35：$\beta_{CEB} \geqslant 0.44 + 1.25\dfrac{x}{d}$，$\dfrac{x}{d} \leqslant 0.45$

混凝土强度等级 C40～C60：$\beta_{CEB} \geqslant 0.56 + 1.25\dfrac{x}{d}$，$\dfrac{x}{d} \leqslant 0.35$

对连续梁和无斜撑的框架：$0.75 \leqslant \beta_{CEB} \leqslant 1.00$

低延性钢筋(CEB MC 90B 级)：

混凝土强度等级 C12～C60：$\beta_{CEB} \geqslant 0.75 + 1.25\dfrac{x}{d}$，$0.9 \leqslant \beta_{CEB} \leqslant 1.00$，$\dfrac{x}{d} \leqslant 0.25$

其中 x 为调幅后极限状态时中性轴的高度，d 为截面有效高度。混凝土等级按圆柱体强度考虑。

3. 欧洲规范《混凝土结构设计》(EN 1992—1—1：2004)

欧洲规范 EN 1992—1—1：2004 规定，当满足下列全部条件时，可认为满足所需的延性要求，不需进行转动能力验算：

(1) 对于任意截面，限制受拉钢筋的面积使得：

当混凝土强度等级≤C50/60 时，$\dfrac{x_u}{d} \leqslant 0.25$；

当混凝土强度等级≤C55/67 时，$\dfrac{x_u}{d} \leqslant 0.15$。

(2) 钢筋等级为 B 或 C；

(3) 中间支座弯矩与跨间弯矩之比介于 0.5～2 之间。

其中 x_u 为调幅后极限状态时中性轴的高度，d 为截面有效高度。

如果不满足上述规定，对主要承受弯矩、相邻板跨跨长之比为 0.5～2 的板，当满足下列条件时，不需要检验板塑性铰的转动能力而直接进行弯矩调幅：

当混凝土强度等级≤C50/60 时，$\beta_{EC2} \geqslant k_1 + k_2\dfrac{x_u}{d}$，$\dfrac{x_u}{d} \leqslant 0.45$

当混凝土强度等级>C50/60 时，$\beta_{EC2} \geqslant k_3 + k_4\dfrac{x_u}{d}$，$\dfrac{x_u}{d} \leqslant 0.35$

对于 B 类和 C 类钢筋，$\beta_{EC2} \geqslant k_5$

对于 A 类钢筋，$\beta_{EC2} \geqslant k_6$

式中　β_{EC2}——调幅后的弯矩与弹性弯矩之比；

k_1、k_2、k_3、k_4、k_5、k_6——由执行欧洲规范的国家附录规定的系数。欧洲规范的建议值分别为：$k_1 = 0.44, k_2 = k_4 = 1.25 \times \left(0.6 + \dfrac{0.0014}{\varepsilon_{cu2}}\right), k_3 = 0.54, k_5 = 0.7, k_6 = 0.8$。

ε_{cu2}——混凝土极限压应变，按下式确定：

$$\varepsilon_{cu2} = \begin{cases} 0.0035 & f_{ck} < 50\text{MPa} \\ \left[2.6 + 35 \times \left(\dfrac{90 - f_{ck}}{100}\right)\right] \times 10^{-3} & f_{ck} \geqslant 50\text{MPa} \end{cases}$$

如果设计中不能确认截面的转动能力，欧洲规范规定不能进行弯矩重分布（如预应力框架的角部）。

4. 德国规范（DIN 1045：2001）

在德国设计规范 DIN 1045－第 1 部分（2001）[11]中，对有限弯矩重分布弹性分析的要求为：

普通延性钢筋（H 型）：

混凝土强度等级≤C50/60，$0.64+0.8\dfrac{x}{d}\leqslant\beta_{DIN}\leqslant0.70$

混凝土强度等级≥C55/67，$0.72+0.8\dfrac{x}{d}\leqslant\beta_{DIN}\leqslant0.80$

低延性钢筋（N 型）：

混凝土强度等级≤C50/60，$0.64+0.8\dfrac{x}{d}\leqslant\beta_{DIN}\leqslant0.85$

混凝土强度等级≥C55/67，$\beta_{DIN}=1.0$

其中 x 为调幅后极限状态时中性轴的高度，d 为截面有效高度。

DIN 1045－第 1 部分（2001）还规定，对于强度等级≤C50/60 的混凝土，$\dfrac{x}{d}$不超过 0.45，对于强度等级≥C55/67 的混凝土，$\dfrac{x}{d}$不超过 0.35，除非满足一定的构造要求。这些要求规定了箍筋的数量，将对约束的要求提高到与受压构件的约束要求相当的水平上。如果不能满足这些要求，需要对塑性铰的转动能力进行验算。

5. 澳大利亚规范《混凝土结构》（AS 3600—2001）

澳大利亚规范 AS 3600—2001[13]没有根据混凝土强度等级限定 β 的最大值，而是限制混凝土强度不超过 50MPa。

低延性钢筋（L 级）：$\beta_{AS}=0$

普通延性钢筋（N 级）：

$$\beta_{AS}=\begin{cases}0.3 & k_u\leqslant0.2\\ 0.75(0.4-k_u) & 0.2<k_u\leqslant0.4\\ 0 & k_u>0.4\end{cases}\tag{6-13}$$

式中 k_u——中性轴参数，为强度极限状态下最外层受压纤维到中性轴的高度与有效高度的比值。

6. 美国《建筑规范对结构混凝土的要求》（ACI 318—08）

美国规范 ACI 318—08[26]允许对钢筋混凝土板调幅的最大调幅值为 $1000\varepsilon_t$，ε_t 为构件截面最外层受拉钢筋的应变，最大不超过 20%（不能用于按近似方法进行分析的情况）。弯矩减小后的截面应变 ε_t 应大于或等于 0.0075。图 6-14（a）示出了允许的支座负弯矩调幅与应变 ε_t 的关系。

如果允许的弯矩调幅值用配筋率表示，则［图 6-14（b）］：

$$\beta_{ACI}=20\left(1-\frac{\rho-\rho'}{\rho_b}\right)(\%)\tag{6-14a}$$

式中 ρ——纵向受拉钢筋配筋率；

ρ'——纵向受压钢筋配筋率；

ρ_b——钢筋平衡配筋率（钢筋屈服时混凝土压碎）。

用式（6-14*a*）进行调幅时，弯矩减小后截面的 ρ 或 $\rho-\rho'$ 需等于或小于 $0.5\rho_b$。当 ρ 或 $\rho-\rho'$ 大于 $0.5\rho_b$ 时，不能进行调幅，如图 6-14（*b*）所示。

对于预应力混凝土受弯构件，ACI 318—08 允许的负弯矩截面最大调幅值为：

$$\beta_{ACI}=20\left(1-\frac{\omega_T}{0.36\beta_1}\right)(\%) \tag{6-14b}$$

其中

$$\omega_T=\omega_p+\frac{d_p}{d}(\omega-\omega')$$

式中　d、d_p——普通钢筋和预应力筋的截面有效高度；

ω、ω'、ω_p——普通受拉钢筋、普通受压钢筋和预应力筋的配筋指标，同式（6-2）；

β_1——按表 3-2 取值。

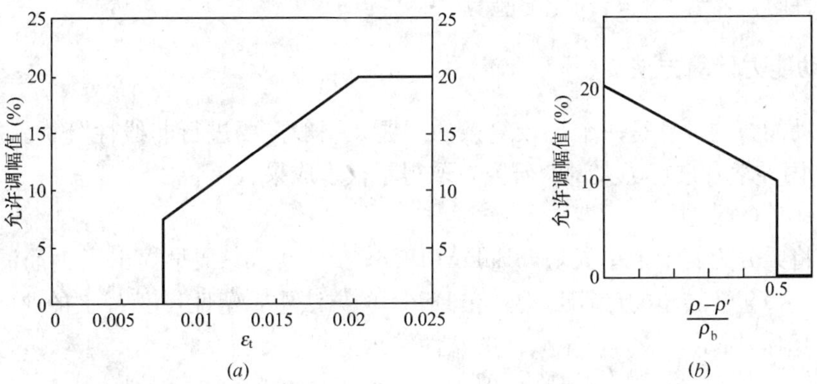

图 6-14　ACI 318—08 允许的弯矩调幅值

（*a*）ε_t 与允许调幅值；（*b*）ρ 与允许调幅值

用式（6-14*b*）进行调幅时，弯矩减小后的截面应满足 $\omega_T\leqslant 0.24\beta_1$。

7. 英国规范《结构混凝土》BS 8110

英国设计规范[53]采用下面简化的准则对弹性弯矩进行调幅：

$$\beta_{BS}=0.20,\ \frac{x}{d}<\beta_b-0.5 \tag{6-15}$$

式中　x——极限状态时中性轴的高度；

d——截面有效高度；

β_b——重分布后与重分布前的弯矩之比。

8. 加拿大规范《混凝土结构》（CSA A23.2—2004）

加拿大设计规范 CSA A23.2[54]采用的弯矩调幅系数如下：

$$\beta_{CSA}=\left(0.3-0.5\frac{x}{d}\right)\leqslant 0.2 \tag{6-16}$$

式中　x——极限状态时中性轴的高度；

d——截面有效高度。

一般而言，各国家的设计规范都认为临界截面的延性控制着允许弯矩重分布的程度。由于 ACI 318—08 一直用力学配筋率表达截面的延性，这种方法在过去受到很多研究者的强烈批评。

对于钢筋混凝土梁、后张预应力混凝土梁和有粘结预应力混凝土梁，很多规范的允许弯矩重分布和延性要求相近。然而，对于预应力混凝土结构，如前面所讨论的，弹性设计中必须包括预应力产生的二次弯矩。所有设计规范的方法是将预应力产生的弹性弯矩加到全部作用上的。

6.3 构件截面转动能力的计算

在进行塑性分析或设计时，为保证结构具有充分的弯矩重分布，要求结构具有形成破坏机构所必需的转动能力，即设计必须使结构具有的转动能力大于要求的转动能力。在规定的条件下，前面考虑弯矩重分布的简化设计方法一般均能满足转动能力要求，当不能满足规定的条件时，需要进行转动能力验算。

6.3.1 转动能力计算方法

构件转动能力的计算是一个比较复杂的问题，一般需要进行非线性分析。从 20 世纪 50 年代起，国外学者进行了大量的研究，取得了很多成果。

1. Baker 等的模型

沿梁长将梁分为若干个单元块，Baker(1956，1961)[50,55]最早提出了钢筋混凝土高应力区(塑性铰区)塑性转角的计算公式。在 Baker 的方法中，塑性长度 l_p 上的曲率 φ 取为常数，如图 6-15(a)所示，最大弯矩截面的塑性转角为

$$\theta_{pl} = \int_0^{l_p} \varphi_p(x)\mathrm{d}x = k_p l_p \tag{6-17}$$

进一步的研究和计算机技术的发展促生了更为精确的分析方法，其中之一是弥散块模型的发展。这种方法将结构构件分为若干个尺寸相等的单元块，根据块中最大弯矩截面的曲率计算每一个块的变形。Kodur(1992)[46]和 Wong 和 Warner(1999)[56]使用弥散模块方法计算了部分预应力混凝土梁的变形性能。

Dilger(1966)[57]将斜裂缝的影响引入到 Baker(1956)的单元块方法中，如图 6-15 所示。在这种方法中，变形分为两部分，一部分是弯曲引起的变形，如图 6-15(b)中的 A，通过弯矩－曲率关系计算；另一种是剪切引起的附加变形，如图 6-15(b)中的 B，使用偏移的弯矩图进行近似计算。为了确定弯矩图的偏移，假定斜裂缝的倾角，根据最小变形准则计算剪切引起的附加拉力。这样，变形可根据斜裂缝产生的塑性铰长度和临界截面塑性曲率的乘积计算。后面将会看到，很多的离散裂缝模型都是以 Dilger(1966)的方法为基础来考虑剪切影响的。

试验观察到弯曲裂缝处的变形主要集中于钢筋，裂缝间的变形相对较小。为此，Bachmann(1967)[58]认为可忽略裂缝间受拉混凝土的变形，根据裂缝宽度(w_s)之和确定塑性铰长度上的转角：

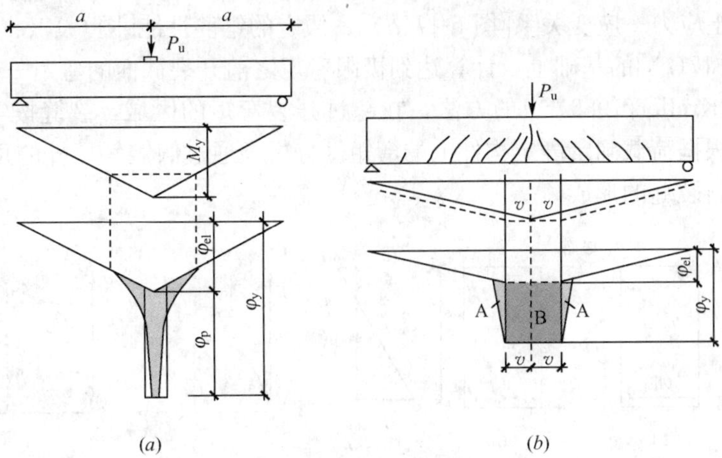

图 6-15 Baker 和 Dilger 模型的塑性转动

(a)Baker 的模型；(b)Dilger 的模型

$$\theta=\sum\frac{w_s}{d-d_n} \tag{6-18}$$

式中 d——构件截面有效高度；

d_n——裂缝顶部到构件上表面的距离。

式(6-18)意味着钢筋层所有裂缝宽度之和等于塑性铰上钢筋的伸长，忽略了裂缝间受拉混凝土的变形。然而，沿钢筋和裂缝间的局部变形依赖于钢筋的应力一应变关系和局部粘结性能。这样，控制方程比较复杂。图 6-16 示出了 Bachmann(1967)[58]所考虑的两种类型的裂缝。第一种裂缝对应于竖向裂缝占主导的弯曲铰，第二种是带斜裂缝的弯剪铰。Bachmann 对塑性铰局部变形性能的深层理解促进了离散裂缝块模型的发展。

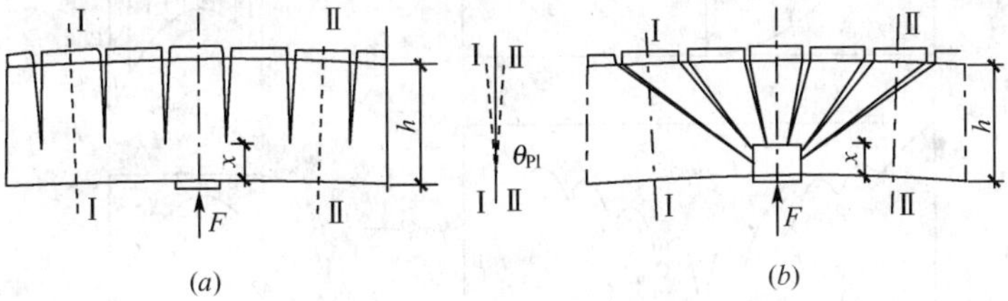

图 6-16 Bachmann 的塑性铰模型

(a)弯曲铰；(b)弯剪铰

2. Langer 的离散裂缝块模型

Langer(1989)[59]发展了 Bachmann(1967)的弯曲铰模型和 Eifler(1983)[60]对离散裂缝模型的建议，研究了连续梁中不同材料和结构参数对典型负弯矩区转动能力的影响。Langer(1989)的模型成为后来许多离散裂缝块模型的基础，包括 Cosenza 等[61](1991)、Bigaj(1999)[62]等的离散裂缝块模型。下面给出 Langer(1989)的钢筋混凝土离散裂缝块模型。在这些最近的离散裂缝块模型中，特别强调协调性要求以及将这种模型用于部分预应力混凝土构件的可能性。

图 6-17 示出了 Langer 的模型。在 Langer(1989)的模型中，在给定截面尺寸[图 6-17

(*b*)]、混凝土应力一应变关系[图 6-17(*d*)]、假定的钢筋性能[图 6-17(*e*)]和假定的截面应变分布[图 6-17(*c*)]的基础上，计算达到极限弯矩之前开裂截面的弯矩一曲率关系[图 6-17(*f*)]。按照 Kreller(1989)[63]的方法，在超过开裂弯矩的区域，裂缝按等间距(s_{rm})考虑。然后，直接根据荷载确定静定构件上的弯矩。分析中通过假定斜压杆的角度，调整沿梁的拉力来考虑斜裂缝的形成。

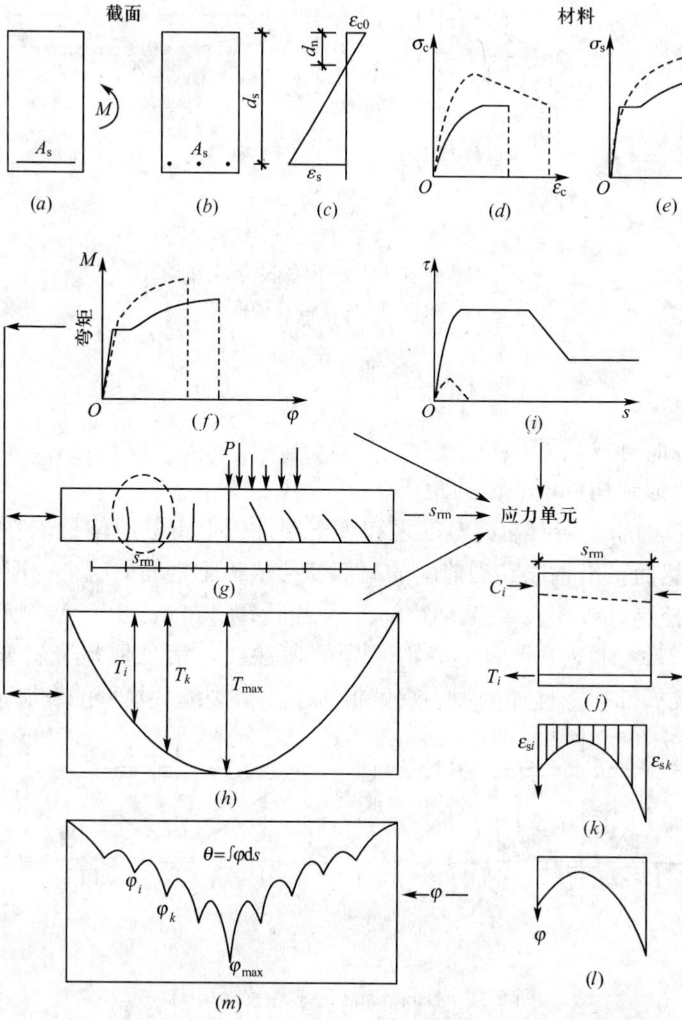

图 6-17 Langer 的研究模型和假定

(*a*)力；(*b*)配筋；(*c*)应变分布；(*d*)混凝土应力—应变关系；(*e*)钢筋应力—应变关系；(*f*)弯矩—曲率关系；(*g*)裂缝；(*h*)拉力；(*i*)粘结—滑移关系；(*j*)裂缝间混凝土和钢筋的力；(*k*)裂缝间钢筋应变；(*l*)裂缝间曲率；(*m*)局部曲率分布

使用前面确定的弯矩一曲率关系，调整每条裂缝处的曲率。Langer(1989)使用 Ciampi(1982)[64]给出的粘结微分方程迭代计算了裂缝间受拉混凝土的贡献。采用了首次由 Eligehausen 等(1983)[65]提出后由 Kreller(1989)修正的改进粘结应力—滑移关系[图 6-17(*i*)]。通过这种方法得到了钢筋应变的局部变化，并且通过假定中性轴高度按线性规律变化[图

6-17(k)和图 6-17(j)]计算了局部曲率的分布。对局部曲率沿梁长进行积分得到转角[图 6-17(m)]。

Kwak 和 Song(2002)[66]提出了使用多项式函数确定裂缝间钢筋应变局部分布的另一种方法。图 6-17 所示 Langer(1989)模型中的第 k 步可用下面的控制方程代替(图 6-18)：

当 $x \leqslant l_t$ 时

$$\varepsilon_s(x) = \varepsilon_{s2} - \frac{1}{n\rho}\varepsilon_c(x), \varepsilon_c(x) = \varepsilon_{s1}\left[1 - \left(1 - \frac{x}{l_t}\right)^{n_0}\right] \tag{6-19}$$

当 $l_t < x \leqslant \frac{s}{2}$ 时

$$\varepsilon_s(x) = \varepsilon_x(x) = \varepsilon_{s1} \tag{6-20}$$

其中

$$l_t = \frac{K_p(A_c E_c \varepsilon_{s1})}{\Sigma_0}, K_p = 3.69\text{mm}^2/\text{kg}$$

式中　n——钢筋与混凝土弹性模量比；

ρ——截面配筋率；

A_c——混凝土截面面积；

E_c——混凝土弹性模量。

这里省略了要求假定局部粘结应力性能和计算裂缝间钢筋局部应变的迭代过程。当研究局部粘结性能对变形能力的影响时，这种简化产生的影响非常有限。Kwak 和 Song (2002) 给出了如何应用 Kwak 和 Filippou (1990, 1997)[67,68]提出的有限元公式，将这种分析过程用于钢筋混凝土板的分析中。Chan、Cheung 和 Huang (1992)[69] 及 Tamai、Shima、Izumo 和 Okamura(1988)[70]使用三角函数提出了类似的局部钢筋应变变化简化关系。

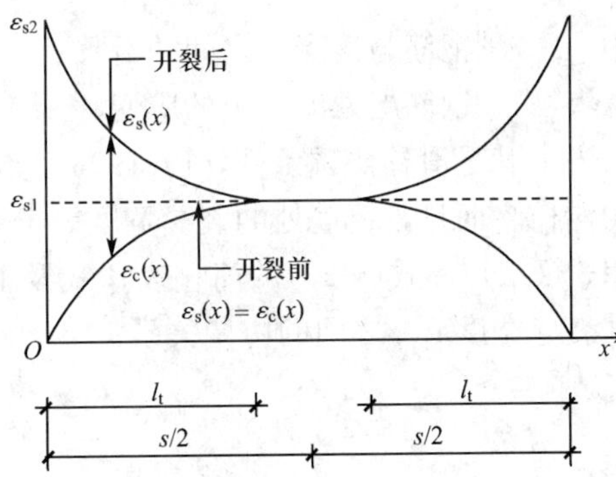

图 6-18　用多项式函数表达的钢筋和混凝土应变分布

在 Langer(1989)模型之后，很多研究者提出了其他的块模型并用于变形性能的研究。Fantelli 等(1998)[71]和 Gravina(2002)[72]的研究假定裂缝间距不为常数，而是通过沿梁长的钢筋应变分布确定局部裂缝间距。当开裂弯矩超过钢筋的零滑移点时产生裂缝。Fantelli 等认为这种方法有一定问题，当弯矩分布相对较陡时，如构件承受集中荷载时，按这种方法确定的裂缝间距很小。

上面提到的基于 Langer(1989)模型的各种模型具有同样的局限性，即假定裂缝处钢筋的应变和受压混凝土的应变保持平面。Li(1996)将 Langer(1989)提出的钢筋混凝土模型扩展到部分预应力构件中，预应力筋的应变不按平面处理，钢筋和混凝土的应变保持平面只是在一定程度上解决了变形协调问题。在这一模型中，不仅满足了受拉钢筋与预应力筋的变形协调，而且提供了计算预应力筋变形的方法。下面给出 Li 模型的协调性要求。

Li 提出的受拉钢筋变形和预应力筋变形的一般协调条件为：

$$\int_0^L [\varepsilon_p(x) - \varepsilon_{pd}(x)]dx = \alpha \int_0^L [\varepsilon_s(x) - \varepsilon_{sd}(x)]dx \tag{6-21}$$

式中 ε_p——预应力筋应变；

ε_s——钢筋应变；

ε_{sd}、ε_{pd}——消压时钢筋和预应力筋的应变；

α——对于中性轴高度为 d_n 的截面考虑预应力层有效高度 d_p 和钢筋层有效高度 d_s 不同的系数，按下式计算：

$$\alpha = \frac{d_p - d_n}{d_s - d_n} \tag{6-22}$$

假定直到消压前，钢筋、预应力筋与混凝土之间完全粘结，考虑粘结微分方程的协调性要求，Li(1998)[24]进一步对式(6-21)进行了简化：

$$\frac{ds_s(x)}{dx} = \varepsilon_s(x) - \varepsilon_{cs}(x) \tag{6-23a}$$

$$\frac{ds_p(x)}{dx} = \varepsilon_p(x) - [\varepsilon_{pd}(x) - \varepsilon_{cp}(x)] \tag{6-23b}$$

式中 s——钢筋与混凝土之间的滑移；

ε_{cs}——钢筋层处混凝土的应变。

为了满足滑移协调条件，Li(1998)忽略了 Bachmann(1967)[58]提出的钢筋处受拉混凝土的伸长。而且，钢筋处的裂缝宽度等于裂缝出现瞬间混凝土的滑移。对任一条裂缝(i)，使用式(6-21)和式(6-23)的简化表达式及上面的假定得到钢筋处的裂缝宽度 $w_{s,i}$ 和预应力筋处裂缝宽度 $w_{p,i}$ 之间的协调关系：

$$\sum_{i=1}^{N} w_{p,i} = \sum_{i=1}^{N} \alpha_i w_{s,i} \tag{6-24}$$

如果将上面提到的协调条件要求加入 Langer(1989)的模型，则需迭代求解。在模型方程中，裂缝处钢筋的应变与受压混凝土应变保持同一平面，即采用平截面假定。因此，以预应力筋应变增量为变量逐步增大应变来计算静定梁的转动。

图 6-19 描述了 Li(1998)确定预应力应变增量 $\Delta\varepsilon_p$ 引起的简支梁转动的方法，包括四步。首先要满足最大弯矩截面的平衡条件，根据静定体系和荷载布置计算弯矩和剪力分布[图 6-19(a)和 6-19(b)]；第二，如果存在剪切裂缝，根据 Dilger 方法调整弯矩；第三，使用平衡条件和假定的裂缝处的预应力筋应变值，计算预裂裂缝位置的局部截面应变[图 6-19(c)]。在 Ciampi 等人(1982)的研究中，用开裂截面的应变作为边界条件，解 Rehm(1961)的粘结微分方程，计算开裂区钢筋应变的局部变化。

当梁混凝土拉应变大于开裂应变时，即出现裂缝。最后，需要迭代计算满足裂缝处协调要求的裂缝宽度(式 6-24)，解出预应力筋应变[图 6-19(d)]。一旦确定了钢筋应变的局部分布，可根据钢筋应变和中性轴高度计算梁的转动，假定裂缝间的中性轴高度按线性规律变化。Langer(1989)的钢筋混凝土梁模型与 Li(1998)的部分预应力梁模型之间的微小差别包括：取用了 Thormählen(1979)[73]的裂缝间距公式；对于预应力筋的局部粘结应

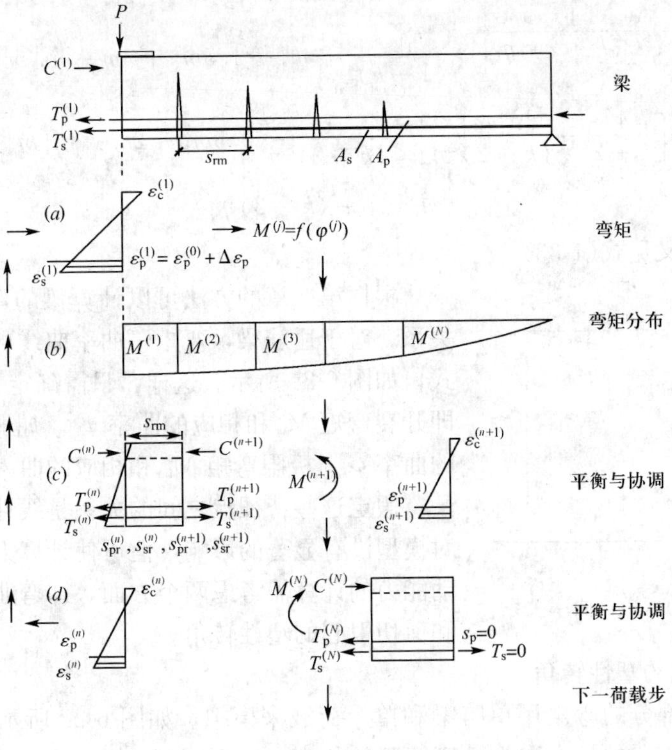

图 6-19　Li 分析预应力混凝土梁变形的模型

力—滑移关系，采用了 Eligehausen 等(1983)[65]提出的带粘结参数的模型；使用改进的应力—应变关系考虑预应力引起的初始效应，不考虑自重的影响。Li(1998)的离散块模型目前是部分预应力构件唯一这种类型的模型，然而，它仍有很多缺点，如变形协调性只限于单层钢筋和单层预应力筋的构件；预应力筋的高度是不变的，如果预应力筋的高度小于中性轴高度，协调性要求将不再成立(式 6-21)，这意味着预应力筋处的裂缝宽度为负值。后一个缺陷限定了模型只能用于一定条件下的变形能力分析，不能扩展用于超静定梁。Li(1998)的方法与以 Langer(1989)模型为基础的模型具有相同的缺陷，包括钢筋和混凝土的平截面假定，选用简化的表达式确定裂缝间距等。

3. Ahner 和 Kliver 的方法

德国学者 Ahner 和 Kliver[74] 1998 年提出了一个比较实用的构件变形能力计算方法，下面简单介绍这种方法。

首先确定构件截面的弯矩—曲率关系，需要使用材料的基本性能。对于混凝土，采用欧洲规范 EN 1992—1—1：2004 中混凝土的应力—应变关系，即式(1-33)。

如图 6-20 所示，混凝土压力合力点到梁上边缘的距离为：

$$a = k_a x \tag{6-25}$$

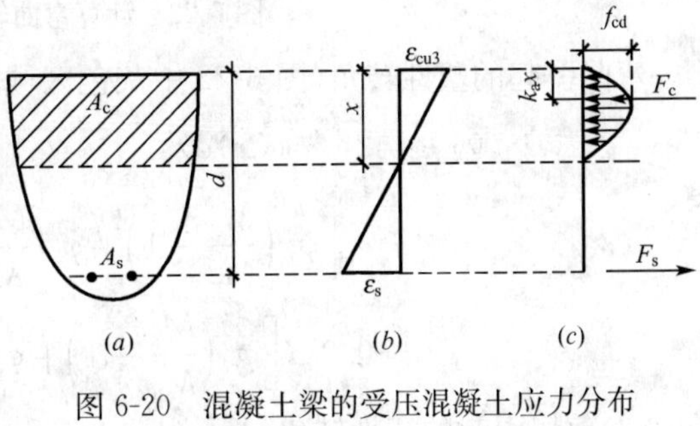

图 6-20　混凝土梁的受压混凝土应力分布

(a)构件截面；(b)截面应变；(c)混凝土压应力

其中

$$k_{a}=1-\frac{1}{\alpha_{R}(k-2)^{3}\eta^{2}}\left\{\begin{array}{c}k[0.5m^{2}-2m+\ln|m|+1.5]\\-\frac{1}{(1-k)}\left[\frac{1}{3}m^{3}-1.5m^{2}+3m-\ln|m|-\frac{11}{6}\right]\end{array}\right\}$$

$$\alpha_{R}=k\left[\frac{1}{k-2}-\frac{\ln|m|}{(k-2)^{2}\eta}\right]-\frac{1}{(k-2)^{3}\eta}[0.5m^{2}-2m+\ln|m|+1.5]$$

$$m=1+(k-2)\eta$$

式中 k 和 η 的含义见式(1-33)。

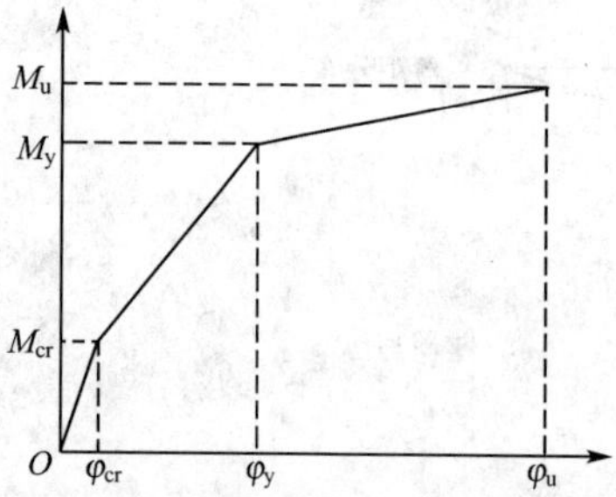

图 6-21 简化的弯矩—曲率关系

根据第 3 章的方法可以计算梁的弯矩—曲率(M-φ)关系。对于适筋梁，弯矩—曲率曲线可简化为三线段形式，如图 6-21 所示。这样，只需确定下面三个特征点，即开裂弯矩 M_{cr} 和相应的曲率 φ_{cr}，屈服弯矩 M_y 和相应的曲率 φ_y，极限弯矩 M_u 和相应的曲率 φ_u。

假定这些特征点之间的关系是线性的。这样的简化对模型没有显著的影响，但可使计算大大简化。塑性转动能力的计算需考虑两个方面，即弯曲引起的塑性转角和剪切引起的塑性转角。

(1)弯曲引起的塑性转角

连续梁支座部分的弯矩用单跨梁和单个荷载来模拟，如图 6-22 所示。单个荷载代表了支座反力。单跨梁的长度取为负弯矩区的长度，根据图 6-22，近似取为 $2a_q=2\times0.2l$，用梁跨高比 $\lambda=\dfrac{l}{d}$ 表示，可以得到 $a_q=0.2\lambda d$。

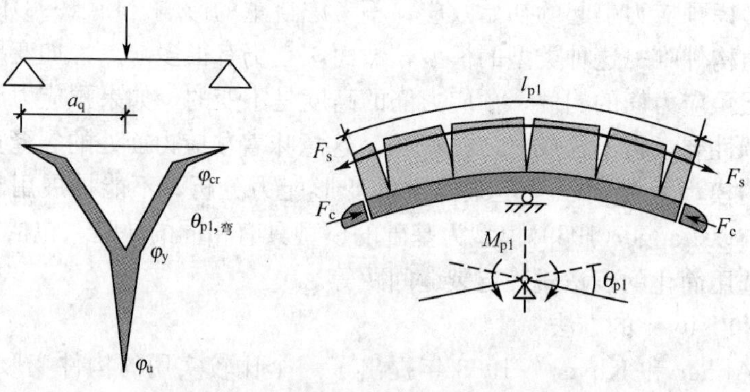

图 6-22 计算弯曲转角的塑性铰模型

弯曲引起的塑性转角(图 6-22 中灰色区域的面积)按下式计算：

$$\begin{aligned}\theta_{pl,弯}&=2\int_{0}^{a_q}\varphi(x)\mathrm{d}x\\&=a_q\left[\varphi_{cr}\left(\frac{M_y}{M_u}-1\right)+\varphi_y\left(\frac{M_{cy}}{M_y}-\frac{M_{cr}}{M_u}\right)+\varphi_u\left(1-\frac{M_y}{M_u}\right)\right]\\&=0.2\lambda d\left[\varphi_{cr}\left(\frac{M_y}{M_u}-1\right)+\varphi_y\left(\frac{M_{cr}}{M_y}-\frac{M_{cr}}{M_u}\right)+\varphi_u\left(1-\frac{M_y}{M_u}\right)\right]\end{aligned}\tag{6-26}$$

(2)剪切引起的塑性转角

塑性区的剪应力超过一定值后就会产生斜向剪切裂缝。斜向剪切裂缝能够显著提高梁的转动能力。主要影响参数为剪跨比 $\lambda_q=\frac{M}{Vd}$。根据 Tue、Qian 和 Pommerening[75] 的研究，可以使用剪切裂缝的倾角计算剪切引起的塑性转角。由于裂缝倾角随与支座距离的增大而减小，故可以假定影响区按抛物线规律变化。

根据图 6-23，用传递长度 a_l 得到附加塑性铰长度。压杆倾角的下限值定义为 $\beta=35°$，箍筋的倾角一般取为 $\alpha=90°$。

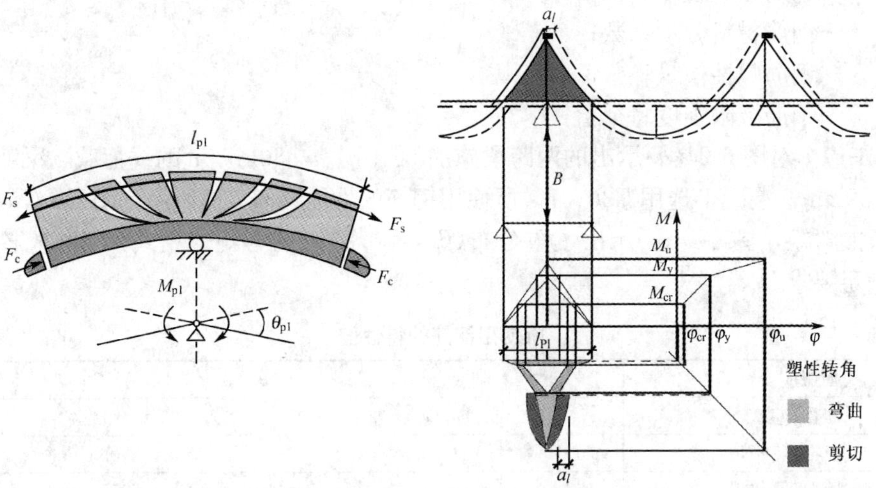

图 6-23　塑性铰处的剪切裂缝及弯曲和剪切引起的塑性转动模型

根据所做的假定，得到剪切引起的塑性转角为：

$$\theta_{pl,剪}=\frac{4}{3}(\varphi_u-\varphi_y)a_l \tag{6-27}$$

总塑性转角为弯曲塑性转角和剪切塑性转角之和：

$$\theta_{pl}=\theta_{pl,弯}+\theta_{pl,剪} \tag{6-28}$$

利用上面的方法进行参数研究，Ahner 和 Kliver 提出了下面计算塑性转角的公式：

$$\theta_{pl}=\beta_\lambda\beta_\varepsilon\frac{\varepsilon_{su,TS}-\varepsilon_{syd}}{1-\frac{x_u}{d}}\left(1-\frac{f_{yk}}{f_{tk}}\right) \tag{6-29}$$

式中　β_λ——考虑剪跨比影响的系数，等于 $12\sqrt{\frac{\lambda_q}{6}}$，其中 $\lambda_q=\frac{M}{Vd}$；

β_ε——考虑混凝土极限压应变 ε_{cu} 影响的系数，等于 $1.3\left(\frac{\varepsilon_{cu}}{3.5}\times10^3\right)^2$；

$\varepsilon_{su,TS}$——考虑拉伸硬化影响的钢筋极限应变，按下式计算：

$$\varepsilon_{su,TS}=\begin{cases}|\varepsilon_{cu}|\left[\frac{1}{(x_u/d)^*}-1\right]\frac{x_u/d}{(x_u/d)^*} & \frac{x_u}{d}\leqslant\left(\frac{x_u}{d}\right)^* \\ |\varepsilon_{cu}|\left[\frac{1}{(x_u/d)^*}-1\right] & \frac{x_u}{d}>\left(\frac{x_u}{d}\right)^*\end{cases}$$

$\left(\frac{x_u}{d}\right)^*$——钢筋屈服转化为混凝土破坏时受压区高度与有效高度之比，等于 0.18 $-0.0008f_{ck}$；

ε_{syd}——钢筋屈服应变，按下式计算：

$$\varepsilon_{syd}=\frac{f_{yk}}{\gamma_s E_s}$$

f_{yk}——钢筋屈服强度特征值；

γ_s——钢筋材料分项系数；

E_s——钢筋弹性模量；

f_{tk}——钢筋极限强度特征值。

【例 6-1】 对图 6-24(a)示出的两跨梁施加 $(g+q)_d=80\text{kN/m}$ 的线荷载，梁截面有效高度为 650mm，混凝土选用 C30/37，所使用钢筋的性能如表 6-7 所示。图 6-24(b)示出了弹性分析的弯矩，图 6-24(c)示出了重分布($\beta_{DIN}=0.8$)后的弯矩。用式(6-29)校核梁的延性是否满足要求。

所使用钢筋的特性值 **表 6-7**

屈服应变	ε_{sy}	2.75‰
极限应变	ε_{su}	50‰
抗拉强度特征值	f_{yk}	540N/mm^2
屈服强度平均值	f_{ym}	550N/mm^2
抗拉强度平均值	f_{tm}	594N/mm^2
延性值	f_{tk}/f_{yk}	1.08
弹性模量	E_s	200000N/mm^2

【解】 (1)荷载产生的曲率

根据所选定的弯矩重分布系数，计算得到重分布后 B 支座的弯矩和支座反力：

$$M_{su}=0.8M_{su,el}=-0.8\times520.00=-416.00\text{kN}\cdot\text{m}$$

$$6N_A+416.00-\frac{80\times6\times6}{2}=0\Rightarrow N_A=170.67\text{kN}$$

$$8N_C-\frac{80\times8.00\times8.00}{2}+416.00=0\Rightarrow N_C=268.00\text{kN}$$

$$N_A+N_B+N_C=80\times(6+8)\Rightarrow N_B=681.33\text{kN}$$

左跨最大弯矩

$$x_0=\frac{N_A}{g+q}=\frac{170.67}{80}=2.13\text{m}$$

$$M_{sp,1}=170.67\times2.13-\frac{80\times2.13\times2.13}{2}=182.05\text{kN}\cdot\text{m}$$

右跨最大弯矩(坐标 x'从右侧算起)：

$$x'_0=\frac{N_C}{g+q}=\frac{268.00}{80}=3.35\text{m}$$

$$M_{sp,2}=268.00\times3.35-\frac{80\times3.35\times3.35}{2}=448.9\text{kN}\cdot\text{m}$$

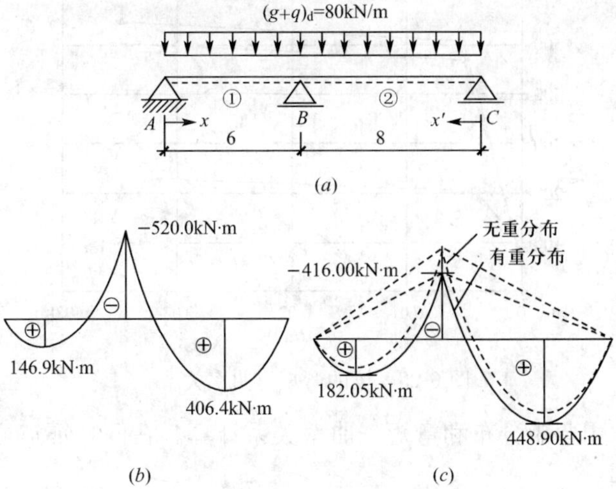

图 6-24　两跨连续梁的弯矩重分布

（a）两跨连续梁；（b）弹性分析得出的弯矩；（c）重分布后的弯矩

需要的钢筋面积：

B 支座：$M_{su} = -416.00\text{kN}\cdot\text{m}$；$A_s = 1600\text{mm}^2 \left(\dfrac{x_u}{d} = 0.2\right)$

①跨：$A_s = 680\text{mm}^2$

②跨：$A_s = 1740\text{mm}^2$

表 6-8 给出了梁 B 支座、①跨和②跨弯矩—曲率关系的特征点（开裂、屈服和极限状态）。按照图 6-21，这些点之间的关系为直线关系。在本例中，使用材料性能的平均值。图 6-25 示出了梁的弯矩—曲率关系。

弯矩—曲率关系的特征点　　**表 6-8**

	特征点	弯矩 (kN·m)	曲率 $\varphi = (1/r)_m (\text{m}^{-1})$
B 支座	初裂(cr)	94.7	0.00026
	屈服(y)	471.5	0.00499
	极限(u)	508.1	0.03766
①跨	初裂(cr)	94.7	0.00026
	屈服(y)	203.4	0.00410
	极限(u)	228.2	0.03250
②跨	初裂(cr)	94.7	0.00026
	屈服(y)	510.6	0.00509
	极限(u)	548.2	0.03474

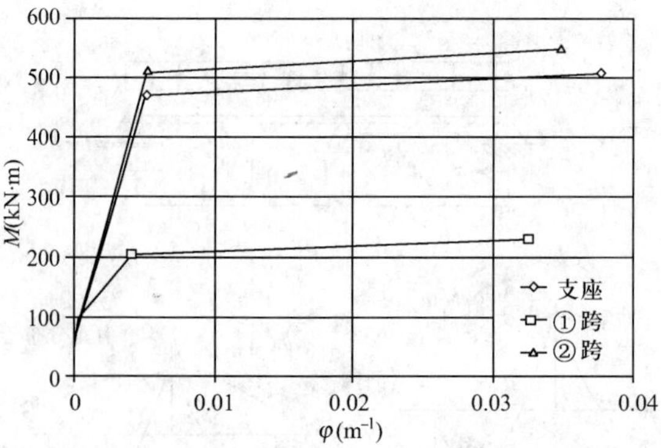

图 6-25 梁的弯矩—曲率关系

要求的塑性转角用弯矩分布和弯矩—曲率关系计算。在两特征点之间进行线性内插，可以得到下面的曲率：

B 支座：

$$\varphi_{st}=-0.00026-\frac{416.0-94.7}{471.5-94.7}\times(0.00499-0.00026)=-0.004291/\text{m}$$

①跨

$$\varphi_{sp,1}=0.00026+\frac{182.05-94.7}{203.4-94.7}\times(0.00410-0.00026)=-0.003351/\text{m}$$

②跨

$$\varphi_{sp,2}=0.00026+\frac{448.9-94.7}{510.6-94.7}\times(0.00509-0.00026)=-0.004371/\text{m}$$

对曲率进行积分，得要求的塑性转角：

$$\theta_{pl,req}=\int\frac{M(x)\overline{M}(x)}{EI}\mathrm{d}x=\int\varphi(x)\overline{M}\mathrm{d}x$$

$$=\left[\begin{array}{l}\frac{1}{3}\times3.35\times0.355\times2.13+\frac{1}{6}\times3.35\times(0.355+0.710)\times2.13\\-\frac{1}{6}\times4.29\times(1+0.710)\times1.74-\frac{1}{6}\times4.29\times(1+0.838)\times1.30\\\frac{1}{6}\times4.37\times(0.838+0.438)\times3.35+\frac{1}{3}\times4.37\times0.438\times3.35\end{array}\right]\times\frac{1}{1000}$$

$$=3.53\times10^{-3}\,\text{rad}$$

(2) 梁 B 支座处的转动能力

剪跨比为：

$$\lambda_q=\frac{M}{Vd}=\frac{416.00}{340.66\times0.65}=1.9$$

剪跨比影响系数：

$$\beta_\lambda=12\sqrt{\frac{\lambda_q}{6}}=12\times\sqrt{\frac{1.9}{6}}=6.75$$

对于 C30/37 混凝土，$f_{ck}=30\text{MPa}$，$\varepsilon_{cu}=3.5\times10^{-3}$。所以，混凝土极限压应变影响

系数为：

$$\beta_\varepsilon = 1.3\left(\frac{\varepsilon_{cu}\times 10^3}{3.5}\right)^2 = 1.3\times\left(\frac{3.5}{3.5}\right)^2 = 1.3$$

界限相对受压区高度：

$$\left(\frac{x_u}{d}\right)^* = 0.18 - 0.0008 f_{ck} = 0.18 - 0.0008\times 30 = 0.156$$

所以，当 $\frac{x_u}{d} = 0.2 > 0.156$ 时，混凝土压碎时钢筋的应变为：

$$\varepsilon_{su,TS} = |\varepsilon_{cu}|\left(\frac{1}{x_u/d} - 1\right) = 3.5\times 10^{-3}\times\left(\frac{1}{0.2} - 1\right) = 14\times 10^{-3}$$

$$\varepsilon_{syd} = \frac{f_{yk}}{\gamma_s E_s} = \frac{500}{1.15\times 2\times 10^5} = 2.174\times 10^{-3}$$

再由 $\frac{f_{yk}}{f_{tk}} = \frac{1}{1.08}$，得梁能够达到的塑性转角为：

$$\theta_{pl,cap} = \beta_\lambda\beta_\varepsilon\frac{\varepsilon_{su,TS} - \varepsilon_{syd}}{1 - x_u/d}\left(1 - \frac{f_{yk}}{f_{tk}}\right) = 6.75\times 1.3\times\frac{(14 - 2.174)\times 10^{-3}}{1 - 0.2}\times\left(1 - \frac{1}{1.08}\right)$$

$$= 9.61\text{mrad} > 3.53\text{mrad}$$

所以按 $\beta_{DIN} = 0.8$ 进行弯矩重分布设计时，转动能力是足够的。

6.3.2　规范对转动能力的规定

1. 欧洲模式规范（CEB MC 90—1993）

欧洲模式规范 CEB MC 90—1993 通过对塑性铰长度上的曲率进行积分计算构件的塑性转动能力：

$$\theta_{pl,cap} = \int_0^{l_p}\frac{\delta}{d - c}\left(1 - \frac{\sigma_{srl}}{f_{yk}}\right)(\varepsilon_{s2} - \varepsilon_{sy})\,dx \tag{6-30}$$

式中　l_p——塑性铰长度；

c——混凝土受压区高度；

d——构件截面有效高度；

δ——考虑非弹性阶段钢筋应力—应变曲线形状的系数；

σ_{srl}——混凝土达到特征抗拉强度出现第一条裂缝时裂缝处的钢筋应力；

ε_{s2}——开裂截面处钢筋的应变；

ε_{sy}——钢筋的屈服应变；

f_{yk}——钢筋屈服应力特征值。

对不同钢筋类型（表 6-2）和跨高比 $\frac{l^*}{d} = 6$（l^* 为支座两侧反弯点之间的距离）的构件，图 6-26（a）示出了 θ_{pl} 与 $\frac{x}{d}$ 的简化关系。对 $\frac{l^*}{d}$ 不为 6 的情况，乘以系数$\sqrt{\frac{l^*}{6d}}$。

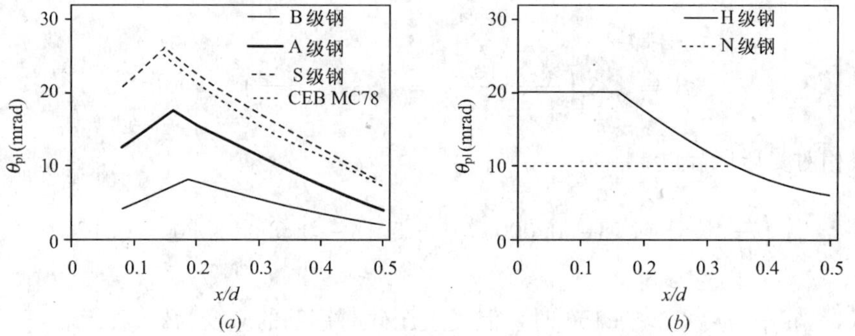

图 6-26 根据 CEB MC 90 和 EC 2 确定的塑性转动能力

(a) CEB MC90 (1993) 和 MC78 (1980); (b) ENV—1991

2. 欧洲规范《混凝土结构设计》(EN 1992-1-1: 2004)

图 6-26 (b) 为欧洲规范 ENV-1991 的塑性转动能力允许值，图 6-27 为欧洲规范 EN 1992-1-1: 2004 建议的混凝土强度等级为 C50/60 和 C90/105 时的允许塑性角 $\theta_{pl,d}$ 基本值。对于 C50/60 和 C90/105 之间的混凝土，$\theta_{pl,d}$ 值可通过内插得到。图 6-28 为计算塑性转角时考虑的塑性区范围。

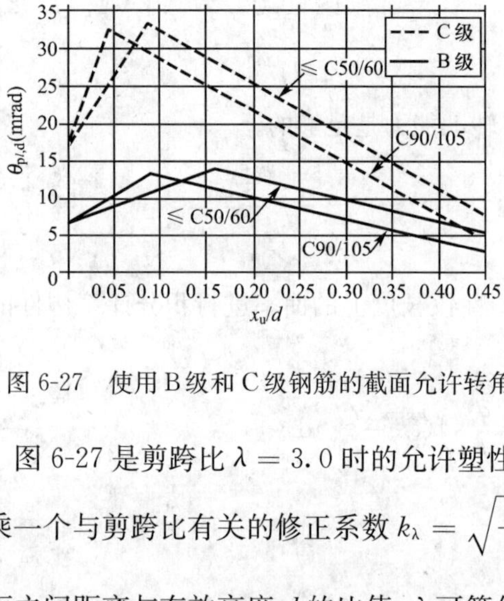

图 6-27 使用 B级和 C级钢筋的截面允许转角

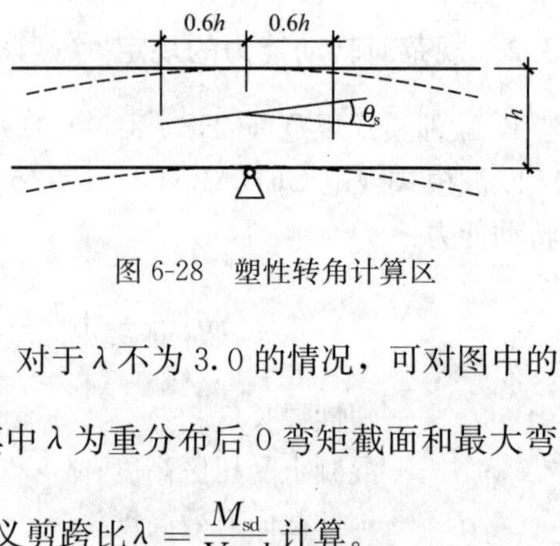

图 6-28 塑性转角计算区

图 6-27 是剪跨比 $\lambda = 3.0$ 时的允许塑性转角。对于 λ 不为 3.0 的情况，可对图中的数值乘一个与剪跨比有关的修正系数 $k_\lambda = \sqrt{\frac{\lambda}{3}}$，其中 λ 为重分布后 0 弯矩截面和最大弯矩截面之间距离与有效高度 d 的比值。λ 可简化用名义剪跨比 $\lambda = \frac{M_{sd}}{V_{sd}d}$ 计算。

3. 德国规范 (DIN 1045—1: 2001)

德国规范 DIN 1045—1: 2001 分别给出了构件转角计算的详细公式和简化公式。详细公式为:

$$\theta_{pl,cap} = \beta_n \beta_s \frac{\varepsilon_{su}^* - \varepsilon_{sy}}{1 - x/d} \sqrt{\frac{\lambda}{3}} \tag{6-31}$$

式中 $\beta_n = 22.5$;

$\beta_s = 0.074$;

λ——剪跨比，按弯矩重分布后弯矩为 0 截面与弯矩最大截面间的距离与有效高度 d

之比计算；

ε_{su}^* ——极限状态时钢筋应变

钢筋屈服时：$\dfrac{(0.4\,x/d+0.13)\varepsilon_{uk}}{\beta_c}$；

混凝土压坏时：$1.8\left(\dfrac{x}{d}\right)^{0.7}\times\dfrac{|\varepsilon_{cu}|}{(x/d)-1}$；

ε_{sy} ——钢筋屈服应变特征值（$=0.0025$）；

ε_{uk} ——钢筋极限应变特征值（高延性钢筋为 0.05）；

ε_{cu} ——混凝土极限压应变特征值（小于 C50 时取 0.0035）。

塑性转角的简化关系是按混凝土强度等级分为 C12/16～C50/60 和 C100/115 两组给出的。图 6-29 中示出了 $\lambda=3$ 时构件的塑性转角曲线，其中 $\dfrac{l^*}{d}$ 同 CEB MC 90（1993）的要求。对于其他的 λ 值，图中数值乘以系数 $\sqrt{\lambda/d}$。

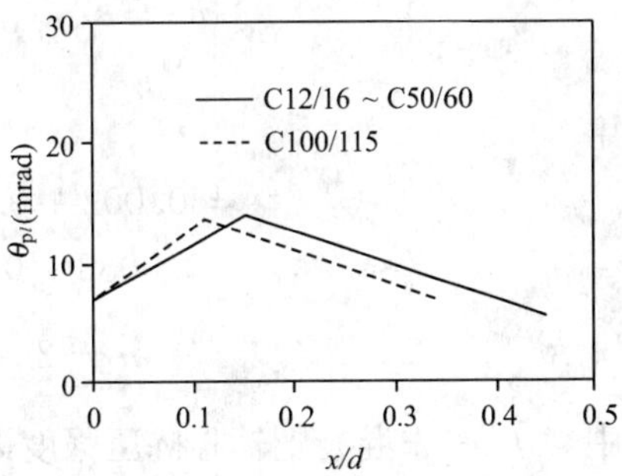

图 6-29　根据 DIN 1045-1：2001 确定的塑性转动能力

当 $\dfrac{x}{d}>0.45$、混凝土强度等级小于 C50/60 或 $\dfrac{x}{d}>0.35$、混凝土强度等级小于 C100/115 时，DIN 1045—1：2001 不允许对使用 N 型（低延伸率）钢筋的结构按塑性方法进行设计。

6.3.3　弯曲转角的简化计算

忽略混凝土开裂的影响，钢筋混凝土受弯构件的弯曲塑性转角可按下式计算：

$$\theta_{pl}=(\varphi_u-\varphi_y)l_p \tag{6-32}$$

其中

$$\varphi_u=\frac{\varepsilon_{cu}}{x_n},\ \varphi_y=\frac{\varepsilon_c}{x_c}=\frac{\varepsilon_{sy}}{h_0-x_c}$$

式中　l_p ——塑性铰长度，可采用 6.2.4 节的公式或其他公式计算；

φ_y、φ_u ——截面屈服和极限曲率；

x_n、x_c ——极限状态和钢筋屈服时混凝土的受压区高度；

ε_c ——受压混凝土边缘应变；

ε_{cu} ——混凝土极限压应变；

ε_{sy} ——受拉钢筋屈服应变。

令 $k_y=\dfrac{x_c}{h_0}$ 和 $k_u=\dfrac{x_n}{h_0}$，则：

$$\varphi_u=\frac{\varepsilon_{cu}}{k_u h_0} \tag{6-33a}$$

$$\varphi_y = \frac{\varepsilon_{sy}}{(1-k_y)h_0} \tag{6-33b}$$

从而塑性转角为：

$$\theta_{pl} = (\varphi_u - \varphi_y)l_p = \left[\frac{\varepsilon_{cu}}{k_u h_0} - \frac{\varepsilon_{sy}}{(1-k_y)h_0}\right]l_p \tag{6-34}$$

由此可见，求解钢筋屈服和极限状态时混凝土的相对受压区高度 k_y 和 k_u 是计算塑性转角的关键。下面给出相对受压区高度 k_y 和 k_u 的计算公式，计算中采用我国混凝土结构设计规范 GB 50010—2002[77] 规定的混凝土截面应力—应变关系：

$$\sigma_c = \begin{cases} f_c\left[1-\left(1-\dfrac{\varepsilon}{\varepsilon_0}\right)^n\right] & \varepsilon \leqslant \varepsilon_0 \\ f_c & \varepsilon_0 < \varepsilon \leqslant \varepsilon_{cu} \end{cases} \tag{6-35}$$

其中

$$\varepsilon_0 = 0.002 + 0.5 \times (f_{cu,k} - 50) \times 10^{-5} \geqslant 0.002$$

$$\varepsilon_{cu} = 0.0033 - 0.5 \times (f_{cu,k} - 50) \times 10^{-5} \leqslant 0.0033$$

$$n = 2 - \frac{1}{60} \times (f_{cu,k} - 50) \leqslant 2.0$$

式中 f_c ——混凝土轴心抗压强度设计值；

ε_0 ——混凝土强度 f_c 对应的压应变；

$f_{cu,k}$ ——混凝土立方体抗压强度标准值；

n ——系数。

钢筋的应力—应变关系为：

$$\sigma_s = \begin{cases} E_s\varepsilon_s & \varepsilon_s \leqslant \varepsilon_{sy} \\ f_y & \varepsilon_s > \varepsilon_{sy} \end{cases} \tag{6-36}$$

式中 E_s ——钢筋弹性模量；

f_y ——钢筋屈服强度。

1. k_y 的计算

由于混凝土的应力—应变关系是分段表示的，所以受拉钢筋屈服时，需根据受压区混凝土应力是否达到峰值应力分为 $\varepsilon_c \leqslant \varepsilon_0$ 和 $\varepsilon_c > \varepsilon_0$ 两种情况计算。

(1) 混凝土应变 $\varepsilon_c \leqslant \varepsilon_0$

当混凝土受压边缘压应变 $\varepsilon_c \leqslant \varepsilon_0$ 时，混凝土最大应力 $\sigma_c \leqslant f_c$ 。如图 6-30 所示，假设

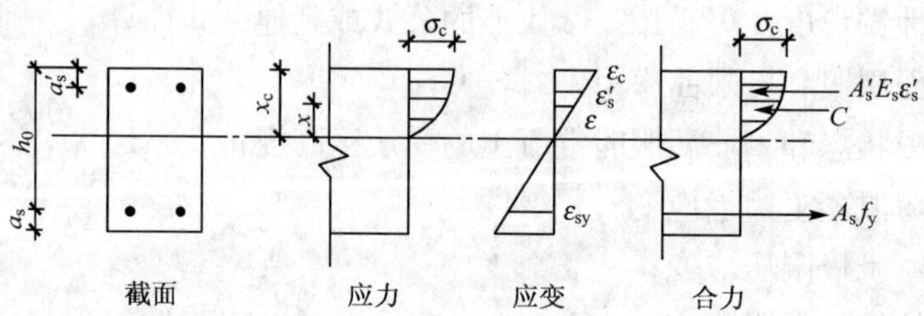

图 6-30 $\varepsilon_c \leqslant \varepsilon_0$ 时截面计算简图

受压区混凝土任一点的应变为 ε ，该点到中性轴的距离为 x 。由平截面假定得：

$$\varepsilon = \frac{\varepsilon_c}{x_c}x,\ \varepsilon'_s = \frac{x_c - a'_s}{h_0 - x_c}\varepsilon_{sy},\ \varepsilon_c = \frac{x_c}{h_0 - x_c}\varepsilon_{sy} \tag{6-37}$$

式中　ε'_s——受压钢筋应变。

由式（6-35）和式（6-37），混凝土合力为：

$$C=\int_0^{x_c}\sigma_c(\varepsilon)b\mathrm{d}x=\int_0^{x_c}f_c\left[1-\left(1-\frac{\varepsilon}{\varepsilon_0}\right)^n\right]b\mathrm{d}x=f_cb\left\{x_c+\frac{x_c\varepsilon_0}{\varepsilon_c}\times\frac{1}{1+n}\left[\left(1-\frac{\varepsilon_c}{\varepsilon_0}\right)^{n+1}-1\right]\right\}$$

$$=f_cb\left\{x_c+(h_0-x_c)\frac{\varepsilon_0}{\varepsilon_{sy}}\times\frac{1}{1+n}\left[\left(1-\frac{x_c}{h_0-x_c}\times\frac{\varepsilon_{sy}}{\varepsilon_0}\right)^{n+1}-1\right]\right\} \tag{6-38}$$

由图 6-30，根据力的平衡得：

$$C+A'_s\sigma'_s=A_sf_y \tag{6-39}$$

根据受压钢筋是否屈服分为两种情况。先假定受压钢筋未屈服，即 $\varepsilon'_s<\varepsilon_{sy}$，按式（6-36），钢筋应力取为 $\sigma'_s=E_s\varepsilon'_s$，代入式（6-39）得：

$$C+A'_sE_s\varepsilon'_s=A_sf_y \tag{6-40}$$

将式（6-38）、(6-37）代入式（6-40）得：

$$f_cb\left\{x_c+(h_0-x_c)\frac{\varepsilon_0}{\varepsilon_{sy}}\times\frac{1}{1+n}\left[\left(1-\frac{x_c}{h_0-x_c}\times\frac{\varepsilon_{sy}}{\varepsilon_0}\right)^{n+1}-1\right]\right\}$$
$$+A'_sE_s\frac{x_c-a'_s}{h_0-x_c}\varepsilon_{sy}=A_sf_y \tag{6-41}$$

令 $\rho=\dfrac{A_s}{bh_0}$，$\rho'=\dfrac{A'_s}{bh_0}$，式（6-41）可表示为下面的无量纲形式：

$$\left\{k_y+(1-k_y)\frac{\varepsilon_0}{\varepsilon_{sy}}\times\frac{1}{1+n}\left[\left(1-\frac{k_y}{1-k_y}\times\frac{\varepsilon_{sy}}{\varepsilon_0}\right)^{n+1}-1\right]\right\}$$
$$+\rho'\frac{f_y}{f_c}\times\frac{k_y-a'_s/h_0}{1-k_y}=\rho\frac{f_y}{f_c} \tag{6-42}$$

式（6-42）为关于 k_y 的非线性方程，解之可得受拉钢筋屈服的相对受压区高度 $x_c=k_yh_0$，由式（6-37）求得 ε_c，检验是否满足 $\varepsilon_c\leqslant\varepsilon_0$，若不满足，由下面的（2）计算 x_c；若满足，则由式（6-37）计算 ε'_s，如果 $\varepsilon'_s<\varepsilon_{sy}$，说明前面假定受压钢筋未屈服是正确的；如果 $\varepsilon'_s>\varepsilon_{sy}$，说明受压钢筋已屈服，需重新计算 x_c。此时，钢筋应力 $\sigma'_s=E_s\varepsilon'_s=f_y$，代入式（6-39）整理得：

$$k_y+\frac{\varepsilon_0}{\varepsilon_{sy}}\times\frac{1-k_y}{1+n}\left[\left(1-\frac{\varepsilon_{sy}}{\varepsilon_0}\times\frac{k_y}{1-k_y}\right)^{n+1}-1\right]=(\rho-\rho')\frac{f_y}{f_c} \tag{6-43}$$

解此非线性方程，可求得 $\varepsilon'_s>\varepsilon_{sy}$ 时的中性轴高度 $x_c=k_yh_0$。

（2）混凝土应变 $\varepsilon_0<\varepsilon_c<\varepsilon_{cu}$

在这种情况下，混凝土边缘压应力 $\sigma_c=f_c$，如图 6-31 所示。

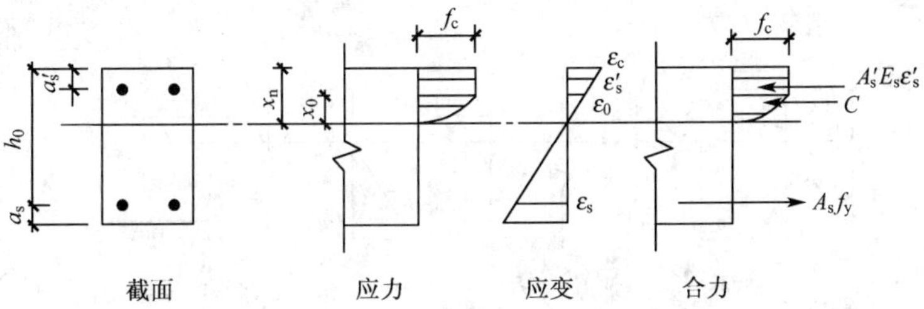

图 6-31　$\varepsilon_0<\varepsilon_c<\varepsilon_{cu}$ 时截面计算简图

混凝土压应力的合力为：

$$C=\int_0^{x_0} f_c\left[1-\left(1-\frac{\varepsilon}{\varepsilon_0}\right)^n\right]b\mathrm{d}x+\int_{x_0}^{x_c} f_c b\mathrm{d}x$$

$$=f_c b x_c\left(1-\frac{1}{1+n}\times\frac{h_0-x_c}{x_c}\times\frac{\varepsilon_0}{\varepsilon_{sy}}\right) \tag{6-44}$$

先假定受压钢筋未屈服，钢筋应力按 $\sigma'_s=E_s\varepsilon'_s$ 计算。如图 6-31 所示，根据力的平衡，将式（6-44）代入式（6-40）得：

$$\left(1+\frac{1}{1+n}\times\frac{\varepsilon_0}{\varepsilon_{sy}}\right)k_y^2-\left[\left(1+\frac{2}{1+n}\times\frac{\varepsilon_0}{\varepsilon_{sy}}\right)+(\rho+\rho')\frac{f_y}{f_c}+\right]k_y$$

$$+\left(\frac{1}{1+n}\times\frac{\varepsilon_0}{\varepsilon_{sy}}+\rho'\frac{f_y}{f_c}\times\frac{a'_s}{h_0}+\rho\frac{f_y}{f_c}\right)=0 \tag{6-45}$$

式（6-45）为关于 k_y 的一元二次方程，可解得 $x_c=k_y h_0$，由式（6-37）求得 ε'_s 判断受压钢筋是否屈服。若 $\varepsilon'_s\leqslant\varepsilon_{sy}$，说明假定受压钢筋未屈服是正确的；若 $\varepsilon'_s>\varepsilon_{sy}$，说明受压钢筋已屈服，需重新计算 k_y。此时，钢筋应力 $\sigma'_s=E_s\varepsilon'_s=f_y$。将式(6-44)代入式（6-40）解得：

$$k_y=\frac{\frac{1}{1+n}\times\frac{\varepsilon_0}{\varepsilon_{sy}}+(\rho-\rho')\frac{f_y}{f_c}}{1+\frac{1}{1+n}\times\frac{\varepsilon_0}{\varepsilon_{sy}}} \tag{6-46}$$

综合上面的分析，构件受拉钢筋屈服时的混凝土相对受压区高度 k_y 根据不同的情况按式（6-42）、式（6-43）、式（6-45）和式（6-46）计算，虽然最终结果是四个公式中的一个，但要逐个计算中进行判断，比较复杂，特别是式（6-42）和式（6-43）为非线性方程，需迭代求解。为此，文献［76］经过数值分析，给出了上面四个公式的经验公式：

$$k_y=(0.01\alpha_\rho+16.4\rho-9\rho'+0.28)(1.15-0.017f_c)(1.5\times10^{-6}f_y^2-7\times10^{-4}f_y+1.14) \tag{6-47}$$

其适用范围为 $\rho=0.5\%\sim2.5\%$，受压钢筋与受拉钢筋配筋比 $\alpha_\rho=\rho'/\rho=0\sim1.0$，$f_y=210\sim360$MPa（HPB235、HRB335 和 HRB400），$f_c=9.6\sim23.1$MPa（C20～C50）。

2. k_u 的计算

极限状态时，受压区混凝土边缘达到极限压应变 ε_{cu}。假定中性轴高度为 x_n，混凝土压应变 $\varepsilon=\varepsilon_0$ 的点与中性轴的距离为 x_0，受压区混凝土应变为 ε 的点到中性轴的距离为 x。

如图 6-32 所示，根据平截面假定，存在下面的几何关系：

$$\varepsilon=\frac{\varepsilon_0}{x_0}x,\ x_0=\frac{\varepsilon_0 x_n}{\varepsilon_{cu}},\ \varepsilon'_s=\frac{x_n-a'_s}{x_n}\varepsilon_{cu} \tag{6-48}$$

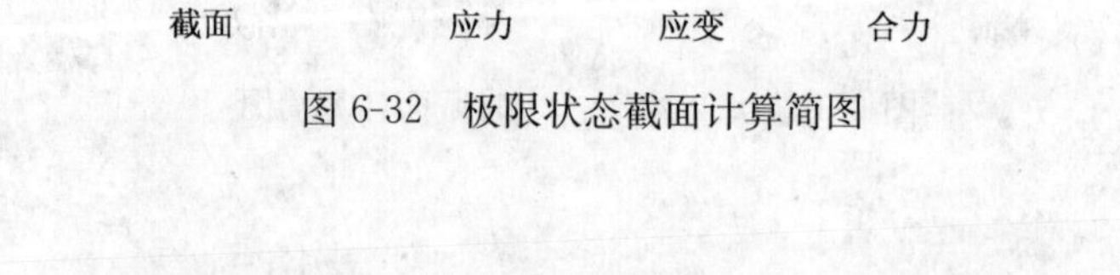

图 6-32 极限状态截面计算简图

混凝土压应力的合力为：

$$C=\int_0^{x_0} f_c\left[1-\left(1-\frac{\varepsilon}{\varepsilon_0}\right)^n\right]b\mathrm{d}x+\int_{x_0}^{x_n} f_c b\mathrm{d}x=f_c bx_n\left(1-\frac{1}{1+n}\times\frac{\varepsilon_0}{\varepsilon_{cu}}\right) \tag{6-49}$$

若前面计算 k_y 时受压钢筋已经屈服，即 $\varepsilon'_s>\varepsilon_{sy}$，则极限状态时受压钢筋仍然处于屈服状态，直接由下面的式（6-51）计算极限状态时的相对受压区高度 k_u；如果前面计算 k_y 时受压钢筋没有屈服，则极限状态时受压钢筋可能屈服也可能未屈服，需要通过计算进行判断，先假定受压钢筋未屈服，如图 6-32 所示，根据力的平衡，将式（6-48）代入式（6-40）得：

$$\left(1-\frac{1}{1+n}\times\frac{\varepsilon_0}{\varepsilon_{cu}}\right)k_u^2+\left(\rho'\frac{\varepsilon_{cu}}{\varepsilon_{sy}}-\rho\right)\frac{f_y}{f_c}k_u-\rho'\frac{\varepsilon_{cu}}{\varepsilon_{sy}}\times\frac{f_y}{f_c}\times\frac{a'_s}{h_0}=0 \tag{6-50}$$

解此二次方程可得极限状态时中性轴高度 $x_n=k_u h_0$，由式（6-48）计算受压钢筋压应变 ε'_s，判断受压钢筋是否屈服，若 $\varepsilon'_s<\varepsilon_{sy}$，计算的 k_u 是正确的；否则将式（6-49）代入式（6-39），令 $\sigma'_s=f_y$ 得：

$$k_u=\frac{\rho-\rho'}{1-\frac{1}{1+n}\times\frac{\varepsilon_0}{\varepsilon_{cu}}}\times\frac{f_y}{f_c} \tag{6-51}$$

将式（6-47）求得的 k_y 和式（6-50）或式（6-51）求得的 k_u 代入式（6-34）即可计算构件的塑性转角。

【例 6-2】　图 6-33 所示为受弯构件的截面，$b\times h=300\text{mm}\times500\text{mm}$，上下各配有 4 Φ 25（$1964\text{mm}^2$）的钢筋，$E_s=2\times10^5\text{MPa}$，$a_s=a'_s=35\text{mm}$，混凝土强度等级为 C30，计算塑性铰转角。

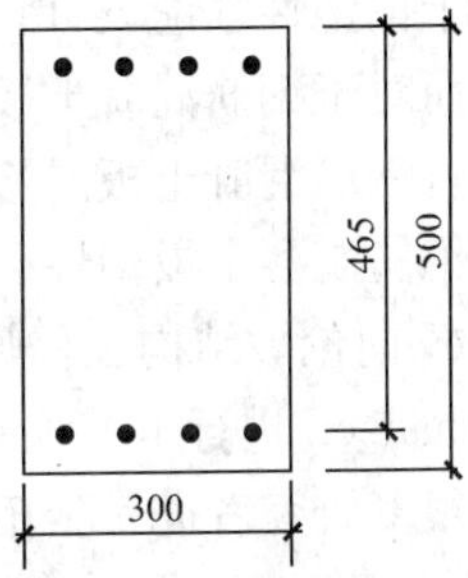

图 6-33　截面配筋简图

【解】按我国混凝土规范 GB 50010—2002，$f_c=14.3\text{N/mm}^2$，$f_y=300\text{N/mm}^2$。$A_s=A'_s=1964\text{ mm}^2$，$h_0=h-a_s=500-35=465\text{mm}$。构件截面配筋率为：

$$\rho=\rho'=\frac{A_s}{bh_0}=\frac{1960}{300\times465}=0.01407,\ \alpha_\rho=\frac{\rho'}{\rho}=1,\ \varepsilon_{sy}=\frac{f_y}{E_s}=0.0015$$

由式（6-47）得：

$$\begin{aligned}k_y&=(0.01\alpha_\rho+16.4\rho-9\rho'+0.28)(1.15-0.017f_c)(1.5\times10^{-6}f_y^2-7\times10^{-4}f_y+1.14)\\&=(0.01+16.4\times0.01407-9\times0.01407+0.28)\times(1.15-0.017\times14.3)\\&\quad\times(1.5\times10^{-6}\times300^2-7\times10^{-4}\times300+1.14)=0.381\end{aligned}$$

极限状态时假定受压钢筋未屈服，按式（6-50）计算：

$$\left(1-\frac{1}{1+2}\times\frac{0.002}{0.0033}\right)k_u^2+\left(0.01407\times\frac{0.0033}{0.0015}-0.01407\right)\times\frac{300}{14.3}k_u$$
$$-0.01407\times\frac{0.0033}{0.0015}\times\frac{300}{14.3}\times\frac{35}{465}=0$$

解得 $k_u=0.109$

$$x_n=k_u h_0=0.109\times465=50.717\text{mm}$$

由式（6-48）：

$$\varepsilon'_s=\frac{x_n-a'_s}{x_n}\varepsilon_{cu}=\frac{50.717-35}{50.717}\times0.0033=1.023\times10^{-3}<\varepsilon_{sy}=0.0015$$

由式（6-33b）得：

$$\varphi_y = \frac{\varepsilon_{sy}}{(1-k_y)h_0} = \frac{0.0015}{(1-0.381)\times 465} = 5.212\times 10^{-6}\mathrm{m}^{-1}$$

$$\varphi_u = \frac{\varepsilon_{cu}}{k_u h_0} = \frac{0.0033}{0.109\times 465} = 6.511\times 10^{-5}\mathrm{m}^{-1}$$

取 $l_p = h_0$，由式（6-34）得：

$$\theta_p = (\varphi_u - \varphi_y)l_p = (6.511\times 10^{-5} - 5.212\times 10^{-6})\times 465 = 2.785\times 10^{-2}\mathrm{rad}$$

6.4 板的极限承载力分析

如果钢筋混凝土结构或构件具有足够的变形能力，在形成塑性机构前不会破坏，则可用塑性分析法计算其承载力，称为钢筋混凝土结构或构件的极限分析。

极限理论可用于钢筋混凝土框架结构的设计，也可用于钢筋混凝土板的设计。由于钢筋混凝土板的有效高度小，板中钢筋的强度低、配筋率小、延性好，所以钢筋混凝土板更适合于按塑性理论设计。对于钢筋混凝土框架结构，梁、柱中钢筋屈服后形成的是塑性铰，而对于钢筋混凝土板，钢筋屈服后形成的是直线或曲线段，称为塑性铰线。所以，一般也将钢筋混凝土板的塑性设计理论称为塑性铰线理论。

钢筋混凝土板塑性设计理论的研究已有相当长的历史。早在 1922 年，俄罗斯学者 Ingerslev 向伦敦结构工程师协会递交了一份关于矩形板破坏模式的论文，1943 年丹麦工程师 Johansen 进行了系统的研究。一般认为 Johansen[78] 的研究是塑性铰线理论研究的开端，之后很多研究者进一步拓展了 Johansen 的工作。

6.4.1 塑性铰线的形式及抵抗弯矩

钢筋混凝土板塑性铰线的形式和破坏是以试验观察为基础的。图 6-34 所示为一四边简支的钢筋混凝土正方形板，承受均布荷载作用，荷载从 0 开始逐渐增加，直到板发生破坏。当荷载很小时，整个板处于弹性阶段，没有裂缝出现，随着荷载的增大，板中心主应力达到混凝土抗拉强度，出现如图 6-34（a）所示的垂直裂缝。裂缝出现后板中心的混凝土拉应力转由钢筋承担，如果继续施加荷载，板中心钢筋的应力进一步增大，同时裂缝向板的四个角延伸，同时所有受拉钢筋达到其屈服强度，板在极限状态下发生破坏，被裂缝分割为 A、B、C 和 D 四个板块，如图 6-34（b）所示。这些板块的边界线为裂缝构成的塑性铰线，板块绕塑性铰线转动，形成机构。塑性铰线理论忽略了弹性变形，假定所有变形集中在塑性铰线上，即假定材料是刚塑性的。

塑性铰线的形成遵循下面的规律：

（1）转动轴通常沿支承边且经过柱的边缘。

（2）塑性铰线可以是直线，也可以是曲线。

（3）相邻刚性板块的塑性铰线必须经过这些板块转动轴的交点。

（4）塑性铰线必须截止于板的边界处。

（5）简支边为正的塑性铰线，连续支撑边与之相反。

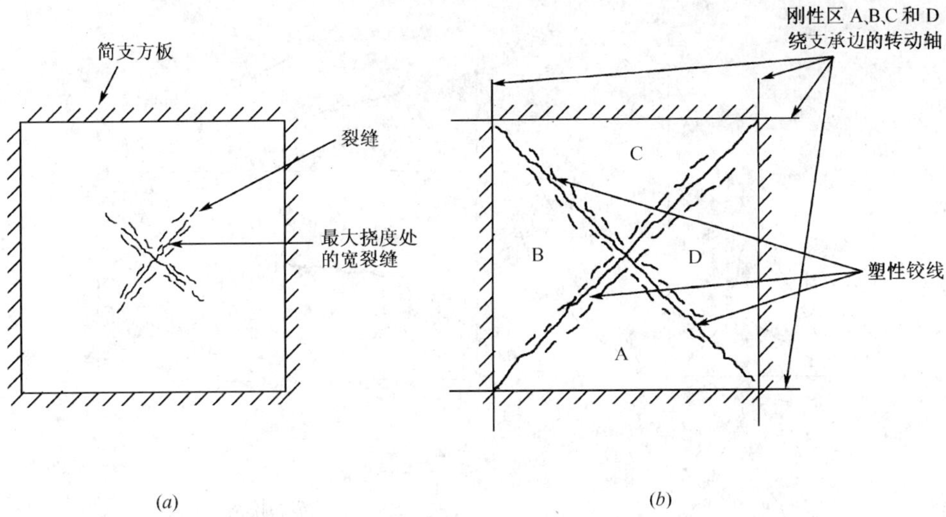

图 6-34 钢筋混凝土板的破坏机构

(a) 初始裂缝；(b) 最终的塑性机构

图 6-35 给出了均布荷载作用下不同形状、不同边界条件的板形成的可能塑性铰线的一些简单例子。几何可变条件要求塑性铰线（或其延长线）及过支撑点的转动轴必须交于一点。图 6-36 给出了承受较大集中荷载的板形成的扇形机构，应注意这种破坏与冲切破坏的区别。

在用上限理论进行极限分析时，需知道塑性铰线的抵抗弯矩。抵抗弯矩与板中钢筋的数量、排列和塑性铰线的方向有关。通常，塑性铰线与钢筋是斜交的。假定板 x 和 y 两个方向的钢筋正交，沿 x 方向钢筋单位宽度上钢筋的抵抗弯矩为 M_x，沿 y 方向钢筋单位宽度上钢筋的抵抗弯矩为 M_y，则板径向和切向塑性铰线单位宽度的抵抗弯矩为（图 6-37）：

$$M_\theta = M_x\sin^2\theta + M_y\cos^2\theta = M_x(\sin^2\theta + \mu\cos^2\theta) \tag{6-52a}$$

$$M_r = M_x\cos^2\theta + M_y\sin^2\theta = M_x(\mu\sin^2\theta + \cos^2\theta) \tag{6-52b}$$

式中，$\mu = M_y/M_x$，表示了两方向抵抗弯矩的不同。当 $\mu \neq 1$ 时，为各向异性配筋；当 $\mu=1$时，为各向同性配筋，这时不论两个方向钢筋的角度如何，屈服线上的抵抗弯矩总是相等的。

6.4.2 上限理论及功的平衡方程

结构塑性分析涉及三个条件，即屈服条件、平衡条件和机动条件。对这三个条件的满足，构成了经典塑性力学理论极限分析的三个定理，即上限定理、下限定理和唯一性定理，三个定理的关系如图 6-38 所示，由三个定理求得的解分别为上限解、下限解和精确解。塑性铰线理论是以上限定理为基础的，求得的是上限解，即结构满足平衡条件和机动条件的荷载。

对于板而言，根据假定的塑性铰线（塑性条件）进行刚塑性分析（机动条件）比较简单，所以容易求上限解。根据假定的塑性铰线形式，理论上可求得多个上限解，其中最小的上限解是最接近精确解的上限解。所以为求得最好的上限解，应考虑多种可能的塑性铰线形式，或对有关参数进行优化。表 6-9 给出了图 6-39 不同情况的分析结果。

图 6-35 简单的塑性铰线形式

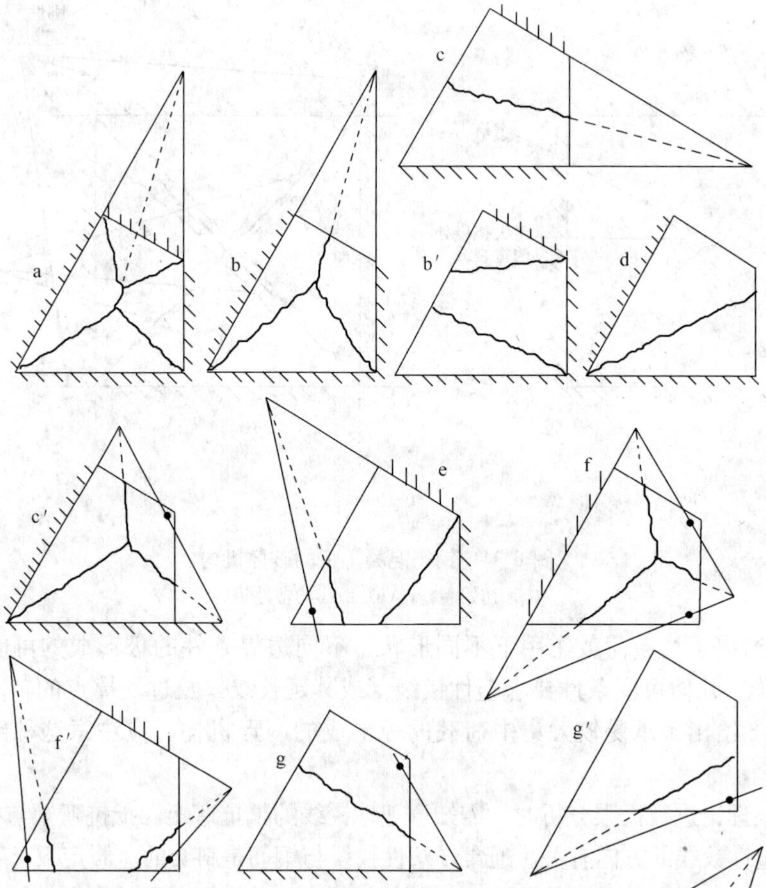

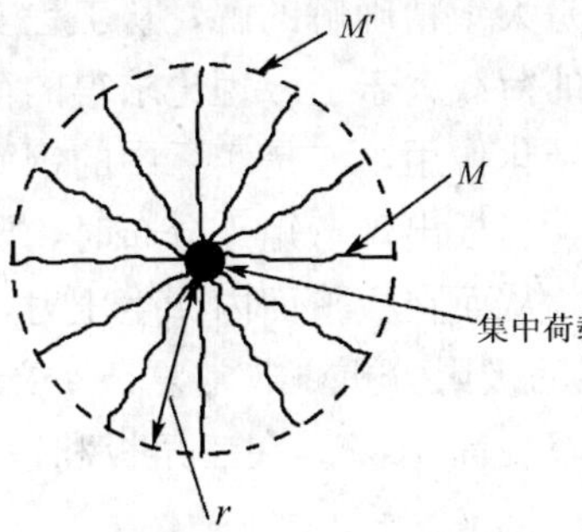

图 6-36　扇形破坏机构

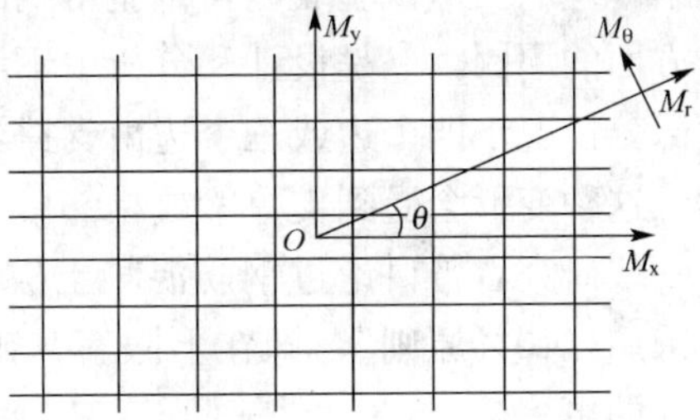

图 6-37　各向异性配筋板的抵抗弯矩

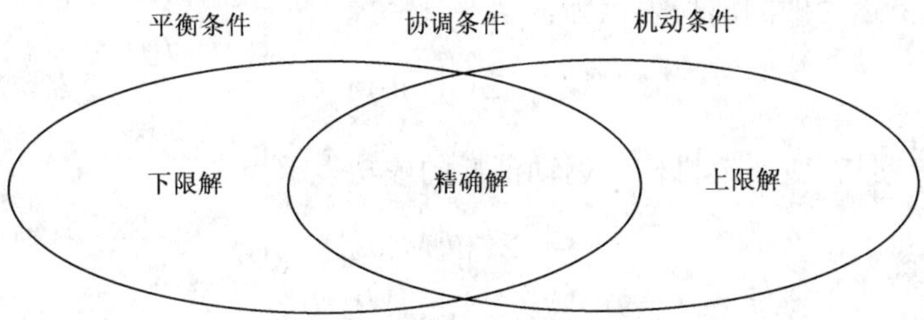

图 6-38　极限分析三个定理的关系

简支正方形板塑性铰线形式对上限分析结果的影响　　**表 6-9**

M'/M	x	h	M (kN/m)	角部翘起引起的板正弯矩增加
0	0.159a	0.523a	$qa^2/22$	9.0%
0.25	0.110a	0.571a	$qa^2/23$	4.3%
0.50	0.069a	0.619a	$qa^2/23.6$	1.7%
1.00	0	—	$qa^2/24$	—

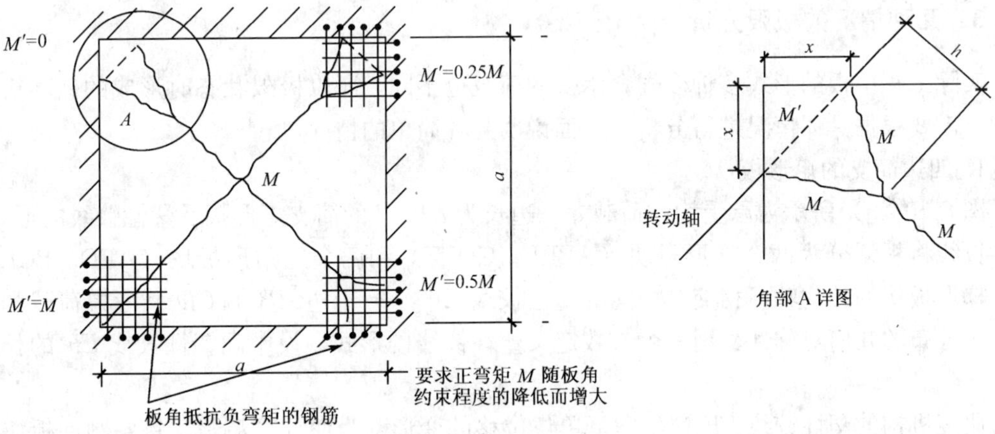

图 6-39　板角配筋对简支钢筋混凝土板极限承载力的影响

理论上讲，即使求得了最好的上限解，上限解仍是大于精确解的解，从工程安全角度考虑是不合理的。但试验表明，试验得到的板可承受的荷载大于上限理论求得的荷载。这有两个方面的原因，一是设计和分析中不考虑钢筋的硬化作用，二是实际中的钢筋混凝土板，大部分情况下四个边或三个边由支撑梁或墙支撑，当板出现弯矩重分布时，要产生大的变形，这种变形会受到支撑梁或相邻单元板的约束，从而在板平面内产生压力，形成拱作用。一些研究者曾讨论过钢筋混凝土板考虑拱作用的极限分析，非常复杂。文献［79］认为可采用“10%原则”，即在上限解基础上将配筋率提高10%。在三角板和锐角板中，可能增加的更多。

对于理想化为刚—塑性性质的钢筋混凝土板，按照功能相等原理，板形成塑性铰线且在所形成机构下运动消耗的能量等于板上的荷载在所形成机构下运动做的虚功。板上的荷载在所形成机构下运动做的虚功表示为：

$$W=\Sigma\left(\int_A q\delta\mathrm{d}A\right) \tag{6-53}$$

板形成屈服线且在所形成机构下运动消耗的虚功表示为：

$$U=\Sigma\left(\int_s \theta_{\mathrm{s}}M_{\mathrm{n}}\mathrm{d}s\right) \tag{6-54}$$

由 $W=U$ 得：

$$\Sigma\left(\int_A q\delta\mathrm{d}A\right)=\Sigma\left(\int_s \theta_{\mathrm{s}}M_{\mathrm{n}}\mathrm{d}s\right) \tag{6-55a}$$

式中 q——板上的荷载；

δ——$\mathrm{d}A$ 面积上荷载的虚位移；

θ_{s}——塑性铰线两侧刚性板块的相对转角；

M_{n}——塑性铰线的抵抗弯矩。

分析中需要建立 δ 与 θ_{s} 的关系。如果将板形成塑性铰线且在所形成机构下运动消耗的虚功分解为 x 和 y 两个方向，则式（6-55a）可表示为：

$$\Sigma\left(\int q\delta\mathrm{d}A\right)=\Sigma\left(\int\theta_{\mathrm{x}}M_{\mathrm{x}}\mathrm{d}y+\int\theta_{\mathrm{y}}M_{\mathrm{y}}\mathrm{d}x\right) \tag{6-55b}$$

6.4.3 几种情况的极限分析

实际工程中板的形式多种多样，承受的荷载也不同，所以极限状态时形成的破坏机构不同，需要根据具体情况进行分析。下面说明几种简单的情况。

1. 四边简支的矩形板

图6-40（a）所示为承受均布荷载 q 、边长为 l 和 $2l$ 的简支矩形板及塑性铰线的形式。塑性铰线将板划分为两个梯形板块（ABEF，CDFE）和两个三角形板块（AFD，BCE）。由于梯形板块的转动轴不相交，中间的塑性铰线 EF 平行于边 AB 和 CD 。考虑荷载和抵抗弯矩分布的几何对称性，用一个参数定义塑性铰线的形式，设中间塑性铰线 EF 的长度为 x。

假定机构的塑性铰线 EF 产生向下单位位移的变形。为使计算清楚，将各刚性板块编号。这样荷载做的外功为：

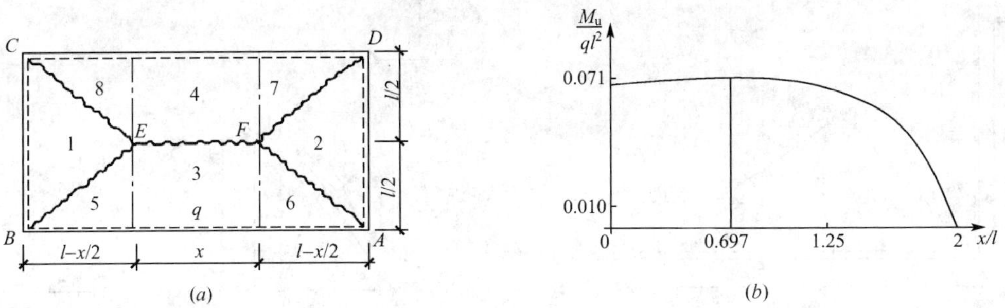

图 6-40　简支矩形板的极限分析

(a) 塑性铰线；(b) 极限荷载

$$W = q\frac{l\left(l-\frac{x}{2}\right)}{2}\times\frac{1}{3}\times 2 + q\times\frac{l}{2}x\times\frac{1}{2}\times 2 + q\frac{\frac{l}{2}\left(l-\frac{x}{2}\right)}{2}\times\frac{1}{3}\times 4 = \frac{2}{3}ql\left(l+\frac{x}{4}\right) \tag{6-56}$$

（1、2 板块）　　　（3、4 板块）　　　（5、6、7、8 板块）

塑性铰线消耗的内功为：

$$U = 2(M_u l\theta_x + M_u 2l\theta_y) = 2\left(M_u l\frac{1}{l-2x} + M_u 2l\frac{1}{l/2}\right) = \frac{4M_u(5l-2x)}{2l-x} \tag{6-57}$$

根据虚功原理 $W=U$ 得：

$$\frac{2}{3}ql\left(l+\frac{x}{4}\right) = \frac{4M_u(5l-2x)}{2l-x} \tag{6-58}$$

整理得：

$$\frac{M_u}{ql^2} = \frac{(4+x/l)(2-x/l)}{24\ (5-2x/l)} \tag{6-59}$$

图 6-40（b）描述了 M_u/ql^2 与 x/l 的函数关系。最小上限解由 $\frac{dq}{dx}=0$ 确定，计算得当 $x=0.697l$ 时，最小上限解为 $M_u=0.071ql^2$ 。由图 6-40（b）可以看出，当 $x<1.25l$ 时，板极限承载力的上限解随塑性铰线 EF 的长度没有明显的变化。

2. 一边无支撑的三角形板

考虑承受均布荷载 q 、AB 边和 BC 边简支、AC 边自由的直角三角形板 ABC ，如图 6-41。AB 边和 BC 边的长度分别为 $3l$ 和 $2l$ 。假定 x 方向的抵抗弯矩为 M_u ，y 方向和 x 方向的抵抗弯矩比为 μ 。

板产生一条如图 6-41（a）所示的直正塑性铰线，点 D 到边 BC 的距离为 x 。当点 D 产生单位挠度的虚位移时，荷载做的外功为：

$$W = q\times\frac{1}{2}\times 2lx\times\frac{1}{3} + q\times\frac{1}{2}\times 3ly\times\frac{1}{3} \tag{6-60}$$

按照比例关系，由 $\frac{2l}{3l}=\frac{2l-y}{x}$ 得 $y=2l-\frac{2}{3}x$ ，代入上式得 $W=ql^2$ 。

ABD 板块和 BCD 板块间塑性铰线的转角分别为 $\theta_{ABD}=\frac{3}{2(3l-x)}$ 和 $\theta_{BCD}=\frac{1}{x}$。ABD 板块

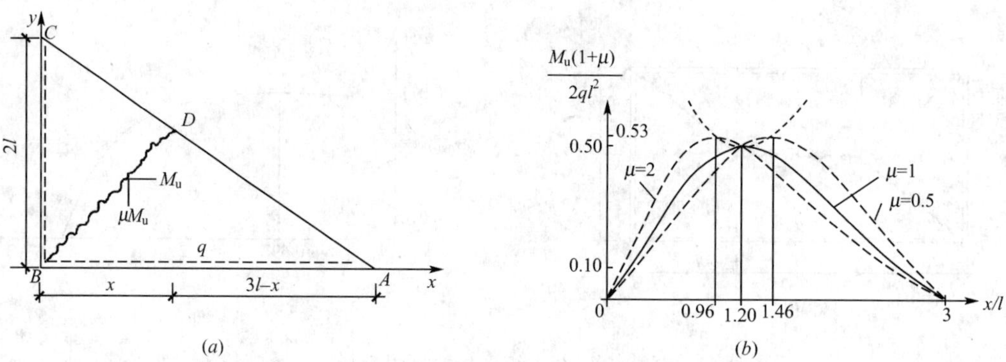

图 6-41 一边自由的三角形板（正交配筋）的极限分析

（a）塑性铰线；（b）极限荷载

BD 边的抵抗弯矩为 $M_{ABD}=\mu M_u x$，BCD 板块 BD 边的抵抗弯矩为 $M_{BCD}=M_u\frac{2}{3}(3l-x)$。从而机构消耗的内功为：

$$U=\theta_{ABD}M_{ABD}+\theta_{BCD}M_{BCD}=\frac{9\mu x^2+4(3l-x)^2}{6x\ (3l-x)}M_u \tag{6-61}$$

根据虚功原理 $W=U$，得：

$$\frac{M_u(1+\mu)}{2ql^2}=\frac{3x(3l-x)(1+\mu)}{9\mu x^2+4(3l-x)^2} \tag{6-62}$$

图 6-41(b)示出了 $M_u(1+\mu)/(2ql^2)$ 与 x/l 的关系。与图 6-40(b)不同的是，$M_u(1+\mu)/(2ql^2)$ 随 x/l 的变化比较明显。对于 $\mu=1$，最危险的破坏形式对应于 $x=1.2l$；对于 $\mu=2$，$x=0.96l$；对于 $\mu=0.5$，$x=1.46l$。由图 6-41（b）可以看出，$\mu=1$ 时曲线具有最小值，即最经济的设计是按各向同性配筋。

3. 一边自由的矩形板

对于图 6-42 所示的三边简支、一边自由的矩形板，短边长度为 a，长边长度为 b。板上承受均布荷载 q，自由边承受弯矩 $M>0$ 的作用，板的抵抗弯矩为 M_u（各向同性钢筋）。

考虑图 6-42（a）示出的 $x\leqslant a$ 和 $x>a$ 两种对称情况的破坏机构，x 为塑性铰线交点到长支撑边的距离。

（1）当 $x\leqslant a$ 时，内功为：

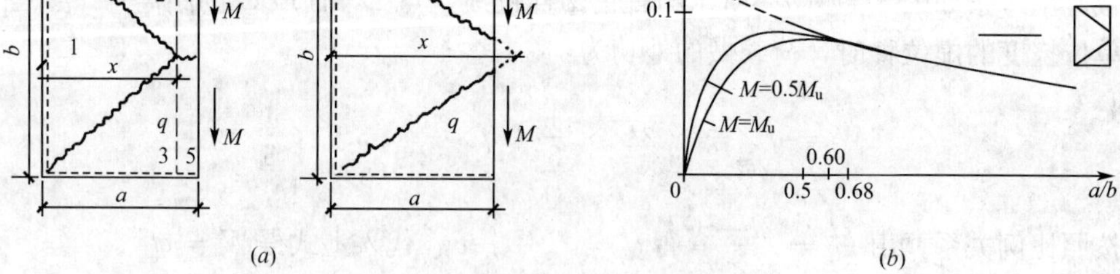

图 6-42 一边自由矩形板的极限分析

（a）塑性铰线；（b）极限荷载

$$U = M_u a\left(2\times\frac{1}{b/2}\right)+M_u b\frac{1}{x} = M_u\left(\frac{4a}{b}+\frac{b}{x}\right) \tag{6-63}$$

外功为：

$$W = q\frac{bx}{2}\times\frac{1}{3}+2\left(q\times\frac{x}{2}\times\frac{b}{2}\times\frac{1}{3}\right)+2\left[q(a-x)\times\frac{b}{2}\times\frac{1}{2}\right]=\frac{qb(3a-x)}{6}$$

（1 板）　　　（2、3 板）　　　（4、5 板）　　　(6-64)

由 $W = U$ 得出关系式：

$$M_u\left(\frac{4a}{b}+\frac{b}{x}\right)=\frac{qb(3a-x)}{6} \tag{6-65}$$

（2）当 $x > a$ 时，内功 U 同 $x \leqslant a$ 的情况，外功为：

$$W = M\left(\frac{a}{x}-1\right)+2\left[q\times\frac{a}{2}\times\frac{ab}{2x}\times\frac{ab/(3\times 2x)}{b/2}\right]$$

$$+2\left(q\frac{a}{2}\times\frac{ab}{2x}\times\frac{a/3}{x}\right)+2\left[q\left(\frac{b}{2}-\frac{ab}{2x}\right)a\times\frac{a/2}{x}\right]$$

$$=M\left(\frac{a}{x}-1\right)+\frac{qa^2b(3x-a)}{6x^2} \tag{6-66}$$

由 $W = U$ 得出关系式：

$$M_u\left(\frac{4a}{b}+\frac{b}{x}\right)=M\left(\frac{a}{x}-1\right)+\frac{qa^2b(3x-a)}{6x^2} \tag{6-67}$$

当 $a/b=0.68$、$M=0$ 时，塑性铰线形式 $x=0.84a$ 和 $x=1.14a$ 对应于同一极限荷载 $q=12.43M_u/ab$ 。

当 $M=0.5M_u$ 、$a/b=0.60$ 时，塑性铰线形式 $x=0.55a$ 和 $x=0.66a$ ，得出 $q=12.16M_u/ab$ 。

仅当 $M=M_u$ 、$a/b=0.50$ 时，上面两种情况合为同一种情况，即 $x=a$ ，$q=12M_u/ab$ 。

4. 正方形板

对于承受均布荷载 q 、极限抵抗弯矩为 M_u 的简支各向同性钢筋混凝土正方形板，考虑图 6-43 所示的三种对称的破坏机构。对于第一种破坏机构：

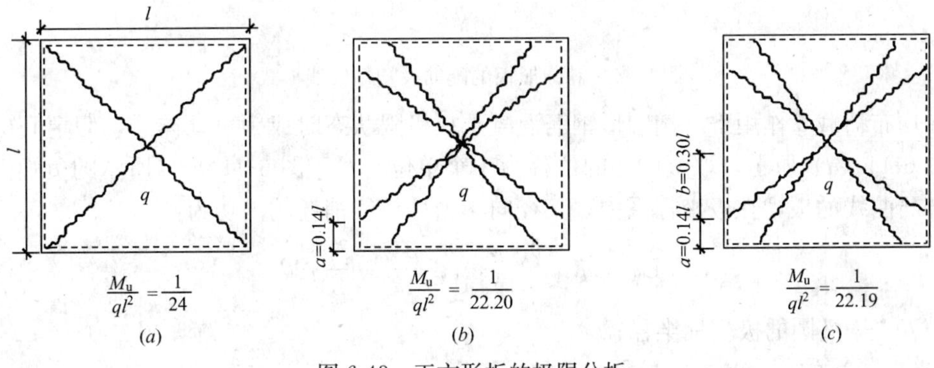

图 6-43　正方形板的极限分析

$$W = 4 \times \left[q \left(\frac{1}{2} \times l \times \frac{l}{2} \right) \times \frac{1}{3} \right] = \frac{ql^2}{3} \tag{6-68}$$

$$U = 2 \times (M_u \times \sqrt{2} l \times 2\theta) = 2 \times \left(M_u \times \sqrt{2} l \times 2 \times \frac{1}{\sqrt{2} l/2} \right) = 8M_u \tag{6-69}$$

根据 $W = U$ 得：

$$q = 24 \frac{M_u}{l^2} \tag{6-70a}$$

对于第二种破坏机构，板角与塑性铰线和板边交点的距离 a 定义了塑性铰线的形式。当 $a = 0$ 时即为第一种破坏机构的情况。分析得出，当 $a = 0.14l$ 时最危险，相应的极限荷载为：

$$q = 22.20 \frac{M_u}{l^2} \tag{6-70b}$$

承载力比第一种破坏机构小 7.5%。

第三种破坏机构由 a 和 b 两个参数确定，前两种情况都是这一机构的特殊情况。求得极限荷载为：

$$q = 22.19 \frac{M_u}{l^2} \tag{6-70c}$$

对应的参数为 $a = 0.14l$ 和 $b = 0.30l$ 。

6.4.4 椭圆板的极限分析[80]

图 6-44（a）所示为一均布荷载 q 作用下周边固定的椭圆形钢筋混凝土板。椭圆的长轴为 $2a$ ，短轴为 $2b$ 。板的配筋形式如图 6-44（c）所示，下部布满正交等强的方格钢筋网，单位宽度的极限抵抗弯矩为 M_1 ；上部配置与椭圆周边垂直的法向钢筋和与周边“平行”的环向钢筋，法向钢筋沿周边等距离分布，单位弧长的极限抵抗弯矩为 M_2 。

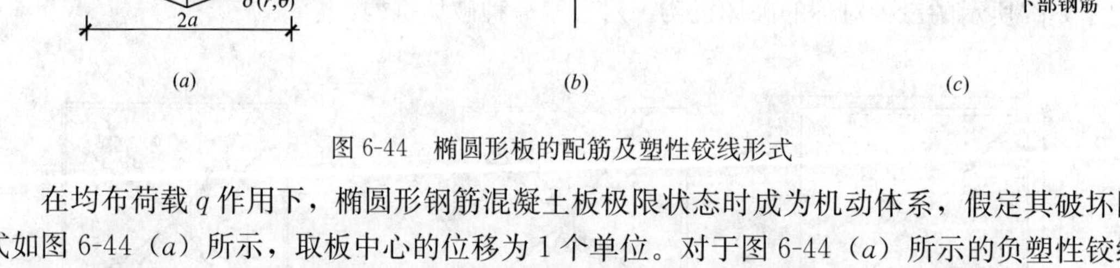

图 6-44 椭圆形板的配筋及塑性铰线形式

在均布荷载 q 作用下，椭圆形钢筋混凝土板极限状态时成为机动体系，假定其破坏图式如图 6-44（a）所示，取板中心的位移为 1 个单位。对于图 6-44（a）所示的负塑性铰线为闭合凸曲线的板，在极坐标系中，其径向正塑性铰线消耗的内功为：

$$U_1 = M_1 \int_0^{2\pi} \left(1 + 2 \frac{\rho'^2}{\rho^2} - \frac{\rho''}{\rho} \right) \mathrm{d}\theta \tag{6-71}$$

式中 ρ——椭圆的极坐标半径；

ρ'、ρ''——ρ 的一阶和二阶导数。

沿负塑性铰线消耗的内功为：

$$U_2 = M_2 \int_0^{2\pi} \left(1 + \frac{\rho'^2}{\rho^2}\right) d\theta \tag{6-72}$$

由于存在下列关系[81]：

$$\int_0^{2\pi} \left(1 + 2\frac{\rho'^2}{\rho^2} - \frac{\rho''}{\rho}\right) d\theta = \int_0^{2\pi} \left(1 + \frac{\rho'^2}{\rho^2}\right) d\theta \tag{6-73}$$

因而塑性铰线消耗的全部内功为：

$$\begin{aligned} U = U_1 + U_2 &= M_1 \int_0^{2\pi} \left(1 + 2\frac{\rho'^2}{\rho^2} - \frac{\rho''}{\rho}\right) d\theta + M_2 \int_0^{2\pi} \left(1 + \frac{\rho'^2}{\rho^2}\right) d\theta \\ &= (M_1 + M_2) \int_0^{2\pi} \left(1 + \frac{\rho'^2}{\rho^2}\right) d\theta \end{aligned} \tag{6-74}$$

在直角坐标系中，椭圆板的周边方程为：

$$\frac{x^2}{a^2} + \frac{y^2}{b^2} = 1 \tag{6-75}$$

令 $x = \rho\cos\theta$，$y = \rho\sin\theta$，则式（6-75）可用极坐标表示为：

$$\rho = \frac{ab}{\sqrt{a^2\sin^2\theta + b^2\cos^2\theta}} \tag{6-76}$$

式（6-76）的一阶导数为：

$$\rho' = \frac{-ab(a^2 - b^2)\cos\theta\sin\theta}{(a^2\sin^2\theta + b^2\cos^2\theta)^{3/2}}$$

因而

$$\int_0^{2\pi} \frac{\rho'^2}{\rho^2} d\theta = \int_0^{2\pi} \frac{(a^2 - b^2)^2\cos^2\theta\sin^2\theta}{(a^2\sin^2\theta + b^2\cos^2\theta)^2} d\theta = \frac{a^2 + b^2}{ab}\pi - 2\pi$$

从而式（6-74）可表示为：

$$U = (M_1 + M_2)\left[2\pi + \left(\frac{a^2 + b^2}{ab}\pi - 2\pi\right)\right] = \frac{a^2 + b^2}{ab}(M_1 + M_2)\pi \tag{6-77}$$

荷载 q 做的外功为：

$$W = \int_0^{2\pi} \delta(r,\theta) q r \, dr d\theta = q \int_0^{2\pi} \delta(r,\theta) r \, dr d\theta \tag{6-78a}$$

式中　$\delta(r,\theta)$ ——板上某一点的竖向虚位移。$r = 0$ 时 $\delta(r,\theta) = 1$；$r = \rho$ 时 $\delta(r,\theta) = 0$。

式（6-78*a*）积分号内的项实际上是以椭圆为底面，椭圆中心下降单位位移后的一点为顶点的圆锥体的体积。椭圆的面积为 $S = ab\pi$，因而式（6-78*a*）可直接按下式计算：

$$W = q \times \frac{1}{3} \times S \times 1 = \frac{1}{3} ab\pi q \tag{6-78b}$$

由内外虚功相等原理，$W = U$ 得椭圆形钢筋混凝土板极限承载力的上限解为：

$$q = 3\frac{a^2 + b^2}{a^2 b^2}(M_1 + M_2) \tag{6-79a}$$

当 $a = b = r$ 时，即得圆板的解：

$$q = \frac{6(M_1 + M_2)}{r^2} \tag{6-79b}$$

椭圆形钢筋混凝土板的配筋形式如图 6-44（*c*）所示。由于负塑性铰线沿板上部周边

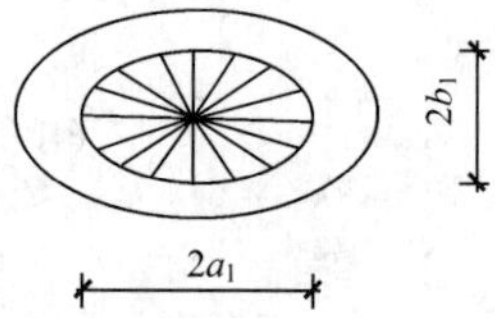

图 6-45 上部钢筋切断时可能出现的局部破坏

出现，在板上部配置通长钢筋是不经济的，可将钢筋在一定长度切断，但如钢筋保留长度过小，将会沿钢筋切断点出现图 6-45 所示的负塑性铰线，发生局部弯曲破坏，致使板承载力降低。设钢筋切断点围成的图形也为一椭圆，其长轴和短轴分别为 $2a_1$ 和 $2b_1$，则局部弯曲破坏时的极限承载力为：

$$q_0 = 3\frac{a_1^2 + b_1^2}{a_1^2 b_1^2} M_1 \tag{6-80}$$

为使板极限承载力不降低，应使板局部弯曲破坏时的极限承载力大于或等于整体破坏时的极限承载力，因此 $q \leqslant q_0$，即

$$\frac{a_1^2 + b_1^2}{a_1^2 b_1^2} \geqslant \frac{a^2 + b^2}{a^2 b^2}\left(1 + \frac{M_2}{M_1}\right) \tag{6-81}$$

如果钢筋切断点围成的椭圆与整块板椭圆“相似”，即 $a_1 = \lambda a$，$b_1 = \lambda b$，则式(6-81)为：

$$\frac{\lambda^2 (a^2 + b^2)}{\lambda^4 a^2 b^2} \geqslant \frac{a^2 + b^2}{a^2 b^2}\left(1 + \frac{M_2}{M_1}\right) \tag{6-82}$$

由此求得：

$$\lambda \leqslant \sqrt{\frac{M_1}{M_1 + M_2}} \tag{6-83}$$

即板上部钢筋在与长轴为 $2a_1 = 2\lambda a$，短轴为 $2b_1 = 2\lambda b$ 的椭圆相交处切断即可。注意，这只是保证板不发生局部弯曲破坏的理论切断点位置，在实际工程中，尚需加上一段按规范确定的锚固长度。

6.4.5 集中荷载作用下板的极限分析[82]

图 6-46（a）所示为一集中荷载作用下上、下正交异性配筋的钢筋混凝土板。设板下部 x、y 方向单位宽度的抵抗弯矩为 M_{x1}、M_{y1}，板上部 x、y 方向单位宽度的抵抗弯矩为 M_{x2}、M_{y2}，则根据式（6-52），与 x 轴夹角为 θ 方向单位宽度板的环向和径向抵抗弯矩可表示为：

$$M_{\theta 1} = M_{x1}\sin^2\theta + M_{y1}\cos^2\theta \tag{6-84}$$

$$M_{r2} = M_{x2}\cos^2\theta + M_{y2}\sin^2\theta \tag{6-85}$$

因为板极限状态时的承载力与 $M_{\theta 2}$、M_{r1} 无关，不再给出两者的表达式。

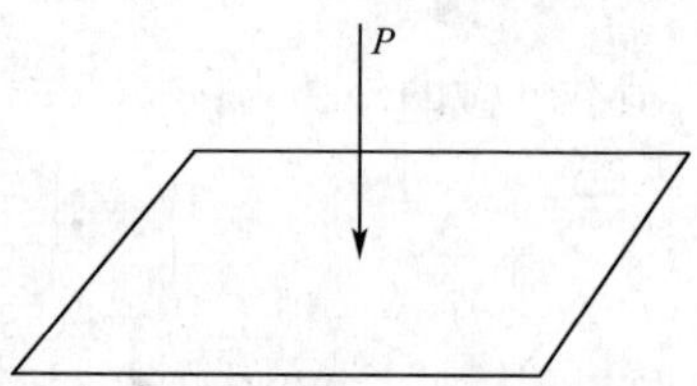

图 6-46 集中荷载作用下的钢筋混凝土板

假定集中荷载作用下板的破坏机构如图 6-44（a）所示，负塑性铰线为一封闭的凸曲线。设极限状态时荷载 P 作用点产生 1 个单位的虚位移，则 P 做的虚功为：

$$W = P \times 1 = P \tag{6-86}$$

对于周边为凸曲线的破坏模式，极限状态时正塑性铰线消耗的虚功为[1]：

$$U_1 = \int_0^{2\pi} M_{\theta 1}\left(1 + 2\frac{\rho'^2}{\rho^2} - \frac{\rho''}{\rho}\right)\mathrm{d}\theta \tag{6-87}$$

式中　ρ——负塑性铰线的极坐标半径；

ρ'、ρ''——ρ 的一阶和二阶导数。

负塑性铰线消耗的虚功为

$$U_2=\int_0^{2\pi}M_{r2}\left(1+\frac{\rho'^2}{\rho^2}\right)\mathrm{d}\theta \tag{6-88}$$

因此，正、负塑性铰线消耗的总虚功为：

$$\begin{aligned}U=U_1+U_2=&\int_0^{2\pi}(M_{x1}\sin^2\theta+M_{y1}\cos^2\theta)\left(1+2\frac{\rho'^2}{\rho^2}-\frac{\rho''}{\rho}\right)\mathrm{d}\theta\\&+\int_0^{2\pi}(M_{x2}\cos^2\theta+M_{y2}\sin^2\theta)\left(1+\frac{\rho'^2}{\rho^2}\right)\mathrm{d}\theta\end{aligned} \tag{6-89}$$

由虚功原理 $W=U$ 得：

$$\begin{aligned}P=&\int_0^{2\pi}(M_{x1}\sin^2\theta+M_{y1}\cos^2\theta)\left(1+2\frac{\rho'^2}{\rho^2}-\frac{\rho''}{\rho}\right)\mathrm{d}\theta\\&+\int_0^{2\pi}(M_{x2}\cos^2\theta+M_{y2}\sin^2\theta)\left(1+\frac{\rho'^2}{\rho^2}\right)\mathrm{d}\theta\end{aligned} \tag{6-90}$$

考虑如下关系：

$$\begin{aligned}&\int_0^{2\pi}(M_{x1}\sin^2\theta+M_{y1}\cos^2\theta)\left(1+2\frac{\rho'^2}{\rho^2}-\frac{\rho''}{\rho}\right)\mathrm{d}\theta\\&-\int_0^{2\pi}(M_{x1}\sin^2\theta+M_{y1}\cos^2\theta)\left(1+\frac{\rho'^2}{\rho^2}\right)\mathrm{d}\theta\\=&-\left[(M_{x1}\sin^2\theta+M_{y1}\cos^2\theta)\frac{\rho'}{\rho}\right]_0^{2\pi}+\int_0^{2\pi}(M_{x1}-M_{y1})\sin2\theta\frac{\rho'}{\rho}\mathrm{d}\theta\end{aligned}$$

由文献［81］，$\dfrac{\rho'}{\rho}=\cot\alpha$，$\alpha$ 的意义如图 6-47 所示，因而有：

$$\left[(M_{x1}\sin^2\theta+M_{y1}\cos^2\theta)\frac{\rho'}{\rho}\right]_0^{2\pi}=0 \tag{6-91}$$

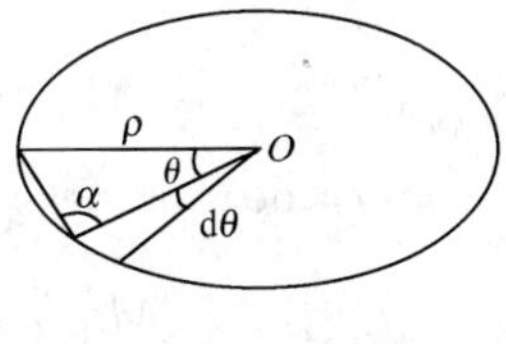

图 6-47　α 的意义

从而有：

$$\begin{aligned}&\int_0^{2\pi}(M_{x1}\sin^2\theta+M_{y1}\cos^2\theta)\left(1+2\frac{\rho'^2}{\rho^2}-\frac{\rho''}{\rho}\right)\mathrm{d}\theta\\=&\int_0^{2\pi}(M_{x1}\sin^2\theta+M_{y1}\cos^2\theta)\left(1+\frac{\rho'^2}{\rho^2}\right)\mathrm{d}\theta+\int_0^{2\pi}(M_{x1}-M_{y1})\sin2\theta\frac{\rho'}{\rho}\mathrm{d}\theta\end{aligned} \tag{6-92}$$

将式（6-92）代入式（6-90）得：

$$\begin{aligned}P=\int_0^{2\pi}\Big\{&\left[(M_{x1}+M_{y2})\sin^2\theta+(M_{x2}+M_{y1})\cos^2\theta\right]\\&\times\left(1+\frac{\rho'^2}{\rho^2}\right)+(M_{x1}-M_{y1})\sin2\theta\frac{\rho'}{\rho}\Big\}\mathrm{d}\theta\end{aligned} \tag{6-93}$$

式（6-93）为一关于 $\rho=\rho(\theta)$ 的泛函。令

$$\begin{aligned}F(\theta,\rho,\rho')=&\left[(M_{x1}+M_{y2})\sin^2\theta+(M_{x2}+M_{y1})\cos^2\theta\right]\left(1+\frac{\rho'^2}{\rho^2}\right)\\&+(M_{x1}-M_{y1})\sin2\theta\frac{\rho'}{\rho}\end{aligned} \tag{6-94}$$

则

$$\frac{\partial F}{\partial \rho}=-\left[(M_{x1}+M_{y2})\sin^2\theta+(M_{x2}+M_{y1})\cos^2\theta\right]\frac{2\rho'^2}{\rho^3}-(M_{x1}-M_{y1})\sin2\theta\frac{\rho'}{\rho^2} \tag{6-95}$$

$$\frac{\partial F}{\partial \rho'}=\left[(M_{x1}+M_{y2})\sin^2\theta+(M_{x2}+M_{y1})\cos^2\theta\right]\frac{2\rho'^2}{\rho^2}+(M_{x1}-M_{y1})\sin2\theta\frac{1}{\rho} \tag{6-96}$$

$$\begin{aligned}\frac{\mathrm{d}}{\mathrm{d}\theta}\left(\frac{\partial F}{\partial \rho'}\right)=&2\left[(M_{x1}+M_{y2})\sin^2\theta+(M_{x2}+M_{y1})\cos^2\theta\right]\frac{2\rho''}{\rho^2}\\&-4\left[(M_{x1}+M_{y2})\sin^2\theta+(M_{x2}+M_{y1})\cos^2\theta\right]\frac{\rho'^2}{\rho^3}\\&+\left[(M_{x1}-M_{y1})-2(M_{x2}-M_{y2})\right]\sin2\theta\frac{\rho'}{\rho^2}\\&+2(M_{x1}-M_{y1})\cos2\theta\frac{1}{\rho}\end{aligned} \tag{6-97}$$

泛函 $F(\theta,\rho,\rho')$ 取得极小值的必要条件是其一阶变分为0，即式（6-95）和式（6-97）满足欧拉方程[83]：

$$\frac{\partial F}{\partial \rho}-\frac{\mathrm{d}}{\mathrm{d}\theta}\left(\frac{\partial F}{\partial \rho'}\right)=0 \tag{6-98}$$

将式（6-95）和式（6-97）代入上式，则得：

$$\begin{aligned}&\left[(M_{x1}+M_{y2})\sin^2\theta+(M_{x2}+M_{y1})\cos^2\theta\right]\left(\frac{\rho''}{\rho}-\frac{\rho'^2}{\rho^2}\right)\\&+(M_{x1}-M_{x2}+M_{y2}-M_{y1})\sin2\theta\frac{\rho'}{\rho}+(M_{x1}-M_{y1})\cos2\theta=0\end{aligned} \tag{6-99}$$

式（6-99）进一步表示为：

$$\begin{aligned}&\left[(M_{x1}+M_{y2})\sin^2\theta+(M_{x2}+M_{y1})\cos^2\theta\right]\left(\frac{\rho'}{\rho}\right)'\\&+(M_{x1}-M_{x2}+M_{y2}-M_{y1})\sin2\theta\frac{\rho'}{\rho}+(M_{x1}-M_{y1})\cos2\theta=0\end{aligned} \tag{6-100}$$

令 $y=\frac{\rho'}{\rho}$，则式（6-100）表示为：

$$\begin{aligned}&y'+\frac{(M_{x1}-M_{x2}+M_{y2}-M_{y1})\sin2\theta}{(M_{x1}+M_{y2})\sin^2\theta+(M_{x2}+M_{y1})\cos^2\theta}y\\&=\frac{-(M_{x1}-M_{y1})\cos2\theta}{(M_{x1}+M_{y2})\sin^2\theta+(M_{x2}+M_{y1})\cos^2\theta}\end{aligned} \tag{6-101}$$

解式（6-101）对应的齐次方程：

$$\int\frac{\mathrm{d}y}{y}=-\int\frac{2(M_{x1}-M_{x2}+M_{y2}-M_{y1})\sin\theta\cos\theta}{(M_{x1}+M_{y2})\sin^2\theta+(M_{x2}+M_{y1})\cos^2\theta}\mathrm{d}\theta+\ln C$$

得

$$y=\frac{C(M_{x1}+M_{y2})}{(M_{x1}+M_{y2})\sin^2\theta+(M_{x2}+M_{y1})\cos^2\theta} \tag{6-102}$$

式中　C——积分常数。

设式（6-101）的特解为 $y^* = C(\theta)y$，将该式代入式（6-101）得：

$$C'(\theta) = -\frac{M_{x1} - M_{y1}}{M_{x1} + M_{y2}}\cos 2\theta$$

从而

$$C(\theta) = -\frac{1}{2}\times\frac{M_{x1} - M_{y1}}{M_{x1} + M_{y2}}\sin 2\theta$$

因而

$$\begin{aligned} y^* &= -\frac{1}{2}\times\frac{M_{x1} - M_{y1}}{M_{x1} + M_{y2}}\sin 2\theta\times\frac{(M_{x1} + M_{y2})}{(M_{x1} + M_{y2})\sin^2\theta + (M_{x2} + M_{y1})\cos^2\theta} \\ &= -\frac{(M_{x1} - M_{y1})\sin\theta\cos\theta}{(M_{x1} + M_{y2})\sin^2\theta + (M_{x2} + M_{y1})\cos^2\theta} \end{aligned}$$

因此，式（6-101）的全解为：

$$y = \frac{\rho'}{\rho} = \frac{C(M_{x1} + M_{y1}) - (M_{x1} - M_{y1})\sin\theta\cos\theta}{(M_{x1} + M_{y2})\sin^2\theta + (M_{x2} + M_{y1})\cos^2\theta} \tag{6-103}$$

类同于解方程（6-101），解方程（6-103）得：

$$\begin{aligned} \rho = R&\left[\frac{M_{x1} + M_{y2}}{(M_{x1} + M_{y2})\sin^2\theta + (M_{x2} + M_{y1})\cos^2\theta}\right]^{\frac{1}{2}\times\frac{M_{y1} - M_{x1}}{M_{x2} - M_{x1} + M_{y1} - M_{y2}}} \\ &\times\exp\left[C\sqrt{\frac{M_{x1} + M_{y2}}{M_{x2} + M_{y1}}}\tan^{-1}\left(\sqrt{\frac{M_{x1} + M_{y2}}{M_{x2} + M_{y1}}}\tan\theta\right)\right] \end{aligned} \tag{6-104a}$$

式中 R——积分常数。

由于负塑性铰线为一封闭曲线，$\rho(0) = \rho(2\pi)$，从而必有 $C = 0$，式（6-104a）变为：

$$\rho = R\left[\frac{M_{x1} + M_{y2}}{(M_{x1} + M_{y2})\sin^2\theta + (M_{x2} + M_{y1})\cos^2\theta}\right]^{\frac{1}{2}\times\frac{M_{y1} - M_{x1}}{M_{x2} - M_{x1} + M_{y1} - M_{y2}}} \tag{6-104b}$$

式（6-104b）即为集中荷载作用下，上、下正交异性配筋钢筋混凝土板最小极限承载力时负塑性铰线的极坐标方程。由于 R 为一不定常数，因而负塑性铰线所围成封闭曲线的“大小”不定，但“形状”一定。这与各向同性配筋的钢筋混凝土板类似（为一圆）。

下面讨论板最小极限承载力的表达式。由于 $C = 0$，式（6-103）为：

$$\frac{\rho'}{\rho} = -\frac{(M_{x1} - M_{y1})\sin\theta\cos\theta}{(M_{x1} + M_{y2})\sin^2\theta + (M_{x2} + M_{y1})\cos^2\theta} \tag{6-105}$$

将式（6-105）代入式（6-93）：

$$\begin{aligned} P &= \int_0^{2\pi}\left[(M_{x1} + M_{y2})\sin^2\theta + (M_{x2} + M_{y1})\cos^2\theta\right]d\theta \\ &\quad - \int_0^{2\pi}\frac{(M_{x1} - M_{y1})^2\sin^2\theta\cos^2\theta}{(M_{x1} + M_{y2})\sin^2\theta + (M_{x2} + M_{y1})\cos^2\theta}d\theta \\ &= (M_{x1} + M_{x2} + M_{y1} + M_{y2})\pi \\ &\quad - \frac{(M_{x1} - M_{y1})^2}{(M_{x1} - M_{x2} + M_{y2} - M_{y1})^2}\left(\sqrt{M_{x1} + M_{y2}} - \sqrt{M_{x2} + M_{y1}}\right)^2\pi \end{aligned} \tag{6-106}$$

式（6-106）即为集中荷载作用下，上、下正交异性配筋钢筋混凝土板极限承载力的最小上限解。由该式可看出，当 M_{x1} 与 M_{y1} 、M_{x2} 与 M_{y2} 同时对换时 P 值不变，即板上部和板下部两个方向配筋同时互换不影响板的极限承载力，这是显而易见的。

如果 $M_{x2}=M_{y2}=0$，即板上部不配筋，则得集中荷载作用下，下部正交异性配筋钢筋混凝土板的极限承载力：

$$P=2\pi\sqrt{M_{x1}M_{y1}} \tag{6-107a}$$

如果 $M_{x1}=M_{y1}=M_1$，$M_{x2}=M_{y2}=M_2$，即板上部和下部均为各向同性配筋，则得集中荷载作用下上、下各向同性配筋钢筋混凝土板的极限承载力为：

$$P=2\pi(M_1+M_2) \tag{6-107b}$$

参 考 文 献

1 Cosenza E，Greco C. and Manfredi G. The concept of equivalent steel. CEB Bulletin d'Information Lausanne，France，1993，(218)：163-184

2 Beeby A W. Ductility requirements for safety. Report No. RE1. 019. 00. 5，Project for European Fabric Reinforcement Association，British Cement Association，1992：40

3 Beeby A W. Tests to investigate the influence of reinforcement parameters on rotation capacity. Bulletin D'Information No. 242 - Ductility of reinforced concrete structures，CEB，Paris，France，1997

4 GB 13013—1991. 钢筋混凝土用热轧光圆钢筋. 北京：中国标准出版社，1991

5 GB 1499—1998. 钢筋混凝土用热轧带肋钢筋. 北京：中国标准出版社，1998

6 GB 13014—1991. 钢筋混凝土用余热处理钢筋. 北京：中国标准出版社，1991

7 ASTM A 706/A706M-06a. Standard specification for Low-alloy steel deformed and plain bars for concrete reinforcement，2006

8 ASTM A615/A615M-06a. Standard specification for deformed and plain carbon-steel bars for concrete reinforcement，2006

9 EN 10080. Steel for the reinforcement of concrete-Weldable reinforcing steel-General，1999

10 CEB-FIP Model Code 1990. CEB(Comité Euro-International du Béton，1991). CE Bull. d'Information，July 1991

11 DIN 1045—1. Tragwerke aus Beton，Stahlbeton und Spannbeton，Teil 1，Bemessung und Konstruktion，Draft，February 2001

12 EN 1992—1—2：2004. Design of concrete structures－Part 1：General rules and rules for buildings，CEN 2004

13 AS 3600—2001. Concrete structures，Australian Standards，2001

14 GB/T 5223—2002. 预应力混凝土用钢筋. 北京：中国标准出版社，2002

15 GB/T 5224—2003. 预应力混凝土用钢绞线. 北京：中国标准出版社，2003

16 GB/T 20065—2006. 预应力混凝土用螺纹钢筋. 北京：中国标准出版社，2006

17 ASTM A 416/A 416M—06. Standard specification for steel strand，uncoated seven-wire for prestressed concrete，2006

18 ASTM A886/A 886M—05. Standard specification for steel strand，indented seven-wire for prestressed concrete，2005

19 ASTM A 722/A 722M—07. Standard specification for uncoated high-strength steel bars for prestressing concrete，2007

20 ASTM A779/A779M—05. Standard Specification for Steel Strand，Seven-Wire，Uncoated，Compacted，Stress-Relieved for Prestressed Concrete，2007

21 prEN 10138-2 Prestressing steels. Part 2-Wire，CEN

22 prEN 10138-3 Prestressing steels. Part 3-Strand，CEN

23 prEN 10138-4 Prestressing steels. Part 4-Bars，CEN

24 Li L. Rotationsfä higkeit von plastischen gelenken im stahl- und spannbeton (Rotation capacity of plastic hinges in reinforced and prestressed concrete). Univerität Stuttgart，Institut für Werkstoffe im Bauwesen，Stuttgart，Germany，1998：126

25 Kliver J. A parameter study on the influences on cross-sectional ductility of reinforced and pre-stressed concrete structures. Leipzig Annual Civil Engineering Report (LANCER)，2001，(6)：189-203

26 ACI 318—2008. Building code requirement for structural concrete and commentary. American Concrete Institute. Detroit，USA，2008

27 Cohn M Z. Discussion：Ductility，redistribution and hyperstatic moments in partially prestressed members. ACI Structural Division，1991，88 (2)：241-243

28 Naaman A E，Harajli M H and Wight J K. Analysis of ductility in partially prestressed concrete flexural members. PCI Journal，1986，31 (3)：64-87

29 Cohn M Z and Riva P. Flexural ductility of structural concrete sections. PCI Journal，1991，36 (2)：72-87

30 EN 1998-1：2004. Design of structures for earthquake resistance—Part 1：General rules，seismic actions and rules for buildings，CEN，2004

31 JTG/T B02—2008. 公路桥梁抗震设计细则．北京：人民交通出版社，2008

32 Siviero E. Rotation capacity of momodimensional members in structural concrete. CEB Bulletin d'Information，Paris，France，1976，(105)：206-222

33 Langer P. Verdrehfähigkeit plastizierter Tragwerksbereiche im Stahlbeton (German，EN：Deformation capacity of reinforced concrete members in the plastic state). Universität Stuttgart，Institut für Werkstoffe im Bauwesen，Stuttgart，Germany，1989：164

34 Mazzolani S and Pecce M. Non linear design of reinforced concrete continuous beams：simple formulas for evaluation of required plastic rotations and ductility. Report presented at CEB Task Group 2. 2 meeting in Pavia，1992：13

35 Eligehausen R and Fabritius E. Grenzen der anwendung nichtlinearer rechenverfahren bei stabtragwerken und einachsig gespannten platten (in German，EN：Application limits for non-linear analysis method of reinforced concrete frames and uni-axially prestressed slabs). Universität Stuttgart，Institut für Werkstoffe im Bauwesen，Stuttgart，Germany，1993：41

36 Trichy M and Rakosnik J. Plastic analysis of concrete frames with particular reference to limit state design. Magazine of Concrete Research，1964，16 (48)：173-178

37 Cohn M Z and Frostig Y. Inelastic behaviour of continuous prestressed concrete beams. ASCE Journal of Structural Engineering，1983，109 (10)：2292-2309

38 Campbell T I and Batchelor B d. Load testing of a model two-span continuous prestressed trapezoidal bridge girder. PCI Journal，1977，12 (6)：762-728

39 Arenas J J. Continuous partially prestressed structures：European perspective. Partial prestressing from theory to practice，NATO ASI Series E，Boston，USA，Martinus Nijhoff Publishers，1984

40 Bennett E W N Cooke and Naughton L P. Deformation of continuous prestressed concrete beams and its effect on the ultimate state. Proceedings of the Institute of Civil Engineers，1967，37：57-74

41 Moucassian A and Campbell T I. Prediction of the load capacity of two-span continuous prestressed concrete beams. PCI Journal，1985，30 (4)：159-163

42 Scholz H. Contribution to redistribution of moments in continuous reinforced concrete beams. ACI Structural Division, 1990, 87 (2): 150-155

43 Scholz H. Ductility, redistribution and hyperstatic moments in partially prestressed members. ACI Structural Journal, 1990 , 87 (3): 341-349

44 Rebentrost M, Wong K W and Warner R F. Moment redistribution and rotation capacity in prestressed concrete structures. 16th Australasian Conference on the Mechanics of Structures and Materials, 1999

45 Lin T Y and Thornton K. Secondary moment and moment redistribution in continuous prestressed concrete beams. PCI Journal, 1972, 17 (1): 8-21

46 Kodur V K. Redistribution of moment and the influence of secondary moment in continuous prestressed concrete beams. Queen's University, Kingston, Ontario, Canada, PhD, 1992: 331

47 Vecchio F J and Collins M P. The modified compression field theory for reinforced concrete elements subjected to shear. ACI Structural Division, 1986, 83 (2): 219-231

48 Ghali A and Favre R. Concrete structures: Stresses and deformations. London, United Kingdom, Chapman and Hill, 1986

49 Mattock A H. Flexural strength of prestressed concrete sections by programmable calculator. PCI Journal, 1979, 24 (1): 32-54

50 Baker A L L. The ultimate load theory applied to the design of reinforced and prestressed concrete frames. Concrete Publications, London, UK, 1956

51 Mo Y L. Zur ermittlung der momentenumlagerung in spannbeton-tragwerken (in German, EN: Redistribution of moments in prestressed concrete continuous beams). Beton und Stahlbeton, 1993, 88 (10): 262-266

52 Warner R F and Yeo M F. Ductility requirements for partially prestressed concrete. NATO ASI Series E, Martinus Nijhoff Publishers, 1984

53 BS 8110(1985). Structural use of concrete, BSI, 1985

54 CAN 3-A23. 3-64. Code for the design of concrete structures for buildings. Canadian Standards Association. Rexdale, Canada, 2004

55 Baker A L L. Note fo rdiscussion at Monaco: CEb Bulletin d'Information No. 30. CEB, Lausanne, France, 1961

56 Wong K W and Warner R F. Collapse load analysis of prestressed concrete structures. Australian Journal of Structural Engineering, 1999, 2 (1): 11-18

57 Dilger W H. Veränderlichkeit der biege-und schubtragfähigkeit bei stahlbetontragwerken und ihr einflußauf schnittkraftverteilung und traglast bei statisch unbestimmter Lagerung (in German, EN: Variability in flexural and shear capacity of reinforced concrete members and their effect on moment redistribution and carrying capacity of statically indeterminate members). Deutscher Auschuss für Stahlbeton, Heft 179, 1966: 101

58 Bachmann H. Zur plastizitätstheoretischen berechnung statisch unbestimmter stahlbetonbalken (German, EN: Statically indeterminate structures using plasticity theory). Institut für Baustatik, ETH, Zurich, Switzerland, 1967: 189

59 Langer P. Verdrehfähigkeit plastizierter tragwerksbereiche im stahlbeton (German, EN: Deformation capacity of reinforced concrete members in the plastic state). Universität Stuttgart, Institut für Werkstoffe im Bauwesen, Stuttgart, Germany, 1989: 164

60 Eifler H. Verbundverhalten zwischen beton und gerippter betonstahl sowie sein einfluß auf inelastische verformung biegebeanspruchter stahlbetonbalken (in German, EN: Bond behaviour between concrete

and ribbed reinforcing steel and the influence of inelastic deformations on flexural reinforced concrete beams). Forschungsbericht 96, Bundesanstalt für Materialprüfung (BAM), Berlin, Germany, 1983: 117

61 Cosenza E, Greco C and Manfredi G. La valutazione teorica di spostamenti e rotazioni in fase anelestica negli elementi monodimensionali in cemento armato (in Italian, EN: A theoretical appraisal of moments and rotation in the inleastic phase of mono dimensional elements in reinforced concrete). Atti Della Accademia Nazionale Dei Lincei, Vol. II - Fascicolo 3 (Series IX), 1991

62 Bigaj A J. Structural dependence of rotation capacity of plastic hinges in RC beams and slabs. Delft University of Technology, Delft, Netherlands, Ph D Thesis, 1999

63 Kreller H. Zum nichtlinearen trag- und verformungsverhalten von stahlbetonstabtragwerken unter last- und zwangeinwirkung (in German, EN: Non-linear strength and deformation behaviour of reinforced concrete subjected to loading and forced deformations). Mitteilungen 1989/4, Institute für Werkstoffe im Bauwesen (IWB), Universität Stutgart, Stuttgart, Germany, 1989: 214

64 Ciampi V, Eligehausen R, Bertero V and Popov E. Analytical model for concrete anchorages of reinforced bars under generalized excitations. UCB/EERC-83/23, College of Engineering, University of California, Berkeley, California, USA, 1982: 103

65 Eligehausen R, Popov E and Bertero V. Local bond stress-slip relationships of deformed bars under generalized excitations. UCB/EERC-83/23, Earthquake Engineering Research Center, College of Engineering, University of California, Berkeley, California, USA, 1983: 163

66 Kwak H-G and Song J-Y. Cracking analysis of RC members using polynomial strain distribution function. Engineering Structures, 2002

67 Kwak H-G and Filippou F C. Finite element analysis of RC structures under monotonic loads. Report No. UCB/SEMM-90/14, University of California, Berkeley, California, USA, 1990

68 Kwak H-G and Filippou F C. Nonlinear FE analysis of R/C structures under monotonic loadings. Computers and Structures, 1997, 65 (1): 1-16

69 Chan H C, Cheung Y K and Huang Y P. Crack analysis of reinforced concrete tension members. ASCE Journal of the Structural Division, 1992, 118 (8): 2118-2132

70 Tamai S, Shima H, Izumo J and Okamura H. Average stress-strain relationship in postyield range of steel bar in concrete. Concrete Library of JSCE, 1988, (11): 117-129

71 Fantelli A P, Ferretti D, Iori I and Vallini P. Flexural deformability of reinforced concrete beams. Journal of the Structural Division, 1998, 124(9): 1041-1049

72 Gravina R J. Non-linear overload behaviour and ductility of reinforced flexural members members containing 500MPa grade steel reinforcement, Ph D thesis, University of Adelaide, 2002

73 Thormählen U. Zum einfluβ von spanngliedern mit nachträglichen verbund auf riβbildung und riβbreitenbeschränkung teilweise vorgespannter bauglieder (Influence of posttensioned prestressing on the crack formation and crack width limits in partially prestressed concrete elements). Beton und Stahlbetonbau, 1979, 74 (9): 225-230

74 Ahner C and Kliver J. Development of a new concept for the rotation capacity in DIN 1045, Part 1. LACER (3), 1998: 213-236

75 Tue N, Qian L and Pommerening D. Duktilitätsanforderungen an vorgespannte Tragwerke im Hoch-und Brückenbau, state of the art report T2726, Darmstadt Technical University, 1996

76 杜振辉．框架结构抗连续倒塌设计与延性分析．硕士学位论文(指导教师：贡金鑫)，大连理工大学，2008

77 GB 50010—2002. 混凝土结构设计规范．北京：中国建筑工业出版社，2002
78 Johansen K W. Brudlinieteorier (Yield line theories). Copenhagen, Gjellerup, 1943
79 Kennedy G and Goodchild C. Pratical yield line design. British Cement Association, 2003
80 贡金鑫．均布荷载下椭圆形钢筋混凝土板的极限承载力．研究报告，西安公路学院，1990
81 徐秉业，刘信生．结构塑性极限分析．北京：中国建筑工业出版社，1985
82 贡金鑫．集中荷载下上下正交异性钢筋混凝土板的极限承载力．西安公路学院学报，1991，11(3)：21—27，32
83 欧斐君，梁建华．变分法及其应用．西安：陕西科学技术出版社，1987：36

第7章 混凝土的收缩和徐变

混凝土收缩是混凝土在空气中结硬时体积随时间减小的现象，与外部应力作用无关。收缩产生的后果是使变形受限制的混凝土结构产生裂缝，影响结构的使用性能和耐久性。

徐变是材料在力的作用下变形不断增大的过程，属于材料的老化特性。金属材料只是在高温或非常高的应力下才表现出一定的老化特性，与之相比，即使施加的应力比强度小得多，混凝土的变形也随时间而增长。一般情况下，混凝土徐变对混凝土结构安全性影响很小，但对结构的使用性能和耐久性影响很大，如使结构或结构构件变形增大，使预应力混凝土结构产生预应力损失。当然混凝土徐变也有好的一方面，如使结构内部产生应力重分布，降低温度和收缩应力，减少裂缝。

7.1 混凝土的变形特性

7.1.1 收缩

当混凝土试件暴露于干燥空气中时，就会产生收缩［图7-1（*a*）］，收缩应变 ε_{sh} 随时间 t 而增大，但以逐渐下降的速率接近于一个有限值。普通混凝土的收缩主要是干缩，主要由孔隙水的毛细张力增加和孔壁的表面张力及试件中孔细水的消散引起的。试件浸入水中会膨胀，其大小通常小于干缩，所以设计中一般不考虑。膨胀是由若干个分子厚度的受阻吸附层（为固体微观结构的一部分）含水量的增高引起的。

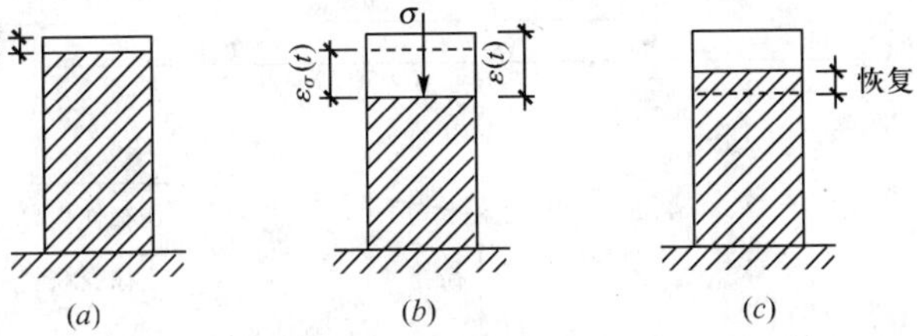

图7-1 混凝土的变形

（*a*）收缩变形；（*b*）力学变形（弹性＋徐变）；（*c*）卸载后的变形恢复

图7-2（*a*）说明了孔隙水的扩散特性，绘出了截面上不同时刻孔隙相对湿度的分布。材料的自由收缩大致与混凝土的失水量成正比，进而大致与孔隙相对湿度成正比。混凝土的截面收缩会产生很大的自平衡应力，称为收缩应力。图7-2（*b*）和（*c*）示出了混凝土截面切片但将截面以相同的方式干燥所发生的情况。如图所示，每个切片都根据其当前的含水量独自收缩，切片在干燥中期会发生不同程度的缩短。混凝土构件的截面必须保持平面，所以，就会产生要求所有切片长度相等的应力。这必然在表面附近产生纵向拉应力而在中部产生纵向压应力（但在干燥结束时，由于徐变和老化不等，恰好相反）。收缩产生的拉应力足以使混凝土开裂。

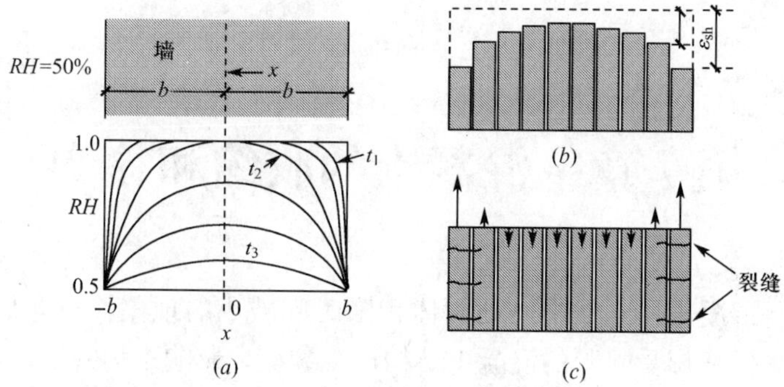

图 7-2 混凝土的收缩

(a) 干燥时的孔隙湿度分布；(b) 假想的收缩切片；(c) 收缩应力

另一种形式的收缩称为自收缩（或化学收缩），是由与水泥水化反应有关的体积变化引起的。自收缩是发生在密封试件中的唯一收缩。对于普通混凝土，它只占干缩的 5%，通常可忽略。然而，对于水灰比很低（小于 0.35）的高强混凝土，自收缩大小变得与干缩相当，甚至大于干缩，必须予以考虑。当混凝土干燥到孔隙中的相对湿度小于 80%时，水化反应停止，自收缩也停止。因为大部分干缩发生在孔隙相对湿度 80%以下，就不会发生自收缩与干缩叠加的现象。普通混凝土结构截面的中心部分需要多年才能完全干燥。厚构件的截面中心（厚度超过 400mm）很难达到干燥状态。因此，即使混凝土表面暴露于干燥的空气中，中心部分仍会发生自收缩。

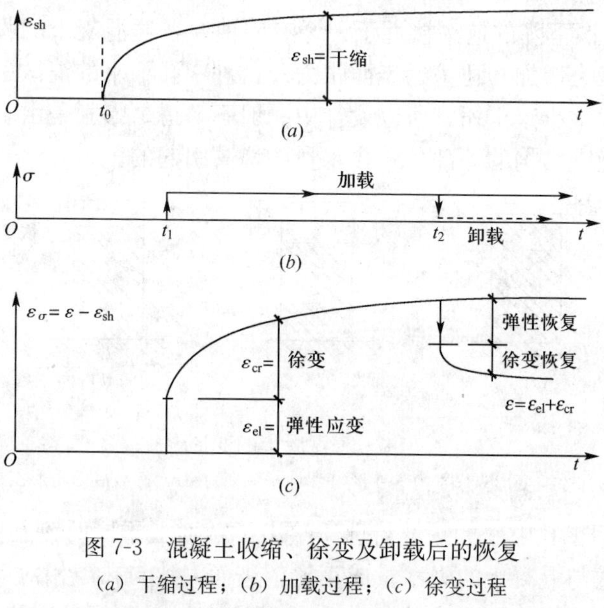

图 7-3 混凝土收缩、徐变及卸载后的恢复

(a) 干缩过程；(b) 加载过程；(c) 徐变过程

7.1.2 徐变

自从混凝土发明以来，人们就知道了混凝土的收缩特性，而徐变是 1907 年 Hatt 发现的。混凝土的徐变与作用的应力大小有关。对于受压的混凝土，当应力 $\sigma \leqslant 0.5f_c$ 时（f_c 为混凝土抗压强度），为线性徐变，这时徐变的大小与施加的应力成正比，而随时间以减

小的速率不断增大。对于普通混凝土，6 个月内可完成总徐变的 70%～80%，一年后趋于稳定，二年基本完成；当 $0.5f_c<\sigma\leqslant 0.8f_c$ 时，为非线性徐变，这时徐变的大小与施加的应力不再成正比，徐变随时间发展的速率较线性时大；当 $\sigma>0.8f_c$ 时，为不稳定徐变，与线性徐变和非线性徐变的情况不同，徐变发展的速率保持增大或某一时刻开始出现增大的趋势，最终在不变的应力下结构发生破坏。

当在龄期 t_0 对混凝土试件施加荷载时，变形比没有施加荷载的试件大［图 7-1（b）］，两者之差即为力学应变 $\varepsilon_\sigma(t)$。力学应变包括：①弹性应变［$\varepsilon_{el}=\sigma/E(t_0)$，$\sigma$ 为单轴应力，$E(t_0)$ 为 t_0 龄期的弹性模量］，也称作瞬时应变或短期应变；②徐变应变（粘弹性应变）$\varepsilon_{cr}(t)$。在恒定的应力作用下，徐变以逐渐降低的速率增加［图 7-3（b）和（c）］。如果混凝土在某一时刻 t 卸载［图 7-1（c）］，则相应于弹性模量 $E(t)$ 有一个瞬间的应变恢复，称为弹性恢复，之后是速率逐渐降低的徐变恢复［图 7-3（c）］。在恒定含水量下产生的徐变称为基本徐变。这种徐变是硬化水泥中水化硅酸钙胶体的微结构在各种高应力下粘结的破坏和再生引起的。

如果混凝土同时处于干燥环境，则会引起附加徐变，称为干徐变或 Pickett 效应，其物理原因非常复杂。干燥提高了水化硅酸钙微观结构的局部应力峰值，因此增大了粘结破坏的比率。混凝土受压实验中观测到的干徐变大部分是表观徐变，实际上它只代表应力引起的收缩，通常看作是徐变。这是因为混凝土试件的干燥是不均匀的，而局部收缩的差异产生的自平衡应力足以引起大量微裂缝，从而使试件的干缩减小。因此，对没有加载的试件花费很多时间测量的收缩实际上是表观收缩。干徐变与收缩一样随时间增大，都依赖于构件的截面有效厚度，而基本徐变与尺寸无关。

混凝土的一个重要特性是老化。这种老化特性与其他的材料有很大不同。对混凝土而言，老化引起强度和弹性模量随时间 t 以逐渐降低的速率增加［注意，图 7-3（c）的弹性恢复小于初始弹性应变］，从而减小了徐变。老化主要是由水泥水化过程引起的。水泥水化产物主要是硅酸三钙水合物，这些物质逐渐填充硬化水泥凝胶的孔隙。因此，毛细孔的平均体积减小，微观结构的强度和硬度不断增大。只要混凝土毛细孔相对湿度保持在 80% 以上，混凝土的老化将持续多年。这种长时间的老化源于微观结构应力的逐渐释放。

因为老化过程起着重要作用，通常从混凝土的结硬开始计量时间，即从混凝土的初凝（一般拌和后几小时）开始计量。这意味着在徐变计算中，时间变量 t 总是对应于混凝土龄期。一般情况下，在浇筑后一段时间内，混凝土仍保持在模板中，水份散失受到限制。另一方面人工养护（喷水、覆盖等）也使混凝土保持了足够的水份。对于收缩计算，重要的是知道干燥开始时大概的龄期 t_0，这一龄期大致是混凝土拆模时间或混凝土养护结束的时间。

混凝土任意时刻的应变为初始弹性应变、徐变应变和收缩应变之和，即

$$\varepsilon=\varepsilon_0+\varepsilon_{cr}+\varepsilon_{sh} \tag{7-1}$$

式中　ε_0 ——施加荷载时混凝土产生的瞬时弹性应变；

ε_{cr} ——应力作用下混凝土的徐变应变；

ε_{sh} ——混凝土的收缩应变。

如式（7-1），在结构设计中，混凝土的收缩和徐变都要考虑。收缩变形只取决于构件

所处的环境和构件本身的情况，而徐变还在相当的程度上依赖于结构上所作用的荷载及荷载的变化。因此，徐变的分析计算要比收缩复杂得多，特别是一般情况下，徐变还受收缩的影响。所以，下面以徐变为主要内容进行介绍，同时也反映收缩方面的内容。

7.2 混凝土徐变理论

7.2.1 描述徐变的变量

在混凝土徐变的分析和计算中，常使用终极徐变应变、徐变系数、徐变度和徐变柔量几个变量，下面给出这些变量的定义。

终极徐变应变 $\varepsilon_{cr,\infty}$ 表示混凝土徐变完成时（$t\rightarrow\infty$）的徐变，一般为瞬时应变的2～3倍。

对于 t_0 时刻施加荷载的混凝土，徐变系数 $\varphi(t,t_0)$ 定义为 t 时刻的徐变应变与 t_0 时刻弹性瞬时应变的比值，表示为：

$$\varphi(t,t_0)=\frac{\varepsilon_{cr}(t,t_0)}{\varepsilon(t_0)} \tag{7-2}$$

式中 $\varepsilon_{cr}(t,t_0)$ —— t 时刻混凝土的徐变应变；

$\varepsilon(t_0)$ —— t_0 时刻加载时混凝土的弹性瞬时应变。

当 $t\rightarrow\infty$ 时，徐变系数 $\varphi(t,t_0)=2\sim3$。ACI 209[1] 给出标准条件下混凝土的平均徐变系数为 2.35。徐变系数是混凝土结构设计中考虑徐变时最常用的量。

单位应力作用下的徐变称为徐变度，表示为：

$$C(t,t_0)=\frac{\varepsilon_{cr}(t,t_0)}{\sigma_c(t_0)} \tag{7-3}$$

式中 $\sigma_c(t_0)$ —— t_0 时刻开始施加的常应力。

不考虑收缩时，混凝土 t 时刻的总应变可表示为：

$$\begin{aligned}\varepsilon(t,t_0)&=\varepsilon(t_0)+\varepsilon_{cr}(t,t_0)=\varepsilon(t_0)+\varepsilon(t_0)\varphi(t,t_0)=\frac{\sigma(t_0)}{E(t_0)}+\frac{\sigma(t_0)}{E(t_0)}\varphi(t,t_0)\\&=\frac{\sigma(t_0)}{E(t_0)}\left[1+\varphi(t,t_0)\right]=\sigma(t_0)J(t,t_0)\end{aligned} \tag{7-4}$$

其中 $J(t,t_0)$ 称为徐变柔量或柔量函数，描述了单位应力下混凝土的总应变，表示为：

$$J(t,t_0)=\frac{1}{E(t_0)}\left[1+\varphi(t,t_0)\right]=\frac{1}{E(t_0)}+C(t,t_0) \tag{7-5}$$

式中 $E(t_0)$ —— t_0 时刻加载时混凝土的弹性模量。

图 7-4 示出了在不同的加载龄期 t_0 下，当前时刻 t 的柔量函数 $J(t,t_0)$。

根据式（7-5），徐变系数 $\varphi(t,t_0)$ 可用柔量函数表示为：

$$\varphi(t,t_0)=E(t_0)J(t,t_0)-1 \tag{7-6}$$

在徐变理论中，与徐变相对的另一个概念是松弛。材料的松弛特性可用松弛函数 $R(t,t_0)$ 表示，它表示从 t_0 时刻开始应变持续保持为 $\varepsilon=1$ 时材料应力的变化。

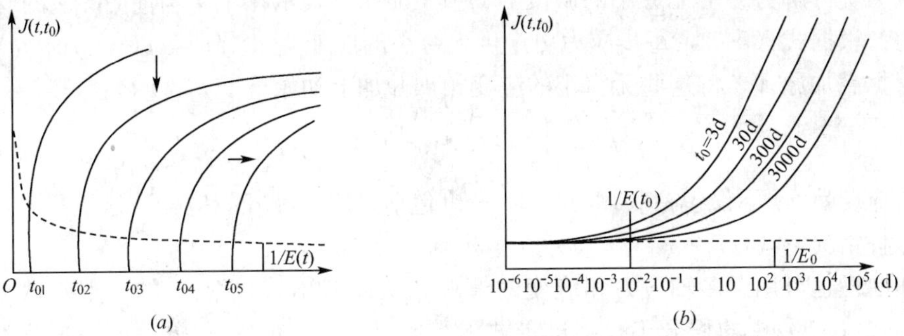

图 7-4　不同加载龄期下用单位徐变曲线表示的柔量函数

(*a*) 时间 t；(*b*) $t-t_0$

7.2.2　线性徐变和徐变叠加原理

在结构正常使用过程中，混凝土一般处于低应力状态，可以认为混凝土徐变与混凝土应力 $\sigma(t)$ 呈线性关系，即线性徐变。对于基本徐变（含水量不变条件下的徐变），线性假设与试验结果非常符合，但对于干徐变误差较大，由于干徐变的发生机理比较复杂，实际计算中一般忽略这种误差。

如果混凝土 t_0 龄期时施加的持续单轴应力为 $\sigma(t_0)$，线性关系意味着任意 $t \geqslant t_0$ 时刻混凝土的应变 $\varepsilon(t)$ 为：

$$\varepsilon(t) = \sigma(t_0)J(t,t_0) \tag{7-7}$$

式（7-7）反映了混凝土徐变与应力的比例特性。按照这一关系，如果应力历史 $\sigma_a(t)$ 对应于应变历史 $\varepsilon_a(t)$，应力历史 $\sigma_b(t)$ 对应于应变历史 $\varepsilon_b(t)$，那么 $\sigma(t)=\sigma_a(t)+\sigma_b(t)$ 对应于 $\varepsilon(t)=\varepsilon_a(t)+\varepsilon_b(t)$，这一关系表示了混凝土时变特性的叠加原理。这一原理是由 Boltzmann 1874 年针对无老化特性的材料现象提出的，Volterra 1909 年推广用于有老化特性的材料。图 7-5（*b*）示出了按实际测量结果确定柔量函数再根据叠加原理确定松弛函数时，得到的松弛函数与 Hanson（1953）和 Harboe（1958）实测松弛结果的比较。

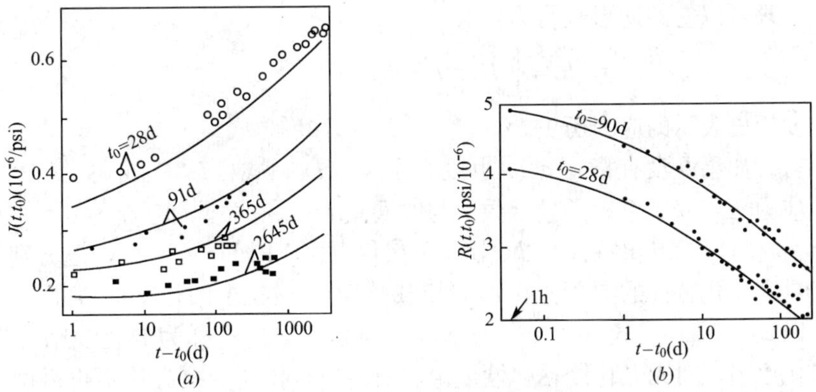

图 7-5　理论柔量函数和松弛函数与实测结果的比较

(*a*) 柔量函数；(*b*) 松弛函数

将应力史分解为多个无穷小的微段 $\mathrm{d}\sigma(t_0)$，$\mathrm{d}\sigma(t_0)$ 表示在小于当前时刻 t 的时间 t_0 施加的应力。根据式（7-7），每步应力史产生无穷小的应变史 $\mathrm{d}\varepsilon(t)=J(t,t_0)\mathrm{d}\sigma(t_0)$［图 7-6 ($a$)］。根据叠加原理，将这些无穷小的应变相加并加上初始应变 $\varepsilon(t_0)$ 得：

$$\varepsilon(t)=\int_0^t J(t,t_0)\mathrm{d}\sigma(t_0)+\varepsilon_0(t) \tag{7-8}$$

初始应变 $\varepsilon(t_0)$ 不仅包括收缩应变 $\varepsilon_{\mathrm{sh}}$，也包括热应变和开裂应变。这里只考虑收缩应变，在这种情况下 $\varepsilon_0(t)=\varepsilon_{\mathrm{sh}}(t)$。

叠加原理也可用于多轴应力和应变的情况，从而得出式（7-8）的一般形式。需要说明的是，式（7-8）中的积分不是标准形式的黎曼（Riemanna）积分，而是典型的斯第杰（Stieltjes）积分，这种积分假定 $\sigma(t)$ 是分段连续（跳跃性的）的。如果在时刻 t_j 应力 $\sigma(t)$ 从 σ^- 跳到 σ^+，则式（7-8）积分的结果为 $(\sigma^+-\sigma^-)J(t,t_j)$。

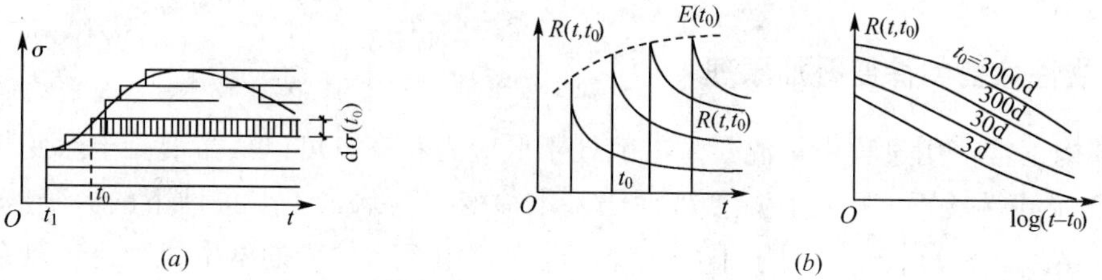

图 7-6 采用叠加原理计算徐变

(a) 应力曲线分解为无穷小的应力段；(b) 混凝土松弛函数

通常假定某一时刻 t_0 之前混凝土保持无应力状态，t_0 时刻突然施加有限的应力 σ_0，之后应力 $\sigma(t)$ 连续变化，则式（7-8）可用黎曼积分的形式写为：

$$\varepsilon(t)=\sigma_0 J(t,t_0)+\int_{t_0^+}^t J(t,t')\frac{\mathrm{d}\sigma(t')}{\mathrm{d}t'}\mathrm{d}t'+\varepsilon_0(t) \tag{7-9}$$

式中 t_0^+ ——突然施加应力后积分开始的时间。

当确定了应变历史 $\varepsilon(t,t_0)$ 后，式（7-8）和式（7-9）表示了应力历史 $\sigma(t)$ 的积分方程，这就是著名的渥尔特拉（Volterra）积分方程，柔量函数 $J(t,t_0)$ 为积分方程的核。

对于一般形式的 $J(t,t_0)$［图 7-4（a）］，积分方程没有解析解。但可通过离散再求和的方法，得到比较精确的数值解。例如可以用这种方法确定松弛函数 $R(t,t_0)$。确定了松弛函数，叠加原理可以它的逆形式写为：

$$\sigma(t)=\int_0^t R(t,t_0)\mathrm{d}[\varepsilon(t_0)-\varepsilon_0(t_0)] \tag{7-10}$$

该式为用应变历史表示的应力历史。

一般而言，如果既没有指定 $\sigma(t)$ 也没有指定 $\varepsilon(t)$，式（7-8）或式（7-10）表示的是徐变的单轴应力—应变关系。柔量函数只与时间差 $t-t_0$ 有关，即 $J(t,t_0)\equiv J(t-t_0)$。对于某些聚合物材料（无老化特性），$J(t,t_0)$ 不仅仅取决于时间差 $t-t_0$，还分别与 t 和 t_0 有关。但对于具有老化特性的混凝土，不同加载龄期 t_0 混凝土的徐变曲线是不同的（图 7-4）。这样，以式（7-8）或式（7-10）为基础的连续力学理论称为老化线粘弹性理论。然而，由于老化原因，对无老化线粘弹性理论有效的拉普拉斯变换方法不再适用。因此，老化是混凝土徐变分析要解决的主要问题，需要对时间逐步积分，利用数值方法得到要求的解。

当应力约超过强度的一半时，由于微裂缝随时间扩展，徐变变为非线性的。非线性徐变可通过测量的应力—应变等时线来描述，应力—应变等时线是在不同应力水平下进行恒定加载试验，连接相同时间达到的点得到的。图 7-7 所示为典型的等时线。

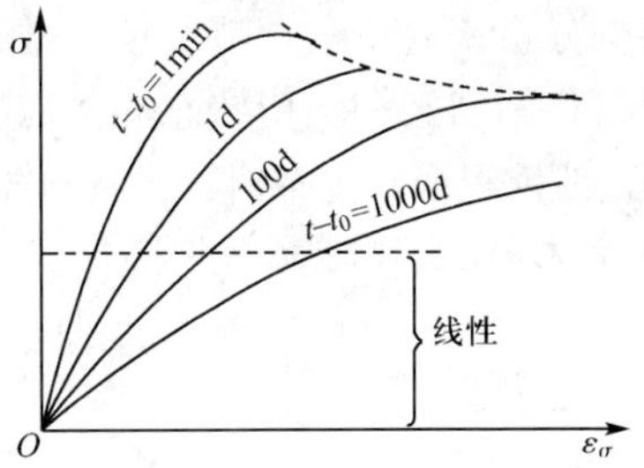

图 7-7　高应力时徐变的等时线

7.2.3　徐变分析

正确计算混凝土的徐变需要了解混凝土徐变的物理机制。目前，已经对混凝土徐变进行了大量的试验研究，提出了多种理论，如[2]：

（1）塑性流动理论；

（2）固结理论；

（3）阻滞吸附水的承载理论；

（4）滑移时的粘结破坏及其重构理论；

（5）非线性变形及对 Pickett 效应贡献的裂缝理论；

（6）短期老化的固结理论；

（7）混凝土凝胶体徐变微预应力引起的 Pickett 效应及长期老化理论。

根据这些理论，提出了不同的分析模型。由于计算手段的限制，早期的数学模型主要是为了便于结构分析。目前计算机硬件和软件的发展已经使复杂的结构和力学分析变得不再是首要考虑的问题，所以从物理机制出发建立徐变的计算模型是徐变理论发展的主要趋势，但对于工程应用往往还需采用简单且与实测结果符合的模型。下面介绍几种比较常用的徐变模型。

7.2.3.1　有效模量法

在式（7-5）中令

$$E''(t,t_0)=\frac{1}{J(t,t_0)}=\frac{E(t_0)}{1+\varphi(t,t_0)} \tag{7-11}$$

则可利用徐变系数 $\varphi(t,t_0)$ 通过弹性结构分析计算混凝土的徐变应变。这种方法称为有效模量法（EMM），$E''(t,t_0)$ 称为混凝土的有效模量。

这种方法是最古老的徐变分析方法。很显然，这种方法只有当结构中荷载和应力为单步历史（自加载起一直保持不变）时才是精确的，对于徐变和干燥会引起结构明显应力重分布的超静定结构体系，或当施工过程中结构体系发生变化，或持续荷载不只施加一次的情况，这种方法的结果与实际情况偏差较大。荷载和应力偏离单步历史的程度决定了误差的大小，特别是结构早龄期加载时。

7.2.3.2　调节龄期有效模量法

调节龄期有效模量法（AAEM）采用一步加载历史进行计算，即龄期 t_0 时突然施加荷载，然后一直持续到当前时刻 t 或以缓慢的速率单调下降。当然，将几个单步荷载历史的响应进行叠加就可得到多步荷载历史的响应。有效模量法在首次加载前的 t_0 时刻到当前状态之前的时刻 t_1^- 从结构无应力状态取一步，调节龄期有效模量法在 t 时刻施加荷载到当前状态后的 t_1^+ 时刻从初始应力状态取一步。由此可见，刚加载后的初始状态在调节龄期有效模量法中起着重要作用，必须分别计算，这可根据初始弹性模量 $E(t_1)$，通过标准的弹性结构分析来完成。调节龄期有效模量法的推导过程如下：

初始状态和当前状态间的应力和应变历史近似表示为恒定应力下徐变和恒定应变下松弛的线性组合。在 t_0 时刻突然施加应变 α 然后保持不变，产生了应力历史 $\sigma(t)=\alpha R(t, t_0)$，其中 $R(t,t_0)$ 为松弛函数。同样，在 t_0 时刻突然施加应力 β 然后保持不变，产生了应变历史 $\varepsilon(t)=\beta J(t, t_0)$，其中 $J(t,t_0)$ 为柔量函数。根据叠加原理，应力和应变的关系

$$\varepsilon(t) = \alpha + \beta J(t,t_0) \tag{7-12}$$

$$\sigma(t) = \alpha R(t,t_0) + \beta \quad (t \geqslant t_0) \tag{7-13}$$

彼此对应(即满足粘弹性本构方程)。在刚加载后系数 α 和 β 可用应力值 $\sigma(t_0^+) = \sigma_0$ 表示，在当前时刻 t 可用应力值 $\sigma(t) = \sigma_0 + \Delta\sigma$ 表示。将这些值代入式(7-13)，注意 $R(t,t_0) = 1/J(t,t_0) = E(t_0)$，得到下面关于 α 和 β 的两个线性方程：

$$\alpha E(t_0) + \beta = \sigma_0 \tag{7-14a}$$

$$\alpha R(t,t_0) + \beta = \sigma_0 + \Delta\sigma (t \geqslant t_0) \tag{7-14b}$$

由此解得

$$\alpha = \frac{\Delta\sigma}{R(t,t_0) - E(t_0)},\quad \beta = \frac{\Delta\sigma E(t_0)}{E(t_0) - R(t,t_0)} + \sigma_0 \tag{7-15}$$

根据这一结果，由式（7-12）求得初始（弹性）应变为：

$$\varepsilon_0 = \varepsilon(t_0^+) = \alpha + \beta J(t_0,t_0) = \alpha + \frac{\beta}{E(t_0)} = \frac{\sigma_0}{E(t_0)} \tag{7-16}$$

应变增量为：

$$\begin{aligned}\Delta\varepsilon &= \varepsilon(t) - \varepsilon(t_0^+) = \beta[J(t,t_0) - J(t_0,t_0)] \\ &= \Delta\sigma\frac{E(t_0)J(t,t_0) - 1}{E(t_0) - R(t,t_0)} + \sigma_0\left[J(t,t_0) - \frac{1}{E(t_0)}\right]\end{aligned} \tag{7-17}$$

由式（7-6）知，$E(t_0)J(t,t_0) - 1$ 即为徐变系数 $\varphi(t,t_0)$。引入调节龄期有效模量[3]

$$E''(t,t_0) = \frac{E(t_0) - R(t,t_0)}{E(t_0)J(t,t_0) - 1} = \frac{E(t_0) - R(t,t_0)}{\varphi(t,t_0)} \tag{7-18}$$

根据式（7-16），用 ε_0 代替 $\sigma_0/E(t_0)$，得到式（7-17）的简洁表达式：

$$\Delta\varepsilon(t) = \frac{\Delta\sigma}{E''(t,t_0)} + \varepsilon_0\varphi(t,t_0) \tag{7-19}$$

式（7-19）即为调节龄期有效模量法（AAEM）的基本公式，即时间段 $(t_0,t]$ 上的应变增量等于应力增量除调节龄期有效弹性模量再加上初始（弹性）应变与徐变系数的乘积。

为使推导过程简单，前面忽略了收缩效应。如考虑收缩，则分析中可用 $\varepsilon_0(t) = \varepsilon(t) - \varepsilon_{sh}(t)$ 代替 $\varepsilon(t)$，这意味着收缩应变的增量应加到式（7-19）的右边。调节龄期有效模量法（单轴应力的情况）基本方程的最终形式为：

$$\Delta\varepsilon(t) = \frac{\Delta\sigma(t)}{E''(t,t_0)} + \varepsilon(t_0^+)\varphi(t,t_0) + \Delta\varepsilon_{sh}(t) \tag{7-20}$$

其中

$$\Delta\varepsilon(t) = \varepsilon(t) - \varepsilon(t_0^+),\Delta\sigma(t) = \sigma(t) - \sigma(t_0^+),\varepsilon(t_0^+) = \frac{\sigma(t_0^+)}{E(t_0)},\Delta\varepsilon_{sh}(t) = \varepsilon_{sh}(t) - \varepsilon_{sh}(t_0)$$

为简单起见，式（7-18）定义的调节龄期有效模量可表示为下面的形式：

$$E''(t,t_0) = \frac{E(t_0)}{1+\chi(t,t_0)\varphi(t,t_0)} \tag{7-21}$$

这就是有效模量的修正式，其中

$$\chi(t,t_0) = \frac{E(t_0)}{E(t_0)-R(t,t_0)} - \frac{1}{\varphi(t,t_0)} \tag{7-22}$$

称为龄期系数，其变化范围为 0.5～1.0，设计计算中通常取为 0.8。

$\chi = 1$ 描述了无老化材料的极限情况。如果没有老化，如晚龄期加载混凝土短期徐变的情况下，χ 的最优值接近 1（约 0.992），E'' 接近于式（7-11）。这表明 χ 主要反映了老化特性，龄期系数就是由此得来的。

对给定的柔量函数 $J(t,t_0)$，直接计算松弛函数 $R(t,t_0)$ 比较复杂，可使用下面的渐近公式[4,5]：

$$R(t,t_0) = \frac{0.992}{J(t,t_0)} - \frac{0.115}{J(t,t-1)}\left[\frac{J(t-\Delta,t_0)}{J(t,t_0+\Delta)} - 1\right] \tag{7-23}$$

其中 $\Delta = \dfrac{t-t_0}{2}$。

对于普通混凝土，式（7-23）的误差通常小于 1%，其中 t 和 t_0 以天（d）计。

对应力历史与徐变系数保持线性的情况，调节龄期有效模量法的基本公式（7-20）是精确的，即

$$\varepsilon(t) - \varepsilon_{sh}(t) = a + b\varphi(t,t_0) \quad (t > t_0) \tag{7-24}$$

其中 a 和 b 为常数。图 7-8 示出了这种情况的应变历史。显然，对于以恒荷载为主的结构，实际应变历史可很好地用式（7-24）进行估计。相反，有效模量法只对单步历史是精确的，因此称为恒定应力下的徐变。

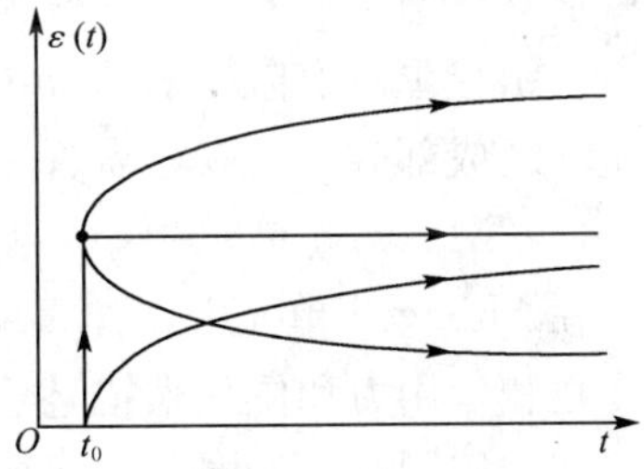

图 7-8　AAEM 为精确结果时的应变历史

对于力和位移向量、组合截面的弯曲徐变及荷载随时间单调递减的情况，AAEM 可以采用矩阵的形式表示。

7.2.3.3　粘弹性模型

根据式（7-8），为计算某一应力历程对应的应变或某一应变历史对应的应力，只要应力和应变历史已知，就可以根据徐变的叠加原理计算，即：

$$\varepsilon(t) = \int_0^t J(t,\tau)\overline{C}\dot{\sigma}(\tau)\,\mathrm{d}\tau \tag{7-25}$$

$$\sigma(t) = \int_0^t R(t,\tau)\overline{D}\dot{\varepsilon}(\tau)\,\mathrm{d}\tau \tag{7-26}$$

式中　$\dot{\sigma}(\tau)$——应力的一阶导数；

$\dot{\varepsilon}(\tau)$——应变的一阶导数；

$\overline{C}$、$\overline{D}$——无量纲矩阵。

由于结构的应力和应变一直随时间发生变化，事先并不知道应力和应变的变化历史。因此，必须使用逐步求解的算法，将计算过程离散为有限的时间增量，然后将积分式用有限项的和代替。这种公式的不方便之处在于，在任意新的时间步，根据整个先前应力（或

应变）历史计算应变（或应力）增量，对于大规模计算这是不适用的，因为对于每个计算点都必须储存整个应力（或应变）历程，并且在每个时间步中都要进行应变（或应力）的叠加计算。这需要占用很大的存储空间且花费很长的计算时间。

为此，需要采用一种更好的计算方法，在每个时间步，应力增量可通过应变增量和有限的、在时间步开始时已知的状态变量计算。为实现这种算法，必须将松弛函数用新的公式重写。如果粘弹性性能用徐变函数描述，则必须遵循相同的形式，本构关系也必须以应力增量为应变增量函数的方式重写，因为在有限元分析中一般用位移作基本变量。

可以理想固体和流体特性的组合为基础建立流变模型。为建立线性粘弹性模型，分别采用理想的胡克固体（理想线弹性）和牛顿液体（理想线粘性）。理想的变形分别用弹簧和阻尼器表示。

从微观角度看，由弹簧和阻尼器组成的流变模型不能反映混凝土粘弹性性能的物理机制。这种方法主要是经验性的，混凝土的总变形分别由模型的各组成部分近似描述。为反映物理连续特性，只能从宏观角度考虑。

1. 基本粘弹性模型

在经典的粘弹性理论中，有 Maxwell 单元和 Kelvin 单元两种模型。在 Maxwell 单元中，弹簧和阻尼器是串联的，而在 Kelvin 单元中，弹簧和阻尼器是并联的，如图 7-9 所示。其中任意一个模型都不能独立完全描述混凝土粘弹性性能的各个方面，但它们是复杂模型的基本组成部分。一个独立的弹簧或阻尼器可看作是 Maxwell 单元或 Kelvin 单元的分解形式。两个最为重要的模型是 Maxwell 链模型（有限个 Maxwell 单元并联得到）和 Kelvin 链模型（有限个 Kelvin 单元串联得到）。由于 Maxwell 单元和 Kelvin 单元是链模型的基本组成部分，所以，需首先研究它们的特征。

（1）Maxwell 单元

在 Maxwell 单元中，弹簧和阻尼器是串联的。所以，两者的应力相等，总应变为两者应变之和（用力和位移来描述会更为精确，但弹簧和阻尼器为表示相同连续性的假想固体，即它们同存在于同一几何维度中）。

$$\sigma = \sigma^{\text{spring}} = \sigma^{\text{dashpot}} \tag{7-27}$$

$$\varepsilon = \varepsilon^{\text{spring}} + \varepsilon^{\text{dashpot}} \tag{7-28}$$

因此控制微分方程可写为：

$$\frac{\mathrm{d}\varepsilon}{\mathrm{d}t} = \frac{1}{E} \times \frac{\mathrm{d}\sigma}{\mathrm{d}t} + \frac{1}{\eta}\sigma \tag{7-29}$$

式中 E——弹簧的弹性模量；

η——阻尼器的黏度。

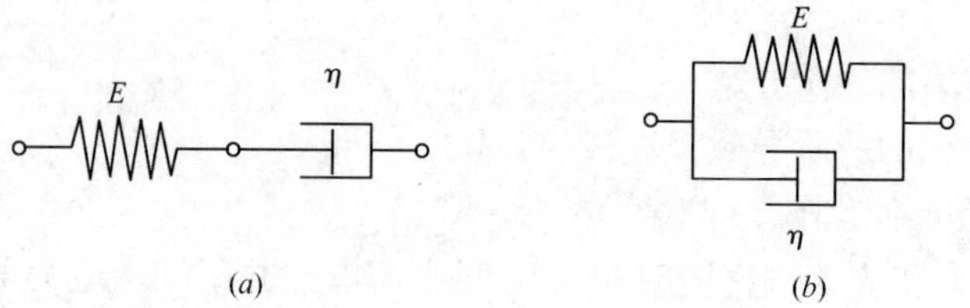

(a) (b)

图 7-9 Maxwell 单元和 Kelvin 单元

（*a*）Maxwell 单元；（*b*）Kelvin 单元

图 7-10 示出了描述徐变和松弛的 Maxwell 单元的性能。在恒应力（徐变）下，瞬时变形之后应变以恒定的速率无限增长。因此，它实际上代表液体。如果在 t^* 时刻撤去应力，弹性应变将会瞬间恢复，而粘性应变不会恢复，如表 7-1 左栏所示。对于非老化材料，应变始终保持为 $\frac{\sigma_0}{\eta}(t^*-t_0)$。显然，用 Maxwell 单元不能很好地描述徐变的主要特征。但是 Maxwell 单元却能非常真实地描述松弛性能。如果单元承受恒定的应变，则应力按指数规律衰减。经过无限长时间后松弛完成，如表 7-1 右栏所示。

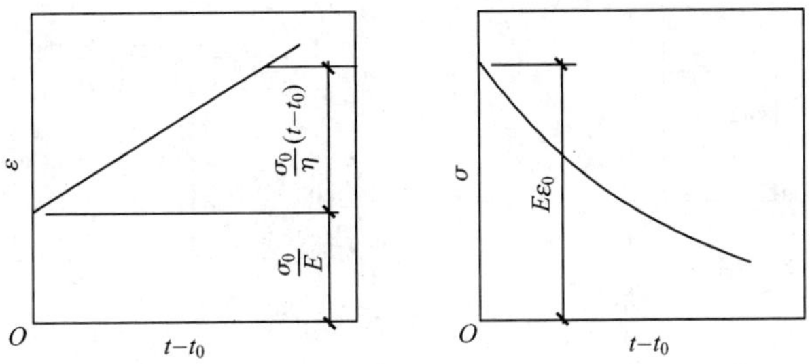

图 7-10　描述徐变和松弛的 Maxwell 单元

Maxwell 单元的力学性能　　**表 7-1**

徐变	松弛
$\frac{d\sigma}{dt}=0$，$\sigma=\sigma_0$	$\frac{d\varepsilon}{dt}=0$，$\varepsilon=\varepsilon_0$
微分方程：$\frac{d\varepsilon}{dt}=\frac{1}{\eta}\sigma_0$	微分方程：$\frac{1}{E}\times\frac{d\sigma}{dt}+\frac{1}{\eta}\sigma=0$
边界条件：$t=t_0$，$\varepsilon=\varepsilon_0=\frac{\sigma_0}{E}$	边界条件：$t=t_0$，$\sigma=\sigma_0=E\varepsilon_0$
方程的解：$\varepsilon=\sigma_0\left[\frac{1}{E}+\frac{1}{\eta}(t-t_0)\right]$　(7-30)	方程的解：$\sigma=E\varepsilon_0 e^{-\frac{E}{\eta}(t-t_0)}$　(7-31)

(2) Kelvin 单元

在 Kelvin 单元中，弹簧和阻尼器是并联的。所以，二者应变相等，总应力为两者应力之和：

$$\varepsilon=\varepsilon^{\text{spring}}=\varepsilon^{\text{dashpot}} \tag{7-32}$$

$$\sigma=\sigma^{\text{spring}}+\sigma^{\text{dashpot}} \tag{7-33}$$

控制微分方程可表示为：

$$\sigma=E\varepsilon+\eta\frac{d\varepsilon}{dt} \tag{7-34}$$

图 7-11 示出了描述徐变和松弛的 Kelvin 单元的性能。在恒定的应力（徐变）下，应变随时间指数增长而没有瞬时变形。应变渐近于最终值 σ_0/E。这相当于弹簧独自受力时的瞬时变形。起初阻尼器承担全部荷载，随着时间的发展荷载以逐渐减小的速率传递给弹簧。在经历无限长的时间后，弹簧承担全部荷载。如果 t^* 时刻移除荷载，应变将按指数规律恢复。无限长时间之后应变会完全恢复。恢复规律可用下面的函数描述：

$$\varepsilon = K(t^*)\mathrm{e}^{-\frac{E}{\eta}(t-t_0)} \tag{7-35}$$

其中，非老化材料的 $K(t^*)$ 值可按下式计算：

$$K(t^*) = \frac{\sigma_0}{E}\left[\mathrm{e}^{\frac{E}{\eta}(t^*-t_0)} - 1\right]$$

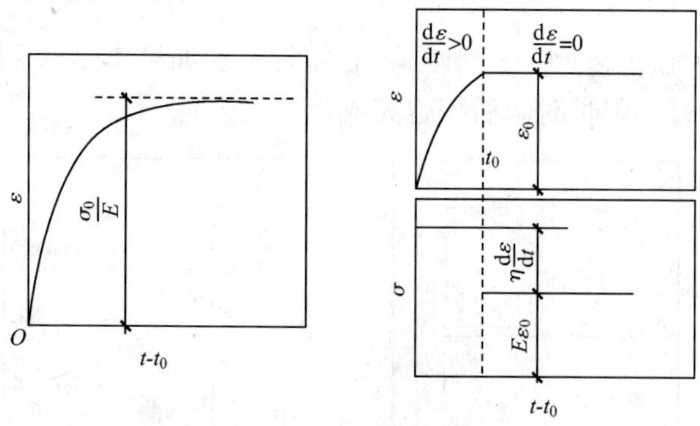

(*a*) (*b*)

图 7-11 描述徐变和松弛的 Kelvin 单元

Kelvin 单元的力学性能 **表 7-2**

徐 变	松 弛
微分方程： $\frac{d\sigma}{dt} = 0,\ \sigma = \sigma_0$ $\frac{\sigma_0}{\eta} = \frac{E}{\eta}\varepsilon + \frac{d\varepsilon}{dt}$ 边界条件： $t = t_0,\ \varepsilon = 0$ 方程的解： $\varepsilon = \frac{\sigma_0}{E}\left[1 - e^{-\frac{E}{\eta}(t-t_0)}\right]$ (7-36)	$\frac{d\varepsilon}{dt} = 0,\ \varepsilon = \varepsilon_0$ 方程的解： $\sigma = E\varepsilon_0$ (7-37)

因此，Kelvin 单元可相当好地描述徐变，但其本身能表示弹性变形。另一方面，Kelvin 单元不能描述松弛。如果对 Kelvin 单元施加一段时间的恒荷载，应变按表 7-2 中的式(7-36)发展。如果应变不变且在 t_0 时刻撤去外部荷载，应力瞬时跌至 $E\varepsilon_0$，这一应力为该时刻弹簧的应力且随后保持恒定[图 7-11(*b*)]。

2. Maxwell 和 Kelvin 链模型

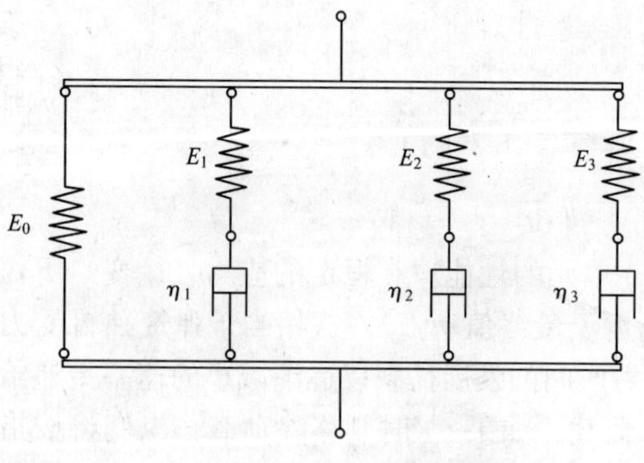

图 7-12 Maxwell 链模型

既然单个 Maxwell 单元和 Kelvin 单元都无法恰当模拟粘弹性的全部性能，希望采用更为复杂的 Maxwell 和 Kelvin 链模型近似描述实际的变形。模拟能否成功在于模型中总变形的组成部分是否采用了合理的模型。

在 Maxwell 链模型中，有限个 Maxwell 单元以并联形式连接(图 7-12)。第一个单元($i=0$)为没有阻尼的弹簧，可认为是退化的 Maxwell 单元。在每个单元中应变是相等的，总应力为单个单元应力之和。利用式(7-31)，松弛函数可表示为：

$$R(t,\tau)=E_0(\tau)+\sum_{i=1}^{n}E_i(\tau)\mathrm{e}^{-\frac{t-\tau}{\lambda_i}} \tag{7-38}$$

式中　τ——混凝土加载龄期；

λ_i——第 i 个单元的松弛时间，定义为：

$$\lambda_i=\frac{\eta_i}{E_i}$$

式(7-38)中引进了老化因素。弹簧刚度 E_i 随时间而变，而松弛时间 λ_i 为恒定值。这意味着阻尼器粘性的发展与弹簧刚度随时间的变化遵循相同的规律，所以其比值 E_i/η_i 为定值。

在 Kelvin 链模型中，有限个 Kelvin 单元以串联方式连接(图 7-13)。其中第一个单元($i=0$)是没有阻尼的弹簧，可认为是退化的 Kelvin 单元。在各个单元中应力相等，总应变为各单元应变之和。利用式(7-36)，徐变函数可表示为：

$$J(t,\tau)=\frac{1}{E_0(\tau)}+\sum_{i=1}^{n}\frac{1}{E_i(\tau)}(1-\mathrm{e}^{-\frac{t-\tau}{\lambda_i}}) \tag{7-39}$$

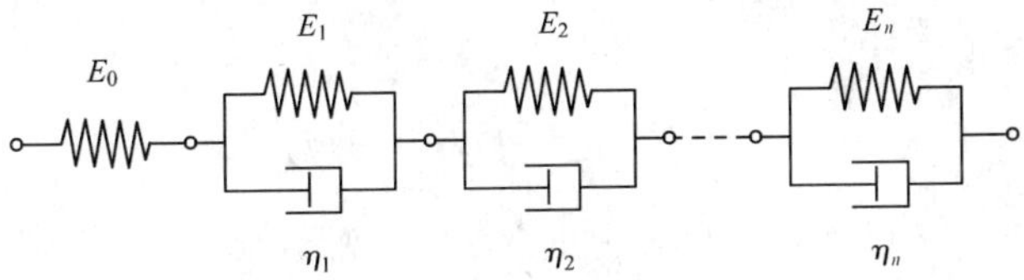

图 7-13　Kelvin 链模型

一般认为 Maxwell 链模型更适合于描述松弛问题，而 Kelvin 链模型更适合于描述徐变问题。这是因为前者是以松弛函数为基础的，而后者是以徐变函数为基础的。通常情况下，两者都可表示混凝土的粘弹性行为。

3. Rate-Type 本构关系

在将松弛函数和徐变函数写为实指数函数型和的形式后[式(7-38)和式(7-39)]，可以建立 Rate-type 本构方程。Rate-type 公式具有不需保存和计算所有先前时间步信息的优点，某个时间步应力与应变增量之间的关系可用有限个在时间步开始就已知的状态变量来表示。

(1) 利用松弛函数建立公式

可以直接用松弛函数(Maxwell 链模型)建立公式。对于时间步 t 和 $t+\Delta t$，如果将式(7-38)代入式(7-26)并且假定在 $t=0$ 之前没有发生任何变化，则应力可表示为：

$$\sigma(t)=\overline{D}\int_0^t E_0(\tau)\dot{\varepsilon}\mathrm{d}\tau+\overline{D}\sum_{i=1}^{n}\int_0^t E_i(\tau)\mathrm{e}^{-\frac{t-\tau}{\lambda_i}}\dot{\varepsilon}\mathrm{d}\tau \tag{7-40}$$

$$\sigma(t+\Delta t)=\overline{D}\int_0^{t+\Delta t} E_0(\tau)\dot{\varepsilon}\mathrm{d}\tau+\overline{D}\sum_{i=1}^{n}\int_0^{t+\Delta t} E_i(\tau)\mathrm{e}^{-\frac{t+\Delta t-\tau}{\lambda_i}}\dot{\varepsilon}\mathrm{d}\tau \tag{7-41}$$

式中　$\overline{D}$——为通过泊松比建立多轴变形和一维松弛函数关系的无量纲矩阵。

式(7-41)减去式(7-40)得到应力增量。从 0 到 $t+\Delta t$ 的积分可分解为从 0 到 t 和从 t 到 $t+\Delta t$ 两部分。假定从 t 到 $t+\Delta t$ 应变率不变且 $E_i(\tau)$ 取为恒定值，在 t 到 $t+\Delta t$ 中选取 t

(通常为时间段的中点)为样本点计算 $E_i(\hat{t})$。根据这些简化，积分式可表示为：

$$\Delta\sigma = \overline{D}E_0(\hat{t})\Delta\varepsilon + \sum_{i=1}^{n}(1-e^{-\frac{\Delta t}{\lambda_i}})\left[\frac{E_i(\hat{t})\lambda_i}{\Delta t}\overline{D}\Delta\varepsilon - \sigma_i(t)\right] \tag{7-42}$$

式中 $\sigma_i(t)$——Maxwell 链中第 i 个单元的部分应力，是一个状态变量，表示为：

$$\sigma_i(t) = \overline{D}\int_0^t E_i(\tau)e^{-\frac{t-\tau}{\lambda_i}}\dot{\varepsilon}\,d\tau \tag{7-43}$$

$\sigma_i(t)$的值在时间步开始时便已知(对于 $i=0$ 不需计算应力增量)。

(2) 利用徐变函数建立公式

假定 $t=0$ 时刻之前没有发生任何变化，从 t 到 $t+\Delta t$ 的应变增量可表示为：

$$\Delta\varepsilon = \int_0^t[J(t+\Delta t,\tau)-J(t,\tau)]\overline{C}\dot{\sigma}(\tau)d\tau + \int_t^{t+\Delta t}J(t+\Delta t,\tau)\overline{C}\dot{\sigma}(\tau)d\tau \tag{7-44}$$

式中 $\overline{C}$——通过泊松比建立多轴应变和一维徐变函数的无量纲矩阵。

为得到适用于以位移为基础的有限元分析的本构关系，需将式(7-44)重新整理成为应力增量可用应变增量和应力历史函数表示的形式[6]。假定在时间增量内应变率保持恒定。同样认为 t 到 $t+\Delta t$ 内 $E_i(\tau)$为恒定值(按照函数的中值定理等于 $\hat{t}$ 时刻的值)。应用 $\overline{D}=\overline{C}^{-1}$，则应力的增量可表示为：

$$\Delta\sigma = \widetilde{E}(\hat{t})\overline{D}\Delta\varepsilon + \widetilde{\sigma}(t) \tag{7-45}$$

其中

$$\frac{1}{\widetilde{E}(\hat{t})} = \frac{1}{\Delta t}\int_t^{t+\Delta t}J(t+\Delta t,\tau)d\tau \tag{7-46}$$

$$\widetilde{\sigma}(t) = -\widetilde{E}(\hat{t})\int_0^t[J(t+\Delta t,\tau)-J(t,\tau)]\dot{\sigma}(\tau)d\tau \tag{7-47}$$

如果将式(7-39)代入式(7-46)和式(7-47)，并同样利用函数的中值定理求解 $E_i(\tau)$，可得到积分的解析解：

$$\frac{1}{\widetilde{E}(\hat{t})} = \frac{1}{\widetilde{E}_0(\hat{t})} + \sum_{i=1}^{n}\frac{1}{\widetilde{E}_i(\hat{t})}\left[1-\frac{\lambda_i}{\Delta t}(1-e^{-\frac{\Delta t}{\lambda_i}})\right] \tag{7-48}$$

$$\widetilde{\sigma}(t) = -\widetilde{E}(\hat{t})\sum_{i=1}^{n}(1-e^{-\frac{\Delta t}{\lambda_i}})\widetilde{\varepsilon}_i(t) \tag{7-49}$$

$$\widetilde{\varepsilon}_i(t) = \int_0^t\frac{1}{E_i(\tau)}e^{-\frac{t-\tau}{\lambda_i}}\dot{\sigma}(\tau)d\tau \tag{7-50}$$

$\widetilde{\varepsilon}_i(t)$的值在时间增量开始时即已知，其在下一个时间增量开始时的值可由下式计算：

$$\widetilde{\varepsilon}_i(t+\Delta t) = e^{-\frac{\Delta t}{\lambda_i}}\widetilde{\varepsilon}_i(t) + \frac{\lambda_i\Delta\sigma}{E_i(\hat{t})\Delta t}(1-e^{-\frac{\Delta t}{\lambda_i}}) \tag{7-51}$$

利用式(7-48)、式(7-49)和式(7-45)中应力的增量可表示为应变增量及有限个在时间增量开始时即已知的状态变量的函数。

4. 链参数的确定

建立用于时变数值分析的材料模型的出发点是徐变柔度，徐变柔度可从理论模型或从试验得到。Kelvin 链模型的参数是根据徐变曲线确定的，而 Maxwell 链模型是根据松弛曲线确定的。如果需要的是 Maxwell 链模型但只已知徐变柔度，则必须将徐变曲线转化为松弛曲线。

（1）曲线拟合

退化单元(即单个弹簧)的刚度可直接由两个链模型确定。在 Maxwell 链模型中，$E_0(\tau)$等于松弛曲线的终极渐近值，而在 Kelvin 链模型中，$E_0(\tau)$等于 0 时刻柔度函数的值。而且，在 Maxwell 链模型中，弹性模量的和 $\sum_{i=0}^{n} E_i(\tau)$ 等于 0 时刻松弛函数的值，而在 Kelvin 链模型中，弹性模量倒数的和 $\sum_{i=0}^{n} \frac{1}{E_i(\tau)}$ 等于徐变柔度的终极渐近值。

其余链模型的弹性模量及松弛或者延迟时间则可通过非线性最小二乘法得到，即使 n 个离散荷载持续时间样本的理论曲线 f 与近似曲线 f'之差的平方和最小：

$$\delta = \sum_{i=1}^{n} (f_i - f'_i)^2 \tag{7-52}$$

建议按对数时间比例均匀分布选取样本点。

（2）老化链

对于混凝土之类的老化材料，粘弹性性能不仅可用一条也可用一组徐变曲线来描述，以便于考虑老化效应。所以，一个老化链模型是由多个链参数定义的。松弛或延迟时间仍固定但弹性模量由多个加载龄期确定。中间加载龄期(不是样本加载龄期)的弹性模量可由多线段插值法计算得到。有两种确定不同样本加载龄期链模型弹性模量的方法。

比例拟合法一般只适用于徐变曲线，因此用于 Kelvin 链模型。以 28d 龄期加载的徐变曲线作为基本曲线，通过曲线拟合确定弹性模量。其他所有样本加载龄期的弹性模量可根据基本曲线按比例得到。徐变模型通常规定一个瞬时反应的老化系数 $\beta_E(t)$和一个时变反应的老化系数 $\beta_\varphi(t)$，即

$$J(t,\tau) = \frac{1}{\beta_E(\tau)} \times \frac{1}{E_0(28)} + \frac{1}{\beta_\varphi(\tau)} \times \frac{\varphi(t,28)}{E_0(28)} \tag{7-53}$$

所以，单个弹簧的弹性模量与 $\beta_E(t)$成正比，其他所有单元($i \geqslant 1$)的弹性模量与 $\beta_\varphi(t)$成正比：

$$E_0(\tau) = \beta_E(\tau)E_0(28), E_i(\tau) = \beta_\varphi(\tau)E_i(28) \tag{7-54}$$

由于松弛曲线通常与徐变曲线不能保持相同的比例，比例拟合方法不适用于 Maxwell 链模型。相反，不同加载龄期的弹性模量是通过一条独立的曲线拟合的。松弛时间由第一条曲线拟合确定，在之后的拟合中保持恒定。这种所谓的多拟合方法同样适用于徐变曲线。

7.3 收缩和徐变的计算

上面介绍了混凝土结构徐变分析的几种基本理论。对于一般的混凝土结构，实际中应用较多的是比较简单的理论，如有效模量法或调节龄期有效模量法(AAEM)，这些方法只使用混凝土的徐变系数，也可以使用徐变柔量。下面给出一些研究者提出的和一些规范中使用的这些变量，以及混凝土的收缩计算公式。

7.3.1 一些研究者提出的模型

1. B3 模型

B3 模型是 Bažant 和 Chern1985[7]年提出的，后来又做了改进[8,9]。在式(7-5)中，柔

量函数可分解为：

$$J(t,t_0)=q_1+C_0(t,t_0)+C_d(t,t',t_0) \tag{7-55}$$

其中 $$q_1=\frac{0.6\times10^6}{E(28)},E(28)=4734\sqrt{f'_c}$$

式中 q_1——单位应力产生的瞬时应变；

$E(28)$——混凝土28d龄期时的弹性模量，MPa；

$C_0(t,\ t_0)$——基本徐变的柔量函数(含水量恒定和材料中水分无变化时的徐变)；

$C_d(t,\ t',\ t_0)$——干徐变的附加柔量函数；

f'_c——混凝土圆柱体抗压强度，MPa；

t——计算徐变时的时间，d；

t'——干缩开始的时间，d；

t_0——施加荷载时的时间，d。

对于波特兰水泥混凝土，B3模型材料参数的适用范围为：

$$0.35\leqslant w/c\leqslant0.85，2.5\leqslant a/c\leqslant13.5$$
$$17\text{MPa}\leqslant f'_c\leqslant70\text{MPa}，160\text{kg/m}^3\leqslant c\leqslant720\text{kg/m}^3$$

式中 w/c——质量水灰比；

a/c——质量集灰比；

c——水泥含量。

(1) 基本徐变

用导数表示的基本徐变柔量为：

$$\frac{\partial C_0(t,t_0)}{\partial t}=\frac{n(q_2t^{-m}+q_3)}{(t-t_0)+(t-t_0)^{1-n}}+\frac{q_4}{t}\quad(m=0.5,n=0.1) \tag{7-56}$$

其中 $$q_2=185.4c^{0.5}(f'_c)^{-0.9},q_3=0.29(w/c)^4q_2,q_4=20.3(a/c)^{-0.7}$$

式中 m、n——经验参数，对所有普通混凝土可取相同的值；

q_2——老化黏弹性柔量；

q_3——非老化黏弹性柔量；

q_4——流动柔量。

对式(7-56)进行积分得到基本徐变柔量的表达式为：

$$C_0(t,t_0)=q_2Q(t,t_0)+q_3\ln\left[1+(t-t_0)^{0.1}\right]+q_4\ln\left(\frac{t}{t_0}\right) \tag{7-57}$$

式(7-57)中，$Q(t,\ t_0)$的值可通过数值积分计算，但注意应满足条件$\lim\limits_{t\to t_0}C_0(t,\ t_0)=\infty$。所以理论确定第一个时间段$\Delta t=t-t_0$上的积分时，使用$\Delta t\leqslant10^{-4}t_0$和$Q(t_1,\ t_0)=(t_0)^{-m}\ln\left[1+(\Delta t)^n\right]$来估计。也可使用下面的近似公式计算，当$m=0.5$，$n=0.1$时，误差小于1%：

$$Q(t,t_0)=Q_f(t_0)\left[1+\left(\frac{Q_f(t_0)}{Z(t,t_0)}\right)^{r(t_0)}\right]^{-1/r(t_0)} \tag{7-58}$$

其中 $$r(t_0)=1.7(t_0)^{0.12}+8,Z(t,t_0)=(t_0)^{-m}\ln\left[1+(t-t_0)^n\right]$$
$$Q_f(t_0)=0.086(t_0)^{2/9}+1.21(t_0)^{4/9-1}$$

$Q(t,\ t_0)$的计算结果见表7-3。

函数 $Q(t, t_0)$ 的值（$m=0.5$、$n=0.1$）　　表 7-3

$\log(t-t_0)$	$\log t_0$								
	0.0	0.5	1.0	1.5	2.0	2.5	3.0	3.5	4.0
−2.0	0.4890	0.2750	0.1547	0.08677	0.04892	0.02751	0.01547	0.008699	0.004892
−1.5	0.5347	0.3009	0.1693	0.09519	0.05353	0.03010	0.01693	0.009519	0.005353
−1.0	0.5586	0.3284	0.1848	0.1040	0.05846	0.03288	0.01849	0.01040	0.005846
−0.5	0.6309	0.3571	0.2013	0.1133	0.06372	0.03583	0.02015	0.01133	0.006372
0.0	0.6754	0.3860	0.2185	0.1231	0.06929	0.03897	0.02192	0.01233	0.006931
0.5	0.7108	0.4125	0.2357	0.1334	0.07516	0.04229	0.02379	0.01338	0.007524
1.0	0.7352	0.4335	0.2514	0.1436	0.08123	0.04578	0.02576	0.01449	0.008149
1.5	0.7505	0.4480	0.2638	0.1529	0.08727	0.04897	0.02782	0.01566	0.008806
2.0	0.7597	0.4570	0.2724	0.1602	0.09272	0.05239	0.02994	0.01687	0.009494
2.5	0.7652	0.4624	0.2777	0.1652	0.09708	0.05616	0.03284	0.01812	0.001021
3.0	0.7684	0.4656	0.2808	0.1683	0.1000	0.05869	0.03393	0.01935	0.01094
3.5	0.7703	0.4675	0.2827	0.1702	0.1018	0.06041	0.03541	0.02045	0.01166
4.0	0.7714	0.4686	0.2838	0.1713	0.1029	0.06147	0.03641	0.02131	0.01230
4.5	0.7720	0.4692	0.2844	0.1719	0.1036	0.06210	0.03702	0.02190	0.01280
5.0	0.7724	0.4696	0.2848	0.1723	0.1038	0.06247	0.03739	0.02225	0.01314

（2）干燥时截面的平均收缩和徐变

1）收缩

截面的平均收缩应变为：

$$\varepsilon_{sh}(t,t') = -\varepsilon_{sh,\infty} k_{RH} S(t) \tag{7-59}$$

式中　$S(t)$——收缩形状函数，按下式计算：

$$S(t) = \tanh\sqrt{\frac{t-t'}{\tau_{sh}}} \tag{7-60}$$

k_{RH}——与相对湿度有关的系数，按下式计算：

$$k_{RH} = \begin{cases} 1-RH^3 & RH \leqslant 0.98 \\ -0.2 & RH = 1\text{（水中膨胀时）} \\ \text{线性内插} & 0.98 < RH < 1 \end{cases}$$

RH——相对湿度；

τ_{sh}——与构件尺寸有关的系数，按下式计算：

$$\tau_{sh} = k_t (k_s D)^2$$

D——构件截面有效厚度，$=2V/S$，对于板为实际厚度；

V/S——混凝土构件的体积与表面积之比；

$$k_t = 8.5(t')^{-0.08}(f'_c)^{-1/4} \qquad (\mathrm{d/cm^2});$$

k_s——截面形状系数，按下式取值：

$$k_s = \begin{cases} 1.00 & \text{无限大板} \\ 1.15 & \text{无限大圆柱} \\ 1.25 & \text{无限大棱柱} \\ 1.30 & \text{球体} \\ 1.55 & \text{立方体} \end{cases}$$

$\varepsilon_{sh,\infty}$——混凝土收缩应变终极值，按下式计算：

$$\varepsilon_{sh,\infty} = \varepsilon_{s,\infty} \frac{E(607)}{E(t_0 + \tau_{sh})} \tag{7-61}$$

$\varepsilon_{s,\infty}$——常应变，按下式计算：

$$\varepsilon_{s,\infty} = -\alpha_1\alpha_2\left[19\times10^{-2}w^{2.1}(f_c')^{-0.28}+270\right]\times10^{-6}$$

$$\alpha_1=\begin{cases}1.0 & \text{Ⅰ 型水泥}\\ 0.85 & \text{Ⅱ 型水泥}\\ 1.1 & \text{Ⅲ 型水泥}\end{cases}$$

$$\alpha_2=\begin{cases}0.75 & \text{蒸汽养护}\\ 1.2 & \text{预防干燥的密封或者普通的空气养护}\\ 1.0 & \text{水中或者相对湿度为 100\% 的养护}\end{cases}$$

w——单位体积含水量，kg/m^3；

$E(t)$——t 时刻混凝土的弹性模量，按下式计算：

$$E(t)=E(28)\sqrt{\frac{t}{4+0.85t}}$$

在分析计算中，需要估计哪一种形状最接近于构件或结构的真实形状，以确定截面形状系数 k_s。如果要求的精度不是很高，作为简化分析，可取 $k_s\approx1$。在式(7-59)中，函数 $S(t)$反映了构件形状和时间对收缩的影响，如图 7-14 所示。

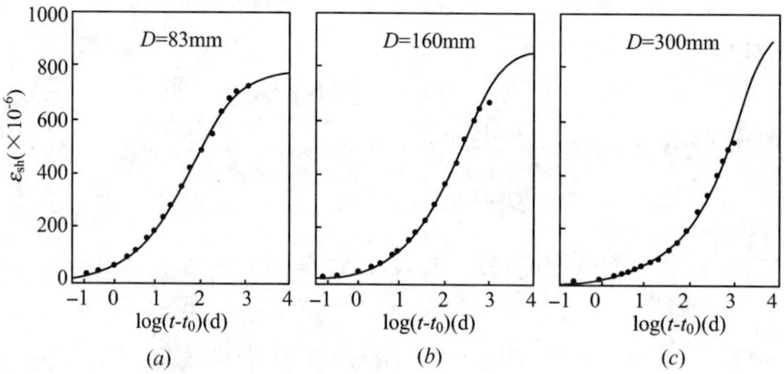

图 7-14 不同厚度构件的收缩曲线及与实测结果的比较

2）干徐变柔量

如果 $t\geqslant t_0'$，则：

$$C_d(t,t',t_0)=q_5\{\exp[-8H(t)]-\exp[-8H(t_0')]\}^{1/2} \tag{7-62a}$$

否则

$$C_d(t,t',t_0)=0 \tag{7-62b}$$

其中 $q_5=7.57\times10^5(f_c')^{-1}\left|\varepsilon_{sh,\infty}\right|^{-0.6}, H(t)=1-(1-RH)S(t)$

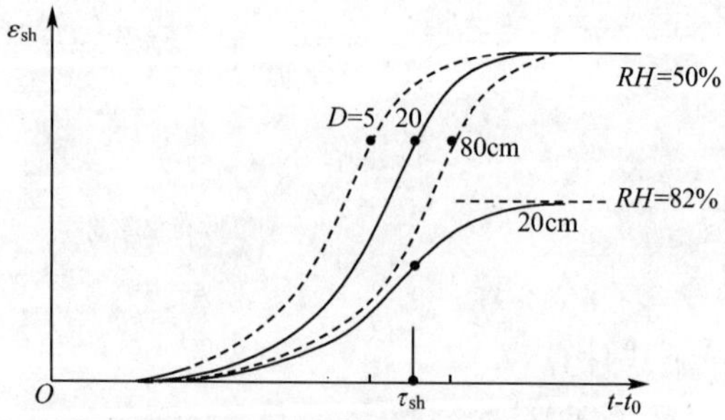

图 7-15 构件厚度和湿度对收缩曲线的影响

式中 $t_0'=\max(t',t_0)$。

对于不同相对环境湿度 RH 和不同的截面有效厚度 D，图 7-15 对收缩应变 ε_{sh} 和干燥引起的附加徐变进行了比较。改变 RH 引起收缩曲线(或干徐变曲线)的竖向缩放，而改变厚度引起对数时间坐标下曲线的平移。图 7-16 示出了根据 B3 模型确定的基本徐变、收缩和干徐变的典型曲线。

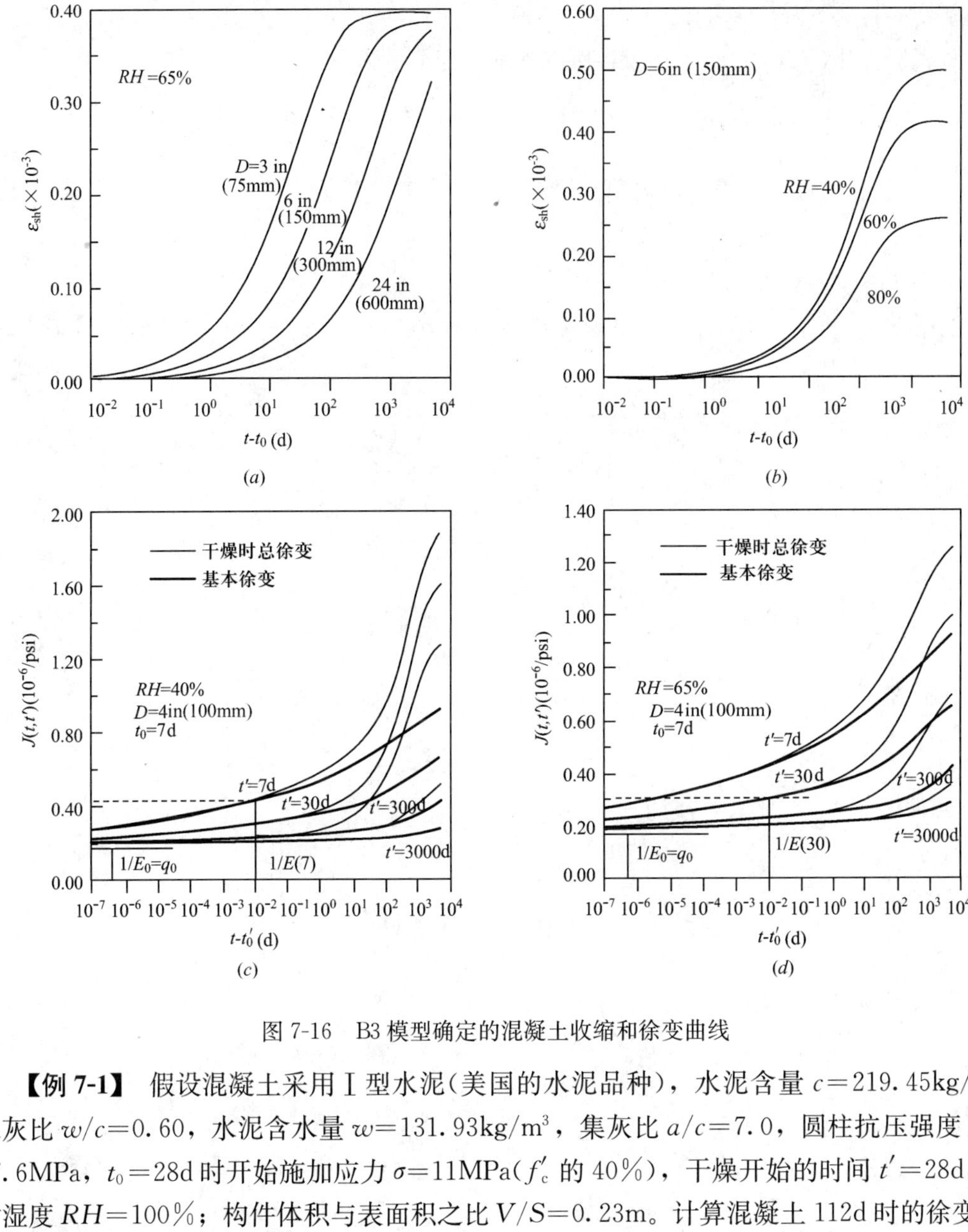

图 7-16 B3 模型确定的混凝土收缩和徐变曲线

【例 7-1】 假设混凝土采用Ⅰ型水泥(美国的水泥品种)，水泥含量 $c=219.45\text{kg/m}^3$，水灰比 $w/c=0.60$，水泥含水量 $w=131.93\text{kg/m}^3$，集灰比 $a/c=7.0$，圆柱抗压强度 $f'_c=27.6\text{MPa}$，$t_0=28\text{d}$ 时开始施加应力 $\sigma=11\text{MPa}$(f'_c 的 40%)，干燥开始的时间 $t'=28\text{d}$，相对湿度 $RH=100\%$；构件体积与表面积之比 $V/S=0.23\text{m}$。计算混凝土 112d 时的徐变。

【解】 (1)基本徐变柔量

$$E(28)=4734\sqrt{f'_c}=4734\times\sqrt{27.6}=24870.4\text{MPa}$$

$$q_1=\frac{0.6\times10^6}{E(28)}=\frac{0.6\times10^6}{24870.4}=24.125$$

$$q_2=185.4c^{0.5}(f'_c)^{-0.9}=185.4\times219.45^{0.5}\times27.6^{-0.9}=138.63$$

$$q_3=0.29(w/c)^4q_2=0.29\times0.6^4\times138.63=5.21$$

$$q_4 = 20.3(a/c)^{-0.7} = 20.3 \times 7.0^{-0.7} = 5.2$$

$$r(t_0) = 1.7(t_0)^{0.12} + 8 = 1.7 \times 28^{0.12} + 8 = 10.5358$$

由表 7-3 得 $Q(t, t_0)=0.1681$，所以基本徐变柔量为：

$$\begin{aligned} C_0(t,t_0) &= q_2 Q(t,t_0) + q_3 \ln\left[1+(t-t_0)^{0.1}\right] + q_4 \ln\left(\frac{t}{t_0}\right) \\ &= 138.63 \times 0.1681 + 5.21 \times \ln\left[1+(112-28)^{0.1}\right] + 5.2 \times \ln\left(\frac{112}{28}\right) \\ &= 35.41 \end{aligned}$$

(2) 干徐变柔量

对于Ⅰ型水泥，$\alpha_1=1.0$；相对湿度 $RH=100\%$时，$\alpha_2=1.0$；按无限大板考虑，$k_s=1.0$。所以

$$\begin{aligned} \varepsilon_{s,\infty} &= -\alpha_1\alpha_2\left[19\times10^{-2} w^{2.1}(f'_c)^{-0.28}+270\right]\times10^{-6} \\ &= -1.0\times1.0\times(19\times10^{-2}\times131.93^{2.1}\times27.6^{-0.28}+270)\times10^{-6} \\ &= -0.0139 \end{aligned}$$

$$k_t = 8.5(t')^{-0.08}(f'_c)^{-1/4} = 2.841, D = 2\frac{V}{S} = 2\times0.23 = 0.46$$

$$\tau_{sh} = k_t(k_s D)^2 = 2.841\times(1.0\times0.46)^2 = 0.601$$

$$\varepsilon_{sh,\infty} = \varepsilon_{s,\infty}\frac{E(607)}{E(t_0+\tau_{sh})} = -0.0139\times\frac{\sqrt{\dfrac{607}{4+0.85\times607}}}{\sqrt{\dfrac{28.601}{4+0.85\times28.601}}} = -0.015$$

$$S(t) = \tanh\sqrt{\frac{t-t'}{\tau_{sh}}} = 1.0, S(t') = \tanh\sqrt{\frac{t'-t_0}{\tau_{sh}}} = 0.0$$

$$H(t) = 1-(1-RH)S(t) = 1-(1-1)\times1.0 = 1.0$$

$$H(t') = 1-(1-RH)S(t') = 1-(1-1)\times0.0 = 1.0$$

$$q_5 = 7.57\times10^5(f'_c)^{-1}\left|\varepsilon_{sh,\infty}\right|^{-0.6} = 3.41\times10^5$$

所以干徐变柔量为：

$$\begin{aligned} C_d(t,t',t_0) &= q_5\left\{\exp\left[-8H(t)\right]-\exp\left[-8H(t'_0)\right]\right\}^{1/2} \\ &= 3.41\times10^5\times\left[\exp(-8.0)-\exp(-8.0)\right]^{1/2} = 0.0 \end{aligned}$$

(3) 徐变应变

$$J(t,t_0) = q_1 + C_0(t,t_0) + C_d(t,t',t_0) = 24.125+35.41+0.0 = 59.535$$

$$\varepsilon_{cr} = J(t,t_0)\sigma = 59.535\times11\times10^{-6} = 654.89\times10^{-6}$$

2. 对数双幂法则

对数双幂法则是 B3 模型的简化形式，基本徐变柔量函数表示为：

$$J(t,t_0) = \frac{1}{E_0} + q_s \ln\left\{1+\psi\left[(t_0)^{-m}+\alpha\right](t-t_0)^n\right\} + C_d(t,t',t_0) \tag{7-63}$$

式中 t、t_0——当前时间和加载龄期，d，$t\geqslant t_0$；

α、ψ——参数，$\alpha=0.001$，$\psi=0.3$；

E_0——初始弹性模量，近似按 $E_0=E(28)/0.6$ 计算；

$E(28)$——混凝土 28d 时的弹性模量；

$$q_s = 11.4/E(28);$$

m，n——参数，同式(7-56)；

$C_d(t, t', t_0)$——考虑干徐变和干缩耦合的柔量。

对于截面平均徐变，$C_d(t,t',t_0)$可用下式估算[9]：

$$C_d(t,t',t_0) = q_5\left[e^{-g(t-t_0)} - e^{-g(t'-t_0)}\right]^{1/2} \tag{7-64}$$

其中 $$q_5 = \frac{0.0006}{f'_c}, g(t) = 3\left[1-(1-RH)S(t)\right]$$

式中 RH——相对湿度，%；

$S(t)$——收缩形状函数，同式(7-60)。

干徐变与收缩有一定的相似性，但不同于徐变。它通过收缩形状函数 $S(t)$依赖于湿度和截面厚度。式(7-63)适用于 $t_0 \leqslant t' \leqslant t$。即使 $t_0 > t'$，公式也可作为一个近似公式(仅对于长时间)使用，这时必须用 t'代替 t_0。

另外，需要说明的是，对于不同的时间 t_0，徐变曲线的一个基本特征是随着 t 的增加彼此之间逐渐相互靠近$\left(\text{即}\dfrac{\partial^2 J(t,\ t_0)}{\partial t\,\partial t_0} \geqslant 0\right)$，这一特征称为徐变曲线的不发散性，前面式(7-55)表示的 B3 模型满足这一条件，但是简化形式(7-63)不完全满足。当在叠加原理中使用徐变曲线发散的徐变公式计算卸载后的徐变恢复时，恢复曲线不是单调的。从热力学原理讲，这是不合理的，用计算机求解时可能不收敛。因此，简化的模型不适于大规模的计算机分析，在这种情况下只能采用式(7-55)表示的完全 B3 模型。

3. Tadros 模型[10]

(1) 徐变系数

$$\varphi(t,t_0) = 1.90\gamma_{cr} \tag{7-65}$$

其中 $$\gamma_{cr} = k_{td}k_{la}k_s k_{hc}k_f, k_{td} = \frac{t}{61-4f'_c(t_0)+t}, k_{la} = t_0^{-0.118}, k_{hc} = 1.56 - 0.008H$$

$$k_s = \frac{1064-94\,V/S}{735}, k_f = \frac{5}{1+f'_c}$$

式中 $f'_c(t_0)$——施加荷载时混凝土的抗压强度；

t_0——加载龄期，d；

H——相对湿度，%；

V/S——体表比，in；

f'_c——混凝土 28d 时的圆柱体抗压强度。

(2) 收缩应变

$$\varepsilon_{sh} = 480 \times 10^{-6}\gamma_{sh} \tag{7-66}$$

其中 $$\gamma_{sh} = k_{td}k_s k_{hs}k_f, k_{hs} = 2.00 - 0.0143H$$

4. GL 模型[11]

(1) 总应变

$$\varepsilon(t) = \varepsilon_{sh} + \frac{\sigma}{E_{cmt0}}\left[1 + C(t,t_0)\right] \tag{7-67}$$

如果通过试验确定了弹性模量 E_{028} 和 E_{cmt0}，则可用下式计算：

$$\varepsilon(t) = \varepsilon_{sh} + \sigma\left[\frac{1}{E_{cmt0,\text{试验}}} + \frac{C(t,t_0)}{E_{cmt0,\text{平均}}}\right] \tag{7-68}$$

（2）收缩应变

$$\varepsilon_{sh}=\varepsilon_{shu}\alpha(h)\beta(t) \tag{7-69}$$

其中

$$\varepsilon_{shu}=857K\left(\frac{f_{cm28}}{f_{cmtc}}\right)^{1/2}\left(\frac{4000}{f_{cm28}}\right)^{1/2}\times10^{-6},\alpha(h)=\begin{cases}1-1.18h^4 & h<0.96\\0.0 & \text{密封时 } h=0.96\end{cases}$$

$$\beta(t)=\frac{7.27+\ln(t-t_c)}{17.18}\times\frac{t-t_c}{t-t_c+9.7(V/S)^2}$$

式中 ε_{sh}——收缩应变，in/in；

ε_{shu}——收缩应变终极值，in/in；

K——水泥品种对收缩影响的修正系数，按表 7-4 取值；

f_{cm28}——混凝土 28d 抗压强度平均值，psi，按下式计算：

$$f_{cm28}=f_{ck28}+1200 \tag{7-70}$$

f_{ck28}——混凝土 28d 抗压强度特征值，psi；

f_{cmtc}——混凝土开始收缩时的平均抗压强度，psi，按下式计算：

$$f_{cmtc}=f_{cm28}\frac{t_c^{3/4}}{a+bt_c^{3/4}} \tag{7-71}$$

h——相对湿度，%；

t_c——混凝土开始收缩时的龄期，d；

a、b——按表 7-4 取值的系数；

$\alpha(h)$——考虑湿度对收缩影响的系数；

$\beta(t)$——考虑时间对收缩影响的系数；

V/S——构件体积与表面积之比。

与水泥品种有关的参数 a、b 和 K **表 7-4**

水泥品种	a	b	K
Ⅰ	2.8	0.77	1.0
Ⅱ	3.4	0.72	0.7
Ⅲ	1.0	0.92	1.33

（3）徐变度

$$C(t,t_0)=\varphi(t)\phi(t_c)\sqrt{\frac{f_{cm28}}{f_{cmt0}}}\left[1.5+2.86\sqrt{\frac{4000}{f_{cmt0}}}\times\frac{(1-1.086h^2)(t-t_0)}{t-t_0+32(V/S)^2}\right] \tag{7-72}$$

其中 $$\varphi(t)=\frac{7.27+\ln(t-t_0)}{17.18},\phi(t_c)=\begin{cases}1-\sqrt{\dfrac{\varepsilon_{sh}(t_0-t_c)}{\varepsilon_{sh}(20000-t_c)}} & t_0>t_c\\1 & t_0=t_c\end{cases}$$

式中 $\phi(t_c)$——加载前考虑干燥影响的系数；

f_{cmt0}——加载时混凝土的平均抗压强度，psi，按下式计算：

$$f_{cmt0} = f_{cm28}\frac{t_0^{3/4}}{a + bt_0^{3/4}}$$

t_0——开始加载时的龄期，d。

(4) 弹性模量的计算

加载时混凝土的平均弹性模量 E_{cmt0} 按下式计算：

$$E_{cmt0} = 500000 + 52000\sqrt{f_{cmt0}} \quad (\text{psi}) \tag{7-73}$$

5. Hansen 模型[12]

Hansen 提出的计算混凝土徐变的模型为：

$$\frac{C}{\sigma} = \frac{B(0.31h_K + w/c)V_1}{(NK_1 + 0.31)h_K}(1 - e^{-mt}) + \alpha\frac{w}{c}V_{cp}\log\left(\frac{t+t'}{t'}\right) \tag{7-74}$$

其中

$$\alpha = 5.7\times10^{-7}, B = 1.6\times10^{-6}, m = 0.33$$

$$N = 0.75(1 + 4t'), V_{cp} = \frac{1}{27}\left(\frac{w_{cm}}{\rho_{cm}\rho_w} + \frac{w_c}{\rho_w}\right)$$

式中　C——徐变值；

σ——施加的应力；

w/c——重量水灰比；

V_{cp}——水泥含气量；

w_{cm}、ρ_{cm}——水泥的质量和密度；

w_c、ρ_w——水的质量和密度；

h_K——加载时水泥的水化度；

K_1——蒸发水的质量与全部水化水泥的质量之比；

t'——加载龄期；

t——荷载持续时间。

7.3.2 规范中的方法

上面是一些研究者提出的徐变、收缩计算方法，下面是不同国家混凝土设计规范采用的方法。

1. 我国《混凝土结构设计规范》(GB 50010—2002)

我国《混凝土结构设计规范》(GB 50010—2002)[13]没有给出计算混凝土徐变和收缩应变的公式，而是给出了不同加载龄期时徐变终极值和收缩终极值的表格，供设计查用，如表 7-5 和表 7-6 所示。

徐变系数终极值 φ_∞ (10^{-4})　　**表 7-5**

加载龄期(d)		3	7	10	14	28	≥60
理论厚度 $\frac{2A}{u}$ (mm)	100	3.0	2.6	2.4	2.2	1.8	1.4
	200	2.5	2.2	2.1	1.9	1.5	1.2
	300	2.3	2.0	1.9	1.7	1.4	1.1
	≥600	2.0	1.8	1.7	1.5	1.2	1.0

收缩应变终极值 $\varepsilon_{\infty}(10^{-4})$ 表 7-6

加载龄期(d)		3	7	10	14	28	≥60
理论厚度 $\frac{2A}{u}$ (mm)	100	2.50	2.30	2.17	2.00	1.70	1.40
	200	2.00	1.90	1.86	1.80	1.60	1.40
	300	1.70	1.60	1.60	1.60	1.50	1.30
	≥600	1.10	1.10	1.10	1.10	1.10	1.00

2. 我国《公路钢筋混凝土及预应力混凝土桥涵设计规范》(JTG D 62—2004)

(1) 徐变

根据对大量试验资料的观察，我国《公路钢筋混凝土及预应力混凝土桥涵设计规范》(JTG D62—2004)[14]给出的徐变系数计算公式为：

$$\phi(t,t_0)=\phi_0\beta_c(t-t_0) \tag{7-75}$$

其中 $\phi_0=\phi_{RH}\beta(f_{cm})\beta(t_0),\phi_{RH}=1+\dfrac{1-RH/RH_0}{0.46(h/h_0)^{1/3}},\beta(f_{cm})=\dfrac{5.3}{(f_{cm}/f_{cm0})^{0.5}}$

$$\beta(t_0)=\frac{1}{0.1+(t_0/t_1)^{0.2}},\beta_c(t-t_0)=\left[\frac{(t-t_0)/t_1}{\beta_H+(t-t_0)/t_1}\right]^{0.3}$$

$$\beta_H=150\left[1+\left(1.2\frac{RH}{RH_0}\right)^{18}\right]\frac{h}{h_0}+250\leqslant 1500$$

式中 t_0——加载时的混凝土龄期，d；

t——计算考虑时刻的混凝土龄期，d；

$\phi(t,\ t_0)$——加载龄期为 t_0，计算考虑龄期为 t 时的混凝土徐变系数；

ϕ_0——名义徐变系数，按表 7-7 采用；

β_c——加载后徐变随时间发展的系数。

名义徐变系数 ϕ_0 表 7-7

加载龄期(d)	40%≤RH<70% 理论厚度 h(mm)				70%≤RH<99% 理论厚度 h(mm)			
	100	200	300	≥600	100	200	300	≥600
3	3.90	3.50	3.31	3.03	2.83	2.65	2.56	2.44
7	3.33	3.00	2.82	2.59	2.41	2.26	2.19	2.08
14	2.92	2.62	2.48	2.27	2.12	1.99	1.92	1.83
28	2.56	2.30	2.17	1.99	1.86	1.74	1.69	1.60
60	2.21	1.99	1.88	1.72	1.61	1.51	1.46	1.39

续表

加载龄期(d)	40%≤RH<70% 理论厚度 h(mm)				70%≤RH<99% 理论厚度 h(mm)			
	100	200	300	≥600	100	200	300	≥600
90	2.05	1.84	1.74	1.59	1.49	1.39	1.35	1.28

注：1. 本表适用于一般硅酸盐类水泥或快硬水泥配置而成的混凝土；

2. 本表适用于季节性变化的平均温度－20℃～＋40℃；

3. 本表数值系按 C40 混凝土计算所得，对强度等级 C50 及以上混凝土，表列数值应乘以 $\sqrt{32.4/f_{ck}}$；

4. 计算时，表中年平均相对湿度 40%≤RH<70%取 RH=55%；70%≤RH<99%取 RH=80%；

5. 构件的实际理论厚度和加载龄期为表列中间值时，混凝土名义徐变系数可按线性内插法求得。

(2) 收缩

我国《公路钢筋混凝土及预应力混凝土桥涵设计规范》(JTG D62—2004)[14]给出的收缩应变计算公式为：

$$\varepsilon_{cs}(t,t_s)=\varepsilon_{cs0}\beta_s(t-t_s) \tag{7-76}$$

其中
$$\varepsilon_{cs0}=\varepsilon_s(f_{cm})\beta_{RH},\varepsilon_s(f_{cm})=\left[160+10\beta_{sc}\left(9-\frac{f_{cm}}{f_{cm0}}\right)\right]\times10^{-6}$$

$$f_{cm}=0.8f_{cu,k}+8\text{MPa}$$

$$\beta_{RH}=1.55\left[1-\left(\frac{RH}{RH_0}\right)^3\right],\beta_s(t-t_s)=\left[\frac{(t-t_s)/t_1}{350(h/h_0)^2+(t-t_s)/t_1}\right]^{0.5}$$

式中　t——计算考虑时刻的混凝土龄期，d；

t_s——收缩开始时的混凝土龄期，d，可假定为 3～7d；

$\varepsilon_{cs}(t,\ t_s)$——收缩开始时的龄期为 t_s，计算考虑的龄期为 t 时的收缩应变；

ε_{cs0}——名义收缩系数，按表 7-8 数值采用；

β_s——收缩随时间发展的系数；

f_{cm}——强度等级 C20～C50 混凝土在 28d 龄期时的平均立方体抗压强度，MPa；

β_{RH}——与年平均相对湿度相关的系数，适用于 40%≤RH<90%；

RH——环境年平均相对湿度，%；

β_{sc}——依水泥品种而定的系数，对一般的硅酸盐水泥或快硬水泥，β_{sc}=5.0；

h——构件理论厚度(mm)，$h=2A/u$，A 为构件截面面积，u 为构件与大气接触的周边长度；

RH_0=100%；h=100mm；t_1=1d；f_{cm0}=10MPa。

混凝土的名义收缩系数 ε_{cs0}　　**表 7-8**

40%≤RH<70%	70%≤RH<99%
0.529×10^{-3}	0.310×10^{-3}

注：1. 本表适用于一般硅酸盐类水泥或快硬水泥配置而成的混凝土；

2. 本表适用于季节性变化的平均温度－20℃～＋40℃；

3. 本表数值系按 C40 混凝土计算所得，对强度等级 C50 及以上混凝土，表列数值应乘以 $\sqrt{32.4/f_{ck}}$；

4. 计算时，表中年平均相对湿度 40%≤RH<70%，取 RH=55%；70%≤RH<99%，取 RH=80%。

3. 美国《荷载与抗力系数桥梁设计规范》(AASHTO—LRFD 2007)模型

AASHTO—LRFD 2007[15]是美国州公路与运输官员协会抗力与荷载系数规范的第 4 版，前三版采用的徐变和收缩计算公式比较复杂，第 4 版采用了 Tadro 模型的计算公式，将英制单位变换为国际单位制，并针对桥梁的特点做了一些规定。

(1) 徐变系数

$$\psi(t,t_i)=1.9k_s k_{hc} k_f k_{td} t_i^{-0.118} \tag{7-77}$$

其中
$$k_s=1.45-0.0051\frac{V}{S}\geqslant 1.0,k_{hc}=1.56-0.008H$$

$$k_f=\frac{35}{7+f'_{ci}},k_{td}=\frac{t}{61-0.58f'_{ci}+t}$$

式中 H——相对湿度，%；

k_s——构件的体表比影响系数；

k_f——混凝土强度影响系数；

k_{hc}——徐变湿度系数；

k_{td}——时间发展系数；

t——混凝土的成熟期，定义为从计算徐变的加载时间或计算收缩养护结束的时间到所考虑收缩或徐变分析的时间，d；

t_i——加载时混凝土龄期，d；

V/S——体表比，mm；

f'_{ci}——对预应力构件施加预应力和非预应力构件初始加载时，规定的混凝土抗压强度。若设计时未知加载时混凝土的龄期，取 $0.8f'_c$(MPa)。

计算 V/S 的表面面积时只包括暴露于大气干燥环境的部分。对于通风条件差的封闭箱，计算表面积时按50%的内边周长考虑。对于面层现浇的装配式构件，按整个预制面考虑。对于腹板平均厚度为 150～200mm 的先张拉构件（Ⅰ形梁、T 形梁和箱梁)，k_s 值可取 1.00。

(2) 收缩

对于湿养护且使用无收缩倾向集料的混凝土，t 时刻收缩产生的应变为

$$\varepsilon_{sh}=k_s k_{hs} k_f k_{td} 0.48\times 10^{-3} \tag{7-78}$$

其中
$$k_{hs}=2.00-0.014H$$

式中 k_{hs}——收缩湿度影响系数。

其余参数的定义见式(7-77)。

如果混凝土养护 5d 后风干，则将按式(7-78)确定的收缩增加 20%。

4. ACI 209 R—92 模型

ACI 209 R—92[1]模型是美国混凝土协会 209 委员会 R—92 报告提出的模型。

(1) 徐变

ACI 209 R—92 报告给出的预测混凝土任一时刻徐变的公式为：

$$v_t = \frac{t^{\psi}}{d + t^{\psi}} v_u \tag{7-79}$$

式中　d——常数，以天(d)计；

ψ——参数，对于给定的构件形状和尺寸，为常数；

v_u——终极徐变系数，为终极徐变应变与初始应变之比；

t——加载龄期，d。

ACI 209R—92 规定，ψ、d 和 v_u 的取值应根据 ASTM C 512 的要求进行试验确定，一般 $\psi=0.40\sim0.80$，$d=6\sim30\text{d}$，$v_u=1.30\sim4.15$。

ACI 209R—92 推荐采用下式计算混凝土湿养护 7d、蒸汽养护 1～3d、加载龄期为 7d 的徐变系数：

$$v_t = \frac{t^{0.60}}{10 + t^{0.60}} v_u \tag{7-80}$$

在缺少徐变数据的情况下，建议平均终极值 v_u 按下式计算：

$$v_u = 2.35\gamma_c \tag{7-81}$$

式中　γ_c——修正系数的乘积。

1）加载龄期修正系数 γ_{la}

对于 7d(湿养护)和 1～3d(蒸汽养护)后加载的混凝土，徐变修正系数分别按下列公式计算：

$$\gamma_{la} = \begin{cases} 1.25(t_{la})^{-0.118} & \text{湿养护} \\ 1.13(t_{la})^{-0.094} & \text{蒸汽养护} \end{cases} \tag{7-82}$$

式中　t_{la}——加载龄期，d。

2）环境相对湿度的徐变修正系数 γ_{λ}

如果环境相对湿度大于 40%，则按下式计算徐变修正系数：

$$\gamma_{\lambda} = 1.27 - 0.0067\lambda \tag{7-83}$$

式中　λ——相对湿度，%。

3）构件尺寸效应的徐变修正系数

可用两种方法计算构件尺寸对 v_u 的影响：平均厚度方法和体表比方法，且这两种方法中的修正系数均不能小于 0.2。平均厚度方法计算的修正系数值比体表比法计算的值大。

① 平均厚度法

如果构件平均厚度小于 6in(150mm)，则采用表 7-9 中的系数。对于小尺寸构件，这些系数与 CEB 的取值一致。如果平均厚度大于 6in(150mm)且达到 12～15in(300～380mm)，则按下列公式计算修正系数：

$$\gamma_h = \begin{cases} 1.14 - 0.023h & \text{加载第 1 年内} \\ 1.10 - 0.017h & \text{终极值} \end{cases} \tag{7-84}$$

式中　h——构件所考虑部分的平均厚度，in。

构件平均厚度的徐变修正系数 表 7-9

构件平均厚度	in	2	3	4	5	6	8	10	12	15
	mm	50	75	105	125	150	205	255	305	380
徐变修正系数 γ_h	≤1a	1.30	1.17	1.11	1.04	1.00	0.96	0.91	0.86	0.80
	极限值	1.30	1.17	1.11	1.04	1.00	0.96	0.93	0.90	0.85

② 体表比法

$$\gamma_{v/s}=\frac{2}{3}\left[1+1.13\exp\left(-0.54\frac{v}{s}\right)\right] \tag{7-85}$$

式中 v/s——构件的体表比，in。

4) 考虑混凝土组成的修正系数计算

当混凝土坍落度小于 5in(130mm)、细骨料含量占 40%～60%、水泥含量为 470～750 lbs/yd^3(279～445kg/m^3)且含气量小于 8%时，这些修正系数近似等于 1.0。

这些修正系数仅与终极平均值 $v_u=2.35$ 一起使用。

采用混凝土组成修正系数的主要缺点是，在设计期间不知混凝土拌合物的特性，只能进行估计。因为这些修正系数一般不多，且彼此容易相互抵消，所以在设计过程中常常可以忽略。

① 坍落度修正系数

$$\gamma_s=0.82+0.067s \tag{7-86}$$

式中 s——观测到的坍落度，in。

② 细骨料含量修正系数

$$\gamma_\psi=0.88+0.0024\psi \tag{7-87}$$

式中 ψ——细骨料与全部骨料的质量比，%。

③ 含气量修正系数

$$\gamma_\alpha=0.46+0.09\alpha\geqslant 1.0 \tag{7-88}$$

式中 α——含气量(%)。

(2) 收缩

ACI 209 R—92 报告给出的预测混凝土任一时刻收缩的公式为：

$$(\varepsilon_{sh})_t=\frac{t^\alpha}{f+t^\alpha}(\varepsilon_{sh})_u \tag{7-89}$$

式中 f——常数，以天(d)计；

α——对于给定的构件形状和尺寸，为常数；

$(\varepsilon_{sh})_u$——终极收缩应变；

t——从初期养护结束时开始计算的时间，d。

ACI 209R—92 规定，α、f 和 $(\varepsilon_{sh})_u$ 可根据 ASTM C 512 的要求通过试验确定，一般 $\alpha=0.90$～1.10，$f=20$～130d，$(\varepsilon_{sh})_u=415\times10^{-6}$～$1070\times10^{-6}$ in/in (m/m)。

ACI 209R—92 推荐用下式计算混凝土湿养护 7d 后的无约束收缩应变：

$$(\varepsilon_{sh})_t=\frac{t}{35+t}(\varepsilon_{sh})_u \tag{7-90}$$

推荐用下式计算混凝土蒸汽养护 1～3d 后的无约束收缩应变：

$$(\varepsilon_{sh})_t = \frac{t}{55+t}(\varepsilon_{sh})_u \tag{7-91}$$

式中　t——从初期湿养护结束时开始计算的时间，d。

在缺少收缩数据的情况下，建议平均极限值$(\varepsilon_{sh})_u$按下式计算：

$$(\varepsilon_{sh})_u = 780\gamma_{sh} \times 10^{-6}\text{in/in(m/m)} \tag{7-92}$$

式中　γ_{sh}——表示修正系数的乘积。

1）初期湿养护的收缩修正系数

初期湿养护的收缩修正系数 γ_{cp} 如表 7-10 所示，中间按线性内差法取值。

初期湿养护的收缩修正系数 γ_{cp}　　**表 7-10**

湿养护时间(d)	1	3	7	14	28	90
收缩修正系数 γ_{cp}	1.2	1.1	1.0	0.93	0.86	0.75

2）环境相对湿度的收缩修正系数

如果环境相对湿度大于 40%，则按下式计算收缩修正系数：

$$\gamma_\lambda = \begin{cases} 1.40-0.010\lambda & 40 \leqslant \lambda \leqslant 80 \\ 3.00-0.030\lambda & 80 < \lambda \leqslant 100 \end{cases} \tag{7-93}$$

式中　λ——相对湿度，%。

相对湿度为 $\lambda=40\%$时，建议采用的平均极限值为$(\varepsilon_{sh})_u=780\times10^{-6}$in/in(m/m)。当 $\lambda=70\%$，则$(\varepsilon_{sh})_u=0.70\times(780\times10^{-6})=546\times10^{-6}$in/in(m/m)。当环境相对湿度低于 40%时，收缩系数 γ_λ 将大于 1.0。

3）构件尺寸效应修正系数

可用两种方法计算构件尺寸对$(\varepsilon_{sh})_u$的影响：平均厚度方法和体表比方法。平均厚度方法计算的修正系数值比体表比法计算的值大。

① 平均厚度法

如果构件平均厚度小于 6in(150mm)，则采用表 7-11 中的系数。对于小尺寸构件，这些系数与 CEB 的取值一致。如果平均厚度大于 6in(150mm)且达到 12～15in(300～380mm)，则按下列公式计算修正系数：

$$\gamma_h = \begin{cases} 1.23-0.038h & \text{第 1 年内} \\ 1.17-0.029h & \text{终极值} \end{cases} \tag{7-94}$$

式中　h——构件所考虑部分的平均厚度，in。

构件平均厚度的收缩修正系数　　**表 7-11**

构件平均厚度	in	2	3	4	5	6	8	10	12	15
	mm	51	76	104	127	152	203	254	305	381
收缩修正系数 γ_h	≤1a	1.35	1.25	1.17	1.08	1.00	0.93	0.85	0.77	0.66
	极限值	1.35	1.25	1.17	1.08	1.00	0.94	0.88	0.82	0.74

② 体表比法

$$\gamma_{v/s} = 1.2\exp\left(-0.12\frac{v}{s}\right) \tag{7-95}$$

式中 v/s——构件体表比，in。

这两种方法中，γ_{sh}均不能小于0.2。如果混凝土处于季节性的干湿交替环境中，则应满足$\gamma_{sh}(\varepsilon_{sh})_u \geqslant 100\times10^{-6}$in/in(m/m)，如果混凝土处于持续的干燥环境中，则应满足$\gamma_{sh}(\varepsilon_{sh})_u \geqslant 150\times10^{-6}$in/in(m/m)。

4）考虑混凝土组成的修正系数计算

当混凝土坍落度小于5in(125mm)、细骨料含量占40%～60%、水泥含量为470～750 lbs/yd^3(279～445kg/m^3)且含气量小于8%时，这些修正系数近似等于1.0。

这些修正系数仅与极限平均值$(\varepsilon_{sh})_u = 780\times10^{-6}$in/in(m/m)一并使用。

① 坍落度修正系数

$$\gamma_s = 0.89 + 0.041s \tag{7-96}$$

式中 s——观测到的坍落度，in。

② 细骨料含量修正系数

$$\gamma_\psi = \begin{cases} 0.30 + 0.014\psi & \psi \leqslant 50\% \\ 0.90 + 0.002\psi & \psi > 50\% \end{cases} \tag{7-97}$$

式中 ψ——细骨料与全部骨料的重量比，%。

③ 水泥含量修正系数

$$\gamma_c = 0.75 + 0.00061c \tag{7-98}$$

式中 c——水泥含量，kg/m^3。

④ 含气量修正系数

$$\gamma_\alpha = 0.95 + 0.008\alpha \tag{7-99}$$

式中 α——含气量，%。

Huo等2001年对ACI 209—92的徐变和收缩公式进行了改进[16]。对于徐变给出下面的公式：

$$v_t = \frac{t^{0.6}}{K_c + t^{0.6}} v_u \tag{7-100}$$

其中
$$K_c = 12 - 0.5 f'_c$$

式中 f'_c——混凝土抗压强度，ksi。

对于收缩给出下面的公式：

$$(\varepsilon_{sh})_t = \frac{t}{K_s + t} (\varepsilon_{sh})_u \tag{7-101}$$

其中
$$K_s = 45 - 2.5 f'_c$$

5. CEB—MC 90模型

在CEB—MC 90模型中[17]，混凝土的总应变按下式计算：

$$\varepsilon(t) = \varepsilon_{cs}(t - t_s) + J(t, t_0)\sigma \tag{7-102}$$

式中 σ——持续应力。

(1) 徐变柔量函数

$$J(t,t_0)=\frac{\varphi(t,t_0)}{E_c}+\frac{1}{E_c(t_0)} \tag{7-103}$$

其中 $$\varphi(t,t_0)=\varphi_0\beta_c(t-t_0),\varphi_0=\varphi_{RH}\beta(f_{cm})\beta(t_0),\varphi_{RH}=1+\frac{1-RH/100}{0.46(h_0/4)^{1/3}}$$

$$\beta(f_{cm})=5.3\sqrt{\frac{10}{f_{cm}}},\beta_c(t-t_0)=\left[\frac{(t-t_0)/t_1}{\beta_H+(t-t_0)/t_1}\right]^{0.3},\beta(t_0)=\frac{1}{0.1+(t_0/t_1)^{0.2}}$$

$$\beta_H=150[1+(0.012RH)^{18}]\left(\frac{h_0}{100}\right)+250\leqslant1500,t_1=1\text{d};$$

$$E_c=E_{c0}\left(\frac{f_{cm}}{10}\right)^{1/3},E_c(t_0)=E_c\exp\left[0.5s\left(1-\sqrt{\frac{28}{t_0}}\right)\right]$$

式中 t——浇筑后混凝土的龄期，d；

t_0——加载龄期，d；

RH——周围环境相对湿度，%；

h_0——构件名义尺寸，$h_0=\frac{2A_c}{u}$，mm；

A_c——构件截面面积；

u——构件与大气接触的周长；

s——水泥品种影响系数，按下式取值：

$$s=\begin{cases}0.38 & \text{慢硬水泥}\\0.25 & \text{普通水泥}\\0.2 & \text{快硬水泥}\end{cases}$$

f_{cm}——混凝土 28d 抗压强度平均值。

（2）收缩应变

$$\varepsilon_{cs}(t,t_s)=\varepsilon_{cs0}\beta_s(t-t_s) \tag{7-104}$$

其中 $$\varepsilon_{cs0}=\varepsilon_s(f_{cm})\beta_{RH},\varepsilon_s(f_{cm})=\left[160+10\beta_{sc}\left(9-\frac{f_{cm}}{10}\right)\right]\times10^{-6}$$

$$\beta_{RH}=\begin{cases}-1.55\left[1-\left(\frac{RH}{100}\right)^3\right] & 40\%<RH<99\%\\0.25 & RH\geqslant99\%\end{cases}$$

$$\beta_s(t-t_s)=\sqrt{\frac{(t-t_s)/t_1}{350\left(\frac{h_0}{100}\right)^2+(t-t_0)/t_1}}$$

式中 β_{sc}——水泥品种影响系数，按下式取值：

$$\beta_{sc}=\begin{cases}4 & \text{慢硬水泥}\\5 & \text{普通水泥}\\8 & \text{快硬水泥}\end{cases}$$

6. 欧洲规范《混凝土结构设计》(EN 1992—1—1：2004)[18]

（1）徐变系数

$$\varphi(t,t_0)=\varphi_0\beta_c(t,t_0) \tag{7-105}$$

其中 $$\varphi_0=\varphi_{RH}\beta(f_{cm})\beta(t_0),\beta_c(t-t_0)=\left(\frac{t-t_0}{\beta_H+t-t_0}\right)^{0.3}$$

式中 φ_0——名义徐变系数；

φ_{RH}——考虑相对湿度对名义徐变系数影响的系数，按下式计算：

$$\varphi_{RH}=\begin{cases}1+\dfrac{1-RH/100}{0.1\times\sqrt[3]{h_0}} & f_{cm}\leqslant 35\text{MPa}\\ \left(1+\alpha_1\dfrac{1-RH/100}{0.1\times\sqrt[3]{h_0}}\right)\alpha_2 & f_{cm}>35\text{MPa}\end{cases}\tag{7-106}$$

RH——周围环境相对湿度，%；

$\beta(f_{cm})$——考虑混凝土强度对名义徐变系数影响的系数，按下式计算：

$$\beta(f_{cm})=\frac{16.8}{\sqrt{f_{cm}}}$$

f_{cm}——28d 龄期时混凝土的平均抗压强度，N/mm^2；

$\beta(t_0)$——考虑加载时混凝土龄期对名义徐变系数影响的系数，按下式计算：

$$\beta(t_0)=\frac{1}{0.1+t_0^{0.20}}$$

h_0——构件名义尺寸，$h_0=\dfrac{2A_c}{u}$，mm；

A_c——构件截面面积；

u——构件与大气接触的周长；

$\beta_c(t-t_0)$——描述构件加载后徐变随时间发展的系数；

t——所考虑时刻混凝土的龄期，d；

t_0——加载时混凝土的龄期，d；

$t-t_0$——未调整的加载持续时间，d；

β_H——取决于相对湿度（RH,%）和名义构件尺寸（h_0，mm）的系数，按下式计算：

$$\beta_H=\begin{cases}1.5\left[1+(0.012RH)^{18}\right]h_0+250\leqslant 1500 & f_{cm}\leqslant 35\text{MPa}\\ 1.5\left[1+(0.012RH)^{18}\right]h_0+250\alpha_3\leqslant 1500\alpha_3 & f_{cm}>35\text{MPa}\end{cases}$$

α_1、α_2、α_3——考虑混凝土强度影响的系数，按下式计算：

$$\alpha_1=\left(\frac{35}{f_{cm}}\right)^{0.7},\alpha_2=\left(\frac{35}{f_{cm}}\right)^{0.2},\alpha_3=\left(\frac{35}{f_{cm}}\right)^{0.5}$$

水泥品种对混凝土徐变系数的影响通过调整下式中的加载龄期 t_0 考虑：

$$t_0=t_{0,T}\left(\frac{9}{2+t_{0,T}^{1.2}}+1\right)^{\alpha}\geqslant 0.5\tag{7-107a}$$

式中 $t_{0,T}$——根据式(7-107b)调整的加载时混凝土的温度调整龄期，d；

α——取决于水泥品种的幂，按下式取值

$$\alpha=\begin{cases}-1, & \text{快硬水泥(S)；}\\ 0, & \text{普通或快硬水泥(N)；}\\ 1, & \text{快硬高强水泥(R)。}\end{cases}$$

根据下式通过调整混凝土龄期考虑温度变化（0～80℃）对混凝土成熟度的影响：

$$t_T=\sum_{i=1}^{n}e^{-\{4000/[273+T(\Delta t_i)]-13.65\}}\times\Delta t_i\tag{7-107b}$$

式中　t_T——混凝土的温度调整龄期，代替相应公式中的 t；

$T(\Delta t_i)$——在时间段 Δt_i 内的温度，℃；

Δt_i——温度为 T 的天数，d。

利用上面给出的 $\varphi(t, t_0)$ 计算混凝土结构徐变时，弹性模量应取切线模量 $E_{c(28)}=1.05E_{cm}$。

(2) 收缩

欧洲规范将混凝土总收缩应变分为两部分，干缩应变和自收缩应变。干缩应变因受水分从硬化混凝土迁移的影响，发展缓慢。自收缩应变在混凝土硬化过程中发展，所以是浇筑后早龄期收缩的主要部分。因此，总收缩应变 ε_{cs} 按下式计算：

$$\varepsilon_{cs} = \varepsilon_{cd} + \varepsilon_{ca} \tag{7-108}$$

式中　ε_{cd}——干缩应变；

ε_{ca}——自收缩应变。

1) 干缩应变

干缩应变终极值按下式计算：

$$\varepsilon_{cd,\infty} = k_h \varepsilon_{cd,0} \tag{7-109}$$

其中

$$\varepsilon_{cd,0} = 0.85\left[(220+110\alpha_{ds1})\exp\left(-\alpha_{ds2}\frac{f_{cm}}{f_{cm0}}\right)\right]\times 10^{-6}\beta_{RH}$$

$$\beta_{RH} = 1.55\left[1-\left(\frac{RH}{RH_0}\right)^3\right]$$

式中　$\varepsilon_{cd,0}$——混凝土基本干缩应变，按表 7-12 取值；

k_h——与构件尺寸有关的系数，按表 7-13 取值；

f_{cm}——混凝土抗压强度平均值，MPa；

$$f_{cm0}=10\text{MPa}$$

α_{ds1}、α_{ds2}——依赖于水泥品种的系数，按下式取值：

$$\alpha_{ds1}=\begin{cases}3，慢硬水泥(S)\\4，普通或快硬水泥(N)\\6，快硬高强水泥(R)\end{cases}，\alpha_{ds2}=\begin{cases}0.13，慢硬水泥(S)\\0.12，普通或快硬水泥(N)\\0.11，快硬高强水泥(R)\end{cases}$$

RH——周围环境相对湿度，%；

$RH_0=100\%$；

β_{RH}——相对湿度影响系数。

混凝土的名义无约束干缩值 $\varepsilon_{cd,0}$(‰)　　**表 7-12**

$f_{ck}/f_{ck,cube}$(MPa)	相对湿度(%)					
	20	40	60	80	90	100
20/25	0.64	0.60	0.50	0.31	0.17	0
40/50	0.51	0.48	0.40	0.25	0.14	0
60/75	0.41	0.38	0.32	0.20	0.11	0
80/95	0.33	0.31	0.26	0.16	0.09	0
90/105	0.30	0.28	0.23	0.15	0.05	0

k_h 的值　　表 7-13

h_0	100	200	300	≥500
k_h	1.0	0.85	0.75	0.70

t 时刻混凝土的干缩应变为：

$$\varepsilon_{cd}(t)=\beta_{ds}(t,t_s)k_h\varepsilon_{cd,0} \tag{7-110}$$

其中
$$\beta_{ds}(t,t_s)=\frac{(t-t_s)}{(t-t_s)+0.04\sqrt{h_0^3}}$$

式中 t——所考虑时刻的混凝土龄期，d；

t_s——干缩(膨胀)开始时的混凝土龄期，d，通常为养护结束的时间；

h_0——截面名义尺寸，$=2A_c/u$，mm；

A_c——截面面积；

u——暴露于干燥环境截面部分的周长。

2）自收缩应变

自收缩应变按下式计算：

$$\varepsilon_{ca}(t)=\beta_{as}(t)\varepsilon_{ca}(\infty) \tag{7-111}$$

其中
$$\varepsilon_{ca}(\infty)=2.5(f_{ck}-10)\times10^{-6},\beta_{as}(t)=1-\exp(-0.2t^{0.5})$$

式中 f_{ck}——混凝土抗压强度特征值，MPa。

7. 日本《土木工程协会标准》(JSCE)

(1) JSCE 标准 1996

日本《土木工程协会标准》1986 年[19]采用极限状态设计法，使用的混凝土收缩和徐变模型是欧洲模式规范 CEB—FIP MC(1978)的模型。自 20 世纪 80 年代起，日本对混凝土收缩和徐变进行了深入的研究[20]。1996 年修订的 JSCE 标准采用了根据日本自己的成果提出的模型，模型适用于水泥含量为130～230kg/m³、水灰比为 0.4～0.65、相对湿度为45%～80%、构件体表比为100～300mm、抗压强度小于 55N/mm² 的普通混凝土。

混凝土从开始收缩龄期 t' 至当前时刻 t 的收缩应变为

$$\varepsilon_{cs}(t,t')=\{1-\exp[-0.108(t-t')^{0.56}]\}\varepsilon_{sh} \tag{7-112}$$

其中
$$\varepsilon_{sh}=\left\{-50+78\left[1-\exp\left(\frac{RH}{100}\right)\right]+38\ln w-5\left[\ln\left(\frac{V}{S}\right)/10\right]^2\right\}\times10^{-5}$$

式中 ε_{sh}——收缩应变终极值；

RH——相对湿度；

w——单位体积混凝土含水量，kg/m³；

V/S——构件体表比，mm。

当混凝土分别在有效龄期 t' 和 t_0 时分别经受干缩和承受荷载时，单位应力的徐变应变按下式计算：

$$\frac{\varepsilon_{cc}(t,t_0,t')}{\sigma_{cp}}=\{1-\exp[-0.09(t-t_0)^{0.6}]\}\varepsilon_{cr} \tag{7-113}$$

其中
$$\varepsilon_{cr}=\varepsilon_{bc}+\varepsilon_{dc},\varepsilon_{bc}=15(c+w)^{2.0}(w/c)^{2.4}(\ln t_0)^{-0.67}\times10^{-10}$$

$$\varepsilon_{dc}=4500(c+w)^{1.4}(w/c)^{4.2}\left[\ln\left(\frac{V/S}{10}\right)\right]^{-2.2}\left(1-\frac{RH}{100}\right)^{0.36}t_0^{-0.30}\times10^{-10}$$

式中 ε_{cr}——单位应力徐变应变终极值；

ε_{bc}——单位应力基本徐变终极值；

c——单位体积混凝土水泥用量，kg/m^3；

ε_{dc}——单位应力干徐变终极值。

考虑温度变化对混凝土成熟度的影响，混凝土开始干缩、加载和当前的有效龄期 t'、t_0 和 t(d)分别按下式折算：

$$t'、t_0 \text{ 和 } t = \sum_{i=1}^{n} \Delta t_i \exp\left[13.65 - \frac{4000}{273 + T(\Delta t_i)/T_0}\right] \tag{7-114}$$

式中　Δt_i——温度为 T(℃)的天数，d；

$T_0 = 1$℃。

(2) JSCE 标准 2002

JSCE 标准 2002[21] 进一步修改了徐变和收缩的计算方法，模型适用于水泥含量为 130～230kg/m^3、水灰比为 0.4～0.65、相对湿度为 45%～80%、构件体表比为 100～300mm、抗压强度小于 80N/mm^2 的普通混凝土。与 1996 版的标准相比，扩展到了高强混凝土，相对湿度的范围也有所扩大。

1) 收缩模型

$$\varepsilon_{cs} = \varepsilon_{ds}(t,t') + \varepsilon_{as}(t,t') \tag{7-115}$$

从开始收缩龄期 t' 到 t 的干缩应变，按下式计算：

$$\varepsilon_{ds}(t,t') = \frac{\varepsilon_{ds,\infty}}{\beta + (t - t')} \tag{7-116}$$

式中　β——与时间有关的参数，按下式计算：

$$\beta = \frac{4w\sqrt{V/S}}{100 + 0.7t'}$$

w——单位体积混凝土用水量，kg/m^3；

V/S——构件体表比，mm；

$\varepsilon_{ds,\infty}$——干缩应变终极值，按下式计算：

$$\varepsilon_{ds,\infty} = \frac{\varepsilon_{dsp}}{1 + \eta t'},\ \varepsilon_{dsp} = \frac{\alpha(1 - RH/100)w}{1 + 150\exp\left[-\frac{500}{f_c(28)}\right]} \times 10^{-6}$$

$$\eta = 10^{-4}\{15\exp[0.007 f_c(28)] + 0.25w\}$$

α——与水泥品种有关的系数，普通和低热水泥 $\alpha = 11$，高早强水泥 $\alpha = 15$；

$f_c(28)$——混凝土 28d 抗压强度，N/mm^2；

$\varepsilon_{as}(t，t')$——从开始收缩龄期 t' 到当前时刻 t 的自收缩应变，按下式计算：

$$\varepsilon_{as}(t,t') = \varepsilon_{as}(t) - \varepsilon_{as}(t')$$

$\varepsilon_{as}(t)$——从开始到时间 t 的自收缩应变，按下式计算：

$$\varepsilon_{as}(t) = \gamma\varepsilon_{as,\infty}\{1 - \exp[-a(t - t_s)^b]\} \times 10^{-6}$$

γ——水泥和外加剂品种影响系数；

t_s——水泥开始凝结的时间；

$\varepsilon_{as,\infty}$——自收缩应变的终极值，按下式计算：

$$\varepsilon_{as,\infty} = 3070\exp[-7.2(w/c)] \times 10^{-6}$$

w/c——水灰比；

a、b——自收缩发展特性系数；

t——凝结时间，d。

2）徐变模型

混凝土单位应力下的徐变

$$\frac{\varepsilon_{cc}(t,t_0,t')}{\sigma_{cp}}=\frac{4w(1-RH/100)+350}{12+f_c(t_0)}\ln(t-t_0+1) \tag{7-117}$$

式中 t_0——开始加载的时间，d。

8. 印度《预应力混凝土实用规范》IS 1345

印度规范 IS 1345[22] 规定混凝土徐变终极值按下式计算：

$$\varepsilon_r^u=17.5\left(\frac{1.25-H}{0.24}\right)\left(\frac{400}{f_{cu}}\right)\left(\frac{f_{cu}}{f_{ci}}\right)\times10^{-6} \tag{7-118}$$

式中 H——平均环境湿度，干燥时取 0.2～0.5，潮湿时取 0.75～0.9，一般取 1.0；

f_{cu}——混凝土 28d 时的立方体抗压强度；

f_{ci}——荷载传递时的立方体抗压强度。

上面对不同研究者和不同规范采用的混凝土徐变和收缩计算模型进行了介绍。文献[23]对高强混凝土进行了徐变和收缩试验，并将上述部分模型的计算结果与试验结果进行了对比。混凝土强度为 55.2MPa 和 69MPa，采用加速养护（在 1d 内温度由 80F 上升到 160F）和标准养护两种方式，加速养护的试件 1d 后开始加载，标准养护的试件 7d 后开始加载。表 7-14 和表 7-15 示出了相对于加速养护和标准养护试件的试验结果，不同模型计算准确性的排序。由两个表可以看出，就总的排序而言，所列模型中改进的 ACI 209 模型的计算结果最为准确。

相对于加速养护试件试验结果模型计算准确性的排序 **表 7-14**

计算模型	分项排序			总排序（分项次序之和）
	总应变	徐变	收缩	
改进的 ACI 209	1	1	1	3
Tadros	2	2	2	6
ACI 209	4	4	4	12
AASHTO-LRFD-1994	3	3	7	13
B3	6	6	3	15
CEB MC-90	5	5	6	16
GL 2000	7	7	5	19

相对于标准养护试件试验结果模型计算准确性的排序 **表 7-15**

计算模型	分项排序			总排序（分项次序之和）
	总应变	徐变	收缩	
改进的 ACI 209	1	2	2	5
Tadros	2	3	4	9
ACI 209	3	1	7	11
AASHTO-LRFD-1994	6	6	1	13
B3	4	5	5	14
CEB MC-90	5	4	6	15
GL 2000	7	7	3	17

文献[24]对掺加和不掺加矿物掺合料的预应力混凝土进行了徐变和收缩试验，并将上述部分模型的计算值与试验结果进行了比较(图 7-17～图 7-19)。采用的水泥为Ⅰ型和Ⅱ型波特兰水泥，矿物掺合料为粉煤灰(FA)、硅粉(MS)和粒化高炉矿渣(GGBFS)。按下式评价各计算模型的预测精度：

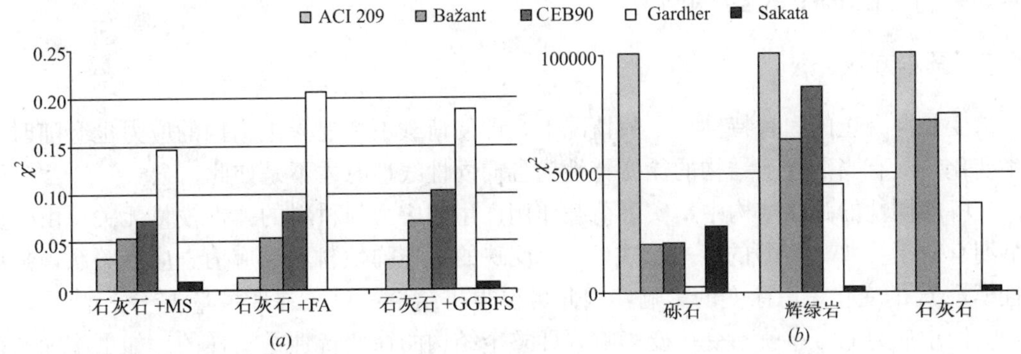

图 7-17　模型计算与掺矿物掺合料波特兰水泥混凝土养护 97d 时基本徐变试验结果的比较

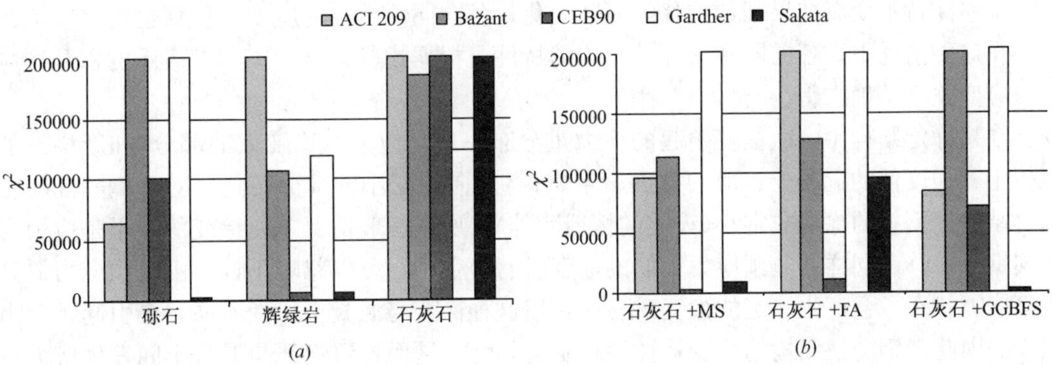

图 7-18　模型计算与波特兰水泥混凝土养护 97d 时总徐变试验结果的比较

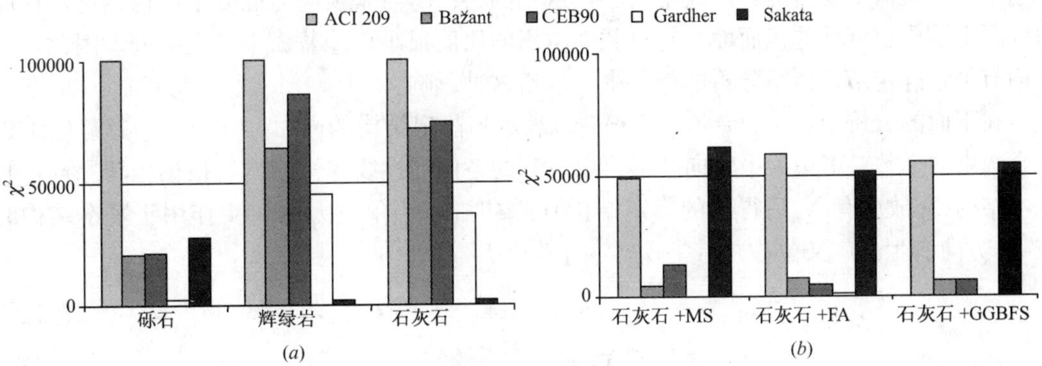

图 7-19　模型计算与波特兰水泥混凝土养护 97d 时干缩试验结果的比较

$$\chi^2 = \sum_{i=1}^{n} [x(t_i) - \mu(t_i)]^2 \tag{7-119}$$

式中　t_i——第 i 个时刻；

$x(t_i)$——t_i 时刻的模型计算值；

$\mu(t_i)$——t_i 时刻的试验平均值。

χ^2 值越小，模型计算值与试验值越接近。

7.4 基于AAEM的结构分析

7.4.1 基本方法

徐变是混凝土的固有特性。一般情况下，即使荷载不变混凝土结构的应力也会随时间发生变化。只有当混凝土结构的徐变特性为各向同性线性时才不是如此。

在各向同性的弹性结构中，实际荷载作用产生的应力与材料的弹性模量无关。由于调节龄期有效模量(AAEM)的基本公式(7-21)反映的是准弹性材料的应力—应变关系，且用弹性模量 E''的变化考虑徐变的影响，因此可以得出结论：只要弹性模量 $E''(t，t_0)$是均匀的，结构中应力的分布就不受徐变影响，即整个结构的徐变特性是一样的。如果施加的荷载保持不变，则各向同性结构中所有的应变和位移的变化与柔量函数 $J(t，t_0)$成比例。

同样，在各向同性结构中，由强加常位移产生的应力与松弛函数成比例变化，这时应变与位移保持不变。如果强加位移随时间变化，各向同性结构的应变和位移也会相应地改变。在这种情况下，各向同性粘弹性结构的特性可根据式(7-8)或式(7-10)表示的积分型应力—应变关系精确求得。

在超静定结构中，由徐变引起的应力重分布一般是应力由徐变大的部分(如新浇筑的混凝土、强度低的混凝土、薄的截面、干燥构件)向徐变小的部分传递。对于钢—混凝土组合结构，钢材的徐变非常小(火灾的情况除外)，所以一般情况下，徐变的结果是应力缓慢向钢材转移。同样，非预应力钢筋的徐变(松弛)很小，可以忽略不计。由于预应力筋处于高应力状态，会产生一定的徐变(松弛)，但这种徐变与混凝土徐变不同，会引起预应力损失。因此，钢筋使结构的徐变特性呈现不均匀性，进而导致钢筋与混凝土间发生应力重分布。比较精确的方法是把钢筋与混凝土按两部分结构考虑。但在预应力混凝土结构中，钢筋刚度对梁徐变变形的影响通常很小，这是因为：①与非预应力混凝土结构相比，预应力混凝土结构中钢筋的截面面积与总截面面积的比值很小；②截面不产生裂缝。因此，在下面有关超静定结构体系分析的例子中，忽略这种影响。

在下面的分析中，$X_i(i=1，2，\cdots，s)$表示超静定结构的内力，其中 n 为超静定结构多余约束的个数。考虑梁中轴向变形可以忽略的各向同性线弹性结构，根据虚功原理，其基本结构(释放所有 X_i 后得到的静定结构)的柔度 δ_{ij}(当单位力 $X_j=1$ 作用于基本结构时在 X_i 方向产生的广义位移)为：

$$\delta_{ij} = \frac{1}{E} f_{ij} \tag{7-120}$$

其中

$$f_{ij} = \int \frac{\overline{M}_i(x)\,\overline{M}_j(x)}{I(x)} \mathrm{d}x \quad (i,j = 1,2,\cdots,n) \tag{7-121}$$

式中 x——构件长度；

$I(x)$——对截面中心的惯性矩；

$\overline{M}_i(x)$——在基本结构上作用力 $X_i=1$ 时产生的弯矩；

f_{ij}——单位弹性模量($E=1$)时的柔度。

f_{ij} 称为单位柔度，在进行弹性及粘弹性分析时一般不使用该柔度，但在徐变分析中使用比较方便。

施加的荷载在基本结构上产生的 X_i 方向的广义位移可表示为：

$$\delta_{i,\mathrm{L}} = \frac{1}{E} f_{i,\mathrm{L}}, f_{i,\mathrm{L}} = \int \frac{\overline{M}_i(x)\,\overline{M}_\mathrm{L}(x)}{I(x)} \mathrm{d}x \quad (i = 1,2,\cdots,n) \tag{7-122}$$

式中　$\overline{M}_\mathrm{L}(x)$——基本结构上由所施加的荷载 L 产生的弯矩。

在弹性情况下，根据协调条件得到下面的公式：

$$\sum_{j=1}^{n} \frac{1}{E} f_{ij} X_j + \frac{1}{E} f_{i,\mathrm{L}} + \delta_{i,\mathrm{sh}} = 0 \quad (i = 1,2,\cdots,n) \tag{7-123}$$

式中　$\delta_{i,\mathrm{sh}}$——收缩在基本结构上产生的 X_i 方向的广义位移。

7.4.2　几个例子[25]

下面给出的例子是针对有一个多余约束力 $X_1(t)$ 的超静定结构的，主要用于说明超静定结构徐变及收缩分析的方法和概念，可推广用于有多个多余约束力 $X_i(t)$ 的超静定结构。

1. 静定梁变形问题

t_1 时刻静定梁由永久荷载 p 产生的沿 F 方向的位移为(图 7-20)：

$$w_\mathrm{F}(t) = f_{\mathrm{F,L}} \frac{1+\varphi(t,t_1)}{E(t_1)} = f_{\mathrm{F,L}} J(t,t_1) \tag{7-124}$$

其中
$$f_{\mathrm{F,L}} = \int \frac{\overline{M}(x) M_\mathrm{L}(x)}{I(x)} \mathrm{d}x \tag{7-125}$$

式中　$\overline{M}(x)$——单位荷载 $F=1$ 产生的弯矩；

$M_\mathrm{L}(x)$——实际永久荷载产生的弯矩。

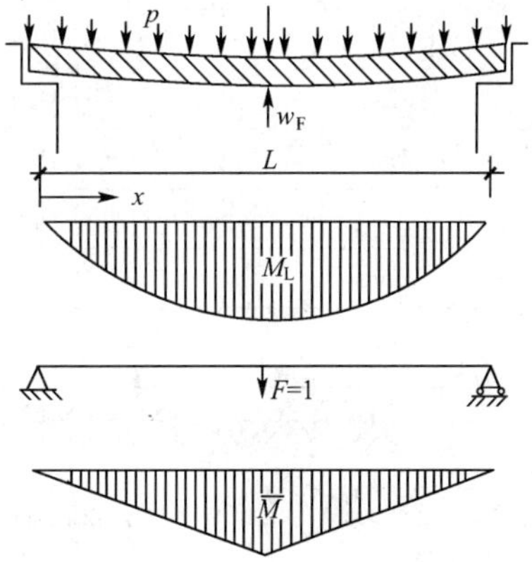

图 7-20　未开裂梁的长期变形

对于截面均匀的梁，在永久均布荷载 p 作用下，得到：

$$M_\mathrm{L}(x) = \frac{1}{2} px(L-x), f_{\mathrm{F,L}} = \frac{5}{384} \frac{pL^4}{I} \tag{7-126}$$

按美国规范，对于平均抗压强度为 $f'_\mathrm{c}=30\mathrm{MPa}$ 的混凝土，弹性模量为：

$$E(28) = 4.733 \times \sqrt{30} = 25.9\mathrm{GPa}$$

按式(7-63)计算柔度函数，有关参数为(本例未考虑热徐变)：

$$E_0 = \frac{E(28)}{0.6} = 43.2\mathrm{GPa}, q_\mathrm{s} = \frac{11.4}{E(28)} = 0.44\mathrm{GPa}^{-1}$$

考虑跨度 $L=10\mathrm{m}$、厚 $h=0.5\mathrm{m}$ 的单向板，混凝土重度 $\gamma=25\mathrm{kN/m^3}$，其上作用有自重和附加恒荷载 $p^*=2.5\mathrm{kN/m^2}$。下面的计算都是针对 $b=1\mathrm{m}$ 的板带进行的，由此可得截面惯性矩 $I=bh^3/12=0.01042\mathrm{m^4}$，总的恒荷载 $p=\gamma bh+p^* b=15\mathrm{kN/m}$。对于侧向无约束单位弹性模量的梁，根据式(7-125)求得跨中挠度 $f_{\mathrm{F,L}}=187.5\mathrm{MN/m}$(单位弹性模量)。对于宽度很大的板，按平面应变状态考虑，挠度值除以 $1-\nu^2$。混凝土的泊松比取为 $\nu=0.18$，得 $1-\nu^2=0.9676$，挠度减小 3%。如果假定永久荷载是在混凝土浇筑 14d 后施加，

则根据式(7-63)，加载1d后(即第15d)的柔量函数为：

$$J(15,14)=\frac{1}{43.2}+0.44\times\ln[1+0.3\times(14^{-0.5}+0.001)\times(15-14)^{0.1}]$$

$$=0.0572\ \mathrm{GPa}^{-1}$$

则挠度为：

$$w_F(15)=(1-\nu^2)f_{F,L}J(15,14)=0.9676\times187.5\times0.0572=10.4\mathrm{mm}$$

表7-16汇总了不同加载龄期和不同持续时间时的板变形。由表可以看出，尽管柔量函数包含对数并且无界，在相当长的时间内其实际增长依然很小，50a的变形与500a的变形相比相差不到20%。

不同加载龄期和不同持续时间时板的变形(mm) **表7-16**

荷载持续时间	施加荷载时间		
	14d	1mon	1a
1s	6.2	5.6	4.6
1min	7.2	6.36	4.8
1h	8.7	7.3	5.1
1d	10.4	8.5	5.5
1mon	12.8	10.2	6.0
1a	15.0	11.8	6.5
50a	19.7	15.1	7.5
500a	23.3	17.8	8.4

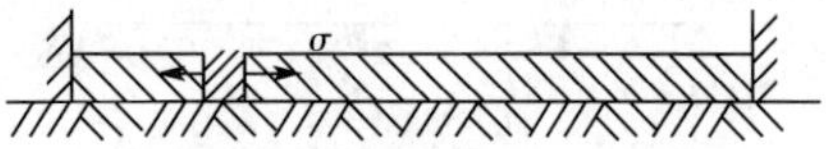

图7-21 受约束板的收缩

2. 约束板的收缩应力

图7-21所示的板水平方向受到约束。假定板养护完毕后暴露于干燥环境的时间为t_0。由于对称性，水平方向的正应力和应变是相等的。因此，在开始收缩前，不存在初应力，即$\sigma(t_0)=0$。根据式(7-1)，考虑徐变泊松效应：

$$\Delta\varepsilon(t)=\frac{\sigma(t)}{E''(t,t_0)}-\frac{\nu\sigma(t)}{E''(t,t_0)}+0+\varepsilon_{sh}(t) \tag{7-127}$$

由于收缩受到限制，$\Delta\varepsilon(t)=0$，求得收缩应力为：

$$\sigma(t)=-\frac{E''(t,t_0)}{1-\nu}\varepsilon_{sh}(t) \tag{7-128}$$

收缩应变$\varepsilon_{sh}(t)$随时间增长，而调节龄期有效模量$E''(t,t_0)$随时间t降低。所以，徐变使收缩产生的应力释放，说明在这种情况下徐变起有利作用。

3. 刚架结构的收缩力

考虑图7-22(a)所示两端铰接各向同性钢筋混凝土门式刚架的收缩。刚架有一个多余力$X_1(t)$，如图7-22(b)，可取为两铰之间的水平推力，则基本结构为简单的门式刚架，即右端的铰可水平滑动，如图7-22(c)。收缩在X_1

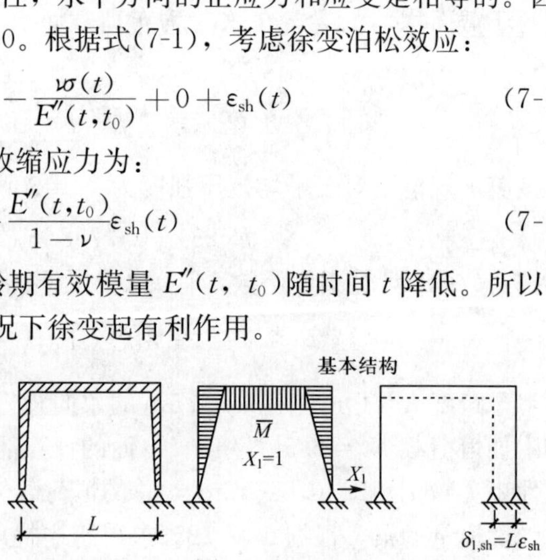

图7-22 门式刚架的收缩力

方向上引起的位移(反映了两支点间距离的变化)为 $\delta_{1,sh}=L\varepsilon_{sh}(t)$，其中 L 为两支座间的距离。

对基本结构在 X_1 上的位移应用式(7-123)，得到 t 时刻的协调条件：

$$\frac{f_{11}}{E''(t,t_0)}X_1(t)+\frac{f_{11}X_1(t_0)}{E(t_0)}\varphi(t,t_0)+L\varepsilon_{sh}(t)=0 \tag{7-129}$$

其中
$$f_{11}=\int\left[\frac{\overline{M_1}^2(x)}{I(x)}\right]dx$$

干燥开始时，$X_1(t_0)=0$，则开始收缩时刚架的内力为：

$$X_1(t_1)=-\frac{E''(t,t_0)L\varepsilon_{sh}(t)}{f_{11}} \tag{7-130}$$

4. 初始变形之后的应力释放

考虑图 7-23 所示安装在理想刚性实验刚架上长度为 L 的混凝土圆柱体，假定 t_0 龄期时突然受压缩短 w，则初始弹性应变为 $\varepsilon_e(t_0)=-\frac{w}{L}$，相应的应力为 $\sigma(t_0)=E(t_0)\varepsilon_e(t_0)=-E(t_0)\frac{w}{L}$。之后试件长度保持不变，即 $\Delta\varepsilon(t)=0$，根据式(7-20)得：

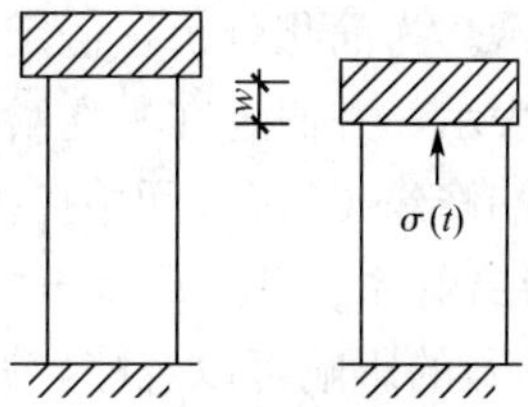

图 7-23　试件强加变形后的松弛

$$\Delta\varepsilon(t)=\frac{\Delta\sigma(t)}{E''(t,t_0)}-\frac{w}{L}\varphi(t,t_0)=0 \tag{7-131}$$

从而得到 t 时刻释放的应力为：

$$\Delta\sigma(t)=\frac{w}{L}E''(t,t_0)\varphi(t,t_0) \tag{7-132}$$

加上 $\sigma(t_0)$并利用式(7-18)得：

$$\sigma(t)=\frac{\sigma(t_0)}{E(t_0)}R(t,t_0) \tag{7-133}$$

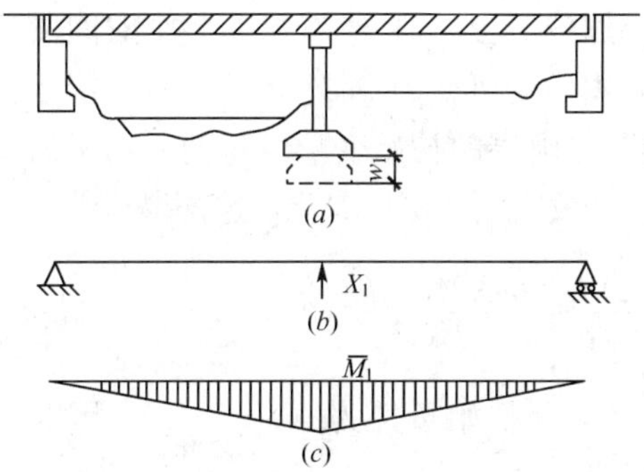

图 7-24　桥墩沉降的影响

可见，在这种情况下(应变不变时的应力松弛)，AAEM 方法给出了精确解。

5. 桥墩沉降引起的内力变化

如图 7-24(a)所示，某双跨连续桥梁的中间桥墩在 t_0 时刻突然发生竖向沉降 w_1。之后，不再沉降。该桥有一个多余未知力 $X_1(t)$，可取为中间桥墩的竖向反力(假定向下为正)，那么在移去中间桥墩后得到的基本结构为一简支梁[图 7-24(b)]。这里只分析由桥墩下沉引起的内力变化。

沉降刚刚发生时的初始弹性力 X_1 为：

$$X_1(t_0)=\frac{w_1}{\delta_{11}}=\frac{w_1E(t_0)}{f_{11}} \tag{7-134}$$

根据式(7-123)，基本结构中间桥墩处从 t_0 时刻到 t 时刻的变形增量必须与桥墩的沉降相协调，即必须满足 $\Delta w_1(t)=0$，则：

$$\Delta w_1(t) = \frac{f_{11}}{E''(t,t_0)}\Delta X_1(t) + w_1\varphi(t,t_0) = 0 \tag{7-135}$$

从而得出从 t_0 时刻到 t 时刻多余的未知力：

$$\Delta X_1(t) = -\frac{w_1}{f_{11}}E''(t,t_0)\varphi(t,t_0) = \left[\frac{R(t,t_0)}{E(t_0)} - 1\right]X_1(t_0) \tag{7-136}$$

本例与上例变形后应力释放的情况是相对应的。需要注意的是，这只适用于各向同性的结构，因为只有这样徐变特性才会处处相同。本例所计算的只是桥墩沉降引起的总效应的一部分，实际计算中还必须考虑其他荷载的效应。

6. 悬臂梁

在预应力混凝土箱形悬臂梁桥中，边跨从桥墩伸向桥台的部分为悬臂构件，如图7-25所示。为简化分析，假定整个悬臂构件的龄期均为 t，用浇筑构件过程中实际龄期的平均值表示，并假定在平均龄期 $t=t_1$ 时恒荷载开始作用于结构。$t=t_2(t_2>t_1)$时在悬臂梁的自由端修建了桥台(开始提供竖向反力)。这样系统从静定结构(系统Ⅰ，$t<t_2$ 时)变为超静定结构(系统Ⅱ，$t\geqslant t_2$ 时)。为简单起见，假定作用于桥墩的右跨部分对桥台处竖向反力 $X_1(t)$的影响可以忽略，则 $X_1(t)$为超静定结构唯一的多余未知力，如图 7-25(b)。

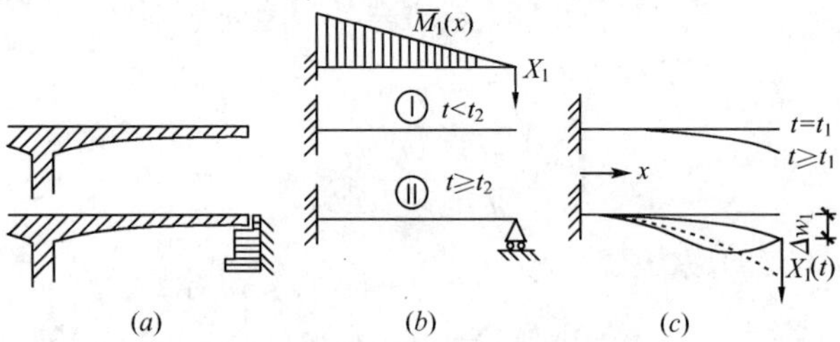

图 7-25 悬臂梁端部浇筑对支座的影响

对于由静定结构转化为超静定结构的情况，需要对由协调条件建立的 AAEM 一般方程进行调整。当 $t>t_2$时，在时间段(t_1，t)内应力和应变的变化曲线不是光滑的，使用徐变和松弛的线性组合过于粗糙。为此将这一问题分为两个加载历程：(1)悬臂梁在整个时间段 (t_1，t)内承受恒荷载；(2)悬臂梁的右端在时间段(t_2，t)内承受可变力 $X_1(t)$，第一种情况是恒应力下的徐变，而第二种情况可用 AAEM 精确描述。自由端的初始变形可将两种情况的荷载效应叠加得到，且自 t_2 时刻(即右端安装支撑)起这一效应之和不再变化，这样得到：

$$\Delta w_1 = \frac{f_{1,L}}{E(t_1)}\left[\varphi(t,t_1) - \varphi(t_2,t_1)\right] + \frac{\Delta X_1(t)f_{11}}{E''(t,t_2)} + \frac{X_1(t_2)f_{11}}{E(t_2)}\varphi(t,t_2) = 0 \tag{7-137}$$

进一步假设在安装支撑前悬臂端一直保持水平，则初始条件为 $X_1(t_2)=0$。因此，从 t_2 时刻到 t 时刻的变化为 $\Delta X_1(t)=X_1(t)$。利用这些条件，方程的解为：

$$X_1(t) = -\frac{E''(t,t_2)}{E(t_1)} \times \frac{f_{1,L}}{f_{11}}\left[\varphi(t,t_1) - \varphi(t_2,t_1)\right] \tag{7-138}$$

负号表示 X_1 的实际作用方向向上。

桥台处逐渐增大的反力 X_1 使梁悬臂跨产生正弯矩，减小了桥墩处的负弯矩值。到 t_2 之后的一段时间内靠桥台的部分出现向上的弯曲，并且曲率会逐渐增加，如图 7-25(c)。如果桥台上未安装支撑，悬臂端则以图 7-25(c)虚线的形式继续变形下去。由此可见，向

上的反力 X_1 对于抵消这种变形是非常必要的。

结构系统Ⅰ转变为结构系统Ⅱ后，结构反应的一般特征是内力逐渐由系统Ⅰ的弹性分布转变为系统Ⅱ的弹性分布。不过，后一种分布永远不会达到，只是在一定程度上接近。

上面的计算只是给出了自重产生的反力 $X_1(t)$。假定整个结构中徐变是均匀的，安装支撑后由永久荷载（例如轨道重量）产生的附加内力不会因徐变而改变。

7. 简支梁组成的连续梁

连续梁桥通常是由预制预应力混凝土梁组装而成的，首先从预制厂将梁运送到施工现场，然后架设在支撑上，t_2 时刻再连接为一体，如图 7-26(a)所示。具体的连接方法有铺设钢筋混凝土连续板、将钢筋焊接在一起或在相邻跨间另配置预应力筋等。

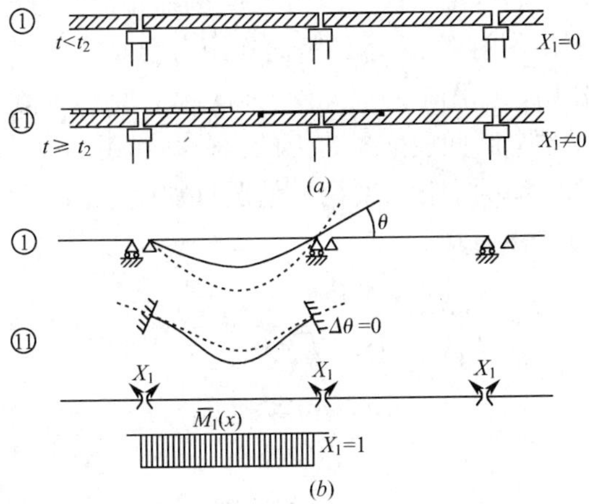

图 7-26　预制简支梁制作的连续梁

假设简支梁架设在支撑墩上时混凝土的龄期为 t_1，由于这时各梁均为简支的，属于静定结构。所以，从 t_1 时刻开始梁在自重作用下产生变形，变形因徐变而不断增加，梁端转角为 $\theta(t)$，如图 7-26(b)。这种情况一直持续到各梁连接为整体的 t_2 时刻。

从 t_2 时刻开始，结构从静定状态（系统Ⅰ）转变为超静定状态（系统Ⅱ）。之后，两梁端另外新产生的变形 $\Delta\theta(t)$ 相等。为简化起见，假定连续梁跨数很多且跨度相同，那么由于对称性，各支撑上的变形必须为 0，即 $\Delta\theta(t)=0$，这样就只有一个多余未知力 $X_1(t)$，作用于支撑上部的弯矩。

对支撑上部的转角协调条件 $\Delta\theta(t)=0$ 应用广义的 AAEM 基本方程，得到形如式(7-137)但变量意义和系数不同的方程，方程的解同式(7-138)。

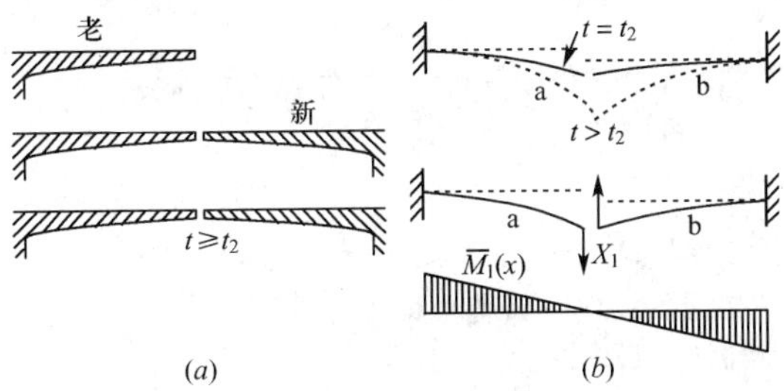

图 7-27　龄期不同导致的徐变的差异

8. 不同龄期混凝土的应力重分布

浇筑混凝土时，龄期不同会导致结构发生显著的内力重分布。因为短龄期加载混凝土的徐变比长龄期加载混凝土的徐变大，再考虑悬臂法施工的混凝土箱形截面梁，出于经济原因，在架设梁时每个桥墩用于支撑新构件的一对钢桁架是重复使用的，架完一对悬臂后拆除下来再架设另一对悬臂。因此，可认为图 7-27(a)中左边悬臂部分混凝土的龄期比右边的长 τ（实际施工中 τ 一般为 3～6 个月）。

假定 t 为左边较早悬臂部分的龄期，t_1 为每个悬臂受自重作用的时间（当然这只是一种简化，实际中悬臂部分施工时自重产生的弯矩逐渐增加）。在对同一跨间的一对悬臂进行连接之前，它们的变形是相互独立的。在时刻 $t=t_2$ 将两部分连接在一起，假定两部分是用水平可移动的铰连接的，这样一跨内只能有一个多余的未知力 $X_1(t)$。

龄期的差异使得结构呈现各向异性，但是在简化的假定下，每一悬臂部分本身是各向同性的。将柔度系数分为两部分，分别对应于左边和右边的悬臂部分，标记为 a 和 b，则：

$$f_{11}=f_{11}^{a}+f_{11}^{b},f_{1,L}=f_{1,L}^{a}+f_{1,L}^{b}$$

如果允许左部分和右部分独自变形，则经历 t_2 时间后左边较早部分的变形小于右边较新部分的变形，这是因为 t_2 时刻前左边部分已发生了很大的徐变。因此，如果不允许出现变形差，用 X_1 表示的竖向作用力会对左边部分产生向下的作用，而对右边部分产生向上的作用，如图 7-27(*b*)。与前面两个例子类似，将这一问题分解为两个加载过程，一个对应于整个时间段(t_1，t)内的恒荷载作用，另一个对应于 t_2 时刻开始施加的多余未知力 X_1 及随时间的变化。对两种情况分别使用 AAEM 基本方程得到下面的协调条件(铰接处竖向相对位移为 0)：

$$\delta_1=\frac{f_{11}^{a}\Delta X_1(t)}{E''(t,t_2)}+\frac{f_{11}^{b}\Delta X_1(t)}{E''(t-\tau,t_2-\tau)}+\frac{f_{11}^{a}X_1(t_2)}{E(t_2)}\varphi(t,t_2)+\frac{f_{11}^{b}X_1(t_2)}{E(t_2-\tau)}\varphi(t-\tau,t_2-\tau)$$
$$+\frac{f_{1,L}^{a}[\varphi(t,t_1)-\varphi(t_2,t_1)]}{E(t_1)}+\frac{f_{1,L}^{b}[\varphi(t-\tau,t_1)-\varphi(t_2-\tau,t_1)]}{E(t_1)}=0 \qquad (7\text{-}139)$$

如果指定了 $X_1(t_2)$的初始值(取决于悬臂端连接的方法)，即可由式(7-139)求解增量 $\Delta X_1(t)$。图 7-28(*b*)表明了用 AAEM 求解的精度。另外图中 RCM 表示徐变系数法的结果，E_{ef}表示有效模量法的结果。

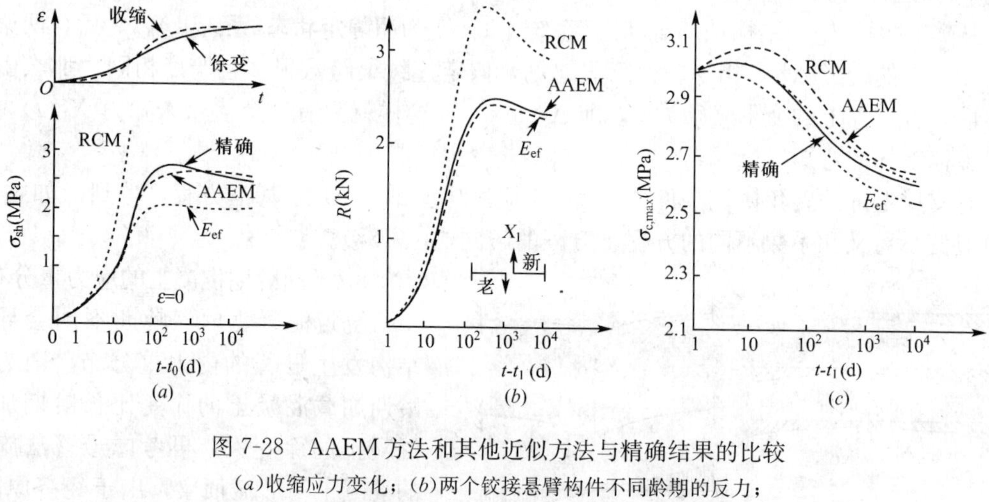

图 7-28 AAEM 方法和其他近似方法与精确结果的比较

(*a*)收缩应力变化；(*b*)两个铰接悬臂构件不同龄期的反力；

(*c*)钢—混凝土组合梁中混凝土最大应力的变化

9. 预应力筋松弛

随着时间的推移，混凝土梁的预应力 $P(t)$会因混凝土的徐变和收缩及预应力筋的徐变而减小，这种现象称为预应力松弛。这类问题可用有效模量的简单公式来处理，误差一般在 15%左右。虽然与其他不确定因素相比，误差不算大，但可根据 AAEM 获得更为准确的结果。忽略钢筋(预应力筋)的抗弯刚度。假定预应力和恒荷载在 t_1 时刻开始作用于混凝土，由此产生的初始应变和应力可以通过弹性分析得到。现考虑时间段(t_1，t)内由混凝土收缩和徐变以及预应力筋预应力损失引起的变化。首先假定这些变化是在恒应力情况下发生的，即预应力筋在恒应力下会产生应变增量 $\Delta\varepsilon''_{pr}$，该值可通过生产厂家提供的钢筋松弛资料确定。相应的混凝土部分的应变变化为 $\varepsilon_1\varphi(t, t_1)+\Delta\varepsilon_{sh}(t)$。变形协调条件要求从 t_1 到 t 钢筋应变的变化等于在钢筋重心处的混凝土应变。这种变形协调导致应力发生重分布。

预应力筋受力的变化为 $A_{pr}\Delta\sigma_{pr}$，其中 A_{pr} 为预应力筋截面面积，$\Delta\sigma_{pr}$ 为预应力的变化量。这种变化产生了应变 $\frac{\Delta\sigma_{pr}}{E_{pr}}$，其中 E_{pr} 为预应力筋的弹性模量。这时一定有一个相反方向的力作用于混凝土截面，该力引起混凝土应力和应变的变化不一致。

当一个弹性截面受到偏心矩为 e 的力 F 作用时，会产生轴向应变 $\varepsilon_0=\frac{F}{EA}$ 和曲率 $\varphi=\frac{Fe}{EI}=\frac{Fe}{EAr^2}$，其中 E 为弹性模量，A 为截面面积，I 为截面惯性矩，$r=\sqrt{\frac{I}{A}}$ 为截面回转半径。则力 F 作用点处的应变为：

$$\varepsilon=\varepsilon_0+\varphi e=\frac{F}{EA}\left(1+\frac{e^2}{r^2}\right) \tag{7-140}$$

本问题中，作用于混凝土截面的力 F 为 $-A_{pr}\Delta\sigma_{pr}$。用混凝土调节龄期有效模量代替混凝土弹性模量，由协调条件得：

$$\frac{\Delta\sigma_{pr}}{E_{pr}}+\Delta\varepsilon''_{pr}=-\frac{A_{pr}\Delta\sigma_{pr}}{E''A_c}\left(1+\frac{e^2}{r^2}\right)+\varepsilon_1\varphi(t,t_1)+\Delta\varepsilon_{sh}(t) \tag{7-141}$$

从而得到混凝土徐变、收缩和钢筋松弛的联合作用引起的预应力损失：

$$\Delta\sigma_{pr}=E_{pr}\left[\varepsilon_1\varphi(t,t_1)+\Delta\varepsilon_{sh}(t)-\Delta\varepsilon''_{pr}\right]\left[1+\frac{E_{pr}A_{pr}}{E''A_c}\left(1+\frac{e^2}{r^2}\right)\right]^{-1} \tag{7-142}$$

注意式(7-142)中弹性应变 ε_1 和收缩应变增量 $\Delta\varepsilon_{sh}$ 是对钢筋重心处混凝土的。

上面的公式是在钢筋的徐变只与钢筋的初始预应力有关而与预应力损失无关的简化假定下得到的。对于钢筋应变为恒定值的情况才是正确的，而本例并不符合这一条件。严格来讲，钢筋的徐变应变需要使用其他的高度非线性方程，这无疑会使问题变得复杂。

10. 徐变屈曲

对于细长柱、薄板及板壳，徐变降低了其长期屈曲刚度，下面用一个例子说明。

考虑一个简支钢筋混凝土柱(图 7-29)，假定其初始弯曲形状为正弦曲线：

$$z_0(x)=a\sin\frac{\pi x}{L} \tag{7-143}$$

式中　x——轴坐标；

L——柱的长度。

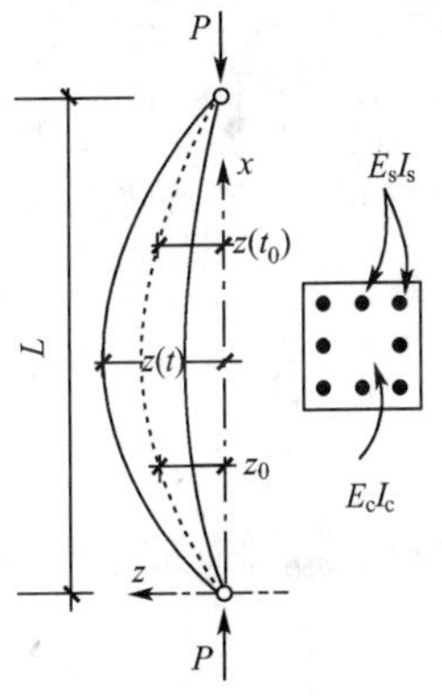

图 7-29　有初始变形细长柱的徐变屈曲

t_1 时刻作用的轴力 P 引起的瞬间变形增量为：

$$z(x,t_1)=\mu(t_1)a\sin\frac{\pi x}{L} \tag{7-144}$$

其中 $$\mu(t_1)=\frac{1}{1-P/P_{cr}(t_1)},P_{cr}(t_1)=\frac{\pi^2}{L^2}[E_c(t_1)I_c+E_sI_s] \tag{7-145}$$

式中 I_c、I_s——混凝土截面和钢筋的中心惯性矩(假定其重心重合)；

$E_c(t_1)$——t_1 时刻混凝土的弹性模量；

E_s——钢筋弹性模量；

$P_{cr}(t_1)$——t_1 时刻柱的短期临界荷载；

$\mu(t_1)$——t_1 时刻柱的变形增大系数。

下面分析轴力一定的情况下变形随时间的增大。根据 AAEM，柱中弯曲变形的增量可表示为：

$$\Delta z''(t)=\frac{\Delta M_c(t)}{E''(t,t_1)I_c}+\frac{M_c(t_1)}{E''(t_1)I_c}\varphi(t,t_1) \tag{7-146}$$

式中 M_c——柱中间截面的弯矩。

变形增大引起的钢筋弯矩的变化为 $E_sI_s\Delta z''(t)$。柱中间截面力的平衡要求：

$$\Delta M_c(t)+E_sI_s\Delta z''(t)=-P\Delta z(t) \tag{7-147}$$

考虑到线性徐变和假定的初始正弦弯曲变形曲线，$z(x,\ t)=\mu(t)z_0(x)$，在柱中间截面 $\Delta z(t)=z(t)-z(t_1)=[\mu(t)-\mu(t_1)]a$。将这些表达式及由式(7-145)求得的 $\mu(t_1)$、由式(7-146)求得的 $\Delta M_c(t)$ 代入式(7-147)得：

$$E''_c(t,t_1)I_c\left\{-\frac{\pi^2}{L^2}[\mu(t)-\mu(t_1)]+\frac{\pi^2}{L^2}\frac{P}{[P_{cr}(t_1)-P]}\varphi(t,t_1)\right\}-E_sI_s\frac{\pi^2}{L^2}[\mu(t)-\mu(t_1)]$$
$$=-P[\mu(t)-\mu(t_1)] \tag{7-148}$$

由式(7-148)和式(7-145)求解 $\mu(t)$ 得到下式：

$$\mu(t)=\frac{1}{1-P/P_{cr}(t_1)}\left[1+\frac{P''_{cr,c}(t,t_1)\varphi(t,t_1)}{P''_{cr,c}(t,t_1)+P_{cr,s}-P}\times\frac{P}{P_{cr}(t_1)}\right] \tag{7-149}$$

其中 $$P''_{cr,c}(t,t_1)=\frac{\pi^2}{L^2}E''_c(t,t_1)I_c,P_{cr,s}=\frac{\pi^2}{L^2}E_sI_s \tag{7-150}$$

式中 $P''_{cr,c}$、$P_{cr,s}$——根据 $E''_c(t,\ t_1)$和 E_s 确定的混凝土和钢筋的临界荷载。

在 t 时刻，活荷载 P_L 可能会叠加在恒荷载 P 上，这将进一步使变形增大。假定柱在 t 时刻突然卸载，之后荷载又突然增大到 $P+P_L$。瞬间卸载使放大系数减小到 $\mu(t)\left[1-\frac{P}{P_{cr}(t)}\right]$，其中

$$P_{cr}(t)=\frac{\pi^2}{L^2}[E_c(t)I_c+E_sI_s] \tag{7-151}$$

为 t 时刻的瞬间临界荷载。随后的重新加载使放大系数增大为：

$$\mu_u(t)=\mu(t)\frac{1-P/P_{cr}(t)}{1-(P+P_L)/P_{cr}(t)} \tag{7-152}$$

考虑到安全要求，设计中 P 和 P_L 应考虑恒荷载和活荷载的荷载系数。

已经表明，对于正常使用应力范围内的荷载 P，根据 AAEM 计算的长期屈曲变形与使用计算机对应力历史积分求得的精确计算结果非常接近。由于恒荷载的变异性非常小，所以上面分析反映了大多数情况。

假定变形为正弦曲线似乎过于严格，其实不然，与弹性弯曲的情况类似，对临界荷载起作用的只是给定的任意初始变形曲线傅立叶级数的第一项。当荷载较小时，其余的傅立叶级数项同样起作用，但是荷载较小时屈曲变形不是需要考虑的主要因素。因此，类似于弹性柱的情况，式(7-149)和式(7-152)几乎适用于大多数设计，同样也适用于在施加轴向荷载前初始变形是由初始弯矩引起的情况。而且，可以看到，柱子的有效长度不受线性徐变影响。因此，只要用有效屈曲长度代替柱的实际长度 L，这些公式适用于任意端部支承的柱及框架柱，有效屈曲长度为变形曲线上反弯点之间的距离(类似于弹性分析)。

只有在永久荷载大于按 $E(t_1)$计算的短期临界荷载的 50%时，式(7-149)和(7-152)才会出现较大的偏差。但这种荷载在实际情况中是不会出现的(只有在计算设计临界荷载时才予以考虑)。图 7-30 示出了半老化坐标中恒荷载与弹性极限荷载两种比例情况下变形增量随时间的变化，图中 RCM 表示徐变系数法。实际解与 AAEM 解的吻合程度在$P/P_{cr}(t_1)=0.25$之前一直很好，AAEM 高估了实际变形，偏于安全。

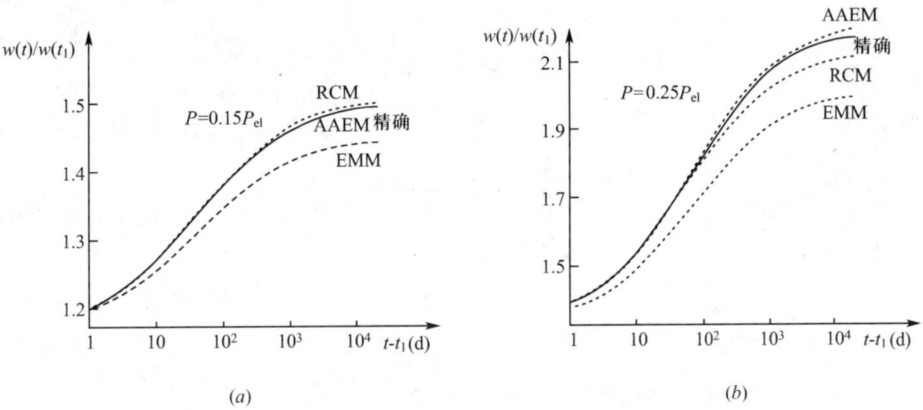

图 7-30　不同轴压下有初始变形细长柱的相对变形

对于混凝土板壳结构，徐变屈曲同样是很重要的。一些大型屋盖结构的坍塌就是由此引发的。此类问题的分析同样可以通过 AAEM 进行分析。

11. 反应堆外壳的收缩及预应力

核反应堆圆形保护壳的底部一般是与埋在地下的巨型基础相连的，如图 7-31 所示。这种巨型基础基本不发生变形。如果断开壳底部与基础的联系，外壳的自由收缩 $\varepsilon_{sh}(t)$和由环向预应力 $\sigma_{y,pr}$及竖向预应力 $\sigma_{z,pr}$的泊松效应引起的变形会使外壳半径减小，即

$$\Delta u(t)=R\varepsilon_{sh}(t)+\frac{1}{E(t_1)}(\sigma_{y,pr}-\nu\sigma_{z,pr})\varphi(t,t_1)\tag{7-153}$$

式中　R——外壳中间层的半径。

可采用刚性基础来避免外壳底部这种逐渐增大的位移及转动。这相当于在外壳底部向外强加一个等于 $\Delta u(t)$ 的位移，且无转动，以保持变形协调。可根据调节龄期有效模量 $E''(t,t_0)$按照弹性理论来计算这种位移对外壳的影响，假定施加预应力的时刻 t_1 等于混凝土开始收缩的龄期 t_0，否则应分别使用不同的模量 $E''(t,t_1)$和 $E''(t,t_0)$来考虑预应力效应和收缩效应。

根据顶部无穷远、底部固定于刚性基础上的圆柱形外壳轴对称弯曲问题微分方程的

解，给出对水平轴的弯矩和剪力为：

$$\Delta M(z,t)=2\Delta u(t)D''(t,t_0)\beta^2 e^{-\beta z}(\sin\beta z-\cos\beta z) \tag{7-154}$$

$$\Delta Q(z,t)=4\Delta u(t)D''(t,t_0)\beta^3 e^{-\beta z}\cos\beta z \tag{7-155}$$

其中
$$\beta^4=\frac{3(1-\nu^2)}{R^2h^2},D''=\frac{E''h^3}{12(1-\nu^2)}$$

式中 $D''(t,t_0)$——外壳对应于调节龄期有效模量 $E''(t,t_0)$ 的抗弯刚度；

h——外壳厚度。

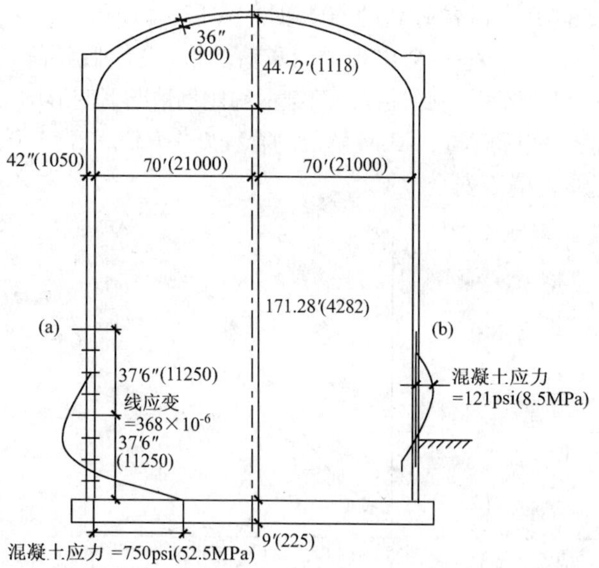

图 7-31 收缩和徐变引起的预应力混凝土反应壳的应力

图 7-31 左下角示出了 $t=30\mathrm{a}$ 时核反应堆保护外壳表面收缩引起的最大轴向应力的分布。

如果外壳埋在地下一定深度，则会避免因干燥而产生明显的收缩。首先可假想外壳与基础是分离的，上部发生自由收缩，为满足边界条件，必须有一个抵消 t_0 到 t 时刻收缩位移的位移强加给外壳底部。如图 7-31 右下角所示的，在这种情况下产生的应力比前面情况小得多。

12. 超静定结构的变形

现求力 F 作用下预应力混凝土梁结构（平面框架）的变形 $w_F(t)$，F 为 t_1 时刻施加恒荷载、t_0 时刻施加初始预应力产生的力，预应力损失及混凝土收缩在整个结构上不均匀。收缩应变 $\varepsilon_{sh}(x,y,z)$ 不仅与梁轴线方向的坐标 x 有关，而且与沿梁厚度和高度方向的坐标 y 和 z 有关。假定 $X_1(t)$，…，$X_s(t)$ 表示多余未知力（多余约束），$\overline{M}(x)$ 为在选定的基本结构（静定结构）上由作用 $F=1$ 产生的弯矩，$\bar{\sigma}(x,z)$ 为 $F=1$ 作用在基本结构产生的应力，$M_L(x)$ 为 t_1 时刻由给定的恒荷载在基本结构上产生的弯矩，$M_{pr}(x)$ 为 t_0 时刻初始预应力在基本结构上产生的弯矩，λ_{pr} 为从 t_0 时刻到 t_1 时刻用初始预应力描述的长期预应力损失，$\varepsilon_{sh}(x,y,z,t)$ 为自干燥开始到 t 时刻的收缩应变。假定由给定荷载和预应力引起的 $\Delta X_{i,L}(t)$ 和 $\Delta X_{i,pr}(t)$ 的变化已经求出。利用式（7-123）和叠加原理，并注意到单位柔度表达式（7-121），得到：

$$w_F(t)=f_{F,L}\frac{1+\varphi(t,t_1)}{E(t_1)}+f_{F,pr}\frac{1+\varphi(t,t_0)}{E(t_0)}-f_{F,pr}\frac{\lambda_{pr}}{E''(t,t_0)}$$
$$+\sum_{i=1}^{n}f_{F,i}\left[\frac{\Delta X_{i,L}(t)}{E''(t,t_1)}+\frac{\Delta X_{i,pr}(t)}{E''(t,t_0)}\right]+w_{F,sh}(t)$$

其中
$$f_{F,pr}=\int\frac{\overline{M}(x)}{I(x)}M_{pr}(x)\mathrm{d}x,f_{F,i}=\int\frac{\overline{M}(x)}{I(x)}M_i(x)\mathrm{d}x$$

$$w_{F,sh}(t)=\int\int\bar{\sigma}(x,z)\varepsilon_{sh}(x,y,z,t)\mathrm{d}A\mathrm{d}x$$

$f_{F.L}$按式（7-125）计算。

参　考　文　献

1 ACI 209 R—92. Prediction of creep, shrinkage and temperature effects in concrete struc tures. American Concrete Institute, Detroit, 1992

2 Bažant Z P. Prediction of concrete creep and shrinkage: past, present and future. Nuclear Engineering and Design, 2001, 203: 27-38

3 Bažant Z P. Prediction of concrete creep effects using age-adjusted effective modulus method. American Concrete Institute Journal, 1972, 69(4): 212-217

4 Bažant Z P and Kim S S. Plastic- fracturing theory for concrete. Journal of the Engineering Mechanics, 1979, 105 (EM3): 407-428

5 Bažant Z P and Kim S S. Nonlinear creep of concrete-adaptation and flow. Journal of the Engineering Mechanics, 1979, 105(EM3): 429-446

6 de Borst R and van den Boogaard A H. Finite-element modeling of deformation and cracking in early-age concrete. Journal of Engineering Mechanics, 1994, 120(12): 2519-2534

7 Bažant Z P and Chern J C. Concrete creep at variable humidity: constitutive law and mechanism. Materials and Structures, 1985, 18(1): 1-20

8 Bažant Z P and Baweja S. Creep and shrinkage prediction model for analysis and design of concrete structures-model B3. RILEM Recommendation, Materials and Structures, 1995, 28 (6): 357-365

9 Bažant Z P and Baweja S. Short form of creep and shrinkage prediction model B3 for structures of medium sensitivity (Addendum to RILEM Recommendation TC 107-GCS). Materials and Structures (Paris), 1996, 29 (12): 587-593

10 Tadros, et al. Prestress losses in pretensioned high-strength concrete bridge girders. Final Report, 2002

11 Gardner N J and Lockman M J. Design provisions for drying shrinkage and creep of normal-strength concrete. ACI Materials Journal, 2001, 98(2): 159-167

12 Hansen T C. Creep of concrete. A discussion of some fundamental problems. Bulletin 33, Swedish Cement and Concrete Institute, 1975

13 GB 50010—2002. 混凝土结构设计规范. 北京：中国建筑工业出版社，2002

14 JTG D62—2004. 公路钢筋混凝土及预应力混凝土桥涵设计规范. 北京：人民交通出版社，2004

15 AASHTO LRFD-2007. AASHTO LRFD Bridge Design Specifications. Washington D C, 2007

16 Huo X S, Al-Omaishi N and Tadros M K. Creep, shrinkage and modulus of elasticity of high performance concrete. ACI Materials Journal, 2001, 98(6)

17 CEB-FIP Model code 1990. 1993, Bulletin D information No. 213/214

18 EN 1992—1—1: 2004. Design of concrete structures-Part 1: General rules and rules for buildings, CEN, 2004

19 JSCE(1986). Standard specification for design and construction of concrete structures, part 1 : Design. Japan Society of Civil Engineers, Tokyo, 1986

20 Kenji S and Takumi S. Recent progress in research on and code evaluation of concrete creep and shrinkage in Japan. Journal of Advanced Concrete Technology, 2004, 2(2): 133-140

21 JSCE(2002). Standard specification for concrete structures, Structural performance verification. Tokyo: Japan Society of Civil Engineers, 2002

22 IS 1345. Indian Standard Code of Practice of Prestressed Concrete, 1975

23 Bradley D T. Creep and shrinkage of a high strength concrete mixture. Thesis presented to the faculty of the Virginia Polytechnic Institute and State University In partial fulfillment of the requirements for the degree of Master of Science in Civil Engineering, 2003

24 Richard M. Compressive creep of prestressed concrete mixtures with and without mineral admixtures. Thesis presented to the faculty of the Virginia Polytechnic and State University In partial fulfillment of the requirements for the degree of Master of Science in Civil Engineering, 2001

25 Bažant Z P, Carreira D and Walser A. Creep and shrinkage in reactor containment shells. Journal of Structural Division, 1975, 101(10): 2117-2131

第 8 章　混凝土结构的裂缝和变形控制

由于混凝土抗拉强度低、延性差，在使用过程中不可避免地会产生裂缝。如果这些裂缝过宽，可能会破坏结构的外观，影响观瞻，甚至会引起人的不适反应。除这些对使用性能的影响外，还会使混凝土中的钢筋暴露于外部环境，进而引起或加重钢筋腐蚀。

同样，在荷载作用下，受弯构件会发生挠曲变形。对于民用建筑而言，梁和板的过度变形会损坏非结构构件（如隔墙），还会引起使用者或居住者的不安。对于桥梁结构而言，变形过大可能会影响车辆行驶的平稳性。

除了因结构配筋不足导致出现明显的裂缝或变形过大反映了混凝土结构安全性不足的情况外，正常情况下混凝土产生裂缝不会影响结构的安全，但为减小裂缝和变形对结构使用性和耐久性的不利影响，设计中必须将使用条件下钢筋混凝土结构构件的裂缝宽度和变形控制在可接受的范围内。

8.1　裂缝

8.1.1　产生裂缝的原因

钢筋混凝土构件出现裂缝的原因有多种，美国混凝土协会 224 委员会（ACI 224）[1] 对裂缝的成因进行了总结，认为多数裂缝是由下列原因中的一个或多个共同作用的结果：

（1）体积变化；

（2）由连续性、反向荷载、长期挠曲或环境影响（包含结构系统的位移）产生的内部或外部应力；

（3）荷载作用。

尽管这三个方面都会使结构产生裂缝，但他们产生的机理不同，造成的后果也不同。体积变化产生内部微裂缝并最终导致裂缝贯通，直接的内部或外部应力既能产生内部微裂缝（如反向疲劳荷载），也能与其他类型的直接应力组合产生弯曲微裂缝。

荷载引起的裂缝是设计中所考虑的裂缝，例如弯曲应力使梁或板产生弯曲裂缝。肉眼看不到的弯曲裂缝出现于应力很低的情况。在非轴拉或非轴压应力下，混凝土的弯曲过程伴随着微裂缝的发展，其中的大多数微裂缝起始于粗骨料与灰浆的界面。

荷载产生的裂缝也称为结构性裂缝，设计时根据使用中的荷载大小进行计算。

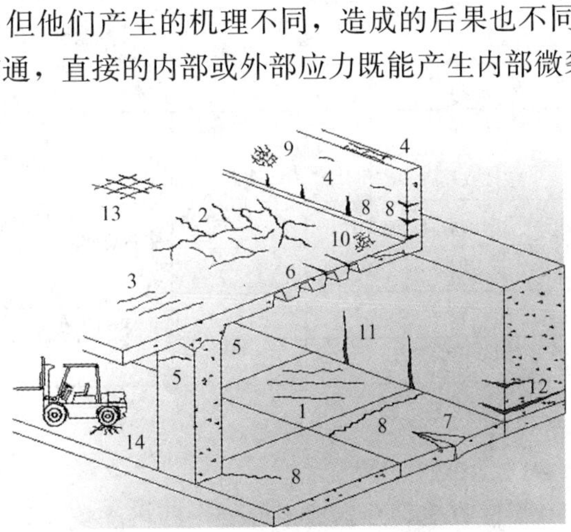

图 8-1　地下室容易出现各种裂缝

其他情况产生的裂缝称为非结构性裂缝。因为引起非结构性裂缝的原因很多，各种因素相互影响且难以量化。所以，混凝土规范中一般从设计、构造、施工和使用维护等多个方面提出要求，但这不等同于非结构性裂缝的危害比结构性裂缝小。事实上，近年来高强混凝土的应用，水灰比的减小，水泥用量增加，掺加细的掺合料，混凝土结构出现非结构性裂缝的现象比较普遍，已成为迫切需要解决的问题。

下面以图 8-1 所示钢筋混凝土建筑物的地下室为例[2]，说明混凝土结构各种裂缝的形式及容易产生的位置，表 8-1 简述了这些裂缝的一些主要特点，表 8-2 描述了这些裂缝出现的大致时间。

不同裂缝出现的位置和特点 **表 8-1**

类　别	位置或方向	可能出现的构件	主要原因	次要原因	出现的时间	参考位置
塑性收缩	斜向	板	水分蒸发过快	泌水率低	30min～6h	①
	任意方向	钢筋混凝土板				②
	钢筋上部	钢筋混凝土板				③
塑性沉陷	钢筋上部	较大截面	泌　水	—	10min～3h	④
	跨越柱间	柱　顶				⑤
	厚度改变处	悬挑的楼板				⑥
早期温度变化	外约束处	墙或板	温度变化受抑制	快速冷却	1d～2 或 3 星期	⑪，⑧
	内约束处	大体积混凝土	温度梯度过大			⑫
	反射于底层钢筋处	钢筋位置	热运动受抑制			⑬
发丝裂缝	紧贴模板处	清水面混凝土	表面砂浆过多	养护差，密实性差	硬化后的任何时间	⑨
	平板工程	板	抹的过平			⑩
干缩	—	板和墙	接缝不合理	—	星期、月、年	⑧
施工移动	地基移动	板，基础	地基处理不当	—	任何时间	⑦
偶然超载	暴露的表面	板	偶然超载	—	浇筑后 1d～2d 易受损	⑭

各种裂缝出现的大致时间 **表 8-2**

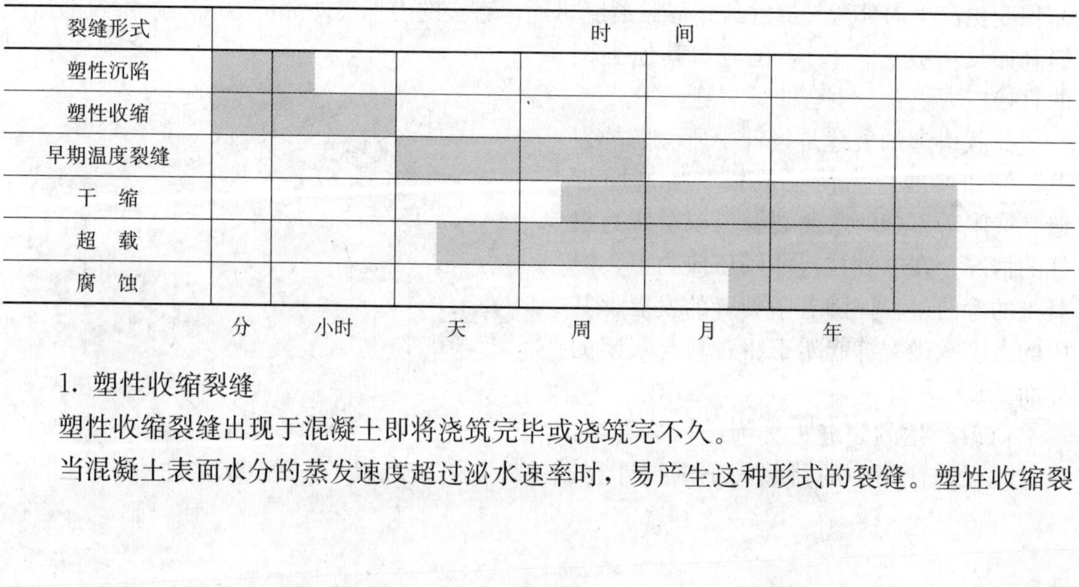

1. 塑性收缩裂缝

塑性收缩裂缝出现于混凝土即将浇筑完毕或浇筑完不久。

当混凝土表面水分的蒸发速度超过泌水速率时，易产生这种形式的裂缝。塑性收缩裂缝易出现于夏天，特别是在天热、有风和湿度较低时。

具有下列特点的混凝土最易产生塑性收缩裂缝：

(1) 水泥含量高；

(2) 水泥颗粒过细；

(3) 水灰比低，包括使用了高效减水剂的混凝土。

避免塑性收缩的措施：

(1) 浇筑完成前刮平或抹平后喷水；

(2) 早上或下午浇筑，避开一天中风最强或天最热的时间；

(3) 浇筑完成后立刻养护；

(4) 一般构件、基础和配筋构件要保持潮湿状态；

(5) 浇筑完成前用聚乙烯等建筑板材覆盖；

(6) 使用聚合物纤维。

2. 发丝裂缝

发丝裂缝是混凝土表面细小的随机裂缝发展的结果，通常是由混凝土表层收缩引起的，裂缝深度一般不超过 2mm，通常形成长度不超过 40mm 的六角形。这种裂缝最可能发生于用钢板压光的表面，不易被发现且很少危及混凝土结构的整体性。

当混凝土不符合混凝土浇筑要求和养护规定时，例如养护差、含有湿骨料，表面快速干燥或混凝土结硬时还存在泌水，都有可能会产生发丝裂缝。

避免发丝裂缝的措施：

(1) 当存在泌水时，不要对混凝土进行抹面；

(2) 不要在塑性混凝土中喷入或掺入干燥剂来吸收泌水。

3. 塑性沉陷裂缝

由于重力作用，塑性混凝土表面泌水，如果混凝土的沉陷受到模板或钢筋的限制，就有可能产生塑性沉陷裂缝。

典型的混凝土塑性沉陷为每米深度约沉降 6～8mm（相应的典型泌水率为 6～8L/m^2）。

降低塑性沉陷的措施：

(1) 必要时对混凝土进行再振捣；

(2) 控制混凝土坍落度（80～100mm），限制泌水；

(3) 对受力筋提供足够的混凝土保护层；

(4) 使用引气混凝土。

4. 早期温度裂缝

随着混凝土硬化，混凝土水化过程产生的热量使混凝土膨胀，当混凝土冷却时混凝土收缩。如果收缩受到限制混凝土就易产生拉应力，导致裂缝出现。

白天浇筑混凝土产生的热量和水化热被晚上凉爽的气温吸收，此时混凝土最易产生早期温度裂缝。

热运动的一般规律为，温度每变化 10℃，混凝土每米长度变化 0.1mm（万分之一应变）。温度裂缝是无规律的，如果混凝土接缝在 48h 内没有切开，那么接缝处混凝土更容易产生温度裂缝。

需特别注意大体积混凝土浇筑时产生的热量。解决方法是使用低热混凝土（如矿渣水泥）或使用绝热模板。绝热模板可以控制热量的释放，避免在表层混凝土与核心混凝土间产生过大的温度梯度。

降低早期温度裂缝的措施：

（1）养护尽可能早；

（2）使用企口接缝，早期切断和隔离接缝；

（3）覆盖混凝土，减少晚间混凝土热量的损失或避免风吹；

（4）延迟拆模时间。

5. 干缩裂缝

干缩是混凝土结构出现裂缝的一个主要原因。这种裂缝很少出现在混凝土浇筑后5～7d内，通常70%～80%出现于混凝土浇筑12个月后。

干缩裂缝是由混凝土硬化、混凝土中水散失、体积减小引起的。开裂程度主要依赖于阻止收缩运动的约束。混凝土干缩程度、强度和弹性模量也有一定影响。

干缩通常为每米0.45～0.8mm（即$4.5\times10^{-4}\sim8\times10^{-4}$的应变），这意味着对于100m长的板，总收缩量为45～80mm，或每5m宽的截面收缩量为2.5～4mm。

水灰比较高的混凝土干缩大，含水量较低和水灰比较低的混凝土干缩小。通常用水量每增加1%，干缩增加2%。所以，控制干缩的一个最重要方面是控制水的用量。

水泥的品种也影响收缩的速率。低水化热水泥（例如矿渣水泥）收缩程度较低。

骨料粒径也很重要。骨料相对于混凝土混合料的比例越大，胶结材料的比例就越低，收缩越小。骨料的类型与硬度也对混凝土的收缩有影响。试验表明，使用玄武岩骨料的混凝土比使用杂砂岩骨料的混凝土收缩要小。

控制干缩裂缝的一般措施：

（1）控制接缝和隔离接缝；

（2）控制使混凝土的坍落度小于100mm；

（3）使用特殊的解决方法，如加入收缩补偿剂，后张拉或真空脱水。

除上述体积变化引起的裂缝外，混凝土内部的化学作用（如碱—骨料反应和钢筋锈蚀膨胀）也会产生裂缝。

6. 荷载引起的裂缝

在拉力、剪力和弯矩作用下，如果钢筋混凝土构件中混凝土的拉应力超过了混凝土抗拉强度，首先在构件的最薄弱位置产生裂缝，如图8-2所示。

轴心受拉产生的裂缝贯穿于构件整个截面，开裂面与荷载作用方向垂直。实际工程中的钢筋混凝土轴心受拉构件不多，最常用的情况是钢筋混凝土屋架。但由于轴心受拉构件

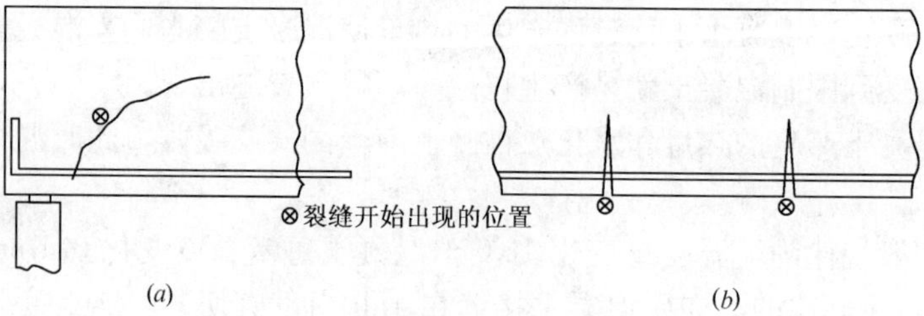

图8-2　剪切裂缝和弯曲裂缝

（a）剪切裂缝；（b）弯曲裂缝

受力比较简单，能够模拟受弯构件的受拉区裂缝开展机理。因此，轴心受拉构件是研究钢筋混凝土构件裂缝的基础。

剪力产生的裂缝一般起于梁的支座处，大致指向集中荷载的作用点，特别是承受较高剪力作用的薄腹梁。剪切裂缝是因为混凝土的主拉应力超过了混凝土抗拉强度而产生的。

8.1.2　弯曲荷载作用下的裂缝宽度

对于承受弯矩作用的梁或板，最终将形成两种形式的裂缝，即主裂缝和次裂缝。为定性讨论弯曲裂缝，考虑纯弯曲的梁（图 8-3）。梁荷载增大了混凝土的拉应力，使梁表面出现间隔分布的离散裂缝，这些裂缝称为主裂缝，随弯矩增加而发展。一般而言，这些裂缝呈楔形，垂直于纵向受拉钢筋，梁底宽度最大，中性轴下某一位置为 0。裂缝使得混凝土的应力和应变急剧减小，因此受拉混凝土产生“弹性恢复”，特别是靠近梁主裂缝的表面。但是，钢筋与混凝土的粘结力某种程度上阻止了这种“弹性恢复”，即钢筋周围的混凝土保持了一定的拉应力和应变，其结果是钢筋周围的裂缝宽度减小。这种持续的拉应力导致主裂缝间混凝土出现次裂缝［图 8-3（b）］，这种次裂缝形成于钢筋附近（混凝土拉力最大），不会延伸到梁的表面。次裂缝的不断出现可导致主裂缝与次裂缝之间形成更小的裂缝。

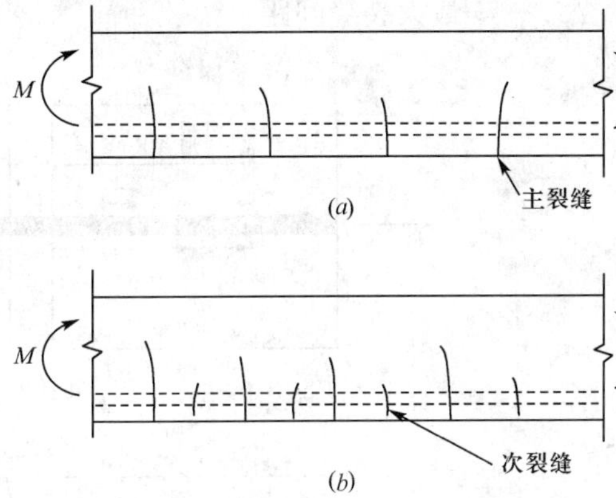

图 8-3　主裂缝和次裂缝

8.1.2.1　裂缝开展机理

钢筋混凝土构件的裂缝宽度和间距受多种因素影响，比较复杂。目前已提出了多种计算理论，主要包括粘结滑移理论、无滑移理论、组合理论、断裂力学理论和统计方法。粘结滑移理论、无滑移理论和组合理论的模型如图 8-4 所示。

1. 粘结滑移理论

早期混凝土裂缝开展机理的研究是以轴心受拉钢筋混凝土试件的试验和分析为基础的，认为裂缝的开展主要依赖于混凝土和钢筋间的粘结。这一理论也称为经典理论。

对于轴心受拉的钢筋混凝土构件，当混凝土拉应力超过其抗拉强度时，薄弱的截面首先出现随机分布的主裂缝。裂缝处混凝土和钢筋间发生滑移。裂缝处混凝土的应力为 0，钢筋独自承担外部荷载。因为混凝土和钢筋间出现的粘结作用使裂缝间混凝土出现弯曲拉应力，在这一区域，应力由钢筋通过粘结力传递给混凝土。裂缝间粘结应力的大小和分布决定了混凝土和钢筋拉应力的分布。

如前所述，在更高的荷载作用下，初始裂缝间将形成次裂缝。当钢筋传递给混凝土的力使混凝土的应变超过其变形能力或产生的应力超过其抗拉强度时，这些次裂缝将持续形成，随着荷载的继续增大，先期形成的次裂缝有可能发展成为主裂缝。

前面的假设就是 Watstein 和 Parsons[3] 1943 年建立的粘结滑移理论。Hognestad[4]

1962 年给出了相应理论公式的推导。

如图 8-5（a）所示，对于轴心受拉的钢筋混凝土构件，尽管在较高的荷载下，主裂缝间将形成次裂缝，但是裂缝间距只能减小至某一最小间距 l_{min}。这是因为随着荷载的增加，已有的主裂缝影响了次裂缝的形成。理论上讲，次裂缝应出现于已有裂缝之间。如图 8-5（a）所示，如果初始裂缝出现于截面 A 和 C，间距为 l，l 略大于最小裂缝间距 l_{min} 的 2 倍，则轴向荷载增加时会在截面 A 和 C 间的截面出现一条新的裂缝。截面 A 和 B 或 B 和 C 间的距离至少大于或等于 l_{min}。但是，如果两个初始裂缝的间距略小于 $2l_{min}$，则在这两个裂缝之间不能再产生新的裂缝。因此，一般条件下裂缝间距在 $l_{min}\sim 2l_{min}$ 之间变化。理论上使用荷载下的平均裂缝间距 l_{cr} 取为：

$$l_{cr}=1.5l_{min}=0.75l_{max} \tag{8-1}$$

式中 l_{max}——最大裂缝间距。

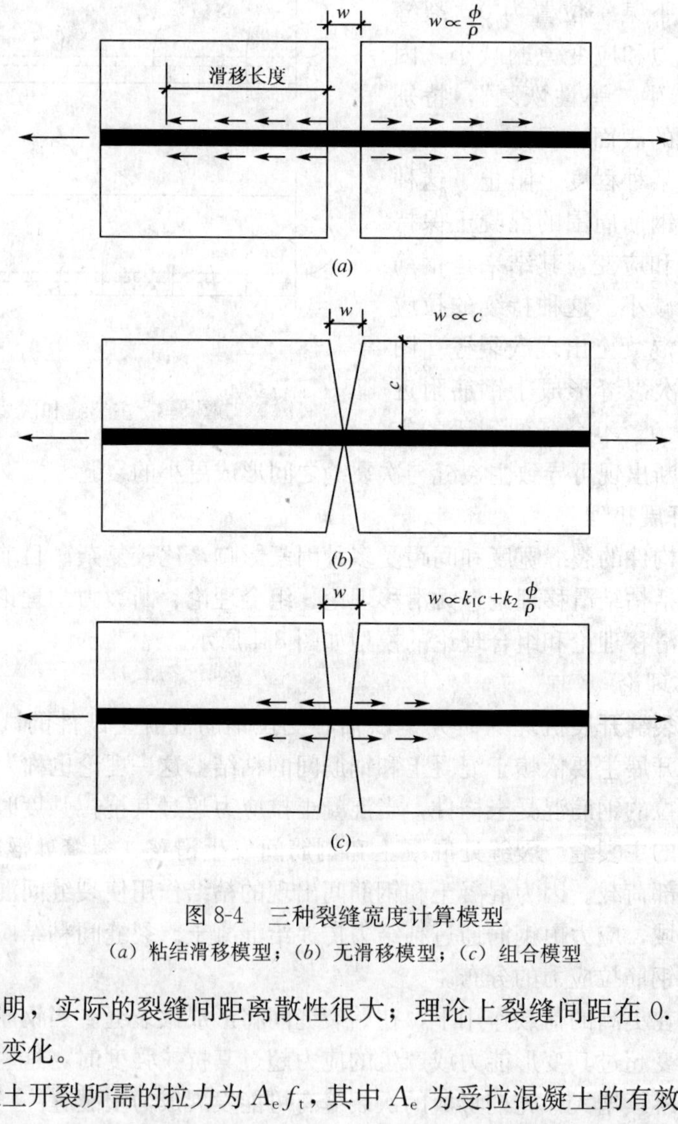

图 8-4 三种裂缝宽度计算模型

（a）粘结滑移模型；（b）无滑移模型；（c）组合模型

上述公式表明，实际的裂缝间距离散性很大；理论上裂缝间距在 0.67～1.33 倍的平均裂缝间距之间变化。

假定使混凝土开裂所需的拉力为 $A_e f_t$，其中 A_e 为受拉混凝土的有效截面面积，f_t 为混凝土的抗拉强度。传递给混凝土的拉力为 $l_{min}\tau u$，其中 τ 为钢筋与混凝土间的平均粘结应力，u 为钢筋周长之和，则两项相等得到：

$$l_{\min} = \frac{A_e f_t}{\tau u} \tag{8-2}$$

对于直径相同的钢筋，$u = 4\dfrac{A_s}{\phi}$，其中 A_s 为钢筋截面面积，ϕ 为钢筋直径。将截面配筋率 $\rho_e = A_s/A_e$ 代入式（8-2）得到：

$$l_{\max} = 2l_{\min} = \frac{f_t \phi}{2\tau\rho_e} \tag{8-3}$$

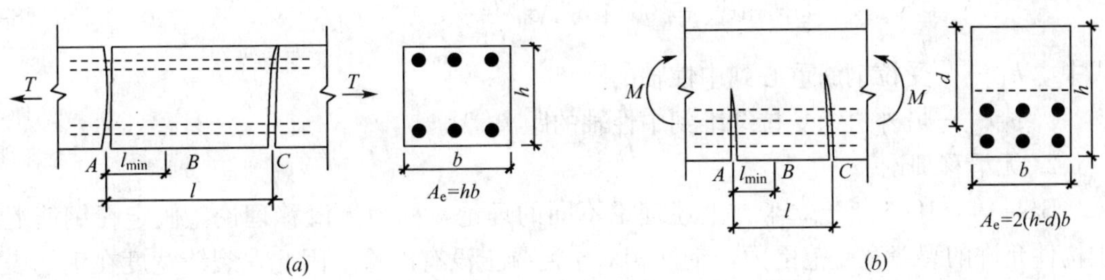

图 8-5　开裂的混凝土构件

（a）轴拉构件；（b）受弯构件

裂缝宽度取为两裂缝间钢筋的伸长量减去混凝土的伸长量。混凝土的伸长很小，可忽略不计，这样最大裂缝宽度为：

$$w_{\max} = \varepsilon_s l_{\max} = \frac{\sigma_s}{E_s} l_{\max} \tag{8-4}$$

式中　σ_s——钢筋应力；

E_s——钢筋弹性模量。

将式（8-3）中的 $l_{\max}$ 代入式（8-4）得：

$$w_{\max} = \frac{\sigma_s \phi}{\rho_e K_1} \tag{8-5}$$

其中

$$K_1 = 2\tau \frac{E_s}{f_t}$$

由于拉应力的实际分布不是均匀的。而上面的推导假定图 8-5（a）中混凝土截面 B 的拉应力为均匀分布且受拉混凝土的有效面积 A_e 为构件的整个截面，这一假定不是很合理，因此许多研究者对最大裂缝宽度的基本公式进行了改进。同样假定裂缝的张开是钢筋与混凝土的相对滑移产生的，裂缝间距根据钢筋粘结传递给混凝土的力来确定，且整个构件高度上裂缝宽度不变。

将式（8-5）用于受弯构件时需要做进一步的假定。A_e 应取为受拉混凝土的有效面积，一般取构件整个宽度和与主筋有相同中心的混凝土的面积，如图 8-5（b）所示。分析表明，将式（8-5）用于受弯构件时，需要减小 ϕ 和 ρ_e 的影响。

根据试验结果，对式（8-5）进行修正得到不同形式的公式。例如，为确定钢筋层的最大裂缝宽度，美国波特兰水泥协会的 Kaar 和 Mattock[5] 1963 年将式（8-5）修改为：

$$w_{\max}=0.115\sqrt[4]{A\sigma_{s}}\times10^{-6}\quad(\text{in})\tag{8-6}$$

式中 A——每根钢筋周围的混凝土面积$\left(A=\dfrac{A_e}{n}\text{，}n\text{ 为钢筋根数}\right)$，$in^2$；

σ_s——钢筋应力，psi。

按照式（8-6）计算的最大裂缝宽度与试验结果的偏差为±40%。

为计算钢筋混凝土梁最外受拉边缘的最大裂缝宽度，Kaar 和 Hognestad[6] 1965 年将式（8-6）修改为：

$$w_{\max}=0.115\sqrt[4]{A\sigma_{s}}\frac{h_2}{h_1}\times10^{-6}(\text{in})\tag{8-7}$$

式中 h_1——受拉钢筋重心到中性轴的距离；

h_2——最外边缘受拉纤维到中性轴的距离。

2. 无滑移理论

Base 等[7]1966 年建立了与上述理论不同的理论，称为无滑移理论。假定在钢筋混凝土构件允许的裂缝宽度范围内，钢筋相对于混凝土没有滑移。因此，裂缝宽度在钢筋表面为 0，随着接近构件表面而增加[图 8-4(*b*)]。这意味着裂缝宽度依赖于周围混凝土的变形。可使用弹性理论来确定裂缝间混凝土的应力和应变分布，这样计算的应力反映了进一步开裂的可能性，应变反映了混凝土表面的变形，因此可以得出裂缝的宽度。

根据美国水泥和混凝土协会对 107 根钢筋混凝土梁的试验结果，给出下面计算梁最大裂缝宽度的公式：

$$w_{\max}=Kc\frac{\sigma_s h_2}{E_s h_1}\tag{8-8}$$

式中 c——裂缝处最外边缘受拉纤维到最近钢筋表面的距离；

K——钢筋品种系数，对于变形钢筋，K 取 3.3，对于光圆钢筋取 4.0。

E_s、σ_s、h_1 和 h_2 的定义同式（8-7）和式（8-4）。

3. 组合理论

一些研究者通过对钢筋混凝土构件裂缝性能的研究提出了更为一般的计算理论。

Bianchini 等[8] 1968 年根据轴心受拉钢筋混凝土试件的简化模型讨论了裂缝的开展机理。第一种机理以有效混凝土截面拉应力均匀分布为基础，如上面所述的经典理论；第二种机理以混凝土应力和观测的内部裂缝重分布为基础。而清楚认识裂缝开展机理的是 Beedy [9]1970 年的研究。Beedy 沿单向钢筋混凝土板底部测量了不同点的裂缝宽度和间距，即式（8-8）中的 c 值，发现裂缝间距和宽度随与钢筋距离的增加而增加，并在与钢筋某一距离处接近于常数，这时只依赖于裂缝的高度。因此，Beedy 得出结论：裂缝宽度由两部分组成，即受裂缝高度限制的部分（$w_{\lim}$）和受邻近钢筋控制的部分（w_0）。

Beeby[10]1979 年在对轴力和弯矩作用的柱试验的基础上，建立了下面 $w_{\lim}$ 的计算公式：

$$w_{\lim}=K_1 h_{cr}\varepsilon_m\tag{8-9}$$

式中 K_1——常数；

h_{cr}——裂缝高度；

ε_m——相邻裂缝间钢筋的平均应变。

为建立 w_0 的公式（受钢筋控制的裂缝宽度），假定裂缝宽度与混凝土保护层厚度 c 、钢筋直径 ϕ 和纵向钢筋配筋率 ρ 有关，通过对轴心受拉试件试验结果的分析，提出下面的公式：

$$w_0 = \left(K_1 c + K_2 \frac{\phi}{\rho}\right)\varepsilon_m \tag{8-10}$$

式中　K_2 ——常数。

受弯构件的裂缝宽度可表示为 $w_{\lim}$ 和 w_0 的组合，即

$$w = \frac{a_{cr} w_0 w_{\lim} \varepsilon_m}{c w_{\lim} + (a_{cr} - c) w_0} \tag{8-11}$$

式中　a_{cr} ——钢筋表面到裂缝宽度计算点的距离。

式（8-9）和式（8-10）中的常数 K_1 根据受轴力和弯矩作用的钢筋混凝土柱的试验结果确定，K_2 根据不同的 c/h_{cr} 值通过经验确定。这些常数对应于不同概率的计算裂缝宽度。例如，对于 5%的超越概率，当 c/h_{cr} 在 0.1～0.3 之间变化时，$K_1 = 1.86$，K_2 的值在 0.04～0.12 间变化。

为使裂缝宽度计算公式简便实用，式（8-9）和式（8-10）可简化为下面的形式：

$$w_{\lim} = 1.5(h - x)\varepsilon_m \tag{8-12}$$

$$w_0 = 3c\,\varepsilon_m \tag{8-13}$$

式中　h ——构件截面高度；

　　　x ——截面受压区高度。

将式（8-12）和式（8-13）代入式（8-11）得到钢筋混凝土受弯构件裂缝宽度的计算公式：

$$w = \frac{3a_{cr}\varepsilon_m}{1 + 2\left(\frac{a_{cr} - c}{h - x}\right)} \tag{8-14}$$

该式被英国标准 BS 8110：第 1 部分（1997）[11]采用。

4. 断裂力学方法

Bažant 和 Oh [12] 1983 年采用断裂力学的能量判据和强度判据对钢筋混凝土构件裂缝间距和裂缝宽度进行了理论研究。强度判据判断裂缝能否出现，而能量判据判断裂缝能否实际形成。研究表明，裂缝间距主要依赖于钢筋的轴向应变、钢筋间距、钢筋直径、混凝土断裂能及弹性模量。Oh 和 Kang [13] 1987 年建议使用下面的公式来计算钢筋混凝土构件的平均裂缝间距和最大裂缝宽度：

$$\frac{S_{ave}}{\phi} = 25.7\phi_1^{4.5} + 1.66\phi_2^{1/3} + \frac{0.236 \times 10^{-6}}{\varepsilon_s^2} \tag{8-15}$$

$$\frac{w_{t,\max}}{\phi} = (159\phi_1^{4.5} + 2.83\phi_2^{1/3})(\varepsilon_s + 0.0002)\phi_3 \tag{8-16}$$

式中　ε_s ——钢筋应变；

　　　ϕ_1 ——混凝土保护层厚度与中性轴到受拉面距离的比；

　　　ϕ_2 ——钢筋周围平均有效混凝土面积与钢筋面积的比；

　　　ϕ_3 ——中性轴到受拉面与到钢筋距离的比。

5. 数理统计方法

由于钢筋混凝土构件的裂缝开展机理比较复杂，影响因素较多，难以用一种理论解

释，一些研究者认为从实用角度出发，根据试验结果，统计分析确定经验公式可能更为有效。Gergely 和 Lutz[14] 1968 年用计算机对 6 个研究者的弯曲裂缝数据进行了统计分析。采用多种变量的组合，发现很难建立一个适用于所有数据的公式。影响裂缝宽度的主要变量为受拉混凝土有效截面面积 A_e、钢筋数量、构件边缘或下部保护层、从钢筋处到受拉面混凝土的应变梯度和钢筋应力，其中钢筋应力是最主要的因素。考虑这些因素建立的钢筋处的最大裂缝宽度公式为：

$$w_{max} = 0.091 \frac{\sqrt[3]{t_s A}}{1 + t_s / h_1}(f_s - 5) \times 10^{-3} \tag{8-17}$$

式中 w_{max} ——最大裂缝宽度，in；

A ——每根钢筋周围受拉混凝土的平均有效面积（A_e/n，n 为钢筋数量），in^2；

t_s ——边缘保护层厚度，从外部钢筋的中心算起，in；

f_s ——钢筋应力，ksi；

h_1 ——受拉钢筋中心到中性轴的距离，in。

梁底面的最大裂缝宽度为：

$$w_{max} = 0.091 \sqrt[3]{t_b A}\frac{h_2}{h_1}(f_s - 5) \times 10^{-3} \tag{8-18}$$

式中 t_b ——底部混凝土保护层厚度，从最底层的钢筋中心算起，in；

h_2 ——梁腹部最外层受拉纤维到中性轴的距离，in。

其他变量的含义与式（8-17）相同。

Nawy（1968）[15] 根据他自己的及 Hognestad（1962）[4]、Kaar 和 Mattock（1963）[5] 和 Base 等（1966）[7] 的最大裂缝宽度试验数据，对式（8-17）的准确性进行了比较，计算的裂缝宽度的离散性相当大。Nawy 同样根据试验数据对式（8-6）和式（8-8）计算的最大裂缝宽度进行了比较，同样发现有很大的离散性。通过对变形钢筋、钢丝、刻痕钢丝网和光圆钢丝网单向板试验结果的对比分析，Lloyd 等（1969）[16] 得出结论，Gergely 和 Lutz 的公式（8-17）和式（8-18）与试验结果符合得比较好。

我国也在根据试验结果利用数理统计方法建立钢筋混凝土构件裂缝宽度计算公式方面做了大量工作，研究成果分别被我国港口工程设计规范和公路桥梁设计规范采用，后面将会做进一步介绍。

8.1.2.2 其他方法

20 世纪 70 年代到 90 年代，随着钢筋混凝土结构设计逐步由容许应力法向极限状态设计法过渡，裂缝宽度的计算受到重视，相应的研究增多。下面是一些主要的研究及提出的计算公式。

1. Chi 和 Kirstein 的方法

为确定试件内混凝土的拉应力，Chi 和 Kirstein 1958 年[17] 对轴心受拉试件的裂缝间距和裂缝宽度进行了研究。假定作用于钢筋周围的粘结应力由 0 线性变化到其最大值，其中构件中心为 0，端部最大。通过弹性分析按构件半长的平衡计算中间截面的最大拉应力。平均裂缝间距为混凝土拉应力等于混凝土抗拉强度时的单元长度。忽略混凝土的伸长，平均裂缝宽度按构件裂缝间钢筋的伸长量计算。

研究表明，裂缝间距和宽度与混凝土圆柱体的直径有关。采用直径为 4 倍钢筋直径的圆柱体得出下面的计算公式：

$$S_{min} = 5\tau\phi \tag{8-19}$$

$$w_{s,ave} = \frac{5\tau\phi}{E_s}\left(f_s - \frac{438}{\tau\phi}\right) \tag{8-20}$$

式中　S_{min}——最小裂缝间距，mm；

$w_{s,ave}$——钢筋处的平均裂缝宽度，mm；

E_s——钢筋弹性模量，MPa；

f_s——钢筋应力，MPa；

ϕ——钢筋直径，mm；

τ——与受拉区有效混凝土面积和单根钢筋面积之比有关的系数，通过对 16 根试件的研究，其值为 0.786～1。

2. Broms 的方法

Broms[18]采用与 Chi 和 Kirstein 稍不同的方法计算了混凝土由粘结力产生的拉应力。梁纯弯段相邻裂缝间的混凝土块是独立的，粘结力施加在混凝土块的两端。在钢筋处这些力沿梁宽按平面线荷载均匀分布。粘结力的大小取为开裂截面钢筋总拉力的一半。弹性分析的结果表明，在两相邻弯曲裂缝间的圆周内混凝土有很高的纵向拉应力，其中心位于钢筋的中部（图 8-6）。

Broms 根据这些结果推断，只有当相邻裂缝间距大于从钢筋中心算起的混凝土保护层厚度的 2 倍时，其间才会产生新的裂缝，即对于配置单根钢筋的混凝土梁，最大裂缝间距 S_{max} 为两倍的混凝土保护层厚度（$S_{max} = 2c$）。最小裂缝间距 S_{min} 为最大裂缝间距的一半，即等于混凝土保护层厚度（$S_{min} = c$）。所以，理论上平均裂缝间距 S_{ave} 等于 1.5 倍的混凝土保护层厚度（$S_{ave} = 1.5c$）。

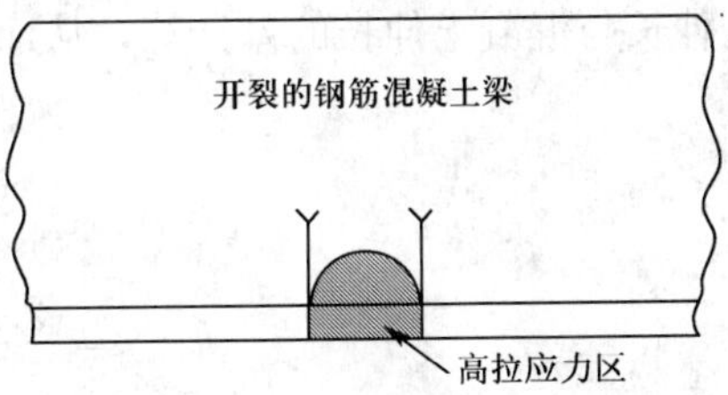

图 8-6　Broms 的分析

但是，Broms 所进行的 10 根梁的试验结果表明，在钢筋应力为 140～205MPa 的范围内，平均裂缝间距为混凝土保护层厚度的两倍（$S_{ave} = 2c$），而不是 1.5c，所以使用平均裂缝间距（$S_{ave} = 2c$）乘以钢筋平均应变 $\varepsilon_{s,ave}$ 计算宽度。因此，当钢筋应力变化范围为 140～205MPa 时，配置单根钢筋混凝土构件受拉面的平均裂缝宽度为

$$w_{t,ave} = 2c\,\varepsilon_{s,ave} \tag{8-21}$$

式中　$w_{t,ave}$——受拉面的平均裂缝宽度。

3. Broms 和 Lutz 的方法

为研究上述结论对配置多根钢筋构件的适用性，Broms 和 Lutz 1965 年[19]对 7 个对称配置 4 根钢筋的混凝土试件进行了偏心受拉试验（图8-7）。试验结果表明，由单根钢筋试件得出的结论同样适用于配置多根钢筋的试件，只需将式（8-21）中的混凝土保护层厚度 c 替换为混凝土等效保护层厚度 c_e，混凝土等效保护层厚度与钢筋间距和混凝

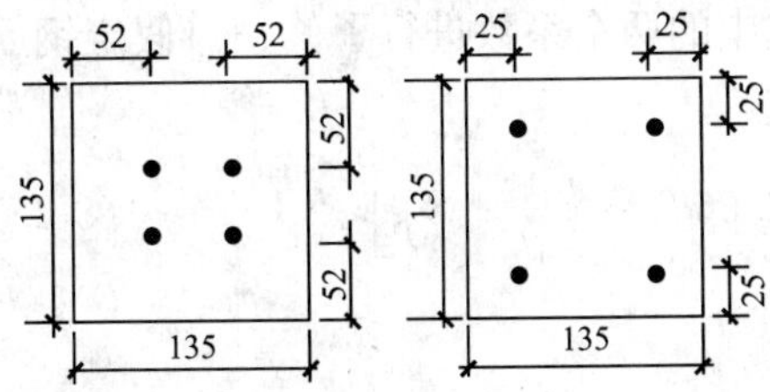

图 8-7　Broms 和 Lutz 试验采用的试件

土保护层厚度有关。假定最大裂缝宽度等于两倍的平均裂缝宽度，混凝土构件在 140～250MPa 应力范围时的最大裂缝宽度为：

$$w_{t,max} = 4c_e\varepsilon_{s,ave} \tag{8-22}$$

式中 $w_{t,max}$ ——受拉面的最大裂缝宽度。

4. Venkateswarklu 和 Gesund 的方法

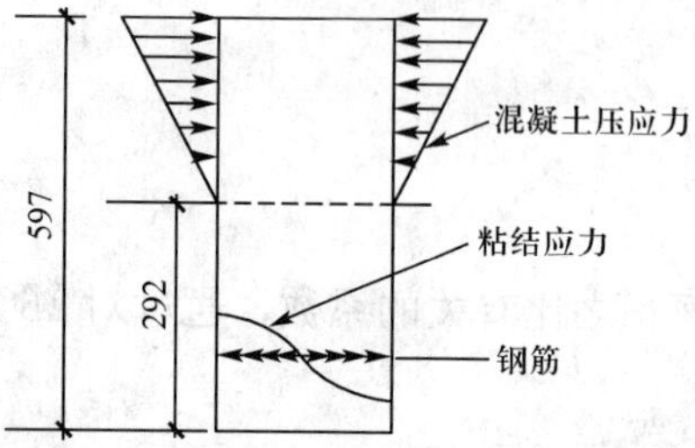

图 8-8 Venkateswarklu 和 Gesund 分析采用的混凝土应力分布

为估计钢筋与混凝土的粘结力，Venkateswarlu 和 Gesund 1972 年[20]使用二维有限元方法对梁两裂缝间的部分进行了分析（图 8-8）。钢筋表面的粘结力以剪力的形式施加于混凝土块上。总粘结力采用三个不同的值，分别为开裂截面钢筋总拉力的 0.1、0.3 和 0.5 倍。粘结应力分布采用线性、抛物线和正弦曲线分布，中间截面的粘结应力为 0，开裂截面处的粘结应力最大，如图8-8。梁全高与裂缝间距比值的范围为 1.6～7.0，共取 5 个值。

分析结果表明，裂缝间混凝土的最大拉应力出现在钢筋表面。钢筋最大应力沿钢筋长度变化，其峰值出现在裂缝截面。将计算的混凝土最大拉应力与抗拉强度进行比较来估计最大裂缝间距。钢筋处的最大裂缝宽度按梁裂缝间钢筋伸长与混凝土伸长的差计算，从而得到下面计算裂缝间距和裂缝宽度的公式：

$$S_{max} = \frac{14.5\phi}{1+n\rho_m} \tag{8-23}$$

$$w_{t,max} = \frac{2.4\times 10^{-5}\phi(1462-f_s)f_s}{(1+n\rho_m)(662-f_s)} \tag{8-24}$$

式中 $w_{t,max}$ ——最大裂缝宽度，mm；

S_{max} ——最大裂缝间距，mm；

ϕ ——钢筋直径，mm；

$n=E_s/E_c$ ——钢筋与混凝土弹性模量比，E_s 和 E_c 分别为钢筋和混凝土的弹性模量；

ρ_m ——换算配筋率，与混凝土保护层厚度有关；

f_s ——钢筋应力，MPa。

5. Watstein、Parsons 和 Clark 的方法

为研究裂缝的形成，Watstein 和 Seese[21]对钢筋混凝土圆柱体进行了轴拉试验。在试验结果的基础上，提出了轴拉构件平均裂缝宽度的计算公式。为使公式也适用于受弯构件，Clark[22]根据 56 根梁和单向板的试验结果对公式中的两个系数进行了修正。假定钢筋与混凝土弹性模量比 $n=8$，Clark 给出了下面的公式：

$$w_{t,ave} = 1.29\times 10^{-6}\left(\frac{h-d}{d}\right)\frac{\phi}{\rho}\left[2.56f_s-\left(\frac{1}{\rho}+8\right)\right] \tag{8-25}$$

式中 h ——梁或板的截面高度，mm；

ϕ ——钢筋直径，mm；

d ——截面有效高度，mm；

f_s ——钢筋应力，MPa。

6. Kaar 和 Mattock 的方法

根据 48 根梁的试验结果，Kaar 和 Mattock[5] 提出了下面最大裂缝宽度的计算公式：

$$w_{s,max} = 1.57 \times 10^{-5} f_s \sqrt[4]{A_e} \tag{8-26}$$

式中　$w_{s,max}$ ——钢筋处的最大裂缝宽度，mm；

f_s ——钢筋应力，MPa；

A_e ——换算截面有效混凝土面积，mm^2。

7. Gergely 和 Lutz 的方法

前面介绍了 Gergely 和 Lutz1968 年建立的裂缝宽度计算公式，通过对大量试验结果的统计分析，Gergely 和 Lutz 1970 年[23] 又建立了下面裂缝宽度的计算公式：

$$w_{t,max} = 0.0132z \tag{8-27}$$

其中

$$z = f_s \sqrt[3]{cA_e} \times 10^{-3} \tag{8-28}$$

式中　f_s ——钢筋应力，MPa；

c ——混凝土保护层厚度，mm；

A_e ——换算截面有效混凝土面积，mm^2。

美国混凝土规范 ACI 318—1995 采用了上面的公式。

8. 蓝宗建和丁大钧的方法

我国蓝宗建和丁大钧[24] 1992 年在对大量的受弯钢筋混凝土试件试验的基础上，建立了最大裂缝间距的计算公式。用最大裂缝间距乘开裂截面的钢筋应变 ε_s 和两个系数 ψ、υ 计算最大裂缝宽度，这两个系数分别反映了钢筋应变和钢筋粘结性能的不均匀性。平均裂缝间距和最大裂缝宽度计算公式如下：

$$S_{ave} = \left(2.7c + 0.11\frac{\phi}{\rho_{te}}\right)\upsilon \tag{8-29}$$

$$w_{t,max} = 1.41 S_{ave} \varepsilon_s \psi \tag{8-30}$$

式中　ρ_{te} ——受拉混凝土有效面积上的配筋率；

c ——混凝土保护层厚度，mm；

ϕ ——钢筋直径，mm；

υ ——与钢筋表面特性有关的系数；

ψ ——钢筋应变不均匀系数；

ε_s ——裂缝处钢筋应变。

9. Chowdhury 和 Loo 的方法

Chowdhury 和 Loo[25] 在对 18 根钢筋混凝土梁和 12 根部分预应力混凝土梁试验的基础上，建立了基于混凝土保护层厚度、钢筋间距、钢筋直径和配筋率的平均裂缝间距计算公式。使用平均裂缝间距乘开裂截面的钢筋应变来确定平均裂缝宽度。最大裂缝宽度取为 1.5 倍的平均裂缝宽度，计算公式如下：

$$S_{ave} = 0.6(c - s_b) + 0.1\frac{\phi}{\rho} \tag{8-31}$$

$$w_{t,max} = 1.5\varepsilon_s S_{ave} \tag{8-32}$$

式中 s_b——钢筋中心间距，mm；

c——混凝土净保护层厚度，mm；

ε_s——裂缝处钢筋应变；

ϕ——钢筋直径，mm；

ρ——配筋率。

10. Frosch 的公式

1999 年 Frosch[26] 提出了下面钢筋混凝土梁或单向板受拉面裂缝宽度的计算公式：

$$w = 2\beta k_b \frac{f_s}{E_s}\sqrt{d_c^2 + \left(\frac{s}{2}\right)^2} \tag{8-33}$$

式中 f_s——受拉钢筋应力，N/mm²；

E_s——钢筋弹性模量，N/mm²；

d_c——受拉面到最近受拉钢筋中心的距离，mm；

β——中性轴到构件受拉面距离与中性轴到受拉钢筋中心距离的比值，可取为 $1+0.003d_c$；

k_b——考虑钢筋粘结特性的系数；

s——钢筋间距（一根钢筋时取构件宽度）。

式（8-33）可用钢筋间距表示为：

$$s = 2\sqrt{\left(\frac{wE_s}{2\beta k_b f_s}\right)^2 - d_c^2} \tag{8-34}$$

式（8-34）是美国规范 ACI 318—99 及以后规范裂缝控制计算的基础。

11. 森田公式

日本森田提出的钢筋混凝土构件钢筋位置最大裂缝宽度的计算公式为：

$$w_{max} = 1.5(4.36 + 0.137A)\left(\frac{\sigma_t - k_1 k_2 F_t/p_e}{E_s} - \frac{k_1 k_2 F}{E_c}\right) \quad (\text{cm}) \tag{8-35}$$

式中 A——面积，$20\text{cm}^2 < A < 150\text{cm}^2$；

k_1、k_2——系数；

σ_t——钢筋应力，kg/cm³；

p_e——钢筋有效配筋率，a_t/A_{ce}；

a_t——钢筋截面面积，cm²；

A_{ce}——混凝土有效受拉区面积，cm²；

E_s——钢筋弹性模量，kg/cm²；

E_c——混凝土弹性模量，kg/cm²。

12. 角田公式

日本角田提出的钢筋混凝土构件钢筋位置处最大裂缝宽度的计算公式为：

$$w_{max} = l_{max}\left(\frac{\sigma_t}{E_s} - \frac{0.4F_t}{E_c p_e}\right) \quad (\text{cm}) \tag{8-36}$$

式中 l_{max}——最大裂缝间距，按下式计算：

$$l_{max} = \begin{cases} 3.72c\left(1 + 0.18\dfrac{e_s}{c}\right) & \dfrac{e_s}{c} \leqslant 2.5 \\ 5.4c & \dfrac{e_s}{c} > 2.5 \end{cases}$$

c ——混凝土保护层厚度；

e_s ——钢筋净间距。

其他变量的意义同式（8-35）。

8.1.2.3　双向板的裂缝宽度

由于受双向应力的作用，用钢筋混凝土梁的裂缝宽度公式计算钢筋混凝土双向板的裂缝宽度得到的结果偏低，但关于双向板裂缝宽度计算方法的研究很少。Nawy 和 Blair[27,28] 的研究表明，双向板的裂缝宽度主要受钢筋应力和钢筋在两个正交方向的间距影响。室内双向板的混凝土净保护层厚度一般在 20mm 左右，这样保护层厚度不再是一个设计中考虑的变量。

Nawy 和 Blair 根据钢筋混凝土双向板的试验，提出下面计算裂缝最大宽度的公式：

$$w = k\beta f_s \sqrt{I} \tag{8-37}$$

其中

$$I = \frac{d_{b1} s_2}{\rho_{t1}} = \frac{s_1 s_2 d_c}{d_{b1}} \times \frac{8}{\pi},\ \rho_{t1} = \frac{A_{s1}}{12 d_{b1} + 2c_1}$$

式中　k ——断裂参数，对于受均布荷载作用的约束方板取 2.8×10^{-5}，对于承受集中荷载作用的板或短边与长边之比小于 0.75、大于 0.5 的板取 2.1×10^{-5}，对于短边与长边之比小于 0.5 的板取 1.6×10^{-5}；

β ——取值为 1.20～1.35 的常数，简化计算时可取 1.25；

f_s ——使用荷载下的平均钢筋应力，或取为钢筋屈服强度的 40%，ksi；

d_{b1} ——方向 1 最外层钢筋的直径，in；

s_1 ——方向 1 钢筋的间距，in；

s_2 ——方向 2 钢筋的间距，in；

ρ_{t1} ——方向 1 单位宽度（1in）纵向钢筋的配筋率；

A_{s1} ——方向 1 单位宽度（1in）纵向钢筋的面积，in^2/in；

c_1 ——方向 1 纵向钢筋的净保护层厚度，in。

上面的公式中，方向 1 指最外层钢筋的方向，方向 2 指与最外层钢筋垂直的方向。系数 k 考虑了板边界的受约束条件。对于简支双向板，k 的值乘 1.5。对于平板中没有配置横向钢筋或其间距 $s_2 \geqslant 12$in(300mm) 的区域，取 $s_2 = 12$in(300mm)。

8.1.3　影响裂缝宽度的因素

从上面的计算公式可以看出，所有研究者都认为钢筋混凝土构件的裂缝宽度随开裂截面处钢筋应力的增加而增大，公式中的钢筋应力或应变都以乘子的形式出现。同时各研究者也认为混凝土强度对裂缝宽度的影响不大；只有式（8-24）、式（8-35）和式（8-36）通过弹性模量反映了混凝土的影响。但是，各研究者对影响裂缝宽度的其他因素没有统一的结论。

正如 Gergely 和 Lutz（1968）[14] 的报告所述，每项研究所采用的试件的特征和其他变量的间接影响都可能导致研究结论的差异。不同研究者的结论中，如钢筋直径、配筋率和混凝土保护层厚度等变量都不同程度地包含在计算公式中。这样，按不同的公式进行计算时，上述变量对裂缝宽度的影响也会不同。但每个计算公式中都反映了下列趋势：当其他变量不变时，钢筋直径和混凝土保护层厚度的增加及配筋率的减小都使裂缝宽度增大。下面为不同研究者得到的不同因素对裂缝影响的结论。

1. 混凝土保护层厚度的影响

如上所述，所有的计算公式都认为增加混凝土保护层厚度会增大裂缝宽度。尽管如此，一般认为增加混凝土保护层厚度是保护钢筋免受腐蚀的最实用方法之一。为研究不同混凝土保护层厚度的影响，Makhlouf 和 Malhas 1996 年[29]对 16 根梁进行了试验并对裂缝测量宽度和裂缝计算宽度进行了比较。

试验结果表明，当混凝土保护层厚度由 30mm 增加到 60mm 时，裂缝宽度测量值增加 16%。但是，如果按美国规范 ACI 318—1995 和英国规范 BS 8110：第 2 部分（1985）推荐的裂缝宽度公式进行计算，则增加超过 80%，这两本规范分别采用的是 Gergely 和 Lutz (1968)[14]及 Beeby（1979）[10]的公式。由此可得出结论，英国规范的裂缝宽度公式对混凝土保护层厚度的变化过于敏感。

另外，如 Frosch（1999）[26]的报告中所指出的，Gergely 和 Lutz（1968）[14]为建立裂缝宽度公式而进行的试验仅使用了 65mm 厚的混凝土保护层厚度。所以，以此为基础建立的 ACI 318—1995 计算公式是否适用于混凝土保护层厚度超过 65mm 的情况值得讨论。

2. 配筋率和钢筋直径的影响

由于钢筋直径和配筋率间的相互作用，目前还没有单独研究两者对裂缝宽度的影响，因为设计一组一次只改变钢筋直径或配筋率的试件非常困难。正如 Kaar（1968）[30]的报告所述，这个困难使不同研究者的试验结果产生了很大差异，还可能对某些重要因素的影响产生不同的结论。

上述事实可为试验结果得出的另一结论证明。Makhlouf 和 Malhas（1996）[29]根据钢筋混凝土梁的试验结果进一步指出不同配筋率（0.0031、0.0056、0.0087 和 0.0138）对裂缝宽度测量值没有显著影响，与上面的不同配筋率对应的是不同的钢筋直径（分别为 12mm、16mm、20mm 和 25mm）。也可以认为使用高配筋率时裂缝宽度至少在一定程度上减小了，补偿了使用粗钢筋导致的裂缝宽度增加，从而导致裂缝宽度的总体变化不明显。这表明一些因素的间接作用使得配筋率影响的结论不明确。

3. 梁高的影响

多数研究者没有将梁高作为影响裂缝间距和宽度的一个主要因素考虑，只有 Clark (1956) 考虑了梁高和有效高度对裂缝宽度的影响［式（8-25)］。在其他的研究中，都认为是粘结应力使相邻裂缝间混凝土块产生了拉应力，而忽略了作用于截面中性轴以上的压力。实际上中性轴以上的压力对钢筋附近的混凝土拉应力也有影响，从而影响裂缝间距和裂缝宽度，特别是在薄腹构件中。

4. 荷载类型的影响

所有的裂缝间距和裂缝宽度计算公式都是建立在对纯弯区的分析和试验研究的基础上的，虽然没有证明其适用范围的有效性，但假定这些公式适用于所有相似荷载类型的情况，即使在弯矩变化区也是如此。

美国 ACI 224 委员会通过对大量试验结果和计算理论的分析，得出了下面影响裂缝宽度因素的结论[1]：

(1) 钢筋应力（或应变）是影响裂缝宽度的最主要变量；

(2) 混凝土保护层厚度和钢筋周围混凝土截面面积是主要的几何变量；

(3) 受拉面的裂缝宽度受钢筋位置到受拉面应变梯度的影响；

(4) 钢筋直径不是主要变量。

Suri 和 Dilger 1986 年[31]通过对大量试验结果的研究，认为裂缝宽度与多种因素有关，最主要的因素如下：

(1) 钢筋类型。不同类型钢筋的粘结特征不同，与混凝土间具有不同的荷载-滑移特征，因此所使用钢筋的类型对裂缝宽度有显著影响。

(2) 混凝土保护层。有效混凝土保护层厚度为梁受拉表面到最近钢筋表面的距离，裂缝宽度与保护层厚度间呈比例关系。

(3) 钢筋总面积。钢筋一般均匀分布在受拉面，因此，能有效控制裂缝。

(4) 混凝土强度。配筋相同的梁中混凝土强度的提高将增大开裂弯矩和受拉混凝土面积。

裂缝形成和发展是一个受多种因素影响的复杂问题。因此，不同研究者得出的结论有时互相矛盾。对于裂缝间距和裂缝宽度，Nawy (1968)[15]提出了下面的观点：

(1) 在一定的范围内，裂缝宽度是裂缝间距的函数。

(2) 裂缝宽度和裂缝间距服从正态分布。

(3) 裂缝宽度是钢筋应变（因此也是应力）的函数，其关系虽然是非线性的，有时也近似为线性关系。

(4) 两裂缝间混凝土的收缩应变和拉应变很小，可以忽略。

(5) 混凝土保护层厚度对裂缝宽度有重要影响。

8.1.4 规范中裂缝宽度的计算

计算荷载作用下钢筋混凝土结构的裂缝宽度非常重要，各国设计规范都有明确的规定，但计算方法和公式不同。下面是一些国家混凝土结构设计规范中的裂缝宽度计算方法。

1. 我国《混凝土结构设计规范》(GB 50010—2002)

我国《混凝土结构设计规范》[32]采用的钢筋混凝土构件的裂缝宽度计算方法是以半理论半经验公式为基础的。对于矩形、T 形、倒 T 形和 I 形截面的钢筋混凝土受拉、受弯和偏心受压构件及预应力混凝土轴心受拉和受弯构件，按荷载效应的标准组合并考虑长期作用影响的最大裂缝宽度按下式计算：

$$w_{\max} = \alpha_{cr}\psi\frac{\sigma_{sk}}{E_s}\left(1.9c + 0.08\frac{d_{eq}}{\rho_{te}}\right) \tag{8-38}$$

式中 $w_{\max}$ ——最大裂缝宽度，mm；

α_{cr} ——构件受力特征系数，按表 8-3 采用；

ψ ——裂缝间纵向受拉钢筋应变不均匀系数，按下式计算：

$$\psi = 1.1 - 0.65\frac{f_{tk}}{\rho_{te}\sigma_{sk}}$$

当 $\psi < 0.2$ 时，取 $\psi = 0.2$；当 $\psi > 1$ 时，取 $\psi = 1$；对直接承受重复荷载的构件，取 $\psi = 1$；

d_{eq}——钢筋等效直径，按下式计算：

$$d_{eq}=\frac{\sum n_i d_i^2}{\sum n_i \upsilon_i d_i}$$

ρ_{te}——钢筋有效配筋率，按下式计算：

$$\rho_{te}=\frac{A_s+A_p}{A_{te}}$$

当 $\rho_{te}<0.01$ 时，取 $\rho_{te}=0.01$；

E_s——钢筋弹性模量；

c——最外层纵向受拉钢筋外边缘至受拉区底边的距离，mm：当 $c<20$mm 时，取 $c=20$mm；当 $c>65$mm 时，取 $c=65$mm；

A_{te}——有效受拉混凝土截面面积：对轴心受拉构件，取构件截面面积；对受弯、偏心受压和偏心受拉构件，取 $A_{te}=0.5bh+(b_f-b)h_f$；此处，b_f、h_f 为构件受拉翼缘的宽度、高度；

A_s——受拉区纵向非预应力钢筋截面面积；

A_p——受拉区纵向预应力钢筋截面面积；

d_{eq}——受拉区纵向钢筋的等效直径，mm；

d_i——受拉区第 i 种纵向钢筋的公称直径，mm；

n_i——受拉区第 i 种纵向钢筋的根数；

υ_i——受拉区第 i 种纵向钢筋的相对粘结特性系数，按表 8-4 采用；

σ_{sk}——按荷载效应的标准组合计算的钢筋混凝土构件纵向受拉钢筋的应力或预应力混凝土构件纵向受拉钢筋的等效应力。

构件受力特征系数 **表 8-3**

类型	α_{cr}	
	钢筋混凝土构件	预应力混凝土构件
受弯、偏心受压	2.1	1.7
偏心受拉	2.4	—
轴心受拉	2.7	2.2

钢筋的相对粘结特性系数 **表 8-4**

钢筋类别	非预应力钢筋		先张法预应力钢筋			后张法预应力钢筋		
	光面钢筋	带肋钢筋	带肋钢筋	螺旋肋钢丝	刻痕钢丝、钢绞线	带肋钢筋	钢绞线	光面钢丝
υ_i	0.7	1.0	1.0	0.8	0.6	0.8	0.5	0.4

钢筋混凝土构件受拉区纵向钢筋的应力标准值按下面的公式计算：

（1）轴心受拉构件

$$\sigma_{sk}=\frac{N_k}{A_s} \tag{8-39}$$

（2）偏心受拉构件

$$\sigma_{sk}=\frac{N_k e'}{A_s(h_0-a_s')} \tag{8-40}$$

(3) 受弯构件

$$\sigma_{sk}=\frac{M_k}{0.87h_0A_s} \tag{8-41}$$

(4) 偏心受压构件

$$\sigma_{sk}=\frac{N_k(e-z)}{A_s z} \tag{8-42}$$

$$z=\left[0.87-0.12(1-\gamma_f')\left(\frac{h_0}{e}\right)^2\right]h_0,\ e=\eta_s e_0+y_s,\ \gamma_f'=\frac{(b_f'-b)h_f'}{bh_0}$$

$$\eta_s=1+\frac{1}{4000e_0/h_0}\left(\frac{l_0}{h}\right)^2$$

式中　A_s——受拉区纵向钢筋截面面积：对轴心受拉构件，取全部纵向钢筋截面面积；对偏心受拉构件，取受拉较大边的纵向钢筋截面面积；对受弯、偏心受压构件，取受拉区纵向钢筋截面面积；

e'——轴向拉力作用点至受压区或受拉较小边纵向钢筋合力点的距离；

e——轴向压力作用点至纵向受拉钢筋合力点的距离；

z——纵向受拉钢筋合力点至截面受压区合力点的距离，且不大于 $0.87h_0$；

η_s——使用阶段的轴向压力偏心距增大系数，当 $l_0/h\leqslant 14$ 时，取 $\eta_s=1.0$；

y_s——截面重心至轴向受拉钢筋合力点的距离；

γ_f'——受压区翼缘截面面积与腹板有效截面面积的比值；

b_f'、h_f'——受压区翼缘的宽度、高度；计算 γ_f' 时，当 $h_f'>0.2h_0$ 时，取 $h_f'=0.2h_0$；

N_k、M_k——按荷载效应的标准组合计算的轴向力值、弯矩值。

2. 我国《港口工程混凝土结构设计规范》(JTJ 267—98)

我国《港口工程混凝土结构设计规范》[33] 中钢筋混凝土构件最大裂缝宽度的计算方法是以文献［34～36］的数理统计公式为基础的。对于钢筋混凝土矩形、T 形、倒 T 形和 I 形截面受拉、受弯和偏心受压构件，最大裂缝宽度可按下计算：

$$w_{max}=\alpha_1\alpha_2\alpha_3\frac{\sigma_{sl}}{E_s}\left(\frac{c+d}{0.30+1.4\rho_{te}}\right) \tag{8-43}$$

式中　w_{max}——最大裂缝宽度，mm；

α_1——构件受力特征系数：对受弯构件，α_1 取 1.0；对大偏心受压构件，α_1 取 0.95；对偏心受拉构件，α_1 取 1.10；对轴心受拉构件，α_1 取 1.20；

α_2——考虑钢筋表面形状的影响系数：对光面钢筋，α_2 取 1.4；对变形钢筋，α_2 取 1.0；

α_3——考虑荷载长期效应组合或重复荷载影响的系数，α_3 取 1.5，对短期效应组合 α_3 取 1.0～1.2，对施工期 α_3 取 1.0；

c——最外排纵向受拉钢筋的保护层厚度，当 c 大于 50mm 时，c 取 50mm；

d——钢筋直径，当采用不同直径时，取其加权平均的换算直径，mm；

ρ_{te} ——纵向受拉钢筋的有效配筋率，按下式计算：

$$\rho_{te} = \frac{A_s}{A_{te}}$$

当 $\rho_{te} < 0.01$ 时，取 $\rho_{te} = 0.01$；当 $\rho_{te} > 0.1$ 时，取 $\rho_{te} = 0.1$；

A_{te} ——有效受拉混凝土截面面积，mm^2；对轴心受拉构件，A_{te} 取构件截面面积；对受弯、偏心受拉、偏心受压构件，取 A_{te} 为 $2a_s b$，a_s 为受拉钢筋重心至受拉区边缘的距离，对矩形截面，b 为截面宽度，对有受拉翼缘的倒 T 形、I 形截面，b 为受拉区翼缘宽度；

A_s ——受拉区纵向钢筋截面面积，mm^2；对轴心受拉构件，A_s 取全部纵向钢筋截面面积；对受弯、偏心受拉及大偏心受压构件，A_s 取受拉区纵向钢筋截面面积或受拉较大一侧的钢筋截面面积；

σ_{sl} ——按荷载长期效应组合计算的钢筋混凝土构件纵向受拉钢筋的应力，MPa。

JTJ 267—98 规范中的钢筋应力计算公式与 GB 50010—2002[32] 规范相同，只是将标准轴力、弯矩改为长期组合的轴力、弯矩。

3. 我国《水工混凝土结构设计规范》(DL/T 5057—2008)

我国《水工混凝土结构设计规范》(DL/T 5057— 2008)[37] 规定，矩形、T 形及 I 形截面的钢筋混凝土受拉、受弯和偏心受压构件，按标准组合并考虑长期作用影响的最大裂缝宽度 w_{max} 按下式计算：

$$w_{max} = \alpha_{cr}\psi\frac{\sigma_{sk} - \sigma_0}{E_s}l_{cr} \tag{8-44}$$

其中

$$\psi = 1 - 1.1\frac{f_{tk}}{\rho_{te}\sigma_{sk}}$$

$$l_{cr} = \begin{cases} \left(2.2c + 0.09\dfrac{d}{\rho_{te}}\right)\nu & 20\text{mm} \leqslant c \leqslant 65\text{mm} \\ \left(65 + 1.2c + 0.09\dfrac{d}{\rho_{te}}\right)\nu & 65\text{mm} < c \leqslant 150\text{mm} \end{cases}$$

式中 α_{cr} ——考虑构件受力特征的系数：对受弯和偏心受压构件，取 $\alpha_{cr} = 1.90$；对偏心受拉构件，取 $\alpha_{cr} = 2.15$；对轴心受拉构件，取 $\alpha_{cr} = 2.45$；

ψ——裂缝间纵向受拉钢筋应变不均匀系数：当 $\psi < 0.2$ 时，取 $\psi = 0.2$；对直接承受重复荷载的构件，取 $\psi = 1$；

l_{cr} ——平均裂缝间距；

E_s——钢筋弹性模量；

ν——考虑钢筋表面形状的系数：对带肋钢筋，取 $\nu = 1.0$；对光圆钢筋，取 $\nu = 1.4$；

f_{tk} ——混凝土轴心抗拉强度标准值；

c ——最外层纵向受拉钢筋外边缘至受拉区底边的距离，mm：当 $c < 20$mm 时，取 $c = 20$mm；当 $c > 150$mm 时，取 $c = 150$mm；

d——钢筋直径 mm，当采用不同直径的钢筋时，改用换算直径 $4A_s/u$，此处，u 为纵向受拉钢筋截面总周长；

ρ_{te} ——纵向受拉钢筋的有效配筋率，按下式计算：

$$\rho_{te}=\frac{A_s}{A_{te}}$$

当 $\rho_{te}<0.03$ 时，取 $\rho_{te}=0.03$；

A_{te}——有效受拉混凝土截面面积：对受弯、偏心受拉及大偏心受压构件，A_{te}取为其重心与受拉钢筋 A_s 重心相一致的混凝土面积，即 $A_{te}=2a_s b$，其中 a_s为 A_s重心至截面受拉边缘的距离，b 为矩形截面的宽度，对有受拉翼缘的倒 T 形及 I 形截面，b 为受拉翼缘宽度，对全截面受拉的偏心受拉构件，A_{te}取拉应力较大一侧钢筋的相应有效受拉混凝土截面面积；对轴心受拉构件，A_{te}取为 $2a_s l_s$，但不大于构件全截面面积，其中 a_s为一侧钢筋重心至截面边缘的距离，l_s为沿截面周边配置的受拉钢筋重心连线的总长度；

A_s——受拉区纵向钢筋截面面积：对受弯、偏心受拉及大偏心受压构件，A_s 取受拉区纵向钢筋截面面积；对全截面受拉的偏心受拉构件，A_s取拉应力较大一侧的钢筋截面面积；对轴心受拉构件，A_s取全部纵向钢筋截面面积；

σ_{sk} ——按标准组合计算的构件纵向受拉钢筋应力：对于轴心受拉构件、受弯构件和偏心受压构件同式（8-39）、式（8-41）和式（8-42）；对于偏心受拉构件按下式计算：

$$\sigma_{sk}=\frac{N_k}{A_s}\left(1\pm1.1\frac{e_s}{h_0}\right)$$

对小偏心受拉构件，上式括号内第二项取减号；对大偏心受拉构件，取加号；

σ_0 ——钢筋的初始应力：对于长期处于水下的结构，允许采用 $\sigma_0=20\text{N/mm}^2$；对于干燥环境中的结构，取 $\sigma_0=0$。

4. 我国《公路钢筋混凝土及预应力混凝土桥涵设计规范》(JTG D 62—2004)

我国《公路钢筋混凝土及预应力混凝土桥涵设计规范》(JTG D 62—2004)[38]规定，矩形、T 形和 I 形截面钢筋混凝土构件及 B 类预应力混凝土受弯构件，最大裂缝宽度按下式计算：

$$w_{tk}=C_1C_2C_3\frac{\sigma_{ss}}{E_s}\left(\frac{30+d}{0.28+10\rho}\right)\tag{8-45}$$

其中

$$\rho=\frac{A_s+A_p}{bh_0+(b_f-b)h_f},\ C_2=1+0.5\frac{N_l}{N_s},\ d_e=\frac{\sum n_i d_i^2}{\sum n_i d_i}$$

式中 C_1 ——钢筋表面形状系数：对光面钢筋取 1.4，对带肋钢筋取 1.0；

C_2 ——作用（或荷载）长期效应影响系数，其中 N_l 和 N_s 分别为按作用（或荷载）长期效应组合和短期效应组合计算的内力值（弯矩或轴向力）；

C_3 ——与构件受力性质有关的系数：当为钢筋混凝土板式受弯构件时取 1.15，其他受弯构件取 1.0，轴心受拉构件取 1.2，偏心受拉构件取 1.1，偏心受压构件取 0.9；

σ_{ss} ——钢筋应力；

d ——纵向受拉钢筋直径，mm：当采用不同直径的钢筋时，d 改用换算直径 d_e，式中，对钢筋混凝土构件，n_i 为受拉区第 i 种普通钢筋的根数，d_i 为受拉区第 i 种普通钢筋的公称直径；对混合配筋的预应力混凝土构件，预应力钢筋为由多根钢丝或钢绞线组成的钢丝束或钢绞线束，式中 d_i 为普通钢筋公称直径、钢丝束或钢绞线束的等代直径 d_{pe}，$d_{pe}=\sqrt{n}d$，此处 n 为钢丝束中钢丝根数或钢绞线中钢绞线根数，d 为单根钢丝或钢绞线的公称直径。对于钢筋混凝土构件中的焊接钢筋骨架，公式中的 d 或 d_e 乘以 1.3 系数；

ρ ——纵向受拉钢筋配筋率：对钢筋混凝土构件，当 $\rho>0.02$ 时取 $\rho=0.02$；当 $\rho<0.006$ 时取 $\rho=0.006$；对于轴心受拉构件，ρ 按全部受拉钢筋截面面积的一半计算；

b_f、h_f ——构件受拉翼缘宽度、厚度。

当配置环氧树脂涂层带肋钢筋时，公式中的 d 或 d_e 需乘以 1.25 的系数。

式（8-45）是根据文献［34～36］的研究成果确定的。

5. 我国《铁路桥涵钢筋混凝土和预应力混凝土结构设计规范》（TB 10002.3—2005）

对于钢筋混凝土矩形、T 形及工字形截面受弯及偏心受压构件，我国《铁路桥涵钢筋混凝土和预应力混凝土结构设计规范》（TB 10002.3—2005）[39] 规定的裂缝宽度计算公式如下：

$$w_f=K_1K_2r\frac{\sigma_s}{E_s}\left(80+\frac{8+0.4d}{\sqrt{\mu_z}}\right) \tag{8-46}$$

其中

$$K_2=1+\alpha\frac{M_1}{M}+0.5\frac{M_2}{M},\ \mu_z=\frac{(\beta_1n_1+\beta_2n_2+\beta_3n_3)A_{sl}}{A_{cl}},\ A_{cl}=2ab$$

式中 w_f ——计算裂缝宽度，mm；

K_1 ——钢筋表面形状影响系数，对光面钢筋 $K_1=1.0$，带肋钢筋 $K_1=0.8$；

K_2 ——荷载特征影响系数；

α ——系数，对光面钢筋取 0.5，对带肋钢筋取 0.3；

M_1 ——活荷载作用下的弯矩，MN·m；

M_2 ——恒荷载作用下的弯矩，MN·m；

M ——全部计算荷载作用下的弯矩，当主力作用时为恒载弯矩与活载弯矩之和，主力加附加力作用时为恒载弯矩、活载弯矩及附加力弯矩之和，MN·m；

r ——中性轴至受拉边缘的距离与中性轴至受拉钢筋重心的距离之比，对梁和板，r 可分别采用 1.1 和 1.2；

σ_s ——受拉钢筋重心处的钢筋应力，MPa；

E_s ——钢筋的弹性模量，MPa；

d ——受拉钢筋直径，mm；

μ_z 受拉钢筋的有效配筋率；

n_1、n_2、n_3 ——单根、两根一束和三根一束的受拉钢筋根数；

β_1、β_2、β_3 ——考虑成束钢筋的系数，对单根钢筋 $\beta_1=1.0$，两根一束 $\beta_2=0.85$，三根一束

$\beta_3 = 0.70$；

A_{sl}——单根钢筋的截面面积，m^2；

A_{cl}——与受拉钢筋相互作用的受拉混凝土面积，取为与受拉钢筋重心相重合的混凝土面积（即图 8-9 中的阴影面积，图中 a 为钢筋重心至受拉边缘的距离），m^2。

6. 美国《建筑规范对结构混凝土的要求》（ACI 318）

1995 年的美国规范 ACI 318—95[40] 采用的钢筋混凝土最大裂缝宽度计算公式是 Gergely 和 Lutz 在 Cornell 大学大量试验结果统计分析的基础上提出的：

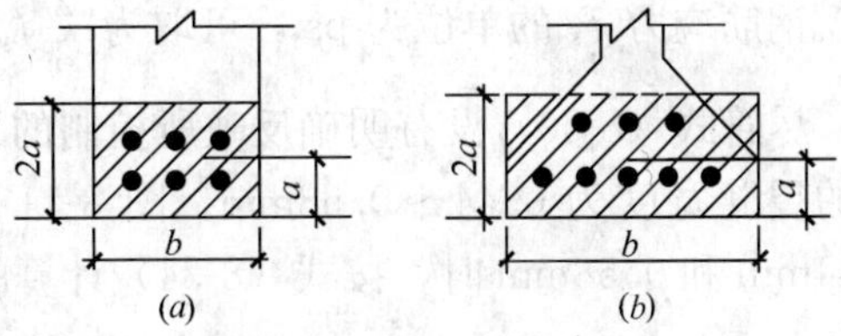

图 8-9　A_{cl} 计算示意图

$$w = 0.076\beta f_s \sqrt[3]{d_c A} \tag{8-47}$$

式中　w——最大裂缝宽度（0.001in）；

f_s——钢筋应力，ksi；

d_c——混凝土保护层厚度，in，从受拉表面至最靠近该面钢筋中心的距离；

β——从受拉表面及从钢筋形心至中性轴两者的距离之比；

A——包围一根钢筋的混凝土面积，in^2，等于包围全部钢筋且形心相同的混凝土有效受拉总面积除以钢筋根数。

将室内的容许最大裂缝宽度取 $[w_{max}] = 0.016$in（0.41mm），室外取 $[w_{max}] = 0.013$in（0.33mm），并近似取 $\beta = 1.2$，则由 $w \leqslant [w_{max}]$ 得：

$$z = f_s \sqrt[3]{d_c A} \leqslant 175\text{ksi/in（室内）} \tag{8-48a}$$

$$z = f_s \sqrt[3]{d_c A} \leqslant 145\text{ksi/in（室外）} \tag{8-48b}$$

式（8-48*a*）和式（8-48*b*）与式（8-28）实质上是相同的，只是表达方式不同。

混凝土开裂位置及开裂宽度具有显著的随机性，即便在实验室条件下也是如此。根据 Frosch[26] 的研究结果［式（8-34）］，在 1999 年的 ACI 318 规范中[41]，不再直接计算钢筋混凝土构件的裂缝宽度，而是通过控制钢筋间距 s 来进行裂缝控制。规范规定与受拉面最近钢筋的距离不超过下式的值：

$$s = \frac{540}{f_s} - 2.5c_c \leqslant 12\left(\frac{36}{f_s}\right) \quad \text{(in)} \tag{8-49}$$

式中　c_c——纵向钢筋到构件表面的净距离，in；

f_s——使用荷载下钢筋的计算应力，ksi。

f_s 可根据未乘系数的弯矩除钢筋面积与内力臂的乘积进行计算，也可取为规定屈服强度的 60%。

为简化起见，在式（8-49）中用混凝土保护层而不用到钢筋的中心进行计算，这样计算 s 时不需要使用钢筋的直径，这样的计算结果略偏保守。但 ACI 318 也指出，对于侵蚀性或需要防水的混凝土结构，只对式（8-49）表示的钢筋间距进行限制尚不够充分，在这种情况下，需要进行特别的研究，包括用式（8-47）和式（8-48）计算可能的最大裂缝宽度和 z 值。

美国规范 ACI 318 规定，式（8-49）用于预应力钢丝束时，f_s 用 Δf_{ps} 代替，其中 Δf_{ps} 取根据开裂截面分析的使用荷载下预应力筋的计算应力与预应力筋预压应力 f_{dc} 的差，不超过 36ksi，f_{dc} 可取有效预应力 f_{se}。

图 8-10 示出了按式（8-49）计算的不同钢筋强度时钢筋间距与保护层厚度的关系。

在 ACI 318—05[42] 和 ACI 318—08[43] 中，将钢筋间距公式改为：

$$s = 15\left(\frac{40000}{f_s}\right) - 2.5c_c \leqslant 12\left(\frac{40000}{f_s}\right) \quad (\text{in}) \tag{8-50}$$

钢筋应力 f_s 的单位为 psi，可取为 $\frac{2}{3}f_y$。

尽管式（8-50）没有明确反映所控制的裂缝宽度，根据式（8-34）进行分析，其相对应的裂缝宽度为 0.44～0.58mm。图 8-11 示出了式（8-50）的计算结果与裂缝宽度为 0.44mm 和 0.58mm 时，按式（8-34）计算的钢筋间距的比较。

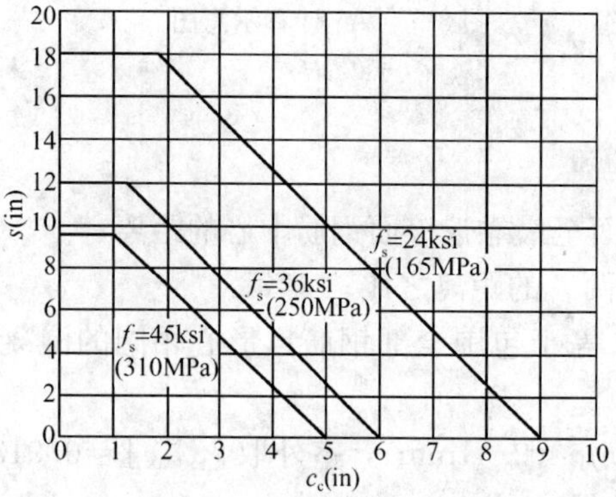

图 8-10　钢筋间距与混凝土保护层厚度的关系

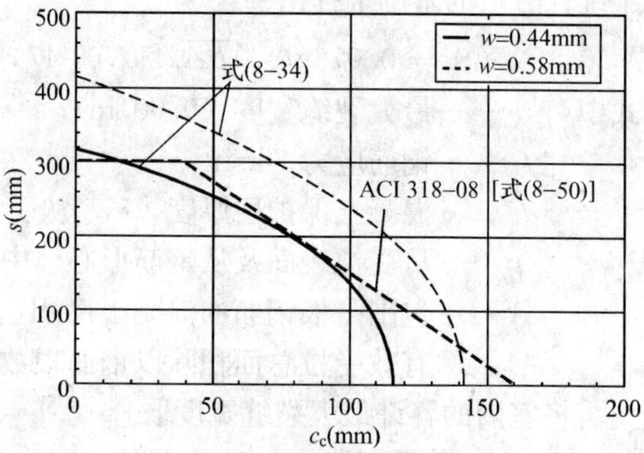

图 8-11　ACI 318—08 的钢筋间距对应的裂缝宽度

7. 美国《荷载与抗力系数桥梁规范》（AASHTO LRFD—2007）

美国桥梁规范 AASHTO LRFD—2007[44] 也采用控制钢筋间距的方法控制钢筋混凝土构件的裂缝，要求靠近受拉面低碳钢筋的间距 s 满足下式：

$$s \leqslant \frac{123000\gamma_e}{\beta_s f_{ss}} - 2d_c \tag{8-51}$$

其中

$$\beta_s = 1 + \frac{d_c}{0.7(h - d_c)}$$

式中　γ_e——暴露系数，一级暴露条件取 1.00，二级暴露条件取 0.75；

d_c——最外层受拉纤维到最近受拉钢筋中心的距离，mm；

f_{ss}——使用极限状态下钢筋的拉应力，MPa；

h——构件总厚度或高度，mm。

8. 加拿大规范《混凝土结构设计》（CSA A23.3—04）

加拿大规范 CSA A23.3—04[45] 规定，在内部暴露条件下，钢筋混凝土梁和单向板受拉区钢筋的间距应使按下式计算的值

$$z = f_s(d_c A)^{1/3} \tag{8-52}$$

不超过 30000N/mm，在外部暴露条件下不超过 25000N/mm，其中 f_s 为钢筋应力，d_c 为最外受拉边缘到最外层钢筋中心的距离，A 为包围受拉钢筋的有效受拉面积，即从受拉钢筋

重心向上扩展从最边缘纤维到钢筋重心距离的区域的面积除以钢筋数目。在规定荷载下钢筋应力 f_s 按弯矩除以钢筋面积和内力臂计算，f_s 也可取为 60%的规定钢筋屈服强度 f_y，计算 d_c 和 A 时有效混凝土保护层厚度取值不大于 50mm。如果采用环氧钢筋，按式（8-52）计算的值需乘 1.2 的系数。

9. 欧洲规范《混凝土结构设计》（EN 1992—1—1：2004）

欧洲规范 EN 1992—1—1：2004[46] 按下式计算混凝土构件裂缝宽度特征值：

$$w_k = s_{r,\max}(\varepsilon_{sm} - \varepsilon_{cm}) \tag{8-53}$$

式中 $s_{r,\max}$——裂缝最大间距；

ε_{sm}——相关荷载组合下的钢筋平均应变，包括外加变形的影响和考虑了拉伸硬化的影响。只考虑超过混凝土零应变的附加拉应变；

ε_{cm}——裂缝间混凝土的平均应变。

$\varepsilon_{sm} - \varepsilon_{cm}$ 按下式计算：

$$\varepsilon_{sm} - \varepsilon_{cm} = \frac{\sigma_s - \kappa_t \dfrac{f_{ct,eff}}{\rho_{p,eff}}(1 + \alpha_e \rho_{p,eff})}{E_s} \geqslant 0.6\frac{\sigma_s}{E_s} \tag{8-54}$$

其中

$$\rho_{p,eff} = \frac{A_s + \xi_1^2 A_p}{A_{c,eff}}$$

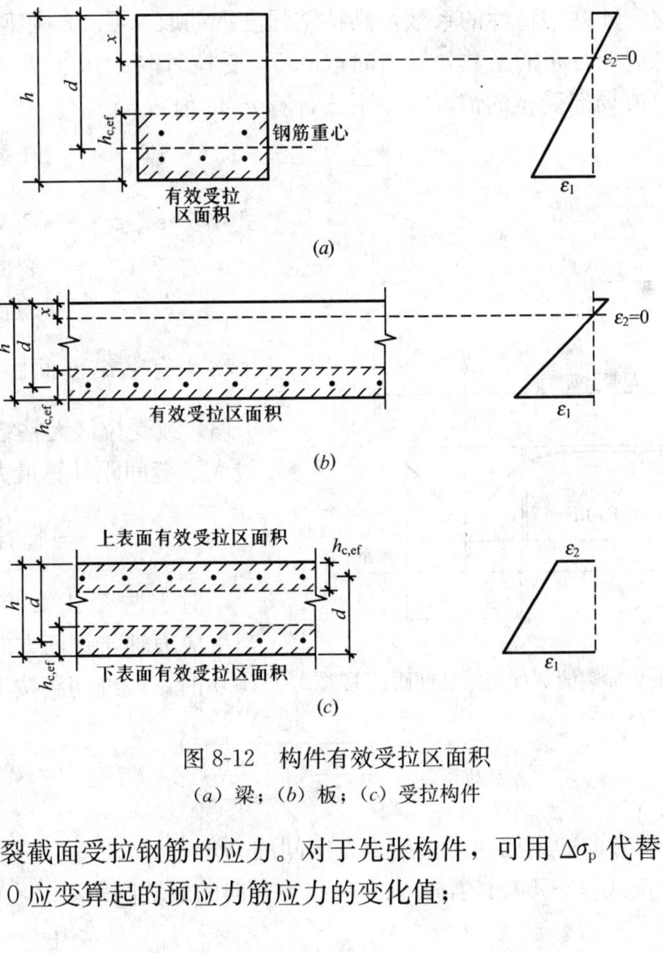

图 8-12　构件有效受拉区面积

(a) 梁；(b) 板；(c) 受拉构件

式中 σ_s——开裂截面受拉钢筋的应力。对于先张构件，可用 $\Delta\sigma_p$ 代替 σ_s，$\Delta\sigma_p$ 为混凝土从 0 应变算起的预应力筋应力的变化值；

α_e ——钢筋与混凝土弹性模量之比；

$A_{c,eff}$ ——有效受拉区面积，即受拉钢筋周围高度为 $h_{c,ef}$ 区域混凝土的面积；

$h_{c,ef}$ ——取 $2.5(h-d)$、$(h-x)/3$ 和 $h/2$ 中的较小者（图 8-12）；

ξ_1 ——考虑预应力筋和普通钢筋不同直径时粘结强度的调整系数；

κ_t ——依赖于荷载持续时间的系数：

短期荷载：$\kappa_t=0.6$；

长期荷载：$\kappa_t=0.4$。

对于有粘结钢筋布置于受拉区中心附近的情况［间距 $\leqslant 5(c+\phi/2)$］，最大裂缝间距按下式计算：

$$s_{r,max}=3.4c+0.425\frac{k_1k_2\phi}{\rho_{p,eff}} \tag{8-55}$$

式中 ϕ ——钢筋直径。当截面内采用不同直径的钢筋时，使用等效钢筋直径 ϕ_{eq}；当截面内有 n_1 根直径为 ϕ_1 的钢筋和 n_2 根直径为 ϕ_2 的钢筋时，可按下式计算：

$$\phi_{eq}=\frac{n_1\phi_1^2+n_2\phi_2^2}{n_1\phi_1+n_2\phi_2}$$

c ——混凝土保护层厚度；

k_1 ——考虑钢筋粘结特性的系数，高粘结强度钢筋取 0.8，光圆钢筋取 1.6；

k_2 ——考虑应变分布的系数，受弯时取 0.5，受拉时取 1.0。

对于偏心受拉或局部受拉的情况，按下式计算 k_2 的值：

$$k_2=\frac{\varepsilon_1+\varepsilon_2}{2\varepsilon_1}$$

式中 ε_1、ε_2 ——所考虑截面边缘按开裂截面计算的拉应变的较大值和较小值。

当有粘结筋间距 $>5\left(c+\frac{\phi}{2}\right)$（图 8-13）或受拉区无粘结筋时，按下面的最大裂缝间距计算最大裂缝宽度：

$$s_{r,max}=1.3(h-x) \tag{8-56}$$

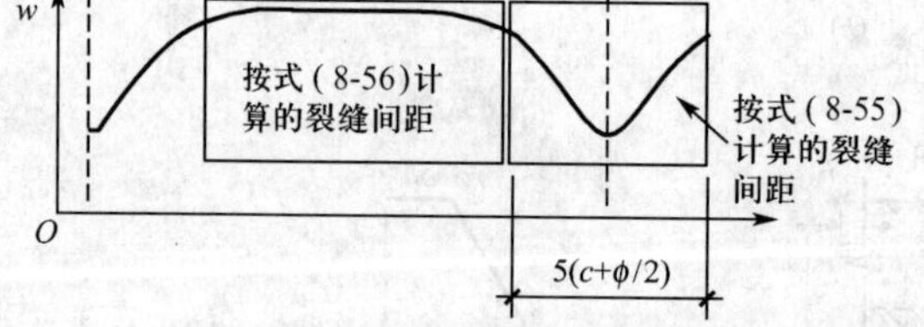

图 8-13 混凝土表面裂缝宽度与钢筋间距的关系

对于两个正交方向配筋的构件，当主应力轴与钢筋方向的夹角较大（>15°）时，裂缝间距按下式计算：

$$s_{r,max}=\frac{1}{\frac{\cos\theta}{s_{r,max,y}}+\frac{\sin\theta}{s_{r,max,z}}} \tag{8-57}$$

式中 θ ——y 方向的钢筋与主拉应力方向间的夹角；

$s_{r,max,y}$、$s_{r,max,z}$ ——按式（8-55）计算的 y 方向和 z 方向的裂缝间距。

10. 日本《土木工程协会设计指南》(JSCE—2002)

日本《土木工程协会设计指南》(JSCE—2002)[47]计算钢筋混凝土构件最大裂缝宽度的公式为：

$$w = 1.1k_1k_2k_3\left[4c + 0.7(c_s - \phi)\right]\left(\frac{\sigma_{se}}{E_s} + \varepsilon'_{csd}\right) \tag{8-58}$$

式中　k_1——与钢筋表面特征有关的系数；

k_2——考虑混凝土质量对粘结特性影响的系数；

k_3——考虑多层钢筋布置的系数；

c——混凝土保护层厚度，mm；

c_s——钢筋中心间距，mm；

ϕ——钢筋直径，mm；

σ_{se}——钢筋应力从 0 开始的变化值，N/mm^2；

E_s——钢筋弹性模量，N/mm^2；

ε'_{csd}——收缩和徐变应变。

8.1.5 圆形或环形截面构件裂缝宽度的计算

圆形或环形截面钢筋混凝土构件是工程中常用的结构构件之一，如混凝土灌注桩、桥墩、电线杆以及支护排桩等。同样，这些结构构件除需进行强度计算以保证结构的安全外，也需根据使用和耐久性要求进行裂缝宽度验算。相对于矩形截面钢筋混凝土构件而言，圆形或环形截面构件裂缝宽度的计算方法研究不多。下面介绍文献［48，49，50］的圆形截面钢筋混凝土构件裂缝宽度的分析方法。

文献［48，49，50］关于圆形截面构件裂缝宽度计算方法的研究是针对港口码头结构中的混凝土灌注桩的，包括钢筋混凝土大偏心受压构件、受弯构件、大偏心受拉构件、小偏心受拉构件和轴心受拉构件。为与港口工程已有的矩形、T 形、倒 T 形和 I 形截面构件最大裂缝宽度计算公式相协调，最大裂缝宽度计算公式仍采用式 (8-43)，只是改变受拉钢筋配筋率和钢筋应力的计算方法。

8.1.5.1 基本假定

推导圆形截面钢筋混凝土构件钢筋应力采用的假定如下：

(1) 构件截面受压区混凝土应力－应变曲线为二次抛物线，表达式为：

$$\sigma = f_c\left[2\left(\frac{\varepsilon}{\varepsilon_0}\right) - \left(\frac{\varepsilon}{\varepsilon_0}\right)^2\right] \tag{8-59}$$

式中　f_c——混凝土峰值应力（棱柱体抗压强度）；

ε_0——相应于混凝土峰值应力的应变，取 $\varepsilon_0 = 0.002$。

(2) 环向均匀布置的钢筋可等效为沿圆周均匀分布的钢环（钢筋不少于 6 根）。

(3) 构件截面应变沿截面高度保持线性分布，如图 8-14 所示。

(4) 忽略混凝土的抗拉强度。

8.1.5.2 钢筋应力计算

1. 大偏心受压构件

(1) 混凝土和钢筋应力

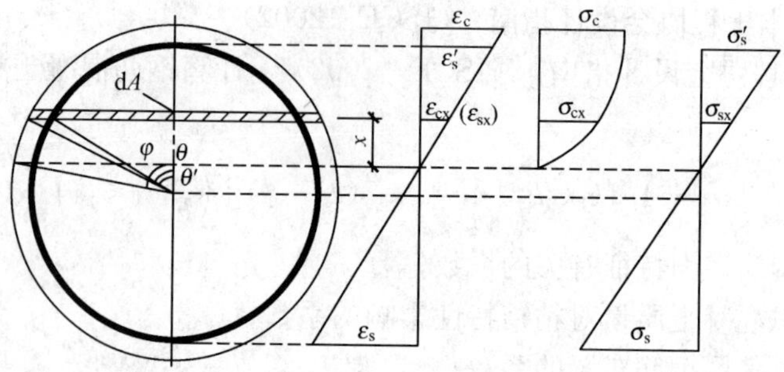

图 8-14 圆形截面的应力、应变分布

在使用荷载作用下，构件截面内力保持平衡状态，截面内力取决于截面的应力及分布。所以，首先需计算构件截面混凝土和钢筋的应力。

1）受压区任一高度 x 处的混凝土应力 σ_{cx}

$$\varepsilon_{cx}=\frac{r\cos\theta-r\cos\varphi}{r_s+r\cos\varphi}\varepsilon_s=\frac{\cos\theta-\cos\varphi}{\frac{r_s}{r}+\cos\varphi}\varepsilon_s \tag{8-60}$$

将式（8-60）代入式（8-59）得：

$$\sigma_{cx}=f_c\left[2\frac{\cos\theta-\cos\varphi}{\frac{r_s}{r}+\cos\varphi}\left(\frac{\varepsilon_s}{\varepsilon_0}\right)-\left[\frac{\cos\theta-\cos\varphi}{\frac{r_s}{r}+\cos\varphi}\right]^2\left(\frac{\varepsilon_s}{\varepsilon_0}\right)^2\right] \tag{8-61}$$

2）截面受压区外缘混凝土应力 σ_c

当 $\theta=0$ 时，由式（8-61）得 σ_c 的表达式：

$$\sigma_c=f_c\left[2\frac{1-\cos\varphi}{\frac{r_s}{r}+\cos\varphi}\left(\frac{\varepsilon_s}{\varepsilon_0}\right)-\left[\frac{1-\cos\varphi}{\frac{r_s}{r}+\cos\varphi}\right]^2\left(\frac{\varepsilon_s}{\varepsilon_0}\right)^2\right] \tag{8-62}$$

3）截面任一高度处钢环的应力 σ_{sx}

由图 8-14 得：

$$\sigma_{sx}=\frac{r_s\cos\theta'-r\cos\varphi}{r_s+r\cos\varphi}\sigma_s\approx\frac{r_s\cos\theta-r\cos\varphi}{r_s+r\cos\varphi}E_s\varepsilon_s=\frac{\frac{r_s}{r}\cos\theta-\cos\varphi}{\frac{r_s}{r}+\cos\varphi}E_s\varepsilon_s \tag{8-63}$$

式中 E_s ——钢筋弹性模量。

（2）构件截面内力

构件截面应力的合力如图 8-15 所示，可通过对截面应力进行积分得到。

1）受压区混凝土合力 D_c

图 8-16 为圆形截面混凝土微单元，如图所示，当 $d\theta\rightarrow0$ 时，$AB\approx\widehat{AB}=rd\theta$，同时

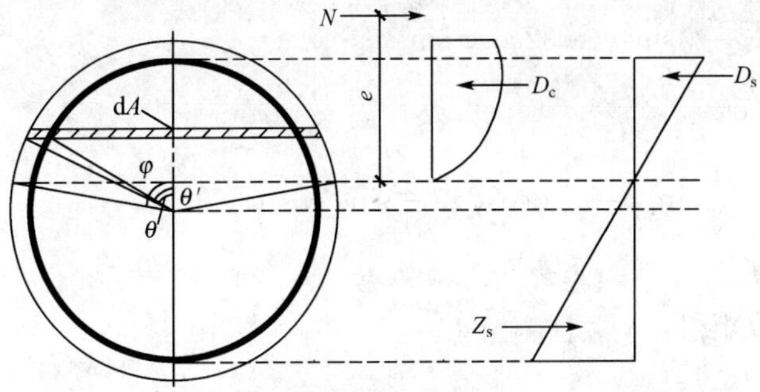

图 8-15　圆形截面大偏心受压构件合力

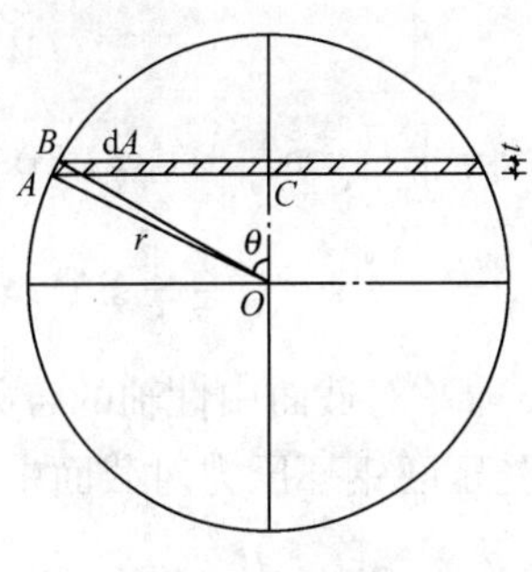

图 8-16　圆形截面混凝土微单元

$$\angle BAC=\frac{\pi}{2}-\angle OAC=\frac{\pi}{2}-\left[\frac{\pi}{2}-(\theta+\mathrm{d}\theta)\right]\approx\theta$$

所以圆形截面任意混凝土微元的面积为：

$$\mathrm{d}A\approx 2r\sin\theta\times t\approx 2r\sin\theta\times r\mathrm{d}\theta\times\sin\theta=2r^2\sin^2\theta\mathrm{d}\theta \tag{8-64}$$

对构件截面受压区混凝土进行积分得受压区混凝土的合力 D_c：

$$D_c=\int_0^{\varphi}\sigma_{cx}2r^2\sin^2\theta\mathrm{d}\theta=f_c\frac{r^2}{\frac{r_s}{r}+\cos\varphi}\left(\frac{2V}{3}\right)\left(\frac{\varepsilon_s}{\varepsilon_0}\right)-2f_c\frac{r^2}{\left(\frac{r_s}{r}+\cos\varphi\right)^2}R\left(\frac{\varepsilon_s}{\varepsilon_0}\right)^2 \tag{8-65}$$

其中

$$V=2\sin^3\varphi-3\varphi\cos\varphi+3\cos^2\varphi\sin\varphi$$

$$R=\frac{1}{8}\varphi-\frac{1}{8}\sin\varphi\cos\varphi-\frac{5}{12}\sin^3\varphi\cos\varphi+\frac{1}{2}\varphi\cos^2\varphi-\frac{1}{2}\cos^3\varphi\sin\varphi$$

2）受压区钢环合力 D_s

钢环微单元面积为：

$$\mathrm{d}A_s=A_s\times\frac{\mathrm{d}\theta}{2\pi}=\rho\pi r^2\times\frac{\mathrm{d}\theta}{2\pi}=\frac{\rho r^2}{2}\mathrm{d}\theta \tag{8-66}$$

式中　ρ——截面配筋率，$\rho=\frac{A_s}{\pi r^2}$。

对 0～φ 弧度上的受压区钢环微单元进行积分得压区钢筋合力 D_s：

$$D_s=2\int_0^{\varphi}\sigma_{sx}\frac{\rho r^2}{2}\mathrm{d}\theta=\frac{1}{\frac{r_s}{r}+\cos\varphi}E_s\varepsilon_s\rho r^2\left(\frac{r_s}{r}\sin\varphi-\varphi\cos\varphi\right) \tag{8-67}$$

3）受拉区钢环的合力 Z_s

对 φ～π 弧度上的钢环微单元进行积分得受拉区钢筋合力 Z_s：

$$Z_s=2\int_{\varphi}^{\pi}\sigma_{sx}\frac{\rho r^2}{2}\mathrm{d}\theta=\frac{1}{\frac{r_s}{r}+\cos\varphi}E_s\varepsilon_s\rho r^2\left[\frac{r_s}{r}\sin\varphi+(\pi-\varphi)\cos\varphi\right] \tag{8-68}$$

4）合力 D_c 对截面中性轴的合力矩 M_c

受压区混凝土压力对截面中性轴取矩得受压区混凝土合力矩 M_c：

$$M_c=\int_0^{\varphi}\sigma_{cx}2r^2\sin^2\theta\mathrm{d}\theta=f_cr^3\frac{1}{\frac{r_s}{r}+\cos\varphi}\left(\frac{W}{24}\right)\left(\frac{\varepsilon_s}{\varepsilon_0}\right)-2f_cr^3\frac{1}{\left(\frac{r_s}{r}+\cos\varphi\right)^2}S\left(\frac{\varepsilon_s}{\varepsilon_0}\right)^2 \tag{8-69}$$

其中

$$W = 12\varphi - 3\sin 4\varphi - 32\cos\varphi\sin^3\varphi$$

$$S = \int_0^{\varphi}(\cos\theta - \cos\varphi)^2\cos\theta\sin^2\theta \mathrm{d}\theta$$
$$= -\frac{1}{5}\sin^5\varphi - \frac{1}{6}\sin^3\varphi\cos^2\varphi + \frac{1}{3}\sin^3\varphi - \frac{1}{4}\varphi\cos\varphi + \frac{1}{4}\sin\varphi\cos^2\varphi$$

5）D_s 对截面中性轴的合力矩 M'_s

受压区钢环压力对截面中性轴取矩得：

$$M'_s = 2\int_0^{\varphi}\sigma_{sx}\frac{\rho r^2}{2}\mathrm{d}\theta$$
$$= \frac{1}{2}E_s\varepsilon_s\rho r_s r^2\frac{1}{\frac{r_s}{r} + \cos\varphi}\left[\frac{r_s}{r}(\varphi + \sin\varphi\cos\varphi) - 2\cos\varphi\sin\varphi\right] \tag{8-70}$$

6）Z_s 对截面中性轴合力矩 M_s

$\varphi \sim \pi$ 弧度上的钢环拉力对截面中性轴取矩得：

$$M_s = 2\int_{\varphi}^{\pi}\sigma_{sx}\frac{\rho r^2}{2}\mathrm{d}\theta$$
$$= \frac{1}{2}E_s\varepsilon_s\rho r_s r^2\frac{1}{\frac{r_s}{r} + \cos\varphi}\left[\frac{r_s}{r}(\pi - \varphi - \sin\varphi\cos\varphi) + 2\cos\varphi\sin\varphi\right] \tag{8-71}$$

（3）钢筋应变的计算表达式

由截面内力和弯矩平衡得：

$$N = D_c + D_s - Z_s \tag{8-72}$$

$$M = M_c + M'_s + M_s \tag{8-73}$$

将式(8-65)、式(8-67)和式(8-68)代入式(8-72)，式(8-69)、式(8-70)和式(8-71)代入式(8-73)，且两端分别除以 $\pi r^2 f_c$ 和 $\pi r^3 f_c$，则得到用无量纲形式表达的轴力和弯矩：

$$n = \frac{N}{f_c\pi r^2} = \frac{1}{\frac{r_s}{r} + \cos\varphi}\left(\frac{2V}{3\pi}\right)\left(\frac{\varepsilon_s}{\varepsilon_0}\right) - \frac{1}{\left(\frac{r_s}{r} + \cos\varphi\right)^2}\left(\frac{2R}{\pi}\right)\left(\frac{\varepsilon_s}{\varepsilon_0}\right)^2$$
$$- \alpha'_E\rho\cos\varphi\frac{1}{\frac{r_s}{r} + \cos\varphi}\left(\frac{\varepsilon_s}{\varepsilon_0}\right) \tag{8-74}$$

$$m = \frac{M}{f_c\pi r^3} = \frac{1}{\frac{r_s}{r} + \cos\varphi}\left(\frac{W}{24\pi}\right)\left(\frac{\varepsilon_s}{\varepsilon_0}\right) - \frac{1}{\left(\frac{r_s}{r} + \cos\varphi\right)^2}\left(\frac{2S}{\pi}\right)\left(\frac{\varepsilon_s}{\varepsilon_0}\right)^2$$
$$+ \frac{\rho}{2}\alpha'_E\left(\frac{r_s}{r}\right)^2\frac{1}{\frac{r_s}{r} + \cos\varphi}\left(\frac{\varepsilon_s}{\varepsilon_0}\right) \tag{8-75}$$

其中

$$\alpha'_E = \frac{E_s\varepsilon_0}{f_c}$$

根据施加的轴力和弯矩，由式（8-74）和式（8-75）构成的非线性方程组解得钢筋应

变 ε_s，即可求得钢筋应力 $\sigma_s = \varepsilon_s E_s$。

2. 受弯构件

可认为受弯构件是大偏心受压构件的一种特殊情况，即对于大偏心受压构件，当 $e_0/r \to \infty$ 时成为受弯构件。因此，受弯构件钢筋应力的表达式与大偏心受压构件相同，只是计算钢筋应力时，式（8-74）中的 N 取为 0，式（8-75）中 M 取构件承受的弯矩即可。

3. 大偏心受拉构件

大偏心受拉构件的计算与大偏心受压构件基本相同，截面内也存在受压区和受拉区。所以，大偏心受拉构件的基本假定、混凝土和钢筋应力分布及截面内力与大偏心受压构件相似，计算时将大偏心受压构件的内力分析结果重新组合即可。截面计算图形如图8-17所示。

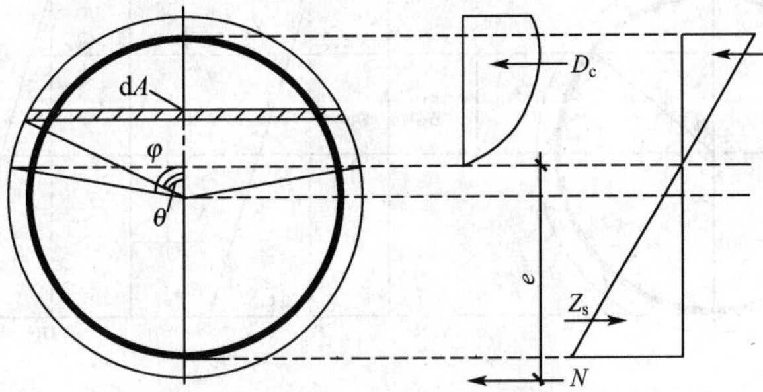

图 8-17 大偏心受拉构件的截面计算简图

由截面力和弯矩平衡得：

$$N = Z_s - D_s - D_c \tag{8-76}$$

$$M = M_c + M'_s + M_s \tag{8-77}$$

将式（8-65）、式（8-67）和式（8-68）代入式（8-76），式（8-69）、式（8-70）和式（8-71）代入式（8-77），并将式（8-76）和式（8-77）两端分别除以 $\pi r^2 f_c$ 和 $\pi r^3 f_c$，则得到用无量纲形式表达的轴力和弯矩：

$$n = \frac{N}{f_c \pi r^2} = \alpha'_E \rho \cos\varphi \frac{1}{\frac{r_s}{r} + \cos\varphi}\left(\frac{\varepsilon_s}{\varepsilon_0}\right) - \frac{1}{\frac{r_s}{r} + \cos\varphi}\left(\frac{2V}{3\pi}\right)\left(\frac{\varepsilon_s}{\varepsilon_0}\right) + \frac{1}{\left(\frac{r_s}{r} + \cos\varphi\right)^2}\left(\frac{2R}{\pi}\right)\left(\frac{\varepsilon_s}{\varepsilon_0}\right)^2 \tag{8-78}$$

$$m = \frac{M}{f_c \pi r^3} = \frac{1}{\frac{r_s}{r} + \cos\varphi}\left(\frac{W}{24\pi}\right)\left(\frac{\varepsilon_s}{\varepsilon_0}\right) - \frac{1}{\left(\frac{r_s}{r} + \cos\varphi\right)^2}\left(\frac{2S}{\pi}\right)\left(\frac{\varepsilon_s}{\varepsilon_0}\right)^2 + \frac{\rho}{2}\alpha'_E\left(\frac{r_s}{r}\right)^2 \frac{1}{\frac{r_s}{r} + \cos\varphi}\left(\frac{\varepsilon_s}{\varepsilon_0}\right) \tag{8-79}$$

同样，根据施加的轴力和弯矩，由式（8-78）和式（8-79）构成的非线性方程组解得钢筋应变 ε_s，即可求得钢筋应力 σ_s。

4. 轴心受拉构件

根据基本假定，构件开裂后拉力全部由钢筋承担。轴心受拉构件截面的计算简图如图 8-18 所示，钢筋应变呈矩形分布。

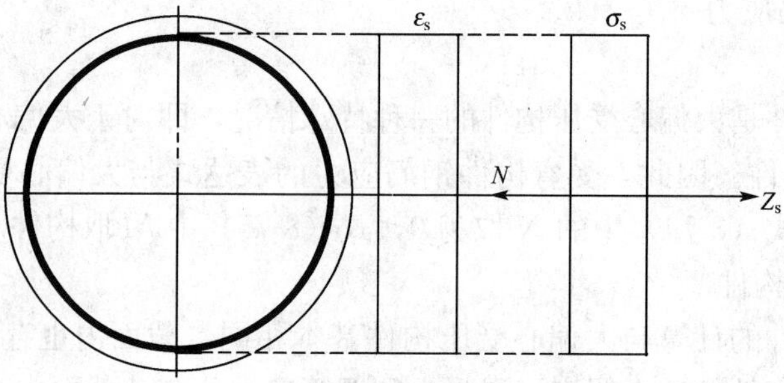

图 8-18 轴心受拉构件的截面计算简图

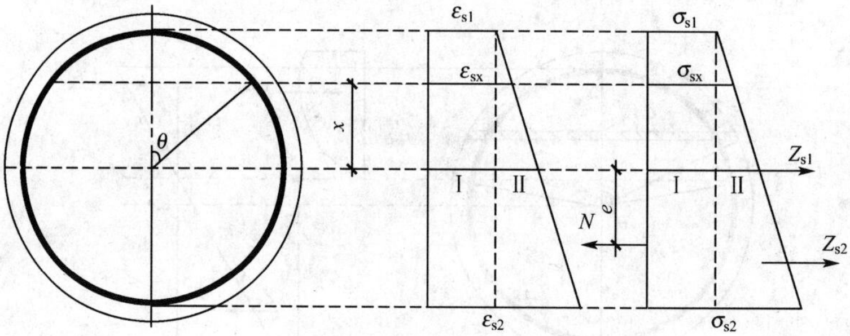

图 8-19 小偏心受拉构件的截面计算简图

根据图 8-18，由力的平衡得：

$$N = Z_s = \sigma_s A_s \tag{8-80}$$

所以轴心受拉构件的钢筋应力为：

$$\sigma_s = \frac{N}{A_s} \tag{8-81}$$

5. 小偏心受拉构件

(1) 钢筋合力的计算

小偏心受拉构件截面的计算简图如图 8-19 所示，钢筋应变呈梯形分布。将钢筋拉力分为两部分：矩形部分 Ⅰ 和三角形部分 Ⅱ。Ⅰ 区的钢筋合拉力为 Z_{s1}，Ⅱ 区的钢筋合拉力为 Z_{s2}。Z_{s1} 的计算与轴心受拉构件相同，得：

$$Z_{s1} = \sigma_{s1} A_s = E_s \varepsilon_{s1} A_s \tag{8-82}$$

Ⅱ 区任意截面的钢筋应变为（θ 为任意截面与圆环交点间中心角的一半，如图 8-19 所示）：

$$\varepsilon_{sx} = \frac{r_s - r_s\cos\theta}{2r_s}(\varepsilon_{s2} - \varepsilon_{s1}) = \frac{1-\cos\theta}{2}(\varepsilon_{s2} - \varepsilon_{s1}) \tag{8-83}$$

则 Ⅱ 区内钢筋合力为：

$$Z_{s2} = 2\int_0^{\pi} \sigma_{sx} \frac{\rho r^2}{2} \mathrm{d}\theta = \frac{1}{2} E_s A_s (\varepsilon_{s2} - \varepsilon_{s1}) \tag{8-84}$$

(2) 钢筋合力矩的计算

Ⅰ区的钢筋合力对截面中心轴取矩得：

$$M_{s1}=0 \tag{8-85}$$

Ⅱ区的钢筋合力对截面中心轴取矩得：

$$M_{s2}=2\int_0^{\pi}\sigma_{sx}\frac{\rho r^2}{2}\mathrm{d}\theta=\frac{1}{4}E_sA_sr_s(\varepsilon_{s2}-\varepsilon_{s1}) \tag{8-86}$$

(3) 钢筋应变计算

将式（8-82）、式（8-84）和式（8-86）代入力和弯矩的平衡方程得：

$$N=Z_{s1}+Z_{s2}=\frac{1}{2}E_sA_s(\varepsilon_{s2}+\varepsilon_{s1}),\ M=M_{s1}+M_{s2}=\frac{1}{4}E_sA_sr_s(\varepsilon_{s2}-\varepsilon_{s1}) \tag{8-87}$$

由 $M=Ne$，根据上面两式可得钢筋应力：

$$\sigma_{s1}=\frac{N}{A_s}\left(1-\frac{2e}{r_s}\right),\ \sigma_{s2}=\frac{N}{A_s}\left(1+\frac{2e}{r_s}\right) \tag{8-88}$$

8.1.5.3　钢筋应力简化计算

前面根据构件正截面受力下常用的基本假定，推导出大偏心受压、受弯和大偏心受拉圆形钢筋混凝土构件轴力 n 和弯矩 m 与纵向钢筋最大拉应变比 $\varepsilon_s/\varepsilon_0$ 和半压力角 φ 的关系式，给定 N 和 M 的值，即可确定 ε_s 值，进而确定钢筋应力。对于小偏心受拉和轴心受拉构件，可直接求解，计算比较简单，但对于大偏心受压、受弯和大偏心受拉构件，需解非线性方程，工程应用非常不便，需要进行简化。

将推导公式在变量的全部取值范围内进行简化是困难的，也是没有必要的，只需将推导公式在工程常用的配筋范围内和钢筋强度下进行简化即可。简化时应使按简化公式计算的纵向钢筋最大拉应力与按前面推导公式计算的钢筋应力误差最小，即：

$$f_x=\sum\left[\sigma_{sc}(n,m)-\sigma_{ss}(n,m)\right]^2 \tag{8-89}$$

式中　$\sigma_{ss}(n,m)$——按简化公式计算的纵向钢筋最大拉应力；

$\sigma_{sc}(n,m)$——按推导公式计算的纵向钢筋最大拉应力。

确定 $\sigma_{sc}(n,m)$ 时，首先根据前面相对轴力 n 和相对弯矩 m 的表达式组成的方程组，求解钢环下部的应变 ε_s 和混凝土的半压力角 φ。但由于这些方程组是非线性的，不能直接求解，为此将这些表达式表示为下面的形式，将 ε_s 和 φ 看作两个优化变量，按优化问题进行求解。该式的最优解为 $f(\varphi,\varepsilon_s/\varepsilon_0)=0$，对应于 ε_s 和 φ 的解即为方程组的解。

$$f\left(\varphi,\frac{\varepsilon_s}{\varepsilon_0}\right)=\left(n-\frac{N_{se}}{f_c\pi r^2}\right)^2+\left(m-\frac{M_{se}}{f_c\pi r^3}\right)^2 \tag{8-90}$$

式中　N_{se}——使用荷载产生的轴力；

M_{se}——使用荷载产生的弯矩。

经过优化分析，得到的不同构件的钢筋应力简化计算公式如下（ρ 的范围为 0.01～0.04）。

大偏心受压构件：

$$\sigma_{ss}=\frac{n^{1.35}\left(\dfrac{e_0}{r}\right)^{3.25}}{0.127\sqrt{\alpha'_E\rho}+\left(0.184+0.36\dfrac{r_s}{r}\right)\alpha'_E\rho n^{0.3}\left(\dfrac{e_0}{r}+0.1\right)^{2.2}}\varepsilon_0E_s \tag{8-91a}$$

受弯构件：

$$\sigma_{ss}=\frac{m^{1.05}}{\left(0.252+0.26\dfrac{r_s}{r}\right)\alpha'_E\rho}\varepsilon_0E_s \tag{8-91b}$$

大偏心受拉构件：

$$\sigma_{ss}=\frac{n^{0.45}\left(\dfrac{e_0}{r}\right)^{3.15}}{0.079\sqrt{\alpha'_E\rho}+\left(0.262+0.24\dfrac{r_s}{r}\right)\alpha'_E\rho n^{-0.6}\left(\dfrac{e_0}{r}-0.25\right)^{2.1}}\varepsilon_0E_s \tag{8-91c}$$

式中 e_0——构件初始偏心距，即 $e_0=M_{se}/N_{se}$。

式（8-91a）~式（8-91c）与推导公式的计算结果和试验结果都符合得很好[49]。

8.1.5.4 有效配筋率

研究表明，计算钢筋混凝土构件的裂缝宽度时，纵向钢筋配筋率采用有效截面配筋率 ρ_{te} 比采用全截面配筋率更合理。对于矩形、T形、倒T形和I形截面轴心受拉构件，由于全截面参与受拉，计算 ρ_{te} 时 A_{te} 取全截面面积；对于受弯、偏心受压和偏心受拉构件，A_{te} 取 $2a_sb$，a_s 为受拉钢筋重心至受拉区边缘的距离；对于圆形截面轴心受拉构件，同样取全截面面积；对于小偏心受拉、大偏心受拉、受弯和大偏心受压构件，纵向受拉钢筋对最大裂缝的约束作用不同，受压钢筋对约束裂缝不起作用，即与最大裂缝距离近的钢筋起的作用大，远的钢筋起的作用小，根据平截面假定，可认为纵向钢筋对裂缝的约束作用与钢筋到混凝土最大裂缝表面的距离成正比，这样可按下面方法计算对最大裂缝起作用的等效钢筋面积 A_{se}（图 8-20 中阴影区域钢筋的面积）。

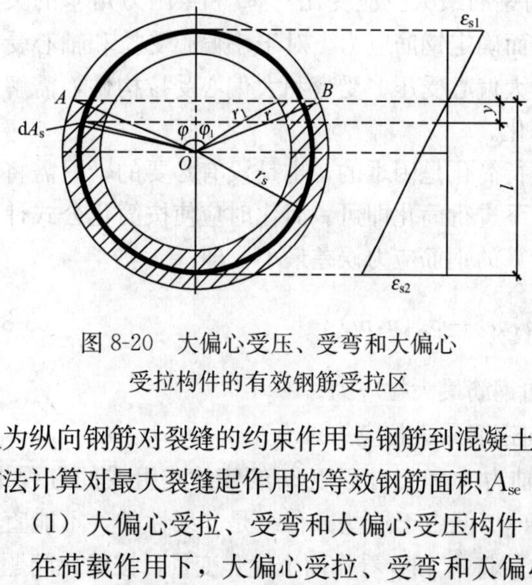

图 8-20 大偏心受压、受弯和大偏心受拉构件的有效钢筋受拉区

（1）大偏心受拉、受弯和大偏心受压构件

在荷载作用下，大偏心受拉、受弯和大偏心受压构件部分截面受拉，部分截面受压。如图 8-20 所示，$l=r+r\cos\varphi$，$y=r\cos\varphi-r\cos\theta$，所以

$$\begin{aligned}A_{se}&=2\int_{\varphi}^{\pi}\frac{y}{l}\frac{\rho r^2}{2}\mathrm{d}\theta=\frac{A_s}{\pi(1+\cos\varphi)}\int_{\varphi}^{\pi}(\cos\varphi-\cos\theta)\mathrm{d}\theta\\&=\frac{A_s}{\pi(1+\cos\varphi)}[(\pi-\varphi)\cos\varphi+\sin\varphi]\end{aligned} \tag{8-92}$$

有效受拉混凝土的面积（图 8-20 中阴影区域的面积）：

$$\begin{aligned}A_{te}&=\frac{2\pi-2\varphi}{2\pi}\pi(r^2-r_1^2)+r^2\sin\varphi\cos\varphi-r_1^2\sin\varphi_1\cos\varphi_1\\&=(\pi-\varphi)(r^2-r_1^2)+0.5r^2\sin(2\varphi)-0.5r_1^2\sin(2\varphi_1)\end{aligned} \tag{8-93}$$

在实际工程中，$r_1/r=0.8\sim0.95$，可取 $\varphi_1\simeq\varphi$，则式（8-93）为：

$$A_{te}=(r^2-r_1^2)\left[\pi-\varphi+0.5\sin(2\varphi)\right] \tag{8-94}$$

所以，受拉钢筋有效配筋率为：

$$\rho_{te}=\frac{A_{se}}{A_{te}}=\frac{A_s\left[(\pi-\varphi)\cos\varphi+\sin\varphi\right]}{\pi(1+\cos\varphi)(r^2-r_1^2)\left[\pi-\varphi+0.5\sin(2\varphi)\right]}=\frac{\beta A_s}{\pi(r^2-r_1^2)} \tag{8-95}$$

其中

$$\beta=\frac{(\pi-\varphi)\cos\varphi+\sin\varphi}{(1+\cos\varphi)\left[(\pi-\varphi)+0.5\sin(2\varphi)\right]} \tag{8-96}$$

在式（8-95）中，$r_1=r-2a_s$，其中 $a_s=c+d/2$ 为钢筋中心到构件外表面的距离，c 为混凝土保护层厚度，d 为钢筋直径。

按照前面的推导公式对大偏心受拉、受弯和大偏心受压构件的半压力角 φ 进行计算，在 $\rho=0.01\sim0.04$、$e_0/r=0.45\sim5.0$ 的范围内，得到 φ 的变化范围，经回归分析，即得到 β 的简化计算公式。

对于大偏心受压构件，由回归分析得到：

$$\beta=(0.4+2.5\rho)\left[1+0.353\left(\frac{e_0}{r}\right)^{-2}\right] \tag{8-97}$$

对于受弯构件，取 $e_0/r\to\infty$，即可由式（8-97）得到：

$$\beta=0.4+2.5\rho \tag{8-98}$$

对于大偏心受拉构件，按式（8-96）进行计算得 $\beta=0.4\sim0.5$。由于 β 对裂缝宽度的影响不是非常明显，为简化计算，取 $\beta=0.45$。

（2）小偏心受拉和轴心受拉构件

小偏心受拉构件与大偏心受拉、受弯和大偏心受压构件不同，其全截面受拉。由于钢筋与最大裂缝表面的距离不同，其对裂缝起的约束作用也不同，仍假定纵向钢筋对裂缝的约束作用与钢筋到混凝土最大裂缝表面的距离成正比，这样可按下面方法计算对最大裂缝起作用的等效钢筋面积 A_{se}。

如图 8-21，根据三角形相似原理得 $a=\dfrac{2r_s\varepsilon_{s1}}{\varepsilon_{s2}-\varepsilon_{s1}}$，所以

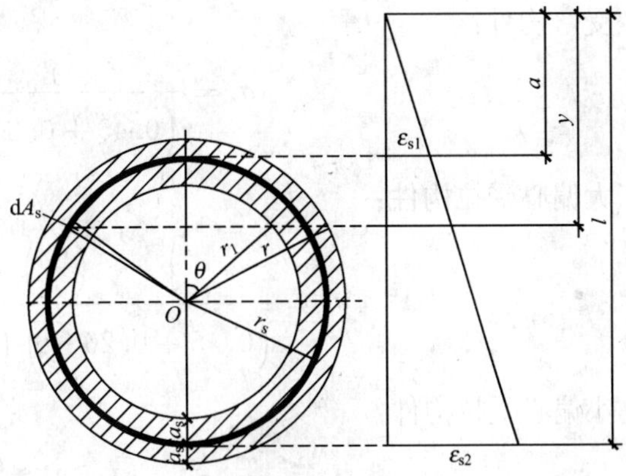

图 8-21　小偏心受拉构件的有效钢筋受拉区

$$l=a+2r_s=\frac{2r_s\varepsilon_{s1}}{\varepsilon_{s2}-\varepsilon_{s1}}+2r_s=\frac{2r_s\varepsilon_{s2}}{\varepsilon_{s2}-\varepsilon_{s1}} \tag{8-99}$$

$$y=a+r_s-r_s\cos\theta=r_s\left(\frac{2\varepsilon_{s1}}{\varepsilon_{s2}-\varepsilon_{s1}}+1-\cos\theta\right) \tag{8-100}$$

钢筋有效受拉面积为：

$$A_{se}=2\int_0^{\pi}\frac{y}{l}\frac{\rho r^2}{2}\mathrm{d}\theta=\frac{2A_s}{2\pi}\int_0^{\pi}\frac{\dfrac{2\varepsilon_{s1}}{\varepsilon_{s2}-\varepsilon_{s1}}+1-\cos\theta}{\dfrac{2\varepsilon_{s2}}{\varepsilon_{s2}-\varepsilon_{s1}}}\mathrm{d}\theta$$

$$= \frac{A_s}{\pi} \times \frac{\varepsilon_{s1} + \varepsilon_{s2}}{2\varepsilon_{s2}} = \frac{A_s}{1 + 2e_0/r_s} \tag{8-101}$$

因此，小偏心受拉构件的钢筋有效配筋率为：

$$\rho_{te} = \frac{A_{se}}{A_{ct}} = \frac{A_s}{A_{ct}\ (1 + 2e_0/r_s)} = \frac{\beta A_s}{\pi(r^2 - r_1^2)} \tag{8-102}$$

其中

$$\beta = \frac{1}{1 + 2e_0/r_s} \tag{8-103}$$

对于轴心受拉构件，式（8-103）中取 $e_0/r_s = 0$，得：

$$\beta = 1 \tag{8-104}$$

8.1.5.5 钢筋应力进一步简化计算

对于大偏心受压、受弯、大偏心受拉、小偏心受拉和轴心受拉构件，根据式（8-91）的钢筋应力简化公式和式（8-95）表示的有效钢筋配筋率计算公式，按式（8-43）计算不同试件在不同荷载下的裂缝宽度，与试验结果符合很好。尽管如此，但应力计算公式仍比较复杂。为此，在裂缝宽度试验结果的基础上，对式（8-91）表示的钢筋应力简化公式做了进一步的简化，得到下面的简化计算公式[50]。

大偏心受压构件（$e_0/r \leqslant 0.55$ 时，不需计算裂缝宽度）：

$$\sigma_s = \frac{\left(\frac{e_0}{r}\right)^3}{\left(0.45 + 0.26\frac{r_s}{r}\right)\left(\frac{e_0}{r} + 0.2\right)^2}\left(\frac{N}{A_s}\right) \tag{8-105a}$$

受弯构件：

$$\sigma_s = \frac{1}{\left(0.45 + 0.26\frac{r_s}{r}\right)}\left(\frac{M}{A_s r}\right) \tag{8-105b}$$

大偏心受拉构件：

$$\sigma_s = \frac{\left(\frac{e_0}{r}\right)^3}{\left(0.45 + 0.26\frac{r_s}{r}\right)\left(\frac{e_0}{r} - 0.17\right)^2}\left(\frac{N}{A_s}\right) \tag{8-105c}$$

小偏心受拉构件：

$$\sigma_s = \left(1 + 1.3\frac{e_0}{r_s}\right)\left(\frac{N}{A_s}\right) \tag{8-105d}$$

轴心受拉构件：

$$\sigma_s = \frac{N}{A_s} \tag{8-105e}$$

另外，对于大偏心受压构件，在弯矩和轴力作用下，构件会产生附加弯矩。计算大偏压构件的裂缝宽度时，公式中的 e_0 用 $\eta_s e_0$ 代替。η_s 按下式计算：

$$\eta_s = 1 + \frac{1}{4000\left(\frac{e_0}{2r - a_s}\right)}\left(\frac{l_0}{2r}\right)^2 \tag{8-106}$$

当$\frac{l_0}{2r} \leqslant 14.0$ 时，取 $\eta_s = 1.0$；

式中　l_0——构件计算长度。

上面的计算公式被我国《水运工程混凝土结构设计规范》采用。

8.1.5.6　我国公路桥梁和铁路桥梁规范采用的方法

我国公路桥梁和铁路桥梁规范也分别给出了钢筋混凝土大偏心受压圆形截面构件裂缝宽度的计算方法，采用的计算公式与矩形截面构件的不同。

1. 我国《钢筋混凝土及预应力混凝土桥涵设计规范》(JTG D 62—2004)

我国《钢筋混凝土及预应力混凝土桥涵设计规范》(JTG D 62—2004)[38]采用的圆形截面钢筋混凝土偏心受压构件的最大裂缝宽度计算公式如下：

$$W_{fk}=C_1C_2\left[0.03+\frac{\sigma_{ss}}{E_s}\left(0.004\frac{d}{\rho}+1.52C\right)\right]\quad(\text{mm})\tag{8-107}$$

其中

$$\sigma_{ss}=\left[59.42\frac{N_s}{\pi r^2 f_{cu,k}}\left(2.80\frac{\eta_s e_0}{r}-1.0\right)-1.65\right]\rho^{-\frac{2}{3}}\quad(\text{MPa})$$

式中　N_s——按作用（或荷载）短期效应组合计算的轴力，N；

C_1——钢筋表面形状系数，对光面钢筋取 1.4；对带肋钢筋取 1.0；

C_2——作用（或荷载）长期效应影响系数；

σ_{ss}——截面受拉区最外缘钢筋应力，当 $\sigma_{ss}\leqslant 24$MPa 时，可不必验算裂缝宽度；

d——纵向钢筋直径，mm；

ρ——截面配筋率，$\rho=\frac{A_s}{\pi r^2}$；

C——混凝土保护层厚度，mm；

r——构件截面半径，mm；

η_s——使用阶段的偏心矩增大系数，按式 (8-106) 计算；

e_0——轴力 N_s 的偏心矩，mm；

$f_{cu,k}$——边长为 150mm 的混凝土立方体抗压强度标准值，MPa。

2. 我国《铁路桥梁钢筋混凝土和预应力混凝土结构设计规范》(TB 10002.3—2005)

我国《铁路桥梁钢筋混凝土和预应力混凝土结构设计规范》(TB 10002.3—2005)[39]采用下式计算钢筋混凝土圆形或环形截面偏心受压构件的裂缝宽度：

$$w_f=K_1K_2K_3 r\frac{\sigma_s}{E_s}\left(100+\frac{4+0.2d}{\sqrt{\mu_z}}\right)\tag{8-108}$$

其中

$$r=\frac{2R-x}{R+r_s-x}\leqslant 1.2,\mu_z=\frac{(\beta_1 n_1+\beta_2 n_2+\beta_3 n_3)A_{sl}}{A_z},A_z=4\pi r_s(R-r_s)$$

式中　K_1、K_2——同式 (8-46)；

K_3——截面形状系数，对圆形截面 K_3 取 1.0，对环形截面 K_3 取 1.1；

r——中性轴至受拉边缘的距离与中性轴至最大拉应力钢筋中心的距离之比（图 8-22），当 $r>1.2$ 时，取为 1.2；

σ_s——钢筋的最大拉应力，MPa；

d——纵向钢筋直径，当钢筋直径不同时，按大直径取用，mm；

μ_z——纵向钢筋的有效配筋率，当 μ_z 小于 0.005 时，按 0.005 采用；计算时，

$n_1 \sim n_3$ 应计入全部纵向钢筋；

A_z——与纵向钢筋相互作用的混凝土面积（图 8-23 中的阴影面积），m^2。

其余变量的含义同式（8-46）。

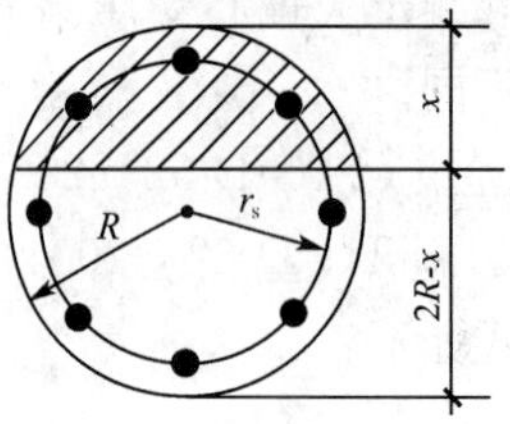

图 8-22　r 的计算示意图

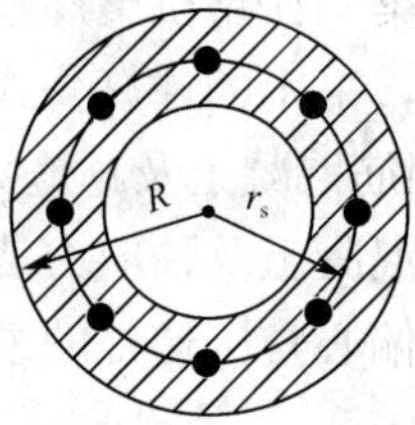

图 8-23　A_z 计算示意图

8.1.6　预应力混凝土构件的裂缝控制

使用荷载下处于受压状态的全预应力混凝土梁，一般只是在超载的情况下才出现裂缝，但是部分预应力梁在使用状态下可能会出现永久性裂缝。在非腐蚀性环境中，对这些裂缝进行必要的控制主要是从美观的角度考虑的。主要活荷载移走后残余裂缝宽度很小(约 0.03～0.08mm)。因此，如果活荷载是临时的，则没有必要进行裂缝控制。但是，在侵蚀性环境中，由于预应力筋对腐蚀的敏感性大于普通钢筋，设计中应严格控制这些裂缝的宽度。

如前面各节所述，目前在钢筋混凝土受弯构件裂缝间距和宽度计算方面已做了很多工作，相对来讲，对预应力混凝土结构裂缝宽度的计算研究不多，已有的试验数据较少且影响的变量很多。因此，建立裂缝宽度计算公式必须了解部分预应力混凝土构件中影响裂缝宽度的因素和裂缝类型。

8.1.6.1　影响预应力混凝土结构裂缝的因素

对于钢筋混凝土和预应力混凝土结构，变形、裂缝和弯矩重分布是密切相关的。预应力混凝土构件的开裂机理在许多方面与钢筋混凝土构件相同。但是，预应力混凝土截面施加有很大的水平外部压力。当外部活荷载产生的梁截面最外受拉纤维的消压应力达到混凝土的弯拉强度时，就会出现裂缝。根据消压的原理可使用预应力混凝土来减小钢筋混凝土结构的裂缝。

预应力混凝土梁的裂缝主要出现于超载情况或部分预应力梁的使用状态。当确定了预应力的效应后可对预应力梁的开裂状态进行分析，即净应力、应变、预应力的偏心、收缩和徐变。对非预应力混凝土梁的裂缝宽度计算公式进行修改可用于预应力混凝土梁。公式中的钢筋应力为作用弯矩和消压弯矩（使最外层纤维应力为 0）产生的应力之差。经过适当的修改，根据开裂弯矩进行计算，计算结果与试验数据能够很好符合。反复荷载试验表明，有限应力的预应力混凝土梁有一定的残余裂缝宽度（约为 0.02mm)，这会增大已有裂缝的宽度。因为大多数预应力筋的粘结力较差，所以预应力筋较少或无预应力筋的预应力混凝土梁可能会存在 0 荷载裂缝宽度。

钢筋的表面条件对裂缝有明显影响。当使用钢绞线或光圆预应力钢丝时，应乘大于 1 的系数。

至于配有普通钢筋的预应力混凝土构件，裂缝的发展主要依赖于钢筋和预应力筋的数量及其分布。普通钢筋用量少的构件的变形大于普通钢筋用量多的，所以前者的裂缝宽度大于后者。同样，如果使用根数少但粗的预应力筋或钢索，在荷载较小时就会产生裂缝。另外一个主要影响因素是混凝土保护层；保护层越厚，裂缝产生越早。

大多数研究者认为影响预应力混凝土构件裂缝的因素按影响程度的大小排列如下：

（1）钢筋应力；

（2）钢筋粘结特性，有效混凝土区的钢筋分布；

（3）配筋率；

（4）混凝土保护层厚度；

（5）混凝土材料性能。

荷载作用下部分预应力混凝土构件的裂缝类型与钢筋混凝土构件的非常相似。但是，由于端部集中力产生横向拉应力，预应力构件的锚固区常出现纵向裂缝。这些裂缝会导致构件破坏。设计必须配置横向钢筋（箍筋、钢筋网）来限制这种裂缝。下面的分析只限于弯曲裂缝的情况。

8.1.6.2　裂缝宽度计算

下面是一些研究者提出的和混凝土规范中采用的部分预应力混凝土结构构件的裂缝宽度计算方法。

1. Abeles 的方法

Abeles 1967 年[51]建立了预应力混凝土结构构件裂缝宽度与预应力筋拉应力的关系，下面为对应于不同裂缝宽度限值 w 的预应力筋拉应力 f_{tn}：

(1) 裂缝宽度：$w=0.004$in(0.1mm)

钢绞线：$f_{tn}=800+500(\rho-0.3)$ (psi)

光圆钢筋和钢丝：$f_{tn}=700+450(\rho-0.3)$(psi)

(2) 裂缝宽度：$w=0.008$in(0.2mm)

钢绞线：$f_{tn}=900+1200(\rho-0.3)$(psi)

光圆钢筋和钢丝：$f_{tn}=850+600(\rho-0.3)$ (psi)

(3) 裂缝宽度：$w=0.012$in (0.3mm)

钢绞线：$f_{tn}=1100+1300(\rho-0.3)$ (psi)

光圆钢筋和钢丝：$f_{tn}=1000+800(\rho-0.3)$(psi)

式中　ρ——截面总配筋率。

2. Ferry Borges 的方法

通过对预应力混凝土梁弯曲裂缝的研究，Ferry Borges 1968 年[52]提出了平均裂缝宽度的计算方法：

$$w_{cr}=\frac{l_{cr}}{E_s}\left(f_s-f_d-\frac{k}{\rho}\right) \tag{8-109}$$

式中　l_{cr}——稳定裂缝的平均间距，in；

f_s——钢筋应力，ksi；

f_d——预应力筋产生的混凝土压应力，ksi；

k——常数；

ρ——预应力筋和普通钢筋的总配筋率。

3. Nawy 和 Potyondy 的方法

Nawy 和 Potyondy 1971 年[53]提出了"净应力"方法，计算预应力混凝土构件最大裂缝宽度 w_{max}的公式为：

$$w_{max} = 1.15 \times 10^{-6} \left(\frac{A_c}{A_s}\right)^{\frac{1}{4}} l_{cr} (\Delta f_s)^{\frac{3}{2}} \tag{8-110}$$

式中 l_{cr}——平均裂缝间距，in；

A_c——受拉区混凝土面积，in^2；

A_s——预应力和非预应力筋总面积，in^2；

Δf_s——任意荷载下预应力筋的"净应力"或非预应力筋的拉应力，按下式计算：

$$\Delta f_s = (f_{nt} - f_d - 3.75) \quad (ksi)$$

f_{nt}——超过初裂荷载和消压荷载后预应力筋的应力；

f_d——最外层受拉混凝土达到弯拉应力时预应力筋的应力。

4. Holmberg 及 Holmberg 和 Lindgren 的方法

Holmberg (1970)[54]及 Holmberg 和 Lindgren (1970)[55]给出了配置变形钢筋和钢绞线预应力混凝土结构最终平均裂缝间距 l_{cr}的计算公式：

$$l_{cr} = 6.0 + 0.8\sqrt{c\frac{B_0}{\sum\phi}} \quad (cm) \tag{8-111}$$

式中 c——混凝土保护层厚度；

B_0——重心与受力钢筋一致的混凝土最大面积；

$\sum\phi$——钢筋直径之和。

钢筋处的平均裂缝宽度 w_{cr}为：

$$w_{cr} = \varepsilon_s l_{cr} \tag{8-112}$$

式中 ε_s——超过消压阶段后钢筋的平均应变。

最大裂缝宽度 w_{max}假定为 1.7 倍的平均裂缝宽度。

5. 欧洲模式规范 CEB-FIP MC 1990 的方法

欧洲模式规范 CEB-FIP MC 1990[56]使用钢筋净应力 Δf_s (N/cm^2) 计算预应力混凝土构件最大裂缝宽度 w_{max} (mm)，公式如下：

非反复荷载：

$$w_{max} = (\Delta f_s - 4000) \times 10^{-5} \tag{8-113a}$$

重复次数超过 100 次的荷载：

$$w_{max} = \Delta f_s \times 10^{-5} \tag{8-113b}$$

6. Huang 的方法

Huang 1975 年[57]提出用下式计算预应力混凝土构件钢筋处的最大裂缝宽度：

$$w_{max} = 1.4 \times 10^{-5} l_{cr} (\Delta f_s)^{1.31} \quad (in) \tag{8-114a}$$

式中 l_{cr}——裂缝间距，in；

Δf_s——钢筋应力，ksi。

使用简化的裂缝间距公式并对式 (8-114a) 进行简化得：

$$w_{max}=5.85\times10^{-5}\frac{A_e}{\sum_0}(\Delta f_s)\quad(\text{in})\tag{8-114b}$$

式中　A_e——均匀拉应力下混凝土的有效面积，in^2；

$\sum_0$——有效受拉区周长，in。

通过对不同研究结果的分析，Naaman 等[58]对上面的公式进行了改进，改进后的表达式为：

$$w_{max}=\left[42+5.58\frac{A_e}{\sum_0}(\Delta f_s)\right]\times10^{-5}\quad(\text{in})\tag{8-114c}$$

对配有低碳钢筋的后张有粘结预应力混凝土梁，Nawy 1984 年[59]提出的裂缝宽度计算公式（接近于受拉面的钢筋位置）为：

$$w_{max}=6.51\times10^{-5}\frac{A_e}{\sum_0}(\Delta f_s)\quad(\text{in})\tag{8-114d}$$

对于无粘结预应力混凝土梁，式（8-114d）中的系数 6.51 改为 6.83。

7. Suzuki 和 ohno 的方法

参考 CEB-FIP 模式规范钢筋混凝土构件的裂缝宽度公式，Suzuki 和 Ohno 1984 年[60]提出了预应力混凝土梁和板的裂缝宽度计算公式。这些公式是以 140 根梁和 50 块板的试验结果为基础的。计算钢筋混凝土构件和预应力混凝土构件最大裂缝宽度 w_{max}的公式为：

$$w_{max}=1.5\left[2\left(c+\frac{s}{10}\right)+0.1\frac{\phi}{\rho_e}\right]\Delta\varepsilon_s\quad(\text{mm})\tag{8-115}$$

其中

$$\Delta\varepsilon_s=\frac{1}{E_s}\left(\Delta f_s-k_1k_2\frac{f_t}{\rho_e}\right)$$

式中　c——混凝土保护层厚度，mm；

s——钢筋间距，mm；

ϕ——钢筋直径，mm；

ρ_e——有效配筋率，等于 A_s/A_e；

$\Delta\varepsilon_s$——钢筋从消压阶段开始变化的平均应变；

Δf_s——开裂截面从消压阶段开始变化的钢筋应力，MPa；

f_t——混凝土抗拉强度，MPa；

k_1、k_2——常数。

$\Delta\varepsilon_s$ 的值应满足 $\Delta\varepsilon_s\geqslant0.4\frac{\Delta f_s}{E_s}$。

8. Scholz 的方法[61]

Scholz[61]根据预应力混凝土构件截面和构件变形与裂缝理论的相似性，1993 年提出了一个计算预应力混凝土受弯构件裂缝宽度的方法，其主要特点在于相同结构构件变形计算的协调性。这一方法也适合于不需要直接计算裂缝宽度而进行裂缝验算的情况。Scholz 将平均裂缝宽度 w_{cr}表示为开裂后产生的短期变形 Δ_c 的函数，如下式：

$$w_{cr}=l_{cr}\frac{(1-kd/d)}{\kappa}\times\frac{\Delta_c/L}{L/d}\tag{8-116}$$

式中 l_{cr}——裂缝平均间距；

kd——中性轴高度；

Δ_c——短期变形；

d——截面有效高度；

L——跨度，

κ——变形系数。

Scholz 建议采用 Park 和 Paulay（1975）[62]或 Ghali 和 Favre（1986）[63]的方法计算平均裂缝间距 l_{cr}，也可使用 CEB-FIP 模式规范建议的公式。

9. 我国《铁路桥涵钢筋混凝土和预应力混凝土设计规范》（TB 10002.3—2005）

对于矩形、T 形和 I 字形截面预应力混凝土梁，我国《铁路桥涵钢筋混凝土和预应力混凝土设计规范》（TB 10002.3—2005）规定，在运营荷载作用下，主要受力钢筋水平处侧面的"特征裂缝宽度"（指小于该特征值的保证率为 95%的裂缝宽度）可按下式计算：

$$w_{fk}=\alpha_2\alpha_3\left(2.4C_s+v\frac{d}{\mu_e}\right)\frac{\Delta\sigma_{s2}}{E_s} \tag{8-117}$$

其中

$$d=\frac{4(A_s+A_p)}{U},\mu_e=\frac{A_s+A_p}{A_{ce}}$$

式中 w_{fk}——特征裂缝宽度，mm；

C_s——纵向钢筋侧面的净保护层厚度，mm；

d——钢筋换算直径，mm；

μ_e——纵向受拉钢筋的有效配筋率；

v——钢筋粘结特性系数：对带肋钢筋取 0.02，对钢丝或钢绞线取 0.04，对后张法管道压浆的预应力钢筋，v 应予以提高，对变形钢筋可取 0.04，对钢丝、钢绞线可取 0.06；两种钢筋混合使用时，可取加权平均值；

α_2——特征裂缝宽度与平均裂缝宽度相比的扩大系数，可取 1.8；

α_3——考虑运营荷载作用的疲劳增大系数，可取 1.5；

A_p、A_s——预应力钢筋和非预应力钢筋截面面积，mm^2；

U——钢筋周长总和，mm；

A_{ce}——受钢筋影响的有效混凝土截面面积，mm^2。

8.1.7 最大裂缝宽度与平均裂缝宽度的关系

在荷载作用下，钢筋混凝土构件会出现多条裂缝，其中宽度最大的裂缝是设计中最为关心的，如同前面所给出的计算公式，特别是当构件暴露于侵蚀性环境时。但由于混凝土材料性能及混凝土内钢筋应力分布的不均匀性，即使是轴心受拉或受弯构件的纯弯段，裂缝宽度也不是完全相同的，所以需要从统计角度考虑最大裂缝宽度与平均裂缝宽度的关系。很多研究者对此进行了研究。

Clark 从他的试验结果中分析得出，钢筋应力在 103～275MPa 范围时，最大裂缝宽度约为平均裂缝宽度的 1.64 倍。同时表明，钢筋的应力也具有相同的比值，单个构件钢筋应力比值的范围为 1.18～2.77。

Chi 和 Kirstein[17]按照 6 个应力水平（计算的钢筋应力为 103～275MPa）对 70 根钢筋混凝土梁进行了试验，在 914.4～2640mm 的长度范围内测量了梁的裂缝宽度。最大裂缝宽度与平均裂缝宽度的比值为 1.08～2.64，平均值为 1.63。

Holmberg（1970）[54]、Holmberg 和 Lindgren（1970）[55]在建立其裂缝宽度公式［式(8-112)］时，假定最大裂缝宽度为平均裂缝宽度的 1.7 倍。

Welch 和 Janjua（1971）[64]建议螺纹钢筋的最大裂缝宽度取为平均裂缝宽度的 1.5 倍。

在 CEP-FIP 模式规范（CEB，1978）中，特征最大裂缝宽度（95％保证率）取为 1.7 倍的平均裂缝宽度。

Suzuki 和 Ohno（1984）[60]认为控制部分预应力和钢筋混凝土构件的裂缝宽度时，最大裂缝宽度与平均裂缝宽度的比值取 1.5 是合理的。

已有的研究表明，简支钢筋混凝土梁最大裂缝宽度与平均裂缝宽度的比值为 1.00～2.63，比值的平均值为 1.33；单跨和两等跨连续梁的比值为 1.00～2.80，平均值为 1.48；对于部分预应力混凝土梁，比值为 1.00～3.05，平均值为 1.63。所有 17 个梁和不同荷载水平下最大裂缝宽度与平均裂缝宽度比值的平均值为 1.46。

从上面的讨论可看出，荷载作用下钢筋混凝土构件最大裂缝宽度与平均裂缝宽度的比值基本在 1.3～1.7 之间变化，不同研究者试验得到的结果及建议的值不同。总体上平均值约为 1.5。

8.1.8　裂缝宽度或钢筋应力限值

裂缝是否有害，取决于裂缝宽度、裂缝性质以及所处环境等多种因素。对钢筋混凝土结构来说，允许的裂缝宽度应根据结构物所要求的性能来决定。这些性能主要包括适用性、耐久性与可修复性等方面。近年来，随着对混凝土结构耐久性认识的不断加深，在裂缝宽度对钢筋腐蚀的影响方面进行了大量的研究。

8.1.8.1　裂缝宽度对钢筋腐蚀的影响

裂缝宽度对钢筋腐蚀的影响一直是钢筋混凝土结构耐久性方面研究的热点之一。早期的观点认为裂缝与钢筋腐蚀间存在密切关系，裂缝宽度越大则钢筋腐蚀越快、越严重，出于保证结构耐久性的考虑，需对裂缝宽度严加限制。这种思想在各国 20 世纪 60 年代以前的设计规范中有明显的反映。目前，国内外的大部分设计规范都是以裂缝的表面宽度为指标来验算裂缝开展的，即认为垂直于纵向受力钢筋的横向裂缝表面宽度是影响钢筋锈蚀的主要因素。

近年来的研究发现，裂缝对钢筋腐蚀的影响并非想象中的那么严重，它只是在一定条件下和一定程度上对腐蚀起控制作用。研究中进行了大量开裂试件的暴露试验，如表 8-5 所示。

裂缝宽度与钢筋腐蚀关系的试验研究[65]　　**表 8-5**

研究者	试件状况	暴露条件	试验结果
Schiessl	150mm×250mm×1800mm 的混凝土梁，对梁施加弯矩，使梁表面产生宽度为 0.1～0.5mm 裂缝，各组不等	海潮区，暴露 4a 和 10a	当裂缝宽度处于 0.1～0.5mm 时，裂缝宽度与钢筋腐蚀程度之间不存在明显的相关关系；腐蚀速度随时间减缓

续表

研究者	试件状况	暴露条件	试验结果
挪威的研究者	232根截面150mm×150mm、纵向配置4ϕ16变形钢筋的混凝土柱，保持试件裂缝宽度为0.1mm～0.7mm，各组不等	海潮侵蚀环境下，海水高度达柱中以上600mm，暴露30～88个月	劈开试件，检查钢筋腐蚀情况，发现裂缝宽度$w \leqslant 0.5$mm时，钢筋腐蚀程度无明显规律
Tremper	尺寸：20.3cm×20.3cm×3.8cm。 钢筋：冷拔钢丝（ϕ6）；异形圆钢（ϕ4.5）。 采用3种不同强度的混凝土，水灰比分别为0.4、0.58和0.76；3种保护层厚度分别为2.9cm、3.0cm和3.1cm。使试件开裂，用螺栓固定，保持裂缝宽0.13mm、0.25mm、0.5mm和1.3mm	沿海室外环境（美国华盛顿，气温暖和，雨量1295mm/a）暴露10a	裂缝宽0.13～1.3mm的试件，钢筋完全腐蚀。受腐蚀部分不太大，混凝土品质和裂缝宽度与腐蚀之间无明确关系
Shalon和Raphael	尺寸：7cm×77cm×14cm； 保护层：2cm。 尺寸：10cm×10cm×50cm； 保护层：2cm和4cm。 钢筋：软钢ϕ6。 混凝土水灰比：$w/c=0.6$。 试件开裂后卸载	5个暴露试验点： A：高温、高湿； B：沙漠； C：高温、高湿； D：温度、湿度变化大； E：地中海沿岸	裂缝宽$w>0.15$mm时，钢筋腐蚀，在雨量、温度、相对湿度等环境条件下，对腐蚀影响最大的是相对湿度；裂缝越大，腐蚀越快
神山	两端受拉试件（l=60cm）： 钢筋：SR35、SD35、ϕ13、ϕ16、ϕ19和ϕ25。 混凝土水灰比：$w/c=0.55$。 保护层：2.5cm、3.0cm、5.0cm和7.5cm，试件开裂后卸载	东京室外，暴露6～8a	保护层厚度2.5cm和3.0cm，钢筋应力$\sigma_s=137$MPa，残留缝宽0.01mm以上钢筋均腐蚀；保护层厚度5.0cm和7.5cm，$\sigma_s=255$MPa，受力后，残留裂缝变宽，钢筋未发生腐蚀；保护层厚度是影响腐蚀的关键因素
西山·秋元·富尺	试件裂缝宽度0.1mm、0.2mm和0.3mm，加载后保持裂缝宽度不变	东京室外，暴露2a	裂缝宽度相同试件，保护层厚度大的不生锈，暴露1～2a的梁承载力未下降
阕·丸山	钢筋混凝土梁，尺寸为15cm×30cm×180cm，加载后保持裂缝宽度不变	水槽中浸渍，再现海洋潮汐环境，气候温和，暴露9a	腐蚀对钢筋抗拉强度影响轻微。在规定的裂缝宽度范围内（潮汐部0.15mm，海水中0.2mm）无显著腐蚀
片胁等	尺寸：20cm×20cm×75cm、20cm×20cm×150cm和30cm×30cm×150cm。 钢筋：圆钢SRϕ14，SRϕ16	东京湾暴露台、大气和大气－海水环境中暴露3a	裂缝宽度越大，腐蚀越容易。裂缝宽度0.1mm左右时腐蚀轻微
焉取·土田·宫川	尺寸：22cm×20cm×5cm（埋入ϕ6筋）；22cm×20cm×6cm（埋入ϕ13筋）。 保护层：ϕ6筋为1.3cm和2.0cm；ϕ13筋为2.0cm和2.5cm。 使试件开裂后，用螺栓固定，保持裂缝宽度为0.05～0.5mm	降雪地区暴露42a	裂缝宽度0.2mm以下，钢筋腐蚀程度轻微，每一裂缝宽度的钢筋腐蚀程度大体相同。裂缝宽度与钢筋腐蚀程度无关

上表的试验结果说明了裂缝与钢筋锈蚀的关系，这可以通过钢筋电化学腐蚀原理来解释。裂缝处钢筋表面钝化膜被氧等腐蚀性介质破坏，形成阳极，开始腐蚀。腐蚀程度将取决于氧向阴极的扩散速度，受裂缝宽度大小的影响甚微。锈蚀速度主要取决于混凝土的密实性与保护层厚度等因素。混凝土越密实，保护层越厚，混凝土碳化区到达钢筋表面所需的时间就越长，氧气以及氯离子等侵蚀性介质的扩散速度也就越慢，锈蚀程度就越轻或根本不锈。混凝土不密实或保护层过薄时，会导致钢筋沿顺筋方向发生锈蚀，这种顺筋锈蚀不但影响混凝土的粘结，还会引起沿钢筋的纵向裂缝，影响混凝土结构的安全性。所以，横向裂缝只在裂缝截面附近很短的范围内造成钢筋锈蚀，它只导致钢筋锈蚀提前而不控制锈蚀的速度与程度。

尽管混凝土裂缝对钢筋锈蚀的影响没有想象的那样严重，但并不是说裂缝对钢筋锈蚀的影响可以不考虑。目前对混凝土中钢筋与裂缝宽度关系的一般认识是，当裂缝宽度不超过 0.2mm 时，不会发生严重锈蚀，锈蚀速度随时间的增长而减慢，裂缝宽度与钢筋锈蚀程度之间无明显的相关性。在雨量、温度、相对湿度等环境条件中，对腐蚀影响最大的是相对湿度。保护层厚度对钢筋腐蚀影响很大，裂缝宽度相同，保护层越厚钢筋腐蚀程度越小。当裂缝宽度大于 0.2mm 时，裂缝宽度的影响会变得明显。由于目前尚没有混凝土中钢筋与裂缝宽度关系的长期试验和调查研究结果，工程设计时仍需对混凝土裂缝的宽度进行的限制。

8.1.8.2　规范中的限值

对混凝土结构裂缝的控制，各国规范采用的方法不同。传统的方法是直接规定允许的裂缝宽度值，由于裂缝计算的复杂性，一些规范则采用限制受拉钢筋应力的方法，而如前面所介绍的，对于一般的使用环境，美国 ACI 318—08 规范采用了限制受拉钢筋间距的方法。

1. 我国《混凝土结构设计规范》(GB 50010—2002)

我国《混凝土结构设计规范》(GB 50010—2002) 根据混凝土结构所处的环境和裂缝控制等级对最大裂缝宽度限值的规定如表 8-6 所示，环境类别的划分见规范。

规范 GB 50010—2002 的裂缝控制等级及最大裂缝宽度限值　　表 8-6

环境类别	钢筋混凝土结构		预应力混凝土结构	
	裂缝控制等级	w_{lim} (mm)	裂缝控制等级	w_{lim} (mm)
一	三	0.3 (0.4)	三	0.2
二	三	0.2	二	—
三	三	0.2	一	—

2. 我国《港口工程混凝土结构设计规范》(JTJ 267—98)

我国《港口工程混凝土结构设计规范》(JTJ 267—98) 根据钢筋混凝土结构所处的环境和裂缝控制等级对最大裂缝宽度限值的规定如表 8-7 所示。

规范 JTJ 267—98 的最大裂缝宽度限值　　表 8-7

钢筋种类	淡水港			海水港			
	水上区	水位变动区	水下区	大气区	浪溅区	水位变动区	水下区
等级	C级	C级	C级	C级	C级	C级	C级
w_{max} (mm)	0.25	0.30	0.40	0.20	0.20	0.25	0.30

3. 我国《水工混凝土结构设计规范》(DL/T 5057—2008)[66]

我国《水工混凝土结构设计规范》(DL/T 5057—2008)规定，对于需控制裂缝宽度的钢筋混凝土构件，根据环境条件类别，按标准组合并考虑长期作用影响计算的裂缝宽度不超过表 8-8 所规定的最大裂缝宽度限值。

规范 DL 2008 的最大裂缝宽度限值 **表 8-8**

环境条件类别	一	二	三	四	五
w_{lim} (mm)	0.4	0.3	0.25	0.20	0.15

注：1. 当结构构件承受水压且水力梯度 $i>20$ 时，表列数值宜减小 0.05；

2. 结构构件的混凝土保护层厚度大于 50mm 时，表列数值可增加 0.05；

3. 结构构件表面设有专门的防渗面层等防护措施时，最大裂缝宽度限值可适当加大。

4. 我国《公路钢筋混凝土及预应力混凝土桥涵设计规范》(JTG D 62—2004)

我国《公路钢筋混凝土及预应力混凝土桥涵设计规范》(JTG D 62—2004)规定，对于钢筋混凝土构件和 B 类预应力混凝土构件，计算的最大裂缝宽度不超过表 8-9 的限值。

规范 JTG D 62—2004 的最大裂缝宽度允许值 **表 8-9**

构　件	环境类别	裂缝宽度限值 (mm)
钢筋混凝土	Ⅰ类和Ⅱ类环境	0.20
	Ⅲ类和Ⅳ类环境	0.15
采用精轧螺纹钢筋的预应力混凝土	Ⅰ类和Ⅱ类环境	0.20
	Ⅲ类和Ⅳ类环境	0.15
采用钢丝或钢绞线的预应力混凝土	Ⅰ类和Ⅱ类环境	0.10

5. 我国《铁路桥涵钢筋混凝土和预应力混凝土结构设计规范》(TB 10002.3—2005)

我国《铁路桥涵钢筋混凝土和预应力混凝土结构设计规范》(TB 10002.3—2005)规定，钢筋混凝土结构构件的计算裂缝宽度不超过表 8-10 规定的容许值。

规范 TB 10002.3—2005 的裂缝宽度容许值 **表 8-10**

结构构件所处环境条件			$[w_f]$ (mm)
水下结构或地下结构	长期处于水下或潮湿的土壤中	无侵蚀性介质	0.25
		有侵蚀性介质	0.20
	处于水位经常反复变动的条件下	无侵蚀性介质	0.20
		有侵蚀性介质	0.15
一般大气条件下的地面结构	有防护措施	—	0.25
	无防护措施	—	0.20

对允许开裂的预应力混凝土受弯构件，在恒荷载作用下，正截面混凝土受拉区压应力(扣除全部应力损失后)不小于 1.0MPa；在运营荷载作用下的特征裂缝宽度应符合下列规定：

(1) 对于主力组合，不大于 0.1mm；

(2) 对于主力加附加力组合，不大于 0.15mm；

(3) 对于特种超载荷载，不大于 0.15mm。

6. 美国规范及相关报告

美国 ACI 318—89 规范、委员会相关报告规定的容许裂缝宽度如表 8-11 所示。

美国规定的容许裂缝宽度　表 8-11

暴露条件	容许裂缝宽度（mm）
ACI 224R-90	
空气干燥或有保护膜	0.41
潮湿，湿空气，土壤	0.30
除冰剂	0.18
海水和海水喷溅；干湿循环	0.25
储液结构	0.10
ACI 318-89	
室内	0.41
室外	0.33
ACI 350R-89	
正常	0.27
严重	0.22

7. 欧洲规范《混凝土结构设计》（EN 1992—1—1：2004）

根据混凝土结构所处的暴露环境，欧洲规范 EN 1992—1—1：2004 建议的混凝土构件最大裂缝宽度限值如表 8-12 所示。

规范 EN 1992—1—1：2004 建议的允许 w_{max} 值　表 8-12

暴露等级	钢筋混凝土构件和无粘结预应力构件	有粘结预应力构件
	准永久荷载组合	频遇荷载组合
X0，XC1	0.4[1]	0.2
XC2，XC3，XC4	0.3	0.2[2]
XD1，XD2，XS1，XS2，XS3		消压

注：1. 对暴露等级 X0、XC1，裂缝宽度不影响耐久性，这些限制只是为保证外观可以接受，当无外观要求时可以放松；

2. 对于这些暴露等级，在准永久荷载组合下应验算消压。

欧洲规范 EN 1992—1—1：2004 认为，对于荷载引起的裂缝，当钢筋满足最小面积要求且钢筋直径或钢筋最大间距符合表 8-13 或表 8-14 的规定时，裂缝宽度不会超过表 8-12 的限值，可不对裂缝宽度进行计算而认为满足要求。

对于主裂缝由钢筋的直接粘结来控制的先张预应力混凝土，也可使用表 8-13 和表8-14 的值，应力等于总应力减去预应力。对于裂缝主要由普通钢筋来控制的后张预应力混凝土，使用表中的值时钢筋应力的计算应包含预应力的影响。

控制裂缝的钢筋最大直径　表 8-13

钢筋应力*（MPa）	钢筋最大直径 ϕ_s（mm）		
	w_k=0.4mm	w_k=0.3mm	w_k=0.2mm
160	40	32	25
200	32	25	16
240	20	16	12
280	16	12	8
320	12	10	6
360	10	8	5
400	8	6	4
450	6	5	—

*　相关作用组合下。

裂缝控制的钢筋最大间距 表 8-14

钢筋应力*（MPa）	钢筋最大间距（mm）		
	$w_k=0.4$mm	$w_k=0.3$mm	$w_k=0.2$mm
160	300	300	200
200	300	250	150
240	250	200	100
280	200	150	50
320	150	100	—
360	100	50	—

* 相关组合作用下。

表 8-13 的钢筋最大直径限值是在标准情况下确定的，对于一般的情况，按下式修正：

受弯（至少为截面的受压部分）：$\phi_S=\phi_S^*\left(\dfrac{f_{ct,eff}}{2.9}\right)\left[\dfrac{k_c h_{cr}}{2(h-d)}\right]$ (8-118)

受拉（所有受拉截面）：$\phi_S=\phi_S^*\left(\dfrac{f_{ct,eff}}{2.9}\right)\left[\dfrac{k_c h_{cr}}{8(h-d)}\right]$ (8-119)

式中 ϕ_s——调整后的钢筋最大直径；

ϕ_s^*——钢筋最大直径，见表 8-13；

$f_{ct,eff}$——混凝土开裂时抗拉强度平均值；

h——截面全高；

h_{cr}——考虑准永久作用组合下预应力特征值和轴向荷载，混凝土即将开裂时受拉区的高度；

d——受压边缘到最外层钢筋重心的有效高度。

8. 澳大利亚规范《混凝土结构》(AS 3600—2001)

澳大利亚规范（AS 3600—2001）[67]是通过限制使用荷载作用下不同直径钢筋的最大允许应力和钢筋间距来控制裂缝宽度的，如表 8-15 和 8-16。当使用荷载下开裂截面的钢筋应力小于表中的限值时，可认为构件的裂缝宽度是可以接受的。

受拉或受弯构件的最大钢筋应力 表 8-15

钢筋公称直径（mm）	钢筋最大应力（MPa）	钢筋公称直径（mm）	钢筋最大应力（MPa）
10	360	28	185
12	330	32	160
16	280	36	140
20	240	40	120
24	210	—	—

受弯构件的最大钢筋应力 表 8-16

钢筋中心间距（mm）	钢筋最大应力（MPa）	钢筋中心间距（mm）	钢筋最大应力（MPa）
50	360	200	240
100	320	250	200
150	280	300	160

9. 英国标准 BS 8110—1997

为控制使用荷载作用下钢筋混凝土构件的裂缝宽度，根据作用于截面弯矩重分布的大小，英国标准 BS 8110：第 1 部分（1997）[11]规定的受拉钢筋最大间距如表 8-17 所示。

钢筋最大间距（mm）　　**表 8-17**

f_y（MPa）	到或从所考虑截面的重分布						
	−30%	−20%	−10%	0	10%	20%	30%
250	210	240	270	300	300	300	300
460	115	130	145	160	180	195	210

作为上面规定的负弯矩钢筋最大间距的另一种方法，BS8110：第 1 部分（1997）还建议用 Beeby（1979）的裂缝宽度简化公式［式（8-14）］计算构件的裂缝宽度。在轻微、中等和严重腐蚀环境下，当计算裂缝宽度分别小于 0.3mm、0.2mm 和 0.1mm 时可认为设计满足要求。

8.1.9　收缩裂缝宽度的计算

如果混凝土构件没有约束，可以自由收缩，则收缩不会对构件产生明显的不利影响。然而，实际中的结构并非如此，混凝土的收缩通常受到其支座或相邻结构的约束，有粘结的钢筋也会约束混凝土的收缩。各种形式的约束会使混凝土拉应力逐渐增大，导致长期开裂（事先没有出现裂缝的区域），增大变形和增宽已有的裂缝。在许多情况下，这些问题的出现是由于结构设计人员未适当地考虑收缩或规范考虑不完善的结果。

收缩裂缝的出现取决于收缩受约束的程度，混凝土的塑性和强度、拉伸徐变和使构件受拉的荷载。当收缩引起的拉应力和徐变释放的拉应力之和小于混凝土的抗拉强度时收缩裂缝就不会出现。尽管混凝土的抗拉强度随时间增加，但弹性模量和收缩引起的拉应力也随时间而增加。而且，徐变所释放的拉应力随时间减小。荷载在未开裂区引起的拉力加速了裂缝的形成。因此，在许多情况下，收缩开裂是不可避免的。这种裂缝的控制需要满足两点要求。第一，设计人员必须清楚收缩引起的拉力和收缩裂缝可能发生的区域；第二，必须在这些区域布置适量的分布钢筋，这样做尽管不能避免裂缝的产生，但可以控制裂缝的宽度，保证结构可继续使用。

8.1.9.1　无约束素混凝土的收缩

干缩在暴露于干燥环境中的表面处最大，向混凝土构件内部逐渐减小。图 8-24（*a*）示出了沿素混凝土板厚度方向的干缩应变，板的上表面和下表面都处于干燥状态，板不承受荷载，无约束。

图 8-24 中的平均干缩应变 ε_{cs} 表示平均收缩。$\Delta\varepsilon_{cs}$ 表示的非线性应变是引起内应力的原因，这是由变形协调条件所决定的。这些应力在所有混凝土结构中都会出现，且在构件干燥表面附近为拉应力，在构件内部为压应力。因为收缩引起的应力随时间逐渐发展，通过徐变得以释放。然而，在干缩开始不久，干燥表面附近的拉应力通常大于尚未凝结的混凝土的抗拉强度，导致表面开裂。混凝土湿养护可以延迟干缩开始的时间，从而使混凝土有时间来达到其设计抗拉强度，避免出现可见微裂缝。

自平衡应力所引起的弹性应变与徐变应变之和等于 $\Delta\varepsilon_{cs}$，但方向相反，如图 8-24（*b*）

所示。由弹性应变、徐变应变和收缩应变得到的总应变分布是线性的［图 8-24（c）］，因此满足协调条件。如果上表面和下表面的干燥条件相同，则总应变沿板的宽度是均匀的，等于平均收缩应变 ε_{cs}。如果上表面和下表面干燥的速度不同，则总应变分布是不均匀的，构件将会发生弯曲。

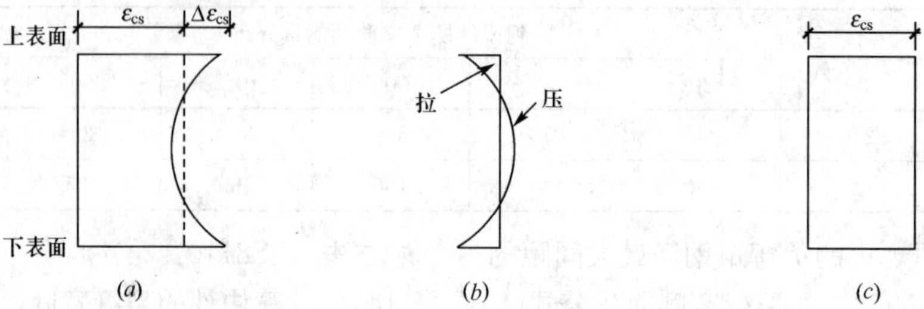

图 8-24　收缩在混凝土平板中引起的各种应变

（a）收缩应变；（b）内应力引起的弹性应变＋徐变应变；（c）收缩引起的总应变

8.1.9.2　无约束钢筋混凝土构件的收缩

在混凝土结构中，无约束收缩和无约束弯曲是比较常见的。混凝土中的钢筋起约束收缩的作用。当混凝土收缩时，钢筋受压，在钢筋位置对混凝土施加一个相等的反向拉力。如果截面钢筋的布置不对称，就会随时间发生收缩弯曲。在非对称配筋的钢筋混凝土梁或板中，收缩可以产生明显的挠度，即使梁或板未承受荷载。

考虑图 8-25（a）中的无约束、单筋、简支混凝土梁和长度为 Δx 的微小梁段。收缩在未开裂和开裂截面上产生的应力和应变如图 8-25（b）和图 8-25（c）所示。

当混凝土收缩时，钢筋对混凝土施加拉力 ΔT。这种逐渐增大的拉力，作用于混凝土截面重心外某一位置，使梁逐渐发生弯曲（弹性应变＋徐变应变）和扭曲，还可能会引起开裂构件中未开裂的截面发生开裂或已有的裂缝宽度增大。对于收缩应变，ΔT 的大小取决于钢筋的数量和截面是否已经开裂。

收缩应变与应力无关，但收缩弯曲与荷载有关且开裂的梁要比未开裂的梁大，如图 8-25 所示。混凝土截面承受拉应力的能力取决于混凝土截面是否开裂，即取决于施加的弯矩大小。图 8-25（b）中未开裂截面的 ΔT 比图 8-25（c）开裂截面的要大。计算中如果没有合理考虑 ΔT 引起的随时间增多的裂缝和随时间抗拉刚度的削弱，会低估长期挠度。

配置受压钢筋可以减小收缩弯曲。除下部钢筋的约束外，通过在截面上部提供钢筋约束，使混凝土中的拉力引起的偏心减小，从而减小收缩弯曲。未开裂、对称配筋的截面不会出现收缩弯曲。但收缩会引起均匀的拉力，当由外部荷载引起的拉力增加时，均匀拉力可能引起开裂。

8.1.9.3　有约束钢筋混凝土构件的收缩

外部约束通常是由结构构件的支座和相邻结构的限制引起的。当受弯构件受到支座的约束时，除外部荷载引起的弯曲外，收缩使构件产生轴力，使已有的弯曲裂缝宽度增大。对于承受较小弯矩的构件和约束用于抵抗收缩和温度变化引起的纵向变形的构件，裂缝可能会贯穿整个截面高度，但过宽的裂缝并不常见。这种裂缝通常称为直接拉伸裂缝，因为它们是由直接拉伸而不是弯矩引起的。在完全约束的直接受拉构件中，需要布置较多的钢筋来控制这种与荷载无关的裂缝。

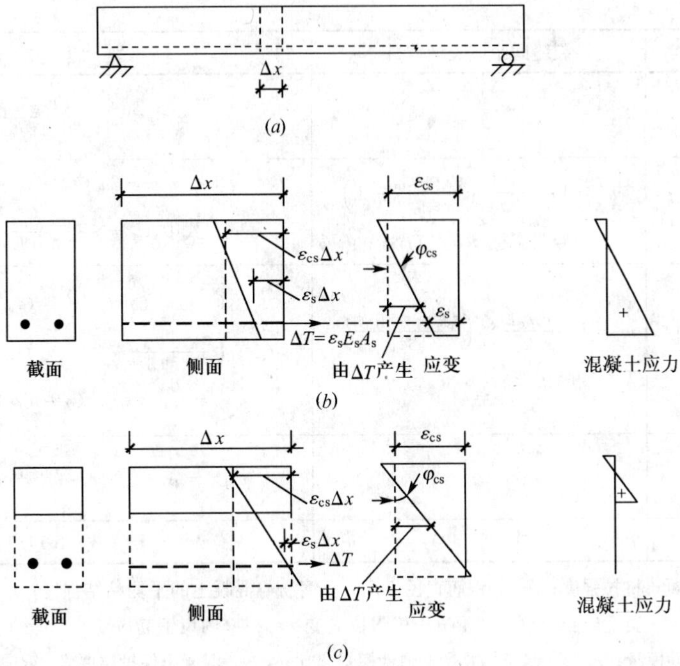

图 8-25　单筋钢筋混凝土梁收缩引起的弯曲

（a）钢筋混凝土梁；（b）未开裂区段的应变和应力；（c）完全开裂区段的应变和应力

当收缩受到约束时，裂缝的产生是内力重分布的过程。与外部荷载产生的力不同的是，这种内力需要钢筋和混凝土自己来平衡。但与外部荷载的情况相同的是，收缩裂缝也可通过力学分析来计算，表 8-18 列出了国外不同研究者提出的收缩裂缝宽度计算公式。

收缩裂缝宽度计算公式[68,69]　　**表 8-18**

研究者	裂缝间距或裂缝数目	裂缝宽度
Vetter（1933）	$s_{\min}=f_{ct}\phi/(2f_b\rho_c)$	—
Evans 和 Hughes（1968）	$s_{\min}=f_{ct}\phi/(4f_b\rho_c)$ $s_{\max}=2s_{\min}\geqslant s\geqslant s_{\min}$	$w=s\left(\varepsilon_{sh}+\varepsilon_{th}-\frac{s\,\varepsilon_{ult}}{4s_{\min}}\right)$
Hughes（1970）	$s_{\min}=f_{ct}\phi/(4f_b\rho_c)$ $s_{\max}=2s_{\min}\geqslant s\geqslant s_{\min}$	$w=s_{\max}\left[\varepsilon_{sh}+\alpha\left(\frac{T_1}{2}+T_2\right)-\frac{\varepsilon_{ult}}{2}\right]$
Hughes（1972），BSI（1976）	$s_{\min}=f_{ct}\phi/(4f_b\rho_c)$ $s_{\max}=2s_{\min}\geqslant s\geqslant s_{\min}$	$w_{\max}=s_{\max}\left(\varepsilon_{sh}+\frac{\varepsilon_{th}}{2}-\frac{\varepsilon_{ult}}{2}\right)$
Campbell-Allen 和 Hughes（1978）	$s_{\min}=f_{ct}\phi/(4f_b\rho_c)$ $s_{\max}=2s_{\min}\geqslant s\geqslant s_{\min}$	$w_{\max}=s_{\max}\left(\varepsilon_{sh}+\frac{\varepsilon_{th}}{2}\right)$
Harrison（1981）	$s_{\min}=f_{ct}\phi/(4f_b\rho_c)$ $s_{\max}=2s_{\min}\geqslant s\geqslant s_{\min}$	$w_{\max}=s_{\max}\left[\frac{R(\varepsilon_{sh}+\varepsilon_{th})}{2}-\frac{\varepsilon_{ult}}{2}\right]$
Brickell（1974）	—	$w_{\max}=\frac{K(1+n_e\rho_c)}{n_e\rho_c}\varepsilon_{ult}s_{\min}+0.0012c$ 均匀和线性变化的粘结力分布时，K 分别为 1 和 0.67

续表

研究者	裂缝间距或裂缝数目	裂缝宽度
Brickell 和 Hoadley (1976)	—	$w \leqslant w_{max} = \frac{(1+n_e\rho_c)}{n_e\rho_c}\varepsilon_{ult}s_{min}$
Murray (1977)、Base 和 Murray (1978)	$m = 1+\frac{n_e\rho_c L}{2a}\left(\frac{\varepsilon_{sh}+\varepsilon_{th}}{\varepsilon_{ult}}-1\right)$ $2a = s_{min} = f_{ct}\phi/(4f_b\rho_c)$	$\overline{w} = 2a(\varepsilon_{st}+\varepsilon_{sh}+\varepsilon_{th})$ 式中，$\varepsilon_{st} = \frac{(\varepsilon_{sh}+\varepsilon_{th})(L-2am)}{n_e\rho_c L+2am}$
Base 和 Murray (1982)	$m = 1+\frac{n_e\rho_c L}{2a}\times\left(\frac{\varepsilon_{sh}+\varepsilon_{th}+\varepsilon_{ult}}{3\varepsilon_{ult}}\right)$ $2a = s_{min}$	$\overline{w} = 2a[f_{st}/E_s+(\varepsilon_{sh}+\varepsilon_{th})/3]$ $f_t = \left(\frac{\varepsilon_{sh}+\varepsilon_{th}-\varepsilon_{ult}}{3}+\varepsilon_{ult}\right)E_s\times\left(\frac{L-2am}{n_e\rho_c L+2am}\right)$ $w_{lim} = \varepsilon_{ult}2a(3+n_e\rho_c)/(3n_e\rho_c)$
ACI 207.2R，ACI 224R	—	$w_{max} = 1.1\left[2(c+\phi/2)^2 s_b\right]^{1/2} f_{st}\times 10^{-5}$
Gilbert (1992)	式 (8-143)	式 (8-146)

表中 f_{ct}——混凝土抗拉强度；ϕ——钢筋直径；f_b——钢筋与混凝土的平均粘结强度；ρ_c——约束钢筋配筋率；ε_{sh}——收缩应变；ε_{th}——温度应变；ε_{ult}——混凝土极限拉应变；ε_{st}——约束钢筋应变；L——构件长度；f_{st}——钢筋应力；E_s——钢筋弹性模量；n_e——钢筋与混凝土弹性模量之比；c——混凝土保护层厚度；R——约束条件系数。

下面介绍 Gilbert[69] 提出的计算钢筋混凝土构件收缩裂缝宽度的方法。

1. 基本原理

考虑图 8-26 (a) 所示的完全约束构件。当混凝土收缩、约束力逐渐增大到 $N(t)=A_c f_t$ 时，出现第一条裂缝，这通常发生在干缩开始后的两周内，其中 A_c 为构件的截面面积，f_t 为混凝土抗拉强度。第一条裂缝出现后，约束力迅速减小到 N_{cr}。裂缝两侧的混凝土弹性缩短，裂缝宽度为 w，如图 8-26 (b) 所示。在裂缝处，钢筋承受全部拉力 N_{cr}，混凝土中的应力为 0。在紧临裂缝的区域，混凝土和钢筋应力相差很大，而且存在部分粘结破坏区。在裂缝两侧某一距离 s_0 处，混凝土和钢筋的应力不再直接受裂缝的影响，如图 8-26 (c) 和图 8-26 (d) 所示。

在与裂缝距离大于或等于 s_0 的Ⅰ区中，混凝土和钢筋的应力分别为 σ_{c1} 和 σ_{s1}。因为裂缝处的钢筋应力为拉应力（应变也是如此），而整个钢筋伸长为 0（全部约束），所以 σ_{s1} 一定是受压的。平衡条件要求混凝土和钢筋在任何截面承受的力的总和等于约束力。因此，由于Ⅰ区中的钢筋受压，混凝土承受的力 $A_c\sigma_{c1}$ 一定为拉力，有时大于约束力 N_{cr}。在与裂缝距离小于 s_0 的Ⅱ区中，混凝土应力从裂缝处的 0 变化到距裂缝 s_0 处的 σ_{c1}。钢筋应力从裂缝处的 σ_{s2}（受拉）变化到距裂缝 s_0 处的 σ_{s1}，如图 8-26 所示。

为确定图 8-26 中的裂缝宽度 w 及混凝土和钢筋的应力，需要知道距离 s_0 上混凝土和钢筋的应力，计算约束力 N_{cr}。对使用变形钢筋或焊接钢丝网的构件，s_0 可按 Favre 等 1983 年[70]提出的公式计算，即

$$s_0 = \frac{\phi}{10\rho} \tag{8-120}$$

式中 ϕ——钢筋直径；

ρ——配筋率 A_s/A_c。

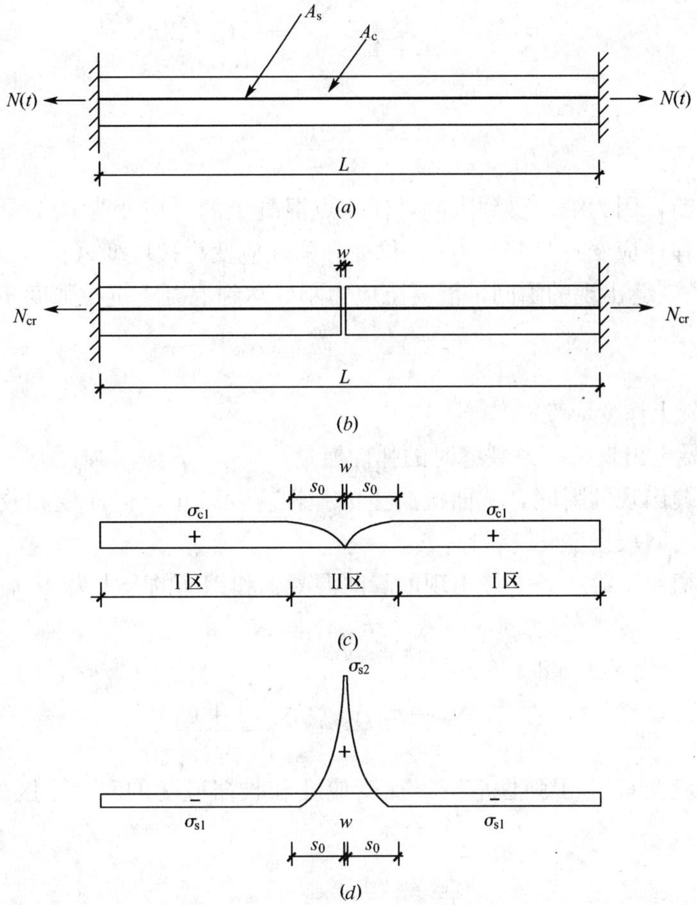

图 8-26　直接拉伸构件出现第一条约束裂缝

(*a*) 第一条裂缝出现前；(*b*) 刚好出现第一条裂缝；

(*c*) 第一条裂缝出现后的混凝土应力；(*d*) 刚好出现第一条裂缝时的钢筋应力

2. 约束力和内力的计算

下面确定第一条裂缝即将出现时的约束力及相应的钢筋和混凝土的应力。

因为构件受到约束，构件的总伸长为 0，如图 8-26（*d*）所示，假定Ⅱ区中钢筋的应变按抛物线规律变化，对构件全长的应变进行积分得到：

$$\frac{\sigma_{s1}}{E_s}L+\frac{\sigma_{s2}-\sigma_{s1}}{E_s}\left(\frac{2}{3}s_0+w\right)=0 \tag{8-121}$$

式中　E_s——钢筋弹性模量。

由于裂缝宽度 w 与 s_0 相比很小，忽略式（8-121）中的 w 得到：

$$\sigma_{s1}=-\frac{2s_0}{3L-2s_0}\sigma_{s2} \tag{8-122}$$

在裂缝处，约束力 N_{cr} 全部由钢筋承担，即

$$\sigma_{s2}=\frac{N_{cr}}{A_s} \tag{8-123}$$

将式（8-123）代入式（8-122），得到离开裂缝处的钢筋应力：

$$\sigma_{s1} = -\frac{2s_0}{3L-2s_0}\frac{N_{cr}}{A_s} = -C_1\frac{N_{cr}}{A_s} \tag{8-124}$$

其中

$$C_1 = \frac{2s_0}{3L-2s_0}$$

在构件开裂前，因为缩短受到限制，任一点混凝土的总应变为0。尽管如此，混凝土的徐变、收缩和弹性应变各自并不为0，徐变和弹性应变为拉应变（正），收缩应变为压应变（负）。第一条裂缝出现的瞬间，混凝土应力刚好达到混凝土抗拉强度 f_t，从而有：

$$\varepsilon_c + \varepsilon_{sh} + \frac{f_t}{E_c} = 0 \tag{8-125}$$

式中 ε_c——混凝土徐变应变；

E_c——混凝土出现第一条裂缝时的弹性模量。

在第一条裂缝出现的瞬间，截面混凝土的弹性应变减小，但徐变和收缩不发生变化。徐变和收缩只随时间缓慢变化。

在Ⅰ区，平衡要求第一条裂缝出现的瞬间混凝土和钢筋的合力为 N_{cr}，即

$$\sigma_{c1}A_c + \sigma_{s1}A_s = N_{cr} \tag{8-126}$$

将式（8-124）代入式（8-126）得：

$$\sigma_{c1} = \frac{N_{cr} - \sigma_{s1}A_s}{A_c} = \frac{N_{cr}(1+C_1)}{A_c} \tag{8-127}$$

由于混凝土应变 ε_1 等于弹性应变、徐变应变和收缩应变的和，Ⅰ区的变形协调条件 $\varepsilon_{s1}=\varepsilon_1$ 可表示为：

$$\frac{\sigma_{s1}}{E_s} = \frac{\sigma_{c1}}{E_c} + \varepsilon_c + \varepsilon_{sh} \tag{8-128}$$

将式（8-124）、式（8-125）和式（8-127）代入式（8-128），解出 N_{cr}得：

$$N_{cr} = \frac{n\rho f_t A_c}{C_1 + n\rho(1+C_1)} \tag{8-129}$$

其中

$$n = \frac{E_s}{E_c}, \rho = \frac{A_s}{A_c}$$

根据式（8-129）确定 N_{cr}后，开裂瞬间混凝土和钢筋的应力可由式（8-123）、式（8-124）和式（8-127）确定。

3. 最终裂缝间距和宽度

第一条裂缝出现后，混凝土不再完全受约束，裂缝随收缩的发展而增宽。因此，第一条裂缝出现后混凝土为局部受约束状态。随后的收缩将进一步增大约束力 $N(t)$和远离裂缝处混凝土的应力，进而可能出现第二条裂缝，乃至更多的裂缝。然而，当每一条新裂缝出现时，构件刚度降低，需要出现新裂缝的收缩量增加，直到裂缝分布完成，这通常在干缩开始的前几个月。最终平均裂缝间距 s 和最终平均裂缝宽度 w 取决于钢筋的数量和分布、混凝土与钢筋的粘结性能、收缩量和混凝土强度。将最终收缩引起的约束力定义为$N(\infty)$。

图 8-27（a）示出了全部收缩完成及最终裂缝形成后的全约束受拉构件。收缩引起的

混凝土平均应变和应力示于图8-27（b）和图8-27（c）中。假定在裂缝两侧混凝土和钢筋应力变化的距离 s_0 仍为式（8-120）表示的值，在Ⅰ区，与裂缝最近距离等于或大于 s_0 的截面上，最终的混凝土和钢筋应力分别为 σ_{c1}^* 和 σ_{s1}^*。

下面确定裂缝的数目 m、最终约束力 $N(\infty)$ 和最终平均裂缝宽度。

对于有 m 条裂缝的构件，由于钢筋的总伸长等于0，类似于式（8-121），得到下面的公式：

$$\frac{\sigma_{s1}^*}{E_s}L+\frac{\sigma_{s2}^*-\sigma_{s1}^*}{E_s}\left(\frac{2}{3}ms_0+w\right)=0 \tag{8-130}$$

因为 w 较 s_0 小得多，忽略式（8-130）中的 w 得：

$$\sigma_{s1}^*=-\frac{2ms_0}{3L-2ms_0}\sigma_{s2}^* \tag{8-131}$$

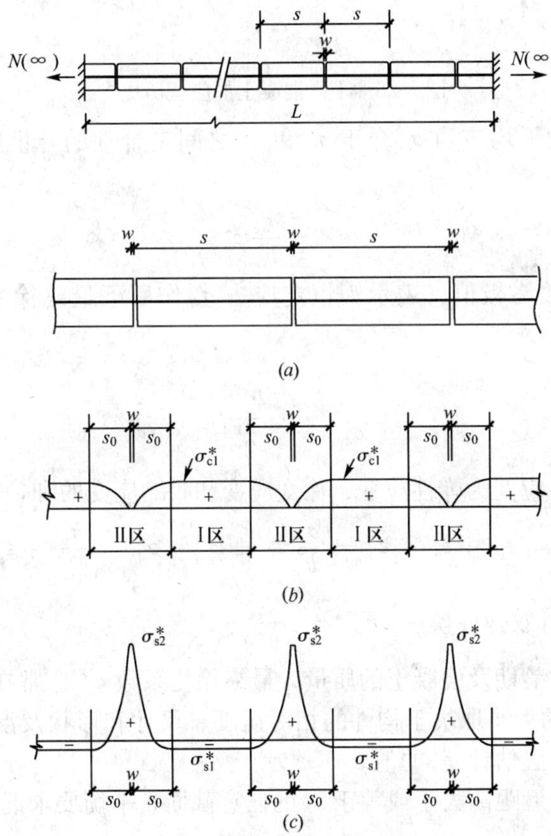

图8-27　直接拉伸开裂后混凝土和钢筋的最终应力

（a）全部裂缝出现后；（b）收缩完成后的混凝土应力；（c）收缩完成后的钢筋应力

令 $s=L/m$，式（8-131）另表示为：

$$\sigma_{s1}^*=-\frac{2s_0}{3s-2s_0}\sigma_{s2}^*=-C_2\sigma_{s2}^* \tag{8-132}$$

其中

$$C_2 = \frac{2s_0}{3s - 2s_0} \tag{8-133}$$

在每条裂缝处：

$$\sigma_{s2}^* = \frac{N(\infty)}{A_s} \tag{8-134}$$

图 8-28 示出了两条裂缝间混凝土的应力历史。混凝土拉应力随时间逐渐增大，接近于直接拉伸强度 f_t。当构件的其他部分出现裂缝时，未开裂截面混凝土的拉应力骤降。尽管混凝土应力的变化是不连续的，如图 8-28 所示，但对于徐变应变的估计，假定自干缩

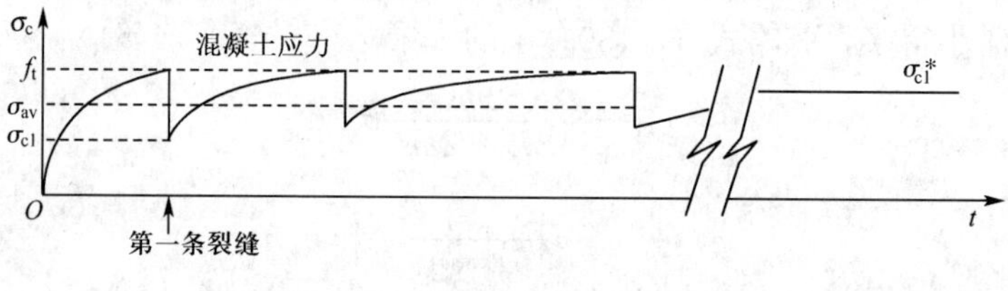

图 8-28 Ⅰ区混凝土的应变历史

开始任意时刻混凝土的平均应力 σ_{av} 介于 σ_{c1} 和 f_t 之间是合理的，Ⅰ区的最终徐变应变近似为：

$$\varepsilon_c^* = \frac{\sigma_{av}}{E_c}\varphi^* \tag{8-135}$$

式中 φ^*——徐变系数终极值（表示为恒定应力 σ_{av} 作用下最终徐变应变与弹性应变之比）。

假定应力 σ_{av} 为：

$$\sigma_{av} = \frac{\sigma_{c1} + f_t}{2} \tag{8-136}$$

Ⅰ区混凝土的最终应变为弹性应变、徐变应变和收缩应变的和，可近似表示为：

$$\varepsilon_1^* = \varepsilon_e^* + \varepsilon_c^* + \varepsilon_{sh}^* = \frac{\sigma_{av}}{E_c} + \frac{\sigma_{av}}{E_c}\varphi^* + \varepsilon_{sh}^* = \frac{\sigma_{av}}{E_c^*} + \varepsilon_{sh}^* \tag{8-137}$$

式中 E_c^*——混凝土有效弹性模量，$E_c^* = \frac{E_c}{1+\varphi^*}$。

取决于干缩开始的龄期及混凝土的质量，最终徐变系数 φ^* 通常在 2～4 之间变化。混凝土最终徐变应变 ε_{sh}^* 的大小取决于构件的相对湿度、尺寸和形状及混凝土混合料的特性。可根据前面第 7 章的方法估计 φ^* 的值。

对于Ⅰ区与裂缝最近距离大于或等于 s_0 的任意截面，平衡要求混凝土和钢筋的合力等于 $N(\infty)$，即

$$\sigma_{c1}^* A_c + \sigma_{s1}^* A_s = N(\infty) \tag{8-138}$$

解得：

$$\sigma_{c1}^* = \frac{N(\infty) - \sigma_{s1}^* A_s}{A_c} \tag{8-139}$$

根据钢筋与混凝土的变形协调条件 $\varepsilon_{s1}^* = \varepsilon_{c1}^*$，并结合式（8-137）得：

$$\frac{\sigma_{s1}^*}{E_s} = \frac{\sigma_{av}}{E_c^*} + \varepsilon_{sh}^* \tag{8-140}$$

将式（8-132）和式（8-134）代入式（8-140）得：

$$N(\infty)=-\frac{n^{*}A_{s}}{C_{2}}(\sigma_{av}+\varepsilon_{sh}^{*}E_{c}^{*}) \tag{8-141}$$

其中

$$n^{*}=\frac{E_{s}}{E_{c}^{*}}$$

为计算由式（8-133）表示的 C_2，首先计算裂缝间距 $s=L/m$。由于应力 σ_{c1}^{*} 不能超过混凝土抗拉强度 f_t，结合式（8-132）和式（8-134），式（8-139）变为：

$$\sigma_{c1}^{*}=\frac{N(\infty)(1+C_{2})}{A_{c}}\leqslant f_{t} \tag{8-142}$$

将式（8-133）和式（8-141）代入式（8-142），得裂缝最大间距：

$$s=\frac{2s_{0}(1+\xi)}{3\xi} \tag{8-143}$$

式中 ξ 按下式计算：

$$\xi=\frac{-n^{*}\rho(\sigma_{av}+\varepsilon_{sh}^{*}E_{c}^{*})}{n^{*}\rho(\sigma_{av}+\varepsilon_{sh}^{*}E_{c}^{*})+f_{t}} \tag{8-144}$$

由式（8-143）确定的裂缝数目 $m=L/s$ 必须取为最小整数。当确定了 m 后，可根据式（8-141）计算约束力 $N(\infty)$，根据式（8-132）、式（8-134）和式（8-139）确定构件各阶段钢筋和混凝土的应力。

构件总的缩短即为裂缝宽度的总和。图 8-26 中Ⅰ区任意点的最终混凝土应变由式(8-142)确定。在Ⅱ区，混凝土最终应变为：

$$\varepsilon_{2}^{*}=\frac{k_{n}\sigma_{c1}^{*}}{E_{c}^{*}}+\varepsilon_{sh}^{*} \tag{8-145}$$

式中 k_n 在裂缝处的 0 和距裂缝 s_0 处的 1 之间变化。如果假定Ⅱ区的应力按抛物线规律变化，在构件长度上对混凝土应变进行积分，得到平均裂缝宽度 w 的表达式：

$$w=-\left[\frac{\sigma_{c1}^{*}}{E_{c}^{*}}(s-\frac{2}{3}s_{0})+\varepsilon_{sh}^{*}s\right] \tag{8-146}$$

上面的分析是假定钢筋未屈服，保持线弹性状态。如果钢筋面积较小，裂缝处的钢筋发生屈服，这时根据式（8-141）计算的 $N(\infty)$ 不再正确。在这种情况下，σ_{s2}^{*} 等于钢筋的屈服强度 f_y，$N(\infty)$ 等于 f_yA_s。根据式（8-138），Ⅰ区混凝土的应力为：

$$\sigma_{c1}^{*}=\frac{f_{y}A_{s}-\sigma_{s1}^{*}A_{s}}{A_{c}} \tag{8-147}$$

当第一条裂缝处的钢筋发生屈服时，因为钢筋的压应力 σ_{s1} 随时间和第一条裂缝的出现而增加，混凝土的拉应力只略有增大。由于钢筋屈服后第一条裂缝处的约束力不变（等于 f_yA_s），混凝土中的拉应力不会再达到其抗拉强度 f_t，所以之后不会再出现裂缝。裂缝处钢筋的塑性变形通常使得初始裂缝大得不可接受。按钢筋总伸长为 0 的条件可确定裂缝宽度 w，即：

$$\frac{\sigma_{s1}^{*}}{E_{s}}(L-w)+\frac{2}{3}\times\frac{f_{y}-\sigma_{s1}^{*}}{E_{s}}s_{0}+w=0 \tag{8-148}$$

由于 w 与 L 相比很小，忽略式（8-148）括号中的 w 得：

$$w = -\frac{\sigma_{sl}^{*}(3L - 2s_0) + 2s_0 f_y}{3E_s} \tag{8-149}$$

因为未开裂混凝土的拉应力随时间变化不大，可根据式（8-147）确定混凝土的平均拉应力。将式（8-147）代入式（8-140）经简化得：

$$\frac{\sigma_{sl}^{*}}{E_s} = \frac{f_y A_s - \sigma_{sl}^{*} A_s}{A_c E_c^{*}} + \varepsilon_{sh}^{*} \tag{8-150}$$

从而钢筋最终应力为：

$$\sigma_{s1}^{*} = \frac{f_y \rho n^{*} + \varepsilon_{sh}^{*} E_s}{1 + \rho n^{*}} \tag{8-151}$$

【例 8-1】 考虑一长 5m、厚 150mm 且两端完全约束的钢筋混凝土板。板上部和下部同时布置直径为 12mm、间距为 300mm 的变形纵筋，$A_s = 750\text{mm}^2/\text{m}$。混凝土保护层厚度为 30mm。计算约束收缩裂缝的间距 s 和最终平均裂缝宽度 w。

【解】 取 $\phi^{*} = 12\text{mm}$，$\varphi^{*} = 2.5$，$\varepsilon_{sh}^{*} = -600 \times 10^{-6}$，$f_t = 2.0\text{MPa}$，$E_c = 25000\text{MPa}$，$E_s = 200000\text{MPa}$，$n = 8$，$f_y = 400\text{MPa}$，配筋率 $\rho = 0.005$，根据式（8-120）得：

$$s_0 = \frac{\phi}{10\rho} = \frac{12}{10 \times 0.005} = 240\text{mm}$$

最终有效模量为：

$$E_c^{*} = \frac{E_c}{1 + \varphi^{*}} = \frac{25000}{1 + 2.5} = 7143\text{MPa}$$

相应的有效模量比为 $n^{*} = 28$。常量 C_1 的值为：

$$C_1 = \frac{2s_0}{3L - 2s_0} = \frac{2 \times 240}{3 \times 5000 - 2 \times 240} = 0.0331$$

根据式（8-129）得第一条裂缝出现后的瞬时约束力：

$$N_{cr} = \frac{n\rho f_t A_c}{C_1 + n\rho(1 + C_1)} = \frac{8 \times 0.005 \times 2.0 \times 150000}{0.0331 + 8 \times 0.005 \times (1 + 0.0331)} = 161300\text{N/m}$$

裂缝处的钢筋应力：

$$\sigma_{s2} = \frac{N_{cr}}{A_s} = \frac{161300}{750} = 215\text{MPa}$$

根据式（8-127）得混凝土应力 σ_{c1}：

$$\sigma_{c1} = \frac{N_{cr}(1 + C_1)}{A_c} = \frac{161300 \times (1 + 0.0331)}{150000} = 1.11\text{MPa}$$

混凝土平均应力为：

$$\sigma_{av} = \frac{\sigma_{c1} + f_t}{2} = \frac{1.11 + 2.0}{2} = 1.56\text{MPa}$$

根据式（8-144）得：

$$\xi = \frac{-n^{*}\rho(\sigma_{av} + \varepsilon_{sh}^{*} E_c^{*})}{n^{*}\rho(\sigma_{av} + \varepsilon_{sh}^{*} E_c^{*}) + f_t} = \frac{-28 \times 0.005 \times (1.56 - 0.0006 \times 7143)}{28 \times 0.005 \times (1.56 - 0.0006 \times 7143) + 2.0} = 0.236$$

按式（8-143）计算最大裂缝间距：

$$s = \frac{2s_0(1 + \xi)}{3\xi} = \frac{2 \times 240 \times (1 + 0.236)}{3 \times 0.236} = 838\text{mm}$$

常数 C_2 为：

$$C_2=\frac{2s_0}{3s-2s_0}=\frac{2\times240}{3\times838-2\times240}=0.236$$

按式（8-141）得最终约束力：

$$N(\infty)=-\frac{n^*A_s}{C_2}(\sigma_{av}+\varepsilon_{sh}^*E_c^*)=-\frac{28\times750}{0.236}\times(1.56-0.0006\times7143)$$
$$=242670\text{N/m}$$

根据式（8-134），得 $\sigma_{s2}^*=323\text{MPa}$；根据式（8-131），得 $\sigma_{s1}^*=-76.4\text{MPa}$；根据式（8-139），得 $\sigma_{c1}^*=1.99\text{MPa}$。按式（8-146）得最终平均裂缝宽度为：

$$w=-\left[\frac{\sigma_{c1}^*}{E_c^*}\left(s-\frac{2}{3}s_0\right)+\varepsilon_{sh}^*s\right]=-\left[\frac{1.99}{7143}\times\left(838-\frac{2}{3}\times240\right)-0.0006\times838\right]$$
$$=0.313\text{mm}$$

【例 8-2】　仍考虑例 8-1 中的板，但钢筋面积只有例 8-1 的一半，即 $A_s=375\text{mm}^2/\text{m}$。确定裂缝间距和宽度。

【解】 $\rho=0.0025$。由式（8-124）得 $C_1=0.00684$，由式（8-129）得 $N_{cr}=66840\text{N/m}$。根据式（8-127）计算的第一条裂缝出现后的Ⅰ区混凝土应力为 $\sigma_{c1}=0.476\text{MPa}$，由式(8-136)得 $\sigma_{av}=1.24$。由式（8-144）得 $\xi=0.119$，由式（8-143）得 $s\leqslant3002\text{mm}$。因为 $L/s\geqslant1.67$，所以裂缝数目为 $m=2$，裂缝间距 $s=L/m=2500\text{mm}$。由式（8-133）得 $C_2=0.147$，由式（8-141）得 $N(\infty)=217900\text{N}$。根据式（8-134）计算的裂缝处的钢筋应力为 $\sigma_{s2}^*=518\text{MPa}$，该值大于钢筋的屈服强度，钢筋屈服，所以上面的计算不再正确，需按钢筋屈服后的状态进行计算。

当裂缝处的钢筋发生屈服时：

$$N(\infty)=f_yA_s=150000\text{N/m}$$

且只出现一条裂缝。由式（8-151）得：

$$\sigma_{s1}^*=\frac{f_y\rho n^*+\varepsilon_{sh}^*E_s}{1+\rho n^*}=\frac{28\times0.0025\times400-600\times10^{-6}\times200000}{1+28\times0.0025}=-86.0\text{MPa}$$

由式（8-147），离开裂缝混凝土的拉应力为：

$$\sigma_{c1}^*=\frac{f_yA_s-\sigma_{s1}^*A_s}{A_c}=\frac{400\times375+86.0\times375}{150000}=1.22\text{MPa}$$

由式（8-149）计算的裂缝宽度为：

$$w=-\frac{\sigma_{s1}^*(3L-2s_0)+2s_0f_y}{3E_s}=-\frac{-86.0\times(3\times5000-2\times480)+2\times480\times400}{3\times200000}$$
$$=1.37\text{mm}$$

由此可见，当裂缝处的钢筋发生屈服时，裂缝宽度超过了使用要求。

8.1.9.4　约束混凝土板的裂缝控制

一般而言，当钢筋间距比较合理、构件变形不是很大时，钢筋混凝土板的弯曲裂缝不会产生大的问题。相比之下，因收缩受到约束和温度频繁变化而引起的裂缝却会导致严重的使用性和耐久性问题，特别是弯矩较小的区域。这种裂缝通常贯穿整个板厚，一般保持平行。如果不进行控制，裂缝将会变宽，引起漏水和钢筋腐蚀，还会影响板的整体性和板的结构性能。

在钢筋混凝土板中，收缩裂缝比较常见。如，对于单向梁板结构，荷载通常由跨越支撑梁的板承担，而正交方向的弯矩很小。两个方向的收缩相同，通常两个方向都存在约束。

在短跨方向，收缩将使细小的弯曲裂缝略有增宽，并在先前未开裂的区域产生新的弯曲裂缝。然而，在长跨方向，收缩将会引起间距较大、贯穿板厚的裂缝。有时可能需要在长跨方向配置比短跨抗弯筋还要多的钢筋，以控制这种收缩裂缝。

如果跨越收缩裂缝的钢筋太少，将会使钢筋屈服，出现影响使用的宽裂缝。为避免这种情况的发生，Campbell-Allen 和 Hughes 提出了下面的最小配筋率公式：

$$\rho_{\min} = \frac{1.2 f_t}{f_y} \tag{8-152a}$$

式中 f_t——混凝土未成熟时（通常为 3d）的抗拉强度，可取为 $0.25\sqrt{f'_c}$。

对于强度为 25MPa 的混凝土和强度为 400MPa 的钢筋，由式（8-152a）得到控制收缩裂缝的最小配筋率为 $\rho_{\min}=0.0038$。这小于前面例 8-1 中板的配筋率 $\rho=0.005$，而例8-1中板配筋率 $\rho=0.005$ 时计算的最终裂缝宽度为 0.3mm，所以式（8-152a）可能是不合适的。

美国规范 ACI 318M—89[71]给出了单向板和主钢筋垂直方向的钢筋与混凝土毛截面面积的最小比值。对于等级为 400MPa 的变形钢筋，最小配筋率为 $\rho_{\min}=0.0018$。这并不是所有情况下要求的配筋率，只是最小配筋率。对于许多受约束的构件，为控制收缩裂缝要配置更多的抗收缩钢筋。

澳大利亚规范 AS 3600—2001[67]对钢筋混凝土板裂缝控制的规定是，如果板处于严重暴露条件或有遮挡但可见裂缝有碍观瞻，当板的端部受约束，板不能自由伸缩时，板受约束方向对混凝土毛截面的最小配筋率为：

$$\rho_{\min} = \frac{2.5}{f_y} \tag{8-152b}$$

对于强度等级为 400MPa 的钢筋，可得出 $\rho_{\min}=0.0063$。根据前面方法进行计算得最终裂缝宽度 $w=0.21$mm，这一结果似乎是可以接受的。

如果在有遮挡环境中可见裂缝无碍观瞻，AS 3600—2001 规定的最小配筋率为：

$$\rho_{\min} = \frac{1.4}{f_y} \tag{8-152c}$$

由该式求得 $\rho_{\min}=0.0035$，最终裂缝宽度为 $w=0.53$mm。

美国规范 AASHTO LFRD—2007 规定，对于钢筋或焊接钢丝网，构件每个面每个方向单位长度的钢筋面积应满足：

$$A_s = \frac{0.75bh}{2(b+h)f_y} \tag{8-152d}$$

式中 A_s——每个面每个方向的钢筋面积，mm^2/m；

b——构件截面的最小宽度，mm；

h——构件截面的最小厚度，mm；

f_y——钢筋的规定屈服强度≤520MPa。

我国建筑结构规范 GB 50010—2002[32]规定，在温度收缩应力较大的现浇板区域，要布置温度收缩钢筋。板的上、下表面沿纵、横两个方向的配筋率均不宜小于 0.1%，这显然要比国外规范规定的值低。

8.2　变形计算

在持续荷载作用下，混凝土构件会产生变形且变形会因混凝土的徐变而随时间增大。自重和其他恒荷载叠加为持续荷载。为减小变形产生的不利影响，必须按不同的要求限制构件短期变形及包括徐变在内的长期变形。因此，需要对钢筋混凝土构件的变形进行计算。

8.2.1　短期挠度的计算

在使用荷载作用下，几乎所有钢筋混凝土受弯构件都会出现某种程度的开裂。裂缝出现后，构件的抗弯刚度发生变化，使得挠度的计算变得复杂。在开裂的梁中，未开裂截面（作用的弯矩小于开裂弯矩）的抗弯刚度最大，开裂截面的抗弯刚度最小。这是因为开裂截面中性轴以下的混凝土不再承担荷载。但对于相邻裂缝间的截面，钢筋周围的混凝土由于粘结作用继续承担一部分拉力（图 8-29），这部分拉力减小了钢筋应力，使 0 应变面向受拉面转移。所以，裂缝之间截面的抗弯刚度比开裂截面的抗弯刚度大，导致整个构件的刚度增加，这种现象称为拉伸硬化效应。第 1 章已经对混凝土的拉伸硬化效应进行了讨论。计算构件的挠度时，需包括拉伸硬化的影响。如果不考虑这种影响，计算的挠度将大于实际值。

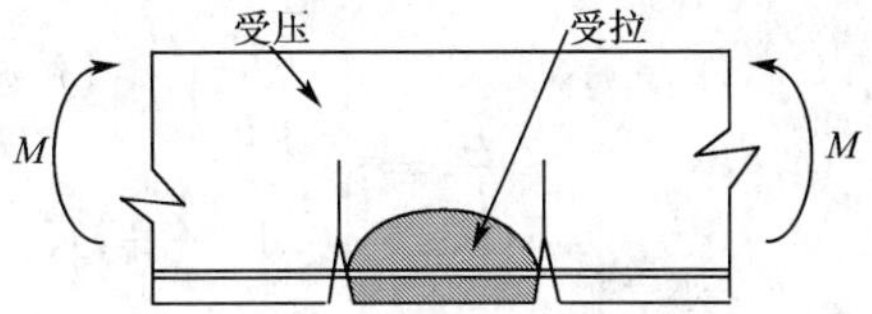

图 8-29　粘结作用产生的混凝土拉应力

研究表明，开裂钢筋混凝土构件中拉伸硬化的影响随着荷载的增加而减小，其他影响拉伸硬化的因素有钢筋的数量和分布、钢筋直径、混凝土粘结强度和抗拉强度、混凝土保护层厚度和裂缝间距等。考虑拉伸硬化影响的挠度计算方法有如下几种。

8.2.1.1　有效惯性矩法

这种方法使用整个梁的平均惯性矩计算短期挠度，其值依赖于荷载的大小，取用未开裂截面的毛惯性矩 I_g 和开裂截面的惯性矩 I_{cr} 之间的值，称为有效惯性矩 I_e。

在对试验结果进行分析的基础上，Branson 1963 年[72]提出了下面计算开裂钢筋混凝土梁和单向板有效惯性矩的公式：

$$I_e = I_{cr} + (I_g - I_{cr})\left(\frac{M_{cr}}{M_a}\right)^{\beta} \leqslant I_g \tag{8-153}$$

式中　M_a——构件截面最大弯矩（$M_a > M_{cr}$）；

M_{cr}——构件截面开裂弯矩；

$\beta=3$。

需要注意的是，当 M_a 略大于 M_{cr} 时，用式（8-153）计算的 I_e 值仅略小于 I_g，这在低配筋率的构件中，尤其当 $\rho \leqslant 0.006$ 时经常出现。在这些构件中，M_{cr} 的变化对 I_e 的计算很敏感。因此，极限弯拉强度 f_t' 的变化控制着 M_{cr}。这意味着式（8-153）可能高估低配筋率混凝土构件的有效惯性矩 I_e，特别是当 f_t' 的估计值大于实际值时。

Branson 的计算公式是根据均布荷载下梁的试验结果建立的。Al Zaid 等 1991 年[73]的分析表明，当使用 Branson 的公式计算集中荷载下的梁时，I_e 的值比均布荷载下的值小

20%。因此建议这种情况下对 I_e 进行折减。

Al Shaik 和 Al Zaid[74] 的试验结果表明，式（8-153）中的 β 值随受拉钢筋配筋率 ρ 的增大而减小，因此建议 β 按下面的公式计算：

$$\beta = 3 - 0.8\rho \tag{8-154}$$

Rangan 1982 年[75] 利用 Branson 公式对大量使用荷载作用下简支矩形梁和单向板的有效惯性矩 I_e 进行了计算。用使用荷载下的弯矩 M_s 代替式（8-153）中的跨中弯矩 M_a，当钢筋应力等于 60%的屈服应力时将 M_s 作为抵抗弯矩计算。根据这些结果，建立了下面的公式：

$$\frac{I_e}{bd^3} = \begin{cases} 0.1599\sqrt{n\rho} & n\rho > 0.045 \\ 0.0019/n\rho & n\rho \leqslant 0.045 \end{cases} \tag{8-155}$$

式中 n——钢筋与混凝土弹性模量比，等于 E_s/E_c；

ρ——纵向钢筋配筋率。

Grossman 1981 年[76] 对不同材料和截面性能的梁和单向板进行了参数研究。根据研究结果，提出用下面的公式计算 I_e，取消了对 I_{cr} 的要求：

$$\frac{I_e}{I_g} = \begin{cases} \left(\dfrac{M_{cr}}{M_a}\right)^2 \leqslant 1.0 & \dfrac{M_a}{M_{cr}} \leqslant 1.6 \\ 0.1\left(\dfrac{M_{cr}}{M_a}\right)K^* \geqslant 0.35K^* & \dfrac{M_a}{M_{cr}} > 1.6 \end{cases} \tag{8-156}$$

式中 K^*——与构件截面形状、材料性能和强度有关的修正系数，按下式确定：

$$K^* = \left(\frac{d/h}{0.9}\right)\left[\frac{\sqrt{2330/w_c}}{0.4 + (1.4M_a/M_u)(f_y/690)}\right]$$

w_c——混凝土的容重，kg/m³；

f_y——钢筋屈服强度，MPa；

d——截面有效高度；

h——截面全高；

M_u——截面极限弯矩。

8.2.1.2 使用受拉混凝土的非线性应力—应变关系

在挠度计算中，考虑拉伸硬化影响的另一方法是应用弥散裂缝方法，对跨越数个裂缝代表长度的混凝土拉应力进行平均。在该方法中，给定截面的混凝土拉应力用混凝土开裂后的非线性应力—应变关系计算。混凝土非线性应力—应变关系主要是指混凝土应力—应变曲线的下降段，如图 8-30 所示。

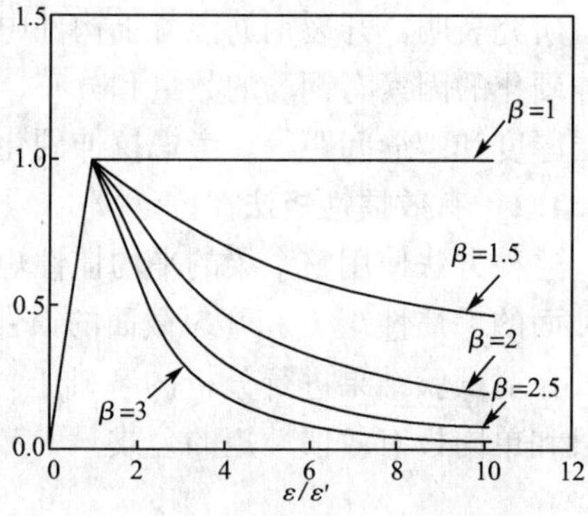

图 8-30 混凝土的受拉应力-应变关系

图 8-30 所示的混凝土受拉应力—应变关系可表述为：

$$\sigma_t = \begin{cases} f_t\left(\dfrac{\varepsilon}{\varepsilon'}\right) & \varepsilon \leqslant \varepsilon' \\ \dfrac{\beta f_t\left(\dfrac{\varepsilon}{\varepsilon'}\right)}{\beta - 1 + \left(\dfrac{\varepsilon}{\varepsilon'}\right)^\beta} & \varepsilon > \varepsilon' \end{cases} \tag{8-157}$$

式中　ε——混凝土拉应变；

σ_t——与 ε 对应的混凝土拉应力；

f_t——混凝土抗拉强度；

ε'——混凝土开裂应变。

用上面的应力—应变关系计算混凝土应力时，一般假定钢筋与周围混凝土间粘结是良好的（粘结滑移为 0），但实际存在粘结滑移，式（8-157）中粘结滑移的影响用应力—应变曲线下降段的参数 β 反映（图 8-30）。例如，较陡的下降段表示了构件在很小的滑移时就丧失了大部分拉伸硬化性能。

图 8-31 为根据式（8-157）得到的开裂截面（作用弯矩大于开裂弯矩）拉应力的分布。截面中性轴高度 kd 和混凝土最大压应变 ε_c 按平截面假定确定，截面曲率 φ 按下式计算：

$$\varphi = \frac{\varepsilon_c}{kd} \tag{8-158}$$

沿梁长对曲率进行二重积分即得到梁的挠度。假定沿梁长度曲率按抛物线规律变化，根据构件两端和跨中的曲率得到下面计算跨中挠度的公式：

$$\delta = \frac{L^3}{96}(\varphi_L + 10\varphi_M + \varphi_R) \tag{8-159}$$

式中　δ——跨中挠度；

L——跨度；

φ_L、φ_R、φ_M——左、右支座和跨中的曲率。

由此可见，图 8-31（*b*）中的应力分布及计算的挠度都依赖于控制混凝土应力—应变关系下降段的参数 β。Prakhya 和 Morley 1990 年[77]通过对 30 个构件计算和实测曲率的比较，间接估计了参数 β 的值。计算表明，梁的参数 β 与配筋率、钢筋直径和间距、开裂截面的中性轴高度及混凝土保护层厚度有关。30 个构件的 β 在 1.5～3.0 之间变化。Carreira 和 Chu 1986 年[78,79]对 4 个受弯构件进行了类似的研究，表明 β 在 1.45～1.95 之间变化。

与式（8-157）表示的应力—应变关系不同，一些研究者采用混凝土开裂后应力随应变线性下降的应力—应变关系进行分析，如图 8-32 所示。

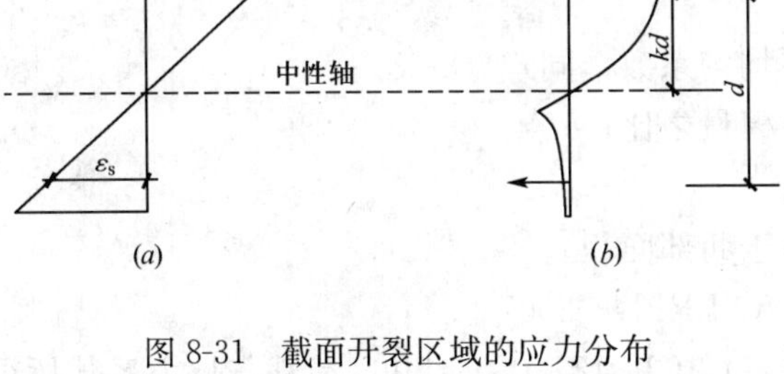

图 8-31　截面开裂区域的应力分布

（*a*）应变；（*b*）应力

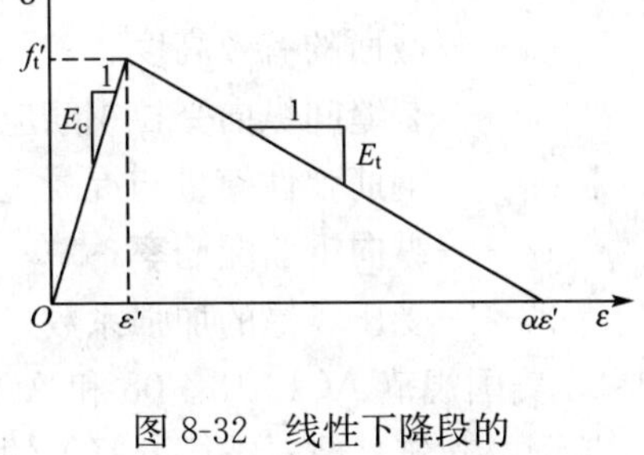

图 8-32　线性下降段的混凝土受拉应力—应变关系

在图 8-32 中，对一给定的应变，开裂混凝土的拉应力依赖于应力—应变关系下降段的陡度，用梯度 E_t 或混凝土拉应力降为 0 时的最大应变 $\alpha\varepsilon'$ 表示。Bažant 和 Oh (1984)[80]的研究表明，当梯度 E_t 按公式 $E_t = -\dfrac{70E_c}{57 + f'_t}$ 计算时，计算挠度和实测挠度具有很好的一致性，其中 E_c 为混凝土弹性模量，f'_t为混凝土弯拉强度。由 Bažant 和 Oh（1984）给出的例子得 $\alpha=7.7$。Kaklaukas 和 Ghaboussi（2001）[81]通过比较 14 根梁实测挠度和计算挠度的值对 α 进行了估计，表明 α 在 6～28 之间变化。

8.2.1.3 使用粘结应力计算曲率

计算截面曲率时，代之以使用混凝土拉应力，还可在平衡方程中考虑粘结应力。考虑两相邻裂缝间梁微段的平衡，Fantilli 等 1998 年[82]使用这种方法建立了一组微分方程。按照 CEB-FIP 模式规范（1990）[56]建议的粘结应力—粘结滑移关系计算粘结应力。假定应变沿梁高呈线性分布，使用相邻裂缝截面间的已知边界条件数值求解上述方程。然后计算等于相邻裂缝中截面距离的梁长的局部曲率。研究表明，恒弯矩段和变弯矩段的计算曲率和实测曲率都有很好的一致性。结果还表明，局部曲率在很大程度上受相邻裂缝间距的影响，特别是在裂缝随机出现的常弯矩区。

在计算曲率时，Polak 和 Blackwell（1998）[83]采用了不同的方法计算粘结应力。假定粘结应力完全通过机械咬合（混凝土支撑在钢筋的凸肋上）来传递，忽略混凝土与钢筋间的化学粘结和摩擦，并进一步假定开裂截面混凝土对钢筋凸肋的支撑应力等于 f'_c，在相邻裂缝间的中截面等于 0，开裂截面与中截面间呈线性变化。总粘结力根据凸肋面积与支撑应力的乘积计算，不使用粘结应力—粘结滑移关系。为确定曲率，假定沿梁高应变呈线性变化，根据平衡条件计算每个截面的 ε_c 值和 kd 值［图 8-31 和式（8-158)］。与 14 个梁构件的试验结果的对比表明，计算曲率与测量的曲率符合得很好。

8.2.1.4 规范中采用的方法

1. 我国《混凝土结构设计规范》（GB 50010—2002）

我国《混凝土结构设计规范》（GB 50010—2002）[32]中钢筋混凝土构件的短期刚度计算采用的是半经验、半理论公式，即

$$B_s=\frac{E_sA_sh_0^2}{1.15\psi+0.2+\dfrac{6\alpha_E\rho}{1+3.5\gamma'_f}} \tag{8-160}$$

式中 E_s——纵向钢筋弹性模量；

A_s——纵向钢筋截面面积；

h_0——截面的有效高度；

ψ——裂缝间纵向受拉钢筋应变不均匀系数，同式（8-38)；

α_E——钢筋弹性模量与混凝土弹性模量之比；

ρ——纵向钢筋配筋率；

γ'_f——受压翼缘的加强系数（相对于肋部面积）。

2. 美国规范 ACI 318—08 和 AASHTO LRFD—2007

美国《建筑规范对结构混凝土的要求》（ACI 318—08）[43]和《荷载与抗力系数桥梁设计规范》（AASHTO LRFD—2007）[44]规范均采用式（8-153）计算钢筋混凝土构件的有效惯性矩，其中取 $\beta=3$，开裂弯矩按下式计算：

$$M_{cr}=f_r\frac{I_g}{y_t} \tag{8-161}$$

式中 M_{cr}——开裂弯矩，N·mm；

f_r——混凝土断裂模量，MPa，取 $0.63\sqrt{f_c'}$；

y_t——从中性轴到最外受拉纤维的距离，mm。

对于轻骨料混凝土，ACI 318—08 规范要求计算的 f_r 乘考虑轻骨料混凝土的系数 λ。

3. 加拿大规范《混凝土结构设计》(CSA A23.3—04)

加拿大规范《混凝土结构设计》(CSA A23.3—04)[45]也采用式（8-153）计算钢筋混凝土构件的有效惯性矩，开裂弯矩计算公式与美国规范相同，即式（8-161）。CSA A23.3—04 规定了不同截面形式构件惯性矩的计算方法。连续矩形构件的有效惯性矩可取为按式（8-153）计算的临界正弯矩截面和负弯矩截面惯性矩的加权平均。对于两端连续的构件，有效惯性矩为

$$I_{e,avg}=0.7I_{em}+0.15(I_{e1}+I_{e2}) \tag{8-162}$$

式中　I_{em}——按式（8-153）计算的跨中截面的惯性矩；

I_{e1}、I_{e2}——按式（8-153）计算的连续构件支座 1 和支座 2 截面的惯性矩。

对于一端连续的构件

$$I_{e,avg}=0.85I_{em}+0.15I_{ec} \tag{8-163}$$

式中　I_{ec}——按式（8-153）计算的连续构件端部截面的惯性矩。

4. 英国规范 BS 8110：第 2 部分（1985）

英国标准 BS 8110：第 2 部分（1985）[84]给出了与弥散裂缝方法稍有不同的钢筋混凝土构件挠度计算方法。在这种方法中，假定拉应力呈线性变化，最大应力出现于受拉表面（图 8-33）。对短期挠度，钢筋处的混凝土拉应力与计算应变无关，取 $f_t=1\text{MPa}$，长期挠曲时应力减小为 0.55MPa。

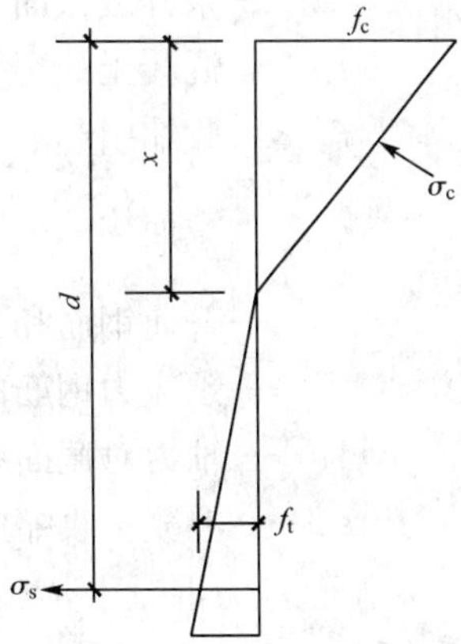

图 8-33　BS 8110：1985 计算挠度的混凝土应力分布

对于简支梁和连续梁，BS 8110：第 2 部分（1985）建议使用跨中的曲率 φ 计算挠度，对于悬臂梁，使用支座处的曲率 φ。

5. 欧洲规范《混凝土结构设计》(EN 1992—1—1：2004)

对于预计会开裂的构件，欧洲规范《混凝土结构设计》(EN 1992—1—1：2004)[46]根据下式计算构件有关的变形：

$$\alpha=\zeta\alpha_{11}+(1-\zeta)\alpha_1 \tag{8-164}$$

式中　α——所考虑的变形参数，可为应变、曲率、转角，也可为挠度；

α_1、α_{11}——分别为未开裂和完全开裂状态下计算的参数值；

ζ——由下式确定的分布系数（考虑了截面拉伸硬化）：

$$\zeta=1-\beta\left(\frac{\sigma_{sr}}{\sigma_s}\right)^2 \tag{8-165}$$

对于未开裂截面，$\zeta=0$；

β——考虑荷载持续时间或反复荷载对平均应变影响的系数，单个短期荷载取 $\beta=1.0$，持久荷载或多次往复荷载取 $\beta=0.5$；

σ_s——按开裂截面计算的钢筋拉应力；

σ_{sr}——初裂荷载作用下计算的开裂截面钢筋拉应力。

受弯时 σ_{sr}/σ_s 可用M_{cr}/M代替，纯拉时可用 N_{cr}/N 代替，M_{cr} 为开裂弯矩，N_{cr} 为开裂轴力。

欧洲规范采用的公式（8-164）与有效刚度法的公式有一定的相似性，但应用的范围更广（应变、曲率、转角和挠度）。根据曲率用该式计算钢筋混凝土构件变形的方法可见文献[85]。

6. 澳大利亚规范《混凝土结构》（AS 3600—2001）

澳大利亚规范 AS 3600—2001[67] 推荐了两种计算梁变形的方法，一种是精确计算法，计算中需要考虑混凝土的收缩和徐变特性、预期荷载历程和裂缝与拉伸硬化，另一种是简化计算方法。简化计算时采用有效刚度法，即

$$I_{ef} = I_{cr} + (I - I_{cr})\left(\frac{M_{cr}}{M_s^*}\right)^3 \leqslant I_{e,max.} \tag{8-166}$$

式中 M_s^*——根据短期使用荷载或施工荷载确定的截面最大弯矩；

I——未开裂截面的毛惯性矩；

M_{cr}——截面开裂弯矩，按下式计算：

$$M_{cr} = Z\left(f'_{cf} - f_{cs} + \frac{P}{A_g}\right) + Pe \geqslant 0$$

Z——未开裂截面的截面模量；

f'_{cf}——混凝土的弯拉强度特征值；

f_{cs}——收缩引起的未开裂截面裂缝最外层纤维最大拉应力，对于单筋钢筋混凝土截面构件可取为 $\dfrac{1.5p}{1+50p}E_s\varepsilon_{cs}$；

p——普通钢筋和预应力钢筋的总配筋率；

P——预应力钢筋的拉力；

e——轴力对截面中心的偏心距；

ε_{cs}——混凝土收缩应变设计值。

对于预应力混凝土，$I_{e,max.} = I$；对于钢筋混凝土，当配筋率不小于 0.5%时取 I，小于 0.5%取 $0.6I$。

除采用式（8-166）计算梁的有效刚度外，AS 3600—2001 规定也可按下式进行计算：

$$I_{ef} = \begin{cases} (0.02 + 2.5p)bd^3 & p \geqslant 0.005 \\ (0.1 - 13.5p)bd^3 \leqslant 0.06bd^3 & p < 0.005 \end{cases} \tag{8-167}$$

式中 b——梁的宽度；

d——梁的有效高度。

8.2.2 长期挠度的计算

挠度随时间的增加依赖于混凝土的徐变、弹性模量和混凝土抗拉强度等多种因素。徐变又依赖于混凝土抗压强度、环境相对湿度和混凝土加载龄期。Washa 和 Fluck (1952)[86]对单筋钢筋混凝土梁的试验表明，梁两年半后的挠度与瞬时挠度的比在 1.63～2.27 之间变化。同时也表明配置受压钢筋可使长期挠度减小。Swamy 和 Anand (1974)[87]对一年后梁的挠度测量表明，其值较初始挠度增加了 2.07～2.75 倍。Nie 和 Cai

(2000)[88]的试验表明，3 个月的挠度为初始挠度的 1.48～1.88 倍。下面为估计承受持久荷载作用的混凝土构件长期挠度的方法。

8.2.2.1　长期挠度系数法

长期挠度系数法是对短期挠度计算结果乘一个考虑长期影响因素的系数来计算构件的长期挠度。由于这种方法比较简单，因此被很多设计规范采用。

1. 美国《建筑规范对结构混凝土的要求》(ACI 318—08)

美国 ACI 318—08 规范[43]给出的长期挠度系数（$1+\mu_{\Delta}$）考虑了受压钢筋配筋率和不同时期徐变的影响，其中 μ_{Δ} 为：

$$\mu_{\Delta}=\frac{\xi}{1+50\rho'} \tag{8-168}$$

式中　ξ——与时间有关的系数，当 $t=3$ 个月和一年时分别取 1.0 和 1.4，当 $t>5\text{a}$ 时为 2.0；

ρ'——受压钢筋配筋率，按下式确定：

$$\rho'=\frac{A_{sc}}{bd}$$

A_{sc}——受压钢筋面积；

b——构件截面宽度；

d——截面有效高度。

2. 美国《荷载与抗力系数桥梁设计规范》(AASHTO LRFD—2007)

美国规范 AASHTO LRFD—2007 规定，瞬时挠度按毛截面惯性矩 I_g 计算时，长期挠度系数取 4，按有效惯性矩 I_e 计算时取 $3.0-1.2\dfrac{A_s'}{A_s}$，其中 A_s'为受压钢筋的面积，A_s 为非预应力受拉钢筋的面积。

3. 加拿大规范《混凝土结构设计》(CSA A23.3—04)

加拿大规范《混凝土结构设计》(CSA A23.3—04)[45]给出的长期挠度系数为：

$$\zeta_s=1+\frac{s}{1+50\rho'} \tag{8-169}$$

式中　ρ'——受压钢筋配筋率，简支梁和连续梁按跨中截面考虑，悬臂梁按支座考虑；

s——与时间有关的系数，按表 8-19 采用。

s 的 值　　**表 8-19**

荷载持续时间	大于或等于 5a	12 个月	6 个月	3 个月
s	2.0	1.4	1.2	1.0

4. 澳大利亚规范《混凝土结构》(AS 3600—2001)

澳大利亚规范 AS 3600—2001[67]的长期挠度系数考虑了受拉和受压钢筋面积的影响，公式为：

$$k_{cs}=2-1.2\frac{A_{sc}}{A_{st}}\geqslant 0.8 \tag{8-170}$$

式中　k_{cs}——长期挠度系数；

A_{sc}——受压钢筋面积；

A_{st}——受拉钢筋面积。

对于简支梁和连续梁，A_{sc}和A_{st}按跨中截面计算；对于悬臂梁，按支撑端计算。

5. 英国规范（BS 8110）

英国规范（BS 8110：第1部分（1997））的长期挠度系数考虑了受压钢筋配筋率的影响，公式为：

$$\mu = 1 + \frac{100\rho'}{3+100\rho'} \leqslant 1.5 \tag{8-171}$$

式中 ρ'——受压钢筋的配筋率。

6. 我国《混凝土结构设计规范》（GB 50010—2002）

我国《混凝土结构设计规范》（GB 50010—2002）[32]按下式计算长期刚度：

$$B = \frac{M_k}{M_q(\theta-1)+M_k}B_s \tag{8-172}$$

式中 M_q——按荷载效应的准永久组合计算的弯矩，取计算区段内的最大弯矩值；

B_s——荷载效应的标准组合作用下受弯构件的短期刚度，按式（8-160）计算；

θ——考虑荷载长期作用对挠度增大的影响系数。

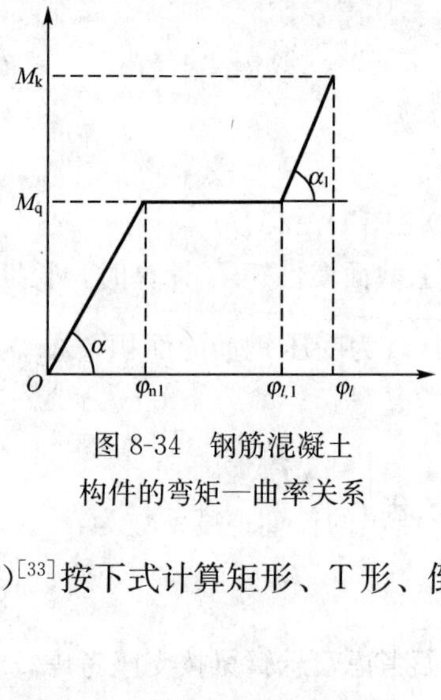

图 8-34 钢筋混凝土构件的弯矩—曲率关系

式（8-172）中，$\frac{M_k}{M_q(\theta-1)+M_k}$的倒数相当于国外规范的长期挠度系数，是根据图 8-34 所示的简化弯矩—曲率关系推导得到的[89]。对于钢筋混凝土受弯构件，当$\rho'=0$时，取$\theta=2.0$；当$\rho'=\rho$时，取$\theta=1.6$；当ρ'为中间数值时，θ按线性内插法取用。对翼缘位于受拉区的倒T形截面构件，θ应增加20%。对于预应力混凝土受弯构件，取$\theta=2.0$。

7. 我国《港口工程混凝土结构设计规范》（JTJ 267—98）

我国《港口工程混凝土结构设计规范》（JTJ 267—98）[33]按下式计算矩形、T形、倒T形和I形截面受弯构件的长期刚度：

$$B_l = \frac{B_s}{\theta} \tag{8-173}$$

其中

$$\theta = 2 - 0.4\frac{\rho'}{\rho}, \rho = \frac{A_s}{bh_0}, \rho' = \frac{A'_s}{bh_0}$$

式中 θ——考虑荷载长期效应组合对挠度增大的影响系数；

ρ、ρ'——纵向受拉钢筋、纵向受压钢筋配筋率。

式（8-173）中，θ的倒数相当于国外规范的长期挠度系数。

虽然挠度系数法在实际应用中比较简单，但并不是所有情况下都能准确估计长期荷载作用的挠度系数。如 Ghali 和 Azarnejad（1999）[90]所述，仅用考虑时间和受压钢筋配筋率的系数来反映影响长期挠度的所有因素是不可能的。因此，一些研究者建立了考虑长期挠度影响的其他方法。

8.2.2.2 有效模量法

根据第7章的论述，有效弹性模量反映了混凝土徐变对混凝土弹性模量的影响，可用于计算钢筋混凝土构件的长期变形。欧洲规范 EN 1992—1—1：2004[46] 采用了这种方法。有效弹性模量按下式计算：

$$E_{c,eff}=\frac{E_{cm}}{1+\varphi(\infty,t_0)} \tag{8-174}$$

式中　E_{cm}——混凝土弹性模量平均值；

$\varphi(\infty,t_0)$——混凝土徐变系数。

另外欧洲规范 EN 1992—1—1：2004 也考虑了收缩使钢筋混凝土构件产生的曲率，按下式计算：

$$\frac{1}{r_{cs}}=\varepsilon_{cs}\alpha_e\frac{S}{I} \tag{8-175}$$

式中　$1/r_{cs}$——收缩曲率；

ε_{cs}——自由收缩应变；

S——构件截面面积矩；

I——构件截面惯性矩；

α_e——有效模量比，$\alpha_e=\frac{E_s}{E_{c,eff}}$。

S 和 I 按未开裂和完全开裂截面计算，最终曲率用式（8-164）估计。具体计算时，可将构件开裂截面荷载产生的曲率与收缩产生的曲率（两者都包括了徐变的影响）叠加，按式（8-164）计算构件截面的平均曲率，再根据平均曲率计算构件的变形。

除采用有效模量法考虑混凝土徐变对长期变形的影响外，另一种更精确的方法是采用混凝土的调整龄期有效弹性模量 $E''_c(t,t_0)$。$E''_c(t,t_0)$值可按第 7 章的公式计算，即

$$E''_c(t,t_0)=\frac{E_c(t_0)}{1+\chi(t,t_0)\varphi(t,t_0)} \tag{8-176}$$

式中　t_0——混凝土加载龄期；

t——计算变形的时间；

$E_c(t_0)$——t_0 时刻混凝土的弹性模量；

χ——时效系数；

$\varphi(t,t_0)$——混凝土徐变系数。

对于持续不变的荷载，式（8-176）中的时效系数 χ 取 1.0；若为间歇荷载，依赖于荷载的持续时间，其值取为 0.8。徐变系数 $\varphi(t,t_0)$的变化范围为瞬时加载的 1.0 到加载时间大于 20a 时的 2.5。

8.2.2.3　曲率放大系数法

用曲率计算钢筋混凝土构件的长期变形时，可通过对荷载产生的曲率乘相关系数确定长期曲率，然后用长期曲率进行计算。Gilbert 1999 年[91] 建议用下式计算混凝土徐变使构件增大的曲率：

$$\varphi_c=\frac{\varphi_i\varphi(t,t_0)}{\alpha} \tag{8-177a}$$

式中　φ_c——徐变产生的曲率增加值；

φ_i——初始曲率；

$\varphi(t,t_0)$——混凝土徐变系数；

α——与混凝土是否开裂有关的系数，对开裂截面其值在 1.0～1.6 之间变化，对未开裂截面在 4～6 之间变化。

除徐变的影响外，Gilbert 1999 年[91]建议按下式计算收缩产生的曲率 φ_{sc}：

$$\varphi_{sc}=\left(\frac{\eta\varepsilon_{sc}}{h}\right)\left(1-\frac{\rho'}{\rho}\right) \tag{8-177b}$$

式中 ε_{sc}——混凝土自由收缩应变，20a 后可取 700×10^{-6}；

η——系数，未开裂截面 $\eta=0.7$，开裂截面 $\eta=1.2$；

ρ、ρ'——受拉和受压钢筋配筋率。

这样总的长期曲率为

$$\varphi=\varphi_i+\varphi_c+\varphi_{sc} \tag{8-178}$$

8.2.3 变形控制限值

根据不同的结构及不同的预定功能，国内外各规范规定了不同构件的挠度限值。

1. 我国《混凝土结构设计规范》(GB 50010—2002)

我国《混凝土结构设计规范》(GB 5010—2002)[33]规定，受弯构件的最大挠度按荷载效应的标准组合并考虑荷载长期作用的影响进行计算，计算值不超过表 8-20 规定的挠度限值。

受弯构件的挠度限值 表 8-20

构件类型	挠度限值
吊车梁：手动吊车	$l_0/500$
电动吊车	$l_0/600$
屋盖、楼盖及楼梯构件：	
$l_0<7$m 时	$l_0/200$ ($l_0/250$)
7m$\leqslant l_0\leqslant$9m 时	$l_0/250$ ($l_0/300$)
$l_0>9$m 时	$l_0/300$ ($l_0/400$)

注：1. l_0 为构件计算跨度；
2. 括号中的值用于对挠度限值有较高要求的构件；
3. 如果构件起拱应减去起拱值；
4. 对于悬臂构件，计算长度按 l_0 的 2 倍采用。

2. 我国《港口工程混凝土结构设计规范》(JTJ 267—98)

我国《港口工程混凝土结构设计规范》(JTJ 267—98)[34]规定，在作用的长期效应组合下，受弯构件最大挠度计算值 f 需符合使用要求，其限值按表 8-21 规定采用：

最大挠度限值 表 8-21

构件种类	轨道梁	一般梁	板
$[f]$	$l_0/800$	$l_0/600$	$l_0/300$

注：l_0——计算跨度。

3. 我国《水工混凝土结构设计规范》(DL/T 5057—2008)

我国《水工混凝土结构设计规范》(DL/T 5057—2008) 规定，受弯构件的最大挠度按标准组合并考虑长期作用的影响进行验算，其计算值不超过表 8-22 规定的允许值。

受弯构件的挠度限值　　**表 8-22**

项　次	构件类型	挠度限值（以计算跨度 l_0 计算）
1	吊车梁：手动吊车 电动吊车	$l_0/500$ $l_0/600$
2	渡槽槽身和架空管道 当 $l_0 \leqslant 10$m 时 当 $l_0 > 10$m 时	 $l_0/400$ $l_0/500$（$l_0/600$）
3	工作桥及启闭机下大梁	$l_0/400$
4	屋盖、楼盖 当 $l_0 < 7$m 时 当 $7_m \leqslant l_0 \leqslant 9$m 时 当 $l_0 > 9$m 时	 $l_0/200$（$l_0/250$） $l_0/250$（$l_0/300$） $l_0/300$（$l_0/400$）

注：1. 如果构件制作时预先起拱，则在验算最大挠度值时，可将计算所得的挠度减去起拱值；预应力混凝土构件尚可减去预加应力所产生的反拱值；

2. 悬臂构件的挠度限值可按表中相应数值乘 2 取用；

3. 表中括号内的数值适用于使用上对挠度有较高要求的构件。

4. 美国《建筑规范对结构混凝土的要求》（ACI 318—08）

美国混凝土规范 ACI 318—08 规定的受弯构件最大允许挠度如表 8-23 所示。

最大容许挠度　　**表 8-23**

构件类型	所考虑的挠度	挠度限值
不支撑易受大挠度损坏的非承重构件的平屋面	由活荷载产生的短期挠度	跨度的 1/180
不支撑易受大挠度损坏的非承重构件的楼板		跨度的 1/360
支撑易受大挠度损坏的非承重构件的屋面和楼面板	在接触非承重结构构件以后产生的总挠度（全部持久性荷载产生的长期挠度及任何附加活荷载所产生的短期挠度之和）	跨度的 1/480
支撑不易受大挠度损坏的非承重构件的屋面和楼面板		跨度的 1/240

5. 澳大利亚规范《混凝土结构》（AS 3600—2001）

澳大利亚规范 AS 3600—2001[67]规定的受弯构件最大允许挠度如表 8-24 所示。

最大允许挠度（AS 3600—2001）（悬臂构件使用不同的限值）　　**表 8-24**

构件类型	所考虑的变形	挠度限值
所有构件	总荷载变形	跨度的 1/250
支撑砌体隔墙的构件	附加或安装砌体后的变形	跨度的 1/500
桥梁构件	活荷载（和冲击变形）	跨度的 1/800

6. 英国规范 BS 8110[11]

英国规范 BS 8110[11]规定的受弯构件最大允许挠度如表 8-25 所示。

最大允许挠度（BS 8100：第1部分（1997）） 表 8-25

构件类型	所考虑的变形	挠度限值
所有构件	总挠度	跨度的 1/250
	装饰和隔墙等完成后的挠度	跨度的 1/350 和 20mm 中的较小者

8.2.4 不需变形计算的挠度控制

为保证设计的受弯构件的挠度符合规范规定的要求，使用荷载下构件的挠度可按前面几节介绍的方法计算，然后与允许值进行比较。挠度控制的另一种方法是将构件跨高比限制在规范规定的限值内。如果构件的跨高比小于规定值，可认为满足设计要求。但对规范中没有规定跨高比限值的情况，还应通过挠度计算来进行校核。不同规范为控制钢筋混凝土构件的挠度而规定的跨高比限值分述如下。

1. 美国《建筑规范对结构混凝土的要求》(ACI 318—08)

表 8-26 为 ACI 318—08 规定的无隔墙或无其他附属物的可能发生大挠度破坏的梁和单向板的最大跨高比。只有当计算挠度在允许值范围内时才允许增大跨高比。

最 大 跨 高 比 表 8-26

构　件	支撑条件			
	简　支	一端连续	两端连续	悬　臂
实心单向板	20	24	28	10
梁或带肋单向板	16	18.5	21	8

表 8-26 中所示的值适用于密度为 2325kg/m^3 的普通重量混凝土和钢筋屈服强度为 420MPa 的高强钢筋。对其他的混凝土密度和钢筋屈服强度值，上面的跨高比应按照 ACI 318—08 的规定进行修正。

表 8-26 中的跨高比在实际设计中得到广泛应用，Scanlon 和 Choi (1999)[92] 对计算挠度进行的比较表明，对于建筑结构常用的单向板跨度，规定的跨高比较为保守。

2. 欧洲规范《混凝土结构设计》(EN 1992—1—1：2004)[46]

欧洲规范《混凝土结构设计》(EN 1992—1—1：2004)[46] 规定按下式计算跨高比限值，并乘以考虑钢筋类型和其他变化的修正系数。当修正后的跨高比限值小于表 8-27 中的值时，可不必进行变形验算。

$$\frac{l}{d}=\begin{cases}k\left[11+1.5\sqrt{f_{\mathrm{ck}}}\dfrac{\rho_0}{\rho}+3.2\sqrt{f_{\mathrm{ck}}}\left(\dfrac{\rho_0}{\rho}-1\right)^{\frac{3}{2}}\right] & \rho\leqslant\rho_0\\ k\left[11+1.5\sqrt{f_{\mathrm{ck}}}\dfrac{\rho_0}{\rho-\rho'}+\dfrac{1}{12}\sqrt{f_{\mathrm{ck}}}\sqrt{\dfrac{\rho'}{\rho_0}}\right] & \rho>\rho_0\end{cases} \tag{8-179}$$

式中 $\frac{l}{d}$——跨高比限值；

k——考虑不同结构体系的系数；

ρ_0——参考配筋率，$\rho_0=10^{-3}\sqrt{f_{\mathrm{ck}}}$；

ρ——抵抗设计荷载产生的跨中弯矩需要的受拉钢筋配筋率（对悬臂梁为支座处）；

ρ'——抵抗设计荷载产生的跨中弯矩需要的受压钢筋配筋率（对悬臂梁为支座处）；

f_{ck}——混凝土抗压强度特征值，MPa。

式（8-179）是根据设计使用荷载下梁或板的跨中、悬臂梁支座处的开裂截面钢筋应力为 310MPa（约相当于 $f_{yk}=500$MPa）的假定建立的。当使用其他应力时，按式(8-179)中得到的值应乘 $310/\sigma_s$，按下式取值通常是保守的：

$$\frac{310}{\sigma_s}=\frac{500A_{s,rep}}{f_{yk}A_{s,prov}} \tag{8-180}$$

式中　σ_s——设计使用荷载下跨中截面钢筋（悬臂梁为支座处）的拉应力，MPa；

$A_{s,prov}$——截面实际钢筋面积，mm；

$A_{s,rep}$——承载能力极限状态下计算需要的钢筋面积，mm。

欧洲规范建议的 k 值如表 8-27 所示。该表给出了按式（8-179）得出的适用于一般情况的值（C30，$\sigma_s=310$MPa，不同结构形式，配筋率 $\rho=0.5\%$ 和 $\rho=1.5\%$）。

无轴向压力钢筋混凝土构件的有效跨高比　表 8-27

结构形式	k	应力较高的混凝土 $\rho=0.5\%$	应力较低的混凝土 $\rho=1.5\%$
简支梁、单向或双向简支板	1.0	14	20
连续梁的边跨和单向连续板或在长边连续的双向板	1.3	18	26
梁和单向或双向板的内跨	1.5	20	30
无梁的柱支撑板（平板）（按长跨考虑）	1.2	17	24
悬臂构件	0.4	6	8

3. 澳大利亚规范《混凝土结构》（AS 3600—2001）

澳大利亚规范 AS 3600—2001[67]规定使用下式计算承受均布荷载且活荷载不超过恒荷载的梁和单向板的最大跨（有效）高比：

$$\frac{L_{ef}}{d}=\left[\frac{k_1(\Delta/L_{ef})E_c}{k_2F_{d,ef}}\right]^{1/3} \tag{8-181}$$

式中　Δ——允许的最大挠度；

L_{ef}——有效跨长；

$F_{d,ef}$——单位宽度的有效设计荷载；

k_1——系数，对于矩形截面，当 $\rho\geqslant0.005$ 时 $k_1=0.02+2.5\rho$，当 $\rho<0.005$ 时 $k_1=0.1-3.5\rho\leqslant0.06$；

ρ——截面配筋率；

k_2——挠度系数，对于简支梁 $k_2=\frac{5}{384}$。

4. 英国规范 BS 8110

表 8-28 为 BS 8110：第 1 部分（1997）[11]规定的跨度不超过 10m 的梁和单向板的最大跨（有效）高比。对于 $b_w/b>3$ 的有翼缘梁，其值可按矩形和有翼缘梁的值线性内插计

算。当跨度超过10m时，需进行计算校核，以限制隔墙和附属物施工完毕后挠度的增加。

最大跨（有效）高比 表8-28

支撑条件	截面类型	
	矩　形	$b_w/b \leqslant 3$ 的有翼缘梁
悬臂	7	5.6
简支	20	16
连续	26	20.8

表8-28规定的跨（有效）高比为基本值。为确定特殊构件的跨（有效）高比，需对基本值乘考虑钢筋计算拉应力、受压钢筋数量及徐变和收缩的修正系数。这些修正系数的计算方法见BS 8110：第1部分（1997）。

参 考 文 献

1 ACI 224R—90. Control of cracking in concrete structures. ACI Manual of Concrete Practice, Part 3, American Concrete Institute, Detroit, MI, 1992

2 Crack control. Engineered concrete solutions. Anchor Dairy Factory, Te Rapa, 1999

3 Watstein D and Parsons D E. Width and spacing of tensile cracks in axially reinforced concrete cylinders. Journal of Research, National Bureau of Standards, No. RP 1545, 1943, 31(7): 1-24

4 Hognestad E. High strength bars as concrete reinforcement, Part 2. Damping characteristics of reinforced and partially prestressed concrete beams control of flexural cracking. Journal of the Portland Cement Association Research and Development Laboratories, 1962, 4 (1): 46-63

5 Kaar P H and Mattock A H. High strength bars as concrete reinforcement, Part 4. Control of cracking. Journal of the Portland Cement Association Research and Development Laboratories, 1963, 5(1): 15-38

6 Kaar P H and Hognestad E. High strength bars as concrete reinforcement, Part 7. Control of Cracking in T-Beam Flanges. Journal of the Portland Cement Association Research and Development Laboratories, 1965, 7(1): 42-53

7 Base G D, Read J B, Beeby A W and Taylor H P J. An investigation of the crack control characteristics of various types of bar in reinforced concrete beams. Research Report, No. 18, Cement and Concrete Association, London, December, 1966, Part 1: 44, Part 2: 31

8 Bianchini A C, Kesler C E and Lott J L. Cracking of reinforced concrete under flexural load. Causes, Mechanism and Control of Cracking in Concrete, SP-20, American Concrete Institute, Detroit, 1968: 73-85

9 Beedy A W. An Investigation of Cracking in Slabs Spanning One Way, Technical Report TRA 433, Cement and Concrete Association, London, April, 1970: 33

10 Beeby A W. The Prediction of Crack Widths in Hardened Concrete. The Structural Engineer, 1979

11 BS 8110—1997. Structural use of concrete, BSI, 1997

12 Bažant Z P and Oh B H. Spacing of cracks in reinforced concrete. Journal of Structural Engineering, ASCE, 1983, 109(9): 2066-2085

13 Oh B H and Kang Y-J. New formulas for maximum crack width and crack spacing in reinforced concrete flexural members. ACI Structural Journal, 1987, 84(2): 103-112

14 Gergely P and Lutz L A. Maximum crack width in reinforced concrete flexural members. Causes, Mechanism, and Control of Cracking in Concrete, SP-20, American Concrete Institute, Detroit, 1968:

87-117

15 Nawy E G. Crack control in reinforced concrete structures. ACI Journal, Proceedings, 1968, 65(10): 825-836

16 Lloyd J P, Hassan M R and Kesler C E. Crack control in one-way slabs reinforced with deformed welded wire fabric. ACI Journal, 1969, 66(5): 366-376

17 Chi M and Kirstein A F. Flexural cracks in reinforced concrete beams. ACI Journal, Proceedings, 1958, 54(4): 865-878

18 Broms B B. Crack width and crack spacing in reinforced concrete members. ACI Journal, Proceedings, 1965, 62(10): 1237-1256

19 Broms B B and Lutz L A. Effects of arrangement of reinforcement on crack width and spacing of reinforced concrete members. ACI Journal, Proceedings, 1965, 62(11): 1395-1410

20 Venkateswarlu B and Gesund H. Cracking and bond slip in concrete beams. Journal of the Structural Division, Proceedings, 1972, 98(ST11): 2663-2885.

21 Watstein D and Seese N A Jr. Effect of type of bar on width of cracks in reinforced concrete subjected to tension. ACI Journal, Proceedings, 1945, 41(2) : 293-304

22 Clark A P. Cracking in reinforced concrete flexural members. ACI Journal, Proceedings, 1956, 52(8): 851-862

23 Lutz L A. Analysis of Stresses in concrete near a reinforcing bar due to bond and transverse cracking. ACI Journal, 1970, 67(10): 778-787

24 丁大钧．钢筋混凝土构件抗裂度裂缝和刚度．南京：南京工学院出版社，1986

25 Chowdhury S H and Loo Y C. A new formula for prediction of crack widths in reinforced and partially prestressed concrete beams. Advances in Structural Engineering, 2001, 4(2): 101-109

26 Frosch R J. Another look at cracking and crack control in reinforced concrete. ACI Structural Journal, 1999, 96(3): 437-442

27 Nawy E G and Blair K W. Further studies on flexural crack control in structural slab systems. Cracking, Deflection, and Ultimate Load of Concrete Slab Systems, American Concrete Institute, Farmington Hills, Michian, 1971, SP-30: 1-41

28 Nawy E G. Crack control through reinforcement distribution in two-way acting slabs and plates. ACI Journal, Proceedings , 1972, 69(4): 217-219

29 Makhlouf H M and Malhas F A. The effect of thick concrete cover on the maximum flexural crack width under service load. ACI Structural Journal, 1996, 93(3): 257-265

30 Kaar H P. An approach to the control of cracking in reinforced concrete, Causes, mechanism and control of cracking concrete. SP-20, American Concrete Institute, 1968: 141-157

31 Suri K M and Dilger W H. Crack width of partially prestressed concrete memers. ACI Journal, Proceedings, 1986, 83(5): 784-797

32 GB 50010—2002. 混凝土结构设计规范．北京：中国建筑工业出版社，2002

33 JTJ 267—98. 港口工程混凝土结构设计规范．北京：人民交通出版社，1998

34 抗裂度及裂缝专题研究组(赵国藩主持). 钢筋混凝土环形、圆形截面偏心受压、受弯构件抗裂度和最大裂缝开展宽度的试验和计算方法．大连工学院海洋工程研究所结构研究室，1981

35 赵国藩，李树瑶等．钢筋混凝土结构的裂缝控制．北京：海洋出版社，1991

36 赵国藩，高俊生，廖婉卿，王清湘．钢筋混凝土构件抗裂度和最大裂缝宽度的试验和计算方法．建筑结构学报，1980，(4)：1—17

37 《水工混凝土结构设计规范》修订专题研究成果总报告．中国水电工程顾问集团西北勘测设计研究

院，2007

38 JTG D 62—2004. 公路钢筋混凝土及预应力混凝土桥涵设计规范．北京：人民交通出版社，2004

39 TB 10002. 3—2005. 铁路桥涵钢筋混凝土和预应力混凝土结构设计规范．北京：中国铁道出版社，2005

40 ACI 318—95. Building code requirements for reinforced concrete. American Concrete Institute, Detroit, MI, 1995

41 ACI 318—99. Building code requirements for reinforced concrete. American Concrete Institute, Detroit, MI, 1999

42 ACI 318—05. Building code requirements for reinforced concrete. American Concrete Institute, Detroit, MI, 2005

43 ACI 318—08. Building code requirements for reinforced concrete. American Concrete Institute, Detroit, MI, 2008

44 AASHTO LRFD—2007. AASHTO LRFD Bridge Design Specifications. Washington, D C, 2007

45 CAN/CSA A23. 3—04. Design of concrete structures. Canadian Standards Association, Mississauga, Ont. CSA, 2004

46 EN 1992-1-1：2004. Eurocode 2：design of concrete structures-Part 1-1：general rules and rules for buildings, CEN, 2004

47 JSCE(2002). Standard specification for concrete structures, Structural performance verification. Tokyo：Japan Society of Civil Engineers, 2002

48 魏巍巍，贡金鑫，李龙．圆形截面钢筋混凝土构件裂缝宽度试验研究．水利水运工程学报，2007，(4)：27-35

49 魏巍巍，贡金鑫，李龙．使用荷载下圆形截面钢筋混凝土构件钢筋应力的计算．水利水运工程学报，2008，(2)：29-37

50 魏巍巍，贡金鑫，李龙．圆形截面钢筋混凝土构件裂缝宽度的计算．水利水运工程学报，2008，(3)

51 Abeles P W. Design of partially prestressed concrete beams. Journal of the ACI, Proceedings, 1967, 64(10)：669-677

52 Ferry Borges J. Preliminary Report, CEB, Commission IV, Laboratorio Nacional de Engenharia Civil, Lisbon, Portugal, March, 1968：40

53 Nawy E G and Potyondy J G. Flexural cracking behavior of pretensioned prestressed concrete I- and T-Beams. ACI Journal, Proceedings, 1971, 68(5)：355-360

54 Holmberg A. Flexural Crack Width. Nordish Beton, 1970

55 Holmberg A and Lindgren S. Crack spacing and crack width due to normal force of bending moment. Document D2：National Swedish Building Research, 1970

56 CEB-FIP Model Code 1990. CEB(Comité Euro-International du Béton, 1991)："." CE Bull. d'Information, July 1991

57 Huang P-T. Serviceability behavior and crack control in pretensioned prestressed concrete I and T Beams. Ph D Thesis, Rutgers University, New Jersey, 1975：207

58 Naaman A E and Siriaksorn A. Serviceability based design of partially prestressed beams, Part I-Analysis. PCI Journal, 1979, 24(2)：64-89

59 Nawy E G. Flexural cracking of pre- and post-tensioned flanged beams. Proceedings of the NATO Advanced Research Workshop on, 1984

60 Suzuki K and Ohno Y. Crack width and crack control of PPC members. Proceedings of the NATO Advanced Research Workshop on 'Partial Prestressing, From Theory to Practice', Paris, France, June 18-

22, 1984, Cohn, M. Z. ed., Vol. 2, Martinus Nijhoff Publishers, Dordrecht, 1986: 157-17
61 Scholz H. Alternative crack width computation for prestressed members. Proceedings of the Institution of Civil Engineers Structures and Buildings, 1993, 99(2): 135-140
62 Park R and Paulay T. Reinforced concrete structures. John Wiley & Sons, New York, 1975
63 Ghali A and Favre R. Concrete structures : stresses and deformations. Chapman and Hall, London, 1986
64 Welch G B and Janjua M A. Width of spacing of tensile cracks in reinforced concrete. UNICIV Report No. R76, University of New South Wales, Kensington, 1971
65 冯乃谦，顾晴霞，郝挺宇．混凝土结构的裂缝与对策．北京：机械工业出版社，2008
66 DL/T 5057—2008. 水工混凝土结构设计规范．北京：中国电力出版社，2008
67 AS 3600—2001. Concrete Structures. 2001
68 Gilbert R I. Shrinkage cracking in fully restrained concrete members. ACI Structural Journal, 1992, 89(2)
69 Gilbert R I. Shrinkage, cracking and deflectionthe serviceability of concrete structures. Electronic Journal of Structural Engineering, 2001, (1)
70 Favre R, et al. Fissuration et deformations. Manual du Comite Ewo-International du Beton (CEB), Ecole Polytechnique Federale de Lausanne, Switzerland, 1983: 249
71 ACI 318M-89. Building code requirements for reinforced concrete. American Concrete Institute, Detroit, MI, 1989
72 Branson D E. Instantaneous and time-dependent deflections of simple and continuous reinforced concrete beams. HPR Report No. 7, Part 1, Alabama Highway Department, Bureau of Public Roads, 1963: 1-78
73 Al-Zaid R Z, Al-Shaikh A H and Abu-Hussein M M. Effect of loading type on the effective moment of inertia of reinforced concrete beams. ACI Structural Journal, 1991, 88(2): 184-190
74 Al-Shaikh A H and Al-Zaid R Z. Effect of reinforcement ratio on the effective moment of inertia of reinforced concrete beams. ACI Structural Journal, 1993, 90(2): 144-149
75 Rangan B V. Control of beam deflections by allowable span-depth ratios. ACI Journal, 1982, 79 (5): 372-377
76 Grossman J S. Simplified computations for effective moment of inertia and minimum thickness to avoid deflection computations, proceedings, ACI Journal, 1981, 78(6): 423-439
77 Prakhya G K V and Morley C T. Tension-stiffening and moment-curvature relations of reinforced concrete elements. ACI Structural Journal, 1990, 87(5): 597-605
78 Carreira D J and Chu K. Stress-strain relationship for reinforced concrete in tension. ACI Journal, 1986a, 83(1): 21-28.
79 Carreira D J and Chu K. The moment-curvature relationship of reinforced concrete members. ACI Journal, Proceedings, 1986b, 83(2): 191-198
80 Bažant Z P and Oh B H. Crack band theory for fracture of concrete. Materials and Structures, 1983, 16: 155-177
81 Kaklauskas G and Ghaboussi J. Stress-strain relations for cracked tensile concrete from RC beam tests. Journal of Structural Engineering, American Society of Civil Engineers, 2001, 127 (1): 64-73
82 Fantilli A P, Ferretti D, Iori I and Vallini P. Flexural deformability of reinforced concrete beams. Journal of Structural Engineering, American Society of Civil Engineers, 1998, 124(9): 1041-1049
83 Polak M A and Blackwell K G. Modelling tension in reinforced concrete members subjected to bending and axial load. Journal of Structural Engineering, American Society of Civil Engineers, 1998, 124 (9):

1018-1024

84 BS 8110-1985. Structural Use of Concrete, BSI, 1985

85 贡金鑫，魏巍巍，胡家顺．中美欧混凝土结构设计．北京：中国建筑工业出版社，2007

86 Washa G W and Fluck P G. Effect of compressive reinforcement on the plastic flow of reinforced concrete beams. ACI Journal, Proceedings, 1952, 49(8): 89-108

87 Swamy R N and Anand K L. Influence of steel stress and concrete strength on the deflection characteristics of reinforced and prestressed beams. Proceedings, Symposium on Deflections of Structures, American Concrete Institute, 1974: 443-471

88 Nie J and Cai C S. Deflection of cracked RC beams under sustained loading. Journal of Structural Engineering, American Society of Civil Engineers, 2000, 126(6): 708 - 716

89 孙慧中，胡德忻，黄成若．混凝土结构设计．北京：地震出版社，1995

90 Ghali A and Azarnejad A. Deflection prediction of members of any concrete strength. ACI Structural Journal, 1999, 96 (5): 807 - 816

91 Gilbert R I. Deflection calculations for reinforced concrete structures - why we sometimes get it wrong. ACI Structural Journal, 1999, 96 (6): 1027-1036

92 Scanlon A and Choi B. Evaluation of ACI 318 minimum thickness requirements for one-way slabs. ACI Structural Journal, 1999, 96(4): 616-622

尊敬的读者：

感谢您选购我社图书！建工版图书按图书销售分类在卖场上架，共设22个一级分类及43个二级分类，根据图书销售分类选购建筑类图书会节省您的大量时间。现将建工版图书销售分类及与我社联系方式介绍给您，欢迎随时与我们联系。

★建工版图书销售分类表（详见下表）。

★欢迎登陆中国建筑工业出版社网站www.cabp.com.cn，本网站为您提供建工版图书信息查询，网上留言、购书服务，并邀请您加入网上读者俱乐部。

★中国建筑工业出版社总编室　电　话：010—58934845
　传　真：010—68321361

★中国建筑工业出版社发行部　电　话：010—58933865
　传　真：010—68325420
　E-mail：hbw@cabp.com.cn

建工版图书销售分类表

一级分类名称（代码）	二级分类名称（代码）
建筑学（A）	建筑历史与理论（A10）
	建筑设计（A20）
	建筑技术（A30）
	建筑表现・建筑制图（A40）
	建筑艺术（A50）
建筑设备・建筑材料（F）	暖通空调（F10）
	建筑给水排水（F20）
	建筑电气与建筑智能化技术（F30）
	建筑节能・建筑防火（F40）
	建筑材料（F50）
城市规划・城市设计（P）	城市史与城市规划理论（P10）
	城市规划与城市设计（P20）
室内设计・装饰装修（D）	室内设计与表现（D10）
	家具与装饰（D20）
	装修材料与施工（D30）
建筑工程经济与管理（M）	施工管理（M10）
	工程管理（M20）
	工程监理（M30）
	工程经济与造价（M40）
艺术・设计（K）	艺术（K10）
	工业设计（K20）
	平面设计（K30）
执业资格考试用书（R）	
高校教材（V）	
高职高专教材（X）	
中职中专教材（W）	

一级分类名称（代码）	二级分类名称（代码）
园林景观（G）	园林史与园林景观理论（G10）
	园林景观规划与设计（G20）
	环境艺术设计（G30）
	园林景观施工（G40）
	园林植物与应用（G50）
城乡建设・市政工程・环境工程（B）	城镇与乡（村）建设（B10）
	道路桥梁工程（B20）
	市政给水排水工程（B30）
	市政供热、供燃气工程（B40）
	环境工程（B50）
建筑结构与岩土工程（S）	建筑结构（S10）
	岩土工程（S20）
建筑施工・设备安装技术（C）	施工技术（C10）
	设备安装技术（C20）
	工程质量与安全（C30）
房地产开发管理（E）	房地产开发与经营（E10）
	物业管理（E20）
辞典・连续出版物（Z）	辞典（Z10）
	连续出版物（Z20）
旅游・其他（Q）	旅游（Q10）
	其他（Q20）
土木建筑计算机应用系列（J）	
法律法规与标准规范单行本（T）	
法律法规与标准规范汇编/大全（U）	
培训教材（Y）	
电子出版物（H）	

注：建工版图书销售分类已标注于图书封底。